TRAITÉ THÉORIQUE ET PRATIQUE

DE

DROIT PÉNAL

PAR

VICTOR MOLINIER

PROFESSEUR A LA FACULTÉ DE DROIT DE TOULOUSE

Annoté
et mis au courant de la **Législation** et de la **Jurisprudence**
les plus récentes

PAR

GEORGES VIDAL

PROFESSEUR A LA FACULTÉ DE DROIT DE TOULOUSE

TOME PREMIER

———o∘⊱⊰∘o———

PARIS

LIBRAIRIE NOUVELLE DE DROIT ET DE JURISPRUDENCE

ARTHUR ROUSSEAU

ÉDITEUR

14, rue Soufflot et rue Toullier, 13

1893

TRAITÉ THÉORIQUE ET PRATIQUE

DE

DROIT PÉNAL

TOME PREMIER

TRAITÉ THÉORIQUE ET PRATIQUE

DE

DROIT PÉNAL

PAR

VICTOR MOLINIER

PROFESSEUR A LA FACULTÉ DE DROIT DE TOULOUSE

Annoté
et mis au courant de la Législation et de la Jurisprudence
les plus récentes

PAR

GEORGES VIDAL

PROFESSEUR A LA FACULTÉ DE DROIT DE TOULOUSE

———

TOME PREMIER

—⚬⊰⦿⊱⚬—

PARIS

LIBRAIRIE NOUVELLE DE DROIT ET DE JURISPRUDENCE

ARTHUR ROUSSEAU

ÉDITEUR

14, rue Soufflot et rue Toullier, 13

—

1893

AVANT-PROPOS

Le Cours de Droit criminel de M. Molinier, dont je présente aujourd'hui au public le premier volume, est le développement aussi fidèle que possible des notes manuscrites laissées par lui à sa famille. Cette publication a été entourée de sérieuses difficultés, que je n'avais peut-être pas exactement prévues lorsque j'ai accepté cette entreprise. J'ai eu grand peine à former un tout présentable avec des notes de Cours des plus sommaires, très incomplètes, dans un état de désordre rendant les recherches très longues et très difficiles. Ces notes, dont quelques-unes remontent à 1843, sont fréquemment répétées pour la même matière, et quoique j'aie choisi de préférence les plus récentes, j'ai été souvent obligé de consulter les plus anciennes pour compléter celles-ci. D'autre part, un assez grand nombre de leçons, souvent des plus importantes, ont été égarées et ne m'ont pas été remises. Enfin le manuscrit laissé par M. Molinier ne contient que quelques indications abrégées destinées à l'aider dans l'improvisation de ses Cours oraux. Je n'ai trouvé que deux ou trois leçons d'introduction entièrement écrites et que j'ai reproduites en les marquant de guillemets (« »). Pour tout le reste de l'ouvrage, j'ai été obligé de composer les phrases, me bornant à suivre l'ordre méthodique indiqué dans les notes du Cours, à reproduire exactement les opinions de Molinier, à le suivre dans les citations qu'il aimait et qui donnaient une couleur particulière et un intérêt tout spécial à son enseignement. Je n'ai rien négligé pour demeurer fidèle à mon modèle et donner de mon mieux la physionomie exacte de ce Cours qui eut tant de succès du vivant de son auteur. Pour combler les lacunes du manuscrit, j'ai eu recours aux études déjà publiées par Molinier, aux notes que j'avais prises moi-même en suivant son Cours pendant la préparation à Toulouse de mon concours d'agrégation ; enfin d'aimables collègues de notre Faculté de Droit ont gracieusement mis à ma disposition leurs notes personnelles, et je les en remercie ici publiquement. — Grâce à ces divers moyens, j'ai pu reconstituer, sans trop l'altérer, je pense, l'enseignement de mon vénéré collègue et maître. — Mais j'ai dû intervenir fréquemment, en dehors du texte principal même auquel j'ai presque toujours donné sa dernière forme, pour mettre ce livre au courant des lois nouvelles : le manuscrit de Molinier s'arrête à 1881, époque où il cessa de professer le Droit pénal et où je fus appelé à le suppléer dans sa chaire. Depuis, de nombreuses modifications ont été apportées à la législation criminelle, des constatations nouvelles ont été faites, des études ont été publiées, la physionomie du Droit pénal a quelque peu changé et des bouleversements encore plus considérables sont proposés. J'ai été obligé de tenir compte de tous ces événements postérieurs et de les faire connaître au public.

J'ai tenu, par respect pour l'œuvre du savant si connu et si justement estimé, à dégager la part qui m'est entièrement personnelle en signalant tous les passages du texte et des notes étrangères au manuscrit par un signe apparent, en les enfermant dans des crochets ([ ]), comme cela a été heureusement pratiqué dans la publication du Cours de Procédure civile de Boitard par M. Colmet d'Aage.

Je livre aujourd'hui au public le premier volume contenant les principes philosophiques, l'histoire du Droit criminel et l'exposé de notre système pénal. — Un second volume, consacré à la fin du Cours de Code pénal, pourra suivre bientôt, je l'espère, et l'ouvrage sera complété par un troisième volume contenant l'étude de la procédure criminelle.

GEORGES VIDAL.

NOTICE BIOGRAPHIQUE

SUR

VICTOR MOLINIER

La science du Droit pénal a pris, dans le courant de notre siècle, de si importants développements qu'elle s'est presque entièrement renouvelée : l'esprit général qui l'inspire est si différent de celui qui la guidait autrefois, qu'on peut affirmer que cette science est de création moderne et qu'elle s'est constituée dans le cours du dix-neuvième siècle.

Intimement liée à la religion, mais uniquement inspirée par les seules idées de vengeance et d'intimidation, subissant le contre-coup direct de l'ignorance des sciences physiques et physiologiques et de la superstition qui en est la conséquence, la législation pénale de l'ancien régime réagissait brutalement par de nombreux supplices contre les moindres attentats, contre les simples opinions considérées comme dangereuses pour l'unité politique et religieuse ; elle exterminait par les moyens les plus divers les ennemis de la société, et cependant elle ne pouvait en diminuer le nombre, elle paraissait même les pousser au mal et les rendre d'autant plus cruels et féroces dans leurs attentats qu'on était plus impitoyable à leur égard. — Nul souci d'humanité pour eux : les supplices attirent à leur horrible spectacle une foule nombreuse et joyeuse, à laquelle les dames de la haute société ne craignent pas de se mêler, et les récits que Mme de Sévigné fait si plaisamment des supplices de la Brinvilliers et de la Voisin montrent combien les âmes les plus sensibles s'émeuvent difficilement des tortures infligées aux criminels. — Nulle préoccupation de ramener au bien et de rendre meilleurs les délinquants : la société est en guerre ouverte avec eux, elle use du droit du plus fort, elle se défend, elle extermine ses ennemis et ne prend point la peine de tenter leur conversion. Aussi laisse-t-elle à ses justiciers le soin de la protéger par une pénalité arbitraire, par une procédure habilement organisée pour rendre difficile la défense de l'accusé, obtenir un aveu et aboutir à une condamnation. — La science du droit pénal consistait alors uniquement dans un exposé de la jurisprudence établie dans les Parlements et dans la recherche des textes des lois Romaines destinés à justifier les plus intolérables abus de la législation.

Il était donné à notre siècle d'introduire dans la défense sociale l'humanité et la justice et de voir se développer, dans des limites presque merveilleuses, les élans de la charité privée venant au secours des bons en adoucissant le sort des mauvais. L'arbitraire du juge cessant, le législateur devait faire une œuvre scientifique ; la philosophie spiritualiste la plus élevée et la plus pure, inspirée elle-même par la législation de l'Eglise, vint lui fournir les principes qui devaient servir de base à la confection des Codes modernes et à la revision du nôtre. En même temps se développait dans la société civile cette science pénitentiaire créée autrefois par le droit canonique, combattant le crime par la douceur et le dévouement. La législation se sécularisait, l'accusé acquérait des droits, et la procédure était organisée de manière à laisser à l'innocence la possibilité de se justifier. — Le Droit pénal, en se constituant sur des bases nouvelles, remettait ainsi en question, dans le cours de ce siècle, les problèmes du plus haut intérêt et de la plus grande importance, touchant à la psychologie, à la morale, au droit constitutionnel ; il devenait une science à laquelle tous étaient admis à collaborer, les uns par leurs travaux intellectuels, les autres par la vulgarisation des principes, d'autres enfin par leur activité charitable et bienfaisante dans l'organisation de colonies pénitentiaires, de sociétés de patronage destinées à mettre les natures faibles à l'abri des tentations et des mauvais conseils de l'ignorance et de la misère. — De beaux et utiles travaux ont enrichi la littérature juridique du Droit pénal : œuvres de philosophes, d'historiens, de criminalistes, parmi lesquels se détachent les noms célèbres de Guizot, de Cousin, du duc de Broglie, de Rossi. L'enseignement de cette importante et intéressante branche du Droit, demeuré longtemps l'accessoire du cours de procédure civile, s'en est enfin séparé pour faire l'objet d'un cours distinct, et un mouvement important s'est opéré dans les législations pénales contemporaines de l'Europe, toutes renouvelées récemment ou sur le point de l'être : des congrès internationaux se sont institués et réunis pour diriger et éclairer ce mouvement.

L'étude du Droit pénal s'est donc élargie et élevée dans des proportions considérables : touchant à la fois à la philosophie, à l'histoire, à la politique, à l'art d'interpréter les lois, elle exige chez celui qui s'y livre une connaissance approfondie du cœur humain et des ressorts qui le font agir, une science détaillée des temps passés et des législations étrangères toujours pleine d'enseignements, un sentiment exact des besoins de la société et des droits de chacun de ses membres, une expérience éclairée des résultats obtenus par l'application des lois, cette science difficile qui consiste à découvrir dans les faits et les statistiques la révélation des réformes nécessaires, enfin l'esprit juridique, cette sûreté de méthode et de jugement qui aide à bien saisir le sens des lois, si important à fixer, en matière pénale surtout, cette souplesse d'esprit nécessaire pour la combinaison des textes et cette clarté, cette simplicité, qu'exige l'exposition des principes.

Toutes ces qualités, dont l'ensemble est si rare chez le même homme, se trouvaient réunies chez notre regretté collègue Molinier et ont contribué à faire de lui un professeur de Droit pénal éminent et un criminaliste célèbre, dont le nom et la réputation avaient depuis longtemps franchi les limites de la France pour se répandre au loin dans les pays étrangers.

Victor Molinier est né le 8 avril 1799, à Turin. Le dix-huitième siècle touchait à sa fin et venait de traverser la plus profonde et la plus sanglante crise qui ait jamais atteint une société.

Le calme paraissait se rétablir : mais après avoir tremblé sous la Convention, les hommes prenaient leur revanche sous le Directoire, et, comme l'a dit un historien de la Révolution, en sortant de la Terreur, on se mit à jouir avec une folle ardeur du plaisir de n'avoir plus peur ; un grand nombre d'hommes fatigués, usés, ne voulaient plus de la République, l'on attaquait le gouvernement du Directoire qui la personnifiait et on se vengeait sur lui de la peur qu'on avait éprouvée par d'autres. En même temps les hommes nouveaux, ceux qu'avait enrichis la Révolution, désiraient le despotisme comme un refuge et cherchaient de tous côtés un maître auquel ils s'engageaient à obéir aveuglément, pourvu qu'il les couvrît de son épée contre les anciens possesseurs. Après la Terreur, on croit trouver un peuple libre : tout au contraire, dit encore Quinet, il ne reste que des débris de partis, une nation disloquée par la torture, des membres disjoints et épars, des caractères brisés, méconnaissables, qui s'échappent par lambeaux.

Les conquêtes de la Révolution sont donc compromises, c'est l'hallali contre une révolution exténuée qui marque, suivant l'énergique expression du même publiciste, la fin du dix-huitième siècle. En même temps nos armées essuient des revers et sont obligées d'évacuer l'Italie si glorieusement conquise. Un seul homme grandit à vue d'œil dans l'affaissement général, et il faudra qu'il renverse, avec l'approbation de tous, ce gouvernement impuissant et méprisé, pour assurer les institutions conquises par la Révolution et imposer les idées nouvelles à l'Europe entière.

C'est à cette époque de langueur et de transition que naquit Victor Molinier, sur cette belle terre de l'Italie que nos armées avaient conquise et qu'elles occupaient, qu'elles allaient abandonner pour y revenir avec plus de gloire à la tête du jeune conquérant sur lequel étaient fixés tous les regards. — Son père, capitaine de dragons, avait fait partie de l'armée de Sambre-et-Meuse et appartenait, en 1799, à l'armée d'Italie. Il habitait Turin, lorsque naquit, le 8 avril, notre savant confrère.

Victor Molinier a toujours conservé pour son pays natal un profond sentiment d'affection, et nous le verrons dans le cours de sa vie s'intéresser aux progrès politiques et législatifs de l'Italie, s'y rendre à des congrès scientifiques et revoir avec émotion la maison où il reçut le jour.

Molinier quitta bientôt l'Italie avec son père qui, après avoir pris sa retraite et avoir abandonné le service, vint s'établir sur le domaine de sa famille, à Sainte-Foi-d'Aigrefeuille, dans le canton de Lanta. Là, l'ancien officier, après avoir vaillamment combattu, ayant atteint l'âge du repos, s'abandonna aux douces et paisibles joies de la famille et fit lui-même la première éducation de son fils Victor, jusqu'en 1810, époque où il le plaça, pour terminer ses études, à l'école Saint-Martial, à Toulouse.

L'élève y donna bientôt des preuves de cette application au travail qui devait le suivre jusqu'à sa dernière heure et il fut reçu bachelier en 1818.

Notre confrère se sentit attiré vers l'étude du Droit à laquelle il était préparé par la solide instruction littéraire et philosophique qu'il avait reçue et que son père avait favorisée. Son grand-père avait été avocat au Parlement, son grand-oncle était président au Tribunal de Villefranche ; il voulut continuer les traditions de sa famille. Il devint, en 1818, élève de notre Faculté de droit et fut reçu avocat en 1821.

Il alla s'établir aussitôt à Villefranche-de-Lauraguais et débuta au barreau sous la protection de son grand-oncle. Il y conquit une situation assez sérieuse pour se marier, à l'âge de vingt-cinq ans, avec la fille d'un des propriétaires de la contrée.

Elevé par son père dans des idées sérieusement et sagement libérales, il jouit, pendant tout le gouvernement de la Restauration, de l'indépendance et des satisfactions que procure la noble profession d'avocat.

Mais Molinier était peu fait pour les luttes et les surprises de la barre. La nature de son esprit et le courant qu'avait imprimé à ses idées sa première éducation le portaient plutôt vers les études théoriques ; il était attiré par l'amour de la science et le culte du Droit, dont il a toute sa vie ardemment désiré et favorisé le règne exclusif.

Aussi, lorsque la Monarchie de Juillet, dont les principes et les idées répondaient à ses aspirations libérales, eut remplacé le gouvernement de la Restauration, il quitta sans regret le barreau pour la magistrature, qui lui offrait de plus grandes facilités pour assurer le respect du Droit dont il avait déjà le culte. Le 28 mars 1831, sans quitter le tribunal avec lequel il collaborait depuis plusieurs années, il fut nommé procureur du roi à Villefranche. Quelques années après, le 1er mai 1834, le jeune magistrat fut appelé au poste de substitut près le tribunal de Toulouse et ne tarda pas, grâce à son mérite et à son dévouement, à obtenir la protection de M. le procureur général Romiguières et de M. le procureur du roi Alexandre Fourtanier.

Molinier aimait à rappeler ce temps de sa jeunesse dans lequel il vit le Droit en action et fut appelé à faire respecter la loi ; il se plaisait à raconter les procès dans lesquels il avait été appelé à donner son avis sur des questions de Droit quelquefois embarrassantes, et son heureuse mémoire lui permettait de retracer les moindres détails de fait et de théorie qui l'avaient autrefois intéressé.

Cependant, quoique, comme magistrat du parquet, il fût plus fréquemment appelé à défendre le Droit et la loi, ses goûts n'étaient pas encore entièrement satisfaits. Sa profonde culture intellectuelle l'attirait vers des études plus exclusivement scientifiques. L'enseignement était déjà l'objet de ses désirs et de son ambition, et les réformes dont il était susceptible attirèrent, dès sa sortie de l'école, son attention.

En 1831, avant d'entrer dans la magistrature, le jeune avocat publia un *Essai sur l'enseignement du Droit en France et sur l'Organisation des facultés de Droit*, qui dénotait, chez ce jeune homme de trente ans, de longues et sérieuses méditations et qui faisait entrevoir déjà l'esprit nourri de solides études du futur professeur, en même temps que les aspirations sagement libérales du patriote.

On pouvait pressentir par cet essai ce que serait plus tard son auteur, et l'on y voit le jeune licencié en droit poser les principes d'enseignement auxquels le savant maître devenu célèbre demeurera fidèle.

La philosophie et l'histoire du Droit, dont l'étude a donné à son enseignement ce caractère d'originalité et de profondeur scientifique qui lui valurent une si légitime renommée, sont recommandées par le jeune Molinier comme une introduction nécessaire à l'étude du Droit.

La vocation de notre collègue était donc bien affirmée et bien déterminée : l'enseignement du droit avait pour lui tout l'attrait des études élevées, était de nature à donner satisfaction à son esprit orné de cette profonde culture intellectuelle que le mouvement des idées de la fin du dix-huitième siècle avait favorisée. Mais un obstacle sérieux s'élevait devant lui et rendait difficile et coûteux l'accomplissement de son désir. Le titre de docteur était nécessaire pour entrer dans la carrière ambitionnée, et pour le conquérir le jeune magistrat était obligé de reprendre des études théoriques et classiques abandonnées depuis une quinzaine d'années ; il lui fallait plier son esprit à ce travail aride et pénible de la préparation d'examens difficiles, d'autant plus aride et pénible que le candidat avait plus de trente-cinq ans, et avait, depuis son passage déjà lointain à l'Ecole de Droit, perdu quelque peu de vue ces principes approfondis de Droit romain qui constituent le fondement obligatoire des études de doctorat. Cependant cette difficulté n'était pas faite pour l'arrêter ni le décourager. Molinier était de ces natures fortement trempées pour lesquelles le travail est un besoin et un plaisir et qui placent dans l'étude l'objectif de toute leur vie. Il se mit résolument à cette besogne ingrate à l'âge qu'il avait atteint, et sut concilier les devoirs du magistrat avec les nécessités de la vie d'étudiant. Le 5 février 1838 il soutenait devant notre Faculté de Droit sa thèse de doctorat et y recevait, en récompense de son énergie et de ses mérites, le titre de docteur en Droit qui allait lui permettre de donner satisfaction à ses goûts et à son ambition ; ce titre devait lui servir de transition entre la magistrature qui le possédait depuis sept ans et l'enseignement du Droit auquel il allait se consacrer pendant près d'un demi-siècle.

A peine le laborieux magistrat avait-il conquis son grade de docteur, qu'un concours s'ouvrait à Toulouse, le 7 mai 1838, pour la chaire de procédure et de législation criminelle, et pour une place de suppléant vacante à notre Faculté de Droit. Molinier n'hésita pas à affronter les deux concours et ne recula pas devant les difficultés et la fatigue des doubles épreuves qu'il aurait à subir. Molinier ne fut point désigné pour la chaire de procédure ; mais, s'il ne fut pas l'élu du jury pour la chaire de professeur, il obtint ses suffrages pour la place de suppléant et fut installé, le 6 novembre 1838, comme membre de notre Faculté de Droit.

Le gouvernement ne tarda pas à mettre à profit les connaissances philosophiques et historiques du nouveau suppléant, en lui confiant cet enseignement que, dès 1831, il avait manifesté le désir de voir établir dans nos Facultés de Droit : il fut bientôt chargé d'un cours d'Introduction générale à l'étude du Droit.

Cependant l'occasion s'offrit bientôt pour notre confrère de rentrer dans l'arène et d'entreprendre de nouveau la lutte du concours. Le professeur de Droit commercial de notre Faculté, M. Ferradou, mourut en 1839. Un concours fut ouvert pour pourvoir à la vacance de cette chaire, le 30 mai 1840, et Molinier se fit inscrire parmi les concurrents. Par suite d'autres vacances dans diverses Facultés, l'ouverture de ce concours, d'abord retardée en novembre, fut fixée au 16 janvier 1841, et son siège fut porté à Paris.

Ce concours dura six mois. Dufour et Molinier luttèrent avec ardeur avec les autres concurrents, de façon à se partager les suffrages. Dufour sortit vainqueur de la lutte au scrutin de ballottage et Molinier revint prendre sa place de suppléant à Toulouse après avoir vaillamment combattu et acquis de solides connaissances en Droit commercial.

Ne regrettons pas pour lui l'insuccès de 1841 ; ce fut une bonne fortune qui lui permit de se consacrer bientôt à l'enseignement du Droit pénal et d'y conquérir une réputation européenne.

Le souvenir de ce concours et le sérieux travail qu'il avait dû faire pour l'affronter dignement valurent à la France un volume de Droit commercial, dont la publication, commencée en vue de cette lutte universitaire, fut achevée en 1846. « Ce traité, comme le faisait justement remarquer le professeur de Droit commercial et doyen honoraire de notre Faculté, dans son rapport au Conseil académique pour l'année scolaire 1886-87, malgré les modifications subies par la législation depuis sa publication, reste encore au rang des œuvres magistrales, et n'a rien perdu de son autorité auprès des jurisconsultes; on lit toujours avec fruit ce traité doctrinal, dans lequel un dogmatique exposé des principes fondamentaux du Droit, s'unit harmonieusement à une judicieuse critique de la jurisprudence et à une nette conception des nécessités pratiques de la vie commerciale. »

Malheureusement cette savante et utile publication fut et demeura interrompue. Une décision du ministre de l'instruction publique venait de tracer à Molinier son avenir, et notre confrère trouva dans une branche négligée jusque-là de la science du Droit la voie qu'il devait si brillamment suivre jusqu'à la fin de sa longue et belle existence.

Le 3 janvier 1843, le ministre de l'instruction publique autorisa Molinier à substituer au cours d'introduction générale à l'étude du Droit dont il était chargé, celui de législation criminelle comparée.

A partir de ce moment commença cet enseignement du Droit criminel, auquel Molinier allait consacrer toute la puissance et toute l'énergie de son amour du travail et de son dévouement pour la jeunesse, et auquel il allait bientôt devoir cette légitime célébrité qui lui valut de si précieuses relations avec les savants étrangers.

Le Droit pénal, à cette époque, malgré son importance, ne faisait pas, dans nos Ecoles de Droit, l'objet d'un cours distinct et séparé ; il était un accessoire de la procédure civile, et son enseignement se ressentait naturellement de cette situation inférieure, du travail parfois excessif imposé au professeur chargé d'exposer les règles de ces deux branches du Droit ; il souffrait enfin de cette union trop étroite avec une science qui exigeait chez le maître chargé de l'enseigner des aptitudes et des qualités d'esprit tout à fait différentes de celles qui lui convenaient. — Le jour où il fut dégagé et devint indépendant, le cours de législation criminelle apparut avec son haut intérêt scientifique et social, avec ses aperçus philosophiques et historiques et ses considérations générales de l'ordre le plus élevé qui permettent à ceux qui se consacrent à cette étude attachante de se placer souvent au-dessus des arides et ingrates discussions de textes, en pénétrant dans les replis les plus cachés de l'âme humaine, en en étudiant avec soin les ressorts les plus mystérieux, en recherchant la meilleure conciliation possible des droits de l'individu et des nécessités de la défense sociale.

Le savant maître auquel était confié cet enseignement nouveau y était merveilleusement préparé par ses profondes connaissances philosophiques et historiques, et vit immédiatement ses efforts couronnés d'un plein succès. Dans deux leçons publiques par semaine auxquelles la présence des étudiants était facultative, il exposa, avec cette clarté, cette précision de pensée et de parole qui gravaient à tout jamais son enseignement dans les esprits, les principes généraux de la législation pénale et tous les problèmes sociaux qui s'agitent autour d'elle. Le fondement du droit de punir venait d'être renouvelé par une école qui comptait parmi ses créateurs les noms d'éminents philosophes et criminalistes ; l'organisation de notre système pénitentiaire était l'objet des plus vives critiques et l'opinion publique exprimée par d'éloquents publicistes réclamait la suppression de la peine de mort en matière politique et l'abolition de la mort civile ; des procès célèbres avaient provoqué, de la part de savants aliénistes, l'étude attentive de la folie et de ses manifestations les plus contestables ; enfin, la participation du pays à l'administration de la justice par le jury était l'objet d'intéressantes études sous un gouvernement dont la constitution admettait le pays à l'administration politique.

Toutes ces questions présentées par Molinier au point de vue philosophique et rationnel, ensuite au point de vue de la loi positive, éclairées par la double critique de l'expérience historique des siècles passés et de l'expérience contemporaine des législations étrangères, étaient de nature à passionner la jeunesse et à attirer autour du maître un grand nombre d'auditeurs désireux de s'instruire et de se pénétrer de ces intéressants problèmes. Aussi, lorsqu'en décembre 1844 il reprenait pour la seconde fois son cours de législation criminelle comparée, il pouvait dire, avec satisfaction, dans sa leçon d'ouverture : « Deux fois par semaine, je vois ce cours *facultatif* amener sur ces bancs un auditoire tel que mes vœux l'appelaient, composé de jeunes hommes graves, l'élite de notre école, et tous animés, j'en ai l'intime conviction, du noble désir d'étendre leurs connaissances et de compléter leurs études juridiques. »

Cet enseignement, interrompu pendant quelque temps par la suppléance de M. Malpel dans le cours de Droit civil, eut un tel succès, que le 13 décembre 1846, sous le ministère de M. de Salvandy, la chaire de Droit criminel fut créée à notre Ecole de Droit, et Molinier en fut aussitôt nommé titulaire, après un stage de trois années, qui lui avait suffi pour affirmer ses aptitudes et pour les faire reconnaître par le gouvernement.

Toulouse eut ainsi, grâce à notre savant criminaliste, l'honneur de posséder, après Paris, une chaire de Droit pénal bien longtemps avant les autres villes de France : la création de ces chaires séparées n'ayant eu lieu, dans les Facultés de province, qu'en 1872 et 1875.

Peu d'années après, le nouveau professeur de Droit criminel publiait le programme de son cours qu'il avait d'abord dicté et fait autographier. Ce résumé, remarquable par sa clarté et sa méthode, eut immédiatement un grand succès ; il servit de guide, non seulement aux étudiants mais encore aux maîtres, qui y trouvaient l'indication des sources, l'exposé d'une doctrine sûre, l'analyse des monuments législatifs et des travaux les plus importants consacrés à l'étude de la science du Droit pénal, enfin ce plan déjà éprouvé qui rendit si facile, pour tous ceux qui suivirent l'enseignement de notre confrère, l'étude du Droit pénal.

A partir de cette époque, Molinier se livra, avec cette persévérante ardeur que nous avons tous admirée en en bénéficiant, à l'étude de sa science de prédilection, aux aperçus si vastes, aux aspects toujours variés et changeants ; il se tint avec soin au courant des moindres progrès, les faisant connaître ou les provoquant par ses écrits ; il en étudia les effets dans l'application en consacrant son attention à cet intéressant problème toujours agité de l'organisation du système pénitentiaire, et en se mettant en relations fréquentes avec les prisonniers détenus dans la maison d'arrêt, de justice et de correction de Toulouse. Sa vie s'écoula, paisible, partagée entre le travail, qu'il aimait avec passion, et les joies de la famille.

Quoiqu'il eût depuis longtemps abandonné la vie militante du barreau, Molinier resta inscrit au tableau de l'ordre des avocats et fut souvent, dans le cours de sa longue et laborieuse existence, consulté avec fruit par les plaideurs sur des questions difficiles de Droit commercial et de Droit international ; ses profondes connaissances des principes de la législation commerciale et des détails des législations étrangères lui permirent de s'associer, jusqu'à ses derniers jours, à l'œuvre de la Justice.

En 1851, Molinier adhéra avec empressement à l'idée de son collègue Bénech de fonder l'Académie de législation. Il s'attacha avec amour à entretenir la vie qu'il avait contribué à lui donner, en s'associant avec une telle ardeur à ses travaux, qu'on trouve à peine, vers la fin de sa longue et laborieuse carrière, quelques rares volumes de son Recueil qui ne contiennent pas une étude de lui ; il profita des rapports scientifiques que l'Académie nouvelle ne tarda pas à avoir avec tous les points du monde civilisé, il les entretint et les augmenta en faisant honorablement connaître son nom à l'étranger.

Les relations scientifiques de Molinier se multiplièrent bientôt, et un échange de communications pleines d'intérêt s'établit entre notre savant toulousain et les criminalistes les plus distingués des pays étrangers. Il était tenu au courant de tous les travaux les plus importants publiés dans les divers Etats de l'Europe et les faisait connaître dans d'intéressantes monographies qui ont largement contribué à répandre l'étude critique, si féconde en enseignements, de la législation étrangère. A son tour, il faisait connaître aux étrangers les progrès de la législation et de la science du Droit pénal de notre France ; il communiquait ses idées personnelles et avait plusieurs fois l'honneur d'être consulté par les jurisconsultes et même par les gouvernements étrangers. Il obtint ainsi une légitime notoriété en Italie, en Espagne, en Portugal, en Belgique, jusqu'en Suède et en Russie, et entretint une correspondance suivie et pleine d'intérêt avec les sommités scientifiques de ces divers pays : MM. Mittermaïer, Mancini, Pietro Ellero, Carrara, Brusa, Lucchini, De Cardenas, Nypels, Thonissen, De Hubé, D'Olivecrona, Jordao, De Silva Ferrao.

M. Molinier, dans quelques voyages qu'il fit en Suisse et en Italie, trouva chez ces hommes éminents l'accueil le plus empressé et le plus bienveillant, qu'il fut heureux de leur rendre à son tour lorsque quelques-uns, M. Nypels, M. de Cardenas, M. de Hubé, M. Jordao, s'arrêtèrent dans notre ville.

Cette réputation vraiment européenne et ces relations devenues amicales entre notre regretté confrère et les savants les plus distingués des pays étrangers, sont un côté caractéristique et original de cette noble existence et font le plus grand honneur tant au criminaliste qu'à l'homme privé dont ceux qui l'ont connu appréciaient la bienveillance et la courtoisie.

Le gouvernement français remercia publiquement Molinier des services qu'il avait rendus à la science en le nommant chevalier de la Légion d'Honneur en 1860. A leur tour, les gouvernements étrangers voulurent lui témoigner leur reconnaissance pour le concours effectif qu'il prêta aux juristes et aux hommes d'Etat des divers pays dans l'important travail de revision de leur législation pénale. En 1861, il était nommé chevalier de l'Ordre de Saint-Jacques de l'Epée de Portugal; en 1871, une remarquale étude sur la réforme du Droit pénal italien lui valait la décoration de l'Ordre de la Couronne d'Italie, et neuf ans plus tard, à la suite de belles monographies sur le projet de Code pénal italien présenté par M. Mancini, il était élevé au grade de commandeur du même Ordre. Enfin, notre gouvernement couronnait cette longue et laborieuse carrière du savant criminaliste en 1881, en le nommant officier de la Légion d'Honneur.

En même temps, les académies étrangères ouvraient leurs portes à celui qui avait tant fait pour la science : l'Académie royale de Lisbonne, l'Académie des sciences morales et politiques de Madrid et celle de Législation et de jurisprudence de la même ville lui accordaient le titre de membre correspondant. Le roi d'Italie, pour remercier notre savant collègue de l'affection qu'il n'a cessé de manifester pour ce beau pays où il vit le jour, l'invita, en 1880, à assister à un congrès juridique tenu à Turin. Malgré son âge avancé, Molinier n'hésita pas à se rendre à cette invitation ; il fut nommé président honoraire de cette assemblée, y prit plusieurs fois la parole sur des questions de Droit commercial international et de Droit criminel, et fut toujours écouté avec un respectueux intérêt. En 1885, il était nommé membre du comité d'honneur formé à Liège pour organiser une manifestation en l'honneur du cinquantenaire de professorat de son collègue et ami, M. Nypels ; il reçut du président, M. Thonissen, ministre de l'instruction publique, l'invitation d'assister à ces fêtes, et les étudiants lui écrivirent pour lui demander de leur annoncer le jour de son arrivée, afin qu'ils pussent venir le recevoir à la gare. Quelque séduisantes et flatteuses que fussent ces démarches officielles et officieuses du monde savant et de la jeunesse studieuse, pour laquelle Molinier eut toujours tant de sympathie, il dut s'abstenir d'un aussi long voyage, de fatigues et d'émotions que ses quatre-vingt-six ans, malgré la santé robuste dont il jouissait encore, ne lui permettaient pas d'entreprendre et de supporter ; il dut se contenter à regret d'adresser à M. Nypels une lettre de félicitations qui fut lue à la séance solennelle.

L'âge avancé auquel arrivait Molinier, sans que sa santé, son intelligence et sa puissance de travail en ressentissent la moindre atteinte, lui rendit cependant difficile l'enseignement du Droit criminel à un auditoire nombreux ; sa voix avait faibli, et les étudiants ne pouvaient plus profiter comme autrefois de ses remarquables leçons. Le savant maître le comprit, et, quoique à regret, il se décida, avec cette force de résignation qui imposa dans les plus pénibles moments de sa vie le calme à son âme, à descendre de cette chaire où il enseignait, depuis près de quarante ans, la science à laquelle il avait rendu des services si nombreux. Il demanda et obtint, en décembre 1881, un suppléant pour son cours, continuant, du reste, à vivre de la vie universitaire et faisant à un auditoire plus restreint de candidats au doctorat de savantes et intéressantes leçons sur la procédure devant la Cour d'Assises et la loi nouvelle du 29 juin 1881 sur la presse, jusqu'au moment où il fut chargé du cours de Droit constitutionnel nouvellement introduit dans nos écoles pour les examens du doctorat, et à l'enseignement duquel l'avaient depuis longtemps préparé ses études élevées et une longue pratique de la vie publique comme conseiller général du canton de Lanta.

J'eus l'honneur d'être désigné pour le suppléer dans cette chaire, dans laquelle je devais le remplacer. Je n'oublierai jamais le bienveillant intérêt avec lequel le savant maître m'accueillit et voulut bien me guider dans cet enseignement nouveau pour moi ; se plaçant bien au-dessus de ces sentiments de regret et de jalousie qui atteignent parfois ceux qui se retirent de la vie publique, il me prodigua au contraire les plus fréquents témoignages de sympathie dont je saisis ici l'occasion de lui témoigner ma reconnaissance.

Atteint, en 1886, par une décision fixant une limite d'âge à la carrière de l'enseignement, Molinier se retira avec une admirable résignation, se consacrant désormais tout entier à la publication de son *Cours de Droit constitutionnel,* qui devait rester malheureusement inachevé.

Un dernier honneur attendait le savant octogénaire : le 26 mars 1887, le Président de la République instituait et nommait, au ministère de la justice, une commission extra-parlementaire chargée de préparer la revision de notre législation pénale ; notre confrère Molinier était désigné pour en faire partie. Malgré ses quatre-vingt-huit ans, il ne put se résigner à considérer cette mission comme purement honoraire, il voulait prendre une part effective à ces travaux qui l'intéressaient et pensait pouvoir encore rendre des services à son pays et à la science. N'écoutant que son amour du travail, sourd aux conseils de la prudence, fortifié du reste dans son illusion par une santé que rien n'avait ébranlée jusque-là, il partit pour Paris, accompagné par une fille dévouée, avec l'intention de s'y établir pendant plusieurs mois pour suivre les travaux de la commission et d'y appeler tour à tour auprès de lui ses enfants. Hélas ! à peine arrivé dans la capitale, il fut mortellement frappé d'une congestion pulmonaire, qui l'emporta en quarante-huit heures, et mourut le 28 juin 1887 au champ d'honneur, combattant encore pour la science. Il mourut, ainsi que l'écrivait quelque temps après un éminent criminaliste italien, un ancien élève du maître regretté, aujourd'hui notre collègue et doyen honoraire « dans la sérénité d'un cœur doux à tous, d'une âme vaillante à l'étude, dévouée au bien, étrangère aux préjugés, ouverte à toutes lumières, naïve et bonne d'une façon si naturelle qu'il n'a jamais pensé à s'en faire un mérite. »

Molinier a réalisé, pendant de longues années, cet idéal de la vieillesse tracé par le grand orateur et philosophe de Rome, et si attrayant qu'on a pu dire qu'il *fait appétit de vieillir* ; chez lui, comme chez le vieillard de Cicéron, la gravité était tempérée par des manières affables et les années n'avaient point altéré son caractère ; il possédait ces armes précieuses de la vieillesse, l'amour des lettres et de la science et la pratique des vertus, et il put jouir en paix de ce bonheur que le philosophe romain considère comme le plus grand : la conscience d'une vie passée dans la vertu et le souvenir de tout le bien accompli. Enfin, il eut l'heureux privilège de n'être affligé, dans les dernières années de sa longue existence, d'aucune infirmité et, comme le vieillard rêvé par Cicéron, il put sentir son corps vieillir, mais son esprit demeura toujours jeune ; en consacrant ses jours à l'étude et au travail, il arriva à un âge qu'il est rarement permis d'atteindre sans s'en apercevoir et sans en être incommodé ; son existence marcha insensiblement à son terme et, au lieu de se briser tout à coup, elle s'éteignit peu à peu par la longueur même de sa durée, comme un feu qui s'éteint de lui-même parce qu'il ne trouve plus d'aliments.

Après avoir retracé les principaux événements de cette belle et noble existence tout entière consacrée au culte du vrai et du juste, à l'accomplissement scrupuleux des moindres devoirs, dévouée sans réserve au progrès de la science, à l'instruction de la jeunesse et au bien public, je voudrais rappeler les doctrines les plus essentielles auxquelles il demeura toujours fidèle et, après avoir fait connaître l'homme, je voudrais dire ce que fut le savant comme philosophe, comme criminaliste, comme professeur et comme publiciste, et mettre en lumière les services qu'il rendit à ces divers titres.

1° *Molinier philosophe.* — Comme philosophe, Molinier fut toujours fidèle aux doctrines du spiritualisme le plus élevé.

Adversaire convaincu des doctrines naturalistes et positivistes qui cherchent, de nos jours, à courber les sciences morales sous le joug avilissant de la méthode purement expérimentale et de l'évolution, et qui, confondant l'homme dans l'animalité, n'admettent que la fatalité d'un déterminisme universel, Molinier a toujours tenu haut et ferme le drapeau du spiritualisme et affirmé avec conviction l'existence de principes absolus et immuables dont les législations doivent s'inspirer ; il a constamment enseigné, dans ses remarquables leçons sur la philosophie du Droit pénal, que les lois positives doivent obéir aux principes du droit naturel, à ces règles dictées par la sagesse et la raison humaine et doivent tendre vers la réalisation en ce monde de la justice idéale dont Dieu a placé en nous le sentiment, tout en tenant compte de l'état de civilisation et de l'état économique des peuples pour lesquels elles sont faites. Il a consacré à ces nobles doctrines les premières pages de son *Cours de Droit constitutionnel*, et dans la remarquable introduction de cette œuvre à laquelle il a consacré ses dernières pensées, il proclame hautement l'empire du Droit naturel et de la justice, et s'élève avec force et indignation contre la maxime du despotisme que favorise l'école historique et évolutionniste : *la force prime le droit.* « La loi, dit-il, n'est pas un acte de puissance ; elle ne doit être qu'un acte de sagesse et de raison ; la loi positive ne doit dès lors avoir d'autre objet que celui de produire une manifestation objective de la loi naturelle propre à en assurer l'observation... Ce que nous repoussons, ajoute-t-il plus loin, c'est cet empire souverain qu'on attribue à la force ; c'est cette doctrine, si favorable à l'absolutisme, qui ne voit dans la loi qu'un principe impératif dépourvu de toute valeur morale et auquel on doit obéissance tant que les agents du pouvoir ont à leur disposition des moyens de contrainte suffisants, mais auxquels la résistance est légitime dès qu'elle peut triompher. A cette maxime *la force prime le droit*, nous répondons en disant que c'est *le droit qui prime la force* dont l'emploi n'est légitime que lorsqu'elle intervient pour assurer l'empire du Droit... Le Droit est le souverain, parce qu'il a une puissance morale qui domine dans l'Etat... C'est par le Droit que les sociétés vivent et prospèrent; c'est en s'écartant de ce qu'il commande qu'elles souffrent et qu'elles meurent » (1).

Ces nobles et généreux sentiments inspirèrent toujours notre criminaliste dans ses doctrines sur le problème fondamental du droit de pu-

(1) *Cours de droit constitutionnel*, nos 17, 21, 46, p. 27, 35 et 74. — Avant-propos, p. VIII.

nir de la société. Ennemi déclaré des idées utilitaires de Bentham, qu'il
avait combattues, dès 1836, dans un fragment d'un traité inédit de droit
naturel inséré dans la *Revue de législation*, dirigée par M. Wolowski (1),
Molinier repoussa avec une énergique conviction toutes les justifications
du droit de punir qui se rattachaient exclusivement à l'utilité ou à la
défense sociale, ne voyant dans ces moyens que l'emploi de la force
brutale et un retour dangereux aux procédés violents des époques barbares.

Molinier enseigna toujours que l'idée de justice devait nécessairement
présider à la répression des crimes et délits, que le droit de punir était
inséparable de la notion de mérite et de démérite, et qu'il était bien
difficile de détacher du châtiment toute idée d'expiation, car on ne peut
supprimer ce qui est inhérent à la nature même des choses et qui est
dans le domaine du sentiment. Cependant il sut se garder d'un excès
facile en ce sens. Disciple fervent et fidèle des de Broglie, Guizot, Cousin, Rossi, il tempéra les exagérations possibles de l'idée de justice par
le contre-poids de l'utilité sociale, et établit nettement la distinction nécessaire entre la justice divine et la justice humaine.

2° *Molinier criminaliste.* — Les profondes et nobles convictions philosophiques de Molinier, éclairées par une attentive étude du passé, des
besoins des peuples, des progrès de la civilisation et une exacte connaissance des législations étrangères et des travaux scientifiques publiés
par les savants des autres nations, lui permirent de s'élever à la place
distinguée qu'il a occupée comme criminaliste.

Nous ne pouvons faire connaître ici toutes ses doctrines personnelles
à propos des nombreux problèmes que soulève l'étude du Droit pénal ;
on les retrouvera exposées dans ce traité.

Le savant maître est toujours au courant des moindres progrès des
idées, se gardant de toute exagération et de tout système absolu, se préoccupant de l'application pratique et des résultats sociaux des réformes
qu'il désire, enfin appuyant ses propositions sur une étude attentive des
législations étrangères.

Molinier ne borna pas son horizon scientifique à l'étude et à l'interprétation des textes de la loi : il éleva plus haut la science du Droit criminel, et, grâce à une critique sûre appuyée sur de solides bases philosophiques et historiques, il fit de cette branche du Droit une science in-
ternationale, on peut dire universelle, en ce qu'elle embrassait pour lui
toutes les époques et tous les pays, et qu'il savait tenir compte, dans
son application, des différences de temps, de civilisation et de mœurs.

_____

(1) *Revue de législation et de jurisprudence*, t. V, p. 209 et suiv. — Jérémie Bentham considéré comme moraliste et comme légiste.

C'est ce caractère qu'il sut donner à l'étude du Droit pénal, qui fit acquérir à son enseignement cette légitime renommée dont il a joui.

3° *Molinier professeur*. — Doué d'une haute intelligence qui saisissait avec facilité et s'assimilait les principes fondamentaux de la science, possédant à merveille la littérature juridique, heureusement servi par une excellente mémoire naturelle que l'étude avait encore développée, Molinier sut attirer et retenir, pendant quarante ans, la jeunesse studieuse groupée autour de sa chaire. Appuyant son enseignement sur de solides principes et une méthode sûre, exposant avec simplicité et clarté les données du droit rationnel et naturel, en montrant l'application dans les temps passés, il préparait ainsi l'esprit de ses auditeurs à l'intelligence et à la critique des législations actuelles ; ses citations fréquentes et bien choisies des philosophes, historiens ou littérateurs célèbres, le récit d'anecdotes empruntées aux drames judiciaires donnaient à ce cours une vie et un intérêt tout particulier, tenaient sans cesse en éveil l'esprit de ceux qui l'écoutaient et aidaient à graver dans leur mémoire les raisonnements abstraits et les arides discussions juridiques qui ne les trouvaient jamais fatigués. L'on peut appliquer à notre criminaliste toulousain ce que l'on a dit d'un homme éminent dont Molinier suivit bien souvent les idées élevées : « Les législations avec la nature de leurs principes, les peuples avec le développement de leurs destinées, les chefs d'école avec la diversité de leurs théories trouvèrent en lui un juge profond, un historien savant, un conciliateur adroit. Plus pénétrant encore que fécond, plus ingénieux qu'inventif, il comprenait tout cependant en homme qui aurait pu le découvrir et, séparant avec soin le vrai du faux, le chimérique du praticable, il rendait très souvent siennes les idées d'autrui en les rendant justes... En usant bien des principes destinés à prévenir le respect judaïque des textes ou leur trop libre application, il apprit au jurisconsulte à ne pas se tromper dans ses avis, au magistrat à ne rien hasarder dans ses sentences ; il fit de l'un l'intelligent interprète, de l'autre le juste observateur de la loi » (1).

Molinier contribua, par son enseignement distingué, à faire acquérir à notre Faculté de droit la juste renommée de science dont elle jouit ; il a fait de nombreux élèves, et ceux qui avaient su profiter de ses précieuses leçons avaient une réputation justement méritée de science en matière criminelle et prouvèrent souvent leur supériorité dans les épreuves du concours d'agrégation.

4° *Molinier publiciste*. — Molinier, dans le cours de sa longue existence, a beaucoup écrit, soit dans les revues de Droit françaises et

---

(1) Mignet, *Portraits et Notices*. Rossi, t. II, p. 192 et 193.

étrangères, soit dans les recueils des Sociétés savantes et Académies dont il faisait partie ; ses publications sont en si grand nombre que nous ne pouvons les analyser ici. Qu'il nous suffise de rappeler qu'aucun sujet ne lui demeura étranger et que, loin de se cantonner dans l'étude du Droit pénal, son esprit, avide de s'instruire et de communiquer sa science, était à la recherche de tous les problèmes intéressants des sciences, de l'histoire, de l'art et de la littérature. C'est ainsi que tantôt il recherchait les traces de l'usage de la boussole au treizième siècle, tantôt il comparait le *Menteur* et le *Cid* de Corneille à certains drames espagnols et vengeait notre poète des accusations de plagiat lancées contre lui ; l'histoire était l'objet de ses études, non seulement dans ses rapports avec le Droit pénal, lorsque par exemple il entretenait les Sociétés savantes de Toulouse des pénalités anciennes, mais encore dans les faits étrangers à cette science, et c'est par une étude historique qu'il a terminé la longue liste de ses publications, en recherchant si Anne d'Autriche et Mazarin étaient secrètement mariés ; l'art lui-même était l'objet de ses préoccupations dans une étude présentée, en 1871, à l'Académie des sciences, inscriptions et belles-lettres de notre ville sur l'acquisition de la propriété des objets d'antiquité et des pièces auxquelles s'attache un intérêt scientifique, étude qu'il serait intéressant de rapprocher de la loi récente du 30 mars 1887 sur les monuments historiques.

J'ai cherché à rappeler dans ces quelques pages les principaux traits de cette existence si bien remplie et qui s'est écoulée, pendant quatre-vingt-huit années, dans l'amour de la science, la pratique du bien et le dévouement à la jeunesse studieuse. Je n'ai pu analyser tous les travaux de Molinier. J'ai voulu seulement retracer la physionomie si sympathique « de ce savant doué d'une haute raison, d'un cœur noble, d'un goût délicat, dont la sagesse et la vertu n'avaient rien d'austère, qui, faisant de la bonne humeur l'accompagnement naturel de la bonne conduite et de l'aménité l'ornement de la vertu, avait le caractère le plus égal en même temps que le plus sûr, un commerce plein de charme où il portait la douce gaieté d'un homme de bien qui est content de lui et veut être agréable aux autres. » Nous pouvons dire de lui, en terminant, ce que M. Mignet a écrit sur un célèbre moraliste et historien : « Après avoir pensé en philosophe, écrit en moraliste, agi en citoyen, vécu en sage, fini en chrétien, notre vénéré collègue comptera parmi les meilleurs des hommes et les plus respectables.

GEORGES VIDAL.

NOTICE BIBLIOGRAPHIQUE

ŒUVRES DE VICTOR MOLINIER

———

§ I. — *Sujets de Droit pénal.*

1. — Du droit de punir et de la peine de mort. 1848 (Académie des sciences, inscriptions et belles-lettres de Toulouse).

2. — De l'application du décret du gouvernement provisoire portant abolition de la peine de mort en matière politique (Revue Fœlix de Droit français et étranger. 1848, XV, **273**).

3. — Etude sur le Droit pénal : compte-rendu des leçons de Pacheco (Revue Wolowski de législation. 1849, XXXV, 38).

4. — Observations sur le projet d'abolir la mort civile. 1850 (Revue de Droit français et étranger).

5. — Programme du cours de Droit criminel. 1851.

6. — De la récidive. 1851 (Revue critique de législation et de jurisprudence).

7. — Des circonstances atténuantes. 1851 (Même revue).

8. — Contrainte par corps en matière criminelle : mineur (Revue critique. 1852, II, 49).

9. — Rapport sur la vie et les écrits de Nicolini. 1852 (Académie de législation).

10. — De la Monomanie envisagée sous le rapport de l'application de la loi pénale (Revue de législation. 1853, XLVI, 253).

11. — Des suites de l'évasion d'un prisonnier pour dettes (Revue critique. 1854, V, 185).

12. — Des peines accessoires. 1855 (Acad. de législ.).

13. — Rapport sur les travaux de MM. Mittermaïer et Haënel. 1855 (*Ibid.*).

14. — Rapport sur le cours de Code pénal et les leçons de législation criminelle de Bertauld. 1856 (*Ibid.*).

15. — Rapport sur le cours de Droit criminel de M. Haüs. 1859 (*Ibid.*).

16. — Etudes juridiques et pratiques sur le Code de justice militaire pour l'armée de terre. 1859 (*Ibid.*).

17. — Les exécutions à Toulouse au dix-huitième siècle. 1860 (Acad. des sciences, etc.).

18. — Du duel, première étude. 1861 (Acad. de législ.).

19. — Sur le discours de M. Lagrevol relatif à la procédure criminelle anglaise. 1861 (*Ibid.*)

20. — Rapport sur les travaux de M. Ellero relatifs à la peine de mort. 1861 (*Ibid.*).

21. — Observations sur le projet de loi portant modifications de plusieurs dispositions du Code pénal. 1862 (*Ibid.*).

22. — Du duel, deuxième étude. 1864 (*Ibid.*).

23. — Rapport sur les travaux de M. Thonissen. 1864 (*Ibid.*).

24. — De la répression des attentats aux mœurs et du suicide, suivant les anciens usages de Toulouse. 1867 (Acad. des sciences, etc.).

25. — Aperçus historiques et critiques sur la vie et les travaux de Jean Bodin, sur la démonomanie et sur les procès de sorcellerie aux seizième et dix-septième siècles. 1867 (*Ibid.* et Revue judiciaire du Midi).

26. — Notice historique sur les fourches patibulaires de la ville de Toulouse. 1868 (*Ibid.*).

27. — La répression du vol d'après les lois anciennes et la jurisprudence du Parlement de Toulouse. 1868 (Académie de législation).

28. — De la réhabilitation des condamnés, à propos d'une étude de M. Alianelli. 1869 (*Ibid.*).

29. — Abolition de la transportation politique et abrogation du décret du 8 décembre 1851. 1870 (*Ibid.*).

30. — Notice historique sur le droit d'accorder des grâces aux criminels, dont jouissaient autrefois le Chapitre de la cathédrale de Rouen et les évêques d'Orléans. 1870 (Acad. des sciences, etc.).

31. — De l'enseignemel du Droit criminel à Pise et des travaux de
M. Carrara. 1873 (Acad. de législ.).

32. — Rapport sur les travaux de M. Emilio Brusa. 1874 (*Ibid.*).

33. — L'unificazione legislativa, la pena di morte et il regime carcerario
(Rivista penale de Lucchini, I, 153-157).

34. — Notice historique sur la condamnation à mort d'un nommé Cahu-
zac, sur son exécution et sur la réhabilitation de sa mémoire
par arrêt du Parlement. 1877 (Acad. des sciences, etc.).

35. — La torture au Parlement de Toulouse. 1879 (*Ibid.*).

36. — Etudes sur le nouveau projet de Code pénal pour le royaume
d'Italie. — 1re partie : système pénal, 1879. 2e partie : Droit
pénal international, 1880.

37. — Le ultime riforme legislative penali in Francia (Rivista penale,
XV, 282-294).

§ II. — *Sujets divers.*

1. — Essai sur l'enseignement du Droit en France et sur l'organisation
des Facultés de Droit. 1831.

2. — Etudes sur Vico et Jérémie Bentham (Revue de législation, t. V,
1836-37).

3. — Etude sur le Droit de propriété (Revue de législation. 1848, XII,
419.)

4. — Discours d'ouverture du cours d'Introduction générale à l'étude
du Droit (*Ibid.* 1842, XV, 365).

5. — Aperçus juridiques et économiques sur le régime de la communauté, sur le régime dotal et sur les dons entre époux (Revue
de Droit français et étranger. 1842, IX, 1).

6. — De l'illégalité de l'adoption de l'enfant naturel (*Ibid.* 1844, XI,
161).

7. — Observations sur les réformes à introduire dans la législation en
matière de privilèges et hypothèques. 1844.

8. — Traité de Droit commercial, t. I. 1846.

9. — Le Droit moderne, Revue de jurisprudence et d'administration,
publiée à Madrid par M. de Cardenas : loi sur la propriété littéraire en Espagne (Revue de Droit français et étranger. 1847,
XIV, 912).

10. — Notice sur l'usage de la boussole au treizième siècle. 1850 (Acad. des sciences, etc.).

11. — La cosmogonie de Dante. 1851 (*Ibid.*).

12. — Etude critique de la jurisprudence de la Cour de cassation relative à l'invalidité des clauses compromissoires. 1851 (Acad. de législ.).

13. — De l'arbitrage en matière civile et commerciale (Revue critique. 1852, II, 214).

14. — Sociétés commerciales : dissolution (*Ibid.*, 366).

15. — Lettre de change : force majeure (*Ibid.*, 660).

16. — L'enseignement du Droit en Espagne. 1853 (Académie de législation).

17. — La dépréciation de l'or. 1854 (Acad. des sciences).

18. — Le Droit municipal romain et les tables de bronze de Malaga. 1856 (Acad. de législ.).

19. — De la folle enchère dans les ventes administratives. 1856 (Journal de Droit administratif).

20. — De la condition des débiteurs à Toulouse au douzième siècle. 1857 (Acad. de législ.).

21. — Notice sur Cujas en tête du volume : *Mélanges de Droit et d'histoire*, publié à Paris en 1857 sous les auspices de l'Académie de législation.

22. — Notice sur Benech (Revue critique, 1857, X, 169).

23. — Rapport sur une dissertation de Bulmerincq : *De naturâ principiorum juris inter gentes positivi.* 1858 (Acad. de législ.).

24. — Rapport sur le traité des sociétés commerciales de M. Bédarride. 1858 (*Ibid.*).

25. — Notice sur les œuvres juridiques de Leibnitz (Revue critique, 1859, XIV, 447).

26. — Des libertés de la coutume de Nice. Rapport. 1860 (Académie de législation).

27. — Communication sur les manuscrits des coutumes de Toulouse. 1860 (*Ibid.*).

28. — Notice sur les œuvres juridiques de Leibnitz. 1860 (Acad. des sciences).

29. — Notice historique sur la prise et la démolition de la forteresse du Pujol par les Toulousains, pendant la guerre des Albigeois. 1861 (*Ibid.*).

30. — Notice sur la vie et les travaux de M. Laferrière. 1863 (*Ibid.*).

31. — Notice sur la question suivante : est-il vrai que Corneille ait pris le sujet et les principales scènes du *Cid* dans une pièce espagnole de Diamante? 1865 (*Ibid.*).

32. — De l'étendue et de la compétence des juges de paix par rapport à l'action civile en matière de diffamation, rixes, voies de fait. 1865 (Revue judiciaire du Midi).

33. — Les manuscrits de M. de Hubé. 1865 (Acad. de législ.).

34. — Le nouveau Code de commerce italien et les institutes de Droit commercial de M. Alianelli. 1869 (*Ibid.*).

35. — De l'abrogation de l'article 75 de la Constitution de l'an VIII. 1870 (*Ibid.*).

36. — De l'acquisition de la propriété des objets d'antiquité ayant un intérêt historique. 1871 (Acad. des sciences).

37. — Le travail et le capital et leur accord. 1871 (Acad. de législ.).

38. — Le congrès juridique italien de Rome. 1872 (*Ibid.*).

39. — Notice sur le poète espagnol Alarcon, sur sa comédie la *Verdad sospechosa* et sur les diverses imitations qu'offrent celles du *Menteur*, de Corneille, et d'*Il Bugiardo* de Goldoni. 1872 (Acad. des sciences).

40. — Notice sur la tragi-comédie de Gabriel Tellez (Tirso de Molina) *El Burlador de Sevilla* et sur le *Don Juan* de Molière. 1873 (*Ibid.*).

41. — Un drame religieux de Calderon de la Barca : *La devocion de la Cruz*. 1875 (*Ibid.*).

42. — Projet de Code rural (Etude présentée à la Société d'Agriculture de Toulouse. 1876).

43. — Prétendue découverte des restes de Christophe Colomb. 1880 (Acad. des sciences, etc.).

44. — Notice sur cette question historique : Anne d'Autriche et Mazarin étaient-ils secrètement mariés? 1887 (*Ibid.*).

TRAITÉ THÉORIQUE ET PRATIQUE

DE

DROIT CRIMINEL

~~~

INTRODUCTION

NOTIONS GÉNÉRALES SUR LE DROIT. — DIFFÉRENCES DU DROIT ET
DE LA MORALE. — DROIT NATUREL ET POSITIF. — ÉCOLES PHILO-
SOPHIQUE ET HISTORIQUE. — DÉTERMINISME ET LIBRE ARBITRE.

Leçon d'ouverture faite le 16 novembre 1881.

———

« Le droit criminel nous offre une des parties les plus importantes de cette vaste science du droit qui, dans sa généralité,
embrasse et exprime avec la morale les rapports nombreux et
divers qui s'établissent entre les hommes. »

Objet du Droit pénal.

« Au point de vue de la philosophie, le droit criminel nous
place en présence des principes fondamentaux de toute morale
sociale. Son objet est d'assurer le maintien de la liberté, de la
sécurité, de la paisible jouissance des droits au sein des sociétés. Les moyens auxquels il a recours consistent dans l'expression des préceptes fondamentaux auxquels les hommes
ont pour obligation de conformer leurs actions et dans la menace des châtiments qu'encourront et auront à subir ceux qui
viendront à enfreindre les préceptes dont l'observation sera

exigée sous une sanction pénale. C'est ainsi que la loi dira expressément ou implicitement : *tu ne commettras pas d'homicide*, et, pour que ce précepte soit observé, elle menacera des peines qu'elle déterminera, ceux qui auront volontairement ou, étant en faute, involontairement ôté la vie à leurs semblables. »

Variabilité du Droit pénal.

« Le droit présente, dans son expression, des différences au sein de l'espace et du temps. Chaque pays, chaque époque, offre des mœurs et des besoins qui ne sont pas constamment les mêmes et ont des exigences qui leur sont propres. C'est ainsi que les législations ont leur histoire et celle du droit criminel offre un grand intérêt, parce que ce droit se rattache de près à l'état de civilisation de chaque peuple, à ses institutions, à son organisation politique, à sa position géographique, à sa situation économique. — C'est donc avec intérêt qu'on suit l'évolution historique du droit criminel dans les transformations diverses qu'il a subies pour arriver aux législations qui sont actuellement celles des nations civilisées de notre époque. »

Etude des législations étrangères.

« Quoique les lois criminelles des divers Etats tendent, de nos jours, vers une certaine uniformité, parce qu'elles expriment des principes fondamentaux qui sont aujourd'hui généralement adoptés, il y a cependant entre elles des différences. L'étude des législations comparées offre un véritable intérêt scientifique et ne doit pas, à notre époque, être négligée. Il y a, en effet, pour arriver à une appréciation exacte des lois qui nous régissent et quelquefois même pour en mesurer la portée d'application, à voir comment un même fait a été envisagé dans différents pays et à des époques diverses. Il peut y avoir aussi à rechercher comment une disposition générale de nos lois a été appliquée à des cas spéciaux par rapport auxquels elles ne statuent pas d'une manière expresse, lorsque les lois étrangères les ont prévus. Disons encore que nos tribunaux de répression peuvent avoir à consulter les lois pénales des pays voisins, notamment pour la répression en France des délits commis à l'étranger par des Français, dans les conditions de l'article 5 de notre Code d'instruction criminelle et de l'article 2 de la loi du 27 juin 1866 sur la répression des délits et contraventions commis par des Français sur le territoire étranger.

« L'étude des principes vient se rattacher à celle des textes qui en assurent l'application. Les théories consacrées par nos codes devront être un des principaux objets de nos travaux dans un but d'utilité pratique.

« Ces théories seront exposées dans un ordre méthodique propre à placer dans des divisions rationnelles les textes qui feront l'objet de nos explications exégétiques. »

[Les législations criminelles étrangères les plus importantes sont actuellement les suivantes :

1° *Codes criminels.*

Code pénal Danois : 20 février 1866 (voir Bulletin de la Société de législation comparée, 1877, p. 15).

Code pénal Russe : 5 mai 1865. — Traduit et commenté par M. Ernest Lehr.

Code pénal Allemand : 31 mai 1870. — Traduit dans l'Annuaire de la Société de législation comparée, 1872, p. 80 et ss.

Code pénal du Mexique : 7 décembre 1871 (voir Bulletin de la Société de législation comparée, 1879, p. 138).

Code pénal réformé de l'Espagne : 17 juin 1870.

Code pénal Belge : 8 juin 1867.

Code pénal du grand-duché de Luxembourg : 18 juin 1879 (Annuaire de la Société de législation comparée, 1879, p. 595).

Code pénal de la Hongrie : 29 mai 1878. — Traduit et annoté par MM. Martinet et Dareste).

Code pénal des Pays-Bas : 3 mars 1881. — Traduit et annoté par M. Wintgens. — Autre traduction de tous les codes néerlandais, par M. Gustave Tripels, avocat à Maëstricht.

Code pénal du Portugal : 16 septembre 1886.

Code pénal de l'Italie : 30 juin 1889. — Traduction de M. Lacointa.

Cantons suisses. — Thurgovie : 1841, révisé en 1867 ; — Vaud : 1847 (projet de révision de 1882) ; — Grisons : 1851 ; — Neuchatel : 1855-29 mai 1891 ; — Argovie : 1857 ; — Valais : 1858 ; — Schaffouse : 1859 (en révision) ; — Lucerne : 1860 ; — Unterwalden-le-Haut : 1864-1870 ; — Berne : 1866 ; — Glaris : 1867 (en révision) ; — Fribourg : 1873 ; —

Zurich : 1871 ; — Bâle-Ville : 1872 ; — Bâle-Campagne : 1873 (reproduction du précédent); — Tessin : 1873; — Genève : 1874; — Zug :
1876-1882; — Appenzell (Rhodes extérieures) : 1878; — Schwyz : 1881 ;
— Soleure : 1885 ; — Saint-Gall : 1885. — N'ont point de Code pénal, les
cantons de : Uri, Unterwalden-le-Bas, Appenzell (Rhodes intérieures).

    2° *Codes de procédure pénale.*

Belgique : 27 novembre 1808 et 17 avril 1878.
Autriche : 23 mai 1873. — Traduction de MM. Bertrand et Lyon-
Caen.
    Allemagne : 1er février 1877. — Traduction de M. Daguin.
Pays-Bas : 1886. — Traduction de M. Tripels.
Italie : 30 novembre 1865.
    Suisse. — Valais : 23 novembre 1848 ; — Vaud : 1er février 1850 ; —
Fribourg : 20 septembre 1873 ; — Neuchatel : 21 mai 1875 ; — Genève :
25 octobre 1884.]

Jurisprudence.

« La jurisprudence des Cours et tribunaux nous montrera
comment les lois sont interprétées et appliquées, dans la pratique, aux faits sur lesquels l'autorité judiciaire a à statuer.
Les décisions de la Cour de cassation et des Cours d'appel
doivent surtout être signalées et appréciées à l'aide d'une critique judicieuse, lorsqu'elles consacrent des principes fondamentaux : elles ne peuvent qu'avoir une grande autorité lorsqu'elles interprètent les textes selon les règles d'une judicieuse
logique, lorsqu'elles consacrent les principes selon les données
de la science. C'est par les décisions judiciaires qu'on voit la loi
en action. »

Littérature du Droit criminel.

« La littérature du droit criminel a également une grande importance : elle offre l'expression scientifique et historique du
droit. Les travaux qu'elle présente peuvent être rangés dans
six catégories.
« Dans la première, viennent se placer les traités de pure
doctrine, dans lesquels sont exposés les principes et les théories d'un droit criminel purement rationnel et envisagé dans

les principes fondamentaux sur lesquels doivent être édifiées les lois positives.

« Viennent ensuite les traités consacrés à l'exposition méthodique du droit en vigueur d'après nos codes et d'après les lois qui en ont modifié les dispositions primitives.

« Dans un autre rang se placent les commentaires qui interprètent les textes de nos codes en donnant des explications sur chacun de leurs articles et en rapportant aussi les principaux arrêts de Cour qui ont statué sur les difficultés d'application que la pratique a soulevées. — Des recueils périodiques, qui présentent la jurisprudence des Cours et tribunaux en rapportant leurs arrêts et jugements, viennent compléter les commentaires, en montrant constamment la loi en action.

« Des travaux déjà assez nombreux nous tracent l'histoire de notre droit criminel et sont en voie d'être encore augmentés à l'aide des documents fournis par nos archives.

« On a aussi à consulter les annales des procès criminels dans lesquelles sont des causes célèbres, véritables drames pleins d'intérêt où la vie humaine apparaît sous ses divers aspects et à l'occasion desquels se sont produits des chefs-d'œuvre d'éloquence judiciaire propres à offrir des modèles.

« Enfin des statistiques habilement conçues et publiées depuis 1826 par la Chancellerie, montrent l'état de la criminalité en France et celui de la répression pour chaque année.

« Telles sont les œuvres philosophiques, historiques, juridiques, d'éloquence judiciaire et de statistique, qui, dans leur ensemble, nous offrent l'expression de la science du droit criminel.

« C'est cette grande et intéressante science, sur laquelle nous donnerons dès maintenant quelques aperçus généraux. »

[**Bibliographie générale du Droit criminel.**

§ 1. *Droit criminel philosophique.*

Beccaria : Traité des délits et des peines. — Traduction de M. Faustin Hélie.

Bentham : Traité de législation civile et pénale ; Théorie des peines et des récompenses. — Traduction de M. Dumont, de Genève.

Rossi : Traité de Droit pénal.

Carrara : Programme du Cours de Droit criminel. — Traduction de M. Paul Baret.

Adolphe Franck : Philosophie du Droit pénal.

Proal : Le Crime et la Peine.

Henri Joly : Le Crime, la France criminelle et le Combat contre le crime.

Georges Vidal : Principes fondamentaux de la pénalité.

Tarde : La Philosophie pénale.

Lucchini : Le Droit pénal et les nouvelles théories. — Traduction de M. Henri Prudhomme ; Introduction de M. Lacointa.

Dr Colajanni : La Sociologia criminale.

Bulletin de la Société générale des prisons fondée en 1877.

Brusa : Prolegomeni al diritto penale.

§ 2.　Histoire du Droit criminel.

Pierre Ayrault : L'ordre, formalité et instructions judiciaires dont les Grecs et les Romains ont usé ès-accusations publiques comparés aux stiles et usages de notre France.

Jules Loiselleur : Les Crimes et les Peines dans l'antiquité et les temps modernes.

Albéric Allard : Histoire de la Justice criminelle au XVIe siècle.

Pierre Clément : La Police sous Louis XIV.

Albert Duboys : Histoire du Droit criminel des peuples anciens et modernes.

Thonissen : Études sur l'Histoire du Droit criminel des peuples anciens ; Le Droit pénal de la République athénienne.

Esmein : Histoire de la procédure criminelle en France depuis le XIIIe siècle jusqu'à nos jours.

§ 3.　Droit criminel pratique.

Bertauld : Cours de Droit pénal.

Ortolan : Éléments de Droit pénal.

Lefort : Cours de Droit criminel.

Villey : Précis d'un Cours de Droit criminel.

Garraud : Précis de Droit criminel.

Laborde : Cours élémentaire de Droit criminel.

Chauveau et Hélie : Théorie du Code pénal, 6 volumes.

Faustin Hélie : Pratique criminelle des Cours et Tribunaux, 2 volumes.

Faustin Hélie : Traité d'Instruction criminelle, 8 volumes.

Blanche : Etudes pratiques sur le Code pénal, 7 volumes.

Trébutien (Revu par Laisné Deshayes et Guillouard) : Cours élémentaire de Droit criminel.

Boitard (Revu par Villey) : Leçons de Droit criminel.]

Notions générales sur le Droit.

« Qu'est-ce que le droit? — Comment le droit est-il en contact avec la morale ? — Telles sont les premières questions qui se présentent et qui doivent en premier ordre être examinées : elles nous amèneront à exprimer les doctrines auxquelles se rattacheront toutes les parties de notre enseignement. Si, pour définir le droit, nous nous reportons aux théories de l'Allemagne, nous dirons avec Ihering : « Le droit est un *organisme objectif de la liberté humaine.* Il n'est point, comme on se le figurait autrefois, une agrégation extérieure de dispositions arbitraires qui doit son origine à la pensée du législateur; il est, au contraire, comme le langage d'un peuple, le produit interne et réglé de l'histoire. » — C'est encore dans ce sens et sous une forme encore peut-être plus saisissante qu'un italien, *Ardigò*, a dit : Le droit est la force spécifique de l'organisme social, comme l'affinité est la force spécifique des substances chimiques, la vie, celle des substances organiques, l'âme, le souffle (*psiche*), celle du règne animal (1).

« Ces notions nous conviennent peu. Nous aimons en France des définitions plus pratiques et moins synthétiques, plus nettes et plus simples pour ce qui est dans le domaine des principes et des choses pratiques de la vie. Ces notions se réfèrent d'ailleurs aux idées d'une école purement historique dont les doctrines imprégnées de fatalisme ne sont pas les nôtres. Nous affirmons dans nos Ecoles françaises la liberté morale d'où émane la responsabilité des agents par rapport aux actes que nos lois punissent.

---

(1) Ardigò. — La morale dei positivisti, p. 550, Apud Enrico Ferri : I nuovi orizzonti del diritto e della procedura penale, 2ᵉ edizione, 1884, p. 98.

[Cette conception de l'organisme social a reçu depuis quelques années un développement que j'ai exposé et repoussé dans mon ouvrage sur les *Principes fondamentaux de la pénalité*, ch. I, § 2, p. 41 et ss.]

« Pour nous, ce qui constitue le Droit, c'est un ensemble de
règles obligatoires de conduite émanant de la nature des rapports qui s'établissent entre les hommes au sein de la vie sociale et dont l'observation peut, avec justice et utilité, être assurée par l'emploi de moyens coërcitifs.

« A la notion du droit se rattache celle de l'*Obligation*, de la
nécessité d'accomplir un fait ou de s'en abstenir. Ainsi, j'ai un
droit de propriété sur une chose qui m'appartient et dont je
puis jouir et disposer à ma volonté ; il y a obligation pour les
autres de ne pas me déposséder de cette chose par une soustraction frauduleuse ou par toute autre voie illicite. Celui qui
s'emparerait frauduleusement de cette chose commettrait le
délit de vol défini dans l'art. 379 de notre Code pénal et puni
par son art. 401 de peines correctionnelles en l'absence de toutes
circonstances aggravantes. Le dépositaire infidèle, qui s'ap-
proprie frauduleusement la chose dont la garde lui avait été
confiée, viole la foi promise et se rend coupable de l'abus de
confiance que punit l'art. 408 du même Code. »

Différences du Droit et de la Morale.

« Le *Droit*, tel que nous venons de le définir, diffère-t-il de la
Morale? — Il en diffère sous certains rapports, mais peut aussi
se confondre avec elle quant aux faits qu'ils régissent (1).

« La Morale embrasse les devoirs que l'homme a à accomplir
envers Dieu, à observer envers lui-même et envers ses semblables. — Le Droit n'embrasse que les faits qu'engendre la
vie sociale et est le produit de l'état de société. Ainsi, l'homme
envisagé isolément doit observer des devoirs qui lui prescrivent
le respect envers lui-même. — La Morale comprend les devoirs
et les obligations de toute nature que nous avons à accomplir.
— Le Droit n'embrasse que celles des obligations dont l'accomplissement peut être exigé et assuré par des moyens coërcitifs. — C'est ainsi que la Morale veut qu'on exerce la bienfaisance envers ses semblables et qu'on vienne à leur secours

---

(1) [Voir sur cette question mon ouvrage sur les *Principes fondamentaux
de la pénalité*, ch. III, sections II et III, p. 95 à 215.]

dans la mesure de ce qu'on peut faire, lorsqu'ils sont dans le besoin ; mais l'accomplissement de ce devoir ne peut être exigé, car, s'il pouvait être exigé, il n'y aurait plus bienfaisance, il n'y aurait que l'acquittement d'une dette. Celui qui a reçu un bienfait doit de la reconnaissance à son bienfaiteur; mais son ingratitude n'est punie que dans quelques cas exceptionnels, lorsqu'elle se manifeste par des faits qui blessent la justice et qui sont réprouvés par la morale publique : c'est ainsi que les donations et les dispositions testamentaires sont révocables pour cause d'ingratitude des personnes gratifiées, d'après les dispositions des articles 953, 955, 956, 957 à 959, 1046 et 1047 de notre Code civil.

« On a donc dit avec raison que le champ de la morale et celui du droit peuvent être exprimés par deux cercles qui ont le même centre, mais qui diffèrent par la circonférence. Celui qui concerne la morale a plus d'étendue et embrasse tous les devoirs et toutes les obligations que l'homme a à accomplir envers Dieu, envers lui-même, envers ses semblables : celui du droit n'embrasse que les devoirs qu'engendre la vie sociale, ceux dont l'accomplissement peut être exigé et peut avec justice être procuré par des moyens coërcitifs. L'homme envisagé isolément doit observer les devoirs de morale qui lui prescrivent le respect pour lui-même ; il n'est régi par les règles du droit qu'à raison de ses rapports avec les autres hommes et au sein de la vie sociale :
« L'existence individuelle de l'homme suffit pour la morale : la
« société de plusieurs hommes est nécessaire pour le droit, dit
« M. Mancini : *l'uomo individuo basta al sistema morale, la società*
« *di più uomini e necesseria al diritto* (1). »

« L'objet du droit, c'est d'assurer la liberté. La liberté n'est garantie qu'au sein de la vie sociale et par la protection que lui procure l'empire du droit et qu'expriment les lois : *sub lege libertas.*

« De là la notion du droit que donne Emmanuel Kant lorsqu'il le fait consister dans « l'ensemble des conditions sous les-
« quelles la liberté extérieure de chacun peut coexister avec la
« liberté de tous suivant une loi universelle. » — De là aussi le

(1) Mancini, Lettere, p. 48.

précepte que le même philosophe exprime dans ces termes : « Agis de telle sorte que le libre usage de ton arbitre puisse se « concilier avec la liberté de tous, suivant une loi universelle. » — De cette maxime s'induit cette appréciation de la moralité des actions humaines : « Est juste toute action qui n'est point ou « dont la maxime n'est point un obstable à l'accord de la liberté, « de l'arbitre de tous avec la liberté de chacun suivant une loi « générale. »

« Le législateur a donc pour mission de procurer à chaque individu le libre exercice de sa liberté dans les conditions dans lesquelles cet exercice se concilie avec les droits des autres et avec les nécessités de l'ordre social : chacun doit être libre dans la sphère qu'il occupe sans empiètement dans les sphères dans lesquelles se meut aussi la liberté des autres et sans qu'une atteinte soit portée aux intérêts généraux du corps social. Le droit nous offre donc l'accord des libertés.

« Lorsque nous disons que la morale et le droit se confondent pour régir les mêmes faits et pour ne différer que par l'étendue de leurs domaines, nous devons cependant dire que des publicistes et des philosophes ont voulu, dans ces derniers temps, établir une séparation complète entre la morale et le droit.

« La morale, a-t-on dit, nous montre nos devoirs : elle nous fournit des règles propres à nous conduire dans la pratique du bien et à nous faire éviter le mal. C'est une science qui nous fait connaître notre fin et qui nous trace les moyens de la remplir. Elle émane de la conscience et des préceptes se rattachant à des dogmes religieux.

« Le droit a pour objet le maintien de l'ordre au sein de la vie civile ; il protège la liberté et il en assure pour chacun l'exercice dans des conditions de nature à garantir les intérêts généraux.

« Sur ce point il y a à s'entendre. Ce que nous maintenons, c'est que les actes dont les préceptes du droit prescrivent l'abstention ou ordonnent l'accomplissement sont aussi au nombre de ceux que la morale interdit ou approuve. Ainsi un individu s'est emparé frauduleusement d'une chose appartenant à autrui ; il a enfreint les préceptes du droit qui protègent la propriété : il a pour obligation de restituer l'objet qu'il détient indûment et d'indemniser le légitime possesseur à raison des pertes qu'a pu lui occasionner la dépossession qu'il a subie ; de plus la loi, en vue d'empêcher des faits semblables, prescrira un châtiment qu'aura à subir l'auteur de cette action. Ce fait enfreint à la fois les préceptes de la morale quant à l'obligation de s'abstenir d'attenter au droit de propriété, et ceux du droit quant au fait extérieur qui a été frauduleusement accompli. — Sans doute la loi ne l'atteint pas uniquement parce qu'il est réprouvé par les données de la conscience ; elle ordonne la réparation du préjudice qu'il a causé et elle le punit en vue de la protection de l'ordre et de la liberté sans lesquels la vie sociale serait troublée par la violence et le désordre. Mais il n'en résulte pas moins que le droit vient fournir sa sanction à des préceptes qui doivent aussi être observés suivant les données de la conscience. La morale est même avec le droit dans un accord tel qu'elle prescrira de ne pas enfreindre les dispositions des lois positives qui ont été édictées dans chaque pays seulement en vue des intérêts généraux, par exemple de créer des ressources fiscales. Elle admettra en principe le devoir pour toute personne de ne pas désobéir aux lois qui ont été régulièrement faites et sous l'empire desquelles elle vit, lors même que ces lois n'offriront que des dispositions réglementaires et de droit purement positif : on n'a pas, par rapport à ces faits qui n'enfreignent qu'indirectement les préceptes de la morale, à se préoccuper des éléments intentionnels ; il suffit qu'ils aient une existence matérielle.

Droit naturel. Droit positif.

« Le Droit se présente à nous sous le double aspect de *Droit naturel* et de *Droit positif*. — Nous sommes, sous ce rapport, en présence de trois écoles.

ÉCOLES PHILOSOPHIQUE, HISTORIQUE ET NATURALISTE.

« L'*Ecole philosophique*, qui proclame l'existence d'un *Droit naturel* émanant des rapports nécessaires que crée entre les hommes la vie sociale.

« L'*Ecole historique*, qui a eu en Allemagne d'illustres représentants en ce siècle : Hugo, Savigny, Walter, et une pléiade de philosophes et de publicistes dont il serait trop long de donner les noms et de mentionner les travaux. Elle n'admet pas l'existence d'un droit naturel ou rationnel ; elle ne veut voir qu'un droit positif se produisant fatalement au sein de chaque groupe social, comme expression de ses mœurs, de son état actuel, de sa position géographique, de l'influence du climat et du fait physiologique de l'hérédité (1). Pour cette école, le Droit est une *efflorescence* qui se produit à la surface de chaque société, qui se modifie pour être sans cesse en rapport avec sa situation et dont l'évolution suit la marche des faits sociaux en s'exprimant dans les coutumes, dans les lois, dans les actes de l'autorité, dans les faits judiciaires.

L'*Ecole naturaliste*, qui rattache l'expression du droit à des données physiologiques et qui ne voit dans les évolutions du droit que l'action des forces de la nature agissant fatalement sans qu'il y ait à faire aucune part au libre arbitre. Sous ce rapport cette école se rattache à l'école historique (1).

« Quelques notions plus étendues sont ici nécessaires pour apprécier les doctrines que professent ces différentes écoles.

« Prenons un exposé des doctrines de l'*Ecole purement historique* dans l'ouvrage récent d'un professeur de l'école normale supérieure, l'*Idée moderne du droit en Allemagne, en Angleterre et en France,* par M. Alfred Fouillée : « Selon l'Ecole historique, le
« Droit n'est pas une création réfléchie et libre de la volonté
« humaine, c'est un développement spontané et fatal des ten-
« dances d'un peuple (2). Les constitutions et les législations ne
« se créent pas, elles poussent ; il n'y a pas de droit naturel
« imprescriptible et inaliénable : tout droit naît de la coutume
« et, en conséquence, du temps. Le génie français, semblable à
« Descartes, qui prétendait reconstruire la philosophie entière
« par sa seule pensée, voudrait refaire la société par sa seule
« volonté ; il croit qu'il suffit de vouloir pour pouvoir et de
« décréter pour fonder : il a foi dans la puissance de l'homme.
« L'Ecole historique allemande dresse devant lui, comme un
« obstacle, la puissance des choses. La volonté ne connaît point

_____

(1) [Cf. sur ces doctrines mon ouvrage sur le *Principes fondamentaux de la pénalité,* p. 155 et ss., p. 183, 184 et ss., 188 et ss., 198 et ss.]

(2) Savigny et Thibaut, cités par M. Fouillée.

« le temps ou espère s'en affranchir, l'histoire la ramène sous
« l'empire de cette force suprême : à l'idée de révolution subite,
« elle oppose celle d'évolution lente ; à la liberté personnelle qui
« s'efforce de rompre avec le passé, elle oppose la loi de conti-
« nuité et le déterminisme universel. Le Droit apparaît alors
« comme n'étant que la puissance supérieure; mais cette puis-
« sance ne réside ni dans la volonté morale, ni dans la force
« physique de l'individu, choses également passagères et qui ne
« peuvent rien fonder de durable : le Droit est la force organisée
« par le temps, la puissance accumulée des générations. »

« La loi n'est que l'expression d'une volonté souveraine qui se
produit fatalement au sein des sociétés, d'une volonté qui commande et qui est douée d'une force suffisante pour assurer
l'obéissance à ce qui est établi. On pourra dire que cette force,
résultat d'un déterminisme qui la produit fatalement, prime le
Droit, car c'est elle qui l'établit. Dans le monde de l'homme,
comme dans le monde de l'animal, dit Schopenhauer, ce qui
règne, c'est la force et non le Droit... Le Droit n'est que la mesure
de chacun (1). »

« Voilà bien, dans toute leur hardie netteté, l'expression des
doctrines proclamées hautement de nos jours par l'Allemagne
lorsqu'il a été dit : *la force prime le droit*. Nous verrons bientôt
ce qu'une semblable philosophie peut produire au point de vue
social.

« A cette Ecole viennent se rattacher les doctrines de l'*Ecole
naturaliste* de Darwin, qui assimile les lois du monde moral à
celles du monde physique, qui rattache la psychologie à la physiologie et qui explique, au moyen d'une loi de sélection, la formation de l'espèce humaine et la production des faits que
l'histoire a constatés. L'*Ecole positiviste* de MM. Auguste Comte
et Littré, l'*Ecole évolutioniste*, à la tête de laquelle figure en
Angleterre M. Herbert Spencer, voient aussi, dans les sociétés
humaines, l'action de forces agissant sur les corps et d'un déterminisme qui implique l'absence du libre arbitre.

« Toutes ces écoles aboutissent, par des idées diverses, à une
philosophie qui n'admet que des organismes et des forces les

_____

(1) Cité par Fouillée, *l. c.*

mettant en action, qui substitue à la liberté morale l'action d'un mécanisme assimilant aux lois du monde physique dont la constance amène nécessairement les mêmes phénomènes, celles du monde moral dont l'évolution est aussi le produit nécessaire de l'état des sociétés.

« Les doctrines matérialistes, niant la liberté morale et le droit naturel, qui ne voient dans l'humanité que des phénomènes semblables à ceux du monde physique et produits par un déterminisme dont l'action est omnipotente, n'ont jamais prédominé en France. Le sentiment de la liberté morale y a toujours régné dans les esprits et notre pays peut se glorifier d'avoir conservé ce respect pour le Droit, cet amour pour la justice qui produit le dévouement, source de toutes les grandeurs de l'humanité. — La liberté a toujours trouvé en nous des apôtres et des appuis et nous avons toujours été prêts à faire de généreux sacrifices pour secourir les peuples opprimés et les rendre à la liberté. Tels ne seront pas les sentiments d'un peuple qui n'admettra ni Droit, ni morale et qui ne croira qu'au règne de la force et aux lois qu'elle impose ; ce peuple n'aura d'autre préoccupation dans sa politique que d'accroître ses forces matérielles et n'aura nul souci des intérêts de l'humanité. — En France, ce qui nous inspire et détermine nos élans généreux, se résume dans ces mots : Dieu, les espérances consolantes d'une autre vie, le Droit et la liberté ! Les doctrines matérialistes et fatalistes, qui ont pour principes le néant après la mort, l'absence de liberté et la puissance d'un fatalisme qui nous domine dans cette vie conduisent, par le dégoût de la vie et le découragement, à un pessimisme qui montre l'existence comme un mal et fait souhaiter l'extinction de la race humaine.

« L'Ecole historique allemande n'est donc pas, selon nous, dans le vrai, lorsqu'elle n'admet qu'une nécessité automatique d'obéir à la loi positive et nie l'existence d'un droit naturel. Nous ne saurions lui accorder aucune sympathie lorsqu'elle ne reconnaît à l'individu aucun droit, lorsqu'elle le soumet à l'empire d'un déterminisme excluant toute liberté et l'assujettit à la force, sans qu'il puisse protester.

« Pour nous, il y a une morale qu'attestent les données de la conscience et dont les règles absolues s'imposent dans les relations des hommes entre eux. — Il y a un droit naturel qui émane des rapports établis entre les hommes et qui se compose de préceptes tendant à diriger l'humanité vers l'accomplissement de ses destinées, vers le développement de ses forces physiques et intellectuelles et de la moralité. L'existence de cette loi nous est révélée par la conscience, par les traditions les plus constantes, et ses préceptes sont attestés par la raison.

« La loi positive ne crée pas le Droit; elle le sanctionne en traçant des règles destinées à en assurer l'application. « Les « lois, disait le docte et judicieux Portalis, dans un exposé des « théories de notre droit civil (1), ne sont pas de purs actes de « puissance ; ce sont des actes de justice, de sagesse et de « raison. » Avant lui, Bossuet avait dit : « La créature raison- « nable a ses lois, dont les unes sont *naturelles* et les autres, que « nous appelons *positives*, sont faites ou pour *confirmer*, ou pour « *expliquer*, ou pour *perfectionner* les lumières de la nature. » — M. Cousin, dans l'une de ses leçons consacrées à l'examen et à la réfutation de la *philosophie sensualiste* (2), s'exprime aussi sur ce point dans des termes qui méritent d'être rapportés : « Les « lois, dit-il, promulguent les Droits, mais elles ne leur donnent « pas naissance ; elles ne pourraient les violer sans être injustes « et sans cesser de mériter le beau nom de lois, c'est-à-dire de « décisions de l'autorité publique dignes de paraître obligatoires « à la conscience de tous. » — Plus loin, le même philosophe critique la notion de la loi que donne Rousseau dans son contrat social : « Rousseau, dit-il, a cru faire merveille de définir la loi « l'*expression de la volonté générale* ; il ne se doutait pas qu'il lui « ôtait par là ce qui en fait toute la vertu. Si la loi n'exprime « que la volonté générale, elle n'exprime qu'un fait, le fait « seulement que tant d'hommes ont voulu ceci ou cela. Soit, ils « l'ont voulu ; mais avaient-ils raison de le vouloir, et ce qu'ils « ont voulu est-il juste ? »

« Nous ne pouvons qu'admettre en effet qu'il y a des lois qui sont bonnes et d'autres qui ne le sont pas ; il y a dès lors néces-

(1) Discours préliminaire du projet de Code civil. Locré, Législation civile, commerciale et criminelle de la France, t. I, p. 254.

(2) Cousin, Philosophie sensualiste, 6e leçon, p. 243, 278.

sité de reconnaître, en dehors des lois positives, un type idéal qui servira à déterminer si les dispositions du Droit positif ne blessent en rien les préceptes de la morale sociale et du Droit naturel.

« Ce n'est pas que nous n'attachions au Droit historique l'importance qu'il doit avoir. Ce droit a une raison d'être qui rend compte de son existence. S'il n'est pas toujours en rapport exact avec le Droit naturel, s'il en méconnaît quelquefois les préceptes, cela tient à des abus émanant de la puissance sociale et aux circonstances particulières qu'offre l'état des sociétés dans lesquelles il se produit. La force est une puissance dont l'action peut être malfaisante lorsqu'elle ne vient pas à l'appui du Droit et lorsqu'elle impose la nécessité d'accomplir des faits qui enfreignent la loi naturelle ou de s'abstenir de ce que cette loi prescrit d'accomplir. Ainsi, l'esclavage, que l'Ecole historique est dans l'impossibilité de réprouver, est consacré par toutes les législations de l'antiquité et garanti par la puissance sociale ; il a existé dans nos colonies; nos lois, même dans des temps peu éloignés, ont consacré les droits du maître sur les esclaves et il est même à notre époque des pays où il n'a pas encore disparu. Cela veut-il dire que des êtres humains puissent être mis au nombre des choses privées de toute personnalité juridique, pour être l'objet d'un droit de propriété ? Les jurisconsultes romains, tout en exposant les règles de l'esclavage consacrées par leur législation, protestaient en faveur de la liberté : les hommes, disent-ils, sont libres selon les lois de la nature ; l'esclavage, admis par les lois positives, est contraire aux lois naturelles : *Servitus est constitutio juris gentium qua quis dominio alieno contra naturam subjicitur* (Florentinus fr. 4 § 1 D. de Statu hominum 1. 5.) — Voilà bien un fait consacré par toutes les législations de l'antiquité et protégé par la puissance sociale, mais qui est apprécié par les jurisconsultes au point de vue d'une loi supérieure. — Il y a donc au-dessus des lois positives une loi naturelle, un type idéal au moyen duquel elles sont jugées.

« Nous avons ainsi, dans le domaine de la science, des principes et des faits historiques.

« Il y a un Droit naturel émanant des fins en vue desquelles l'humanité a été créée et qui se compose d'un ensemble de règles de conduite obligatoires, parce qu'elles sont propres à diriger l'humanité vers le perfectionnement des facultés dont elle est douée (1).

« Ce droit offre l'expression de ce qui est bon et juste. Ses préceptes sont absolus et ne sauraient subir l'action des lieux et du temps. Ce droit naturel n'a donc pas une histoire, car il n'y a que les faits contingents qui puissent subir des évolutions et constituer l'histoire, suivant la belle définition qu'en donne Cicéron (2) : « *Est quidem vera lex, recta ratio, naturæ congruens,*
« *diffusa in omnes, constans, sempiterna ; quæ vocat ad officium*
« *jubendo, vetando a fraude deterreat ; quæ tamen neque probos*
« *frustra jubet aut vetat, nec improbos jubendo aut vetando movet.*
« *Huic legi nec obrogari fas est, neque derogari ex hac aliquid*
« *licet, neque tota abrogari potest : nec vero aut per senatum aut*
« *per populum solvi hac lege possumus ; neque est quærendus explo-*
« *rator aut interpres ejus alius ; nec erit alia lex Romæ, alia*
« *Athenis, alia nunc, alia posthac. Sed et omnes gentes et omni*
« *tempore una lex, et sempiterna, et immutabilis continebit ; unus-*
« *que erit communis quasi magister, et imperator omnium Deus,*
« *ille legis hujus inventor, disceptator, lator ; cui qui non parebit,*
« *ipse se fugiet, ac naturam hominis aspernatus, hoc ipso luet maxi-*
« *mas pœnas, etiamsi cætera supplicia, quæ putantur, effugerit.* »

« Ce qui peut, par rapport au Droit naturel, se placer dans le domaine de l'histoire, c'est l'exposé de l'idée qui l'exprime à travers les systèmes divers qui se sont produits depuis les premiers temps historiques. — Ainsi, par exemple, l'histoire du droit naturel de Walter, qui n'admet pas l'existence d'un droit rationnel, n'est qu'une histoire littéraire présentant les idées diverses qui se sont produites sur ce droit chez les Hébreux, chez les Grecs, dans les écrits de Platon et d'Aristote, dans l'école stoïque de Zénon, chez les Romains, dans les écrits de Cicéron, dans ceux des jurisconsultes qui admettent un *jus natu-rale* et qui, sous les inspirations de ce Droit, ont engagé une lutte incessante contre les dispositions trop âpres du droit positif, pour en adoucir l'application dans des vues d'équité. Le docte his-

(1) [Voir dans ce sens mon ouvrage sur les *Principes fondamentaux de la pénalité*, ch. III, sect. II, § IV, p. 131 et ss.; sect. III, § II, p. 139 et ss.]

(2) Cicéron de Républica, liv. III, XVII.

torien expose ensuite l'influence qu'exerça l'avènement du christianisme sur le Droit naturel et conduit ainsi son histoire littéraire
jusqu'à nos jours à travers tous les systèmes philosophiques.

« Le Droit positif est, par essence, un droit historique qui se
modifie sans cesse au sein de l'espace et du temps. Ce Droit
n'est pas le même à Athènes et à Rome ; il a une géographie et
une histoire ; il diffère même, dans certains Etats, de province à
province ; mais il tend à notre époque à s'unifier comme expression de ce qui est en soi bon et juste. — Ainsi le Droit criminel
antérieur à la fin du xviiie siècle présente des différences profondes et offre un saisissant contraste avec celui de notre époque
quant à l'organisation et aux pouvoirs des juridictions de repres-
sion, quant à la procédure et à la pénalité. — Avant 1791, il
existait en France des juridictions de répression nombreuses
ayant des attributions très diverses. La procédure suivie devant
ces juridictions se faisait au moyen d'une instruction secrète et
écrite sans que l'accusé eût le droit d'avoir toujours un conseil
et suivant des formes qui ne permettaient pas une libre et complète défense ; si l'accusé, dans ses interrogatoires, ne fournissait
pas des aveux propres à le convaincre des faits qui lui étaient imputés, l'emploi de la torture, emprunté aux Grecs et aux Romains
et général en Europe, les lui arrachait. Les peines employées étaient
atroces ; celle de mort était, d'après les écrits de cette époque, applicable en France à 115 cas ; les échafauds dressés sur les places
publiques, les fourches patibulaires établies sur les terres des
hauts justiciers, montraient partout l'action violente de cette justice répressive propre à inspirer la terreur et qui n'empêchait pas
cependant que des crimes très graves ne fussent fréquemment commis. — Aujourd'hui, grâce aux changements qui se sont accomplis dans les sociétés et à l'action vigilante d'une police mieux organisée, l'ordre public semble être mieux assuré avec l'emploi
d'une pénalité moins sévère et d'une nature toute différente ; tandis qu'autrefois la peine de mort était prodiguée, la statistique de
la France en 1879 ne constate que 23 condamnations à mort (20
hommes et 3 femmes) et sur ces 23 condamnations 4 seulement ont
été exécutées : or il y eut, avant 1789, à Toulouse, des mois pendant lesquels les condamnations à mort furent plus nombreuses
que celles de notre époque pour une année et pour toute la France.

« Une étude attentive des faits historiques peut expliquer ces rigueurs excessives de la justice des temps passés, sans cependant les justifier. — L'histoire du droit nous montre en effet que les besoins de chaque période historique peuvent souvent être mal appréciés et que les lois, lorsqu'elles ne sont considérées que comme des actes de puissance, présentent fréquemment des dispositions peu équitables, édictées sans intelligence comme produits de la force qui, selon l'Ecole historique, est à elle seule génératrice du Droit.

« En tenant compte des données de la philosophie du Droit et de l'histoire, l'art du législateur consiste à formuler méthodiquement des règles qui expriment le droit rationnel en les adaptant aux mœurs et aux besoins divers de chaque époque et en conciliant l'exercice de la liberté de chacun avec celui de la liberté de tous.

« Le jurisconsulte et le juge ont pour mission d'appliquer exactement aux faits qui se présentent les dispositions de la loi, selon la pensée et la volonté du législateur. Ils doivent posséder les principes de Droit pur ; mais la loi positive, lorsqu'elle a statué, se présente à eux dans les conditions d'un fait historique impératif et dont ils sont obligés de faire l'application.

« L'observation des préceptes du Droit et leur application réalise, dans les sociétés, le règne de la justice, c'est-à-dire d'une pondération des droits et des obligations de chacun qui produit l'ordre et l'harmonie de la vie sociale. La justice, c'est l'attribution à chacun des droits dont il est investi et l'intervention des pouvoirs publics pour assurer l'accomplissement des obligations envers la société et les particuliers ; c'est la rémunération par des récompenses du dévouement qui produit des actions utiles et la répression des faits coupables par des peines.

Liberté morale. Doctrines déterministes.

« Le règne de la justice suppose la liberté ; je ne l'aperçois pas avec les doctrines qui ne voient dans les actions humaines que le produit d'un automatisme obéissant mécaniquement à des forces contingentes et invincibles. Vouloir transporter dans le domaine des faits psychiques ce qui se produit dans le monde dés phénomènes physiques, c'est confondre des choses dont la nature est entièrement différente. — Dans le monde de la matière, tout s'accomplit par l'action des forces qui lui sont inhérentes ; la reproduction constante des mêmes phénomènes manifeste l'action d'une puissance, qu'en généralisant et à l'aide de l'induction, on érige en loi ; tout s'accomplit fatalement selon les lois physiques et nul ne songe à se soustraire à leur empire; on dit d'elles avec raison : *volentem ducunt, nolentem trahunt* ; les animaux eux-mêmes accomplissent, par l'action d'un déterminisme qui exclut en eux la liberté, les fins en vue desquelles ils ont été créés : les abeilles fabriquent toujours leurs rayons de miel de la même manière, le printemps ramène parmi nous les hirondelles qui y bâtissent chaque année leurs nids avec les mêmes éléments et en leur donnant les mêmes formes. — En est-il de même dans les sociétés humaines ? Présentent-elles des évolutions qui seraient le produit de certaines formes constantes rendant toute résistance impossible ? Sans doute un profond penseur napolitain, Vico, a pu, en contemplant le monde romain, nous présenter les sociétés subissant successivement trois transformations pour passer, en les parcourant en cercle, de l'âge du gouvernement théocratique à celui des aristocraties et à celui des démocraties, puis, recommençant leur évolution dans ce même cercle, retombant, à travers les révolutions, de la civilisation à la barbarie. Mais si les sociétés humaines subissent de semblables transformations, c'est, ajoute Vico, par l'œuvre des hommes qui agissent toujours avec choix et par de libres déterminations de leur volonté.

« N'y a-t-il pas d'ailleurs dans la doctrine de Vico une lacune qui dépare son système ? Est-il vrai que les peuples civilisés reviennent à l'état de barbarie pour renouer l'anneau que formerait l'humanité dans son cours, pour recommencer l'âge divin, pour passer ensuite sous la domination des forts en sortant du règne de l'équité naturelle ? Sur ce point des doutes peuvent se produire et, en ne fixant pas uniquement ses regards sur le peuple romain, le puissant génie de Vico eût peut-être reconnu que l'humanité marche sans cesse en ligne droite, au lieu de parcourir l'orbite qu'il trace et dont elle ne sortirait jamais selon lui. En généralisant et en considérant l'espèce humaine dans tout son ensemble, il l'eût vue se diriger sans cesse vers cette justice immuable dont le règne serait le dernier terme du progrès social, en parcourant des phases diverses qu'il a si ingénieusement décrites (1).

« Hors de la liberté, il n'y a pas de droit; il n'y a que l'empire de la force, que la nécessité d'obéir à la volonté de celui qui commande et à la puissance souveraine.

« La liberté ! c'est là un mot qui a la puissance de se saisir des esprits et souvent de les exalter sans qu'ils aient toujours l'intelligence de ce qu'il signifie et de ce qui est conforme à la réalité.

« Il faut distinguer la *liberté extérieure* et *physique*, qui consiste dans l'absence de tout obstacle matériel à l'accomplissement de ce que nous voulons, et la *liberté morale*, qui consiste dans la faculté de vouloir ou de ne pas vouloir, dans la volonté indépendante ou qui ne dépend que de soi. Cette liberté morale peut exister chez celui qui n'a pas la plénitude de la liberté extérieure : le détenu peut avoir la volonté de sortir de sa prison et rechercher les moyens de vaincre les obstacles qui s'opposent à son désir. C'est cette faculté de vouloir qui constitue la personnalité humaine, qui est le fondement de tout droit et qui permet d'imputer, de mettre au compte de leur auteur les actions qu'il a librement accomplies. Cette imputabilité engage notre responsabilité pour les actions émanant de notre libre volonté et trouvant leur cause efficiente en nous-même. Notre Code pénal admet que la responsabilité ne peut être engagée que relativement aux actes dont il est en notre pouvoir de nous abstenir, s'ils sont défendus, ou qu'il nous est possible d'accomplir, s'ils sont ordonnés ; c'est ce qu'il établit dans son article 64, lorsqu'il admet l'excuse justificative de la contrainte physique ou morale résultant de faits qui mettent dans l'impuissance d'agir ou de s'abstenir : on ne peut en effet mettre à la charge d'un agent ce qu'il n'a pas été en son pouvoir de faire ou de ne pas faire. Si, dans la société, tout se produit fatalement, si les actions des hommes sont déterminées par des mobiles qui doivent nécessairement les produire

(1) [Voir une étude sur Vico par M. Molinier, Revue de législation et de jurisprudence (Revue Wolowski) 1837, t. VI, p. 19.]

et contre lesquels toute résistance est impossible, alors disparaît
le droit de punir, en présence d'un automatisme qui exclut toute
imputabilité.

« Aussi, suivant les doctrines qui admettent un déterminisme
absolu, qui enseignent que toutes les actions trouvent leur cause
nécessaire dans des faits extérieurs ou dans un état physiologique, dans des penchants naturels contre lesquels il ne nous
est pas possible de réagir, il n'y a plus ni morale, ni Droit, il n'y
a plus que la puissance des faits et un état qui peut faire que la
présence dans la société de celui dont la nature est mauvaise,
expose à des dangers qu'on pourra prévenir, soit en le supprimant, soit en le soumettant à un traitement propre à combattre
ses penchants vicieux. Suivant ceux qui proclament ces doctrines
fatalistes, la société n'aurait à sa disposition, pour se protéger,
que des moyens thérapeutiques à l'égard de ceux dont la guérison serait possible et que la mort ou une détention perpétuelle
pour ceux dont la perversité constitutionnelle exclurait toute
chance de guérison. — Dans ces doctrines, il n'y a pas de droit
de punir, la société n'a à sa disposition que des moyens préventifs
et défensifs consistant dans la suppression de celui dont la présence expose à des dangers, ou des moyens curatifs propres à
modifier la perversité naturelle de cet agent. De même qu'on
arrache et qu'on jette au loin une herbe vénéneuse dont l'existence présente des périls, de même qu'on tue un animal malfai-
sant auquel on ne peut imputer les qualités mauvaises dont il est
doué, de même on se délivre de celui à qui la fatalité a donné
une nature vicieuse ou on agit à son égard de manière à l'empêcher de nuire. Déjà Spinosa disait, dans une de ses lettres à
Henri Oldemburg, ancien diplomate : « Les hommes peuvent
« être excusables et cependant être privés de la béatitude et
« souffrir de mille façons. Un cheval est excusable d'être un
« cheval et non un homme ; mais cela n'empêche pas qu'il ne
« doive être un cheval et non un homme. Celui à qui la morsure
« d'un chien donne la rage est assurément excusable, et cepen-
« dant on a le droit de l'étouffer. De même l'homme qui ne peut
« gouverner ses passions ni les contenir par la crainte des lois,
« quoique excusable à cause de l'infirmité de sa nature, ne peut
« cependant jouir de la paix de l'âme ni de la connaissance et

« de l'amour de Dieu, et il est nécessaire qu'il périsse (1). » De nos jours M. le docteur Gustave Le Bon reproduit la même idée en termes plus énergiques encore : « Une vipère, dit-il, un chien « enragé me mord, je ne me soucie pas de savoir si l'animal est « responsable ou non de son méfait. Je tâche de me protéger en « l'empêchant de me nuire et de nuire à d'autres : voilà ma « seule préoccupation... Ce n'est, sans doute, pas plus la faute « d'un individu s'il est bon ou méchant que ce n'est sa faute s'il « est beau ou laid, intelligent ou stupide, bien portant ou « malade. Rien ne l'empêche cependant d'être, dans ces diffé-« rents cas, récompensé ou puni par la nature ou par les « hommes, pour des qualités ou des vices aussi indépendants de « sa volonté que le contour de ses yeux ou la forme de son « nez (2). » — De nos jours, en Italie, des publicistes s'inspirant aussi des doctrines fatalistes, ont refusé à la société le droit de punir. Ils n'ont voulu considérer le crime que comme le produit d'un état physiologique et moral de ceux qui le commettent. Ils n'ont reconnu à la société que le droit de se protéger en soumettant les coupables à une tutelle spéciale à peu près semblable à celle à laquelle sont soumis les insensés, les fous, les furieux. C'est là la doctrine qu'exposait M. Poletti dans *Il Diritto di punire e la tutela penale*. Le docteur Cesare Lombroso, professeur à l'Université de Turin, a également publié un ouvrage considérable sur *l'Uomo delinquente* (3), accompagné de dessins nombreux représentant les traits du visage, les dimensions du crâne et l'état du cerveau d'un certain nombre de brigands et de criminels : il y montre que le criminel offre un état qui lui est propre et qui, par sa constitution cérébrale, le rapproche du sauvage plutôt que du fou ; les actions sanguinaires seraient souvent des cas d'atavisme qui, sous l'homme actuel, reproduisent le sauvage ou la bête (4).

(1) OEuvres de Spinoza traduites par M. Emile Saisset, t. II, p. 347 et 350. [Ce passage est extrait du Cours de droit constitutionnel de M. Molinier, Introduction, p. 18, note 1 (Arthur Rousseau, 1885).]

(2) Revue philosophique, mai 1881, t. XI, p. 519. [Passage extrait du même Cours de droit constitutionnel, *l. c.*]

(3) [3e édition, 1884, nouvellement traduit en français avec une introduction par le Dr Letourneau (Alcan, 1887).]

(4) [Passage extrait du Cours de droit constitutionnel de M. Molinier, *l. c.*]

« Il n'y a et il ne peut y avoir dans ces doctrines aucune idée de châtiment ni de justice ; la société n'obéit qu'à la prudence sous l'action de la crainte qu'inspire l'existence d'un danger. — Sans doute, avec elles, la société n'est pas entièrement désarmée et ne reste pas sans défense ; mais, toute idée de mérite, de démérite et de justice disparaissant, il n'y a plus que l'action de la force brutale. Vous tuez un animal furieux, si vous êtes plus fort que lui ; vous vous délivrez d'un homme dangereux, parce que la société est douée d'une force plus puissante que la sienne. Que devient la liberté avec des doctrines qui substituent ainsi à l'empire du Droit et de la justice celui de la force, qui n'admettent qu'un devoir de soumission et d'obéissance et l'impossibilité de toute résistance ?

« Sans doute, les déterminations de l'homme sont amenées par des causes auxquelles elles viennent se rattacher : c'est même en cela que consiste la liberté. Supposez l'absence de toute cause déterminante chez un être qui s'abstient ou agit sans aucun mobile : il n'y a chez un être pareil qu'une liberté d'indifférence impliquant l'absence de toute moralité, quant aux actes qu'il accomplit automatiquement. Agir ou s'abstenir en se guidant par le discernement et en suivant une impulsion qui détermine un choix, c'est en cela que consiste la liberté. C'est sur ce rapport de causalité qui existe entre nos déterminations et le fait accompli que repose l'imputabilité qui engage notre responsabilité pénale : d'un côté était le *mobile moral* qui nous prescrivait de nous abstenir d'un acte condamnable, d'un autre côté était le *mobile intérieur* ou le *mobile passionné* qui nous portait à le commettre ; nous avons délibéré ; avec le sentiment de notre liberté, nous avons éprouvé une joie coupable en voyant notre ennemi en notre puissance, en pensant que c'est par nous, par une détermination de notre volonté, qu'il subira un mal qui nous venge : n'y a-t-il pas en cela un fait qui procède de notre moi, qui trouve sa cause efficiente en nous-même ? Le châtiment qui suivra ce fait n'aura-t-il pas été mérité, n'aura-t-il pas la vertu d'être exemplaire en donnant satisfaction à la conscience publique ?

« Nous n'avons pas la prétention de traiter à fond cette grande question de la liberté morale qu'affirme la conscience encore mieux que le raisonnement ; nous n'en parlons que par rapport à la science du Droit qui en admet l'existence surtout dans la partie que nous avons à traiter. Le libre arbitre ! C'est là le principe sur lequel est édifié notre Droit criminel et auquel se rattacheront toutes les théories que nous aurons à exposer. Nous ne cesserons d'affirmer l'existence de cette liberté morale et nous dirons avec un de nos philosophes dont les doctrines sont loin d'être arriérées, M. Siérebois : « Si l'homme n'était pas libre, « la justice humaine paraîtrait une chimère ; toutes ses actions « lui seraient imposées par une force étrangère, et il semble « qu'on n'aurait pas le droit de lui en demander compte. Mais « l'homme se sent libre ; quelques objections qu'on puisse élever « contre sa conviction intime à cet égard, on ne parviendra pas à « la détruire (1). »

« Laissons donc les doctrines allemandes qui s'inspirent du panthéisme de Spinosa et même l'exagèrent ; laissons les publicistes d'au-delà du Rhin ne voir dans l'humanité qu'une évolution produite par un déterminisme excluant la liberté, impliquant la liberté de la morale et du Droit et ne reconnaissant que l'empire de la force primant le Droit naturel et légitimant en tout les législations positives. N'hésitons pas à nous départir d'une admiration peu réfléchie et excessive que, dans des temps peu éloignés, nous avons accordée aux œuvres qui nous venaient d'Allemagne (2).

Doctrines spiritualistes françaises. Leur influence sur les législations.

« Je n'entends certainement pas méconnaître la valeur de certains travaux juridiques qui, dans ce siècle, nous sont venus d'Allemagne et ont fait progresser la science ; il m'arrivera souvent de les citer ; mais ce sera en restant fidèle à nos doctrines

(1) La morale fouillée dans ses fondements. Essai d'anthropodicée, par P. Siérebois, Paris, 1867.

(2) [Consulter pour l'exposé et la discussion des théories déterministes et de la doctrine anthropologique de Lombroso, mon ouvrage sur les *Principes fondamentaux de la pénalité*, 2e partie, ch. 1, p. 405 à 603 et une *Etude sur l'état actuel de l'anthropologie criminelle* (sous presse).]

françaises, en maintenant au Droit son empire et en ne considérant la force que comme un fait au-dessus duquel doit dominer
la justice.

« Notre littérature juridique française nous offre du reste des
richesses qui ne nous laissent rien envier aux autres pays. N'est-
ce pas de la France qu'est venu ce grand mouvement qui a formé
le Droit des temps modernes ? N'est-ce pas chez nous qu'à la fin
du siècle dernier et au commencement du siècle actuel ont paru
ces Codes qui ont servi de modèles à ceux des autres pays ? N'est-
ce pas dans les législations de l'Assemblée constituante, de la
Convention et du Premier Empire qu'ont été formés ces principes
fondamentaux du Droit criminel qui ont été accueillis par toute
l'Europe et forment la base des législations modernes ? N'est-ce
pas chez nous que cette grande institution du jury, empruntée à
l'Angleterre, s'est d'abord acclimatée pour s'étendre ensuite
dans les Etats où l'administration de la justice est régulièrement
organisée et où les libertés obtiennent des garanties ?

« Le Droit criminel, dont nous allons exposer les principes,
est encore en Europe en voie de formation ; il est, dans plusieurs
Etats, l'objet de travaux législatifs que nous aurons quelquefois
à citer pour apprécier notre législation et signaler les améliorations dont elle est susceptible. L'Italie, cette terre classique du
Droit criminel, où il est depuis des temps reculés l'objet d'un
enseignement élevé, nous offrira de riches et savants travaux
dans les œuvres remarquables de ses publicistes et de ses professeurs.

NOTIONS GÉNÉRALES SUR L'OBJET DU DROIT CRIMINEL. EXPOSÉ DU PLAN DU COURS (1).

Objet du Droit criminel.

« Le Droit criminel se présente à nous avec les caractères d'un ensemble de dispositions qui ont pour objet de sanctionner certains préceptes de la loi en menaçant d'une peine ceux qui seraient tentés de les enfreindre et en organisant les moyens propres à réaliser cette menace si l'infraction venait à se produire.

« La loi pénale exprime donc ou suppose un précepte. Elle dira, par exemple, dans l'art. 379 de notre Code pénal : *quiconque a soustrait frauduleusement la chose d'autrui est coupable de vol ;* puis elle édictera, dans les articles suivants, des peines correctionnelles ou criminelles pour la répression des soustractions frauduleuses, eu égard aux circonstances qu'elle spécifie et qu'elle estime de nature à donner au vol plus ou moins de gravité. Elle punira le faux témoignage des peines inscrites dans les articles 361 à 365 qui impliqueront la défense d'altérer la vérité devant la justice. Si ces préceptes sont enfreints, si le vol ou le faux témoignage viennent à se produire, la menace qui est inscrite dans la loi se réalisera ; l'action de la justice criminelle atteindra les coupables pour leur faire subir les châtiments qu'ils auront encourus. Par là la loi morale aura satisfaction ; une intimidation salutaire règnera dans les esprits ; ceux que les mauvaises passions ou des penchants pervers pourraient entraîner vers le crime, seront retenus par la crainte du châtiment.

« Mais pour que l'action protectrice de ces dispositions de la loi pénale puisse se produire, trois choses sont nécessaires.

(1) Leçon d'ouverture faite le 16 novembre 1876.

Incriminations légales.

« 1° Il est dans les principes fondamentaux du Droit public de notre époque, dont le Droit criminel fait partie, que la loi définisse les faits punissables et détermine les peines dont chacun d'eux entraînera l'application. Les juges ne sont plus, comme ils l'étaient autrefois, investis d'un pouvoir discrétionnaire pour apprécier les actions humaines sous le rapport de leur criminalité et pour fixer eux-mêmes les peines dont elles doivent amener l'application (1); ils ont aujourd'hui pour mission de constater l'existence des délits légaux, c'est-à-dire des faits qui sont dans les conditions de criminalité définies par la loi et de faire à raison de ces faits, l'application des peines qu'elle prononce. C'est en effet une règle aujourd'hui admise par tous que la peine ne peut frapper que ceux que la loi a avertis et menacés : *Nullum delictum, nulla pœna sine prævia lege penali* (2). — De là une première partie du Droit criminel qui aura pour objet de déterminer les conditions constitutives de la criminalité juridique des actions de l'homme, la nature et le plus ou moins de gravité des peines qu'elles feront encourir, la responsabilité civile relative à la réparation des dommages que les faits punissables auront causés dans l'ordre des intérêts privés. Il y a dès lors à organiser un système pénal propre à établir un ensemble de peines diverses, nettement spécifiées et qui puissent être adaptées à la nature et à la gravité de chaque espèce de faits punissables, même aux exigences de chaque cas particulier (3). Enfin des règles spéciales devront être consacrées à la définition de chaque genre et de chaque espèce de délit, avec détermination de la nature et de l'étendue de la peine dont ils devront amener l'application (4). — Il résulte

---

(1) Cf. sur ces pouvoirs des juges dans le système ancien des peines arbitraires, Jousse, De la Justice criminelle, t. II, p. 591 et 599.

(2) Voir sur l'origine et la portée de cette maxime : *Kœnigswarter*, De juris criminalis placito : nulla pœna sine prævia lege pœnali. — Amstelodami, 1835.

(3) C'est l'objet des art. 6 à 55 C. pén. en ce qui concerne la pénalité applicable aux crimes et délits, des art. 464 à 470 pour les peines en matière de contravention de simple police.

(4) Code pénal, liv. III, Des crimes, des délits et de leur punition; liv. IV ch. II, Contraventions et peines.

de ces notions que tout Code pénal doit, selon les exigences d'une méthode rationnelle, être divisé en deux parties : l'une consacrée à des *dispositions générales* applicables à tous les faits et à toutes les personnes punissables ; l'autre contenant des *règles spéciales* qui se réfèrent aux diverses *incriminations*, déterminant les éléments constitutifs de chaque infraction et énonçant les peines encourues par ceux qui les auront commises. — Notre Code pénal, qui date de 1810, n'offre pas, dans ses divisions, l'application exacte de cette méthode que les rédacteurs des Codes promulgués dans ces derniers temps chez des nations voisines, ont observée. On la trouve dans le Code pénal de la Belgique du 8 juin 1867, dans celui du 31 mai 1870 pour la Confédération du Nord de l'Allemagne (1).

Justice criminelle.

« 2° Deux choses sont nécessaires pour qu'une peine soit infligée : il faut d'abord que l'existence d'un fait incriminé et puni par la loi, l'existence de ce qu'on appelle le *corps du délit, corpus delicti*, soit établie ; il faut ensuite qu'il soit vérifié que ce fait est juridiquement imputable à l'inculpé. Selon le langage de la science, il faut établir l'*existence objective* du délit et son *existence subjective* par rapport à l'agent. — De là les lois organiques d'un *pouvoir judiciaire*. Il faudra d'abord organiser l'action d'une *police judiciaire* chargée de la recherche des crimes, appelée à en signaler et même à en saisir les auteurs et les complices, pour les livrer aux tribunaux (2). — De là encore la nécessité d'organiser des *tribunaux de répression* de divers ordres et de diverses natures, auxquels sera confiée l'administration de la justice criminelle. — Cette seconde partie du Droit criminel a donc pour objet l'organisation de la police judiciaire, de corps

_____

(1) Ce Code a été traduit dans l'Annuaire de législation étrangère de 1872, t. I, p. 80 et ss.

(2) Les caractères spéciaux de la police sont nettement tracés dans le Code des délits et peines du 3 brumaire an IV, dont la rédaction avait été confiée au savant jurisconsulte Merlin. Voy. art. 16, 17, 18, 19, 20. Le Code d'instruction criminelle qui l'a remplacé ne reproduit pas ces notions générales sur la police, il se borne seulement à en déterminer les attributions dans l'art. 8.

judiciaires chargés d'appliquer la loi et du jury pour les pays où cette institution doit fonctionner (1).

Instruction et procédure criminelles.

« 3º Enfin pour arriver à la manifestation de la vérité et à une exacte application de la loi, il faut employer les procédés les plus propres à éclairer les juges et les jurés. — De là les règles relatives à l'*instruction* et à la *procédure criminelle*. L'importance de ces règles ne saurait être méconnue : elles doivent être à la fois protectrices de l'innocence et rassurantes pour la sécurité et le maintien du Droit en ôtant au crime toute chance d'impunité et en rendant son châtiment certain. Ce sont bien les règles de procédure que Montesquieu avait en vue lorsqu'il disait dans son Esprit des lois (2) : « C'est de la bonté des lois criminelles que « dépend principalement la liberté des citoyens... Quand l'inno- « cence du citoyen n'est pas assurée, la liberté ne l'est plus. Les « connaissances, que l'on a acquises dans quelques pays (3) et « que l'on acquerra dans d'autres sur les règles les plus sûres « que l'on puisse tenir dans les jugements criminels, intéressent « le genre humain plus qu'aucune chose qu'il y ait au monde. » Déjà avant le savant Premier Président du Parlement de Bor- deaux, un des criminalistes célèbres du xvıᵉ siècle, Pierre Ayrault, voyait dans l'observation des formes l'existence même de la jus- tice criminelle et le moyen de garantir les particuliers contre l'arbitraire : « En justice, disait-il, la formalité est si nécessaire « qu'on n'y saurait s'y dévoyer tant soit peu, y laisser et obmettre « la moindre forme et solennité requise, que tout l'acte ne vint « incontinent à perdre le nom et surnom de justice, pour prendre « et emprunter celui de force, de machination, voire même de « cruauté et de tyrannie toute pure (4). »

« Le Droit criminel nous offre ainsi trois grandes parties qui feront successivement l'objet de nos études : 1º Le *Droit pénal* ;

---

(1) L'institution du jury existe actuellement dans la plupart des États de l'Europe et dans ceux de l'Amérique du Nord.

(2) Montesquieu, Esprit des lois, liv. XII, ch. 2.

(3) Il s'exprimait ainsi en 1748 en ayant en vue l'Angleterre.

(4) Pierre Ayrault, L'ordre, formalité et instruction judiciaire, liv. 1ᵉʳ, nº 2, p. 3.

— 2° L'organisation et les attributions de la *police judiciaire* ainsi que des *tribunaux de répression* tant *ordinaires* que *spéciaux* ; — 3° L'*instruction* ou la *procédure criminelle*.

« Le plan général de ce cours sera le suivant : — Des *Prolégomènes* auront pour objet la *philosophie du Droit criminel* et l'*histoire de notre législation répressive* depuis les premiers temps jusqu'à l'époque actuelle. La connaissance des théories philosophiques qui se sont produites dans le domaine de la science pure viendra porter la lumière dans celui de l'histoire et permettra une exacte appréciation des législations qui se sont succédées. L'étude de l'histoire nous montrera l'évolution du Droit criminel et des diverses transformations pour arriver à la législation qui nous régit et dont nous apprécierons l'esprit. — Après ces notions théoriques et historiques, nous arriverons à la *partie exégétique* de ce cours et nous expliquerons les textes en substituant à l'ordre adopté par les codes un ordre rationnel plus méthodique et mieux adapté à l'exposé des doctrines qu'ils consacrent.

« En nous guidant par les grandes divisions du Droit criminel que nous venons de tracer, nous aurons à exposer d'abord des règles qui sont communes au Droit pénal, aux attributions de différentes juridictions de répression et à la procédure qui doit être suivie pour l'instruction des affaires sur lesquelles elles ont à statuer. Nous aurons à délimiter l'*empire des lois au sein de l'espace et au sein du temps*. Nous aurons à montrer l'application du principe de la *territorialité* des lois criminelles (art. 3 C. civ.) et de leur *personnalité* (art. 5, 6, 7 Inst. cr., loi 27 juin 1866, art. 2), par rapport aux délits commis sur le territoire de la France et sur les territoires étrangers par des Français ou des étrangers ; nous exposerons à cette occasion quelques règles de droit international relatives aux extraditions. Quant à l'*action des lois criminelles au sein du temps*, nous aurons à voir comment elles deviennent obligatoires par leur *promulgation*, comment elles cessent d'être en vigueur par leur *abrogation* expresse ou tacite ; nous aurons à régler les cas du concours d'une législation en vigueur au temps du délit et d'une autre législation en vigueur au temps du jugement, en d'autres termes à exposer les principes de la *non rétroactivité de la loi pénale* (art. 4 C. p.) et les exceptions à ce principe.

« Passant ensuite au *Droit pénal,* nous ferons connaître dans
son ensemble et ses détails le *système pénal* établi par nos lois
(art. 6 à 55 C. pén. et les lois postérieures qui ont modifié la
pénalité primitive). La grande question qui s'agite à propos de la
peine de mort se présentera à notre examen. — Nous aurons
également à exposer le *système pénitentiaire,* à faire connaître
les études dont il a été l'objet, son fonctionnement dans l'Amérique du Nord et dans plusieurs États de l'Europe et son établissement en France dans les prisons départementales par une loi
du 5 juin 1875.

« Nous aborderons ensuite l'étude des faits punissables : nous
en déterminerons les éléments constitutifs ; nous tracerons leur
division tripartite en *crimes, délits correctionnels* et *contraventions
de simple police,* classement auquel correspondent trois ordres
de peines et trois ordres de tribunaux.

« Les faits punissables offrent toujours deux ordres d'éléments
qu'il importe de distinguer.

« En les envisageant *objectivement,* ils présentent des faits matériels, des faits extérieurs, à l'occasion desquels nous aurons à
exposer les théories consacrées par notre Code pénal en matière
de *faits purement préparatoires,* de *tentative simple* ou *inachevée,*
de *tentative achevée* ou *délit manqué,* de *délit consommé* (art. 2 et
3 C. p.)

« Envisagés *subjectivement,* par rapport à l'agent, les délits
offrent des *faits psychiques* ou *moraux* qui se placent dans le
domaine de la pensée ou de la volonté. — A cette partie de nos
études se rattacheront les théories qui concernent le *Dol criminel*
et la *faute* ; nous aurons à distinguer les caractères divers que le
dol peut revêtir et à voir comment la faute peut devenir dans
certains cas punissable (cf. art. 319 et 320 C. p.)

« Notre Code pénal contient, dans son livre II, des dispositions qui concernent les *personnes excusables.* Nous distinguerons
avec Merlin et les anciens criminalistes les *excuses péremptoires*
ou *justificatives* et les *excuses simplement atténuantes* qu'il ne faut
pas confondre avec les *causes de mitigation des peines.*

Quant aux sources d'où émanent les excuses, elles consistent
dans l'*âge* qui peut effacer ou atténuer la criminalité ; dans un
état de maladie ou dans certains *états physiologiques* qui affectent

les facultés intellectuelles et les facultés affectives, tels, par exemple, que la folie et l'ivresse ; dans la *contrainte physique* ou *morale* ; enfin l'*ignorance* et l'*erreur* peuvent, dans certains cas que nous spécifierons, produire des excuses.

« Après avoir envisagé les délits objectivement et subjectivement, nous aurons à examiner les deux cas : 1° d'un même délit imputable à plusieurs personnes ; 2° de plusieurs délits commis par les mêmes personnes. — Au premier cas se réfèrent les règles de la *complicité* (art. 59 à 63, 479 n° 8 et 480 n° 5 C. p.). Le second cas peut donner lieu à deux hypothèses : 1° celle du *concours simple* de plusieurs délits distincts et non encore punis : *concours formel* ou *idéal* lorsqu'une seule action est l'objet de plusieurs incriminations ; *concours réel* ou *matériel* lorsqu'il y a plusieurs faits matériels distincts ; à cette hypothèse correspond la règle du *non cumul des peines* (art. 365 al. 2, 379 I. cr.) ; — 2° celle de la *connexité* (art. 227 I. cr.) ; — 3° enfin celle de la *récidive* (art. 56, 57, 58, 474, 478, 482 C. p.) (1).

« En dehors de la récidive, qui constitue un état du prévenu, la loi donne à certains faits secondaires qui accompagnent le délit sans se confondre avec des éléments constitutifs, la puissance d'augmenter la pénalité ordinaire : ces faits sont les *circonstances aggravantes* ; soit *spéciales*, parce qu'elles ne se réfèrent qu'à certains délits déterminés, comme celles de nuit, de pluralité de personnes, d'escalade, d'effraction, d'usage de fausses clefs en matière de vol (art. 390 à 398 C. p.); soit *générales*, parce qu'elles sont applicables à diverses espèces (cf. art. 198 C. p.). — L'effet des circonstances aggravantes par rapport aux complices donne lieu à des questions délicates qui divisent la doctrine et la jurisprudence et que nous aurons à examiner.

« Si les circonstances aggravantes exigent une élévation des peines, les *circonstances atténuantes*, au contraire, en amènent l'abaissement. Nous verrons comment et dans quel esprit le système des circonstances atténuantes s'est introduit dans notre législation et a été ensuite étendu à tous les faits punissables (art. 463 et 483 al. 2 C. p.). Nous aurons à préciser les différences qui existent entre les *circonstances atténuantes* et les

(1) [Nous expliquerons à ce propos la loi du 27 mai 1885 sur la relégation des récidivistes.]

excuses atténuantes. Enfin nous verrons que les circonstances aggravantes et la récidive produisent une élévation de la peine que l'admission des circonstances atténuantes vient ensuite abaisser et nous aurons à régler cette combinaison délicate des effets opposés de la *récidive* et des *circonstances atténuantes* (art. 463 C. p. et 341 I. cr.).

« Un délit engage toujours la responsabilité pénale et peut encore, lorsqu'il produit un préjudice à des intérêts privés, engager la *responsabilité civile* : tout fait punissable engendre l'obligation de réparer le tort qu'il a causé (art. 1382 à 1386 C. civ. et 51 C. p.). Il y aura à combiner entre elles les dispositions de la loi civile avec celles de la loi criminelle (art. 73 et 74 C. p.).

« Après l'exposé de notre système pénal, après l'étude de la *criminalité objective* ou des délits et de la *criminalité subjective* ou de la responsabilité et de ses divers degrés, nous nous occuperons de la mise en mouvement des lois répressives.

« Cette partie du Cours sera consacrée au *Droit d'action.* Nous aurons à tracer les caractères distinctifs de l'*action publique* et de l'*action civile*, à voir quel en est l'objet (art. 1 et 2 I. cr.), par qui elles peuvent être exercées, contre quelles personnes elles peuvent être dirigées, devant quel ordre de tribunaux l'action publique doit être portée et l'action civile peut être suivie (art. 3, 63, 145, 182 I. cr.; art. 53 et 54 Code de Justice militaire pour l'armée de terre; art. 74 et 75 C. de Just. mil. pour l'armée de mer).

« A ce sujet, nous aurons à exposer les règles de compétence qui déterminent les attributions respectives des tribunaux ordinaires et des tribunaux spéciaux organisés par les codes militaires des 9 juin 1857 et 4 juin 1858 ainsi que par le décret disciplinaire et pénal pour la marine marchande du 26 mars 1852.

« Il est des cas, que nous aurons à spécifier, dans lesquels l'exercice ou les suites, soit de l'action publique, soit de l'action civile, sont subordonnés à une plainte de la partie offensée (exemples art. 336, 339 C. p.; loi du 3 mai 1844 sur la chasse, art. 26, al. 2; diffamation et injures, art. 5 Inst. cr.; art. 327 C. civ.), ou sont tenus en suspens (par exemple dans le conflit d'attribution et de juridiction). Nous aurons à voir comment *le criminel peut tenir le civil en état* (art. 3 Inst. cr., art. 54 C. Just.

militaire pour l'armée de terre; art. 75 C. Just. mil. pour l'armée de mer); nous traiterons des *questions préjudicielles* (exemple dans l'art. 182 C. for., et nous verrons comment et par quel principe fondamental cette matière délicate qui touche aux attributions des divers pouvoirs est susceptible d'être simplifiée et résolue avec plus de facilité.

« Enfin viendront les dispositions qui se réfèrent à l'*extinction du droit d'action* : nous traiterons successivement de la *prescription de l'action publique et de l'action civile* (art. 637, 638, 640 I. cr.) et de l'*autorité de la chose jugée* résultant des décisions soit des juridictions d'instruction (art. 246 et 247 I. cr.) soit des juridictions de jugement (art. 360 Inst. cr., 1351 C. civ., 137 C. Just. mil. pour l'armée de terre et 167 C. Just. mil. pour l'armée de mer).

« Lorsque l'exercice du droit d'action a abouti à un jugement ayant force de chose jugée, ce jugement est exécuté sur les réquisitions du ministère public, par les agents du pouvoir exécutif, et, pour ce qui concerne les intérêts privés, à la requête des parties civiles (art. 163, 197, 375, 376, 377, 378 I. cr.). — Nous aurons à parcourir les règles qui concernent l'exécution des condamnations à mort (art. 12, 13, 14, 26 C. p.; art. 83 et 85 C. civ.; art. 187 et 188 C. Just. mil. pour l'armée de terre; art. 239, 240, 253 al. 5 C. Just. mil. pour l'armée de mer); l'exécution des condamnations à des peines perpétuelles ou temporaires privatives ou restrictives de la liberté et, à l'égard des peines temporaires, il y aura à supputer le temps légal pendant lequel elles doivent être subies (art. 23 et 24 C. p.). Il y a aussi des condamnations qui atteignent le condamné dans sa personnalité juridique en lui ôtant la capacité pour la jouissance ou l'exercice de certains droits politiques, civiques et civils; nous aurons à déterminer l'instant précis auquel ces peines, qui n'agissent que moralement, viennent atteindre celui qui en est frappé (art. 28, 29, 30, 31, 34, 35 C. p.; loi du 31 mai 1854; décret du 30 mai 1872 et loi du 25 mars 1873; art. 190 et 191 C. Just. mil. pour l'armée de terre; art. 242 et 243 C. Just. mil. pour l'armée de mer). — Enfin les condamnations pécuniaires prononcées par les jugements des tribunaux répressifs peuvent être exécutées, soit sur les biens par les voies ordinaires, soit contre la personne même des condamnés par l'exercice de la *contrainte par corps*, supprimée en matière civile et commerciale, mais maintenue en matière pénale et de nouveau réglementée par les lois des 22 juillet 1867 et 19 décembre 1871 (art. 52, 53, 467, 469 C. p. et les lois dont il vient d'être parlé).

« Le droit d'exécution s'éteint de diverses manières : 1° par la *prescription* (art. 635, 636, 639, 642 I. cr.); 2° par la *grâce* (loi constitutionnelle du 25 février 1875, art. 3); 3° par l'*amnistie* (même loi et même article); 4° par la *réhabilitation* (art. 619 à 634 I. cr.) (1).

« Ainsi sera terminée la partie de ce cours consacrée au droit pénal.

« La dernière partie embrassera à la fois la *police judiciaire*, l'*organisation* et les *attributions des tribunaux de répression*, et la *procédure criminelle*.

« Nous déterminerons les caractères et la mission de la *police judiciaire;* nous dirons en quoi elle diffère de la police administrative; nous verrons comment elle est organisée et par quels fonctionnaires elle est exercée; nous étudierons les attributions des officiers auxquels son exercice est confié, soit dans les cas ordinaires, soit dans les cas de *flagrant délit* ou *assimilés au flagrant délit* et comment ils doivent procéder dans l'exercice de leurs fonctions (art. 8 à 60 I. cr.).

« Nous exposerons ensuite l'organisation des juridictions de répression et la procédure à suivre devant elles pour arriver au jugement des procès criminels.

« Les juridictions ordinaires se divisent en trois classes : 1° celles qui statuent sur les crimes; 2° celles qui connaissent des délits correctionnels; 3° celles qui jugent les contraventions de simple police.

« Les faits qualifiés *crimes* sont d'abord déférés aux *juges d'instruction* et donnent lieu à une procédure préliminaire qui a pour objet de recueillir les preuves. Cette procédure, empruntée à l'ordonnance criminelle de 1670, est écrite et secrète (2). Elle

(1) [Le texte de ces articles a été modifié par une loi du 14 août 1885 qui a apporté aux conditions et aux effets de la réhabilitation des changements importants.]

(2) [Nous ferons connaître les modifications proposées et adoptées par le projet de réforme du Code d'Instruction criminelle actuellement soumis aux Chambres.]

est toujours employée en matière criminelle et peut l'être aussi en matière correctionnelle.

« Lorsqu'elle est complète, lorsque toutes les preuves ont été recueillies et que les inculpés ont été interrogés ou mis en demeure d'être entendus, le juge d'instruction, après avoir communiqué cette procédure au ministère public, statue sur les suites à lui donner (art. 128 à 134 I. cr.).

« S'il y a des preuves tendant à établir l'existence d'un crime, l'affaire est déférée à une *Chambre d'accusation* établie dans chaque Cour d'appel. Cette Chambre n'a pas à statuer sur la culpabilité des prévenus : elle n'a qu'à examiner s'il résulte de la procédure qui lui est soumise des preuves suffisantes pour un renvoi de l'affaire devant la juridiction de jugement compétente.

« Si les preuves tendent à établir l'existence d'un fait qualifié crime et la culpabilité des prévenus, la Cour prononce la mise en accusation et le renvoi de l'affaire devant la *Cour d'assises*.

« Alors le procès criminel entre dans une nouvelle phase. La procédure cesse d'être secrète, l'accusé comparaîtra à l'audience de la Cour d'assises avec l'assistance d'un défenseur. L'affaire sera instruite, débattue et jugée publiquement.

« Nous aurons ainsi tracé les caractères de la *Procédure française,* qualifiée de *procédure mixte,* parce qu'elle emprunte à l'ancienne ordonnance de 1670 sa *forme inquisitoriale* et au *système accusatoire* son débat contradictoire et public devant la juridiction de jugement. Nous comparerons cette procédure à la *procédure anglaise* qui admet la publicité et l'assistance d'un conseil tant pour l'information que pour le jugement; nous comparerons les mérites respectifs de chacun de ces systèmes (1).

« En traçant les règles qui doivent être suivies devant la *Cour d'assises,* nous traiterons de l'*institution du jury* introduite en France en 1791 à l'imitation du double jury anglais, qui avait été l'objet des éloges de Montesquieu et dont l'origine était très ancienne chez nos voisins. Nous étudierons les caractères de cette institution qui scinde le jugement en deux parties; nous rechercherons s'il est bien exact de dire que le jury est le juge du fait

---

(1) [Nous indiquerons les changements projetés dans la proposition de loi relative à la réforme de notre Code d'instruction criminelle.]

et la Cour d'assises le juge du droit; nous examinerons, à l'occasion de ce point fondamental sur lequel les publicistes français ne sont pas d'accord, les principes enseignés par les publicistes anglais sur les pouvoirs du jury et nous signalerons les polémiques très vives qui amenèrent le Parlement anglais à statuer sur cette question d'un intérêt saisissant surtout en matière de presse.

« Après les attributions des Chambres d'accusation, des Cours d'assises et du jury, viennent se placer celles des *tribunaux correctionnels*. Les affaires correctionnelles sont d'abord portées devant les tribunaux correctionnels, juges du premier degré; elles sont ensuite portées, par voie d'appel, devant les Chambres correctionnelles des Cours d'appel qui constituent aujourd'hui un second degré de juridiction par rapport à tous les jugements émanant des tribunaux correctionnels situés dans leur ressort.

« Viennent ensuite les *tribunaux de simple police* tenus par les juges de paix appelés seuls aujourd'hui à connaître de toutes les contraventions de simple police. Les jugements émanant de ces tribunaux peuvent, dans certains cas, être déférés, par voie d'appel, au tribunal correctionnel; dans d'autres, ils sont en dernier ressort.

« Tous les arrêts ou jugements rendus en dernier ressort sont susceptibles d'être annulés lorsqu'ils émanent d'une juridiction incompétente, lorsque les magistrats qui les ont rendus ont excédé les pouvoirs que la loi leur confère, lorsqu'ils n'ont pas suivi les formes qui, pour l'instruction ou le jugement de l'affaire, doivent être observés à peine de nullité, ou enfin lorsqu'ils n'ont pas interprété et appliqué avec exactitude les dispositions de la loi. Il peut, dans ces divers cas, y avoir ouverture à *cassation*. Nous présenterons des notions historiques sur la *Cour de cassation* organisée par une loi du 27 novembre 1790. Cette Cour suprême a pour mission d'assurer l'exacte observation des lois et de maintenir l'unité de la jurisprudence quant à leur interprétation et à leur application. Nous exposerons les règles qui concernent les *pourvois en cassation* (art. 407 à 462 l. cr. complété par un règlement, encore en vigueur et dû au chancelier d'Aguesseau, du 28 juin 1738).

« Un second mode de se pourvoir contre les arrêts et jugements qui ont acquis l'autorité de la chose jugée est la *révision*. Cette voie n'est ouverte que pour trois cas dans lesquels sont survenus des faits propres à attester qu'une condamnation est entachée d'une erreur judiciaire et spécifiés par les art. 443, 444 et 445 I. cr. Elle a pour objet l'annulation de la décision qui est le résultat d'une erreur et le renvoi à une autre juridiction qui procédera à un nouveau jugement.

« Il nous restera encore à parcourir quelques dispositions particulières du Code d'instruction criminelle qui concernent la *contumace*, la *constatation de l'identité des condamnés évadés et repris* et les *règlements de juges*.

« Toutes ces matières seront traitées à un triple point de vue *théorique*, *historique* et *pratique*.

« Elles seront suivies d'un appendice consacré à l'exposé des principes généraux de la loi du 29 juillet 1881 sur la presse. »

PROLÉGOMÈNES

PHILOSOPHIE ET HISTOIRE DU DROIT CRIMINEL

CHAPITRE PREMIER

Philosophie du Droit pénal.
Origine et légitimité du droit de punir.
Place du Droit criminel dans l'ensemble encyclopédique
de la science.

SECTION Ire.

LE DROIT CRIMINEL A-T-IL UNE PHILOSOPHIE?

(1) « Cette question peut paraître oiseuse à ceux auxquels sont familiers de nombreux travaux consacrés, depuis le xviiie siècle jusqu'à nos jours, au Droit criminel envisagé au point de vue rationnel et philosophique. La question mérite cependant d'être examinée et doit, pour nous, recevoir une solution basée sur une démonstration rationnelle.

« La philosophie est, selon nous, la connaissance des choses par les causes qui les ont engendrées et par les effets qu'elles produisent.

« Recherchons donc les causes qui ont engendré le Droit criminel, pour constater qu'il repose sur des bases philosophiques, et voyons quels sont les résultats qu'il pourra produire. Nous arriverons par là à la constatation des principes philosophiques dont il émane et des règles rationnelles qui le constituent.

« Ceci nous conduit à la recherche de l'origine de ce droit formidable dont nous rencontrons l'action constante dans la vie des Sociétés, le *Droit de punir*.

(1) Partie d'une leçon d'ouverture faite le 16 novembre 1875.

§ 1. — ORIGINE DU DROIT DE PUNIR.

« Comment s'est produit l'emploi des châtiments et quels en sont les effets ? D'où émane le droit de punir ?

« Voilà de grandes questions vivement agitées encore de nos jours dans les écrits des publicistes et dont nous chercherons la solution dans l'étude des faits.

« Rattachons-nous d'abord à l'idée de la nécessité de procurer la sécurité, la paisible jouissance des droits, l'accomplissement des devoirs au sein des sociétés, pour qu'elles puissent prospérer et progresser dans le développement de leur bien-être matériel, de leurs facultés morales, de leur état intellectuel. Voyons quels sont les moyens auxquels la société peut rationnellement et légitimement recourir pour donner satisfaction à cette nécessité.

« Ces moyens peuvent consister dans des *mesures préventives* et des *dispositions répressives.*

« Les *mesures préventives* peuvent être de nature à agir moralement ou à opposer un obstacle matériel à la perpétration des actions nuisibles.

« Au nombre des premières, figure en tête une *bonne éducation* morale, religieuse et nationale, c'est-à-dire propre à faire connaître et respecter les institutions du pays. En élevant les intelligences, on fait que les devoirs sont mieux connus et on inspire par là la volonté de les accomplir. L'homme éclairé possède une notion de la loi morale et voit développer en lui les sentiments qui le disposent à la prendre pour guide. Les statistiques criminelles attestent par leurs chiffres que le nombre des délinquants est plus grand parmi les individus illettrés que parmi ceux qui offrent une certaine culture intellectuelle.

« Sans aucun doute, l'éducation peut fournir à une société l'avantage de voir les actions coupables devenir plus rares. Mais il y a malheureusement des natures mauvaises, des hommes chez lesquels les passions offrent un puissant mobile et à qui le sens moral semble faire défaut. L'éducation reste impuissante à l'égard de ces mauvaises natures chez lesquelles l'intelligence n'apparaît que pour les diriger vers le mal. Elle ne saurait donc à elle seule faire entièrement disparaître le crime.

« Quant aux mesures propres à opposer des obstacles matériels à la perpétration des faits coupables, elles ne sauraient non plus avoir une puissance suffisante.

« Nous mettons sous clef nos objets les plus précieux pour qu'on ne puisse pas les atteindre, nous fermons avec soin nos portes pour protéger nos personnes et nos biens : cela témoigne que nous sentons le besoin d'être protégés contre des dangers. Des faits démontrent en effet tous les jours que ces précautions sont sans doute bonnes à prendre, mais n'ont pas toujours une entière efficacité.

« Organisez, dit-on, une surveillance active et incessante de la *police administrative* ou *préventive*, afin que celui qui a conçu des projets pervers rencontre partout des obstacles et soit mis dans l'impuissance d'attenter aux droits d'autrui. Je reconnais certainement les services incontestables que la société obtient d'une bonne police administrative qui doit prendre à l'avance toutes les mesures nécessaires pour le maintien de l'ordre là où il pourrait être troublé et pour la surveillance de ceux auxquels on peut attribuer des pensées ou des projets coupables. Mais un emploi trop étendu de la police peut avoir des dangers pour la liberté des personnes dans ce qu'elle a de plus respectable et peut engendrer des abus fâcheux. D'ailleurs, quelle que soit l'activité des agents de la police, leur zèle sera souvent en défaut et les délits ne seront pas totalement supprimés.

« Il y a encore les *réparations civiles*, les *restitutions*, les *indemnités*, qui ne sont pas sans valeur, en ce qu'elles privent le condamné du bénéfice qu'il s'était procuré en commettant le délit. Sans doute le rétablissement de l'état de choses auquel le délit a porté atteinte peut donner satisfaction aux intérêts privés ; mais nous ne saurions lui reconnaître une très grande puissance préventive. Si le malfaiteur n'est qu'en présence de la chance de se voir ôter ce que le délit lui fournit, n'est-il pas à craindre qu'il accepte celle de le conserver. Il est aussi des faits délictueux pour lesquels toutes réparations seront impossibles : comment en effet réparer certaines atteintes à l'honneur, certains attentats graves à la pudeur, la perte de la vie par l'homicide ?

« Tous ces moyens préventifs, que nous venons d'examiner, peuvent contribuer sans doute au maintien de l'ordre, mais ne peuvent avoir une puissance suffisante pour empêcher tous les délits. Il faut donc recourir à d'autres moyens propres à exercer une action sur la liberté morale, sur la faculté de vouloir ou de ne pas vouloir, en un mot, sur la détermination de la volonté. — Ces moyens sont les *récompenses* et les *châtiments*.

« Un célèbre publiciste anglais, dont nous aurons souvent à citer les œuvres, Jérémie Bentham, est l'auteur d'une *théorie des peines et des récompenses* dont nous devons la publication en français à M. Dumont de Genève. Bentham y trace avec une lucidité saisissante la valeur respective de ces deux modes d'action pour produire des actes de vertu et pour détourner du crime : « La *peine*, dit-il (1), est un instrument nécessaire dans le mé- « canisme du gouvernement ; la *récompense* n'est qu'un moyen « accessoire, un auxiliaire utile et agréable : c'est une espèce de « luxe et l'art de s'en servir habilement annonce une politique « perfectionnée. La peine est la gardienne de toutes les lois ; la « récompense ne peut s'appliquer qu'à des services qui sortent « de la ligne commune. »

« Remarquons en effet avec le même publiciste que la promesse de récompense peut, sans doute, avoir de la valeur pour produire des actions utiles, mais que cette promesse ne saurait s'adresser à tous pour obtenir l'abstention des actions nuisibles ; il en est autrement de la peine : « Dans le cas où la loi menace, « dit encore Jérémie Bentham (2), si le monde obéit, nul n'est « puni ; dans le cas où la loi promet, si tous obéissent, il faut « que tous soient récompensés. Voilà donc des récompenses infi- « nies ; et ces récompenses, d'où viendraient-elles que des tra- « vaux du peuple et des contributions levées sur ses facultés. »

« Disons encore que les récompenses s'adressent au mobile intéressé et non au mobile moral qui veut qu'on pratique le bien par amour du devoir et non par des considérations égoïstes. N'arrive-t-il pas souvent qu'une action vertueuse ne procure à celui dont elle émane qu'une satisfaction morale, sans profit matériel et même lui impose des sacrifices qui peuvent être, pour lui, douloureux ?

(1) Jérémie Bentham, OEuvres, t. II, p. 133 (édit. de Bruxelles, 1840.)
(2) T. II, p. 146.

« L'emploi des récompenses a donc des caractères qui lui sont propres et ne peut à lui seul assurer l'ordre dans les sociétés.

« Il faut donc recourir à un moyen plus puissant, à l'emploi des *peines*. — La *peine* consistera en un mal qui sera infligé en vertu d'une loi à celui qui aura commis un acte coupable. Grotius l'a définie : *Malum passionis quod infligitur ob malum actionis*.

« La société se mettra à l'égard des malfaiteurs en état de défense, elle agira sur leur libre arbitre en leur inspirant la crainte d'un mal qu'ils auront à subir s'ils donnent satisfaction à leurs coupables désirs. *Malum transgressori institutum*, dit Hobbes en définissant la peine, *eo fine ut terrore ejus voluntates civium ad obedientiam conformentur*.

« Une action mauvaise a été commise, une chose précieuse a été frauduleusement soustraite à celui qui en est le possesseur légitime. Nous supposerons que le coupable a été immédiatement saisi par les officiers de justice, l'objet soustrait lui a été enlevé et a été rendu à celui à qui il appartenait ; les intérêts privés ont reçu satisfaction et les parties ont été rétablies dans l'état dans lequel elles étaient avant le délit. Cela ne suffit pas : la société garde le coupable pour le frapper et pour lui faire subir la perte de sa liberté, à titre de châtiment. — Voilà le droit de punir tel que nous le voyons, partout et à toutes les époques, en action.

« Nous avons maintenant à établir la *légitimité* de ce droit et à rechercher les principes sur lesquels il repose.

§ 2. — LÉGITIMITÉ DU DROIT DE PUNIR.

« La légitimité de l'emploi des peines ressort de ce que nous venons de dire. S'il est un droit dont l'existence est incontestable, c'est certainement celui qu'a tout être humain d'exister et de ne pas être entravé dans l'usage de sa liberté pour progresser dans le développement des facultés dont Dieu l'a doué, toutes les fois que cet usage est dans des conditions qui se concilient avec l'exercice de la liberté des autres selon une loi générale. Cela implique le droit de se protéger contre d'injustes attaques, contre un danger présent et imminent, et ce droit qui appartient à chaque individu doit aussi appartenir à la société comme corps politique. — Une société a une destinée qui lui est assignée par sa nature et par le fait de son existence. Elle doit aussi développer ses forces physiques et sa puissance intellectuelle. Elle ne peut le faire qu'avec l'ordre et la sécurité. Tout ce qui est nécessaire pour leur maintien est dès lors légitime, toutes les fois que les moyens employés ne blessent pas la justice. — C'est ce qui va plus amplement ressortir des recherches auxquelles nous allons nous livrer pour la détermination des principes auxquels se rattache le droit de punir.

§ 3. — PRINCIPES SUR LESQUELS REPOSE LE DROIT DE PUNIR. SYSTÈMES DIVERS.

« Nous ne pouvons ici que nous trouver en présence de doctrines très diverses qui doivent procéder de l'organisation sociale de chaque époque et des idées philosophiques qui ont inspiré, dans des temps divers, les législateurs. La connaissance de ces doctrines a une importance théorique et même pratique très grande, parce que chacune d'elles amène à des conséquences très différentes, non seulement pour la confection de la loi, mais même pour le fonctionnement de la justice répressive et pour l'usage que le juge fait du pouvoir discrétionnaire qui lui est laissé pour l'application de la peine.

« Exposons donc ces systèmes, en suivant un certain ordre qui sera celui dans lequel ils se sont produits. Nous en avons neuf à examiner et nous verrons que chacun d'eux est un progrès sur ceux qui l'ont précédé.

1er Système. — Système rattachant la justice criminelle à l'idée de la vengeance.

« Ce système se présente, dans l'évolution historique, sous trois aspects :

« *1re application.* — Aux époques barbares, lorsque les pouvoirs ne sont pas encore assez fortement organisés pour protéger suffisamment les personnes et les biens, les particuliers sont eux-mêmes les vengeurs des injures qui leur sont faites et, par suite de la solidarité qui existe entre les membres de la famille, un délit devient un cas de guerre entre la famille de l'offensé et celle de l'offenseur. Le pouvoir social n'intervient que pour ménager une *composition pécuniaire*, au moyen de laquelle la paix sera rétablie (1). — Nous reviendrons avec plus de détails sur cet état de choses, dans nos aperçus historiques, à propos des caractères du droit criminel de l'époque barbare.

(1) Cet exercice légitime de la vengeance privée se retrouve dans toutes les sociétés primitives. — Il en était ainsi chez les *nations hébraïques*, ainsi que M. Thonissen l'a établi contre M. Salvador, l'auteur israélite des Institutions de Moïse. Le savant professeur de l'Université catholique de Louvain s'exprime ainsi dans ses *Études sur le Droit criminel des peuples anciens* (1869), où il rend compte des institutions criminelles de l'Inde, de l'Égypte, de la Judée : « Quand on lit avec attention les lois strictes et rigoureuses, mais toujours justes et admirablement coordonnées, que les Hébreux reçurent des mains de Moïse, on est tout étonné d'y rencontrer la vengeance individuelle au nombre des privilèges juridiques de la famille nationale. En cas de meurtre, comme nous l'avons déjà dit, le plus proche parent du mort n'était pas obligé de recourir aux tribunaux pour obtenir la punition du coupable. Justement indigné de l'outrage infligé à sa race, il pouvait, à l'instant, sans jugement préalable, poursuivre et tuer l'auteur du crime. Il représentait à la fois la famille lésée et la loi violée par le coupable : il était le messager de la justice, le vengeur, le *rédempteur du sang*, le goël. Nous lisons dans le livre des Nombres, XXXV, 16 à 21 : « Si quelqu'un frappe un autre avec le fer, en sorte que celui qui aura été frappé en meure, il sera coupable d'homicide et il sera puni de mort. S'il jette une pierre et que celui qu'il aura frappé en meure, il sera puni de même. Si celui qui aura été frappé avec du bois meurt, sa mort sera vengée par l'effusion du sang de celui qui l'aura frappé. Le parent de celui qui aura été tué tuera l'homicide. Il le tuera aussitôt qu'il le rencontrera. Si quelqu'un frappe un autre par haine ou lui jette quelque chose par un mauvais dessein, ou si, étant son ennemi, il lui donne un coup de sa main et qu'il en meure, celui qui l'aura frappé sera mis à mort comme coupable d'homicide, et le parent de celui qui aura été tué le pourra tuer aussitôt qu'il le rencontrera » (Thonissen, t. II, p. 259). — Nous trouvons l'expression de la même pensée chez les *Grecs*. Dans Homère (Iliade, chant IX), Ajax, fils de Télamon, dit à Achille : « Héros sans miséricorde, n'accepte-t-on pas la rançon du meurtre d'un frère et même d'un fils ? Oui, le meurtrier reste parmi le peuple, lorsqu'il a beaucoup payé : l'autre réprime son cœur et son ressentiment en recevant une riche rançon. Mais les Dieux ont fait entrer dans ton sein une colère cruelle et implacable, à cause d'une seule captive : or maintenant nous t'en offrons sept des plus belles, et, outre cela, de nombreux trésors ; calme-toi donc... » Dans l'Électre de Sophocle, Électre s'écrie : « Insensé quiconque oublie des parents victimes d'une mort déplorable !... Chez quels hommes ont

« *2ᵉ application.* — Mais quand un crime grave constitue une
offense à la divinité et produit un profond sentiment de terreur
dans la société, alors intervient l'action du pouvoir sacerdotal
pour produire l'expiation au moyen de supplices. « Les prêtres,
« comme l'a dit un savant magistrat (1), n'ont pas été seulement
« les premiers instituteurs et les premiers législateurs des
« peuples ; ils en furent les premiers juges. Dans les temps de
« barbarie primitive, où la vengeance privée est le droit de tous
« les hommes, comment placer certains crimes au nombre des
« infractions publiques, si ce n'est en les transformant en
« crimes contre la religion ?.... La sauvage indépendance des
« premiers âges refuse de se soumettre à l'autorité d'un homme ;
« mais elle courbe aisément la tête devant l'autorité des Dieux.
« De là les sacrifices humains qu'on trouve chez tous les peu-
« ples (2) ; de là aussi les anathèmes, les obsécrations, ces
« antiques formules de jugement qu'on lit dans le rituel reli-
« gieux. »
« La peine, comme le fait remarquer Filangieri dans sa

pu naître de pareils sentiments ? Ceux-là, je ne veux point de leur estime...
Si le mort, poussière et néant est oublié dans le tombeau, si le sang des meurtriers ne coule pas en échange du sang répandu, c'en est fait chez tous les
hommes de la pudeur et de la piété... Le sang appelle le sang ». — Il en
était de même chez les *Germains* où la *composition* fut minutieusement réglée. « Chez les nations violentes, dit Montesquieu (Esprit des lois, liv. XXX,
ch. 30), rendre la justice n'était autre chose qu'accorder à celui qui avait fait
une offense sa protection contre la vengeance de celui qui l'avait reçue, et
obliger ce dernier à recevoir la satisfaction qui lui était due ; de sorte que,
chez les Germains, à la différence de tous les autres peuples, la justice se
rendait pour protéger le criminel contre celui qu'il avait offensé ». — « Chez les
Germains, dit de son côté M. Mignet, dans ses Mémoires historiques, ce que
nous appelons *crime* était un simple *fait de guerre* qui se terminait par un
traité pécuniaire entre les deux parties intéressées. Le *caractère moral* de
l'action n'existait pas... de ce que la parenté mécontente était satisfaite, et la
paix rétablie, les traces du mal étaient effacées. Les actions répréhensibles
ne relevaient pas encore de la *morale* et du *droit*, mais de la *passion* et de
la *force*. (Revue de législation, t. XVIII, p. 337).

(1) M. Chassan, alors avocat général à la Cour de Rouen. Revue étrangère
et française de législation, de jurisprudence et d'économie politique, 1843, t. X,
p. 920.

(2) Et qui furent pratiquées à Rome même lors de la seconde guerre puni-
que.

science de la législation (1), se présente avec le caractère expia-
toire d'une lamentable prière adressée à la divinité, d'une *suppli-
cation, supplicium*. Le coupable est une victime dévouée aux
Dieux par cette formule : *Sacer esto*. Le prêtre est à la fois interprète de la volonté des Dieux, juge et exécuteur de la peine ;
l'échafaud, ainsi que l'a dit de nos jours M. de Maistre, est un
autel dressé sur la place publique. Quand nous lisons ces terribles formules qui furent celles des anciens Romains : *diis
devoti, sacris consignati* ou le redoutable *anathemata* des Grecs,
nous devons voir en réalité, dans ces affreuses immolations aux
Dieux, des condamnations à une peine capitale déguisées sous
les apparences d'un acte religieux (2).

(1) Filangieri. Science de la législation, liv. III, ch. XI (traduction française,
1840, t. II, p. 42 et 43. Cf. Vico, Scienza nuova, liv. I, Dignità 2, p. 101.

(2) M. Thonissen dit à propos des lois de Manou (t. I, p. 11) : « Jamais législateur n'a fait plus énergiquement ressortir l'importance du rôle que la
justice criminelle est appelée à jouer au milieu des institutions nationales :
« Pour aider le roi dans ses fonctions, disent ces lois, le seigneur produisit
dès le principe le génie du châtiment, protecteur de tous les êtres, exécuteur
de la justice, son propre fils, dont l'essence est toute divine. C'est la crainte
du châtiment qui permet à toutes les créatures mobiles et immobiles de jouir
de ce qui leur est propre et qui les empêche de s'écarter de leurs devoirs. Le
châtiment est un roi plein d'énergie ; c'est un administrateur habile ; c'est un
sage dispensateur de la loi. Le châtiment gouverne le genre humain, le châtiment le protège, le châtiment veille pendant que tout dort, le châtiment est
la justice, disent les sages. Le châtiment régit le genre humain, car un homme
naturellement vertueux se trouve difficilement. C'est par la crainte du châtiment que le monde peut se livrer aux jouissances qui lui sont allouées. Toutes
les classes se corrompraient, toutes les barrières seraient renversées, l'univers
ne serait que confusion, si le châtiment ne faisait plus son devoir. Partout où
le châtiment à la couleur noire, à l'œil rouge, vient détruire les fautes, les
hommes n'éprouvent aucune épouvante, si celui qui dirige le châtiment est
doué d'un jugement sain ». (Traduction des lois de Manou par Loiseleur-Des-
longchamps, revue par MM. Pauthier et Brunet, VII, 14-31). — César (Comment. liv. VI, ch. 16), dit des prêtres de la Gaule, qu'on appelait Druides,
qu'ils pensent que la vie d'un homme ne peut être rachetée que par la vie d'un
autre homme et que les Dieux immortels ne sauraient être apaisés qu'à ce prix.
Ces sortes de sacrifices sont même d'institution publique : quelquefois on remplit d'hommes vivants des espèces de mannequins tissus en osier et d'une hauteur colossale ; l'on y met le feu, et les victimes périssent étouffées par la
flamme. Ils jugent plus agréable aux Dieux le supplice de ceux qui sont convaincus de vol, de brigandage ou de tout autre crime ; mais lorsque les coupables manquent, ils y dévouent des innocents. »

3ᵉ application. — Lorsque les pouvoirs sociaux sont plus forts et régulièrement constitués, ce sont les souverains qui se considèrent comme les mandataires de Dieu, dont ils tiennent leurs pouvoirs, et comme ayant mission de venger le crime. Le Droit pénal revêt le caractère d'un droit *théocratico-politique* qui puise ses inspirations dans l'idée de la vengeance, dans le dogme de l'expiation et qui a en vue l'effet préventif de l'intimidation produit par la publicité des supplices. Ce sont ces idées que l'on rencontre dans les écrits de certains publicistes et des jurisconsultes de l'école pratique antérieurs à 1789. Le docte Argou s'exprime sur ce point en ces termes, dans son *Institution au droit français* (1) publiée pour la première fois en 1692 : « Quoi-« qu'un particulier se trouve offensé en son honneur ou en ses « biens, il ne lui est pas permis de poursuivre la punition du « crime ; la vengeance est défendue aux hommes, et il n'y a que « le Roi qui la puisse exercer par ses officiers, en vertu du « pouvoir qu'il tient de Dieu. Le particulier offensé peut bien « se joindre à l'officier public pour demander un dédommage-« ment proportionné à l'offense qu'il a reçue, ce qu'on appelle, « en terme de pratique, se rendre partie civile et demander une « réparation ou des intérêts civils ; mais jamais la partie civile « ne peut conclure à la peine qui est due au crime : ainsi cette « matière est presque toute de droit public parmi nous. » — D'Aguesseau, parlant de la confiscation des biens pour crime de lèse majesté, disait également : « La *vengeance publique* absorbe « tellement tous les biens, qu'il n'y reste plus aucun vestige du « domaine particulier de ceux qui les ont possédés. »

« C'était donc un principe de droit public admis par les criminalistes que celui qui reconnaissait au seul chef de l'Etat le droit d'être le vengeur des crimes (2) et c'est contre ce principe que

_____

(1) Argou, Institution au droit français, liv. III, ch. 38. — (T. II, p. 353 de l'édition publiée en 1762 par Boucher d'Argis).

(2) L'expression la plus saisissante de cette doctrine se rencontre dans les *Soirées de St-Pétersbourg* de ce *Joseph de Maistre* qui, suivant M. Villemain, *ne conçoit l'ordre social que cimenté par le sang et appuyé par le bourreau* (Tableau de la littérature au XVIIIᵉ siècle, 61ᵉ leçon) : « De cette prérogative redoutable dont je vous parlais tout à l'heure (le droit de punir) résulte, dit-il, l'existence nécessaire d'un homme destiné à infliger aux crimes les châtiments décernés par la justice humaine ; et cet homme, en effet, se trouve

l'avocat général Servan faisait entendre des protestations dans son discours sur l'administration de la justice criminelle prononcé devant le Parlement de Grenoble en 1767, lorsqu'il disait (1) : « La vengeance est une passion et les lois en sont partout, sans qu'il y ait aucun moyen d'expliquer comment, car la raison ne découvre, dans la nature de l'homme, aucun motif capable de déterminer le choix de cette profession. Je vous crois trop accoutumés à réfléchir, messieurs, pour qu'il ne vous soit pas arrivé souvent de méditer sur le bourreau. Qu'est-ce donc que cet être inexplicable qui a préféré à tous les métiers agréables, lucratifs, honnêtes, et même honorables, celui de tourmenter et de mettre à mort ses semblables ? Cette tête, ce cœur sont-ils faits comme les nôtres ? Ne contiennent-ils rien de particulier et d'étranger à notre nature ? Pour moi, je n'en sais pas douter. Il est fait comme nous extérieurement, il naît comme nous ; mais c'est un être extraordinaire ; et pour qu'il existe dans la famille humaine, il faut un décret particulier, un *fiat* de la puissance créatrice. Il est créé comme un monde... — Un signal lugubre est donné ; un ministre abject de la justice vient frapper à sa porte, et l'avertir qu'on a besoin de lui : il part, il arrive sur une place publique couverte d'une foule pressée et palpitante. On lui jette un empoisonneur, un parricide, un sacrilège : il le saisit, il l'étend, il le lie sur une croix horizontale, il lève le bras ; alors il se fait un silence horrible, et l'on n'entend plus que le cri des os qui éclatent sous la barre, et les hurlements de la victime. Il la détache, il la porte sur une roue : les membres fracassés s'enlacent dans les rayons ; la tête pend, les cheveux se hérissent, et la bouche, ouverte comme une fournaise, n'envoie plus par intervalle qu'un petit nombre de paroles sanglantes qui appellent la mort. Il a fini : le cœur lui bat, mais c'est de joie ; il s'applaudit, il dit dans son cœur : *Nul ne roue mieux que moi.* Il descend, il tend sa main souillée de sang, et la justice y jette de loin quelques pièces d'or qu'il emporte à travers une double haie d'hommes écartés par l'horreur. Il se met à table, et il mange ; au lit ensuite, et il dort. Et le lendemain, en s'éveillant, il songe à tout autre chose qu'à ce qu'il a fait la veille. Est-ce un homme ? Oui : Dieu le reçoit dans ses temples et lui permet de prier. Il n'est pas criminel ; cependant aucune langue ne consent à dire, par exemple, qu'*il est vertueux*, qu'*il est honnête homme*, qu'*il est estimable*, etc. — Et cependant toute grandeur, toute puissance, toute subordination repose sur l'exécuteur : il est l'horreur et le lien de l'association humaine. Otez du monde cet agent incompréhensible ; dans l'instant même l'ordre fait place au chaos ; les trônes s'abîment et la société disparaît. Dieu qui est l'auteur de la souveraineté l'est donc aussi du châtiment... » Plus loin Joseph de Maistre ajoute : « Qu'un innocent périsse, c'est un malheur comme un autre, c'est-à-dire commun à tous les hommes... Il est possible qu'un homme envoyé au supplice pour un crime qu'il n'a pas commis, l'ait réellement mérité pour un autre crime absolument inconnu. » (Soirées de St-Pétersbourg, 1er entretien).

(1) Ce discours de Servan a été souvent publié. Nous le trouvons dans les *OEuvres choisies* de ce magistrat, 2 vol. in-8°. Limoges, 1818.

« exemptes ; elles punissent sans haine et sans colère ; elles pu-
« nissent même avec regret, et ce n'est pas sans peine qu'elles
« consentent à perdre un citoyen par le châtiment, après en avoir
« perdu quelqu'autre par le crime. »

« En nous résumant, nous voyons que le législateur et le juge,
dans ce système, s'inspirent de ces trois idées : *vengeance, expiation, intimidation*. De là cette rigueur dans l'emploi des supplices,
qui est si loin de nos mœurs actuelles. On a constaté que la peine
de mort était employée, avant 1789, pour la répression de plus
de 115 espèces de crimes et parmi les modes divers de la faire
subir paraissent les supplices de la *roue*, du *feu*, de l'*écartellement*, de l'*enfouissement des individus vivants*, de la *décapitation*,
de la *potence. Jousse*, conseiller au présidial d'Orléans, donne un
long catalogue des peines très diverses, mais toutes très rigoureuses, alors employées, dans son *Commentaire sur l'ordonnance
criminelle de 1670* publié en 1766 et dans son grand *Traité de la
justice criminelle en France* qui parut en 1771.

2e système. — Système du contrat social.

« Cependant ce système qui produisait cette exubérance de
supplices était fortement attaqué par les philosophes et les publicistes du xviiie siècle. Il fut remplacé par celui du *contrat
social*, qui faisait émaner le droit de punir d'une convention primitive intervenue lors de la formation des sociétés. — On trouve
les premiers éléments de ce système dans le livre de *Hobbes, de
Cive* et dans le *Traité du gouvernement civil de Locke* qui parut en
1690. Il fut développé ensuite par Jean-Jacques *Rousseau*, dans
le *Contrat social*, par *Beccaria* dans son *Traité des délits et des
peines* et par la plupart des publicistes du xviiie siècle.

« Pour exposer ce système et pour l'apprécier, prenons-le tel
qu'il se produit dans l'écrit de Beccaria, parce que c'est cet
écrit qui a principalement inspiré la réforme de l'ancienne législation criminelle par la substitution à l'ancien Droit du Droit
nouveau exprimé dans les Codes de 1791 de l'Assemblée constituante.

« Beccaria, en se rattachant à une donnée fournie par Hobbes,
admet l'hypothèse d'un état de nature antérieur à la formation

des sociétés et en vertu duquel les hommes, vivant dans l'isolement, n'étant rattachés entre eux par aucun lien social, étaient tous dans une situation d'égalité parfaite et avaient les mêmes droits à toutes choses. De l'égalité de ces droits serait né, lorsque le genre humain se multiplia, l'antagonisme des intérêts qui aurait produit un état de guerre : une chose est convoitée par deux individus, chacun d'eux a le droit de s'en emparer ; une lutte s'engage et la chose reste au plus fort. Ainsi, dans cet état de nature, c'est la force qui règne en souveraine ; on est en présence d'un état permanent de guerre, guerre de chacun contre chacun et de chacun contre tous.

« Pour sortir de cet état, les hommes auraient constitué les sociétés et auraient abdiqué, selon Hobbes, leur liberté pour se placer sous la direction d'un chef chargé du maintien de la paix et investi de tous les pouvoirs nécessaires pour assurer l'obéissance à ses commandements. Hobbes qui écrivait au XVIIe siècle en Angleterre à une époque de grands troubles politiques, établit une doctrine essentiellement autoritaire impliquant l'absence de toute liberté et une équation parfaite entre la force et le droit; son livre *de Cive*, écrit en latin et traduit en français par M. Sorbière, n'est qu'un Code de despotisme et n'exprime qu'un matérialisme abject.

« Beccaria, en se rapprochant de Locke, prend bien pour base de son système cet état de nature antérieur à l'état social et dans lequel les hommes auraient joui d'une liberté complète. Il rattache également la formation des sociétés à une convention par laquelle les hommes auraient abdiqué, non leur entière liberté, mais seulement la partie de cette liberté dont l'abandon était nécessaire pour obtenir la sécurité dans la vie sociale : il se sépare ainsi du despotisme de Hobbes pour se rattacher à une conclusion qui modère les peines sous l'empire du droit et de la raison : « Libres et isolés sur la surface de la terre, dit Beccaria (1) à propos de l'origine des peines, las de s'y voir sans cesse dans un état de guerre continuel, fatigués d'une liberté que l'incertitude de la conserver rendait inutile, les hommes en sacrifièrent une partie pour jouir sûrement et en paix du reste. Pour

(1) Beccaria. Des délits et des peines, §§ 1 et 2.

former une société, il fallut des conditions, et voilà les premières lois. Toutes les portions de liberté sacrifiées ainsi au bien de chacun se réunissent pour composer la souveraineté d'une nation, dépôt précieux dont le souverain est le gardien et le dispensateur légitime. Mais ce n'était point assez d'avoir formé ce dépôt : tel est l'esprit despotique de chaque homme en particulier, que, toujours prêt à replonger les lois de la société dans leur ancien chaos, il cherche sans cesse à retirer de la masse commune, non seulement la portion de liberté qu'il y a déposée, mais encore à usurper celle des autres; il fallait donc élever un rempart contre cette usurpation, il fallait des motifs sensibles et assez puissants pour réprimer cet esprit despotique. On les trouva dans les peines prononcées contre les infractions des lois. » Plus loin il ajoute, pour justifier le droit de punir : « La multiplication du genre humain, médiocre en elle-même, mais supérieure de beaucoup aux moyens qu'offrait aux hommes la nature stérile et abandonnée pour satisfaire les besoins qui augmentaient de plus en plus, força les sauvages à se réunir. Ces espèces de sociétés, ou plutôt de hordes, donnèrent nécessairement naissance à d'autres qui se formèrent pour leur résister, et l'état de guerre où se trouvait chaque individu devint ainsi le partage des nations. C'est donc la nécessité qui a contraint les hommes à céder une partie de leur liberté, et il est bien certain que chacun n'en veut mettre dans le dépôt public que la plus petite portion possible, c'est-à-dire précisément ce qu'il en faut pour engager les autres à le défendre. Or, l'assemblage de toutes ces plus petites portions possibles de liberté constitue le *droit de punir;* tout ce qui s'écarte de cette base est abusif et non juste, on doit le regarder comme pouvoir de fait et non de droit. — D'après ces principes, tout châtiment qui va plus loin que la nécessité de conserver ce lien est d'une nature injuste. » — Parmi les conséquences que Beccaria tire de ces conséquences, il faut signaler les deux suivantes : « La première conséquence de ces principes, dit-il (1), est que les lois seules peuvent fixer la peine des crimes, et que ce droit ne peut résider que dans la personne du législateur, comme représentant toute la société unie par le

(1) Beccaria, *l. c.* § 3.

contrat social. — Troisième conséquence : On ne peut nier que l'atrocité des peines ne soit directement opposée au bien public et au but même qu'elle se propose, celui d'empêcher les crimes. Mais, admettons pour un moment qu'elle ne soit qu'inutile, nous ne l'en trouverons pas moins contraire à cette raison éclairée, mère des vertus bienfaisantes, et bien plus occupée de gouverner des citoyens heureux que de dominer sur des esclaves asservis sous le joug d'une cruauté lâche et timide; elle n'en blessera pas moins la justice et la nature même du contrat social. »

« Ce système du contrat social repose sur la supposition d'un état de nature qui n'est qu'une pure hypothèse et qui manque de réalité. Jamais les hommes n'ont été rencontrés dans cet état d'isolement complet qui aurait exclu tous rapports sociaux. L'homme a été créé pour la vie sociale par une Suprême Intelligence et Beccaria aurait dû rechercher l'origine du droit de punir, non dans une fiction idéale, mais dans les nécessités du maintien de l'ordre social et de la paix publique. Cette convention par laquelle les hommes se seraient constitués en état de société, en faisant l'abandon d'une partie de leur liberté et en se soumettant à des peines, est purement imaginaire et n'a aucun fondement historique. Ce qui est vrai, c'est que l'état de société implique des restrictions de la liberté et la soumission à des châtiments.

« Le système qu'expose Beccaria n'a eu de la valeur que par les conséquences qu'il en a déduites.

« Beccaria reconnaît en effet que les pouvoirs sociaux émanent du peuple. Il n'autorise l'emploi de peines que dans la mesure de ce qui est strictement nécessaire pour protéger les personnes et les droits. De là l'abandon de ces supplices atroces, dont les rigueurs étaient sans utilité et dont l'affligeant spectacle, loin de moraliser les masses, ne faisait qu'exciter en elles une certaine férocité. — Ce système implique aussi l'obligation pour le législateur de déterminer les caractères des faits punissables et les peines dont ils amènent l'application. La loi doit avertir pour pouvoir ensuite frapper : *Moneat lex priusquam feriat.* De là la nécessité de la codification des lois pénales et le principe maintenu par l'art. 4 de notre Code pénal qui veut qu'un fait ne puisse être puni et qu'une peine ne soit infligée qu'en vertu d'une loi antérieurement promulguée (1).

3e Système. — Système utilitaire.

« Le système du contrat social reposait sur des bases fragiles et fut vivement attaqué vers la fin du xviiie siècle par des logiciens hardis qui firent bientôt dominer des doctrines tendant à ne reconnaître pour source de tout droit que l'*utilité*. — C'est là ce qu'on appelle le *système utilitaire*, dont un publiciste Anglais, Jérémie Bentham, peut être considéré comme l'apôtre, et dont l'influence fut grande, car il a inspiré les rédacteurs de notre Code pénal de 1810. »

« Jérémie Bentham, à la fois philosophe et légiste, naquit à Londres en 1748 et mourut en 1832 à l'âge de 83 ans : témoin et partisan de notre Révolution, il donna des conseils et communiqua ses idées à la Constituante et reçut de la Convention le titre de citoyen français. Il mourut après avoir vu notre révolution de Juillet et y avoir applaudi.

Ses doctrines philosophiques et législatives lui furent inspirées par deux ouvrages qui frappèrent son esprit : l'ouvrage de l'*Esprit* d'Helvetius, publié en 1758, et qu'il lut avec avidité à l'Université d'Oxford, le rangea parmi les disciples de la philosophie sensualiste d'Epicure et de Gassendi. La doctrine de l'utilité de l'Etat lui fut suggérée par un livre du docteur Priestley, chimiste, physicien et philosophe, l'*Essai sur le gouvernement*, dans lequel le docteur soutient que le chef de l'Etat doit procurer à ses sujets la plus grande somme de bien-être et de bonheur possible. Il a raconté lui-même que, s'étant rendu à Oxford, pour prendre part, en qualité de gradué, aux élections du Parlement, il alla dans une salle de lecture fréquentée par les étudiants, mit la main sur cet ouvrage qui l'impressionna vivement : « Il arriva je ne sais comment, dit-il, que peu de temps

---

(1) [M. Fouillée a rajeuni de nos jours l'idée du contrat social en lui donnant un aspect nouveau et original. Voir pour le développement et la critique de sa doctrine mon ouvrage sur les *Principes fondamentaux de la pénalité*, 1re partie, ch. I, § 32 et ss. ; ch. III, sect. III, D. p. 175 et ss. ; ch. IV, sect. II, p. 227 et ss.]

après sa publication (1768) un exemplaire de cet ouvrage parvint à la bibliothèque circulante d'un petit café, appelé café Harper, lequel était en quelque sorte annexé au collège de la Reine, à Oxford, dont l'achalandage le faisait subsister... Quoi qu'il en soit, ce fut la lecture de ce livre et de la phrase en question qui décida de mes principes en matière de morale politique et privée; c'est là que je pris la formule et le principe qui depuis ont fait le tour du monde. A cette vue je m'écriai, transporté de joie, comme Archimède lorsqu'il découvrit le principe fondamental de l'hydrostatique : Je l'ai trouvé, ευρηχα! (1) »

« Faisons connaître successivement la doctrine de Bentham comme philosophe et comme légiste.

« 1° *Bentham philosophe*. — Les doctrines philosophiques et morales de Bentham sont exposées dans sa *Déontologie (deon* ce qu'il faut faire, ce qui est convenable, *logos* traité) publiée deux ans après sa mort, en 1834, par un de ses collaborateurs, Bowring, et traduite en français la même année par Benjamin Laroche (Paris, 1834, 2 vol. in-8°). — Elles n'ont rien d'original et ne sont guère que la reproduction de la philosophie d'Épicure.

« Pour la *doctrine utilitaire*, le *bien*, c'est la possession du bien-être; le *mal*, c'est la douleur; la *vertu*, c'est ce qui contribue le plus au bonheur, ce qui, suivant l'expression de Bentham, *maximise* le plaisir et *minimise* les peines; le *vice*, c'est ce qui diminue le bonheur et contribue au malheur. Dès lors la *tâche du moraliste* est de démontrer qu'un *acte immoral* est un faux calcul de l'intérêt personnel. Dans la *morale utilitaire*, ce qui justifie une action, c'est son *utilité :* tout ce qui tend à augmenter la somme du bien-être est légitime.

« On retrouve là la ·doctrine misanthropique et sceptique développée dans les maximes de La Rochefoucauld et de pareils principes antichrétiens tendent à supprimer tout mouvement généreux et à tarir la source du dévouement (2).

« 2° *Bentham légiste*. — Bentham applique à la législation et

---

(1) Jérémie Bentham. Déontologie, traduction de M. Benjamin Laroche (1834), t. I, p. 358.

(2) [Cf. sur cette morale utilitaire et la morale évolutioniste qui en dérive, mon ouvrage sur les *Principes fondamentaux de la pénalité*, 1re partie, ch. III, sect. II, p. 97 à 131.]

notamment à la législation pénale, sa doctrine utilitaire : c'est même à ce point de vue que se manifeste le caractère original de ses œuvres : *Fragments sur le gouvernement* (1776) consacrés à la réfutation des idées de Blakstone et à la substitution du système utilitaire à celui du contrat social; *Introduction aux principes de la morale et de la législation* (1789); *Traité de législation civile et pénale* (1802), traduit en français par son collaborateur Dumont, de Genève; *Théorie des peines et des récompenses* (1811), traduit par le même; *Traité des preuves judiciaires* (1813) et *Tactique des assemblées politiques et des sophismes politiques* (1816), également traduits par Dumont.

« Suivant la doctrine utilitaire de Bentham, le *but du législateur* est de procurer la plus grande somme possible de bien-être, de *maximiser le bonheur* et de *minimiser les peines* dans la vie sociale.

« Le *Droit pénal* est l'expression de ce qui est utile à la société. — Ce qui justifie la peine, c'est son *utilité* majeure, ou pour mieux dire sa *nécessité* (Théorie des peines, etc., p. 9).

« Ce principe exerce son influence sur les parties les plus importantes du droit pénal.

« Ainsi les *peines légales* sont des *maux* infligés selon des formes juridiques à des individus convaincus de quelque *acte nuisible* et dans le but de *prévenir* des actes semblables. — L'objet de la peine est de *prévenir* les crimes futurs; *le moyen*, que doit employer le législateur pour atteindre ce but, est l'*intimidation*.

« Pour la classification des actes humains, suivant la *dynamique morale* de Bentham, il faut les ranger en trois classes : 1º les *actes licites*, dans lesquels la balance penche en faveur du bien-être qui en résulte; 2º les *actes illicites*, qui produisent plus de douleur que de bien-être; 3º les *actes indifférents*, à l'occasion desquels il y a équilibre entre le bien-être et la douleur qu'ils produisent. — Il en résulte que l'*acte punissable* est tout acte qui produit une somme de douleur excédant la somme de bien-être.

« La *mesure des peines* doit être basée sur la même dynamique : partant de ce principe que le mobile des actions humaines est le *plaisir* ou la *douleur*, on peut en conclure que tout crime est le résultat d'un *faux calcul* et que l'auteur a pris une action *nuisible* pour une action *profitable*. Dès lors la *mesure de la peine* est indiquée par la *puissance des penchants coupables* qui provoquent ce faux calcul : la peine doit être de nature à produire une somme de douleur qui fasse équilibre à la somme de plaisir espéré et qui la dépasse même dans une certaine mesure pour faire naître chez l'agent un intérêt qui l'arrête et le contraigne à s'abstenir de l'acte coupable. Par exemple, si l'on évalue à 10 la puissance d'impulsion du penchant criminel, la peine devra produire une puissance de répulsion égale à 11 et l'agent s'abstiendra certainement.

« Bentham conclut du reste, dans son système, à la *modération des peines :* car si la peine dépassait ce qui est nécessaire, si elle excédait les limites exactes de la *dynamique sociale,* elle produirait une perte inutile de bien-être qui serait elle-même un mal.

« En résumé, dans le système utilitaire de Bentham, l'*idée de justice* est une chimère. Le *Droit* est l'expression de ce qu'il est utile d'observer ; tout se réduit à un calcul : si le législateur suit avec exactitude les lois de la dynamique tracées par ce puissant penseur, s'il fait en sorte qu'une action de nature à diminuer la somme de bien-être d'autrui produise pour son auteur une somme de mal plus grande que la somme de bien qu'il pourrait en retirer en l'accomplissant, on s'abstiendra du crime, l'ordre sera respecté et la société prospérera.

« *Examen et appréciation du système utilitaire.* — Pour juger et apprécier les doctrines utilitaires, il faut d'abord savoir de quelle *utilité* Bentham entend parler comme base de la pénalité.

« Est-ce l'*utilité absolue*, l'*utilité du genre humain?* — Non ; Bentham ne s'élève pas jusqu'à ce mobile impersonnel et moral qui se confond avec l'idée de la *justice absolue.*

« Est-ce donc l'*utilité du plus grand nombre* et *maximiser le bonheur*, est-ce déverser le bien-être sur le plus grand nombre? — Mais alors la *légitimité d'une peine* n'est plus qu'une question de chiffre : si sur 33 millions de Français, 17 millions ont intérêt à ce que 16 millions soient immolés, la mort de ceux-ci sera légitime et l'on arrivera à légitimer l'oppression des minorités par les majorités si faibles qu'elles soient du reste, l'on arrive à justifier les institutions les plus infâmes, comme l'esclavage. —

Pour prendre une application plus directe et plus immédiate au point de vue pénal, le juge, inspiré par la doctrine utilitaire, devra se demander, en prononçant une condamnation, quel effet d'*intimidation* produira son jugement : en sorte que la pénalité s'appuiera, en fait, non sur la *moralité* du fait à juger, mais sur les *impressions* extérieures du public et que le coupable ne sera plus un *agent libre* qui va *expier* un méfait, *se purifier* en satisfaisant à *la justice*, mais une *victime* que l'on immolera pour servir au *bien-être* de ses semblables; l'homme servira ainsi de *moyen* pour procurer une somme de *bien-être* aux autres. — Telle n'est pas la théorie de Bentham qui est loin de vouloir justifier les abus et les excès que nous venons de signaler.

« Bentham ne donne pas pour but aux législations, et notamment à la législation pénale, l'*utilité du plus grand nombre;* il les fonde sur l'*utilité individuelle*, sur l'*Egoïsme* : « Chacun, dit-il (1), se constitue juge de son utilité; cela est et cela doit être; autrement l'homme ne serait pas un agent raisonnable : celui qui n'est pas juge de ce qui lui convient est moins qu'un enfant, c'est un idiot. L'obligation qui enchaîne les hommes à leurs engagements n'est autre chose que le sentiment d'un intérêt d'une classe supérieure qui l'emporte sur un intérêt subordonné. On ne tient pas les hommes uniquement par l'utilité particulière de tel ou tel engagement; mais, dans les cas où l'engagement devient onéreux à l'une des parties, on les tient encore par l'utilité générale des engagements, par la confiance que chaque homme éclairé veut inspirer pour sa parole, afin d'être considéré comme homme de foi, et jouir des avantages attachés à la probité et à l'estime. Ce n'est pas l'engagement qui constitue l'obligation par lui-même; car il y a des engagements nuls, il y en a d'illégitimes. Pourquoi? Parce qu'on les considère comme nuisibles. C'est donc l'utilité du contrat qui en fait la force. On peut réduire aisément à un calcul de biens et de maux tous les actes de la vertu la plus exaltée. Ce n'est ni l'avilir ni l'affaiblir que de la représenter comme un effet de la raison, et de l'expliquer d'une manière intelligible et simple... Si vous voulez rejeter le

_____

(1) Bentham, Traité de législation civile et pénale, t. 1er. Principes de législation, ch. V, p. 32.

principe de l'utilité, ajoute Bentham, parce qu'on peut l'appliquer mal, qu'est-ce que vous lui substituerez? Quelle règle avez-vous trouvée dont on ne puisse pas abuser? Où est cette boussole infaillible?

« Le système de Bentham peut se résumer dans les trois propositions suivantes : 1° *Chacun a le droit de faire ce qui lui est utile*. Hobbes l'avait déjà dit : *in statu naturæ juris mensuram esse utilitatem* (de Cive cap. 1, § 10); mais il rapportait cette idée au temps de l'état extra-social où chacun devait suivre ses inspirations ; — 2° *Chacun est l'appréciateur de ses propres intérêts*. C'est également ce que disait Hobbes ; mais il l'entendait encore du temps de l'état extra-social et il soutenait précisément que les hommes s'étaient réfugiés dans l'état social pour faire cesser l'antagonisme résultant de ces appréciations différentes ; — 3° La troisième proposition, par laquelle Bentham corrige les exagérations des précédentes, n'est que la contradiction même de ces deux premières idées fondamentales : *ce qui est utile en soi est utile pour tous, ce qui est utile à chacun est utile à tous;* de telle sorte qu'il y a des règles obligatoires qui doivent diriger la conduite des hommes et que chacun n'a pas le droit de faire ce qui lui est utile si cet acte est nuisible à tous et ne peut se constituer l'arbitre souverain, le seul appréciateur de son utilité. Bentham s'élève ainsi à des idées abstraites et métaphysiques qui sont la négation même et la destruction de son système; il arrive à donner comme idéal de la conduite humaine ce *qui est bon et juste en soi* et l'on peut s'expliquer par là les aperçus lumineux et les idées élevées répandus dans les écrits du légiste anglais.

« Mais si l'on prend les deux principes fondamentaux du système utilitaire, on ne tarde pas à s'apercevoir des conséquences dangereuses et excessives qu'il produit : négation de toute idée de bien et de mal, de justice, de droit, de devoir et d'obligation, de mérite et de démérite. Le voleur a le droit de voler s'il a des chances d'impunité suffisantes; il use également de son droit en tuant pour échapper à la poursuite et à la peine : il se conforme en cela à son utilité personnelle. D'autre part la société use de son droit en le poursuivant et en le punissant : le voleur doit se reprocher alors de n'avoir pas réussi. Fontenelle disait en voyant mener un homme au supplice : *Voilà un homme qui a mal calculé.*

« En politique, l'utilitarisme aboutit au règne de la force, au despotisme dont le livre de Machiavel, *le Prince*, est l'exacte expression.

« En droit, il implique l'absence de toute notion de justice et une exagération de pénalité de nature à produire l'intimidation. On raconte à ce sujet une anecdote qui montre l'application pratique de cette idée : un juge anglais, imbu des doctrines utilitaires, avait condamné à mort un individu que le jury avait déclaré coupable du vol d'un cheval; suivant l'usage, il alla l'annoncer au condamné qui se récria contre la sévérité de la loi et déclarait souverainement injuste de mettre la vie d'un homme au-dessous de la valeur d'un cheval. — « Je ne vous condamne pas, répondit le juge, parce que vous avez volé un cheval; la loi veut que je vous condamne pour qu'à l'avenir on ne vole plus de chevaux. »

« Cette exagération de pénalité s'est manifestée dans la fâcheuse expérience que la France a faite du système utilitaire. Le système du contrat social avait *humanisé* la législation pénale de 1791; les idées de Bentham introduisirent dans le Code de 1810 une pénalité draconienne. Voici en effet comment Target exprimait l'esprit qui avait présidé à la rédaction de ce Code, dans ses *Observations sur le projet du Code criminel, Première partie : Des délits et des peines* (1) : « Il est certain que la peine n'est pas une vengeance : cette triste jouissance des âmes basses et cruelles n'entre pour rien dans la raison des lois. C'est la nécessité de la peine qui la rend légitime. Qu'un coupable souffre, ce n'est pas le dernier but de la loi; mais que les crimes soient prévenus, voilà ce qui est d'une haute importance. Après le plus détestable forfait, s'il pouvait être sûr qu'aucun crime ne fût désormais à craindre, la punition du dernier des coupables serait une barbarie sans fruit, et l'on ose dire qu'elle passerait le pouvoir de la loi. *Pœna non irascitur sed cavet.* La gravité des crimes se mesure donc, non pas tant sur la perversité qu'ils annoncent que sur les dangers qu'ils entraînent. L'efficacité de la peine se mesure moins sur sa rigueur que sur la *crainte qu'elle inspire.* »

(1) Locré, t. 29, p. 8.

« M. Franck, auteur d'un excellent livre sur la *Philosophie du droit pénal*, a réfuté en termes très élevés cette triste doctrine d'après laquelle le droit de punir dérive de l'intérêt public :
« Que faut-il entendre, dit-il (1), par cet intérêt public, par cette utilité générale, que vous prenez pour base de vos lois répressives et de vos institutions judiciaires? A quel signe puis-je distinguer l'intérêt public de l'intérêt particulier d'une caste, d'un parti? Je distingue facilement l'usurpation du droit, le droit du privilège, la justice de l'arbitraire; parce que la Justice et le Droit ont un caractère universel et immuable. Mais l'intérêt public ne se révèle à moi par aucun signe particulier; parce que l'intérêt, c'est la satisfaction de nos passions et de nos désirs, et que les passions, les désirs des uns s'accordent rarement avec ceux des autres. Il y a même des époques de violence et d'emportement où les passions et les désirs du plus grand nombre sont en opposition directe avec les règles permanentes de l'ordre social; aussi l'intérêt public a-t-il servi de prétexte à tous les excès et à toutes les horreurs que nous raconte l'histoire. C'est au nom de l'intérêt public, et même du salut public, qu'on a essayé de justifier la St-Barthélemy, les dragonnades, les massacres de septembre, le tribunal révolutionnaire et d'autres mesures non moins sanglantes et non moins honteuses pour la nature humaine. C'est au nom de l'intérêt public qu'on a maintenu, dans la constitution américaine, l'institution de l'esclavage devenue aujourd'hui, par un juste châtiment, une cause de guerre civile. L'intérêt public! Il n'y a pas une mesure si infâme, une loi si dégradante, une tyrannie si odieuse, une dictature si impitoyable, qui n'ait invoqué cette formule infernale également propre à opprimer et à corrompre les nations. (2) »

« La Doctrine utilitaire a été reprise et continuée en Angleterre par un disciple de Bentham, Stuart Mill, le fils de James Mill, l'actif propagateur de la morale nouvelle, dans son étude consa-

---

(1) Franck, Philosophie du droit pénal, partie 1, ch. II.

(2) *Adde* pour la réfutation de la doctrine utilitaire, Jouffroy, Cours de droit naturel, 13ᵉ leçon, et Molinier, Revue de législation, t. V, Jérémie Bentham considéré comme moraliste et comme légiste ; fragment d'un traité inédit de droit naturel.

crée à l'exposition de l'*Utilitarisme* (1) et dans celle où il examine et critique la *philosophie de Hamilton* (2).

4e Système. — Système de la défense sociale.

« D'après ce système, enseigné par de Pastoret dans ses Lois pénales (2 vol. in-8°, 1790), par Romagnosi dans sa *Genèse du droit pénal* (2 vol. in-8°, 1840), par Nicola Nicolini, l'un des jurisconsultes les plus distingués de l'Italie (le Quistioni di diritto, nouvelle édition 1870), par Rosmini Serbati dans sa Philosophie du droit (1865), la société, être collectif, dont l'existence est tout aussi légitime que celle de l'être individuel, a, comme ce dernier, le *droit de conservation* et l'exerce par le droit de punir qui n'est autre chose que le *droit de légitime défense sociale*.

« Ce système se rapproche de celui de l'utilité, sans en proclamer le principe. Il tend à opposer un obstacle aux mobiles mauvais, à opposer aux passions la puissance résultant de l'intimidation produite par la peine, à combattre les penchants criminels par la *contrainte psychologique* résultant de la crainte du châtiment et à mettre les peines en rapport avec les nécessités de la répression. La peine n'est établie que par la considération de l'intérêt général, pour éviter que les délits ne se multiplient dans l'avenir. — Aussi, d'après Nicolini, le mot *peine* ne vient-il pas du mot *pati*, *souffrir*, mais de *appendere*, *peser*. La Justice est représentée, suivant lui, par une déesse tenant un glaive d'une main, symbole de l'intimidation, et de l'autre une balance, pour établir l'équilibre entre la puissance des passions et la puissance de l'intimidation ; elle est assise sur l'emblème de la force.

« Ce système n'envisage que le fonctionnement de la loi, l'action préventive des peines. Mais s'il rend compte de leur efficacité, il n'indique pas le principe philosophique d'où découle le droit de punir. La prétendue base qu'il assigne à ce droit est absolument fausse : car la légitime défense suppose l'actualité, l'imminence du péril qu'elle a pour but de repousser et elle disparaît

(1) [Traduit en français par Le Monnier (Alcan, 1883.)]
(2) [Traduit en français par Cazelles (Baillière, 1869.)]
[Cf. mon ouvrage sur les *Principes fondamentaux de la pénalité*, 1re partie, ch. IV, sect. I, p. 215 et ss.]

lorsque le danger est passé, pour n'être plus qu'une vengeance, une violence illégitime : « Il est, dit M. Ortolan, deux manières de pourvoir à sa conservation : en se défendant contre d'injustes agressions ; en cherchant de soi-même ce qui est nécessaire à son existence ou à son bien-être. Dans le premier cas, nous avons le droit de faire à l'agresseur tout le mal indispensable pour écarter le danger imminent dont il nous menace ; dans le second cas, notre droit de conservation rencontre pour limite le droit d'autrui, qu'il ne nous est pas permis de léser. Or la société, lorsqu'elle punit, ne se trouve pas dans le premier cas : tous les efforts, toutes les subtilités de la dialectique ne montreront pas qu'elle soit en état de défense légitime contre le délinquant : le délit est commis, le mal est fait, il ne s'agit plus de se défendre contre le danger de ce mal. Avant la consommation du délit, il y avait défense ; après, il ne peut plus y avoir que vengeance ou justice. Que si vous dites : mais elle a besoin de se défendre contre le danger futur des délits à venir ; alors ce serait contre les agresseurs futurs qu'elle aurait à exercer sa défense et non contre le délinquant actuel. Le fait est que la société, lorsqu'elle punit, se trouve dans le second cas et non dans le premier cas ; elle frappe le délinquant dans l'intérêt de la conservation sociale, il est vrai ; mais il faut démontrer qu'en le frappant elle ne lèse pas les droits de ce délinquant, qu'elle ne cherche pas à se conserver au détriment d'autrui, à satisfaire les intérêts du plus grand nombre au détriment d'un seul : le problème reste entier » (1).

5° Système. — Système de la réparation sociale.

« D'après un système enseigné par Klein, jurisconsulte allemand (Principes de droit pénal, 1795, Halle), le délit porte un préjudice, non seulement à la personne qui en est la victime, mais encore à la société tout entière. Le coupable doit réparer ce double préjudice. La peine n'est autre que cette *réparation sociale*.

(1) Ortolan, Eléments de droit pénal, liv. 1er, 1re partie, ch. II, no 180, *adde* Franck, Philosophie du droit pénal, 1re partie, ch. III.
[Cf. mon ouvrage sur les *Principes fondamentaux de la pénalité*, 1re partie, ch. IV, sect. III, p. 232 à 264.]

« Mais si l'on analyse les divers préjudices sociaux causés par le délit et dont on veut obtenir la réparation au moyen de la peine, on demeure convaincu que plusieurs, tels que l'alarme publique et l'entraînement du mauvais exemple, ne proviennent pas directement et immédiatement du coupable et que la réparation n'en pourrait pas être mise avec justice à son compte. En réalité ce système confond deux idées cependant bien différentes : *punition* et *réparation* (1).

6e Système. — Système de la justice absolue.

« Ce système rattache le droit de punir à la *justice absolue*, dégagée de tout autre considération et considère la peine comme une *expiation*.

« Il s'est produit dans l'antiquité dans les écrits de *Platon* et notamment dans le *Gorgias*. — Il a été reproduit de nos jours par *Kant* (1724-1804) dans ses *Principes philosophiques du droit*, par *Henke*, professeur à Berne, dans sa *Théorie du droit pénal* (Zurich, 1815), par *Théodore Jouffroy* dans son Cours de droit naturel, par *Cousin* dans son étude sur le *Vrai, le beau et le bien*, dans sa *Philosophie de Kant* et dans son *Cours sur la philosophie sensualiste*, enfin par un jurisconsulte, M. *Oudot*, dans son livre sur la *Conscience et la Science du devoir* (1856, 2 vol. in-8°).

« Ce système repose sur la notion morale du *mérite* et du *démérite* des actions humaines et sur la loi morale du *devoir*. Il implique la nécessité morale de conformer les actions aux *préceptes de la morale sociale* qui conduisent l'homme au perfectionnement de ses facultés intellectuelles. « La *justice*, dit Cousin dans sa Philosophie de Kant, p. 366, c'est le *respect de la liberté*. Elle confère à chacun le droit de faire tout ce qu'il veut, sous cette réserve que l'exercice de ce droit ne porte aucune atteinte à l'exercice du droit d'autrui. L'homme qui, pour exercer sa liberté, violerait celle d'un autre, manquerait ainsi à la loi même de la liberté, se rendrait coupable. » — Les règles de la justice et de la morale sociale que l'homme doit respecter sont manifestées par la raison et sont impersonnelles.

(1) [Cf. mon ouvrage sur les *Principes fondamentaux de la pénalité*, 1re partie, ch. III, sect. III, § 2 F, p. 112 et 183.]

« Toute déviation des règles de la morale exige l'*expiation* par la douleur, en vertu de cette loi supérieure du mérite et du démérite, parce que la justice veut que celui qui pratique le bien soit récompensé et que celui qui fait le mal soit puni : « Le *mérite* est le droit naturel que nous avons d'être récompensés, dit Cousin (du Vrai, du beau et du bien, 14e leçon) ; le *démérite*, le droit naturel qu'ont les autres de nous punir, et si l'on peut parler ainsi, le droit que nous avons d'être punis ». — Le châtiment est donc la suite nécessaire de l'infraction : « De même que l'esquif qui ne demeure pas dans le fil de l'eau vient à s'échouer ou à se fracasser sur la rive, dit Jean Reynaud (Terre et Ciel, liv. VI, p. 469), de même toute créature qui dévie se blesse elle-même. » — « *La peine est le rapport de la douleur à la faute*, ajoute Cousin (du Vrai, du beau et du bien, p. 359) ; c'est dans ce rapport et non dans la douleur seule qu'est la vérité comme aussi la honte du châtiment. — Le crime fait la honte et non pas l'échafaud. » C'est la justice violée, dit encore Cousin (du Vrai, etc., 15e leçon), qui impose au coupable l'expiation de la souffrance ; — « je dois une réparation à la justice par une souffrance convenable, et c'est en cela que consiste la peine. »

« L'expiation, la peine, est une suite tellement naturelle du démérite, que Cousin établit pour celui qui a démérité un véritable *droit à la peine*, le droit d'effacer et de purger sa faute : « Celui qui commet une injustice, dit-il, est plus malheureux que celui qui la souffre ; car celui qui la souffre n'a pas dévié des voies de la justice... *La peine*, qui efface la faute et qui guérit le coupable, est pour lui un *bien qu'il devrait rechercher*... Un coupable qui, ouvrant les yeux à la lumière du bien, comprendrait la nécessité de l'expiation, non seulement par le repentir intérieur sans lequel tout le reste est vain, mais encore par une souffrance réelle et effective, un tel coupable *aurait le droit de réclamer la peine* qui, seule, peut le réconcilier avec l'ordre. Et de telles réclamations ne sont pas si rares : on voit des criminels se dénoncer eux-mêmes et s'offrir à la vindicte publique ; d'autres préfèrent satisfaire à la justice et n'ont pas recours au droit de grâce, que la loi place entre les mains du monarque pour représenter dans l'Etat la charité et la miséricorde comme les tribunaux y représentent la justice. Preuve manifeste des racines naturelles et profondes de l'idée de peine et de récompense » (du Vrai, etc., 14e leçon, p. 357).

« Ce système a des conséquences remarquables sur la pénalité et sur son application; 1o la peine revêt un caractère moral et religieux qui la sanctifie et qui en fait un moyen de réhabilitation pour celui qui la subit; 2o la peine, loin d'entacher celui qu'elle frappe, le purifie; elle lave la souillure que le crime seul avait produit. Elle doit être par suite éminemment *réparatrice* et *réformatrice;* 3o le juge doit appliquer la peine en dehors de toute utilité contingente, en considération de la loi morale qui a été violée et des nécessités de l'expiation.

« A ce dernier point de vue surtout, le système de la justice se sépare entièrement du système utilitaire et du système de la défense sociale, dont il est précisément la contre-partie. — D'après ceux-ci, le juge n'aura qu'à considérer les faits extérieurs, l'impression que sa sentence produira sur le public, l'action qu'elle exercera sur les déterminations de la volonté des hommes. — Dans celui-là au contraire, le juge appréciera la moralité des actes, examinera le mérite et le démérite des actes en eux-mêmes. — En outre, dans les derniers, comme l'ont dit Romagnosi et Target : « Si après le délit il y avait certitude qu'il n'en surviendra aucun autre, la société n'aurait aucun droit de punir. » — Au contraire Kant, au nom de la justice, a dit : « Si la société civile était sur le point de se dissoudre, le dernier meurtrier détenu dans une prison devrait être mis à mort au moment de cette dissolution, afin que tout coupable portât la peine de son crime et que l'homicide ne retombât pas sur le peuple qui aurait négligé de le punir. »

« Ce système ne nous paraît pas acceptable, parce qu'il est insuffisant et dangereux.

« *Insuffisant* : car s'il explique comment l'application de la peine est un acte de justice, il ne démontre nullement que la société ait le droit de l'infliger et laisse non résolue la question du droit pour la société de punir. Le coupable n'a pas à se plaindre de ce qu'il subit l'expiation ; mais il peut contester à la société le droit de la lui infliger. — En outre le coupable qui aurait volontairement ou accidentellement expié sa faute échapperait à la justice humaine et s'il ne pouvait lui dire qu'il n'a pas mérité la peine, il pourrait lui répondre qu'il a expié son crime.

« *Dangereux* : car en conférant aux juges l'exercice du droit d'infliger l'*expiation*, il entraînerait dans ce monde la punition de toutes les fautes et la confusion excessive et regrettable pour la liberté de la loi morale et de la loi sociale. Il déterminerait des investigations dangereuses, par suite des faiblesses de la justice humaine et obligerait les magistrats qui l'exercent à pénétrer dans le for intérieur de l'homme qui doit être respecté et est impénétrable. — Ce système appartient aux gouvernements théocratiques, mais ne peut se concilier avec l'organisation des gouvernements modernes.

« On a fait à ce système une autre objection qui nous paraît moins fondée que les précédentes. — On a dit qu'il était dans l'impossibilité de justifier les châtiments infligés pour des infrac-tions et des dispositions de droit positif pur qui n'ont aucun rap-port avec la loi morale : par exemple les lois sanitaires (loi du 3 mars 1822), les lois sanctionnant l'établissement des impôts (lois sur les douanes, les contributions indirectes), les lois militaires, et toutes autres punissant des faits absolument indifférents à la morale et qui ne sont pas mauvais par leur nature. — Il est facile de répondre que la morale fait un devoir aux hommes de res-pecter les lois de leur pays et que la violation de ces lois posi-tives constitue une infraction à la loi morale qu'il est juste de punir.

« Les objections précédentes nous paraissent suffisantes pour faire écarter encore ce système (1).

7e *Système.* — *Système mixte et éclectique.*

« Ce système est une combinaison heureuse de l'idée de *justice* et de celle d'*utilité sociale*. Il rattache le *principe* du droit de punir à la *justice* et il en fait reposer l'*exercice* par le souverain sur l'*utilité*.

« Il a été présenté par M. *Guizot* dans son étude sur la *peine de mort en matière politique* (1822); par le *duc de Broglie*, pair de

(1) [Voir dans le même sens mes *Principes fondamentaux sur la pénalité*, 1re partie, ch. IV, sect. IV, p. 264 à 293.]

France, gendre de Mme de Staël, dans un article de la Revue française du 28 janvier 1828, intitulé : *Du système pénal et du système répressif en général et de la peine de mort en particulier*, dans lequel il rendait compte d'un travail de M. Charles Lucas sur la peine de mort couronné à Paris et à Genève. Ce système a été également soutenu par M. de Rémusat dans le Globe du 10 septembre 1825, par Rossi dans son Traité de droit pénal publié en 1829, par Ortolan (Eléments du droit pénal) et il a reçu l'adhésion de la plupart des criminalistes contemporains.

« Dans ce système, la peine n'a droit que sur le crime : elle ne doit atteindre que les actions qui blessent la *morale sociale*, mais elle ne les atteint pas toutes ; car la société ne peut punir que les actions dont la *répression lui est utile*. La société emploie l'*expiation* comme *moyen* pour prévenir la perpétration des délits : la loi frappe le coupable à la fois parce qu'il a fait le mal et pour empêcher que ce mal se reproduise ; elle agit dans un but d'*utilité* en employant un *moyen moral* et légitime.

« La mesure de la peine est donnée à la fois par la *moralité du fait* et par l'*utilité sociale : ni plus qu'il n'est juste, ni plus qu'il n'est utile*. La peine ne doit pas dépasser les données de la moralité du fait ni les exigences de l'utilité sociale.

« Je conviendrai, dit M. Guizot (1), que l'intérêt social est un « des motifs qui entrent dans la détermination des délits et des « châtiments. Ce n'est pas le premier, car il serait sans valeur « s'il n'était précédé de la réalité morale du délit. C'est le second, « car la société a le droit de punir et d'interdire tout ce qui est « à la fois coupable, nuisible et de nature à être réprimé par les « lois. La criminalité morale, le péril social et l'efficacité pénale, « ce sont les trois conditions de la justice criminelle, les trois « caractères qui se doivent rencontrer dans les actions qu'elle « condamne et dans les peines qu'elle inflige. Voilà le vrai ter- « rain où la justice légale est établie. Elle participe à notre gran- « deur et à notre misère. Elle est en rapport avec la nature su- « blime de l'homme et avec l'infirmité de sa condition. Elle « ne peut pas être la justice morale pure. Elle est obligée d'en « retenir le principal caractère, de ne punir que ce qui mérite

(1) Guizot, De la peine de mort, p. 99.

« moralement d'être puni. A cette condition, elle entreprend de
« réprimer tout ce qui peut nuire à la société ; et dans ce des-
« sein, dont un intérêt ou, si l'on veut, une nécessité terrestre est
« le principe, elle rencontre une autre limite et subit une autre
« condition, celle de l'efficacité des moyens, dont elle dispose,
« pour prévenir les maux qu'elle redoute, c'est-à-dire l'efficacité
« des lois écrites et des châtiments extérieurs. » — M. Guizot
insiste surtout sur cette idée qu'« il n'est pas vrai que les crimes
« soient punis surtout comme nuisibles ni que dans les peines
« la considération dominante soit l'utilité » : « Essayez, dit-il,
« d'interdire et de punir comme nuisible un acte innocent dans
« la pensée de tous, vous verrez quelle révolte saisira soudain
« les esprits. Il est souvent arrivé aux hommes de croire cou-
« pables et de frapper comme telles des actions qui ne l'étaient
« point. Ils n'ont jamais pu supporter de voir le châtiment tom-
« ber d'une main humaine sur une action qu'ils jugeaient inno-
« cente. La Providence seule a le droit de traiter sévèrement
« l'innocence sans rendre compte de ses motifs. L'esprit humain
« s'en étonne, s'en inquiète même, mais il peut se dire qu'il y a
« là un mystère dont il ne sait pas le secret, et il s'élance hors
« de ce monde pour en trouver l'application. Sur la terre et
« de la part des hommes, le châtiment n'a droit que sur le
« crime. »

« *Criminalité morale, péril social, efficacité pénale :* tels sont
donc les éléments constitutifs du droit de punir, d'après ce système.

« Ce système, qui concilie si heureusement l'idée de justice et
celle d'utilité sociale et auquel nous nous rattachons avec la plupart des criminalistes de notre époque (1), a inspiré les législations modernes et a exercé une influence directe sur la revision
générale de notre Code pénal le 28 avril 1832, et sur la réforme
partielle, le 13 mai 1863, de plusieurs articles de ce Code. Il a
entraîné une plus grande douceur dans les peines et un pouvoir
d'appréciation plus grand pour le juge, afin de lui permettre de
tenir compte des nuances si variables, et que la loi ne peut pré-

---

(1) [Voir dans le même sens mon ouvrage sur les *Principes fondamentaux
de la pénalité*, 1re partie, ch. III, sect. III § 11 A, p. 141 et ss. ; ch. IV,
sect. VII, p. 374 à 394.]

voir, de la moralité des actions punissables : c'est à lui que l'on doit la généralisation des circonstances atténuantes dans l'art. 463 C. p., le 28 avril 1832.

« L'esprit dans lequel ont été rédigées les lois pénales sous l'influence des idées éclectiques peut être caractérisé par les paroles suivantes que prononçait en 1853, M. du Miral, rapporteur de la commission chargée de l'étude du projet de loi sur l'exécution des travaux forcés qui a abouti à la loi du 30 mai 1854 : « Le but « de toute peine doit être : l'expiation du crime, l'amendement « du coupable, la préservation de la société... Il n'y a pas d'ex- « piation intelligente du crime sans amendement du coupable ; « il n'y a pas d'amendement sérieux et sûr sans expiation ; il n'y « a pas de préservation complète sans l'amendement du cou- « pable et sans l'expiation exemplaire du crime. L'intérêt de la « société n'est jamais autre que celui de la justice, ils se con- « fondent toujours (1). »

8e ORDRE DE SYSTÈMES. — SYSTÈMES DE LA SOUVERAINETÉ ET DE LA CONSERVATION SOCIALE.

« L'idée d'expiation a trouvé des adversaires parmi certains criminalistes et philosophes qui ont craint qu'elle n'entraînât, au grand détriment de la liberté, une confusion trop facile entre la loi morale et la loi sociale.

« M. Bertauld, M. Faustin-Hélie et M. Franck, tout en repoussant les doctrines utilitaires et les conséquences de la défense indirecte, ont cependant refusé à la peine tout caractère d'expiation et ont rattaché le droit de punir, le premier à la souveraineté et au droit de commander, les autres au droit de se protéger et de se conserver dont est investie la société.

1° Système de M. B███████ — Droit de commander.

« D'après M. Bertauld, ███████ de punir est un des attributs de la souveraineté. Le souverain est investi du droit de comman-

(1) Moniteur du 4 mai 1853, supplément I, p. 35, 3e colonne. — Cité par M. Molinier dans son rapport à l'Académie de législation sur le cours de Code pénal et les leçons de législation criminelle de M. Bertauld. — Recueil de l'Académie de législation, 1856, t. V, p. 16.

der et ce droit implique celui d'assurer l'obéissance par une
sanction pénale.

« M. Bertauld a exposé cette idée dans son *Etude sur le droit
de punir* publiée d'abord en 1850 et placée comme appendice de
son cours de Code pénal, dans son livre sur la *liberté civile*
(1864) au chapitre : le droit de punir et M. Franck, dans une
Etude de la philosophie sociale (études critiques 1877) et enfin
dans l'*ordre social* et l'*ordre moral* (1874) : « La pénalité, dit-il,
« est de l'essence de la souveraineté. Le pouvoir social a un pou-
« voir plus étendu et de tout autre nature que celui de l'individu,
« lequel a le droit de se garantir contre toute conséquence pré-
« judiciable de l'attaque, mais n'a pas le droit de punir l'agres-
« seur, même dans les limites de ce qui est juste. Ce droit du
« pouvoir social s'appelle droit de punir, c'est-à-dire droit de
« châtier la violation du commandement, et l'exercice de ce droit
« de châtiment n'est nullement subordonné à la condition que
« l'infraction ait causé un dommage, ne fût-ce qu'un dommage
« résultant du mauvais exemple. Ce droit, indépendant de toute
« lésion matérielle ou morale, dérive du droit de commander
« dont il est le corollaire indispensable. Tout supérieur a le
« droit de punir celui qui transgresse son commandement,
« pourvu que la prescription soit légitime, la peine proportion-
« née à l'importance des prescriptions, et la culpabilité démon-
« trée. La base et la justice de la pénalité sont dans la nature
« et l'essence même de la loi. Une loi sans sanction n'est pas
« une loi, c'est un conseil. Eh ! bien, la loi est légitime aussi bien
« dans la partie qui trace la règle que dans la partie qui l'im-
« pose. Toute société implique des rapports, c'est-à-dire une
« loi ; et toute loi implique un moyen de conquérir l'obéis-
« sance. »

« Ce système établit, comme ██████ système utilitaire, la *nécessité*
des peines ; mais il n'en déte████████s le caractère. — Il est
incomplet en ce qu'il n'assign██████ine d'autre objet que celui
d'assurer l'observation des préceptes de la loi et ne lui reconnait
pas le caractère moral qui lui est inhérent.

« Ce raisonnement est, assurément, d'une vérité incontestable ; le droit de commander qui constitue la souveraineté, a
pour conséquence déduite de son essence celui d'assurer l'obéis-

sance. Mais que M. Bertauld veuille bien nous permettre de le dire, nous ne voyons pas que son système diffère autant qu'il paraît le penser que celui de l'école éclectique dont on trouve une exposition aussi élégante que profonde dans les écrits de M. de Broglie et de M. Rossi. Il paraît aujourd'hui bien difficile de séparer l'idée de la pénalité sociale de celle du mérite et du démérite moral des actions humaines. Ces deux choses se confondent, car celui qui ne se soumet pas aux préceptes de la loi positive, enfreint par cela même les lois de l'ordre moral qui exigent l'obéissance aux commandements du souverain. Détacher de la peine l'idée d'une expiation morale, c'est la priver d'un caractère qui lui est inhérent, qui la sanctifie et qu'il est utile de lui conserver, pour qu'elle soit acceptée et que son action soit toujours salutaire. Quant à nous, nous l'avouons, nous n'admettons pas une distinction aussi profonde que celle de notre honorable et savant collègue s'efforce d'établir entre la loi sociale et la loi morale. Nous admettons que la justice humaine se rattache à la justice de Dieu et qu'il n'y a entre elles deux de différence que quant à l'étendue de leur action. Celle de la justice humaine ne doit se produire que dans la sphère limitée du droit humain et dans la mesure de ce qui est nécessaire pour assurer l'obéissance aux préceptes du législateur dont l'intérêt de la société exige impérativement l'observation (1).

2° Systèmes de MM. Faustin Hélie et Franck. Conservation sociale.

« M. Faustin Hélie ne rattache le droit de punir qu'au droit qu'a la société de se *protéger* et de se *conserver*. Il a exprimé ses idées sur ce point dans son *Introduction au traité de Droit pénal de Rossi*, dans son *Introduction au traité des délits et des peines de Beccaria*, enfin dans le *chapitre 1er de la Théorie du Code pénal* publiée en collaboration avec M. Chauveau. « Il y a, dit-il (2), dans « l'association humaine une loi de conservation qui justifie toutes « les mesures qui sont les conditions essentielles de sa vie. La jus-

(1) Molinier, Rapport à l'Académie de législation sur le cours de Code pénal de M. Bertauld. Recueil de l'Académie de législation, 1856, t. V, p. 15 et 16.
(2) Théorie du Code pénal, ch. Ier, n° 9, p. 15 (5e édit. 1873)

« tice pénale existe parce qu'elle est une de ces conditions, parce
« qu'elle est un des éléments nécessaires à sa conservation. Elle
« n'a pas besoin d'autre titre ; sa légitimité est tout entière dans
« la loi sociale. Elle n'exerce point un droit de défense, comme
« on l'a dit improprement ; elle exerce purement et simplement
« un droit de *conservation*, droit qui s'étend à tous les droits, à
« tous les intérêts sociaux et qui porte en lui-même, comme un
« développement logique et nécessaire, les mesures de pré-
« voyance qui ont pour objet de contenir les actes nuisibles à
« l'ordre, et les mesures qui ont pour objet de les réprimer. »

« M. Faustin Hélie maintient que la loi pénale n'émane pas
de la loi morale : la loi morale n'est qu'une des conditions et
comme une limite de ses incriminations. — La loi pénale ne
punit que les violations de la loi positive, non à raison du mal
moral qu'elles renferment, mais à raison du mal social. — Il en
conclut que la justice humaine ne peut atteindre que les faits
extérieurs et qu'elle ne saurait sans danger scruter dans le
domaine de la pensée et pénétrer dans le for intérieur.

« Ce sont à peu près les mêmes idées qui constituent la théorie
de M. Franck, professeur au Collège de France, membre de
l'Institut, sur le droit de punir, telle qu'elle est développée par lui
dans sa *Philosophie du droit pénal* (1864), ch. VII.

« Suivant M. Franck, celui qui enfreint la loi n'est plus protégé par elle. La société qui le punit exerce envers lui le droit de
se protéger et de se défendre.

« Le droit de défense tel que la société l'exerce, soit pour
« son propre compte, soit pour le compte de chacun de ses
« membres, ne peut pas se comparer à la défense individuelle,
« dit-il (1). Celle-ci, comme les philosophes et les jurisconsultes
« le soutiennent avec raison, cesse d'être légitime dès que
« l'agression a cessé. L'étendre plus loin, c'est la faire dégénérer
« en vengeance, c'est mettre à sa place ou l'intérêt ou la passion.
« Mais la société, avant comme après l'agression, représente
« toujours le droit. Celui qui attente à ses lois, j'entends parler
« des lois véritablement nécessaires à sa conservation, des lois
« inspirées par la raison et par la justice, celui-là, quand

(1) Franck, Philosophie du droit pénal, p. 120 et ss.

« même il ne ferait tort qu'à un individu, et un tort même léger,
« celui-là est devenu coupable envers tout le corps social ; il
« s'est attaqué aux droits de tous, ou plutôt au droit lui-même,
« il est resté en face de lui armé et menaçant ; car les lois et les
« principes qu'il a attaqués, il les méconnaît, il les nie ; les mé-
« connaissant et les niant, il est toujours prêt à les attaquer
« encore. Or par cela seul qu'il s'est déclaré l'ennemi des lois
« protectrices de l'ordre social, par conséquent de l'ordre social
« et du droit commun, il cesse d'être protégé par ces mêmes
« lois, par ce même ordre de choses, par ce même droit commun
« sur lequel se fondaient auparavant sa liberté, sa qualité de
« citoyen, la sécurité de sa personne et de ses biens. Tous ces
« avantages, il les a perdus ou compromis dans une mesure
« égale à l'étendue de son délit ou de son crime. Ainsi, par
« exemple, celui qui a attenté à la vie d'un de ses semblables,
« celui-là a déclaré, d'une manière plus significative que par des
« paroles, il a déclaré par ses actes que la vie de l'homme inno-
« cent n'est pas une chose inviolable à ses yeux ; il sera donc
« prêt à recommencer si l'occasion s'en présente. Partant, il ne
« peut demander que le droit qu'il dénie aux autres, le protège
« lui-même ; il ne peut pas espérer de la loi et de la société
« qu'elles respectent une vie devenue un danger pour celle des
« autres. Celui qui a attenté à la liberté ou à la propriété d'un de
« ses semblables, s'est placé dans une situation analogue ; il nie
« le droit qui protège la liberté, il nie le devoir qui nous ordonne
« de nous abstenir de tout acte de violence, d'oppression ou de
« spoliation ; par conséquent sa liberté est devenue une menace
« publique, un danger pour la liberté des autres, et à ce titre la
« société n'a aucun motif pour la respecter. Tout au contraire,
« c'est son devoir de prendre contre elle les précautions qui lui
« semblent nécessaires à la sécurité commune. Au lieu d'un être
« libre, au lieu d'un être moral qui respecte dans le droit des
« autres son propre droit, elle ne voit plus devant elle qu'une
« force brute qu'il faut contenir et rendre inoffensive.... En d'au-
« tres termes, tout ce qu'on enlève au droit d'autrui, on le perd
« justement de son propre droit, et celui qui est déchu de son droit
« n'est plus, dans la mesure de cette déchéance, qu'une force que
« la société peut comprimer dans l'*intérêt de sa conservation*. »

« A cette idée de conservation sociale, M. Franck ajoute celle de réparation et la peine peut encore être justifiée par ce principe de réparation sociale.

« Mais la loi pénale peut encore être considérée à un autre point de vue, ajoute-t-il en effet (1), peut être justifiée par un autre principe qui, sans ébranler le droit d'intimidation, le complète et le fortifie : je veux parler du *principe de réparation*. La société, sous le rapport non seulement des droits qu'elle représente, mais des personnes dont elle se compose, peut être considérée comme un tout indivisible. Celui qui a fait tort à un de ses membres, a fait tort à tous les autres; car lorsqu'un homme a été volé, insulté, maltraité, assassiné, tous tremblent pour leurs biens, pour leur honneur, pour leur sécurité, pour leur vie; tous sont ébranlés dans la confiance qu'ils ont accordée jusque-là à la protection des lois, et cette crainte est un mal réel, proportionné à la gravité du désordre qui a été commis. Cette crainte empoisonne leur existence, paralyse leur activité, arrête l'essor de leur talent ou de leur industrie, et les atteint dans leurs intérêts aussi bien que dans leurs sentiments et dans leurs droits. Or c'est là un dommage qui demande une réparation complète, une réparation immédiate, et que la société est obligée de procurer, sous peine de manquer à son premier devoir. Comment cette réparation sera-t-elle obtenue? Par le rétablissement de la sécurité troublée, par la restitution de la confiance publique; en un mot, par des moyens d'intimidation capables d'empêcher à l'avenir les mêmes délits ou les mêmes crimes qui viennent de se produire. Qui doit faire les frais de la réparation? Evidemment celui qui a causé le dommage. Donc il est juste qu'il serve d'exemple, il est juste qu'il tombe sous le coup de la loi pénale, il est juste qu'il souffre de rigueurs propres à intimider ses pareils et à le contenir lui-même. »

« Ce système se confond entièrement avec le système utilitaire : car il refuse à la peine tout caractère moral, il établit une distinction inexacte entre les lois de la morale et les lois sociales et fait reposer la pénalité sur la seule nécessité de l'intimidation, en se préoccupant uniquement des crimes futurs qui ne sont

---

(1) Franck, *l. c.* p. 122 et ss.

point commis et nullement de celui qui vient de se commettre et à raison duquel on poursuit l'agent. — Or le principe de la justice qui exige que le crime accompli soit expié est gravé dans tous les cœurs et on ne peut le méconnaître sans faire violence à la nature humaine; quand un grand crime a été commis et a produit sur le public une vive émotion, la nécessité de l'expiation qui donne satisfaction à la justice est dans tous les esprits. Ce châtiment, réclamé par l'opinion publique, n'est pas envisagé comme un acte de vengeance; le coupable n'est pas seulement frappé pour rassurer la société alarmée : en le frappant on fait un acte de justice et la morale reçoit satisfaction.

« La crainte de MM. Faustin Hélie et Franck qui redoutent les excès résultant de l'impuissance de la justice humaine à atteindre la moralité des actes humains est absolument vaine : car la loi positive ne peut pénétrer dans les consciences et ne juge la moralité que lorsqu'elle s'est manifestée par des actes extérieurs et sensibles (1).

9e Système. — Systèmes fatalistes.

« Ces systèmes, niant l'existence du libre arbitre, rattachent les actions humaines à des mobiles irrésistibles résultant de divers états physiologiques qui excluent toute imputabilité.

« Le plus célèbre est le système de la *phrénologie* du docteur Gall et de son collaborateur Spurzheim, d'après lequel chacune des facultés intellectuelles, chacun des sentiments, chacun des penchants de l'homme serait localisé dans une portion déterminée du cerveau dont elle dépendrait : « Chacun de nos instincts, de nos penchants et de nos sentiments, chacune enfin de nos facultés intellectuelles est matériellement circonscrite, ou, comme on dit, *localisée* dans une partie du cerveau dont elle dépend entièrement, dit M. Franck en exposant ce système (2); en sorte que nos facultés sont dans une proportion exacte avec la place

---

(1) *Adde* Haus, professeur à l'Université de Gand : Du principe d'expiation considéré comme base de la loi pénale, p. 26 et 46.

[Voir dans le même sens mon ouvrage sur les *Principes fondamentaux de la pénalité*, 1re partie, ch. II, sect. V, p. 293 à 302; sect. VIII, p. 394 à 399.]

(2) Franck, *l. c.* ch. V, p. 63 et ss.

qu'elles occupent dans l'encéphale, faibles ou fortes selon les dimensions de l'organe qui leur est assigné par la nature, complètement absentes quand l'organe est absent. Aucune de nos facultés n'échappe à cette loi, pas même la conscience, pas même la volonté, c'est-à-dire qu'il y a un organe particulier de la volonté, un organe particulier de la conscience, comme il y en a un pour chacun des cinq sens qui nous mettent en relation avec le monde extérieur. Tous ces organes venant s'épanouir à la surface du cerveau, et le cerveau à son tour déterminant la forme du crâne, il suffit, avec un peu d'habileté et d'expérience, de passer les doigts sur la tête d'un homme pour connaître à l'instant même ses qualités et ses vices, ses bons et ses mauvais penchants, les aptitudes et les infirmités de notre intelligence. Afin de mettre ce genre d'investigation à la portée de tout le monde, le collaborateur et l'ami du docteur Gall, Spurzheim, a dressé une *carte cranioscopique*, à l'imitation des cartes géographiques, où chacun des organes dont le cerveau est l'assemblage, et par conséquent chacune de nos facultés a ses bornes précises comme les départements de France. Ces bornes nous font connaître l'état régulier de notre âme et de notre esprit; en deçà il y a lacune, au-delà il y a excès. — Les conséquences morales de ce système ne sont pas difficiles à apprécier et ont été franchement reconnues par les adeptes de la physiologie. Si nos facultés, toutes nos facultés, même la volonté, sont entièrement subordonnées à l'état de nos organes, au volume plus ou moins considérable des diverses parties de notre cerveau, il n'y en pas une qui soit en notre pouvoir, pas une que nous puissions étendre ou circonscrire. Nous sommes, nous resterons toute notre vie ce que la nature nous a faits, et pas autre chose... Or, si l'homme n'est pas le maître de ses actions, il est tout à la fois absurde et injuste de l'en punir. Tout système pénal, sur quelque principe qu'il repose, est donc essentiellement vicieux. Il ne s'agit ni de punition, ni d'expiation, ni de contrainte morale pour un être entièrement privé de liberté, et dont le seul tort est d'avoir reçu de la nature ou un peu plus ou un peu moins qu'il ne lui était dû. Autant vaudrait punir ou intimider un homme qui boite parce qu'il a une jambe plus courte que l'autre, un homme qui louche parce qu'il n'a pas les yeux droits, un homme courbé sur lui-même parce qu'il est affligé d'une dévia-tion de la colonne vertébrale. Que fait-on dans ces derniers cas ? On ne punit pas, on cherche à guérir ; on a recours à des instru-ments et à des exercices qui, peu à peu, rendent à l'organe ma-lade la force et la santé qui lui manquent, ou qui corrigent la forme vicieuse qu'il tient d'un caprice de la nature. C'est juste-ment ainsi qu'il faudrait procéder à l'égard de ceux que nous frappons de divers châtiments et que nous couvrons d'infamie comme vicieux et criminels, tandis qu'ils n'ont que des infirmi-tés : une particule cérébrale ou trop longue, ou trop faible, ou trop vigoureuse, un cerveau trop étroit, un cervelet trop large, ou tout autre vice. Mais y a-t-il des remèdes contre les infirmités de cette nature comme il y en a contre celles qui affectent le reste du corps ? Oui, sans doute, quand elles ne sont pas trop ra-dicales ni trop invétérées. En s'appuyant sur ce principe, qu'on développe par une activité bien dirigée un membre trop faible ; qu'un autre, d'une dimension ou d'une énergie excessive, peut être ramené à des proportions régulières par un certain système de repos et de débilitation ; on excitera par tous les moyens les organes encéphaliques qui manqueront de substance et de vi-gueur, et l'on mettra à la diète ceux qui menaceront de prendre trop d'extension et de devenir un danger pour la société. Il y aura des maisons d'orthopédie morale et intellectuelle, comme il y en a aujourd'hui d'orthopédie physique ; on redressera les penchants et les sentiments, comme on redresse la taille. Des hospices particuliers remplaceront les prisons et les tribunaux, et le Code pénal sera détrôné par un nouveau système de théra-peutique et d'hygiène.

« La doctrine de Gall a été victorieusement réfutée tant au point de vue physiologique par MM. Lélut et Flourens (1) qu'au point de vue philosophique par M. Franck notamment. Les mé-comptes nombreux, dont les phrénologues ont été les victimes, et dont MM. Flourens et Franck (2) nous citent des exemples célèbres, ont ôté à cette doctrine tout crédit scientifique.

« Mais certains médecins aliénistes ont depuis présenté la

(1) *Lélut* : Qu'est-ce que la phrénologie (1836). Rejet de l'organologie phré-nologique (1843). *Flourens*, De la phrénologie (1863.)
(2) Franck, *l. c.* p. 70 et 71.

criminalité comme le résultat d'un état morbide qui exclut l'existence de la liberté morale, font du criminel un malade qu'il faut soigner et guérir, si cela est possible, mais qu'on ne saurait punir, parce qu'il n'est point moralement responsable de ses actes.

« Sans traiter ici la question de la liberté morale dont nous avons déjà dit quelques mots et sur laquelle nous reviendrons à propos de l'art. 64 du Code pénal, nous pouvons affirmer avec M. Franck que ce système, qui tend à faire du génie, de la vertu, du dévouement, de l'abnégation, de tout ce qui sort de la médiocrité et des vices d'une existence prosaïque et vulgaire, le résultat d'un état morbide, la manifestation d'un genre de folie se condamne lui-même par ses propres conséquences.

« Admettons pour un instant, dit M. Franck (1), que le crime soit une forme de la folie, comment vous y prendrez-vous pour le réprimer et mettre l'ordre social à l'abri de ses entreprises? Le traiterez-vous avec rigueur? Alors vous ne guérissez pas, vous châtiez, vous châtiez la folie! Si, au contraire, vous le traitez avec douceur, avec cette tendre sollicitude que le médecin doit à ses malades, comment l'empêcherez-vous d'être contagieux, et que ferez-vous pour rassurer les honnêtes gens, la partie saine de la société?... Vous lui laisserez voir en perspective une retraite non seulement calme, mais agréable; une nourriture abondante et choisie, des soins attentifs, augmentés encore par la noble curiosité de la science. L'ouvrier laborieux et honnête qui succombe sous le poids de sa tâche, qui suffit avec peine aux besoins de sa famille, qui est livré à toutes les chances et à toutes les fluctuations de l'industrie, sera réduit à envier son sort.

« L'influence de ces idées est dangereuse pour la société : car elle tend à enlever à la peine tout caractère répressif, à la rendre attrayante en lui donnant seulement une action réformatrice. Or l'objet direct de la peine n'est pas la réformation de l'agent; si l'amendement du coupable est désirable, si le législateur a raison de se préoccuper de l'organisation d'un bon système pénitentiaire, il ne doit pas oublier que la peine consiste d'abord dans une satisfaction donnée à la morale sociale et qu'elle a pour objet principal la protection des droits.

(1) Franck, *l. c.* p. 75 et 76.

« Il faut combattre énergiquement ces idées qui tendent à énerver la répression en attirant sur le coupable une pitié qu'il ne mérite pas et en détruisant chez lui toute responsabilité pénale. « Non, dit justement M. Franck en rejetant ces systèmes fatalistes (1), aucun effort de raisonnement, aucun genre d'observations, aucune sorte d'autorité ne pourront faire disparaître la différence qui existe dans la conscience humaine entre la folie et le crime. La folie et le crime n'ont absolument rien de commun, ils n'obéissent pas aux mêmes lois, ils ne se révèlent point par les mêmes signes, ils n'excitent point dans les âmes les mêmes sentiments. Le crime est responsable, la folie ne l'est pas. Le crime suppose la liberté, la folie en est la privation plus ou moins complète. Le crime poursuit un but parfaitement déterminé et réfléchi, il y tend de toutes les forces de son intelligence; la folie, c'est la déviation de l'intelligence, et quand elle a les yeux fixés sur un but, c'est un but imaginaire qu'elle poursuit par des moyens insensés. La folie, quels que soient ses actes, n'inspirera jamais que la pitié; le crime inspirera toujours l'indignation et l'horreur. (2) »

Résumé.

CONSIDÉRATIONS GÉNÉRALES SUR CES DIVERS SYSTÈMES.

« Les diverses théories que nous venons de parcourir peuvent, en se plaçant au point de vue philosophique, être groupées en deux catégories se rattachant chacune à une école philosophique différente : I. *Les théories se rattachant à la philosophie sensualiste;* ce sont : 1º le système de la vengeance sociale; 2º le système utilitaire; 3º le système de la défense indirecte; 4º les sys-

(1) Franck, *l. c.* p. 76.

(2) [Voir l'exposé et la critique de ces systèmes basés sur le déterminisme et surtout de la doctrine nouvelle de l'*Anthropologie criminelle* créée en Italie par MM. Lombroso, Garofalo et Ferri, dans mon ouvrage sur les *Principes fondamentaux de la pénalité*, 1re partie, ch. III, sect. III, § II, C, G, H, J, K, p. 155 et ss., 183, 184 et ss., 188 et ss., 198; ch. IV, sect. III, p. 232 et ss.; et toute la 2e partie. p. 405 à 624; plus spécialement pour l'étude de la base fondamentale de la doctrine anthropologique, ch. 1er, sect. III, p. 483 à 602. — Voir également ma nouvelle étude sur l'*État actuel de l'anthropologie criminelle* (sous presse.)]

tèmes fatalistes; — II. *Les théories se rattachant à la philosophie spiritualiste;* ce sont : 1° le système du droit divin; 2° le système de la justice absolue; 3° le système éclectique. — Il faut placer en dehors de tout principe philosophique déterminé le système du *contrat social.*

« Si l'on veut maintenant se rendre compte de l'action générale de ces doctrines sur l'évolution du droit criminel, si l'on étudie les effets produits par ces théories sur les législations criminelles successives, on peut dire avec Berner *(Essai d'une exposition phénoménologique des théories pénales)* : « Chaque théorie nouvelle doit être considérée comme un progrès sur celles qui l'ont précédée (1).

« Ainsi la *première période historique* contient les législations inspirées par l'*idée de vengeance* privée et publique et par le *système théocratique* et nous voyons les anciennes législations de l'Europe, sous l'influence de ces principes, consacrer des pénalités atroces, faire emploi d'une procédure barbare qui laisse trop souvent condamner des innocents.

« A cette période en succède une seconde dans laquelle la législation, obéissant à l'idée du contrat social, adoucit considérablement la pénalité et organise une procédure qui offre toutes garanties aux justiciables. C'est la période de la législation intermédiaire : Codes du 16 septembre 1791, du 25 septembre 1791 et des délits et des peines du 3 brumaire an IV.

« La troisième période est celle des Codes du premier Empire : Code d'instruction criminelle de 1808 et Code pénal de 1810, rédigés sous l'inspiration de la doctrine *utilitaire* de Bentham et consacrant au profit de la Société, que la législation précédente ne protégeait pas suffisamment, une pénalité et une rigueur excessives.

« Enfin la 4e période est celle des doctrines spiritualistes de *la justice* défendue par Kant, Cousin, Guizot, et du système *éclectique* ou *mixte* composé par MM. de Broglie et Rossi. — Ces doctrines ont inspiré la réforme de la législation du premier Empire par la loi du 28 avril 1832 et toutes celles qui l'ont suivie. »

(1) [Il n'en est point ainsi, à mon avis, de la doctrine anthropologique, quoique créée tout récemment et bien plus nouvelle que la doctrine classique : voir mon ouvrage sur les Principes fondamentaux de la pénalité, 2e partie, et notamment p. 599 et ss., et la conclusion, p. 624 et ss.]

SECTION II.

CARACTÈRES DU DROIT CRIMINEL. PLACE QU'IL OCCUPE DANS LA LÉGISLATION ET DANS L'ENSEMBLE ENCYCLOPÉDIQUE DE LA SCIENCE (1).

Le *Droit criminel* est l'ensemble des règles qui ont pour objet d'assurer l'ordre et la sécurité au sein des sociétés par l'intimidation qu'on obtient au moyen des peines infligées au nom et dans l'intérêt du corps social. — Ses règles ont un double objet : 1º déterminer et décrire les peines ; définir les faits punissables et fixer la peine applicable à chaque fait : c'est là l'objet du *Droit pénal* proprement dit ; — 2º tracer les procédés à l'aide desquels on parvient à constater l'existence des faits punissables, à en découvrir les auteurs et à établir leur culpabilité, à leur faire subir la peine prononcée par la loi ; c'est l'objet de l'*Instruction criminelle.*

Pour fixer la place occupée par le droit criminel dans l'ensemble encyclopédique de la science du droit, il faut d'abord déterminer les objets divers et les branches de cette science.

La *science du droit* est la connaissance des règles résultant des rapports nécessaires que l'intelligence et la sociabilité établissent entre l'homme et Dieu, entre l'homme et ses semblables, entre l'homme et les êtres extérieurs animés et inanimés qui l'entourent.

De là trois objets différents de cette science : 1º les rapports de l'homme avec Dieu ou *droit divin ;* 2º les rapports de l'homme avec ses semblables, dérivant de la sociabilité, où *droit humain ;* — les rapports de l'homme avec les êtres extérieurs animés ou inanimés ou *droit réel.*

§ 1. — Droit divin. — L'homme acquiert par l'intelligence la notion de l'existence d'un être supérieur : il comprend qu'il doit un culte à la Divinité. Il n'est pas de peuple qui n'ait une notion

---

(1) [Ici s'arrêtent les leçons écrites de Molinier et nous n'avons plus désormais que de simples notes abrégées et très sommaires, incomplètes même, sur lesquelles j'ai été obligé de composer le texte en demeurant aussi fidèle que possible à la méthode et à l'esprit de mon savant prédécesseur et en comblant du reste moi-même les lacunes nombreuses du manuscrit qui m'a été livré.]

de la Divinité et qui ne l'honore par un culte : « Sua cuique civitati religio est, dit Cicéron (pro Flacco) ; Deus quippe natura venerari novit, nec quisquam est homo qui lege, qui hoc præcipiat, careat. » De l'existence de ces rapports nécessaires entre l'homme et Dieu est né le droit divin qui a pour but de les réglementer et a pour objets : 1° la fixation de dogmes religieux ; 2° l'organisation d'un culte tant intérieur, se renfermant dans le cœur de l'homme, qu'extérieur, se manifestant par des actes extérieurs. — La mission du pouvoir social est, quant à cette première branche de droit, d'assurer à chacun le libre exercice de son culte.

§ 2. — DROIT HUMAIN. — Ce droit, destiné à régler les rapports de l'homme avec ses semblables que crée sa sociabilité naturelle, se subdivise en plusieurs branches suivant la nature et l'étendue de ces rapports.

A. — Les *rapports d'individu à individu* sont réglés par le *droit privé* ou *civil* qui a sa source dans le Code civil, le Code de procédure civile et le Code de commerce. — Le droit privé a pour objets : 1° la capacité des personnes comme sujets actifs et passifs du droit ; 2° les obligations ou liens de droit qui astreignent à la prestation de certains faits ; 3° les droits sur les choses, droit de propriété et ses divers démembrements ou droits réels ; 4° les actions ou règles selon lesquelles la société assure l'exercice des droits.

B. — Les *rapports de l'individu avec la société* constituent l'objet du *droit public* qui se subdivise en trois sous-divisions : 1° *Droit constitutionnel*, organisant les pouvoirs sociaux : pouvoirs législatif, exécutif et judiciaire, et qui a sa source dans les constitutions et les lois organiques qui les complètent ; 2° *Droit administratif* qui fixe la règlementation des intérêts collectifs et généraux du pays et la conciliation des intérêts généraux avec les intérêts privés et dont l'objet est double : l'*administration* et le *contentieux administratif*. — 3° *Droit criminel*, fixant les règles qui ont pour objet de maintenir la paix publique au sein des sociétés en assurant la répression des faits de nature à lui porter atteinte : il se subdivise en *droit pénal* et *instruction criminelle*. — *Droit pénal* qui a pour objets : l'organisation des peines (liv.

I et IV du Code pénal), la fixation des caractères généraux des faits punissables et des personnes punissables et responsables (liv. I et II C. p.), la détermination des faits punissables et des peines applicables à chacun d'eux (liv. III et IV C. p.); — *Instruction criminelle* comprenant l'organisation des tribunaux de répression; — les procédés au moyen desquels on parviendra à la constatation juridique des délits et à la découverte de leurs auteurs; — les formes et règles à suivre pour la prononciation des peines et pour leur exécution (Code d'instruction criminelle, lois diverses, notamment celle du 20 avril 1810 sur l'organisation des tribunaux, le Code forestier, etc.).

C. — Les *rapports des nations entre elles*, des *Etats entre eux* constituent une nouvelle branche de droit humain : le *droit des gens* ou *international*, qui se subdivise en *droit international public* lorsqu'il règlemente, à l'aide du droit naturel, des usages et des traités, les rapports des Etats entre eux; et *droit international privé* qui embrasse les règles applicables aux étrangers dans chaque Etat par rapport à leurs intérêts privés et prend sa source dans les lois civiles de chaque Etat.

§ 3. — DROIT RÉEL, réglant les rapports de l'homme avec les choses et les être animés ou non. — Sur les choses inanimées, l'homme a un droit absolu de les approprier à ses besoins. — Sur les êtres animés et doués de sensibilité, l'homme a un droit limité par cette règle de morale qu'il ne doit pas leur faire éprouver de la douleur sans utilité. — La législation intervient même quelquefois pour punir ceux qui exercent des actes de barbarie envers les animaux : mais, malgré cela, les animaux ne peuvent avoir de droit, le droit de ne pas être maltraités, ils ne peuvent devenir les sujets passifs d'un délit : car les mauvais traitements exercés contre eux ne sont pas défendus et punis à raison des rapports de l'homme avec les animaux, mais à raison des rapports de l'homme avec la société, pour protéger les mœurs publiques, le sentiment public qui seraient offensés ou corrompus par le spectacle de brutalités et de cruautés. C'est ce qui résulte de la loi du 2 juillet 1850, connue sous le nom de celui qui l'a proposée, loi *Grammont*, qui ne punit que les *mauvais traitements abusifs* exercés publiquement contre des *animaux domestiques* et qui n'a fait de ces actes de brutalité qu'une contravention de simple police. Des pénalités semblables existaient déjà dans plusieurs pays étrangers, en Angleterre, en Suisse, en Bavière, etc.

Des considérations qui précèdent, il faut conclure que le *droit criminel* est une des branches du *droit public interne* : cette place lui est du reste généralement assignée dans l'encyclopédie de la science.

Mais s'il fait partie du droit public interne à raison des rapports qui lui donnent naissance, les rapports de l'individu avec la société, il ne faut pas négliger un autre caractère du *droit criminel*, celui d'être un *droit sanctionnateur*, c'est-à-dire d'assurer par la menace d'une peine et par la contrainte le respect des lois sociales importantes. A ce second point de vue, il est intimement lié aux règles dont il assure l'observation, il se réfère aux diverses parties du droit et à son ensemble. Aussi Jean-Jacques Rousseau a-t-il pu, après avoir tracé la distinction des lois en civiles et politiques, ajouter avec raison : « On peut considérer une troisième sorte de relation de l'homme avec la loi, savoir : celle de la désobéissance à la peine, et celle-ci donne lieu à l'établissement des *lois criminelles*, qui, dans le fond, sont moins une espèce particulière de la loi, que la *sanction de toutes les autres* » (*Contrat social*, liv. II, ch. XII).

CHAPITRE II

Histoire du Droit criminel.

—

NOTIONS GÉNÉRALES.

Le droit en général et le droit criminel en particulier, ont une *histoire*. Ils se présentent dans l'espace et le temps sous des formes diverses qui expriment les mœurs, les usages et le degré de civilisation de chaque époque. — Cette étude historique du droit criminel nous montrera l'influence des doctrines philosophiques sur les législations pénales.

On divise l'*histoire du droit* en deux catégories bien distinctes déjà signalées par Leibnitz : l'*histoire interne* et l'*histoire externe*.

L'*histoire interne* à pour objet la substance même du Droit : *illa ipsam jurisprudentiæ substantiam ingreditur*. Elle montre comment les institutions d'une nation ont pris naissance, comment elles se sont développées et ont subi des modifications successives. — Elle se subdivise à son tour en : *histoire interne universelle* et *histoire interne particulière ;* comme exemple de celle-ci nous citerons l'histoire du droit de tester, du droit de succéder, l'histoire des institutions judiciaires, etc.

L'*histoire externe* est l'histoire de la puissance législative chez un peuple, des formes que cette puissance a revêtues, des monuments législatifs qu'elle a produits : par exemple, l'histoire des Codes criminels de 1808 et de 1810.

Comme on le voit par ces notions de l'histoire interne comme de l'histoire externe, il est fort difficile de les séparer et de s'occuper de l'une sans parler de l'autre : on ne peut en effet étudier une institution juridique sans faire connaître en même temps les monuments législatifs qui l'ont règlementée; d'autre part on ne peut se rendre compte de la portée des changements de législation si l'on ignore les réglementations générales de chacun de ces monuments. Aussi, dans l'étude des diverses phases historiques parcourues par le Droit criminel, nous réunirons l'histoire interne à l'histoire externe.

A un autre point de vue, l'on peut diviser l'histoire du Droit en *histoire idéale* ou *philosophique du Droit, histoire du Droit positif* et *histoire littéraire du Droit*.

L'*histoire idéale ou philosophique*, par une haute abstraction, contemple l'humanité tout entière et expose, en généralisant, ses progrès. Nous avons des exemples célèbres de cette étude élevée dans les œuvres de Vico (Science nouvelle), de Bossuet (Discours sur l'histoire universelle), de Herder (Idées sur la philosophie de l'histoire de l'humanité, traduction française de Quinet en 2 vol. in-8° 1834), de Mario Pagano (Essais politiques ou des principes des progrès et de la décadence des Sociétés).

L'*histoire du Droit positif* embrasse l'histoire concrète des principes de la législation et des monuments législatifs qui nous en offrent l'expression.

Enfin l'*histoire littéraire du Droit* trace des détails biographiques sur les jurisconsultes qui ont élaboré le Droit et bibliographiques sur les ouvrages dans lesquels ils ont exposé leurs doctrines.

Nous diviserons l'étude de l'histoire du Droit criminel en neuf périodes :

1re période. — Droit criminel des Athéniens.

2e période. — Droit criminel des Romains.

3e période. — Droit criminel des nations germaniques.

4e période. — Droit criminel de l'époque féodale.

5e période. — Droit criminel de la période de transition entre la législation féodale et la législation royale.

6e période. — Droit criminel des Ordonnances royales.

7e période. — Droit criminel de la Révolution française, de la période intermédiaire.

8e période. — Droit criminel des Codes du premier Empire.

9e période. — Droit criminel de 1814 à nos jours.

SECTION Ire.

1re PÉRIODE. — DROIT CRIMINEL DES ATHÉNIENS.

Nous ne connaissons la législation des Athéniens que par les écrits des historiens et des orateurs. Aucun monument législatif authentique et complet ne nous est parvenu et l'on ne peut connaître l'état du Droit de la Grèce que par les récits des historiens, par les citations plus ou moins authentiques et les développements plus ou moins exagérés des orateurs dont nous possédons les écrits. — Nous ne donnerons donc sur cette législation que des notions sommaires.

Si l'on en croit Boeckh (Economie politique des Athéniens, t. 1, p. 61), la population d'Athènes se composait des trois éléments suivants : 1º les *citoyens actifs*, indépendamment des femmes et des enfants, 20.000 habitants; 2º les *métèques* ou étrangers domiciliés, 10.000 habitants ; 3º enfin les esclaves de tout âge et de tout sexe, 400.000 habitants.

Les institutions politiques d'Athènes étaient largement démocratiques.

Trois grands principes dominent l'administration de la justice criminelle et sont l'application de ce caractère démocratique des institutions.

1º Le *droit d'accusation* appartient à tout citoyen.

2º La *procédure est accusatoriale*, c'est-à-dire avec publicité des débats.

3º Les citoyens participent directement à l'administration de la justice et sont investis du pouvoir judiciaire : tout citoyen, âgé de 30 ans, d'une réputation honorable et non débiteur du trésor, est appelé à rendre la justice et obtient 3 oboles (50 centimes) par séance.

L'autorité judiciaire était répartie entre trois grands tribunaux :

1º Le tribunal des *Héliastes* (ainsi appelé parce qu'il siégeait *sous le soleil*, sur la place publique), connaissait des causes politiques. Il était composé d'un nombre de juges qui variait suivant les causes, mais était toujours considérable. Ces juges étaient pris parmi 6.000 citoyens désignés chaque année par la voie du sort pour exercer le pouvoir judiciaire. C'est devant ce tribunal que comparut Socrate : il était alors composé de 556 juges et la condamnation ne fut prononcée que par 281 voix, en sorte qu'il ne manqua au célèbre philosophe que trois voix pour être acquitté par le partage.

2º L'*Aréopage*, institué, selon la légende, par Minerve pour le jugement d'Oreste meurtrier de sa mère, établi, selon l'histoire, par Solon (594 ans avant Jésus-Christ). Sa composition reposait sur un principe aristocratique et il ne comprenait que 51 juges au plus. Il connaissait des meurtres prémédités, des incendies, des empoisonnements.

3º Le tribunal des *Ephètes*, composé de 51 membres choisis chaque année par la voie du sort parmi les Athéniens. Les Ephètes formaient quatre tribunaux différents et connaissaient principalement des meurtres non prémédités et des attentats contre les personnes non déférés à l'Aréopage.

La pénalité de la législation athénienne était rigoureuse : la peine de mort y était prodiguée et la torture employée même contre les citoyens, ce que Cicéron reproche aux Athéniens (Cicéron, *de partitionibus oratoriis*, 34).

SECTION II

2e PÉRIODE. — DROIT CRIMINEL DES ROMAINS (1).

Nous diviserons l'étude du Droit criminel romain en trois périodes successives correspondant aux trois régimes politiques qui se sont succédé à Rome : *monarchie, république, empire*.

§ 1. — MONARCHIE. — Les détails manquent sur cette première époque. Cependant des renseignements que nous fournit Tite Live (liv. I, ch. 24 à 26) sur le procès du jeune Horace, on peut

---

(1) [Cf. *Labatut :* Essai sur le système pénal des Romains. — Revue critique, 1874-1875. — *de Valroger :* Esquisse du droit criminel des Romains. Même Revue, 1860. — *Faustin Hélie :* le Droit pénal dans la législation romaine. Même Revue, 1882. — *Maynz :* Esquisse historique du droit criminel de l'ancienne Rome. Nouvelle revue historique, 1882.]

conclure que le pouvoir judiciaire était exercé par les rois, soit directement et par eux-mêmes avec l'assistance d'un conseil, soit par des délégués, *Duumviri* ; que l'on pouvait interjeter appel devant le peuple : « *Duum viros, inquit* (rex), *qui Horatio perduellionem judicent, secundum legem facio.* » Les duumvirs étant en séance pour juger Horace, l'un d'eux dit : « *P. Horati, tibi perduellionem judico, inquit; I lictor, colliga manus. — Accesserat lictor, injiciebatque laqueum. Tunc Horatius, auctore Tullo, clemente legis interprete : Provoco, inquit. Ita de provocatione certatum ad populum est.* » Tite Live nous apprend aussi que la pénalité de cette époque était cruelle : *Lex horrendi carminis erat.* La peine du meurtre était la strangulation, *infelici arbori reste suspendito*, après le supplice des verges, *verberato vel intra pomœrium vel extra pomœrium.* — Il faut en outre tenir compte de l'influence des idées religieuses et des droits de la puissance paternelle. — Les premières conduisent à l'organisation de sacrifices expiatoires, dont Tite Live nous atteste l'existence, à propos du même procès : *quibusdam piacularibus sacrificiis factis quœ deinde genti Horatiœ tradita sunt.* — Les seconds permettaient au *pater familias* d'exercer la justice dans sa famille, sur ses descendants et sa femme : le vieil Horace proclama lui-même que la mort de sa fille était juste, ajoutant qu'autrement il aurait lui-même sévi le premier contre son fils, en vertu de la puissance paternelle : *Horatio patre proclamante se filiam jure cœsam judicare ; ni ita esset, patrio jure in filium animadversurum fuisse.* C'est en vertu de cette puissance paternelle que le vieil Horace força son fils absous par le peuple à passer sous le joug : *transmisso per viam tigillo, capite adoperto, velut sub jugum misit juvenem.* — Enfin, il résulte du même récit que le rachat du crime au moyen d'une somme d'argent était en usage dans ces premiers temps : *Itaque, ut cœdes manifesta aliquo tamen piaculo lueretur, imperatum patri, ut filium expiaret pecunia publica.*

§ 2. — RÉPUBLIQUE. — Deux époques sont à distinguer : 1° depuis la création de la République jusqu'à l'organisation des *quœstiones perpetuœ* (605 de R.); — 2° de la loi Calpurnia (605 de R.) jusqu'à Auguste (725 de R.).

1re époque. — *Premiers temps de la République jusqu'en 605 de R.* — Le gouvernement est constitué sur une base aristocratique. — Le pouvoir judiciaire est exercé : 1° par les *Consuls*, investis d'une partie des pouvoirs de la royauté ; — 2° par le *Sénat*, particulièrement pour les crimes commis dans les provinces (cf. Etienne, Institutes de Justinien, t. II, p. 568); — 3° par le *peuple* assemblé en comices : *de capite civis nisi per maximum comiciatum ne ferunto*, dit la loi des XII tables (Cicer. de legibus 3, 9; pro Sextio, 30); — 4° enfin les *magistrats*, les *préteurs*, remplaçant les consuls dans l'administration de la justice, sont investis du pouvoir judiciaire en matière pénale ; — 5° il faut ajouter le droit du *paterfamilias* d'exercer la justice à l'égard des membres de sa famille, droit qui subsiste encore, ainsi que le prouve le jugement des jeunes Romains qui avaient pris part à la conspiration pour le retour des Tarquins. Brutus jugea ses fils comme père, ainsi que le rapportent Plutarque (Vie de Valerius Publicola, nos 7 et 8) et Tite Live (II, n° 5) : « Lequel, dit Plutarque, à ce bruit retourna de rechef sur la place, et lui estant fait silence, dit que, quant à ses propres enfants, il en avait *esté tout seul juge suffisant* pour les punir selon qu'ils avaient desservi, et, quant aux autres, qu'il en avait laissé le jugement au peuple qui estait franc et libre... Si ne fut pas besoin d'autres paroles, mais seulement de recueillir les voix du peuple, par toutes lesquelles ils furent condamnés, et suivant la condamnation, eurent la tête tranchée. »

Les monuments législatifs relatifs au droit criminel sont, à cette époque : 1° les lois Valeriæ ; 2° la loi des xii tables.

Lois Valeriæ. — Ces lois rendues en 245 constituent la Charte de la nouvelle République, en assurant à tout citoyen l'appel au peuple, la *provocatio ad populum*, en cas de condamnation capitale et en défendant à tout magistrat de mettre à mort ou de frapper de verges le citoyen condamné au mépris de sa *provocatio* : « Idemque (P. Valerius) in quo fuit Publicola maxime, legem ad populum eam quæ centuriatis comitiis prima lata est, *ne quis magistratus civem romanum adversus provocationem necaret neve verberaret* (Cicéron, de Republica II, 31).— Ce droit de provocation et d'appel au peuple est considéré comme un bien précieux pour la liberté : *unicum præsidium libertatis*, dit Tite Live, III, 5; *provo-*

cationem patronam illam civitatis ac vindicem libertatis, ajoute Cicéron (de Oratore, II, 48); les lois qui consacrent ce droit accordèrent donc une garantie sérieuse à la liberté des citoyens.

Mais les lois Valeriæ furent souvent violées et les magistrats firent, malgré elles, battre de verges ou mettre à mort des citoyens, au mépris de leur appel. La loi Porcia qui suivit, porta remède à cet abus, en édictant des châtiments contre le magistrat : « La loi Porcia, dit Tite Live (X, 9), fut la première qui protégea réellement la liberté des citoyens ; car, la première, *elle punit d'un châtiment grave* le magistrat qui frapperait ou ferait mourir un citoyen. Les lois Valeriæ avaient bien défendu de frapper de verges ou de la hache le citoyen qui appelait ; mais elles ne prononçaient aucune peine contre le magistrat qui ne s'arrêtait pas devant l'appel et se contentaient de dire qu'il y avait *improbe-factum*, acte blâmable. »

Du reste, il faut remarquer que, même légalement, les lois Valeriæ avaient peu d'étendue d'application : 1° en effet à l'armée, le général était investi du droit de vie et de mort : « *militiæ ab eo qui imperabit provocatio ne esto : quòd que is, qui bellum gerat, imperassit jus ratumque esto* (Cicéron, de Legibus, III, 3) ; — 2° l'empire de ces lois ne s'étendait qu'à un mille autour de Rome (Tite Live, III, 20); hors de cette frontière sacrée, le consul reprenait l'*imperium*, avec droit de vie et de mort; — 3° dans les moments de tourmente politique, fréquents à cette époque, un dictateur avec pouvoirs absolus est nommé par le Sénat, et toutes les garanties des citoyens s'effacent devant cette nécessité publique; — 4° le Sénat investissait dans certaines circonstances graves, les consuls, les tribuns et les préteurs de pouvoirs souverains : *videant consules ne quid respublica detrimenti capiat*; — 5° enfin la puissance paternelle venait encore restreindre l'application de ces lois, car on avait reconnu au paterfamilias un droit de vie et de mort : *sacer esto penatibus*. C'est ainsi que le consul Spurius Cassius fut jugé et exécuté par son père aux pieds des Lares domestiques; et qu'un complice de Catilina fut jugé et mis à mort par son père (1).

_____

(1) Albert Duboys, Histoire du droit criminel des peuples anciens, p. 243.

Loi des XII tables. — Cette loi, qui fut une conquête plébéienne, fut rédigée en l'an 303 de R.

Cette loi, qui demeura pendant toute la République et même après elle, la base de la législation, à laquelle on n'osa déroger qu'à l'aide de subterfuges, que l'on faisait apprendre par cœur aux enfants et dont Cicéron lui-même parle avec une sorte d'enthousiasme (1), a une grande valeur historique ; mais sa valeur scientifique est nulle : car elle consacre des dispositions qui indiquent un état de barbarie et que l'on retrouve dans la plupart des législations primitives. — Elle consacre le droit de condamner, le droit de vie et de mort du paterfamilias (table IV, n° II, Ortolan, Histoire du droit romain); — elle dresse la liste des délits punissables, parmi lesquels on trouve le sortilège sévèrement puni (table VIII, l. c.); on y trouve l'institution de la *composition pécuniaire* (pour la fracture d'un os (d'une dent), à un homme libre, trois cents as; à un esclave, cent cinquante as. — Table VIII, n° III, l. c.); — elle consacre, comme les lois de Moïse, de Solon, des Germains et des peuples de l'Amérique, la peine du *talion : oculus pro oculo, dens pro dente ; si membrum rupit,* dit-elle, *ni cum eo pacit, talio esto* (table VIII, n° II, l. c.). — La pénalité qu'elle établit est rigoureuse et le reflet des mœurs de l'époque : ainsi la peine capitale est prononcée contre l'homicide, contre le vol des récoltes (table VIII, n° IX, l. c.), contre les maléfices et sortilèges (table VIII, n° XXV, l. c.); le voleur manifeste (pris en flagrant délit) est battu de verges et attribué comme esclave au volé; s'il est esclave, il est battu de verges et précipité du haut de la Roche Tarpéienne (table VIII, n° XIV, l. c.). — La loi des XII tables consacre le droit d'appel au peuple contre toute sentence pénale (table IX, n° IV, l. c.); enfin les grands comices, c'est-à-dire les comices par centuries, ont seuls le droit de statuer dans les affaires capitales (table IX, n° II, l. c.).

En résumé, la loi des XII tables n'a pas plus de valeur scientifique que les anciennes coutumes germaniques.

(1) Fremant omnes licet, dicam quod sentio : bibliothecas, mehercule, omnium philosophorum unus mihi videtur XII tabularum libellus, si quis legum fontes et capita viderit, et auctoritatis pondere et utilitatis ubertate superare (Cicer. de orat. I, 43.)

2ᵉ époque. — De la loi Calpurnia (605 de R.) jusqu'à Auguste.
— Les institutions politiques, juridiques et judiciaires ont progressé : la civilisation s'est développée. Cette époque marque la législation des beaux temps de la République en vigueur à l'époque de Cicéron.

Il faut distinguer, à propos des délits : 1º les *delicta privata ;* 2º les *actiones populares ;* 3º les *judicia publica ;* 4º les *judicia extraordinaria.*

1º *Delicta privata.*—On appelle ainsi ceux dans lesquels domine le détriment causé aux particuliers. — Les *delicta privata* sont des faits contraires au droit et qui sont qualifiés *délits* par la loi : ainsi le vol (*furtum*), la rapine (*rapina*), l'injure (*injuria*), le dommage causé injustement (*damnum injuria datum*), etc. — La réparation s'en obtient par les voies ordinaires et la procédure formulaire : elle comprend deux condamnations pécuniaires, l'une à titre d'indemnité, l'autre à titre de peine au profit de la partie lésée ; ainsi le vol donne lieu, d'abord pour la restitution ou le paiement de la valeur de la chose volée, à une action *rei persecutoria, revendication* ou *condictio furtiva,* ensuite, à titre de peine, à l'action *furti* qui fait obtenir à la partie lésée le double du préjudice qu'elle a éprouvé, si le vol est non manifeste, le quadruple si le vol est manifeste ; ce double et ce quadruple se calculent, non sur la valeur de l'objet volé, mais sur le montant du préjudice causé par le vol : ainsi si l'on a volé un esclave institué héritier à condition qu'il serait en la possession du maître, l'action pénale fera obtenir le double ou le quadruple, non seulement de l'esclave, mais encore de l'hérédité.

2º *Actions populaires* (Dig. 47. 23). — Les actions populaires se référaient à la poursuite de certaines contraventions de police qui donnaient lieu à l'exercice d'une action confiée aux citoyens et qui amenait une condamnation pénale dont le profit revenait au poursuivant. — On comptait ainsi sur l'activité et le zèle des citoyens pour sauvegarder les intérêts généraux. Car il était permis à tout le monde, *cuivis ex populo,* d'intenter l'action pour les délits de cette nature : « *Eam popularem actionem dicimus, quæ suum jus populo tuetur* », dit Paul dans le fr. 1. D. de popular. act. 47. 23. — En cas de concours de plusieurs poursuivants, le préteur choisit celui qui a le plus d'intérêt à agir ou qui présente les meilleures garanties : « *Si plures simul agant populari actionem, prætor eligat idoniorem.* » (Paul fr. 2 D. eod. tit.) — « *In popularibus actionibus is, cujus interest, præfertur* » (Ulp. fr. 3 § 1 D. eod. tit.). — La poursuite avait lieu suivant la procédure employée pour les affaires civiles ordinaires. — On peut citer comme exemple d'actions populaires : l'action de *albo corrupto* contre ceux qui altéraient l'édit du préteur placé dans un lieu public, *datur in eum quingentorum aureorum* (500 écus d'or) *judicium quod populare est* (Ulp. fr. 7 pr. D. de jurisdictione 2. 1); l'action donnée contre ceux qui avaient placé en saillie devant leur habitation des objets dont la chute pouvait causer un dommage (Ulp. fr. 5 §§ 6 à 13 D. de his qui effuderint 9. 3), *ista autem actio popularis est*, dit le jurisconsulte dans le § 13; l'action de *sepulcro violato* : *hæc actio popularis est*, dit encore Ulpien (fr. 3 § 12 D. de sepulcro violato 47. 12). — Ces actions populaires étant pénales ne passent pas contre les héritiers des auteurs du délit (Ulp. fr. 8 D. de popul. act. 47. 23. — fr. 5 § 13 D. de his qui effud. 9. 3).

3º — *Crimina publica.* — Ce sont les délits qui intéressent la société tout entière et dont tous les citoyens peuvent poursuivre la répression. — Le *crimen publicum* donne lieu à un *judicium publicum.*

DE PUBLICIS JUDICIIS. — ORIGINE DES QUŒSTIONES.

Le peuple et le Sénat, juges ordinaires et naturels des *crimina publica*, déléguaient la plupart du temps leurs pouvoirs à des commissaires, appelés *quæstores, quæsitores : quæstores dicebantur, quod quærerent de rebus capitalibus* (Festus).

Cette commission, *quæstio*, était à l'origine déléguée pour chaque procès par une loi ; elle était *spéciale* et *temporaire* : « A mesure qu'il se présentait crime digne de punition extraordinaire, dit Pierre Ayrault (1), le peuple ou le Sénat commettait l'un des consuls ou les deux, souvent quelque préteur pour en cognoistre. Cela fait, sa commission expirait. De façon qu'on les pouvait tous appeler, pour ce regard, juges délégués ou commissaires en ceste partie. »

(1) Pierre Ayrault. Ordre et Instruction, etc. (1587 à 1501), p. 201.)

En l'an 605 de Rome, la loi *Calpurnia*, rendue sur la proposition des tribuns Cœcilius et Calpurnius Piso, attribua la connaissance des *concussions* à un tribunal permanent : la *quæstio perpetua de repetundis*. — Peu à peu des *quæstiones perpetuæ* furent établies pour la répression d'un grand nombre de crimes ; par exemple, la *lex Cornelia de Sicariis*, réprimant l'homicide et votée pendant la dictature de Sylla ; la *lex Cornelia de falsis*, votée également sous Sylla (673 R.) et réprimant le faux en matière de testament, les crimes de fausse monnaie (1) ; la *lex Julia peculatus*, contre le vol des deniers publics, et la loi *Julia de adulteriis*, proposées par Octave.

La loi qui organisait la *quæstio* déterminait : 1º la nature du fait punissable ; 2º la composition de la juridiction ; 3º la procédure à suivre ; 4º la peine applicable.

Les préteurs étaient appelés à présider les *quæstiones* ; ils organisaient, à ce titre, le jugement, mais ne jugeaient pas eux-mêmes. Ils se distribuaient par la voie du sort les *quæstiones*.

Il faut, dans le cours du procès criminel devant la quœstio perpetua, distinguer : 1º l'*accusation* qui appartenait aux citoyens ; 2º la *jurisdictio* déférée au préteur ou à son délégué, *judex quæstionis* ; 3º le *jugement*, le *judicium* appartenant aux juges-jurés.

Ordo judiciorum. — *Comment les citoyens participaient à l'administration de la justice criminelle.* — Le préteur dresse chaque année un tableau des citoyens aptes à remplir les fonctions de juges-jurés. Il promet sous serment, en entrant en fonctions, de n'y admettre que les meilleurs citoyens (Cicéron, pro Cluentio 43).

Les conditions d'aptitude à la fonction de juge-juré ont varié suivant les époques. — Dans l'origine les sénateurs seuls, au nombre de 300, y furent admis. — Sous le tribunat du second des Gracques, C. Gracchus, la loi *Sempronia judiciaria* (632 de R.) transporta le droit de juger des sénateurs aux chevaliers. Sous Pompée, en 684, la loi *judiciaria Aurelia*, d'Aurelius Cotta,

_____

(1) Sur les législations de Sylla, voy. Mommsen, Histoire romaine, liv. IV, ch. X (t. V, traduct. Alexandre, p. 378 ; t. V, traduct. de Guerle, p. 191 et ss., (Marpon et Flammarion, 1882.)

établit trois décuries appelées à juger, celle des sénateurs, celle des chevaliers et celle des tribuns du Trésor. — Auguste ajouta une quatrième décurie, dans laquelle il fit entrer des citoyens qui n'avaient pas 200 sexterces de fortune. — Enfin Caligula en créa une cinquième comprenant les gens *ex inferiori censu.*

Le nombre des citoyens compris sur la liste des juges-jurés a ainsi varié successivement : de 300, il s'est élevé à 360, puis à 800 et enfin sous Auguste à 4.000.

PROCÉDURE DU PROCÈS CRIMINEL (LEX JULIA DE PUBLICIS JUDICIIS.)

1re phase du procès criminel. — Accusation. — Instruction. — Le droit d'accuser appartient à tous les citoyens, *cuivis ex populo.* (Voir les développements sur ce droit d'accusation chez les anciens dans *Filangieri.* Science de la législation, liv. III, 1re partie, ch. II.)

Mais les lois avaient pris des précautions contre les abus possibles de ce droit qui étaient au nombre de trois : la *calomnie,* la *prévarication* et la *tergiversation.*

Calomnie. — Le droit d'accusation ne devait pas d'abord être l'œuvre de la haine et de la vengeance ; l'introduction d'une poursuite que l'accusateur savait ne pas être fondée constituait la *calomnie,* punie d'abord du talion, ensuite par la loi *Remmia* de la marque au front de la lettre K. Du reste le dol était nécessaire chez l'accusateur pour le constituer en état de calomnie : la seule perte de son procès par l'insuffisance de preuves n'entraînait pour lui que la charge des frais du procès (Marcien fr. 1 § 2 D. ad S. C. Turpillianum 48. 16).

Prévarication. — La *prævaricatio* était la collusion frauduleuse entre l'accusateur et l'accusé pour ménager à celui-ci un acquittement. Elle était également punie (Marcien fr. 1 § 6 D. eod. tit.): de l'infamie, de la déchéance du droit d'accuser et d'une peine arbitraire.

Tergiversation. — C'était l'abandon frauduleux de l'accusation punie comme la *prævaricatio* (Marcien fr. 1 § 7 D. eod. tit.).

Procédure in jure, devant le préteur. — Le premier acte de cette procédure était la *postulatio* : l'accusateur demandait d'être admis à accuser ; le préteur devait examiner si l'accusateur jouissait du droit d'accuser (voir fr. 8 D. de accusat. 48. 2 l'indication des personnes privées du droit d'accusation) et si lui-même était compétent. S'il se présentait plusieurs accusateurs, le préteur choisissait celui qui offrait les meilleures garanties et ce choix était précédé d'un débat, *divinatio* (par exemple le discours de Cicéron devant le préteur M. Acilius Glabrion, pour être préféré à Q. Cœcilius, *Divinatio in Cœcilium*, dans l'accusation contre Verrès).

La deuxième formalité de cette procédure *in jure*, était la *nominis* ou *criminis delatio* qui avait pour objet d'indiquer la personne de l'accusé, d'articuler la nature du crime et d'interroger l'accusé. Elle contenait également la rédaction par l'accusateur du *libelle d'accusation*. Le jurisconsulte Paul nous donne, dans le fr. 3 D. de accusationibus 48. 2, la formule du libelle d'accusation, qu'on peut rapprocher de celle de l'art. 241 de notre code d'instruction criminelle : *Consul. — Dies. — Apud illum prœtorem vel proconsulem Lucius Titius professus est se Mœviam lege Julia de adulteriis ream deferre : quod dicat eam cum Gaio Seio in civitate illa, domo illius, mense illo, consulibus illis, adulterium commississe.*

L'accusé, après que l'accusation avait été ainsi formulée, à partir de la *nominis receptio*, revêtait des habits de deuil, était frappé de la suspension des fonctions publiques qu'il exerçait et était mis en état de détention préventive, en cas de flagrant délit et d'aveu (1), ou confié à la garde d'un officier public *(custodia libera)*.

Enfin l'accusation une fois fixée, l'accusateur procédait à une *instruction préparatoire*. Il recevait à cet effet du préteur une commission, *legem* et pouvait, en vertu des pouvoirs qui lui étaient ainsi délégués, se transporter sur les lieux, saisir les registres et toutes autres pièces à conviction, faire comparaître devant lui les témoins et les interroger. — L'accusé était autorisé, pour contrôler les actes de l'information et préparer sa défense, à suivre partout l'accusateur ou attacher à ses pas un gardien qui le surveillait.

(1) Walter, Droit criminel des Romains. p. 103.

2ᵉ phase du procès. — Procédure in judicio et jugement. — Cette seconde phase du procès, qui aboutit au jugement, se déroule sur la place publique, devant le tribunal du préteur.

Le préteur monte à son tribunal et fait placer sur son bureau un glaive, symbole de la puissance judiciaire.

En face de lui se trouvent placés, d'un côté l'accusateur et les *subscriptores*, de l'autre l'accusé avec ses amis et ses avocats. — A côté de lui sont les greffiers et le héraut (præco). — Autour du tribunal, le peuple qui entoure l'enceinte.

Le préteur ne préside pas toujours lui-même ; il délègue à sa place le *judex quæstionis*, un citoyen pris sur la liste de l'ordre judiciaire et qui, n'étant pas magistrat permanent, prête serment avant de remplir ses fonctions.

La première opération consiste dans la constitution du tribunal. Le nombre des juges-jurés varie suivant la quæstio : trente-deux, cinquante, soixante-quinze, jusqu'à trois cents ; dans l'affaire de Milon, accusé du meurtre de Claudius, plaidée par Cicéron, le nombre des juges était de quatre-vingt-un : l'accusateur et l'accusé en récusèrent quinze chacun ; il en resta donc cinquante-et-un. Milon n'eut que treize suffrages et fut déclaré coupable par trente-huit voix, sous la présidence de Cn. Ahenobardus.

La désignation des juges appelés à siéger dans chaque affaire était déterminée par un principe que développe Cicéron (pro Cluentio), qu'ils devaient être agréés par les parties : *Neminem voluere majores nostri, non modo de existimatione cujusquam, sed pecuniaria quidem de re minima, esse judicem, nisi quid inter adversarios convenerit.*

Pour arriver à ce résultat, deux moyens étaient employés. — Le premier était le tirage au sort, *sortitio* : les noms des juges-jurés étaient placés dans une urne ; le préteur ou le judex quæstionis les tirait successivement et l'accusateur ainsi que l'accusé exerçaient leurs récusations de telle sorte qu'il restât dans l'urne le nombre exigé pour le jugement ; ainsi que cela a lieu chez nous d'après les art. 399 à 404 du code d'Instruction criminelle. — Le second moyen, employé notamment par la loi *Servilia repetundarum*, était l'*editio* : l'accusateur et l'accusé se présentaient réciproquement une liste sur laquelle chacun d'eux exerçait un nombre de récusations égal et tel qu'il restât le nombre de juges exigé par la loi ; par exemple l'accusateur choisit sur la liste générale cent juges, sur lesquels l'accusé en récuse cinquante ; l'accusé à son tour présente une autre liste de cent noms, l'accusateur en récuse cinquante, il en reste cent pour juger.

Le *consilium* (jury) étant ainsi constitué, les juges prêtent serment, comme cela est encore exigé de nos jurés (art. 312 I. cr.), et se placent sur des sièges, au-dessous de la chaise curule du préteur.

Le tribunal constitué, l'ouverture des débats est annoncée par le *prœco*. — La parole est donnée successivement à l'accusateur et à l'accusé ou à ses *patroni*, défenseurs. — Le temps des discours était réglé par avance par la loi et leur durée constatée à l'aide de la clepsydre : la loi de Pompée accordait deux heures à l'accusation, trois heures à la défense (1). On n'accordait ni réplique, ni duplique, sauf quelques objections concises, *altercationes*, dans lesquelles les orateurs se prenaient corps à corps.

La discussion terminée, les débats étaient clos et la clôture était annoncée par le *prœco* en ces termes : *Dixerunt*.

On passait alors à l'administration des *preuves*. — La loi romaine admettait quatre modes de preuve : 1º l'aveu ; 2º les témoignages ; 3º les preuves écrites ; 4º les *laudatores*.

1º — L'*aveu* fait preuve contre l'accusé. Il doit être spontané et n'est point arraché par la torture, sauf pour les esclaves.

2º — Les *témoins* sont interrogés directement par les parties, comme cela a lieu encore aujourd'hui en Angleterre. Les orateurs devaient déployer, dans la position des questions, une grande habileté, ce qui fait dire à Quintilien : *Maximus patronis circa testes sudor est* (Inst. orat. V. § 7). — La valeur et le mode des témoignages variait suivant qu'il s'agissait d'un homme libre ou d'un esclave : — pour l'homme libre, le serment suffisait pour que sa déposition fît foi ; — pour les esclaves, ils ne pouvaient être entendus qu'en faveur de leur maître et non contre eux ; en outre leurs dépositions n'avaient de valeur que s'ils y avaient persévéré dans les tourments et la *torture* pouvait être employée contre eux. — Les textes des lois romaines nous donnent des détails sur

(1) Ch. Giraud, Bronzes d'Ozuna, p. 24.

la torture : Dig. liv. 48 tit. 18 de *quæstionibus*, et il est remarquable que les jurisconsultes ne mettent point en doute sa légitimité, mais se préoccupent seulement de sa force probante : *Quæstio res est fragilis et periculosa et quæ veritatem fallat*, dit Ulpien. *Nam plœrique patientia sive duritia tormentorum, ita tormenta contemnunt, ut exprimi eis veritas nullo modo possit. Alii tantæ sunt impatientiæ, ut in quovis mentiri quam pati tormenta velint.... Causa cognita*, ajoute-t-il, *habenda fides aut non habenda* (Ulp. 1 §§ 23 et 25 D. de quæst. 48. 18). — Il était d'usage, lorsqu'un Romain était assassiné, de soumettre à la torture tous ses esclaves présents ; on pouvait même produire comme témoin l'esclave d'autrui, moyennant indemnité au maître, à raison de la détérioration provenant de la torture. — Les modes de faire subir la torture étaient laissés à l'arbitraire des juges : *quæstionis modum, magis est judices arbitrari oportere ; itaque quæstionem habere oportet, ut servus salvus sit vel innocentiæ, vel supplicio* (Ulp. fr. 7 D. de quæst. 48. 18). — Valère Maxime indique les principaux tourments employés, à l'occasion d'un esclave qui, pour sauver son maître, les subit tous : *Pluribus laceratus verberibus, eculeo impositus, condentibus etiam laminis ustus, omnem vim accusationis rei salute subvertit*. — La question pouvait être réitérée et Valère Maxime parle de deux esclaves qui la subirent, l'un six fois, l'autre huit fois.

3° — Les *preuves écrites*, résultant de la production et de l'examen des *tabulæ* et *codices*, étaient employées surtout dans les procès de péculat ou vol de deniers publics, où l'étude de la comptabilité était nécessaire.

3° — Les *laudatores* étaient employés par l'accusateur et par le défenseur pour attester l'honorabilité, la probité, la conduite irréprochable de la victime et de l'accusé (cf. art. 321 I. cr.).

Les preuves une fois recueillies, on renvoyait quelquefois, dans certains procès compliqués, de concussion par exemple, à un jour d'intervalle pour une nouvelle discussion et de nouvelles plaidoiries : c'est ce qu'on appelait la *comperendinatio*.

Après les débats et l'administration des preuves, les juges étaient *missi in consilium*, procédaient à la délibération et au vote.

Le vote eut lieu, dans les premiers temps, de vive voix ; plus tard le scrutin secret s'introduisit et il était seul employé au VIIe

siècle. Cicéron attribue à ce changement une plus grande indulgence : *Eoque nunc fit illud ut minus multos tabella condemnet quam solebat vox* (de legibus III, 16 et 17).

On remettait, pour le scrutin, à chaque juge trois tablettes (1) portant chacune des initiales : 1° A (absolvo) ; 2° C (condemno); 3° N L (*non liquet, amplius cognoscendum*). — La majorité absolue était nécessaire pour la condamnation et le partage des voix entraînait l'absolution.

Le vote une fois acquis, le préteur procédait au dépouillement du scrutin : — Si la majorité était pour la condamnation, le préteur déposait sa robe prétexte en signe de deuil et proclamait le résultat en ces termes : *Videtur fecisse* ; l'accusateur requérait alors l'application de la peine et le préteur prononçait la peine portée par la loi, sans pouvoir la modifier. — Si la majorité des voix était pour l'absolution, ou en cas de partage, le préteur prononçait la formule de l'absolution : *Videtur non fecisse*. — Enfin si les tablettes N. L. étaient en majorité, le préteur déclarait : *Amplius cognoscendum,* et l'on recommençait les débats. Valère Maxime (VIII, I) rapporte que la cause de L. Cotta accusé par Scipion, fut recommencée sept fois et qu'à la huitième, il y eut absolution.

En cas d'absolution, on pouvait, s'il y avait lieu, procéder au jugement de l'accusateur : pour *prævaricatio, tergiversatio* ou *calumnia*.

Quand la condamnation était accompagnée de l'allocation d'une indemnité pécuniaire, les juges prononçaient en qualité de *recuperatores* sur la *litis æstimatio* (Walter, p. 97 et 42).

§ 3. 3e ÉPOQUE. — EMPIRE.

Déclin des Judicia publica. — Sous l'Empire, et à partir d'Auguste, les *judicia publica* tombent peu à peu en désuétude. — Ils ne sont pas supprimés, car les empereurs n'abolissent point les institutions populaires, mais ils disparaissent par la force même des choses, à cause de la nouvelle constitution politique et des

---

(1) Une quatrième tablette fut délivrée par ordre d'Auguste, dans une accusation de faux en matière de testament (V. Suétone, Auguste ; Bodin, Républ. p. 434.)

mœurs nouvelles qui se concilient mal avec cette vieille institution libérale.

La constitution politique nouvelle se prête mal au fonctionnement des *judicia publica* : tous les pouvoirs sont concentrés entre les mains de l'empereur, les citoyens écartés des affaires publiques et les comices supprimés en fait.

Les mœurs se corrompent : la liste des citoyens appelés à juger s'augmente et les mauvais citoyens vendent leurs voix, font commerce de la justice. Depuis Sylla, les prévarications des juges deviennent fréquentes et la justice, tarifée publiquement, se vend sur la place publique. Cicéron raconte (pro Cluentio, 27) que l'accusé Opiniacus, ayant besoin de gagner seize juges, avait fait acheter leurs voix au prix de 640 mille sexterces et que certains juges recevaient, dans la même affaire, de l'argent de l'accusateur et de l'accusé (In verrem, 13).

En même temps les citoyens se désintéressent des affaires publiques et s'éloignent de l'accusation. Ils sont remplacés, sous l'Empire, par les délateurs, flétris par Tacite (Annales, liv. I, ch. 72 et 73).

La juridiction du préteur, successivement restreinte, disparaît au profit de celle de *Préfet de la Ville*, fonctionnaire nommé par l'empereur (Ulp. fr. 1, D. de officio prœfecti urbis, 1. 12) et de celle de l'empereur lui-même, assisté d'un conseil permanent (*sacrum auditorium*). L'empereur délègue souvent ses pouvoirs à son lieutenant, le *Préfet du prétoire* qui connaît toutes sortes de crimes.

Les *judicia publica* disparaissent et sont remplacées par une nouvelle forme, les *judicia extraordinaria*, l'incrimination et la peine étant du reste maintenues pour les crimes prévus par les lois anciennes qui organisaient les *quœstiones perpetuæ*.

Judicia extraordinaria (Dig., liv. 47. tit. 11). — Les *Judicia extraordinaria*, déjà usités du temps des judicia publica à titre d'exception, pour des cas non prévus par les quœstiones perpetuæ, confiaient le jugement du procès au magistrat seul qui appliquait une peine arbitraire (Ulp. fr. 3, de privatis delictis, 47. 1; fr. 92, D. 47. 2).

Ils sont devenus le droit commun après la disparition des judicia publica et ont donné lieu à l'institution de l'appel qui peut être interjeté devant l'empereur.

Droit pénal des Romains. — Si l'on en croyait Tite Live, la pénalité en usage à Rome aurait été douce et humaine. En effet, en
parlant de la guerre contre les Veïens et les Fidénates, il raconte
la trahison et le supplice du dictateur d'Albe, Mettus Suffetius,
qui fut écartelé par ordre de Tullus Hostilius : « Tous les regards, dit-il (I. 28), se détournaient de cet horrible spectacle
(*avertere omnes a tanta fœditate oculos*). » C'était le premier et ce
fut le dernier exemple, parmi les Romains, d'un supplice où les
lois humaines aient été méconnues. C'est un de leurs titres de
gloire d'avoir toujours préféré les châtiments les plus doux (*In
aliis gloriari licet, nulli gentium mitiores placuisse pœnas*).

L'élégant écrivain du siècle d'Auguste avait en vue, en parlant
ainsi, les prérogatives dont jouissaient les citoyens romains sous
les beaux temps de la République, en vertu des lois Valeriæ et
Porcia, et il faisait allusion aux législations barbares de l'Orient
auxquelles les Romains empruntèrent plus tard des supplices
cruels.

En examinant ce qui nous reste de la législation pénale des
Romains, on ne rencontre pas en effet cet esprit d'humanité et
ce respect pour la dignité de l'homme dont parle Tite Live et il
suffit, pour s'en convaincre, de se reporter aux persécutions et
au long martyrologe des chrétiens.

La peine de mort était inscrite dans les lois romaines et jamais
les philosophes ni les jurisconsultes n'en contestèrent la légitimité.

Elle s'exécutait par des moyens divers : — 1° par la *strangulation* souvent précédée de la flagellation avec les verges, soit à
l'arbre funeste *infelici arbori*, comme nous l'apprend Tite Live à
propos du procès du jeune Horace, soit dans la prison, *in car-
cere, laqueo* : dans la prison publique se trouvait en effet à dix
pieds sous le sol un cachot infect et ténébreux, dont on attribuait
la construction au roi Tullius et qu'on appelait pour cela *Tullia-
num* ; le condamné y était étranglé ; son cadavre, tiré avec des
crochets, était jeté aux gémonies. Valère Maxime (IV, 7) rapporte l'histoire d'une femme que le geôlier n'étrangla pas et
voulut laisser mourir de faim et que sa fille sauva en la nour-
rissant de son lait ; — 2° par le *supplice de la croix*, qui fut remplacé sous Constantin par la *potence* ; le supplice était subi soit

dans la prison, soit dans un lieu public. Cicéron, dans son plaidoyer pour Rabirius, reproche à Gabinius d'avoir fait dresser dans le Champ de Mars une croix pour le supplice des citoyens ; — 3º par la *précipitation du haut de la roche Tarpéïenne*, supplice qui fut infligé à Manlius, accusé d'avoir aspiré à la royauté ; — 4º par la *décapitation par la hache ou le glaive* ; — 5º par la *peine du feu* (Paul Sent. IV. 14, § 19, Callistr. fr. 28, § 11, D. de pœnis, 48. 19) ; — 6º par les *jeux du cirque*, soit que le condamné fût livré aux bêtes, soit qu'il fût employé à la chasse des bêtes féroces exécutée dans le cirque (*ludus venatorius*), soit enfin qu'il fût destiné aux divers exercices du combat des gladiateurs ; — 7º enfin par l'*asphyxie par immersion dans l'eau*, comme cela avait lieu pour le parricide flagellé, cousu dans un sac de cuir avec un coq, une vipère, un chien et un singe, puis précipité dans la mer voisine ou dans le Tibre (Inst. § 6 de publicis judic. 4. 18).

Celui qui était condamné à la peine de mort subissait une *maxima capitis deminutio* et devenait esclave, *servus pœnæ*, en sorte que la peine n'atteignait plus un citoyen, mais un esclave.

Au-dessous de la mort se trouvaient d'autres peines capitales, dont les unes entraînaient comme elle la *maxima capitis deminutio* et l'esclavage, comme la condamnation aux travaux à perpétuité dans les mines, *ad metalla* (Marcien, fr. 17, D. de pœnis, 48. 19); les autres laissaient à la fois la vie et la liberté civile, n'entraînant qu'une *media capitis deminutio*, la perte du droit de cité, de la qualité de citoyen romain : c'étaient l'*interdiction de l'eau et du feu, aqua et igni interdictio*, et la *déportation* dans une île lointaine qui la remplaça sous Auguste. (Inst. § 2 de capitis demin., I, 16).

Enfin d'autres peines n'étaient point capitales et ne portaient aucune atteinte aux droits de citoyen : c'étaient la *relégation* ou *exil stricto sensu*, le *fouet* et l'*amende* (mulcta) (Marcien, fr. 5, D. de pœnis, 48. 19).

La législation romaine était inspirée par le principe utilitaire, ainsi que le proclame le texte suivant de *Claudius Saturninus* fr. 16, § 10, D. de pœnis, 48. 19 : *Nonnunquam evenit ut aliquorum maleficiorum supplicia exacerbentur, quotiens nimirum multis personis grassantibus exemplo opus sit.*

Mais ce qui lui donna, pendant la République, un caractère particulier, c'est le principe admis, comme garantie politique, que le Romain ne pouvait sans son consentement perdre la qualité de citoyen : *Hoc juris a majoribus proditum est*, dit Cicéron (pro Domo suâ, 29) *ut nemo civis Romanus aut libertatem, aut civitatem possit amittere, nisi ipse auctor factus sit.*

On avait tiré de là cette conséquence qui donna à l'exil une physionomie toute spéciale, que l'accusé citoyen romain pouvait toujours se soustraire à la condamnation en s'exilant volontairement. — L'exil avait des rigueurs particulières pour le Romain obligé de vivre loin de sa famille, de sa patrie, de ses dieux domestiques, dans des pays barbares. Aussi ne l'infligeait-on pas directement et on le considérait comme un droit pour le condamné qui perdait ainsi son droit de cité et son titre de citoyen romain en subissant une *media capitis deminutio : nam quum ex jure nostro duarum civitatum nemo esse possit*, dit encore Cicéron (pro Cœcina, 34), *tunc amitittur hæc civitas denique, quum is qui profugit receptus est in exilium, hoc est in aliam civitatem.*

On avait cependant organisé un moyen indirect de forcer le citoyen romain condamné à s'exiler : c'était l'*interdiction de l'eau et du feu.* On n'employait contre lui aucune violence ni contrainte physiques, mais seulement une violence et une contrainte morales.

Niebhür assimile l'interdiction de l'eau et du feu à une mise hors la loi entraînant l'impunité du meurtre de celui qui en était frappé. Mais son erreur a été relevée et démontrée pour Platner (quœstiones, p. 80).

Sous Auguste, les nombreux exilés que les tourments politiques avaient jetés dans les villes étrangères y conspirèrent. Sur les conseils de Livie, Auguste transforma l'exil en *déportation* dans un lieu déterminé. La déportation fut une peine très grave : les déportés étaient jetés dans un bâtiment, transportés dans des îles lointaines sous des climats meurtriers.

Influence du Droit romain sur l'élaboration du Droit criminel de l'Europe (1).

La législation pénale romaine, exprimée dans les deux livres 47 et 48 du Digeste que Justinien qualifie de *libri terribiles* (Justin. Const. 2, § 8, c. de veteri jure enucleando, 1. 17), a exercé sur le droit criminel de l'Europe une influence directe, tantôt heureuse et bienfaisante, tantôt au contraire malfaisante et regrettable.

Elle fut bienfaisante par les maximes et les principes d'équité posés par ses jurisconsultes.

C'est ainsi que nous y voyons assigner au droit pénal ce triple but que lui reconnaît encore aujourd'hui la philosophie : 1º procurer la réparation du préjudice ; 2º corriger les coupables, les amender : *pœna constituitur in emendationem hominum*; 3º protéger la société en empêchant les crimes de se produire : *ut pœna unius metus sit multorum*. — Const. 1, C. ad leg. Jul. repet. 9. 27.

Les principes de l'équité la plus élevée sont enseignés par les jurisconsultes romains dans l'application des peines : 1º Nul ne doit être recherché pour sa volonté de commettre un délit, si cette volonté ne s'est pas manifestée par des actes extérieurs : *Cogitationis pœnam nemo patitur*, dit Ulpien, fr. 18, D. de pœnis, 48. 19 (2) (cf. Montesquieu, Esprit des lois, liv. XII, ch. XI) ; — 2º la peine doit être en rapport avec la gravité du fait qu'il s'agit de réprimer : *Pœna commensurari debet delicto* ; — 3º le juge doit se garder de condamner toujours l'accusé sur son aveu : *Si quis ultro de maleficio fateatur, non semper fides ei habenda est, nonnunquam enim aut metu, aut aliqua alia causa, in se confitentur*. Ulp., fr. 1, § 27, D. de quæstion. 48. 18 ; — 4º c'est encore Ulpien qui exprime cette maxime pleine de sagesse, qu'il vaut mieux absoudre cent coupables que condamner un innocent : *Satius est impunitum esse facinus nocentis quam innocentem damnare* (fr. 6, D. de pœnis, 48. 19) ; — 5º nul ne doit être condamné sans avoir été entendu :

---

(1) Voy. Faustin Hélie, Instr. crim. t. Ier, p. 164 et 172.
(2) Cf. encore Aulu-Gelle, Nuits att., VII, 3.

Neque inaudita causa quemquam damnari ratio juris patitur. — Marcien, fr. 1, D. de requirendis reis, 48. 17 ; — 6° le châtiment ne doit atteindre que le coupable seul : *Crimen vel pœna paterna nullam maculam filiis infligere potest*, Callistrate, fr. 26, D. de accusation. 48. 2 ; — 7° on ne doit pas réitérer les accusations au mépris de la chose jugée : *non bis in idem : ne quis ob idem crimen pluribus legibus reus fieret* ; Paul, fr. 14, D. de accusat. 48. 2 ; — 8° on ne doit pas faire subir la peine ou la question à une femme enceinte avant son accouchement : *Prægnantis mulieris consumendæ, damnatæ, pœna differtur quoad pariat. Ego quidem et nec quæstio de ea habeatur, scio observari ; quamdiu prægnans est;* Ulp. fr. 3, D. de pœnis, 48. 19.

Mais la législation pénale de l'Empire exerça une influence néfaste sur les législations qui suivirent, par la création de ce crime si large et si arbitraire de lèse-majesté, à l'occasion duquel l'on bouleverse tous les principes du droit et de l'équité, ainsi que le montre la constitution d'Arcadius de 397 : C. 1, § 1, C. ad. legem Juliam majestatis, 9. 8, par l'abus de la délation (v. Montesquieu, Esprit des lois, liv. VI, ch. VIII, liv. XII, ch. VIII), enfin par l'emploi de la torture étendue aux personnes libres et aux citoyens romains à l'occasion du crime de lèse-majesté dans lequel on peut faire rentrer toutes les actions et les moindres pensées de l'homme.

SECTION III.

3e PÉRIODE. — DROIT CRIMINEL DES NATIONS GERMANIQUES.

Les sources de la législation de cette période se composent : 1° du droit barbare ; 2° du commencement de la législation féodale ; 3° du droit de l'Eglise ; 4° du droit du pouvoir royal.

§ 1er. — ÉTAT DE LA GAULE ROMAINE AU IVe SIÈCLE

A cette époque, la nationalité gauloise a péri, et malgré les efforts de quelques historiens tels que M. Laferrière et M. Henri Martin, on retrouve peu de traces des institutions primitives. Tout ce que l'on sait, c'est que les criminels d'Etat étaient punis des plus cruels supplices, que la pénalité était également sévère contre les auteurs de crimes privés et qu'ils étaient déférés au tribunal des Druides (1). Mais au IVᵉ siècle, la loi romaine régissait la Gaule.

Les sources de la législation romaine sont :

1º Le Code Grégorien, comprenant les constitutions depuis Adrien jusqu'à Dioclétien.

2º Le Code Hermogénien.

3º Le Code Théodosien, promulgué en 438 par Théodose II, empereur d'Orient, et comprenant les constitutions de 16 empereurs depuis Constantin jusqu'à Théodose et Valentinien III, qu'il associa à l'Empire.

4º Les écrits des jurisconsultes ayant force de loi, d'après la constitution de Valentinien, de 426 ; ces jurisconsultes sont : Papinien, Paul, Gaïus, Ulpien, Modestin.

5º Les Novelles, Post-Théodosiennes.

6º La législation de Justinien, de 533-534, contenue dans le Digeste et le Code.

Invasion des nations germaniques.

La Gaule fut, au IVᵉ et au Vᵉ siècle, envahie et occupée par des barbares d'origine germanique :

1º Du Rhin à la Loire par les Francs Saliens et Ripuaires ;

2º A l'est, vers les rives du Rhône, par les Burgondes ;

3º Au sud par les Wisigoths, fondateurs d'un royaume qui eut pour capitale d'abord Toulouse, puis Tolède ;

4º Au nord-ouest par les Bretons Armoricains.

Ces barbares avaient des lois différentes, et le conflit de ces législations était réglé par le principe de la Personnalité des lois, d'après laquelle chacun était jugé d'après sa loi d'origine : les Francs, d'après la loi des Francs ; les Bourguignons, par la loi des Bourguignons ; la loi romaine pour les Gallo-Romains et les ecclésiastiques, si bien que Abogard a pu dire dans une lettre à Louis-le-Débonnaire : « On voit souvent converser cinq personnes dont aucune n'obéit à la même loi (2) ».

(1) Du Boys, (Histoire du droit criminel des peuples modernes). Prolégomènes, § 6, p. 34 et ss.

(2) Dom Bouquet, Rerum gallicarum et francicarum scriptores, t. VI, p. 356.

On s'est demandé si le principe de la personnalité des lois s'étendait aux matières pénales. M. de Savigny (Histoire du droit romain au moyen-âge, chapitre III) et M. Pardessus (Deuxième dissertation, p. 443 et suiv.) pensent que le principe de la personnalité ne s'appliquait pas aux matières pénales. Il est probable qu'au-dessus des lois de chaque race, il y avait une loi commune et générale qui régissait les habitants de tout le territoire, sans distinction d'origine.

Sources du droit germanique.

1º *Loi des Francs Saliens.* — Une version latine de la loi salique fut rédigée sous le règne de Clovis ; elle paraît être une traduction en langue latine de l'original publié en langue franque. Une seconde édition en fut publiée sous Charlemagne, sous le titre de Lex salica emendata.

2º *Loi des Francs Ripuaires*, rédigée et traduite en latin sous Thierry Ier, fils de Clovis, roi de Metz.

3º *Loi des Burgondes,* rédigée sous Gondebald, au commencement du VIe siècle.

4º *Loi romaine des Wisigoths.*

Il faut distinguer la lex romana Wisigothorum ou Code d'Alaric II, promulgué à Toulouse le 4 des Nones de février 506, édité de nos jours par Haenel, et la loi germanique des Wisigoths ou Code en 12 livres, rédigé vers le milieu du VIIe siècle et traduit en espagnol au XIIe ou XIIIe siècle ; une édition a été publiée en 1818 par l'Académie de Madrid.

Esprit des lois barbares.

Ces lois statuent principalement sur la répression des délits : la loi salique contient 343 articles de droit pénal ; mais elle ne contient presque point de pénalité et règlemente presque exclusivement l'exercice de la vengeance privée exercée par tous les membres de la famille à raison de la solidarité qui existe entre eux (1). Cependant pour certains crimes graves, les supplices

(1) Tacite (Germanie, nº 21.)

étaient organisés ; c'était : 1º la décapitation ; 2º le gibet ; 3º la roue ; 4º la lapidation ; 5º le feu du bûcher (1).

L'exercice de la vengeance privée était réglementé à l'aide d'une composition, et le pouvoir social n'intervenait que pour rétablir la paix entre l'offenseur et la famille de l'offensé. En sorte que Montesquieu a pu dire : « Chez ces nations violentes, rendre la justice n'était autre chose qu'accorder à celui qui avait fait une offense, sa protection contre la vengeance de celui qui l'avait reçue et obliger celui-ci à recevoir la satisfaction qui lui était due ; de sorte que chez les Germains, à la différence de tous les autres peuples, la justice se rendait pour protéger le criminel contre celui qu'il avait offensé. » (Esprit des lois, liv. XXX, ch. 20.)

L'autorité sociale n'était pas encore suffisamment organisée, pour que les offenses fussent transformées en délit public, réprimées par des peines au nom de cette autorité : « Chez les Germains, ainsi que l'a dit M. Mignet, ce que nous appelons *crime* était un simple fait de guerre, qui se terminait par un traité pécuniaire entre les deux parentés intéressées. Le caractère moral de l'action n'existait pas. Il y avait des sentiments de famille blessés, mais non des devoirs légaux violés. Dès que la parenté était satisfaite et la paix rétablie, les traces du mal étaient effacées. Les actions répréhensibles ne relevaient pas encore de la morale et du droit, mais de la passion et de la force. »

La composition pécuniaire qui devait être payée à l'offensé et à sa famille, que l'on retrouve dans toutes les législations primitives, s'appelait *wehrgeld* (wehr, défense — geld, argent) (2).

Outre le wehrgeld, l'offenseur était tenu de payer au fisc du roi de la cité une amende appelée *fredum* (fhrede, paix ; prix de la paix). Le fredum n'était perçu par le fisc qu'après que le wehrgeld avait été payé à la partie lésée (loi ripuaire, tit. 91, p. 391). La quotité du wehrgeld variait suivant : 1º la nationalité ; c'est ainsi que celle due pour le Franc était double de celle due pour le Romain (loi salique (3), tit. 43).

---

(1) Thonissen, Étude sur le droit criminel de la France : Les peines capitales dans la législation mérovingienne.

(2) Du Boys, Histoire du droit criminel des peuples modernes, t. II, p. 153.

(3) Pour le meurtre d'un Franc, elle était 200 sous d'or. Pour celui d'un Romain, 100 sous.

2° La condition ou position sociale de l'offensé ; ainsi, pour le meurtre d'un antrustion du roi, elle était de 600 sous d'or ; pour celui d'un Romain, convive du roi, de 300 ; pour un Romain possesseur, de 100 ; pour un tributaire, de 45 et pour un esclave de 35 (loi salique, tit. 43).

3° Suivant le sexe, l'âge de la victime ; ainsi la composition était pour le meurtre d'une femme enceinte de 700 sous d'or ; pour celui d'une femme inhabile par son âge à avoir des enfants, de 200 ; pour le meurtre d'un enfant nouveau-né, de 100.

4° Suivant la gravité matérielle de l'offense, et le wehrgeld était calculé suivant la nature de l'instrument, la gravité des lésions, leur situation, en sorte que tout un titre de la loi salique n'est qu'un long tarif des diverses parties du corps humain (Tit. 33 de debilitatibus, des mutilations).

5° Sur la criminalité de l'agent, la gravité subjective du fait. C'est à tort qu'on a prétendu que le caractère moral n'était pas pris en considération par les lois barbares, car plusieurs dispositions en tiennent compte. « Ainsi, comme dit Montesquieu, dans la loi des Lombards, si quelqu'un tuait par hasard un homme libre, il payait la valeur de l'homme mort, sans le fredum, parce que l'ayant tué involontairement, ce n'était pas le cas où les parents eussent un droit de vengeance. Ainsi, dans la loi des Ripuaires, quand un homme était tué par un morceau de bois ou un ouvrage fait de main d'homme, l'ouvrage ou le bois étaient censés coupables, et les parents le prenaient pour leur usage, sans pouvoir exiger le fredum.

De même quand une bête avait tué un homme, la même loi établissait une composition sans le fredum, parce que les parents du mort n'étaient pas offensés.

Enfin, par la loi salique, un enfant qui avait commis quelque faute avant l'âge de douze ans, payait la composition sans le fredum ; comme il ne pouvait porter encore les armes, il n'était point dans le cas où la partie lésée ou ses parents pussent demander la vengeance (Esprit des lois, liv. XXX, ch. XX). Les mêmes dispositions se retrouvent dans la loi salique (Tit. XXI, art. IX), loi ripuaire (Tit. XXVIII, art. I, tit. LXXVII, art. I).

L'offensé et sa famille étaient-ils obligés de recevoir le wehrgeld ? Non ; ils pouvaient choisir entre l'exercice de la vengeance privée et la réclamation du wehrgeld (loi salique, tit. LXIX, art. II).

Organisation judiciaire et procédure.

Les affaires étaient portées devant le mall (mallum *mall*, parole), ou assemblée des hommes libres des rachembourgs ; elle se tenait dans un lieu élevé, sur le sommet d'une colline (mallberg) *mallobergium* et était présidée par le comte, *comes*, *graff* ou *grafio*.

L'assignation pour comparaître était donnée verbalement, en présence de témoins, et le délai était supputé par nuits, peut-être parce que, ainsi qu'on l'a dit, les peuples primitifs trouvaient dans les astres leur chronomètre.

Preuves.

Les modes de preuves étaient : 1° l'aveu ; si l'accusé avouait, on passait à la condamnation ; 2° les témoins ; 3° le serment de l'accusé ou *purgatio canonica*, prêté sur des reliques ; 4° les *cojureurs* ou *conjuratores* ou *compurgatores*, qui venaient attester par leurs serments la probité de l'accusé et qui correspondent aux *laudatores* des Romains et à nos témoins à décharge ; l'accusé était obligé ou de payer la composition ou de jurer avec les compurgatores (1) ; 5° lorsqu'on n'avait pas pu produire de cojureur, les *ordalies* ou jugement de Dieu (urtheil en hollandais, oordeel, sentence, jugement) ; l'*ordalie* est la manifestation de la vérité par un fait surnaturel. La croyance au merveilleux ou surnaturel était très prononcée chez les Germains. Tacite nous dit qu'aucun peuple n'a plus de foi aux auspices et à la divination : *auspicia sortesque ut qui maxime observant* (Germanie, n° X). Les épreuves judiciaires étaient en usage dans l'antiquité. C'est ainsi que dans l'Antigone de Sophocle, lorsque le corps de Polynice a été soustrait par la piété d'une sœur, les gardes proposent de se justifier au moyen du feu ardent : « Nous étions tous prêts à manier le fer brûlant, à traverser les flammes, à attester les dieux que nous n'étions ni coupables, ni complices de celui qui

(1) Kœnigswarter, Revue de législation, 1849, p. 336.
(2) Cantu, Histoire universelle, t. VII, p. 508.

avait conçu le crime et l'avait exécuté. » On retrouve ces mêmes épreuves chez les Juifs (Nombres, XII), et dans les lois de Manou (1).

Les épreuves employées étaient de différente nature; elles avaient lieu par l'eau bouillante, par le feu ou le fer rouge, par l'eau froide et par la croix (2).

L'épreuve judiciaire n'était autorisée qu'à défaut de tout autre moyen de découvrir la vérité et que comme mode de justification établi en faveur de l'accusé. L'accusé pouvait se racheter de l'épreuve moyennant des cojureurs ou le paiement d'une partie de la composition (loi salique, tit. LIV) (De manu ab œneo redimenda. De celui qui veut racheter sa main de l'épreuve de l'eau bouillante). On a cherché à donner des explications des succès avec lesquels ces épreuves avaient pu être subies et on l'a attribué soit au hasard, soit à des fraudes et à l'emploi de moyens physiques, et l'on a fait des expériences qui prouvent qu'il y a possibilité de plonger sa main dans un métal en fusion sans se brûler (3) ; 5o le *combat* ou duel judiciaire, autorisé par la loi ripuaire, tit. LXI, art. V et VI, et dont il n'est point question dans la loi salique était en usage au VIe siècle, ainsi que le rapporte Grégoire de Tours, comme mode de preuves ; 6o enfin la *torture* était autorisée contre les esclaves, mais non contre les hommes libres (loi salique, tit. XLII).

Défaut de l'accusé ou refus d'exécuter la sentence.

Celui qui ne comparaît pas après avoir été réassigné ou qui n'acquitte pas la composition, est mis par la loi *extra sermonem legis*, et tout individu pouvait le tuer ; il était déclaré *wargus* ou *utlagus* (4).

(1) Thonissen, Histoire du droit criminel des peuples anciens, t. 1, p. 30 et suiv., t. II, p. 158.
(2) Du Boys, Histoire du droit criminel des peuples modernes, t. I, p. 224 et suiv.
(3) Kœnigswarter, Revue de législation, 1850, t. I, p. 26.
(4) Molinier, Mort civile, p. 18. Du Boys, *l. c.* p. 122.

SECTION IV.

DROIT CRIMINEL DE LA FÉODALITÉ.

Vers la fin des rois de la seconde race, au ixe siècle, on constate :
1º la fusion de la race germanique avec la race gallo-romaine ;
2º l'apparition d'une nouvelle organisation sociale, la féodalité.

La féodalité, c'est l'organisation et le fractionnement hiérar-
chique des pouvoirs sociaux rattachés au sol. De personnelles,
les lois deviennent réelles et c'est par le domicile qu'on détermine la loi applicable à chacun.

Origine de la féodalité.

La féodalité a son origine dans les mœurs de la Germanie.
Tacite nous montre les rois, les chefs germains entourés de leurs
guerriers auxquels ils font d'abondantes largesses. Par suite, les
terres conquises par les Francs furent distribuées par les chefs
à leurs guerriers, à la charge du service militaire, et l'étymologie du mot fief indique bien son origine (*fhée*, salaire, récompense ; *old*, terre). La féodalité repose sur un contrat, l'*inféodation*, qui crée un démembrement de la propriété ; par ce contrat,
le suzerain transmet au vassal le *domaine utile*, la jouissance de
la terre ; mais il se réserve le *domaine direct*, et le vassal promet
fidélité avec le service militaire. L'inféodation engendre des rapports de supériorité à l'égard du suzerain, et d'égalité entre les
vassaux du même seigneur.

Les bénéfices furent d'abord temporaires, puis à vie, enfin héréditaires depuis Charles le Chauve, en vertu du capitulaire de
Kiersy-sur-Oise de 877. Le principe de l'hérédité marque l'abdication de la royauté franque.

Des sous-inféodations pouvaient être faites ; le vassal pouvait
à son tour se créer un vassal dont il devenait le suzerain en
sous-inféodant le fief qu'il détenait. C'est ainsi qu'on distinguait
le *fief dominant* appartenant au seigneur suzerain, le *fief servant*,
qui était entre les mains du vassal, et l'*arrière-fief*, entre les
mains de l'arrière-vassal.

Les hommes libres qui détenaient des alleux les inféodaient pour être sous la protection d'un seigneur.

Chaque fief constituait une association de guerriers soumis au même suzerain ; chaque seigneur suzerain était souverain indépendant dans son fief ; c'était le principe consacré par la maxime : « Vassallus mei vassalli vassallus meus non est. »

Il était investi : 1° du *pouvoir législatif*; les sources du droit féodal sont la *charte*, par laquelle la terre est inféodée et qui constitue la loi écrite des rapports des vassaux avec leurs seigneurs et les *coutumes* à l'origine non écrites confirmées par le seigneur. En vertu du principe précédent, le roi qui, à l'origine, n'était qu'un simple seigneur, ne pouvait donner des lois à ses arrière-vassaux ; c'est ainsi que les Etablissements de Saint-Louis ne régissaient que ses domaines.

2° Du *pouvoir exécutif* : lorsque le suzerain déclarait la guerre, il appelait sous sa bannière tous ses vassaux et arrière-vassaux.

3° Du *pouvoir judiciaire* : le seigneur rendait la justice à ses vassaux, en présidant la cour féodale, qui était composée de façon que l'accusé y fût jugé par ses pairs.

Les lois sont devenues réelles, de telle sorte qu'on applique à chacun la loi de son domicile. Ces lois, réglées par les chartes et les coutumes, sont essentiellement variables, si bien qu'on a pu dire « *qu'il y avait autant de lois diverses que de clochers* ». En vertu de ce nouveau principe, le serf est jugé par son maître, le vassal par son suzerain, l'homme libre par le seigneur justicier dans le domaine duquel il a son domicile, et le bourgeois des villes par les magistrats municipaux.

Organisation judiciaire.

Le pouvoir judiciaire est exercé : 1° *Par les cours féodales des seigneurs ; 2° par les seigneurs justiciers ; 3° par les magistrats municipaux*, dans les villes qui ont conservé ou conquis leur franchise.

1° *Cour féodale.*

Le seigneur féodal a pour devoir de faire juger le vassal par ses pairs ; il convoque la cour, la préside ou la fait présider, et

cette cour est composée des pairs du vassal. Si le suzerain né-
glige de réunir la cour pour statuer sur une plainte, un appel
peut être interjeté devant le suzerain du seigneur pour déni de
justice ; *c'est l'appel pour défaut de droit* (defectus justitiæ).

2° *Justice justiciaire.*

Elle est rendue par les seigneurs justiciers aux hommes
libres, possesseurs d'alleux et placés en dehors de l'inféodation.

Il faut se garder de confondre les cours féodales et les justices
justiciaires. Les premières s'appliquent au sol inféodé et la justice y est rendue par le seigneur féodal ; tandis que les justices
justiciaires ne s'appliquent qu'aux hommes et aux terrains
libres. Il faut donc distinguer le fief du droit de rendre la justice,
car le fief emporte bien le droit de faire juger le vassal par ses
pairs, mais il n'emporte pas le droit de juger ceux qui ne sont
pas les vassaux.

Deux principes essentiels régissent à ce point de vue les justices justiciaires.

1° *Fief, ressort et justice n'ont rien de commun* (Loisel, Institutes
coutumières, liv. II, tit. II, n° 44) *Plerumque alius est dominus
jurisdictionis alius dominus beneficii;* tel est seigneur justicier qui
n'est pas seigneur féodal, comme aussi tel est seigneur féodal qui
n'est pas seigneur justicier.

2e principe : La justice est patrimoniale, c'est-à-dire que les
seigneurs justiciers ont le domaine et la propriété de leurs justices; d'où il résulte qu'elles peuvent être vendues et qu'elles sont
héréditaires comme les autres biens, et elles sont non seulement
aliénables, mais divisibles, soit par l'espace, par l'aliénation
d'une partie du ressort, soit par le temps, soit enfin par le démembrement des attributions. Le droit de justice emporte pour
les seigneurs à qui il appartient certains revenus tels que les
amendes, les confiscations, les terres non occupées, les choses
perdues, enfin certaines redevances (Bacquet, Des droits de justice, tome I, p. 28).

Le seigneur justicier avait en outre droit à certains honneurs,
tels que la préséance à l'église, le pain bénit, l'encens, les
prières, etc., etc.

Au fronton du château étaient sculptés les signes de son pouvoir judiciaire : des champions combattant en champ clos, une échelle, un carcan et autres instruments de justice. « Pilori, échelle, carcan et peintures de champions combattant dans l'auditoire sont marques de justice, » disait Loisel.

On distinguait trois catégories de justice, suivant l'importance des pouvoirs qu'elle comprenait :

1º *Basse justice*, qui n'avait que la police judiciaire et le droit de juger les contraventions de peu d'importance, car elle ne pouvait condamner que jusqu'à 60 sols d'amende.

2º *Moyenne justice*, ayant la police judiciaire et le droit de juger toutes les affaires qui n'entraînaient pas la peine de mort, quoique cependant, par exception, elle comportât le droit de faire pendre les voleurs.

3º *Haute justice*, avec plénitude de pouvoirs (Pilori et fourches patibulaires).

Organisation des justices seigneuriales.

Le tribunal du seigneur était présidé par le *comte*, le *vicomte* ou ses délégués, *baillis* ou *viguiers*; il était composé de juges-jurés et de praticiens appelés *boni homines*. On y appela plus tard des clercs et des gradués.

Magistrats municipaux.

Les villes qui jouissaient de certaines franchises municipales, élisaient des magistrats qui rendaient la justice avec le concours des jurés.

Esprit du droit de la féodalité.

La législation féodale a pour tendance et pour effet de restreindre l'action de la vengeance privée en lui substituant l'action de la vengeance seigneuriale. Le seigneur est chargé de maintenir la paix dans ses domaines et fait respecter ses commandements par la menace de peines; par suite des profits pécuniaires que leur procure l'administration de la justice, les seigneurs sont amenés à préférer les voies de droit aux voies de fait. Aussi, les principes qui inspirent la législation pénale féodale sont la vengeance seigneuriale et l'intimidation, défense indirecte. Aussi, Philippe de Beaumanoir, bailli de Clermont et duc de Beauvaisis, écrit-il au xiiie siècle : « C'est bonne chose que les malfaiteurs soient *rudement punis* et justiciés selon leur méfait, afin que la crainte de la justice les empêche de méfaire (Coutumes de Beauvaisis, ch. XXI, des Meffés).

Plusieurs limites sont apportées par le droit seigneurial à l'exercice de la vengeance privée. Cet exercice est restreint dans l'espace et dans le temps. I. *Dans l'espace*, par le principe de l'inviolabilité de la maison, par le droit d'asile et par le privilège accordé à certaines routes conduisant aux églises, aux marchés, aux foires, aux réunions publiques (au mallum) et sur lesquels il est défendu d'attaquer son ennemi.

II. *Dans le temps* ; la vengeance est interdite à certaines époques : 1º *Aux fêtes religieuses*, c'est-à-dire les dimanches et aux solennités de la Noël, de Pâques et pendant l'Avent.

2º Pendant la trêve de Dieu établie par l'Eglise (1049), à raison de laquelle il est défendu d'attaquer son ennemi depuis le mercredi soir jusqu'au lundi matin, par respect pour les jours que Jésus-Christ a consacrés à la rédemption des hommes (1).

3º *Pendant les trêves et assurement* ; la trêve est une suspension des hostilités pendant un temps déterminé imposée par le pouvoir.

L'assurement est une sauvegarde qui met à l'abri de tout acte de violence et interdisant l'emploi des voies de fait et peut être imposé par le juge (2).

4º *Pendant la quarantaine le roi*, établie par Saint-Louis en 1257, et en vertu de laquelle il est défendu de tirer vengeance d'un meurtre avant quarante jours écoulés.

Procédure.

La justice est saisie de deux manières : soit par voie d'*accusation*, le demandeur se portant partie poursuivante cite l'accusé et produit ses preuves ; soit par voie de *dénonciation*, en révélant

---

(1) Henri Martin, Histoire de France, t. III, p. 68.
(2) Beaumanoir, Coutumes de Beauvaisis, ch. 60, Des trêves et assurement, Henri Martin, t. IV, p. 398.

le délit au seigneur suivant la formule que nous donne Beaumanoir : « Sire, je vous dénonce que Jehan a fet un tel fet qui appartient à vos à vengier comme à bonne justice. » (ch. VI, 12, ch. X, 10.)

Les débats sont publics et l'instruction orale « en cort laie, dit Beaumanoir, on ne plaide pas par écrit » (VI, 15).

Preuves.

Les moyens de preuves employés sont : I. l'*aveu*, qui était spontané et sans torture devant les cours féodales des barons, mais arraché par la question aux assises de Jérusalem pour la corte des barons et devant la corte des bourgeois.

II. Les *témoins* ; il était de principe que deux témoins idoines faisaient preuve complète des faits qu'ils affirmaient.— Beaumanoir : « Autant valent deux bons témoins pour une querelle gagnier comme feraient vingt » (39, 5, 40).

III. Le *combat judiciaire* ou *gage de bataille*. Le combat judiciaire était admis : 1° *Lorsqu'il n'y a pas de preuves suffisantes*, car si le fait est prouvé, on passe au jugement et, ainsi que le faisait observer Beaumanoir, il serait absurde que celui qui aurait été pris en flagrant délit pût donner gage de bataille.

2° *Contre les témoins*, lorsque l'accusé voulait fausser les témoins, c'est-à-dire déclarer qu'ils faussent la vérité.

3° *Contre les juges*; le combat judiciaire était alors un moyen d'appel par la déclaration que le jugement était faux et déloyal. Le combat judiciaire avait lieu contre le pair qui avait émis un avis défavorable, le vote ayant eu lieu à haute voix. Si le pair était vaincu, la procédure était anéantie et le seigneur perdait son droit de justice ; si au contraire l'appelant succombait, il payait une amende de 60 livres au seigneur, autant aux jurés présents et il perdait son procès. Le combat judiciaire était soumis à des règles nombreuses et entouré de cérémonies religieuses, et les armes étaient différentes, suivant la qualité des combattants. Les gentilshommes se battaient avec les armes ordinaires, les vilains avec un bâton et l'écu.

On trouve dans un code célèbre d'Alphonse X, roi de Léon et de Castille (*Las siete partidas*), l'explication de la raison d'être et

de l'utilité du combat judiciaire. « Suivant la coutume de l'Es-
« pagne, le combat judiciaire est un mode de preuve que le roi
« ordonne sur la requête qui lui est présentée, et que les parties
« préfèrent à toutes les autres mesures qu'il pourrait prescrire.
« La raison pour laquelle on inventa le combat en champ clos,
« c'est que les gentilshommes espagnols trouvèrent qu'il leur
« était préférable de défendre leurs droits et leur honneur par
« les armes, que les commettre à des enquêtes et à des faux té-
« moignages. Il y a en cela utilité, car il arrive souvent qu'on
« s'abstient de beaucoup de choses pour ne pas s'exposer aux
« dangers d'un duel. Il y a deux espèces de combats judiciaires :
« celui des gentilshommes qui combattent entre eux à cheval, et
« celui des villages et des hameaux, qui a lieu à pied, selon les
« ordonnances. »

Le combat judiciaire est une institution tout à fait distincte du
duel judiciaire, simple exercice de la vengeance privée pour réprimer un affront : le premier est un mode de preuve ; le second
est une simple vengeance d'une offense. Le dernier duel judiciaire eut lieu sous le règne de Henri II, en 1547, entre Guy
Chabaut de Jarnac et la Châtaigneraie, à propos de propos diffa-
matoires tenus sur le compte de la duchesse d'Etampes, favorite
de François Ier. Il eut lieu en présence de la cour et des grands
à Saint-Germain, et la Châtaigneraie mourut d'un coup d'en-
taille qui lui coupa le jarret (1).

Jugement.

Les preuves produites, on passait au jugement ; les voix
étaient recueillies par les seigneurs, et lorsque les juges étaient
tombés d'accord en majorité, le jugement était prononcé. Si le
seigneur, par négligence, insouciance, haine ou tyrannie, ne
convoquait pas la cour pour statuer sur la plainte, on pouvait
faire appel devant le suzerain du seigneur, pour défaut de droit,
déni de justice, après lui avoir adressé trois sommations à quinzaine ; si le déni de justice était constaté, le seigneur était condamné
à 60 sols d'amende envers le suzerain et perdait le droit de juger

(1) Michelet, Histoire de France, t. IX, ch. I et II, p. 1.

l'affaire. Si au contraire la partie était mal fondée dans son appel, elle payait une double amende au seigneur et au suzerain. L'appel pour défaut de droit se prouva d'abord par le combat judiciaire ; mais une ordonnance de Saint-Louis, de 1260, essaya de supprimer pour ce cas le gage de bataille et depuis, la preuve par témoins fut seule admise ; cependant, on put encore punir les témoins par le gage de bataille.

Pénalité

La pénalité variait dans chaque justice, et chaque charte contient un code pénal approprié aux habitudes de la localité. Les lois pénales de cette époque semblent très dures ; mais leur application rigoureuse avait rarement lieu, et les peines corporelles étaient souvent rachetables, moyennant des amendes (Beaumanoir. Coutumes de Beauvaisis, ch. XXX, des Meffés).

Les peines étaient *arbitraires*, c'est-à-dire laissées à la libre appréciation des juges. Les peines employées étaient : 1° la *mort*, par la potence, le feu, l'eau bouillante et la décapitation. Elle se subissait par des modes différents, suivant la qualité des personnes, et Loisel disait : « *En crimes qui méritent la mort, le vilain sera pendu, le noble décapité.* » Avant le XVe siècle, on enfouissait les femmes toutes vives dans la terre. Laurière rapporte une disposition de l'ancienne coutume manuscrite d'Anjou, qui inflige aux femmes la peine du feu et celle d'être enfouies. D'après la chronique de Jean Chartier, ce fut en 1449, le 18 avril, qu'une femme qui faisait partie d'une bande de malfaiteurs fut, pour la première fois, pendue à Paris avec un homme qui était son mari, à une potence dressée hors de la porte Saint-Denis... Il y eut, dit le chroniqueur, à cette exécution un grand concours de spectateurs, surtout de femmes et de filles, ce, pour la grant nouveauté que c'était de voir pendre une femme (1).

2° *Les mutilations et le fouet* ; l'inégalité des personnes se faisait encore sentir dans l'application de ces châtiments corporels, et on tenait pour maxime que le noble est puni pécuniairement et le roturier corporellement, et Loisel formule ainsi cette règle :

(1) Molinier, Répression du vol, p. 41.

« Où le vilain perdrait la vie ou un membre de son corps, le noble perdra l'honneur et réponse en court, c'est-à-dire le droit de témoigner en justice ».

3° *La prison*, peu usitée du reste à raison des difficultés et des dépenses d'organisation.

4° *Les amendes et la confiscation*, prodiguées à cette époque et qui s'étendaient même aux innocents.

« Afin d'inspirer plus d'horreur pour certains crimes, les lois
« punissaient quelquefois, pour le crime de leur père les enfants
« et autres proches parents des criminels, comme dans le crime
« de lèse-majesté. Car quoique, suivant la règle ordinaire, il n'y
« a que celui qui a commis le crime qui en doive porter la
« peine ; néanmoins, quand il s'agit du crime de lèse-majesté au
« premier chef, *les enfants, quoique innocents*, de celui qui est
« coupable de ce crime, ne laissent pas d'éprouver en partie la
« peine qui y est attachée ; et on les punit ordinairement ou du
« bannissement, ou de la privation des biens qui doivent leur
« appartenir suivant la loi de la nature » (Jousse, Traité de justice criminelle, préface, p. 4 et 5).

Les amendes et les confiscations étaient plus spécialement appliquées aux nobles, tandis que les peines corporelles étaient
réservées surtout aux vilains. C'est ce que nous indique Loisel
par les deux maximes suivantes : « L'on dit communément que
« les nobles paient 60 livres d'amende où les non-nobles paient
« 60 sols. Mais en crimes, les vilains sont plus grièvement punis
« en leurs corps que les nobles. »

La féodalité pesa lourdement sur le peuple et devint l'objet de
l'antipathie la plus vive de la part de la population. La cause en
est que par l'accroissement du pouvoir royal, elle cessa d'être
une institution politique et protectrice pour n'être plus qu'une
institution civile et oppressive, ainsi que l'ont très bien montré de
de nos jours M. de Tocqueville dans son Ancien régime, liv. II,
ch. I, et M. Taine, dans ses Origines de la France contemporaine, tome I, de l'Ancien régime.

Un jurisconsulte du XVI° siècle, défenseur du pouvoir royal,
nous trace le tableau suivant de la justice seigneuriale :

« De ce discours il paraît clairement, à mon avis, que le plus
« grand et le plus important abus et désordre qui soit en France,

« ce sont ces *Mangeries de village*, que je ne puis appeler jus-
« tices parce qu'il ne s'y fait rien moins que la justice, et dirai
« en passant que j'ai balancé en moi-même si je devais mettre ce
« discours en lumière, de crainte que les étrangers qui admirent
« les lois de France, ne se scandalisent que nous ayons enduré
« si longtemps *un tel désordre*; ce qui m'y a résolu, c'est l'assu-
« rance que j'ai que ce petit traité ne méritera d'aller jusqu'à
« eux » (p. 13). Plus loin, il ajoute : « La justice est longue et
« de grand coust aux villages, mais surtout elle y est très mau-
« vaise parce qu'elle est rendue par gens de peu, sans honneur,
« sans conscience; gens qui, de leur jeunesse n'ayant appris à
« travailler, ont fait estat de vivre aux dépens et de la mysère
« d'autruy ; gens accoutumés à vivre en débauche aux tavernes
« où ils s'habituent à faire toutes sortes de marchés ; gens qui
« s'allient ensemble pour courir les villages et les marchés et
« changent tous les jours de personnage, parce que celui qui est
« aujourd'hui juge en un village est demain greffier en l'autre,
« après-demain procureur de seigneurie en un autre, puis ser-
« gent en un autre, et encore en un autre, il postule pour les
« parties, et ainsi vivant ensemble et s'entr'entendant, ils se ren-
« voient la pelote, ou pour mieux dire la bourse l'un à l'autre,
« comme larrons en foire. — Quant aux causes criminelles, c'est
« chose notoire que la plupart des crimes demeurent impunis parce
« qu'ils n'oseraient en faire justice s'il ne plaît à leurs gentils-
« hommes, qui sont trop coutumiers de supporter les méchants
« qu'ils appellent gens de service. D'ailleurs, si un délinquant
« est homme sans moyens, le gentilhomme n'a garde de luy
« laisser faire son procès s'il n'y a bonne partie, parce que les
« frais de la cause d'appel et de la conduite du prisonnier tombent
« sur luy. Au contraire, s'il est homme de moyens, c'est chose
« toute commune que le gentilhomme composera avec lui de la
« confiscation et de l'amende, comme si tous les crimes étaient
« faits pour apporter du profit aux seigneurs justiciers et s'il ne
« veut composer, se soutient innocent, ou que le gentilhomme lui
« veuille mal, il ne manquera pas de témoins en son village pour
« attraper une bonne confiscation, témoins, dis-je, qui bien sou-
« vent sont ouys et confrontés sans parler. »

Le droit et la justice de la féodalité se trouvent dès le début en présence de deux puissances qui ne tarderont pas à les faire disparaître : le droit ecclésiastique et le droit royal.

Droit ecclésiastique.

Le christianisme eut, à notre avis, peu d'action sur la société païenne du monde romain. Après avoir embrassé le christianisme, le monde romain conserva ses mœurs et ses lois païennes, et s'il s'opéra des changements dans les idées, il ne s'en opéra pas dans les mœurs. Le christianisme ne pouvait rien pour le monde romain, il ne devait même qu'amener sa chute ; au contraire le monde barbare offrit au christianisme des populations qui n'avaient à lui opposer que l'ignorance et l'erreur, que la rudesse de leurs mœurs et non de faux systèmes philosophiques. Le christianisme ne tarda pas à faire des progrès immenses ; les premiers chefs Francs firent une alliance étroite avec les évêques et Charlemagne fit alliance avec la papauté. Désormais deux principes sont en lutte : l'intelligence et la justice représentées par l'Eglise, la force matérielle et brutale, l'inégalité, représentées par la société féodale. Dans la société temporelle, les hommes sont inégaux et livrés à l'empire de la force ; dans le sein de l'Eglise, les hommes sont égaux, appelés à participer au même bien spirituel ; les seigneurs viennent s'agenouiller à la même table que le serf, et l'enfant du peuple qui devient clerc est souvent élevé aux hautes dignités de l'Eglise. Il voit le seigneur féodal courber son front devant lui. L'Eglise ouvre des monastères et des hôpitaux, prend sous sa protection les faibles laissés sans défense dans la société féodale. En même temps, la législation de l'Eglise, inspirée par les principes de justice les plus élevés, substitue à l'empire de la force celui de la foi et de la raison. Deux puissances règnent dans le monde du moyen-âge : la force et la justice. La force est dans les mains de la féodalité ; fille de la conquête, elle pèse sur les populations soumises, elle domine les puissances par la guerre, et les faibles par les juridictions seigneuriales.

La justice n'apparaît qu'au sein de l'Eglise, et les faibles ne trouvent d'appui et de protection qu'en elle. C'est l'Eglise qui enseigne au monde les trois principes qui passeront plus tard dans les mœurs et dans les lois : 1° l'*égalité* : l'Eglise ouvre en effet ses bras à toutes les classes de la société ; 2° la *fraternité* ou charité chrétienne : l'Eglise enseigne que tous les chrétiens ne forment qu'une seule famille ; 3° la *justice* : la législation ecclésiastique apprécie les actions humaines par leur moralité. Elle frappe le mal, elle menace son auteur et lui inflige l'expiation.

Origine des juridictions ecclésiastiques.

L'établissement du christianisme engendre dans la société de nouveaux rapports entre ceux qui font partie de l'Eglise catholique et crée l'obligation pour eux de se conformer aux préceptes de l'Eglise ; de là deux lois, *la loi civile ou temporelle*, dont la violation constitue les délits communs, et *la loi religieuse*, dont la violation constitue les délits spéciaux de l'Eglise.

L'Eglise formule un corps de loi d'abord composé du *decretum Gratiani*, fait en 1140 par Gratien, moine bénédictin de Bologne et divisé en trois parties comprenant des extraits des Pères de l'Eglise, des décisions des conciles et des lettres adressées par les papes aux évêques sur des points de doctrine ; plus tard, en 1244, Raymond de Pennaforte, chancelier de Grégoire IX, rédige une collection de décrétales de ce pape et de son prédécesseur, et qui comprend cinq livres ; en 1298, Boniface VIII fait publier un sixième livre de décrétales, le Sexte qui représente le code de Justinien ; puis un nouveau recueil de nouvelles décrétales publiées sous Clément V et Jean XXII, qu'on a comparé aux Novelles de Justinien. Ces diverses compilations composent le *corpus juris canonici* ; enfin, un professeur de Pérouse (1), publia avec l'autorisation du pape Paul V, en 1553, les Institutes de droit canonique (2).

Les infractions aux préceptes de l'Eglise furent jugées par les évêques, et les empereurs chrétiens leur reconnurent une juridiction disciplinaire (*in negotiis ecclesiasticis*), réservant aux juges ordinaires la connaissance des délits communs (Constitution d'Arcadius et d'Honorius. Loi I, C. Théod. De religione. Novelle 123 de Just. ch. XXI, in fine).

(1) Paul Lancelot.
(2) Une traduction française en a été donnée par un avocat et canoniste du XVIIIᵉ siècle, Durand de Maillanne, Paris, 1770.

Les causes spirituelles étaient toutes celles qui concernaient la pureté des doctrines religieuses (la foi), l'administration des sacrements, les vœux de religion, la célébration des offices, et les infractions aux constitutions canoniques.

En même temps, par suite de l'établissement du christianisme, les personnes se divisent en deux classes, les laïques et les clercs ; le nom de clerc désignant non seulement les ministres actifs du culte, mais encore tous ceux qui se rattachent au clergé par le costume et la profession de vie. Les évêques revendiquèrent le droit de juger les clercs, même pour infractions à la loi temporelle ; les empereurs chrétiens leur reconnurent le droit de juger les délits légers commis par les clercs (Constitution d'Honorius et de Théodose le Jeune, au C. Théod. 41. 17). Les rois barbares se montrèrent favorables aux pouvoirs des évêques qui avaient facilité leur conquête ; ils reconnurent aux évêques un droit de juridiction absolue sur les clercs, et Charlemagne défendit d'une manière formelle de les traduire devant les juges séculiers. « Nullus, episcopum aut sacerdotem aut clericum *apud judices* publicos, accusare presumat, sed apud episcopos (Capit. Lib. 5, art. 390).

La compétence des évêques est donc double : *réelle*, c'est-à-dire déterminée par la nature du délit, et *personnelle*, c'est-à-dire déterminée par la qualité de la personne.

Cette double compétence ne tarda pas à être étendue.

La juridiction des évêques fut étendue à certaines matières de droit civil et de droit criminel, qui touchaient de près au droit canonique.

En matière civile, les évêques connurent : 1º Du *mariage*, devenu un sacrement ; 2º des *testaments* contenant des legs faits à l'Eglise ; 3º des *contrats*, revêtus du serment ; 4º des *arbitrages*, lorsque telle était la volonté de l'une des parties.

En matière criminelle, on déféra aux tribunaux ecclésiastiques : 1º L'*hérésie* ; 2º le *sacrilège* (1) ; 3º l'*usure*, qui, défendue par les saintes Ecritures, blesse la charité chrétienne ; 4º le *parjure*, parce

____

(1) Beaumanoir, Car porce que Sainte-Eglise est fontaine de foi et de créance, ceux qui proprement sont establis à garder le droit de Sainte-Eglise, doivent avoir le connaissance et savoir le foi de cascun. Coutumes de Beauvaisis, ch. XI, t. 1er, p. 557.

que le serment est un acte religieux ; 5° l'*adultère* ; 6° le *rapt* ; 7° le *faux* en écritures ecclésiastiques, etc., etc.

La compétence relative à la qualité des personnes est également étendue.

Les personnes justiciables des tribunaux ecclésiastiques furent : 1° les *clercs*, c'est-à-dire tous les membres du clergé régulier et séculier ; on admit même que pour être clerc, il suffisait d'être tonsuré. Bien que cette marque de cléricature, inférieure aux sept degrés d'ordination, ne conférât aucun office spirituel et n'empêchât pas de se marier, les évêques, pour augmenter le nombre de leurs justiciables, conféraient la tonsure à tous ceux qui la réclamaient. « Les évêques mettaient au nombre des « clercs tous ceux qui avaient une tonsure, dit Charles Loyseau « au XVIe siècle. Ores, qu'ils fussent *mariés* et qu'ils eussent « autre vocation que l'ecclésiastique, et ainsi presque tous les « hommes étaient de leur juridiction, car chacun prenait ton- « sure pour s'exempter de la justice du roi ou de son seigneur « plutôt que pour servir l'Eglise » (Des Seigneuries, n° 68, p. 176).

Les malfaiteurs se faisaient même tonsurer et se disaient clercs pour échapper à la justice seigneuriale, et pour se faire juger par la justice ecclésiastique, plus douce et plus équitable. « Il arrive quelquefois, dit Beaumanoir, que des laïques sont « pris en costume de clercs ; c'est ainsi que des larrons, des « meurtriers et autres malfaiteurs se font des couronnes les uns « aux autres, ou se les font faire par un barbier, en prétendant « qu'ils sont clercs. Quand ils sont pris, ils doivent être conduits « devant le juge d'Eglise.

« Et appartient à Sainte-Eglise à savoir la vérité. »

Si la fraude est reconnue, l'Eglise ne les envoie pas devant le juge laïque, elle les juge elle-même. « S'ils furent pris por cas « de crieme, Sainte-Eglise ne les doit pas rendre à le laie justice, « car cil qui les renderaient seroient irreguler, s'ils étaient jugié « pour tel fet ; donques les poent et doivent mettre en prison per- « pétuelle, aussi comme s'ils estaient clercs. » (1)

Le clerc traduit devant le juge laïque, réclamait son privilège

(1) Beaumanoir, ch. XI, n° 45.

en ces termes, qui rappellent l'*Ego sum civis Romanus* des Romains. « *Nous sommes clercs* » (Beaumanoir, ch. XI, n° 46).

2° *Ceux qui vivaient cléricalement* : les membres des Universités, professeurs et étudiants, tous les individus lettrés et ceux qui savaient lire et écrire, parce que les gens d'Eglise possédaient seuls la science.

3° *Les croisés :* « Quiconque est croisié de le crois d'outremer, « il n'est tenu à respondre en nule cort laie » (Beaumanoir, ch. XI, n° 8).

4° *Les pauvres, les veuves, les orphelins, les lépreux, les étrangers ;* en un mot les *miserabiles personæ ;* l'Eglise était la patronne des affligés, se faisait l'appui des petits et se grandissait elle-même en les protégeant contre l'oppression. L'Eglise alla même jusqu'à juger les laïques lorsqu'ils étaient impliqués dans une même affaire qu'un clerc, par suite du principe d'unité de poursuite reconnu chez nous en cas de connexité (art. 226, I. cr.). Mais on résista à cette prétention et l'on admit la divisibilité des poursuites ; il en résulta une diversité scandaleuse de jugements signalée par J. Clarus. C'est ainsi qu'un laïque fut pendu, tandis qu'un clerc, coupable des mêmes faits, fut libre après quelques années de prison (1).

Pénalité de l'Eglise.

La pénalité de l'Eglise est remarquable, tant par sa douceur que par la savante organisation de son système pénitentiaire. Elle ne prononce jamais la peine de mort et n'inflige aucune espèce de mutilation (Ecclesia abhorret a sanguine, gladium non habet nisi spiritualem qui non occidit sed vivificat, quod ad vindictam seu pœnam sanguinis non intendit). L'Eglise se propose, par sa pénalité, d'obtenir l'amendement du coupable ; les peines admises par elles sont : 1° *La privation des biens spirituels*, ou peines canoniques ; 2° *La prison avec isolement du condamné*; 3° *La peine du fouet*, subie non publiquement, mais dans un lieu privé, inter privatos parietes.

Le système pénitentiaire de l'Eglise est savamment ordonné et à la hauteur des enseignements de la science moderne.

(1) Albéric Allard, Histoire de la justice criminelle au XVIᵉ siècle, p. 124.

« Il y a, messieurs, dans les Institutions de l'Eglise, un fait
« en général trop peu remarqué : c'est son système péniten-
« tiaire ; système d'autant plus curieux à étudier aujourd'hui
« qu'il est, quant aux principes et aux applications de droit
« pénal, presque complètement d'accord avec les idées de la phi-
« losophie moderne. Si vous étudiez la nature des peines de
« l'Eglise, des pénitences publiques qui étaient son principal
« mode de châtiment, vous verrez qu'elles ont surtout pour objet
« d'exciter dans l'âme du coupable le repentir, dans celle des as-
« sistants la terreur morale de l'exemple. Il y a bien une autre
« idée qui s'y mêle, une idée d'expiation. Je ne sais, en thèse
« générale, s'il est possible de séparer l'idée d'expiation de celle
« de peine, et s'il n'y a pas dans toute peine, indépendamment
« du besoin de provoquer le repentir du coupable et de détourner
« ceux qui pourraient être tentés de le devenir, un secret et im-
« périeux besoin d'expier le tort commis. Mais laissant de côté
« cette question, il est évident que le repentir et l'exemple sont
« le but que se propose l'Eglise dans tout son système péniten-
« tiaire. N'est-ce pas là aussi, messieurs, le but d'une législation
« vraiment philosophique ? N'est-ce pas au nom de ces principes
« que, dans le dernier siècle et de nos jours, les publicistes les
« plus éclairés ont réclamé la réforme de la législation pénale
« européenne ? Ouvrez leurs livres, ceux de M. Bentham, par
« exemple, vous serez étonnés de toutes les ressemblances que
« vous rencontrerez entre les moyens pénaux qu'ils proposent et
« ceux qu'employait l'Eglise. Ils ne les lui ont, à coup sûr, point
« empruntés, et l'Eglise ne prévoyait guère qu'un jour son
« exemple serait invoqué à l'appui des plans des moins dévots
« philosophes » (Guizot, Histoire de la civilisation en Europe,
6e leçon, p. 169) (1).

L'Eglise réservait sa sévérité pour le crime d'hérésie, qui constitue son délit politique. L'hérésie une fois constatée par le tribunal ecclésiastique, l'hérétique était frappé d'excommunication
et d'anathème, détenu dans une prison solitaire jusqu'à ce qu'il
ait abjuré son erreur. S'il persistait, ou retombait dans l'erreur,

___

(1) [Dans le même sens : Huc, conseiller à la Cour d'appel de Paris, professeur
honoraire à la Faculté de droit de Toulouse, Revue critique 1858, t. XIII, p. 441
à 468.]

il fut établi que l'accusé, après avoir été convaincu d'hérésie par le juge ecclésiastique, serait livré au juge séculier qui le condamnerait à être brûlé vif et le ferait exécuter. « En tel cas doit « aider la laie justice à Sainte-Eglise, car quant aucun est con- « damné comme bougre (hérétique), par l'examination de Sainte- « Eglise, le doit abandonner à la laie justice, et la justice laie le « doit ardoir, parce que la justice espirituel ne doit nului metre « à mort » (Beaumanoir, ch. XI, nᵒ 2).

On admit même, par suite de l'insuffisance de la pénalité canonique et de la nécessité d'une répression plus efficace, que les clercs, lorsqu'ils étaient convaincus de crimes atroces, étaient remis à l'Eglise qui, après avoir vérifié les charges, procédait solennellement à leur dégradation : cette dégradation enlevant aux accusés leur titre clérical et le privilège qui y était attaché, ils étaient ensuite abandonnés au bras séculier (1).

Organisation des juridictions ecclésiastiques (2).

La juridiction ecclésiastique appartenait à l'évêque ; dans les premiers temps, l'évêque jugea seul ; plus tard, il confia à des ecclésiastiques des délégations spéciales pour chaque affaire. Enfin au XIIᵉ siècle, les délégations sont permanentes et les juridictions ecclésiastiques sont régulièrement organisées sous Boniface VIII (1294-1303).

Les cours de chrétienté, ou *officialités*, se composent : 1ᵒ De l'*official*, ecclésiastique gradué, licencié ou docteur en théologie ou en droit canon, seul juge et représentant de l'évêque.

2ᵒ Du *promoteur, vindex publicus religionis*, remplissant des fonctions analogues à celles du ministère public.

3ᵒ De *notaires apostoliques* ou *greffiers*.

4ᵒ D'*appariteurs* ou *huissiers*.

5ᵒ De *geôliers*, pour la garde de la prison.

On pouvait interjeter appel au premier degré devant l'archevêque métropolitain ou son officialité ; au second degré devant le primat des Gaules, et enfin au troisième degré devant le pape ou ses légats.

(1) Faustin Hélie, Traité d'Inst. crim., t. 1ᵉʳ, nᵒ 188.
(2) Paul Fournier, Les officialités au moyen-âge, Paris, Plon, 1880.

Procédure des juridictions ecclésiastiques.

On distingue deux époques dans l'organisation de cette procédure :

1re *époque*. — Jusqu'au XIIIe siècle, la procédure est *accusatoriale* avec débat public et oral. La poursuite est introduite soit par voie d'accusation lorsque quelqu'un se porte accusateur, soit par voie de dénonciation lorsque personne ne se portant accusateur, les juges se saisissent d'office de la connaissance du procès.

2e *époque*. — A partir du XIIIe siècle, la procédure devient secrète et écrite, *inquisitoriale*. Sous Innocent III, les mœurs du clergé s'étant altérées, le pape voulut qu'on pût procéder par voie d'enquête écrite et secrète ; dès lors, lorsque le fait est grave, on suit la procédure ordinaire ; lorsqu'au contraire le fait est peu grave, l'on suit la procédure inquisitoriale. En même temps, à cette époque, le pape voulant poursuivre l'hérésie des Henriciens, des Albigeois et comprenant que la Provence va se séparer de l'Eglise, fonda l'inquisition (1205) (1).

La procédure devant le tribunal d'Inquisition fut d'abord accusatoriale et publique, mais la publicité étant bientôt considérée comme dangereuse, une constitution de Boniface VIII autorisa les évêques et les inquisiteurs à faire une procédure secrète et à ne pas divulguer le nom des témoins (In sexto, Lib. V, tit. II, cap. 20). On procède sans débats : « Concedimus quod in inqui- « sitionis hereticæ pravitatis negotio procedi possit simpliciter et « de plano absque advocatorum ac judiciorum strepitu et fi- « gura. » L'évêque ou l'inquisiteur entendra les témoins en présence de quelques personnes discrètes et instruites : « Aliquibus aliis personnis providis et honestis jurisque peritis. » En même temps, la révélation du secret de l'instruction et du jugement est frappée d'excommunication : « Et in eos si arcana concilii, seu processus sibi sub secreto ab iisdem episcopo, vel inquisitoribus *patefacta*, præter eorum licentiam patefecerint excommunicationem sententiam *ex secreti violatione* ipso facto incurrunt. »

(1) Limbrock, Historia sancta Inquisitionis. *Fleury* en fait remonter l'origine au concile de Vérone en 1184, t. XV, p. 529.

Clément V appliqua cette procédure au délit d'usure et de simonie. Jean XXII l'étendit à d'autres faits (Extravagantes, liv. II, tit. I, cap. I). Dès lors cette procédure se généralisa.

Dans cette procédure secrète et écrite, le juge recueille les preuves, puis il communique à l'accusé les charges sans désignation de témoins ; l'accusé produit alors ses moyens de défense par écrit, après quoi le juge statue sur cette procédure écrite. A partir du XIVᵉ siècle, la forme inquisitoriale s'introduisit dans les tribunaux séculiers et y remplaça la procédure accusatoriale, en sorte que le droit romain a légué à la législation séculière sa pénalité, et le droit canonique sa procédure.

En résumé, la pénalité de l'Eglise est basée sur l'expiation : elle est infligée pour l'intérêt social et a pour but de procurer la réforme morale.

Quant à la procédure inquisitoriale, elle constitue une forme très savante nécessitée par l'institution de l'appel et propre à assurer l'action de la justice répressive ; mais elle a l'inconvénient de livrer l'accusé à la merci du juge (1).

SECTION V.

DROIT CRIMINEL DE LA PÉRIODE DE TRANSITION
ENTRE LA LÉGISLATION FÉODALE ET LA LÉGISLATION ROYALE.

L'Eglise avait accompli une haute mission en administrant la justice du VIIIᵉ au XIIIᵉ siècle. Mais à partir du XIIᵉ siècle, le gouvernement fédératif qu'offre la féodalité tend à se transformer en monarchie pure, et à l'anarchie féodale impuissante pour diriger la société, tend à succéder l'unité du pouvoir. La royauté aidée à la fois par les progrès du régime municipal, qui oppose le tiers-état et la commune aux seigneurs, par les croisades qui contribuent à éteindre et à ruiner les nobles, par la réunion des grands fiefs à la couronne et enfin par les progrès de l'esprit légiste qui pose en principe la maxime empruntée au droit romain (Quod principi placuit legis habet vigorem) : *Si veult le*

---

(1) Albéric Allard, Hist. de la justice crim. au XVIᵉ siècle (Gand. 1868. p. 149. 165.)

roi, si veult la loi, s'investit successivement du pouvoir législatif, du pouvoir exécutif et du pouvoir judiciaire. Aussi Beaumanoir, bailli de Clermont en Beauvaisis, écrit-il, dans la seconde
moitié du XIII⁰ siècle : « Voir est qui li roi est souverain pardessus tous, et a de son droit et le général garde de son royaume,
por quoi il pot fere les établissements come il li plest pour le
commun profit, et ce qu'il establit doit estre tenu, car ce qui li
plest à fere, doit estre tenu par ce la loi » (Chap. XXXIV, t. II,
p. 22, n⁰ 41).

De là une nouvelle source du droit. Les ordonnances royales,
tantôt rendues à la suite de la convocation des Etats généraux,
tantôt, le plus souvent, émanant spontanément du pouvoir royal.
Pour arriver à constituer l'unité de législation et de justice, le
pouvoir royal eut à lutter successivement contre les justices féodales et la justice ecclésiastique.

§ 1.   LUTTE DU POUVOIR ROYAL CONTRE LES JUSTICES FÉODALES.

1⁰ *Abolition du combat judiciaire.* — Le combat judiciaire est
aboli par Saint-Louis, par une ordonnance de 1260 ; mais cette
ordonnance n'était exécutoire que dans les domaines du roi, et
l'institution persista encore jusqu'à ce qu'elle fût entièrement
discréditée (1).

2⁰ *Principe de l'appel.* — Avec le combat judiciaire, le jugement était souverain ; on fit autrement lorsque le jugement eut
lieu par enquête. Le jugement put alors être revisé et l'on posa
en principe que le roi étant placé au faîte de l'édifice féodal, on
pouvait appeler devant son parlement devenu sédentaire depuis
Philippe le Bel, des décisions des justices seigneuriales.

Le parlement reçoit les appels, ordonne des enquêtes, réforme,
maintient les jugements (2).

3⁰ *Cas royaux.* — On appelait de ce nom les crimes et délits dont
la connaissance était réservée aux officiers du roi, baillis, sénéchaux et parlements. On avait ainsi étendu la compétence réelle

---

(1) Henri Martin, Histoire de France, t. IV, p. 300.
(2) Faustin Hélie, t. I⁰ʳ, n⁰ 231 et ss. ; n⁰ 303 et ss.

des justices royales, par suite du principe que, à la justice du roi il appartient de venger les faits offensants pour la majesté royale, principe qui produisit cette conséquence directe que les crimes graves qui témoignent un mépris pour les pouvoirs du roi, doivent être punis par ses juges (1).

4º *Cas privilégiés.* — L'extension de la compétence des justices royales est ici basée sur une considération personnelle : La personne investie de hautes dignités, les nobles vivant noblement, ne sont justiciables que des justices royales (2).

5º *Aveu de bourgeoisie.* — Le pouvoir royal, empruntant à la législation ecclésiastique un de ses principes, décida que les habitants des seigneuries reçus bourgeois du roi, étaient justiciables des justices royales et l'on admit que le fait de bourgeoisie était suffisamment établi par un simple aveu (Ordonnance de Philippe le Bel, 12 mars 1287) (3); de même les habitants des bastides royales furent déclarés justiciables des justices du roi (4).

6º *Poursuites par prévention.* — Le principe de la prévention qui servit à étendre la compétence des juges royaux, fut encore emprunté au droit canonique. Une décrétale d'Innocent III déclare que le supérieur doit suppléer à la négligence de l'inférieur. Les baillis royaux s'emparèrent de cette règle et jugèrent d'office lorsque les juges des seigneurs ne poursuivaient pas (5).

§ 2. LUTTE DES JUSTICES ROYALES CONTRE LES COURS D'ÉGLISE.

Les légistes posent le principe de la distinction entre la puissance spirituelle et la puissance temporelle ou laïque, et cette distinction est consacrée par la *Pragmatique sanction* de Louis IX (6).

(1) Faustin Hélie, t. Ier, nos 259, 260, 261, 262.
(2) Faustin Hélie, *l. c.*
(3) Henri Martin, t. IV, p. 383.
(4) Voir pour l'établissement d'une bastide royale à Revel en 1232 sous Philippe de Valois, Mémoires de l'Académie des sciences de Toulouse, 1855, p. 197.
(5) Faustin Hélie, t. Ier, nº 267 et ss.
(6) Henri Martin, t. IV, p. 308, Cantu, Hist. Univ., t. XI, p. 288.

En même temps, la puissance de l'Eglise s'est amoindrie; ses peines spirituelles n'ont plus la même action, les juges d'Eglise manquent de moyen coërcitif et ont recours au pouvoir séculier pour faire exécuter leurs décisions; mais les juges séculiers prétendent reviser les sentences des juges d'Eglise avant de prêter ce concours. Les évêques se plaignirent à Saint-Louis sur ce point, mais le roi leur fit une réponse remarquable rapportée par Joinville : « Je vy une journée que tous les prélats de France se « trouvèrent à Paris pour parler au bon Saint-Loys et lui faire « une réqueste, et quand il le sceut, il se rendit au palais pour « là les ouïr de ce qu'ils vouloient dire. Et quand tous furent « assemblez, ce fut l'évêque Guy, d'Ausseure, qui fut fils de « monseigneur Guillaume de Melot, qui commença à dire au roi, « par le congié et commun assentiment de tous les autres pré- « latz : « Sire, sachez que tous ces prélatz qui cy sont en votre « présence, me font dire que vous lessez perdre la chrestienneté « et qu'elle se perd entre vos mains. Ce donc le roi se signe de « la croix et dit : Evesque, or me dites comment il se fait et par « quelle raison. Sire, fit l'évesque, c'est parce qu'on ne tient « plus compte des excommuniés. Car aujourd'hui un homme ay- « meroit mieux mourir tout excommunié que de se faire absoudre « et ne veult nully faire satisfaction à l'Eglise. Pourtant, sire, « ilz vous requièrent tous à une voix pour Dieu et pour qu'ainsi « le devez faire, qu'il vous plaise commander à tous vos baillifz, « prevost et autres administrateurs de justice, que où il ne se « trouve aucun en votre royaume, qui aura esté an et jour con- « tinuellement excommunié, qu'ilz le contraignent à se faire ab- « soudre par la prinse de ses biens ». Et le saint homme res- « pondit, que très volontiers le commanderoit faire de ceulx qu'on « trouveroit estre torçonniers à l'Eglise, et à son presme. Et « l'évesque dist qu'il ne leur appartenoit à cognaistre de leurs « causes. Et à ce respondit le roy qu'il ne le feroit autrement. Et « disoit, que ce seroit contre Dieu et raison, qu'il fist con- « traindre à soy faire absoudre ceulx à qui les clercs feroient « tort, et qu'ils ne fussent oiz en leur bon droit. Et de ce leur « donna exemple du comte de Bretaigne tout excommunié et fina- « lement a si bien conduite et menée sa cause, que notre Saint- « Père le pape les a condampnez envers icelui comte de Bre-

« taigne. Pourquoi disait, que si dès la première année il eust
« voulu contraindre icelui comte de Bretaigne à soy faire ab-
« souldre, il lui eus convenu laisser à iceux prélats contre rai-
« son ce qu'ilz lui demanderaient outre son vouloir, et que en
« ce faisant il eust grandement meffait envers Dieu et envers le
« dit comte de Bretaigne, après lesquelles choses ouyes pour tous
« ceulz prélatz il leur suffisit de la bonne response du roy et on-
« ques puis ne ouy parler qu'il fut fait demande de telles choses »
(Histoire de Saint-Loys, 1re part., p. 25 et 26 de l'Edit de Claude
Menard).

Les conflits entre les justices séculières et les justices ecclésiastiques furent nombreux et de vifs débats s'élevèrent sur la
détermination de l'autorité chargée de les vider. Sous Philippe
de Valois, Pierre de Cugnières, avocat du roi, se plaignit à celui-
ci des empiétements des juges d'Eglise. Une conférence fut établie au château de Vincennes en 1329. L'archevêque de Sens et
l'évêque d'Autun parlèrent en faveur du clergé. Pierre de Cugnières soutint la cause royale. On ne termina rien de manière
précise, mais le roi ne tarda pas à créer pour combattre les empiétements de clergé l'appel comme appel d'abus qui fut porté devant le parlement. La mémoire de Pierre de Cugnières fut dès lors
vouée à l'exécration du peuple par les clercs, et Loyseau nous
dit (Des Seigneuries, ch. XV, p. 180) : « Sa plainte a depuis
« causé plusieurs injures à sa mémoire, le faisant encore au-
« jourd'hui servir de *marmouset* en l'Eglise de Notre-Dame de
« Paris, sous le sobriquet de M. Pierre du Cuignet, bien que
« l'histoire du temps nous témoigne que c'était un grand per-
« sonnage qui avait beaucoup de créance envers le roy. »

Peu à peu, les attributions des tribunaux ecclésiastiques
furent ramenées dans les limites naturelles des affaires (1) purement spirituelles et de discipline ecclésiastique. Aussi les sept
huitièmes des affaires portées aux officialités revinrent-elles aux
juges royaux :

« Tant y a que ce règlement (ordonn. 1539) a tellement dimi-
« nué la justice ecclésiastique et augmenté la temporelle au
« prix de ce qu'elles estoient lors l'une et l'autre qu'estant à

---

(1) Edit de Crémieux de 1536, Ordonnance de Villers-Cotterets d'août 1539.

« Sens en ma jeunesse, j'ouy dire à deux anciens procureurs de
« cours d'Eglise, qui avaient vu le temps d'auparavant cette or-
« donnance, qu'il y avait lors plus de trente procureurs en l'of-
« ficialité de Sens, tous bien employez et n'y en avait que cinq
« ou six au baillage, bien que ce soit un des quatre grands bail-
« lages de France, ainsi que j'ai dit ailleurs ; et maintenant tout
« au rebours, il n'y a que cinq ou six procureurs morfondus en
« l'officialité, et y en a plus de trente au baillage. »

SECTION VI.

DROIT CRIMINEL DU POUVOIR ROYAL
CONSACRÉ PAR LES ORDONNANCES ROYALES.

—

§ 1. SOURCES PRINCIPALES DU DROIT.

Les sources du droit de la royauté sont les ordonnances, les
édits, les déclarations et les lettres patentes.

Les ordonnances étaient des lois qui traçaient des règles générales, s'appliquaient à des matières diverses ou réglaient tout
l'ensemble d'une matière.

Les édits étaient des lois qui réglaient des matières spéciales,
le vol, le rapt, le péculat, la banqueroute.

Les déclarations étaient des lois interprétatives des ordonnances et des édits ou indications des moyens suivant lesquels
ils doivent être mis à exécution.

Les lettres patentes ne contenaient habituellement que des concessions de grâces, des privilèges accordés à des particuliers.
Elles touchaient quelquefois aux intérêts généraux en créant des
dispositions nouvelles ou en proscrivant l'observation de celles
qui existaient déjà.

Les sources principales du droit criminel royal sont :

1° L'ordonnance de Charles VII, du mois d'avril 1453, datée
de Montils-les-Tours, pour la réformation de la justice, contenant des dispositions réglementaires importantes pour la réglementation de la justice criminelle.

2° L'ordonnance de Charles VIII, du mois de juillet 1495, sur l'administration de la justice.

3° L'ordonnance du mois de mars 1498, rendue par Louis XII à la suite de l'assemblée des notables tenue à Blois, consacrant le secret des procédures criminelles.

4° L'édit de Crémieux de 1536 établissant la prédominance des justices royales et le recours au Parlement.

5° L'ordonnance de François Ier, d'août 1539, datée de Villers-Cotteret, et due au chancelier Poyet : cette ordonnance est remarquable par sa rigueur. Elle décide que l'accusé n'aura pas de conseils (art. 162) et Poyet mis en jugement pour ses malversations en dut subir l'application. A sa demande d'un Conseil, il fut répondu *Patere legem quam ipse tulisti*, et il fut condamné par arrêt du Parlement, du 24 avril 1535, à 100.000 livres d'amende et à l'exil.

6° Les ordonnances rendues sous Charles IX par le chancelier de l'Hospital, d'Orléans, janvier 1560; du Roussillon, janvier 1563; de Moulins, 25 février 1566.

7° Sous Henri III, l'ordonnance de mai 1579, rendue à la suite des Etats de Blois.

8° Sous Louis XIII, l'ordonnance de janvier 1629, du chancelier Michel de Marillac, et appelé pour cela code Michaux.

9° Sous Louis XIV (1), l'ordonnance criminelle du mois d'août 1670, œuvre de M. Pussort, conseiller d'Etat, oncle de Colbert. Le projet d'ordonnance fut communiqué à une commission de conseillers d'Etat et de membres de Parlement dans laquelle figuraient MM. de Lamoignon, Talon, de Harlay.

10° Sous Louis XV, la législation fut complétée par une ordonnance de 1731 concernant les cas présidiaux et prévotaux, puis une ordonnance de 1737 concernant le faux et par une déclaration du 17 mars 1714 concernant la punition des voleurs.

---

(1) La législation de Louis XIV se compose de cinq Ordonnances : 1° Ordonnance de 1667 sur la procédure civile ; 2° Ordonnance de 1669 sur les eaux et forêts; 3° Ordonnance criminelle de 1670; 4° Ordonnance de 1673 sur le commerce ; 5° Ordonnance de la marine de 1681.

§ 2. ORGANISATION JUDICIAIRE.

La justice de l'ancien régime se compose de la justice séculière comprenant les juges royaux institués par le roi et les juges de seigneurs et de la justice ecclésiastique comprenant les officialités organisées par les évêques et archevêques.

Au point de vue de leurs attributions, les juges séculiers se divisent en 1° *juges ordinaires*, ayant la plénitude de la juridiction et 2° *juges d'exception*, ne jugeant que des cas dont la connaissance leur était attribuée expressément par les ordonnances.

1° *Juridictions ordinaires.*

Les juridictions ordinaires comprennent :

I. *Les baillages et sénéchaussées.* Le bailli ou sénéchal est un officier préposé par le roi pour rendre la justice dans un ressort et pour y faire certains actes d'administration. Il délègue ses fonctions à un lieutenant civil pour les procès civils et à un lieutenant criminel pour les affaires criminelles.

A l'origine, des hommes féodaux, des *bonshommes* venaient rendre la justice. Plus tard, les chefs de justice s'entourent dans quelques baillages, de quelques hommes sages, de *prud'hommes*, de jurés permanents. Enfin après la rénovation du droit romain et lorsque les études s'étendirent, il y eut nécessité d'appeler aux plaids des légistes et praticiens, sous le titre de *conseillers* (1).

Sauf des privilèges accordés à certaines villes en vertu desquels les consuls, prud'hommes et autres communautés ou corps étaient appelés par l'usage à donner leur suffrage aux condamnations des criminels (2).

« Veut que les baillis, sénéchaux et juges royaux ne puissent « infliger la peine de mort et autres châtiments corporels aux « vagabonds qu'en appelant six ou quatre pour le moins des

____

(1) Montesquieu, Esprit des Lois, liv. 28, ch. 22.

(2) Voir pour la coutume de Narbonne, dom Vayssette, Hist. Lang., t. VIII, p. 85. Pour les coutumes d'Albi des XIIIe et XIVe siècles. Recueil de l'Académie de législation, 1858, t. VII, p. 416 et ss. Pour la ville de Limoux, même Recueil, 1853, t. II, p. 243.

« conseillers et praticiens de leur audition non suspects ne favo-
« rables... sans déroger toutes foyes aux coustumes, usages et
« droit observés en plusieurs lieux particuliers de notre royaume.
« On a accoutume de juger les dits criminels en assistance, par
« hommes jugeant ou autres notables en compétent nombre. »
(Ord. Louis XII, 1498, art. 94).

Les baillis et sénéchaux connaissaient *en première instance* :
1° *Des cas royaux;* 2° *Des cas privilégiés;* 3° *Des causes intéressant les bourgeois du roi;* 4° *Des poursuites par prévention;* — *En
appel,* des sentences des juges des seigneurs du ressort qui ne
condamnaient à aucune peine afflictive de corps, les autres appels
étant portés au Parlement.

II. *Les juges des seigneurs* divisés selon leur importance en
haute, moyenne et basse justice. Les seigneurs établissaient au
chef-lieu de leur justice 1° *un juge gradué;* 2° *un procureur
fiscal;* 3° *un greffier;* 4° *un geôlier* (Loyseau, Discours sur l'abus
des justices de village).

III. *Les prévôts des chatellenies* établis par le roi sur certaines
terres dont il était le seigneur. Ils étaient assimilés aux juges
des seigneurs.

IV. *Les officiers municipaux* dans les villes où le pouvoir municipal était établi.

V. *Les Parlements* ou *Cours du roi.* Le Parlement était à l'origine la session de la Cour du roi et on appelait ainsi le temps
pendant lequel le Haut Conseil du roi siégeait en Cour de justice. C'est ainsi qu'il y avait Parlement à la Pentecôte, à la
Chandeleur et à la Saint-Martin.

Philippe-le-Bel ayant rendu le Parlement sédentaire par ordonnance du 23 mars 1302, on le désigna par la dénomination
donnée autrefois aux audiences de la Cour du roi. Plus tard, on
créa successivement plusieurs Parlements en province, parmi
lesquels celui de Toulouse est le plus ancien et l'on compte en
France 12 Parlements (1).

La Chambre chargée de juger les affaires criminelles prit le
nom dans tous les Parlements de Chambre de la Tournelle, soit
parce que à Paris elle siégeait dans une tour (tour criminelle),

(1) Faustin Hélie, t. I, n°ˢ 231 à 237.

soit parce qu'elle n'avait pas de conseillers spéciaux affectés à son service et qu'on les faisait venir à tour de rôle des autres Chambres.

La compétence du Parlement s'étendait : 1º *Aux appels des causes* pouvant donner lieu à des peines afflictives de corps; 2º *Aux autres causes d'appel* portées au choix des parties soit devant les baillis et sénéchaux, soit au Parlement; 3º *Aux affaires graves* évoquées et portées en premier et dernier ressort devant le Parlement à raison de la nature grave du fait ou de la qualité des parties.

VI. *Les Présidiaux*, juridiction intermédiaire entre les Parlements et les bailliages, créés par un édit de Henri II de janvier 1551 et comprenant 9 magistrats, y compris le lieutenant civil et le lieutenant criminel. Ils connaissaient de certains appels, et statuaient en matière criminelle, souverainement sur certaines affaires.

VII. *Le Grand Conseil du roi* : Au-dessus de toutes ces juridictions était placé le Grand Conseil du roi divisé en plusieurs sections dont l'une, sous le nom de *Conseil des Parties*, participait à l'administration de la justice. Il était chargé 1º de *maintenir à chaque ordre* de juridiction, ses attributions en annulant les décisions rendues par des juges incompétents et en statuant sur les règlements de juge.

2º *D'assurer l'observation des ordonnances en annulant les arrêts* pour lesquels les formes prescrites par elles n'auraient pas été observées ou lorsque ces arrêts ne faisaient pas application des peines par elles établies.

3º *De connaître des demandes en révision* pour contrariété entre des jugements ou erreur manifeste.

2º *Juridictions d'exception.*

Les tribunaux d'exception comprennent de nombreuses juridictions chargées de statuer sur des délits spéciaux. Ce sont : 1º *La Chambre des comptes;* 2º *La Cour des aides;* 3º *La Cour des monnaies;* 4º *Les juges des eaux et forêts;* 5º *Les juges de l'amirauté;* 6º *Les Conseils de guerre;* 7º *Certaines commissions* extraordinaires nommées pour le jugement d'un fait spécial et notamment pour les crimes politiques; 8° *Les Grands Jours* composés d'une délégation temporaire de membres du Parlement et du Conseil du roi, chargés de donner une plus grande efficacité à l'action de la justice répressive et notamment d'avoir raison des résistances des seigneurs contre le pouvoir royal. Les derniers grands jours ont été tenus à Clermont en Auvergne sous Louis XV en 1665 (1); 9° *Les prévôts des maréchaux;* 10° *Les lieutenants-criminels de robe courte;* 11° *Les vice-baillis et vice-sénéchaux* chargés spécialement de veiller à la sûreté des grands chemins et purger le pays des voleurs, mendiants et vagabonds (Ordonn. du 13 fév. 1549; Edit François Ier, 15 janv. 1536) (2).

Ministère public.

§ 1. ORIGINES (3).

Première époque : A l'origine il n'y avait pas de magistrats chargés de poursuivre dans l'intérêt de la société (4).

Les particuliers, ordinairement la partie lésée, se portent accusateurs et poursuivent. Si personne ne se porte accusateur et si le crime est notoire, l'accusé peut être poursuivi par voie de dénonciation ou d'office. Si la culpabilité n'est pas établie, on fait dans la prévôté trois publications pendant trois quinzaines, puis on fait connaître le titre de l'accusation et le nom de l'accusé, et on invite l'accusateur à se présenter. S'il ne se présente personne pour soutenir l'accusation, l'accusé est mis en liberté :

« Et quant tout cil cri sont fet, et nus ne vient avant qui droi-
« tement se voille fere partie, et li juges, de s'office, ne pot
« trouver le fet notoire, li emprisonnés doit estre délivrés par
« jugement, ne ne l'en pot nus puis la delivrance acuser. »
(Beaumanoir, ch. XXX, n° 90, p. 445-446).

L'institution du ministère public était en effet incompatible

---

(1) Mémoires de Fléchier sur les Grands jours d'Auvergne.

(2) Faustin Hélie, t. Ier, n° 329.

(3) Voir sur les origines du ministère public un mémoire de M. Gèze, Mémoires de l'Académie des sciences, ancienne collect. t. IV, p. 212.

(4) Montesquieu, Esprit des lois, liv. VI, ch. VIII.

avec le principe de la vengeance privée, du combat judiciaire (1).
La procédure inquisitoriale n'exigeait pas même son office. Le
procès s'introduisait soit *per accusationem*, soit *per denunciatio-
nem*, soit d'office *per inquisitionem*.

Deuxième époque : Peu à peu le roi se fit représenter en justice pour ses affaires privées; mais le procureur du roi est un
simple agent d'affaires et n'est investi d'aucune magistrature (2).
Plus tard le pouvoir royal ayant grandi, lorsque le roi fut investi
de l'administration de la justice dans l'intérêt de la société, le procureur du roi devint un magistrat et fit des réquisitions dans
l'intérêt de la société. Il poursuivit et se porta accusateur. C'est
au XIVe siècle qu'apparait l'institution du ministère public et le
roi est représenté par ses procureurs et avocats auprès des Parlements, des bailliages, des sénéchaussées et des prévôtés
royales. A leur tour les seigneurs ont des procureurs fiscaux et
les évêques des promoteurs dans leurs officialités. Il est question
du ministère public dans les ordonnances de Philippe VI de Valois, de décembre 1344, art. VII. Dans une ordonnance du 28 décembre 1355 intervenue pendant la guerre avec les Anglais,
avant la bataille de Poitiers sous le roi Jean à la suite des Etats
généraux de 1355. Il en est également question dans une ordonnance sur la réformation du royaume, de Philippe-le-Bel,
23 mars 1302, art. 15 et 20 (3).

C'est ainsi que nous avons vu Pierre de Cugnières, avocat du
roi sous Philippe de Valois, à la conférence de Vincennes de
1329. Enfin l'on trouve l'existence du ministère public dans la
charte pour la réformation de la justice dans le comté de Toulouse sous Alphonse de Poitiers, de novembre 1270 dont une
copie manuscrite existe aux archives de Verdun. Cette charte
due à Alphonse de Poitiers, frère de St-Louis, marié à la com-
tesse Jeanne, fille de Raymond VII, comte de Toulouse, fait
mention d'un officier délégué par le sénéchal pour veiller à la
bonne administration de la justice (4).

(1) Montesquieu, Esprit des lois, liv. XXVIII, ch. XXXVI.
(2) Voir dom Vayssette, Hist. Lang., t. VIII, p. 84.
(3) Henri Martin, t. V, p. 140.
(4) Etude de M. Gustave Bressolles, Recueil de l'Académie de législation,
1860, t. IX, p. 341 et ss.

Procédure.

Il faut distinguer pour l'organisation de la procédure deux sortes de délits : les délits privés et les délits publics.

1° *Délits privés* : Les délits privés sont ceux qui n'emportent ni peine afflictive ni peine infamante et ne sont punis que d'amendes. La poursuite appartient à la partie lésée seulement, il n'y a pas d'action publique. L'affaire est portée devant les juges civils et instruite suivant les formes ordinaires.

2° *Délits publics ou crimes* : A l'origine et jusqu'au XVe siècle, la procédure fut publique : C'était un principe de notre législation primitive que les procédures et les jugements se fissent en public. Ce principe fut conservé sous les coutumes qui régirent la France jusqu'au XVe siècle (Mademoiselle de Lézardières, Théorie des lois politiques françaises, t. 4, p. 23).

Depuis l'ordonnance de Blois rendue en 1498 sous Louis XII, la procédure devient secrète et écrite. Elle est réglementée en dernier lieu par l'ordonnance de Louis XIV de 1670.

Elle se divise en trois phases :

Première phase. — Information.

L'information a pour but de recueillir les preuves et les premiers éléments du procès.

Elle comprend : 1° *Les procès-verbaux* du juge pour constater les faits matériels; 2° *Les vérifications et rapports des experts;* 3° *L'audition des témoins* par le juge faite en secret et par écrit (1); 4° *Les Monitoires* (2) ou lettres qu'on obtenait des juges d'Eglise qui étaient publiées au prône et qui prescrivaient à toute personne de révéler les faits qui seraient à sa connaissance; les révélations étaient reçues par le curé et communiquées au ministère public et aux parties civiles.

L'information achevée était communiquée au procureur du roi et au procureur fiscal, qui devait donner ses conclusions dans les trois jours. Les conclusions tendaient soit à un non-

---

(1) Ordonnance de 1670, tit. VI, art. 1er, 11, 15.
(2) Tit. VII, art. 10 et 11, même ordonnance.

lieu s'il n'y a pas de preuves, soit au renvoi à l'audience si le délit n'est passible que d'une peine pécuniaire, soit enfin à la délivrance d'un décret s'il y a lieu de continuer les poursuites.

5° *Décrets* (1). Le décret est une ordonnance du juge qui a pour objet de faire comparaître l'inculpé devant lui, de le mettre en état d'arrestation.

On distinguait *trois sortes de décret.*

1° Le décret *d'être assigné pour être ouï* pour les cas peu graves. Il correspondait à notre mandat de comparution.

2° Le décret *d'ajournement personnel* emportant certaines incapacités.

3° Le décret *de prise de corps* correspondant à nos mandats de dépôt et d'arrêt et emportant pour l'inculpé privation des fonctions publiques et de sa liberté. Il n'était décerné contre les domiciliés que pour crime.

En cas de flagrant délit, l'accusé était arrêté et écroué par l'ordonnance du juge (2).

6° *Interrogatoire :* Dans les 24 heures de l'arrestation, l'accusé doit être interrogé par le juge assisté de son greffier. L'accusé devait prêter serment de dire la vérité (3).

Lors de la rédaction de l'ordonnance de 1670, M. le président de Lamoignon fit observer que le serment plaçait l'accusé dans l'alternative de commettre un parjure ou de devenir homicide de soi-même, mais M. Pussort lui répondit que l'accusé n'avait pas le droit de se défendre à l'aide de l'imposture et que du reste il n'y avait pas lieu de modifier les usages, faisant allusion à la *Purgatio canonica* au moyen de laquelle l'accusé purgeait autrefois l'accusation.

Les juges mettaient tout leur talent à diriger l'interrogatoire de façon à arracher l'aveu à l'accusé.

Après l'interrogatoire, il était permis à l'accusé de communiquer avec son conseil, si le crime n'était pas capital (4).

Les interrogatoires terminés étaient communiqués à la partie

(1) Ordonnance de 1670, tit. X, art. 10, 11, 19.
(2) Ordonnance de 1670, tit. X, art. 9.
(3) Ord. 1670, tit. XIV, art. 7.
(4) Ord. 1670, tit. XIV, art. 8, 9.

publique et à la partie civile pour avoir leurs conclusions écrites (1).

Deuxième phase. — Récolement et confrontation.

La procédure était alors communiquée à la Chambre criminelle, qui statuait avec 3 ou 7 juges sur les suites à donner au procès (2). Quatre solutions pouvaient être données au procès.

1° S'il n'y avait pas de preuves établissant le corps du délit, si le fait ne méritait ni peine afflictive ni peine infamante, mais une simple amende, le procès criminel était converti en procès civil. On prononçait le non-lieu et la mise en liberté de l'accusé sous la caution de comparaître à l'audience. L'information était transformée en enquête et le procès était suivi devant les juges civils d'après les formes ordinaires de l'ordonnance de 1667, *l'information* étant maintenue comme enquête.

2° Si les preuves étaient insuffisantes, on pouvait ordonner une nouvelle information, *un plus amplement informé* avec ou sans délai.

3° S'il n'y avait ni délit ni fait dommageable, le non-lieu était prononcé avec mise en liberté immédiate.

4° Enfin si le fait constituait un crime punissable d'une peine afflictive et infamante, on ordonnait qu'il serait instruit à *l'extraordinaire* par voie de *récolement* et de *confrontation*, suivant les formes réglées par l'ordonnance 1670, tit. XV.

Récolement : Le récolement est une nouvelle audition des témoins et des accusés qui comparaissent devant le juge assisté du greffier, prêtent serment, entendent la lecture de leur précédente déclaration et y font les additions et réclamations qu'ils jugent nécessaires. Le témoin après le récolement ne peut plus se rétracter sous peine de faux témoignage (Ordon. 1670, tit. XV, art. 11).

Confrontation : La confrontation est la mise en présence des accusés, des témoins et des co-accusés. Elle est appelée dans certains lieux *accariation* ou *accarement* (du grec καρη, front, visage). L'accariation se dit plus spécialement de la confrontation

---

(1) Ord. 1670, tit. XIV, art. 17, 18.
(2) Jousse, Traité Just. crim. t. II, p. 235.

d'un accusé avec son co-accusé et la confrontation de la mise en présence des accusés et des témoins.

Les témoins et l'accusé mis en présence prêtent serment; le juge leur demande de déclarer s'ils se connaissent, puis on donne à l'accusé lecture de l'intitulé de la déposition; l'accusé est alors averti sur le champ de fournir ses reproches contre le témoin qui présente ses moyens de défense sur ce point. On donne alors lecture de la déposition du témoin, et on lui demande si c'est bien de l'accusé dont il a voulu parler. Enfin on constate dans le procès-verbal les dires des parties. La confrontation des accusés entre eux a lieu suivant les mêmes formes. La procédure étant ainsi complète est communiquée au procureur du roi ou au procureur fiscal, qui donne ses conclusions définitives écrites et cachetées sans indication de motif, pour éviter que le juge ne se laisse entraîner à adopter ces motifs sans examen. Les interrogatoires sont alors communiqués à la partie civile qui produit dans son intérêt une requête en dommage signifiée à l'accusé. Celui-ci à son tour répond à cette requête par une requête en atténuation (1).

Les pièces sont alors remises au magistrat rapporteur et l'on passe au jugement.

Troisième phase. — Jugement.

Composition du tribunal. — Les procès sujets à appel sont jugés par trois juges officiers du siège ou gradués. Lorsqu'ils sont en dernier ressort, il faut 7 juges et 5 voix contre 2 pour la condamnation.

Procédure : Les juges sont réunis sans publicité et en huis-clos. L'un d'eux fait un rapport, puis on donne lecture des conclusions écrites du ministère public et des requêtes de la partie civile et de l'accusé. Le procès étant alors en état, on procède à un dernier interrogatoire. L'accusé comparaît seul devant le tribunal et se place, s'il y a conclusion à une peine afflictive, sur la *sellette*, si non, debout derrière la barre. Après cela l'on passe au jugement; l'on ne peut y procéder que le matin lorsqu'il y a

(1) Ord. 1670, tit. XXIII, XXIV.

conclusion à la peine de mort ou que le fait est de nature à entraîner la mort, les galères ou le bannissement. Avant de statuer, les juges doivent s'assurer si la procédure est régulière et en second lieu ils doivent passer à l'examen des preuves. L'ancienne législation avait établi à ce point de vue des règles fixes qui s'imposaient aux juges pour l'appréciation des peines et ne leur laissaient aucun pouvoir d'appréciation.

« Nec enim a judice exigitur ut suam sententiam de crimine dicet, verum ut sententiam legislatoris applicet. » (Krisius, Com. Carol. V, 2. p. 26).

Les preuves étaient divisées en : *pleines, semi-pleines* et *indices.*

La preuve pleine ou manifeste, entraînant certitude, ne pouvait résulter que d'un acte public, d'un aveu circonstancié, de témoignages concordants, et enfin d'indices très graves (gravissima indicia).

Jugement : Les jugements passent à l'avis le plus doux ; il n'y a pas de partage en matière criminelle (1). Ainsi sur trois juges il faut deux voix pour la condamnation, sur sept juges il en faut cinq. Le jugement une fois arrêté est écrit par le greffier et signé par tous les juges.

Le jugement peut 1° renvoyer purement et simplement de la plainte dans deux cas : soit lorsque l'accusé pleinement justifié est déchargé de l'accusation, auquel cas la partie civile supporte les dépens et peut être condamnée aux dommages et intérêts ; soit lorsque l'innocence n'étant pas pleinement justifiée, les preuves ne sont pas cependant suffisantes pour la condamnation.

2° Admettre des faits justificatifs, tels que l'alibi.

3° Ordonner un plus ample informé avec ou sans délai, avec ou sans mise en liberté.

4° Ordonner la torture, soit préparatoire, soit préalable.

5° Prononcer la condamnation.

Le jugement est signifié à l'accusé par la lecture qui lui en est faite à la prison par le greffier en présence du juge.

Le jugement était immédiatement exécuté, s'il était en dernier ressort.

_____

(1) Ord. 1670, tit. XV, art. 12.

Voies de recours contre les jugements.

Les voies de recours contre le jugement étaient : 1º *L'appel*, de la part de l'accusé, de la partie civile ou du ministère public; il était de droit lorsqu'il y avait condamnation à une peine afflictive ou à l'amende honorable (Ordon. 1670, tit. XXVI, art. 6, 7, 8).

2º *La requête civile :* Dans les cas déterminés par l'art. 35 de l'ordon. 1667, c'était un moyen de se pourvoir contre un arrêt ou jugement en dernier ressort devant les juges qui l'avaient rendu (1).

3º *Le pourvoi en cassation* ou *en revision* porté devant le Conseil du roi : le premier pour incompétence, ou violation des édits et ordonnances; le second, pour innocence reconnue après coup.

4º *Recours en grâce* devant le roi : Ces recours aboutissaient soit à des lettres d'abolition amnistiant le coupable, soit à des lettres de révision qui renvoyaient les procès devant de nouveaux juges, soit à des lettres de rémission ou de grâce (Ordon. 1670, tit. XVI).

Torture.

La torture était un moyen de compléter la preuve ou d'avoir révélation des complices avant l'exécution, lorsqu'il s'agissait d'un fait passible de la peine de mort. Elle pouvait être ordonnée lorsque la preuve était considérable et le crime constant, ou bien lorsque la preuve n'était pas complète. On distinguait deux sortes de questions, *la question préparatoire* ou moyen de preuve par l'aveu arraché à l'accusé; *la question préalable* qui avait pour but d'obtenir des condamnés à mort la révélation de leurs complices avant l'exécution.

La question pouvait en outre être ordonnée *avec ou sans réserve de preuve.* Lorsqu'elle était ordonnée sans réserve de preuves, si l'accusé n'avouait pas, les indices et les preuves qui étaient contre lui étaient purgés et il ne pouvait plus être condamné à aucune peine. Au contraire il en était autrement lorsque la question était donnée avec réserve de preuves. En outre on distin-

(1) Jousse, t. II, p. 792.

guait la *question ordinaire* et la *question extraordinaire*, cette dernière comportant un supplice plus long et plus cruel que la première. Certaines personnes, telles que les enfants, les malades, les infirmes et les vieillards n'étaient pas condamnés à la question, mais étaient simplement *présentés à la question* pour les épouvanter par la crainte des tourments. La question se donnait de différentes manières suivant les Parlements : les manières les plus usitées étaient la *question à l'eau*, aux *brodequins*, au *feu*, à *l'huile bouillante*, à *l'estrapade*.

La *question à l'eau* se donne en cette manière : après que l'accusé a été étendu sur un tréteau, et attaché par les bras et les jambes avec des cordes passées dans des anneaux ou boucles de fer, on tend ces cordes avec force, de manière que son corps reste étendu en l'air, et ne porte plus que sur les cordes auxquelles ses pieds et ses mains sont attachés, ensuite on passe un tréteau sous les cordes des pieds, ou sous le corps pour augmenter l'extension. Alors on lui fait boire de l'eau avec un cornet dont on lui met une des extrémités dans la bouche, et pour la question ordinaire on lui en fait boire quatre pots de deux pintes chacun, et pour l'extraordinaire, on lui passe sous le corps un tréteau plus élevé que le premier, et on lui fait boire quatre pots d'eau de plus.

La *question aux brodequins* se donne en faisant mettre l'accusé sur un siège de bois, adossé à un mur, et en lui étendant les bras, qu'on attache à deux grosses boucles de fer scellées dans le mur ; ensuite on lui serre fortement les jambes avec quatre grosses planches, deux pour chaque jambe, attachées ensemble, et entre les deux planches du milieu, on enfonce à grands coups de maillet des coins, savoir : quatre pour la question ordinaire et quatre de plus, et quelquefois même cinq pour la question extraordinaire.

A l'égard de *la simple présentation à la question*, elle se fait en dépouillant et liant l'accusé, et en mettant devant lui tout l'appareil qu'on a coutume de préparer, quand on applique quelqu'un à la question et qu'il ne reste plus qu'à le tourmenter. Lorsqu'il est dans cet état, on procède à son interrogatoire et s'il n'avoue rien, on le détache sans lui rien faire souffrir et on le ramène en prison.

Au Parlement de Bretagne, on donne la *question au feu*, en approchant du feu les jambes du patient, assis et attaché sur une chaise de fer; ce qui se fait par degrés.

Au Parlement de Rouen, on serre le pouce, ou autres doigts ou une jambe de l'accusé avec une pince de fer. On lui serre les deux pouces pour la question extraordinaire.

Au Parlement de Besançon, on la donne à *l'estrapade*. On lie les bras du patient derrière le dos et on l'enlève en l'air par le moyen d'une corde attachée à ses bras, qu'on tire par le moyen d'une poulie et d'un tour. Pour la question extraordinaire, on lui attache de plus un gros poids de fer à chaque pied et ce poids demeure suspendu en l'air, lorsqu'on élève l'accusé.

A Autun, on la donne en versant de l'huile bouillante sur les pieds de l'accusé (Jousse, tome II, p. 488, 489).

Pendant l'application de la question, on faisait subir des interrogatoires à l'accusé et l'on tenait exactement compte de ses réponses.

D'après l'ordon. 1670, la question ne pouvait être renouvelée; mais certains Parlements, comme celui de Toulouse, renvoyaient la continuation de la question à une séance ultérieure, éludant ainsi les prescriptions de l'ordonnance et déclarant que c'était la même question qui se continuait ainsi.

Pénalité.

Avant 1789, il n'y avait pas de Code pénal, les faits punissables étaient déterminés par des édits et des ordonnances, par exemple le vol. (Déclaration de Louis XV, 13 mars 1731), et à défaut par la jurisprudence. Les peines étaient à leur tour légales, c'est-à-dire établies par les ordonnances, les édits ou la coutume, ou *arbitraires*, c'est-à-dire appliquées par la prudence des juges à des faits non prévus par la loi.

Les peines se divisaient en : 1° peines corporelles, afflictives, infamantes ou non infamantes; 2° peines infamantes seulement; 3° peines pécuniaires infamantes ou non infamantes.

§ 1. PEINES CORPORELLES AFFLICTIVES.

1° *Peines afflictives et infamantes.*

Ces peines sont :

1° *La mort naturelle* infligée autrement que par la décapitation. Les modes d'exécution étaient l'écartellement, le feu, la roue et la potence.

2° *Les galères perpétuelles.*

3° *Le bannissement perpétuel.*

4° *Les galères à temps.*

5° *Le fouet* dans les carrefours avec marque.

6° *L'amende honorable* faite par le condamné en chemise, une torche à la main, une corde au cou, sous la conduite du bourreau, devant la porte de l'église ou de l'auditoire.

7° *Le banissement à temps.*

8° *La marque* d'une fleur de lis sur l'épaule, substituée à l'amputation des oreilles, parce que, dit Imbert, l'expérience avait fait connaître qu'un homme qui avait une ou deux oreilles coupées, ne pouvant plus trouver à servir, était contraint de se retirer dans les bois et se mettre à voler (Muyart de Vouglans, Institutes au droit criminel, p. 294).

9° *Etre pendu sous les aisselles.* Cette peine était infligée aux impubères, et le jeune frère de Cartouche en mourut.

10° *Etre traîné sur la claie*, peine infligée aux cadavres de grands criminels et de suicidés.

11° *Mutilation du poing*, peine infligée avec la peine de mort au coupable de parricide, de sacrilèges et de faux en écritures publiques. Elle s'exécutait après l'amende honorable, avant le dernier supplice.

12° *La langue percée ou arrachée*, peine prononcée contre les blasphémateurs en récidive ou coupables d'autres crimes.

13° *Pilori ou carcan.*

14° *Réclusion dans une maison de force à perpétuité.* Elle tenait lieu à l'égard des femmes, des galères et du bannissement perpétuel.

15° *La prison perpétuelle*, prononcée par les tribunaux ecclésiastiques et appliquée en cas de commutation de peine.

2º *Peines afflictives seulement et non infamantes.*

Ces peines sont :

1º *La décapitation* réservée aux nobles : « En crime qui mérite la mort, le vilain sera pendu, le noble décapité. Toutefois où le noble serait convaincu d'un vilain cas, il serait puni comme vilain » (Loysel), par exemple en cas de vol ou d'assassinat.

2º *La torture avec ou sans réserve de preuves.*

3º *La réclusion non perpétuelle.*

4º *Le fouet* infligé sous la custode par la main du geôlier.

§ 2. PEINES SIMPLEMENT INFAMANTES.

Ces peines sont soit des peines accessoires et de droit, soit des peines principales et de fait.

1º *Peines accessoires ou de droit.*

Ces peines sont :

1º *La mort civile* qui emporte le retranchement absolu de la société et de tout droit attaché à la qualité de citoyen (Muyart de Vouglans, p. 297).

Elle est encourue par le condamné à mort par contumace, par le condamné perpétuel aux galères, et par le condamné au bannissement perpétuel.

2º *La dégradation de la noblesse,* appliquée aux nobles qui ont encouru une peine corporelle « où le vilain perdrait la vie ou un membre de son corps, le noble perdra l'honneur et réponses en court » (Loysel). Elle n'emporte pas confiscation, mais on rase les châteaux et on coupe les bois de haute futaie à une certaine hauteur.

3º *La condamnation de la mémoire du défunt :* lorsque les descendants sont déclarés roturiers, les châteaux rasés, les armoiries détruites, les biens confisqués.

4º *Le blâme.*

5º *Le plus amplement informé indéfini :* lorsqu'il s'agit d'une peine infamante.

2° *Peines principales et de fait.*

Ce sont : 1° *L'admonition ;* 2° *L'interdiction ou la suspension d'un office public ;* 3° *L'abstention de certains lieux ;* 4° *La réparation d'honneur ;* 5° *La défense de récidiver ou de plus user de pareilles voies ;* 6° *La privation de privilèges,* prononcée contre les communautés, personnes juridiques.

§ 3.   PEINES PÉCUNIAIRES.

Ces peines sont infamantes ou non infamantes.

1° *Les peines pécuniaires infamantes* sont : 1° *La confiscation générale ;* 2° *L'amende* pour délit infamant en procès criminel.

2° *Les peines pécuniaires non infamantes* sont : 1° *L'aumône ;* 2° *L'amende* pour délit non infamant ; 3° *Les réparations civiles, dommages-intérêts, frais et dépens,* qui à vrai dire ne sont pas des peines, mais des condamnations civiles.

Observations critiques sur la législation criminelle antérieure à 1789.

§ 1.   ESPRIT DE L'ANCIENNE LÉGISLATION CRIMINELLE.

Voltaire, pour caractériser les deux législations si différentes de la France et de l'Angleterre a dit : « En France, le Code criminel paraît rédigé pour la perte des citoyens ; en Angleterre, pour leur sauvegarde » (1).

Ce qui en effet inspire l'ancienne législation, c'est d'une part la vengeance publique qui se substitue à la vengeance privée et traite l'accusé en ennemi ; d'autre part, l'esprit utilitaire, qui se préoccupe de diminuer le nombre des crimes par l'intimidation. La vengeance est défendue aux hommes et il n'y a que le roi qui la puisse exercer par ses officiers, en vertu des pouvoirs qu'il tient de Dieu, disait Argout à la fin du XVII° siècle (Instit. au

---

(1) Voltaire, Prix de justice et d'humanité, art. 23, t. XL, p. 361.

droit français). De son côté, Jousse exprimait ainsi les nécessités de l'intimidation : « On ne peut douter qu'un des plus sûrs
« moyens pour empêcher les crimes et pour diminuer le nombre
« des coupables, est de punir ceux qui les ont commis, d'une
« manière qui serve d'exemple aux autres, et c'est pour cela que
« les exécutions se font ordinairement, non dans les prisons,
« mais dans les places publiques et dans les lieux les plus fré-
« quentés, avec un appareil accompagné de tout ce qui est ca-
« pable d'intimider le peuple. Et quoique cette crainte de sup-
« plices ne soit pas un remède suffisant pour empêcher les
« crimes ainsi qu'on vient de l'observer; néanmoins il est vrai
« de dire que les punitions rendent ces crimes moins fré-
« quents; au lieu que s'ils demeuraient impunis, leur multi-
« tude augmenterait tous les jours et tournerait à la fin au ren-
« versement de l'État. Il arrive même quelquefois que la vue de
« ces punitions sert à contenir les méchants et les engage à évi-
« ter le crime, de la même manière que s'ils le haïssaient véri-
« tablement. »

Afin d'inspirer plus d'horreur pour certains crimes, les lois
ont encore été plus loin et elles punissent quelquefois pour le
crime de leur père, les enfants, et autres proches parents du criminel, comme dans le crime de lèse-majesté. Car quoique, suivant la règle ordinaire il n'y a que celui qui a commis le crime
qui en doive porter la peine; néanmoins quand il s'agit d'un
crime de lèse-majesté au premier chef, les enfants, quoique innocents de celui qui est coupable de ce crime, ne laissent pas
d'éprouver en partie la peine qui y est attachée et on les punit
ordinairement, ou du bannissement, ou par la privation des
biens qui devaient leur appartenir suivant la loi de nature.

De même, quoique dans la règle générale, les furieux et
les insensés ne doivent point être punis pour raison des crimes qu'ils ont commis; néanmoins il en est autrement en
crime de lèse-majesté et quelquefois aussi dans le crime de parricide.

La minorité, quoique peu éloignée de l'enfance, n'est point
aussi un moyen d'excuse dans le crime de lèse-majesté, et dans
les autres crimes énormes. Bien plus, il y a des cas où les
exemples de punition s'exercent sur des cadavres ou contre la

mémoire d'un défunt, comme dans le crime de lèse-majesté divine et humaine, duel, homicide de soi-même, ou rébellion à la justice avec force ouverte.

On a même encore été plus loin et il est arrivé quelquefois que l'on a fait le procès à des animaux pour homicide par eux commis.

Enfin, on fait quelquefois le procès aux choses inanimées, comme quand on brûle des libelles et autres écrits séditieux, quand on brise des statues ou que l'on rase des châteaux, forteresses et autres édifices, etc. (Jousse, Traité de justice criminelle, préface, p. 111 et s.).

De là l'usage d'une pénalité barbare, d'employer des supplices horribles qui produisent chez le patient, le délire, qui ne lui permet pas un retour sur lui-même, qui ne permet pas de le ramener à des sentiments religieux et au repentir. De là cette fréquente application de la peine de mort prononcée contre 115 cas différents au moins (1).

Cette pénalité si différente de la pénalité canonique inspirée par l'idée de justice, de pénitence et de réformation du coupable s'explique victorieusement par l'état de la France au sortir du moyen âge et de l'anarchie féodale. La France était engagée au XVe siècle dans la guerre contre les Anglais, au XVIe siècle sous Charles VIII, Louis XII et François Ier, dans les guerres contre l'Italie, et enfin sous Charles IX, Henri III et Henri IV, elle était profondément troublée par les guerres civiles et religieuses. Les compagnies licenciées se livraient au pillage et la misère des populations rurales était profonde (2).

De là des crimes nombreux et l'insuffisance de la peine de mort par la potence. Sous Louis XIV, la criminalité gagne la haute société, des empoisonnements sont commis dans la noblesse et même à la Cour, et Mme de Montespan fut compromise : des condamnations sont prononcées contre la marquise de Brinvilliers et la Voisin et l'on est obligé de créer une juridiction spéciale, la *Chambre ardente* ou la *Chambre des poisons*,

---

(1) De Pastoret, Loi pénale, t. Ier, 2e partie, p. 120.

(2) Vauban, Dîme royale; Taine, Origine de la France contemporaine, t. Ier, l'Ancien régime; Rossignol, Petits états d'Albigeois, 1875, p. 64.

pour réprimer les crimes commis à l'aide de la *poudre de suc-cession* (1).

Aussi, autant qu'il est permis d'apprécier l'importance de la criminalité aux XVIe et XVIIe siècles, il est permis d'affirmer que le nombre des crimes était plus considérable à cette époque que de nos jours, ainsi que l'affirme Berriat St-Prix (Revue étran-gère 1845, p. 461).

La procédure, dans la dernière forme inquisitoriale, était à son tour inspirée par le même esprit : elle avait pour but de réunir tous les éléments de preuves et d'arriver à la condamnation; l'on tenait pour maxime : « Mieux vaut condamner l'innocent que d'être exposé à absoudre des coupables. »

Aussi, la procédure ne procurait-elle aucune garantie à l'ac-cusé, c'est ainsi qu'on lui refusait l'assistance d'un Conseil, mal-gré l'observation de M. le président Lamoignon, que le droit d'être défendu était un droit naturel plus ancien que toutes les lois humaines.

« Le système des preuves légales, dont l'emploi exigeait une « profonde science, reposait sur des calculs de probabilité très « compliqués, très incertains. Aussi cette incertitude amena-t-« elle les juges à désirer pour former leur conviction, obtenir « l'aveu de l'accusé, de là l'emploi de la torture légitimé par les « textes du droit romain, mais combattu par plusieurs juriscon-« sultes : « Pour un fait incertain, on fait souffrir à l'accusé « une peine certaine... C'est chose horrible de rompre un homme « de la faute duquel on est encore en doute. Que peut-il de « l'ignorance que les juges ont du fait? Ne semble-t-il pas in-« juste que pour ne le tuer sans sujet, on lui fasse *pire* que « le tuer, étant cette information plus pénible que le supplice et « qui souvent par son âpreté devance le supplice » (Despeisse, OEuvres, tome II, p. 713, nº 10 (2).

(1) Pierre Clément, La Chambre de l'arsenal d'après des documents inédits ; Revue des Deux-Mondes, du 15 janvier 1854; Police sous Louis XIV, 1886 ; Fléchier, Mémoire sur les Grands jours d'Auvergne; Mᵐᵉ de Sévigné, Lettres, 26 oct , 30 oct., 24 nov. 1675, t. IV, p. 429, 433, 475.

(2) Voir Auguste Nicolas, maître des requêtes au Parlement Bourgogne, Si la théorie de la torture est un moyen de vérifier les faits, Dissertat. morale et juridique, Amsterdam, 1682.

La torture fut abolie en France sous Louis XVI par la déclaration du 4 août 1780, qui supprima la question préparatoire. Une autre déclaration du 1er mars 1788 supprime la question préalable. Mais elle ne fut pas appliquée par suite du refus d'enregistrement du Parlement. Par suite des incertitudes de la procédure inquisitoriale qui empêchait tout débat contradictoire entre l'accusé et son adversaire, des erreurs nombreuses ont été commises et la justice a eu ses martyrs (1).

Enfin la préoccupation de l'intimidation avait conduit à une publicité excessive, immorale et même contraire à la salubrité publique, par l'institution des fourches patibulaires, où l'on exposait les cadavres des suppliciés sur les grandes routes à l'entrée des villes (2).

SECTION VII.

DROIT CRIMINEL INTERMÉDIAIRE.

—

§ 1.   ÉTAT DES ESPRITS EN 1789.

Au moment où éclata la révolution de 1789, la réforme de la législation criminelle était demandée par les publicistes, les philosophes et le peuple, fatigués du spectacle des supplices.

En France, la législation criminelle de l'ancien régime était vigoureusement attaquée; l'on blâmait la rigueur excessive des peines et le peu de garantie que présentait pour l'accusé l'administration de la justice.

L'on comparait notre législation à celle de l'Angleterre, beaucoup plus humaine et se préoccupant de protéger l'accusé.

Voltaire disait, comme nous l'avons vu plus haut : « En France, le Code criminel paraît rédigé pour la perte des citoyens; en Angleterre pour leur sauvegarde. » (Voltaire, Prix de justice et d'humanité). Montesquieu, à son tour, protestait contre la ri-

_____

(1) Jules Bonnet, Tableau des procès criminels révisés, depuis François Ier jusqu'à nos jours.

(2) Molinier, Fourches patibulaires de Toulouse, Recueil de l'Acad. sciences de Toulouse, 1re série, t. VI, 1868.

gueur excessive des peines, et demandait l'établissement d'une
pénalité douce et modérée.

« L'expérience a fait remarquer que, dans les pays où les
« peines sont douces, l'esprit du citoyen en est frappé, comme il
« l'est ailleurs par les grandes.

« Quelque inconvénient se fait-il sentir dans un Etat, un gou-
« vernement violent veut soudain le corriger ; et, au lieu de son-
« ger à faire exécuter les anciennes lois, on établit une peine
« cruelle qui arrête le mal sur-le-champ. Mais on use le ressort
« du gouvernement ; l'imagination se fait à cette grande peine,
« comme elle s'était faite à la moindre ; et, comme on diminue
« la crainte pour celle-ci, l'on est bientôt forcé d'établir l'autre
« dans tous les cas. Les vols, sur les grands chemins, étaient
« commis dans quelques Etats. On voulut les arrêter ; on inventa
« le supplice de la roue, qui les suspendit pendant quelque
« temps. Depuis ce temps on a volé comme auparavant sur les
« grands chemins.

« De nos jours, la désertion fut très fréquente : on établit la
« peine de mort contre les déserteurs, et la désertion n'est pas
« diminuée. La raison en est bien naturelle : un soldat, accou-
« tumé tous les jours à exposer sa vie, en méprise ou se flatte
« d'en mépriser le danger.

« Il est tous les jours accoutumé à craindre la honte : il fallait
« laisser une peine qui faisait porter une flétrissure pendant la
« vie. On a prétendu augmenter la peine, et on l'a réellement
« diminuée.

« Il ne faut point mener les hommes par les voies extrêmes ;
« on doit être ménager des moyens que la nature nous donne
« pour les conduire. Qu'on examine la cause de tous les relâche-
« ments : on verra qu'elle vient de l'impunité des crimes, et
« non pas de la modération des peines. Suivons la nature, qui
« a donné aux hommes, la honte comme leur fléau, et que la
« plus grande partie de la vie soit l'infamie de la souffrir.

« Que s'il se trouve des pays où la honte ne soit pas une suite
« du supplice, cela vient de la tyrannie, qui a infligé les mêmes
« peines aux scélérats et aux gens de bien.

« Et si vous en voyez d'autres où les hommes ne sont retenus
« que par des supplices cruels, comptez encore que cela vient en

« grande partie de la violence du gouvernement, qui a employé
« ces supplices pour des fautes légères.

« Souvent un législateur qui veut corriger un mal ne songe
« qu'à cette correction, ses yeux sont ouverts sur cet objet et
« fermés sur les inconvénients. Lorsque le mal est une fois
« corrigé, on ne voit plus que la dureté du législateur, mais il
« reste un vice dans l'Etat, que cette dureté a produit; les esprits
« sont corrompus, ils se sont accoutumés au despotisme.

« Il y a deux genres de corruption : l'un, lorsque le peuple
« n'observe point les lois; l'autre, lorsqu'il est corrompu par
« les lois, mal incurable parce qu'il est dans le remède même. »
(Esprit des Lois, liv. VI, ch. XII).

Traçant ensuite le tableau des institutions anglaises, il fait
l'éloge de l'institution du jury, qu'il recommande à l'adoption des
législateurs. « La puissance de juger ne doit pas être donnée à
« un Sénat permanent, mais exercée par des personnes tirées
« du corps du peuple, dans certains temps de l'année, de la
« manière prescrite par la loi, pour former un tribunal qui ne
« dure qu'autant que la nécessité le requiert.

« De cette façon, la puissance de juger, si terrible parmi les
« hommes, n'étant attachée ni à un certain état, ni à une cer-
« taine profession, devient pour ainsi dire, invisible et nulle.
« On n'a point continuellement des juges devant les yeux; et
« l'on craint la magistrature et non pas les magistrats. Il faut
« même que dans les grandes accusations le criminel, concur-
« remment avec la loi, se choisisse des juges; ou du moins qu'il
« en puisse récuser un si grand nombre que ceux qui restent
« soient censés être de son choix.

« Les deux autres pouvoirs pourraient plutôt être donnés à
« des magistrats ou à des corps permanents, parce qu'ils ne
« s'exercent sur aucun particulier, n'étant l'un que la volonté
« générale de l'Etat et l'autre l'exécution de cette volonté géné-
« rale.

« Mais si les tribunaux ne doivent pas être fixes, les juge-
« ments doivent l'être à un tel point qu'ils ne soient jamais qu'un
« texte précis de la loi. S'ils étaient une opinion particulière du
« juge, on vivrait dans la société sans savoir précisément les
« engagements que l'on y contracte.

« Il faut même que les juges soient de la condition de l'accusé
« ou ses pairs, pour qu'il ne puisse pas se mettre dans l'esprit
« qu'il soit tombé entre les mains de gens portés à lui faire vio-
« lence. » (Esprit des lois, liv. XI, ch. VI).

Jean-Jacques Rousseau et Mably faisaient également entendre
la voix de l'humanité et demandaient que la société se bornât à
punir au lieu de se venger. Les magistrats eux-mêmes protestaient contre la législation du XVIIIe siècle.

Déjà nous avons vu un maître des requêtes au Parlement de
Bourgogne, Augustin Nicolas, critiquer l'emploi de la torture.
L'avocat-général Servant, dans un discours de rentrée prononcé
en 1766 devant le Parlement de Grenoble, prit pour sujet l'administration de la justice criminelle, attaqua avec force les abus et
demanda avec énergie une réforme; le président Dupaty, auteur
de Lettres sur l'Italie qui eurent un très grand retentissement, prit
la défense de trois individus condamnés à la roue, pour vol accompagné de violence. Il obtint du roi un sursis de l'exécution
et adressa en leur nom, au Conseil du roi, un mémoire dans
lequel il relevait vingt-trois nullités. Il obtint la révision et l'annulation de l'arrêt et dans ce mémoire, il signalait les vices de
la législation criminelle (Barreau français, tom. III, p. 73).

A l'étranger, un mouvement analogue se produisait; un Gene-
vois, Delolme, traçait un tableau remarquable des institutions de
l'Angleterre (Constitution de l'Angleterre ou état du gouvernement anglais comparé avec la forme républicaine et les autres
monarchies de l'Europe, 1771.) En Italie, Beccaria, Milanais, publiait en 1764 son Traité des délits et des peines. Pierre Verri,
dans ses Osservazione sulla tortura, raconte la peste de Milan de
1630, si bien décrite par Manzoni, qui emporta les deux tiers de
la population, et l'imputation de délits chimériques auxquels elle
donna lieu, ainsi que l'emploi de la torture pour obtenir des
aveux. A Naples, Filangieri publie son célèbre Traité de la science
de la législation (1780-1785).

Les académies, suivant le mouvement de l'opinion, mettaient
au concours le plan de réformes à introduire dans la législation
criminelle. De nombreux mémoires leur étaient adressés, parmi
lesquels l'ouvrage de M. de Pastoret; la doctrine du contrat social
était enseignée dans ces travaux comme base du droit de punir et

les auteurs concluaient à la modération des peines, à la réforme de la procédure, à l'établissement du jury, à la suppression des supplices, quelques-uns même à l'abolition de la peine de mort.

Les souverains subissaient, eux aussi, l'influence des idées nouvelles. En Allemagne, Joseph II embrassait les idées de réforme. Le grand-duc de Toscane Léopold, frère de Marie-Antoinette, supprima la peine de mort dans ses Etats ; en Russie, l'impératrice Catherine II encourageait les philosophes projetant des réformes, et donnait des instructions pour la rédaction d'un Code pénal ; ces instructions publiées dans presque toutes les langues de l'Europe sont déposées dans la bibliothèque de la faculté des sciences de St-Pétersbourg (1757) (1) ; une traduction française en a été donnée à Lausanne en 1769.

En France, Louis XVI abolissait la torture par les déclarations des 24 août 1780 et 1er mai 1788 ; cette dernière déclaration ne fut pas exécutée, comme nous l'avons dit plus haut, et la torture ne fut définitivement abolie que par le décret du 9 octobre 1789. Elle était déjà abolie à Naples, en Russie et en Autriche.

Etats-Généraux de 1789

Les cahiers de tous les bailliages demandaient la réforme des lois criminelles. Cette réforme fut opérée par l'Assemblée constituante. Dans la nuit du 4 août, les justices seigneuriales furent supprimées sans indemnité, mais leurs officiers durent continuer leurs fonctions jusqu'à l'établissement d'un nouvel ordre judiciaire.

Assemblée Nationale Constituante
(17 juin 1789 — 30 sept. 1791)

Un décret du 8 octobre 1789, intervenu à la suite d'un rapport de M. de Beaumetz et complété par un autre décret du 10 avril 1790, modifia provisoirement sur plusieurs points la procédure consacrée par l'ordonnance de 1670. D'après ce décret, l'information doit être faite en présence de deux citoyens notables, âgés

(1) Voir Lévesque, Hist. Russie, t. V, p. 481 et ss., Paris, 1817, 8 vol. in-8°.

de 25 ans au moins, qui s'engagent par serment à garder le secret.

Il introduit dans la procédure par voie d'enquête écrite la publicité de l'instruction, dès que l'accusé est constitué prisonnier ou se présente, du rapport et du jugement. Enfin il accorde un conseil à l'accusé, dès qu'il a été interrogé. Ce conseil assiste à l'instruction. L'accusé reçoit ensuite une copie de la procédure et l'affaire est jugée, à la suite d'un rapport, publiquement et contradictoirement.

L'Assemblée constituante opère ensuite des réformes plus profondes dans l'organisation judiciaire, la procédure et la pénalité.

Organisation judiciaire.

L'Assemblée constituante s'occupe d'une organisation nouvelle du pouvoir judiciaire par suite de la suppression des Parlements.

Les publicistes du XVIIIe siècle avaient donné comme modèle d'organisation judiciaire celle de l'Angleterre.

En Angleterre, les juges de paix, en nombre illimité dans chaque comté, sont chargés spécialement de maintenir la paix publique et de procéder à l'information ; ils reçoivent la plainte, font comparaître l'inculpé au moyen de *warrant* (mandat) exécuté par le *constable* (commissaire de police). Enfin ils entendent les parties et les témoins. Suivant la nature du crime ou la gravité des charges, ils mettent l'inculpé en liberté, le relâchent sous caution ou délivrent un *warrant*, en vertu duquel il est transféré et détenu dans la prison du comté. L'affaire est alors soumise au *grand jury* pour statuer sur la mise en accusation. Le *jury d'accusation* est composé de 23 tenanciers choisis par le *shérif* (préfet). Il se réunit sous la présidence du *forman* (chef) et entend le *prosecutor* ou plaignant et les témoins à charge, mais les témoins à décharge et les accusés ne sont pas appelés devant lui. Pour que la mise en accusation soit prononcée, il faut l'avis conforme de 12 jurés. La décision est écrite par le forman, au bas de l'*indictment* (acte d'accusation dressé par le plaignant et formulé ainsi : *true-bill* (vrai bill) si l'accusé est mis en accusation, *no-bill* (pas de bill) si l'accusé n'est pas renvoyé devant le jury du jugement).

Jury du jugement, petit jury. — L'accusé comparaît à la barre devant le juge qui préside l'assise, le greffier lit l'indictment, annonce qu'il a été trouvé fondé par le grand jury et demande à l'accusé s'il veut plaider *guilty* ou *not guilty* (coupable ou non coupable). Si l'accusé plaide coupable, c'est-à-dire s'il avoue sa culpabilité, il est jugé sans assistance du jury par le juge qui lui applique la peine. S'il plaide non coupable, l'affaire se poursuit devant le jury. On tire alors le nom des jurés qui doivent siéger sur une liste de 48 à 72 dressée par le *shérif*; l'accusé et le plaignant ont le droit d'exercer un certain nombre de récusations, les unes motivées par certaines causes déterminées par la loi, les autres non motivées et péremptoires.

Les douze jurés non récusés prêtent alors serment. L'avocat du plaignant leur expose l'affaire, produit et interroge les témoins. L'avocat de l'accusé les interroge à son tour, produit et interroge les témoins à décharge et présente la défense de l'accusé.

Après la clôture des débats, le juge qui préside le jury fait son résumé. Les jurés sont alors renvoyés dans leur chambre de délibération. Ils doivent rendre leur verdict à l'unanimité. S'ils ne s'accordent pas (ce qui est rare), ils sont gardés dans leur chambre, sans feu, sans lumière, sans manger ni boire, jusqu'à ce qu'ils aient livré leur verdict.

La législation anglaise donnait en même temps les plus sérieuses garanties à l'accusé pour protéger sa liberté et pour présenter sa défense. Le fameux bill d'*habeas corpus*, rendu la trentième année du règne de Charles II, assurait la première. Tout prisonnier doit obtenir six heures après son emprisonnement une copie de son *warrant* d'emprisonnement. Et s'il n'est pas légalement détenu, il doit être mis immédiatement en liberté. Il peut de plus demander à être jugé à la session qui suit son emprisonnement et, s'il n'est jugé à la seconde, il est mis en liberté. Enfin l'administration de la justice anglaise était organisée de manière à procurer à l'accusé tous les moyens de justification. Non seulement les débats étaient publics et l'accusé assisté d'un conseil, mais encore, pendant tout le cours des débats, le magistrat président du jury avertissait l'accusé qu'il n'était pas tenu d'avouer et lui faisait connaître les conséquences graves pour lui de son aveu.

Le jury existait en Angleterre, non seulement en matière criminelle, mais aussi en matière civile.

La première question qui se présenta à l'examen de l'Assemblée constituante fut de savoir si on introduirait en France l'institution du jury, tant pour les matières civiles que pour les matières criminelles.

Des débats intéressants s'élevèrent sur cette question. Adrien Duport, qui avait été membre du Parlement de Paris, proposa, appuyé par Barnave, l'établissement du jury en matière civile, mais il fut vigoureusement combattu par Thouret, avocat au Parlement de Normandie, Mirabeau et Tronchet, jurisconsulte habile et expérimenté. Sieyès proposa un projet du jury spécial confondant dans la même juridiction le fait et le droit.

L'Assemblée décréta le 30 avril 1790 : 1° qu'il y aura des jurés en matière criminelle ;

2° Qu'il n'en sera pas établi en matière civile (Voir Laferrière. Hist. des principes, des inst. et des lois depuis 1784, p. 249. — Essai sur l'histoire du droit français, tome II, p. 52 et suiv. (1).

NOUVEL ORDRE JUDICIAIRE.

La nouvelle organisation judiciaire en matière civile fut l'objet des décrets des 16-24 août 1790, rendus sur les rapports de MM. Bergasse et Thouret.

La France avait été divisée le 22 décembre 1789 en 83 départements, comprenant des districts, cantons, municipalités, villes, villages, paroisses rurales. Dans les cantons étaient établies des justices de paix et dans les districts des tribunaux composés de 5 juges, jugeant en première instance et en appel à l'égard les uns des autres.

L'organisation judiciaire, en matière criminelle, repose sur la classification des faits punissables en : 1° *contraventions* réprimées par des peines de police municipale ; 2° *délits* punis de peines correctionnelles, et 3° *crimes* punis de peines afflictives et infamantes. En conséquence, trois catégories de tribunaux sont éta-

(1) Voir contre le jury civil ce que dit M. Renouard, *Journal officiel*, 11 avril 1872, p. 2, 297.

blies : 1° *Tribunaux de police municipale ;* 2° *Tribunaux de police correctionnelle;* 3° *Tribunaux criminels.*

1° *Tribunaux de police municipale.* — Ces tribunaux, organisés par le décret du 19 juillet 1791, sont composés : 1° *de trois officiers municipaux ;* 2° *du procureur de la commune* ou de son substitut, ministère public. Ils jugent en premier ressort tous les délits de police municipale et les délits ruraux dont la peine était purement pécuniaire et n'excédait pas 3 jours de prison (Code rural, 28 sept. 1791).

2° *Tribunaux de police correctionnelle.* — Ces tribunaux sont organisés à chaque chef-lieu de canton par le décret du 19 juillet 1791. Ils se composent du juge de paix et de deux assesseurs et du procureur syndic de la commune, ministère public, ou d'un homme de loi délégué par la municipalité. Ils connaissent des délits correctionnels et des délits ruraux punis de plus de trois jours d'emprisonnement. L'appel est porté au tribunal correctionnel du district.

3° *Tribunal criminel.* — Le tribunal criminel est établi à chaque chef-lieu de département et organisé par le décret du 16 septembre 1791. Il se compose d'un président nommé par les électeurs du département pour six années, de trois juges pris parmi les juges de district, pour trois mois, et désignés par le directoire du département, d'un accusateur public, nommé à l'élection pour six ans, d'un commissaire du roi nommé par le roi et à vie, d'un greffier nommé par les électeurs du département et à vie et enfin de douze jurés de jugement.

4° *Tribunal de cassation.* — Au-dessus de ces diverses juridictions est établi un tribunal de cassation qui siège au lieu où est réuni le Corps législatif (Décret 27 nov. 1790).

Procédure criminelle.

La règlementation de cette procédure fait l'objet de la loi du 16 septembre 1791, complétée par le décret en forme d'instruction du 29 septembre 1791, rédigé par M. de Beaumetz.

Ce code substitue à la procédure inquisitoriale consacrée par l'ordonnance de 1670, la procédure accusatoriale avec publicité des débats et avec un jury. Il crée un jury d'accusation et un jury de jugement.

Un jury spécial d'accusation et de jugement composé de citoyens ayant des connaissances relatives au genre du délit commis, doit statuer en matière de faux, de banqueroutes frauduleuses, de concussions (péculat), vols de commis ou associés en fait de finance, commerce ou banque.

Le nouveau code organise la police de sûreté, qu'il confie au juge de paix ainsi qu'aux capitaines et lieutenants de la gendarmerie nationale, auxiliaires des juges de paix. En vertu de leur pouvoir de police judiciaire, ces magistrats et officiers reçoivent les plaintes et les dénonciations, constatent par leurs procès-verbaux les délits, reçoivent les déclarations des témoins, décernent les mandats d'amener et d'arrêt et adressent la procédure au directeur du jury.

Dans chaque district, il y a un tribunal composé de cinq à six juges nommés à l'élection, d'un commissaire du roi nommé par le roi et inamovible, et d'un directeur du jury, pris à tour de rôle tous les six mois parmi les juges.

La procédure est transmise au directeur du jury. S'il estime que l'affaire ne doit pas être soumise au jury, il en donne communication au commissaire du roi, et le tribunal statue. Le directeur du jury dresse alors, s'il y a lieu, un acte d'accusation, de concert avec le plaignant.

L'acte d'accusation est communiqué au commissaire du roi ; s'il n'approuve pas l'acte, le tribunal statue.

L'affaire est alors portée devant le jury d'accusation, composé de huit citoyens désignés par le sort sur une liste de trente membres, formée tous les trois mois par le procureur syndic du district.

La procédure devant ce jury d'accusation est essentiellement secrète, et l'instruction du 29 septembre 1791 justifie ce secret en disant qu'il est nécessaire pour ne point avertir les complices de prendre la fuite et pour ne point avertir les parents et amis de l'accusé du nom des témoins qu'ils auraient à écarter ou à séduire avant qu'ils ne déposent par devant le jury de jugement.

La nature des fonctions du jury d'accusation est déterminée de la façon suivante par l'instruction du 29 septembre : « Les jurés

« examinent l'acte ou les actes d'accusation, car il peut y avoir
« deux actes de cette espèce, l'un présenté par le directeur du
« jury, l'autre par la partie plaignante ou dénonciatrice, dans le
« cas où ils ne se seraient point accordés sur les faits et la na-
« ture du délit.

« Les jurés qui ont à porter une décision dans cette circons-
« tance, doivent bien se pénétrer de l'objet de leur mission; ils
« n'ont pas à juger si le prévenu est coupable ou non, mais si le
« délit qu'on lui impute est de nature à mériter l'instruction d'une
« procédure criminelle, et s'il y a des preuves suffisantes à l'ap-
« pui de l'accusation ; ils apercevront aisément le but de leurs
« fonctions en se rappelant les motifs qui ont déterminé à établir
« un jury d'accusation. »

Le jury d'accusation s'assemble au chef-lieu du district une
fois par semaine. Le directeur fait alors prêter aux jurés assem-
blés, en présence du commissaire du roi, le serment suivant :

« Citoyens,

« Vous jurez et promettez d'examiner avec attention les témoins et pièces qui vous seront présentés, et d'en garder le secret. Vous vous expliquerez avec loyauté sur l'acte d'accusation
qui va vous être remis; vous ne suivrez ni les mouvements de la
haine et de la méchanceté, ni ceux de la crainte et de l'affection. »

Après quoi le directeur du jury leur expose l'objet de l'accusation et leur explique les fonctions qu'ils ont à remplir.

Les pièces de la procédure leur sont lues puis remises, les témoins sont entendus ainsi que la partie plaignante ou dénonciatrice. Le directeur du jury se retire alors et les jurés délibèrent
sous la présidence du plus âgé. Les jurés ne peuvent décider
qu'au nombre de huit et à la majorité des voix s'il y a lieu à accusation. S'ils sont d'avis que l'accusation doit être admise, ils
écrivent au bas de l'acte d'accusation : *La déclaration du jury est
oui, il y a lieu.* Si au contraire il trouvent que l'accusation ne
doit pas être admise, ils mettront au bas de l'acte : *Non, il n'y a
pas lieu.*

Enfin si les jurés estiment qu'il y a lieu à une accusation différente de celle qui leur est présentée, ils doivent, sans pouvoir

indiquer l'espèce d'accusation qu'on doit substituer, se contenter d'écrire au bas de l'acte : La déclaration du jury est : *Il n'y a lieu à la présente accusation*, et le directeur du jury doit dresser un nouvel acte d'accusation suivant les formes précédentes. Si les jurés prononcent qu'il n'y a pas lieu à accusation, le président du jury ordonne la mise en liberté du prévenu. Si les jurés d'accusation déclarent au contraire qu'il y a lieu, on passe à l'instruction criminelle devant le tribunal criminel assisté du jury de jugement.

Les affaires ordinaires sont transmises à douze jurés de jugement; ces jurés doivent statuer sur l'existence du crime et la culpabilité de l'accusé : « Ils doivent examiner les pièces du procès, parmi lesquelles il ne faut pas comprendre les déclarations écrites des témoins, qui ne doivent pas être remises au jury, mais seulement l'acte d'accusation, les procès-verbaux et autres pièces semblables. C'est sur ces bases et particulièrement sur les dépositions et les débats qui ont eu lieu en leur présence, qu'ils doivent asseoir leur conviction personnelle, car c'est de leur conviction personnelle qu'il s'agit ici ; c'est elle que la loi leur demande d'énoncer; c'est à elle que la société et l'accusé s'en rapportent. La loi ne leur demande pas compte des moyens par lesquels ils se sont formé une conviction ; elle ne leur prescrit point des règles auxquelles ils doivent attacher particulièrement la plénitude et la suffisance d'une preuve; elle leur demande de s'interroger eux-mêmes dans le silence et le recueillement et de chercher, dans la sincérité de leur conscience, quelle impression ont faite sur leur raison les preuves apportées contre l'accusé et les moyens de la défense. La loi ne leur dit point : « Vous tiendrez pour vrai, tout fait attesté par tel ou tel nombre de témoins, ou vous ne regarderez pas comme suffisamment établie toute preuve qui ne sera pas formée de tant de témoins ou de tant d'indices ». Elle ne leur fait que cette seule question qui renferme toute la mesure de leur devoir : « Avez-vous une intime conviction ? » Ce qui est bien essentiel de ne pas perdre de vue, c'est que toute la délibération du jury de jugement a pour base l'acte d'accusation. C'est à cet acte qu'ils doivent s'attacher; leur mission n'a pas pour objet la poursuite des délits ; ils ne sont appelés que pour décider si l'accusé est coupable ou non du crime dont on l'accuse. »

Les jurés de jugement sont pris sur une liste de deux cents citoyens électeurs, dressée tous les trois mois par le procureur
général syndic du département et arrêtée par le directoire du département. Le jour de la formation du tableau, le président du
tribunal criminel présente à l'accusateur la liste des deux cents
jurés qui lui a été remise par le procureur syndic. L'accusateur
public peut en récuser vingt sans donner des motifs. S'il le fait,
on met les cent quatre-vingts noms restants dans l'urne et on en
tire au sort douze.

La liste des douze jurés est alors présentée à l'accusé qui peut
à son tour opérer des récusations. Les jurés récusés seront remplacés par le sort ; lorsque l'accusé aura exercé vingt récusations sans motif, celles qu'il voudrait présenter ensuite devront
être fondées sur des causes dont le tribunal juge la validité.

Le jury une fois définitivement constitué, l'accusé comparaît
devant le tribunal et les douze jurés. Le président fait alors prêter à chaque juré le serment suivant :

« Citoyens,

« Vous jurez et promettez d'examiner avec l'attention la plus
scrupuleuse, les charges portées contre un tel..., de ne communiquer avec personne jusqu'après votre déclaration ; de n'écouter ni la haine ou la méchanceté, ni la crainte ou l'affection ; de
vous décider d'après les charges et moyens de défense, et suivant
votre conscience et votre intime conviction, avec l'impartialité
et la fermeté qui conviennent à un homme libre. »

Lecture est faite de l'acte d'accusation par le greffier, puis
l'accusateur expose l'objet de l'accusation. Les témoins sont entendus et prêtent le serment de parler sans haine et sans crainte,
de dire la vérité, toute la vérité et rien que la vérité. A la suite
des dépositions, l'accusateur public prend la parole pour soutenir l'accusation. La partie civile présente ses observations, et
l'accusé ou ses amis proposent la défense. Le président prononce
alors la clôture des débats, il résume l'affaire, fait remarquer au
jury les principales preuves pour et contre l'accusé, leur rappelle
les fonctions qu'ils ont à remplir et pose les questions sur lesquelles ils ont à répondre.

Trois questions principales doivent être posées sur chaque chef d'accusation : 1° Le fait est-il constant ? 2° L'accusé en est-il l'auteur ? 3° A-t-il agi avec intention coupable ?

Une majorité de dix voix est nécessaire pour la condamnation et trois voix suffisent en faveur de l'accusé soit pour décider que le fait n'est pas constant, soit pour décider en sa faveur les questions relatives à l'intention.

Le vote du jury est reçu par un membre du tribunal commis par le président et le commissaire du roi, et il a lieu par boule blanche ou noire, les boules blanches étant destinées à exprimer les décisions favorables à l'accusé. Le recensement des boules est fait en présence des jurés.

Si la déclaration du jury est négative ou si les jurés ont déclaré que le fait avait été commis involontairement, sans intention de nuire, ou pour la légitime défense de soi-même ou d'autrui, le président ordonne que l'accusé soit mis sur-le-champ en liberté. Le décret du 16 septembre 1791 consacrait en même temps le principe de l'autorité de la chose jugée, en déclarant que l'accusé ainsi acquitté ne peut plus être repris ni accusé pour le même fait.

Si la déclaration du jury était affirmative et l'accusé convaincu du crime, le président fera comparaître l'accusé en présence du public et lui donnera connaissance de la déclaration du jury.

Le commissaire du roi donne alors ses réquisitions pour l'application de la peine ; l'accusé ou ses conseils ont ensuite la parole pour l'application de cette peine. Ils ne peuvent plus plaider que le fait est faux, mais seulement qu'il n'est pas défendu ou qualifié crime par la loi ou qu'il ne mérite pas la peine dont le commissaire du roi a requis l'application. Le président recueille alors les voix en commençant par le juge le plus jeune. Les juges émettent leur avis publiquement et à haute voix. Le jugement formé, le président le prononce et donne lecture du texte de loi sur lequel il s'appuie. Ce jugement peut prononcer une condamnation à une peine criminelle, si le fait est reconnu crime ; si le fait ne constitue qu'un délit, il ne prononce qu'une peine correctionnelle. Enfin, si le fait n'est pas punissable, l'accusé est absous. En cas de condamnation, le président retrace, en prononçant le jugement, la manière généreuse et impartiale avec laquelle l'accusé a été jugé ; il pourra l'exhorter à la fermeté et à la résignation, lui rappellera les voies de droit qu'il peut encore employer pour sa défense.

L'accusé et le commissaire du roi ont trois jours pour se pourvoir en cassation.

Après ce délai ou le rejet du pourvoi, le jugement est exécuté par les ordres du commissaire du roi.

RECHERCHES HISTORIQUES SUR L'ORIGINE DU JURY.

Le jury d'accusation et le jury de jugement ont été empruntés par l'Assemblée constituante aux institutions anglaises, et c'est en Angleterre que le jury trouve son origine. Il remonte aux coutumes anglo-saxonnes et aux coutumes anglo-normandes.

1º *Jury d'accusation* ou *grand jury*. — Ce grand jury a son fondement dans la responsabilité solidaire des habitants d'une contrée. L'Angleterre était divisée en 52 comtés, le comté en *hundred* ou *centène* (100 familles) et enfin le *hundred* en *tithings* ou *dixaine*; le *centène* était responsable des délits qui se commettaient sur son territoire et devait en conséquence ou livrer le coupable, ou réparer le tort, ou enfin subir quelquefois la peine. C'est ainsi que Hume raconte dans son Histoire d'Angleterre que, sous Henri III, en 1249, deux négociants brabançons, dévalisés sur un grand chemin, demandèrent justice au roi, lui offrant des présents et le menaçant de représailles. Le roi fit prendre douze tenanciers, leur enjoignant de désigner et de livrer les voleurs; et comme ils ne firent pas ce qu'on exigeait d'eux, ils furent pendus. Le roi en fit prendre douze autres; ils furent plus dociles et dénoncèrent un grand nombre de malfaiteurs.

En sorte que le grand jury représente le comté livrant à la justice les inculpés.

2º *Jury de jugement* ou *petit jury*. — L'origine du petit jury se trouve dans la difficulté de constater la vérité par les moyens de preuve en vigueur d'après les coutumes anglo-saxonnes et anglo-normandes. Ces preuves étaient en effet: 1º le *serment* (purgatio canonica); 2º les *co-jureurs* (conjuratores); 3º les *ordalies* ou jugements de Dieu; 4º le *combat judiciaire*; 5º les *témoins*, constituant une preuve *objective*.

Le jury fut un mode de preuve substitué aux témoins. La certitude juridique résulte de la déclaration de douze tenanciers du voisinage (*verdict, vere dictum*), et la preuve devint ainsi *subjective* et résulta de la manifestation de l'opinion du pays. En effet, dans les premiers temps, on prenait les jurés parmi les tenanciers les mieux fixés sur les faits, et on en faisait venir jusqu'à ce que douze fussent unanimes.

Le *verdict* est ainsi l'expression du pays représentée par douze tenanciers. Plus tard, on fit entendre les témoins devant les jurés. Le jury constitua un mode de preuve employé à prouver la vérité juridique relativement à un fait. Aussi Blackstone énumère-t-il sept modes de preuves :

1º *Preuve littérale ;*
2º *La descente sur les lieux ;*
3º *Les certificats ;*
4º *Les témoins ;*
5º *Le duel* ou *gage de bataille ;*
6º *Le serment avec des co-jureurs ;*
7º *Les jurés,* c'est-à-dire *l'expression de l'opinion du pays.*

Date de l'établissement du jury en Angleterre.

Le jury est inconnu lors de la conquête des Normands (1066) et il n'en est pas question dans les chartes concédées par Guillaume le Conquérant pour la conservation des privilèges.

Le même silence est gardé à son égard sous Guillaume le Roux, Henri Ier et Etienne. Sous Henri II (1154-1189), paraît un monument curieux, un traité de procédure criminelle de Glanville, grand justicier du roi (Tractatus de legibus et consuetudinibus Angliæ tempore regis Henrici secundi). Cet ouvrage fut imprimé en 1554.

Ce monument parle du jury comme mode de preuve en matière civile, pouvant se substituer au combat judiciaire. Le shériff qui présidait l'assise appelait quatre chevaliers qui désignaient douze tenanciers du voisinage. Ces douze tenanciers, s'ils n'étaient point récusés, étaient interrogés et donnaient leur avis ; à défaut d'unanimité, on en appelait de nouveaux, et le shériff prononçait un jugement basé sur cette déclaration. Les

tenanciers n'étaient pas juges ; ils exprimaient leur conviction
résultant du témoignage de leurs sens, de la tradition de leurs
parents et de la voix du pays ; la preuve de l'opinion du pays est
ainsi substituée à la preuve par le combat.

En matière criminelle, le jury n'existe pas encore, Glanville
n'en parle pas ; il n'en est pas non plus question sous Richard
Cœur de Lion, ni dans la grande charte de Jean sans Terre de
1215. Cette institution du jury n'apparaît en matière criminelle
que sous Henri III (1216), et elle est décrite dans un ouvrage de
Blackstone comme mode de preuve par l'opinion du pays, substitué au combat judiciaire, qui était la preuve par le droit commun. Mais la preuve par juré doit être acceptée par les parties,
et l'on retrouve déjà à cette époque, l'interrogation qui est encore
posée au début de l'audience ; « *Comment voulez-vous être jugé?* »
« *Par Dieu et mon pays.* »

De l'Angleterre, l'institution du jury passa dans l'Amérique du
Nord, s'implanta en France et fut transportée sur les bords du
Rhin.

Droit pénal de l'Assemblée Constituante.

L'Assemblée constituante, repoussant l'arbitraire et l'inégalité
des peines, ainsi que les abus de l'ancienne jurisprudence, posa
des principes conformes aux enseignements de la philosophie du
XVIIIᵉ siècle. Ces principes furent inscrits pour la plupart dans
la Déclaration des droits de l'homme, placée en tête de la constitution du 3 septembre 1791.

1ᵉʳ principe. — *Plus de peines arbitraires.* — Art. 8. La loi ne
doit établir que des peines strictement et évidemment nécessaires, et nul ne peut être puni qu'en vertu d'une loi établie et
promulguée antérieurement au délit et légalement appliquée. Ce
principe était enseigné par Beccaria comme conséquence de la
doctrine du contrat social.

2ᵉ principe. — *Les peines doivent être proportionnées au délit.*
(Pœna commensurari debet delicto). — Art. 21. Tit. II, Décret des
16-24 août 1790, sur l'organisation judiciaire.

Le code pénal sera incessamment réformé, de manière que les
peines soient proportionnées aux délits ; observant qu'elles soient

modérées et ne perdant pas de vue cette maxime des droits de l'homme, que la loi ne peut établir que des peines strictement et évidemment nécessaires.

3e principe. — *Egalité des hommes devant la loi.* — Consacrée par le décret du 21 janvier 1790, rendu sur la motion de Guillotin. Art. 1er. Les délits du même genre seront punis par le même genre de peines, quels que soient le rang et l'état des coupables.

4e principe. — *Personnalité des peines.* — Les délits sont l'œuvre personnelle des coupables. La peine ne doit donc atteindre que le coupable (Décret 21 janvier 1790, art. II). Le délit et les crimes étant personnels, le supplice du coupable et les peines infamantes quelconques n'impriment aucune flétrissure à sa famille; l'honneur de ceux qui lui appartiennent n'est nullement entaché, et tous continuent d'être admissibles à toutes sortes de professions, d'emplois et de dignités. Ce principe produit les conséquences suivantes : 1o la confiscation des biens du condamné ne pourra jamais être prononcée en aucun cas (Art. III, 21 janvier 1790). 2o Le corps du supplicié sera délivré à sa famille si elle le demande ; dans tous les cas, il sera admis à la sépulture ordinaire et il ne sera fait sur le registre aucune mention du genre de mort (Art. IV, même décret).

5e principe. — *Les peines doivent être réformatrices et inspirées par l'esprit pénitencier.* — En conséquence, elles doivent être temporaires.

La modification pénale fut établie sur ces bases par le code pénal, 25 sept. 1791.

Ce code, rédigé par le comité de constitution et de législation criminelle, fut l'objet d'un rapport de Le Pelletier Saint-Fargeau, ancien avocat général et président à mortier du Parlement de Paris (1).

Ce code supprime les mutilations et les peines perpétuelles. Il organise les peines *criminelles,* au nombre de neuf.

1o *Peine de mort.* — La question de l'abolition de la peine de mort fut soumise à l'Assemblée les 31 mai et 17 juin 1791. Le rapporteur en proposait la suppression et le remplacement par

(1) Moniteur des 30, 31 mai, 1er juin 1791, p. 622, 626, 629.

une détention solitaire avec aggravation. Parmi les abolitionistes, on remarque Robespierre et Pétion. Mais l'Assemblée décréta à une forte majorité que la peine de mort serait conservée, qu'elle ne consisterait que dans la simple privation de la vie et qu'elle serait infligée par la décapitation.

2° *Les fers*, emportant pour le condamné la privation de la liberté de locomotion, et son emploi à des travaux publics au profit de l'Etat. Le condamné devait traîner un boulet à ses pieds. La peine des fers est temporaire; l'Assemblée, ayant supprimé le droit de grâce et s'étant inspirée de l'idée que les peines étaient réformatrices, n'avait pas admis la perpétuité des peines.

3° *La réclusion* dans une maison de force, avec travail obligatoire, remplaçant pour les femmes et les filles la peine des fers.

4° *La gêne*, consistant dans un emprisonnement isolé, avec travail obligatoire et sans communication avec les autres condamnés et les personnes du dehors.

5° *La détention*, consistant dans la privation de la liberté, avec application à un travail, au choix du condamné.

6° *La dégradation civique*, emportant la privation des droits attachés à la qualité de citoyen.

7° *Le carcan*, ou exposition pendant deux heures sur la place publique, du condamné attaché à un poteau au moyen d'un collier de fer, au-dessous d'un écriteau énonçant son nom, son domicile, sa profession, le crime qu'il a commis et le jugement rendu contre lui.

8° *L'exposition publique*, peine accessoire de celle des fers, de la réclusion, de la gêne et de la détention, consistant dans l'exposition du condamné aux regards du public pendant six heures, quatre heures ou deux heures, suivant la gravité de la peine.

9° *La déportation*, consistant dans le transfert d'un condamné hors du territoire de la France. Cette peine était réservée aux récidivistes.

Les peines en *matière correctionnelle* et de *police* étaient organisées par la loi du 19 juillet 1791, sur la police municipale et correctionnelle.

Ces peines sont : *l'amende*, la *confiscation spéciale* et *l'emprisonnement.*

OBSERVATIONS SUR LA LÉGISLATION DE L'ASSEMBLÉE CONSTITUANTE.

Les bases de la nouvelle législation donnaient satisfaction aux idées de l'époque et furent accueillies par la nation comme un bienfait. Cependant comme toutes les législations qui introduisent un ordre de choses nouveau, elle présentait des imperfections assez nombreuses. Il était difficile de rompre entièrement avec le passé, et un état de transition eût été nécessaire ; peut-être eût-il suffi de s'en tenir provisoirement aux réformes établies par le décret du 17 oct. 1789.

C'est ainsi que la police de sûreté ne fut pas assez fortement organisée, qu'il n'y avait pas d'information écrite suffisante et que les affaires arrivaient à l'audience mal instruites. D'autre part, les jurés comprirent mal la nature de leurs fonctions, étaient peu familiarisés avec la nouvelle législation et furent mal recrutés. Le nombre considérable des questions, par suite de la décomposition de chaque chef d'accusation, était quelquefois tellement considérable, qu'il entraînait des complications, des confusions, des erreurs inévitables.

Les jurés avaient quelquefois à répondre à plusieurs milliers de questions. C'est ainsi que le 9 thermidor an VIII, après vingt-deux heures de délibération sur 7.800 questions, le jury de Chartres jugea quatre-vingt-deux accusés faisant partie de la bande d'Orgères. Vingt-deux furent acquittés, trente-sept condamnés aux fers ou à la réclusion, et vingt-trois, parmi lesquels quatre femmes, furent condamnés à la peine de mort (1).

M. Treilhard, dans son exposé des motifs sur le Code pénal de 1810, parle aussi de 6.000 questions posées au jury. M. Oudart citait dans ses observations sur le projet du Code criminel, un procès dans lequel 36.000 questions étaient posées (2).

Le code du 16 sept. 1791, en exigeant la majorité de dix voix pour la condamnation, faisait la part trop forte à l'accusé.

Enfin le code pénal, en consacrant pour chaque crime des

(1) Elie Berthet (Les Chauffeurs).
(2) Locré, Législation civile, Comment criminel de la France, t. XXV, p. 36 et 673.

peines fixes et invariables, mettait obstacle à l'appréciation des faits accessoires qui modifient presque toujours la moralité du fait principal. Il en résultait que la peine se trouvait fréquemment hors de proportion avec le fait qu'elle avait pour objet de réprimer et que les jurés, transigeant avec leur conscience, préféraient déclarer la non culpabilité d'un coupable, que de provoquer contre lui une condamnation qui eût blessé l'équité. Il résulta de cet état de choses que l'action des lois criminelles fut à peu près nulle, et que les chances d'impunité qu'obtinrent les coupables privèrent la loi pénale de toute puissance répressive et préventive.

Assemblée Nationale Législative.

L'œuvre législative de cette assemblée en matière criminelle, se compose surtout de la loi du 13 janvier 1792, relative à l'installation des tribunaux criminels, et de la loi du 20 mars 1792, relative au mode d'exécution de la peine de mort, qui établit à la suite d'un rapport du docteur Louis, secrétaire de l'académie de médecine, l'usage de la guillotine, dont on retrouve les traces en Ecosse et en Italie, au XVIe siècle. Son invention a été mal à propos attribuée au docteur Guillotin, qui se borna à proposer l'égalité des peines et à demander la recherche d'un supplice prompt et uniforme, en inspirant le décret du 21 janvier 1790.

Le plan de la nouvelle machine fut fourni par un mécanicien appelé Schmidt. La guillotine fut pour la première fois employée le 25 avril 1792.

Convention Nationale.
(*21 sept. 1792 — 4 brumaire an IV, 25 oct. 1795*).

L'œuvre législative de cette assemblée, en matière criminelle, se compose du code des délits et des peines du 3 brumaire an IV, rédigé par le jurisconsulte Merlin, de Douai.

Ce code mit la législation criminelle en harmonie avec les dispositions nouvelles de la constitution démocratique du 5 fructidor an III. Il contient 646 articles, distribués dans trois livres intitulés : *De la Justice, De la Police* et *Des Peines*; il remplaça pour la procédure criminelle, le code du 16 septembre 1791, mais il maintint les dispositions du code pénal du 25 du même mois, pour toutes les dispositions auxquelles il n'était pas dérogé d'une manière expresse.

Ce code, qui porte le cachet du talent de Merlin, se fait remarquer par une rédaction savante, précise, claire, sous le rapport doctrinal : « Expression générale de la philosophie sociale la plus avancée, dit M. Mignet, ce code, écrit avec une clarté élégante, et dont chaque disposition portait, pour ainsi dire, sa raison en elle-même, fut voté en deux séances par la Convention, qui l'adopta de confiance. La pensée de M. Merlin resta pendant près de quinze ans la législation de la France » (Notice historique sur la vie et les travaux de M. Merlin, au tome Ier, p. 225 des Notices et Mémoires historiques).

On a reproché au code du 3 brumaire an IV d'avoir introduit dans la procédure criminelle un trop grand nombre de nullités, qui entravèrent souvent la marche de la justice (1).

La Convention, dans son dernier décret du 4 brumaire an IV, déclara, avant de se séparer, que la peine de mort serait abolie à dater du jour de la publication de la paix générale ; mais ce décret resta sans exécution, car lors de la paix d'Amiens, son application fut ajournée par une loi du 8 nivôse an X.

Directoire.

5 brumaire an IV, 27 oct. 1795 — 18 brumaire an VIII, 9 nov. 1799).

Les désordres, les attentats nombreux, les bandes de brigands troublèrent profondément la sécurité publique à cette époque, et le gouvernement se vit dans la nécessité de mieux assurer l'action de la justice et la répression.

Une loi du 22 prairial an IV, faisant retour aux anciens principes concernant la tentative, déclara punie comme le crime même toute tentative de crime quelconque, ajoutant ainsi à la législation de 1791, qui ne punissait que la tentative d'assassinat et d'empoisonnement. Une autre loi du 19 fructidor an V, complétée par celle du 8 frimaire an VI, décida que les jurés de juge-

(1) Faustin Hélie, t. Ier, n° 384.

ment ne pourront, dans les vingt-quatre heures de leur réunion, rendre leur décision qu'à l'unanimité. Après ce délai, s'ils ne sont pas unanimes, ils la rendront à la majorité absolue. En cas de partage, le chef du jury fera, après les vingt-quatre heures, une déclaration à la décharge de l'accusé.

Enfin, une loi du 27 nivôse an VI, établit une répression sévère contre les vols commis par force ouverte ou par violence sur les routes et voies publiques, et contre ceux commis dans les maisons habitées, avec effraction et escalade. Ces vols et leurs tentatives furent punis de mort et déférés aux conseils de guerre. Cette dernière loi ne devait être en vigueur que pendant une année, à dater de sa promulgation ; mais elle fut prorogée jusqu'au 29 nivôse an VIII, par une seconde loi du 29 brumaire an VII.

Consulat.

(18 brumaire an VIII, 10 nov. 1799 — 27 floréal an XII, 17 mai 1804).

Par suite de la nouvelle organisation politique créée par la constitution du 22 frimaire an VIII, des changements importants devinrent nécessaires dans l'ordre judiciaire. Trois principes dominent la nouvelle organisation : 1° *Suppression du système électif* et nomination de magistrats par le pouvoir exécutif. La justice est rendue au nom du pouvoir exécutif, par les magistrats qu'il nomme.

2° *Inamovibilité des juges.* — Les juges ne peuvent être révoqués par le pouvoir qui les a nommés. Cette garantie fut établie pour assurer leur indépendance nécessaire à l'administration de la justice.

3° *L'exercice de l'action publique* fut placé dans les mains d'un commissaire du gouvernement représentant le pouvoir exécutif auprès des tribunaux. L'accusateur public fut supprimé.

La loi du 27 ventôse an VIII organisa conformément à ces principes, un nouvel ordre judiciaire. Elle établit dans chaque arrondissement des tribunaux de première instance jugeant les affaires civiles et les affaires correctionnelles; créa 29 tribunaux d'appel dans des localités déterminées, et fonda un tribunal criminel par département, composé d'un président et de deux juges, d'un commissaire du gouvernement, d'un greffier; ce tribunal jugeait les affaires criminelles avec assistance du jury et statuait sur l'appel des jugements correctionnels des tribunaux de département.

Une loi du 6 germinal an VIII confia la formation des listes des jurés aux juges de paix, aux sous-préfets et aux préfets.

Une loi du 7 pluviôse an IX organisa, à nouveau, la poursuite et l'instruction en matière de crime et de délit. Elle établit près de chaque tribunal de première instance, un magistrat de sûreté, substitut du commissaire du gouvernement près le tribunal criminel, chargé de la recherche des délits et des crimes. Elle conféra la police judiciaire aux officiers de gendarmerie, maires, adjoints et commissaires de police, et attribua au directeur du jury, les fonctions de juge d'instruction. Enfin elle organisa une information secrète et écrite, qui, empruntée à l'ordonnance de 1670 et combinée avec la procédure publique et orale du jugement, constitue une procédure *mixte dite Française*.

La nécessité de mieux assurer la répression des délits se fit encore vivement sentir. M.* Thiers a dépeint dans des termes énergiques, les brigandages que commettaient à cette époque des bandes de chauffeurs et de brigands qui infestaient les routes et jetaient la désolation et la terreur dans les campagnes.

« Le brigandage s'était encore accru à l'approche de l'hiver.
« On ne pouvait plus parcourir les routes sans s'exposer à y
« être pillé ou assassiné. Les départements de la Normandie, de
« l'Anjou, du Maine, de la Bretagne, du Poitou, étaient comme
« jadis les théâtres de ce brigandage. Mais le mal s'était pro-
« pagé. Plusieurs départements du Centre et du Midi, tels que
« ceux du Tarn, de la Lozère, de l'Aveyron, de la Haute-Garonne,
« de l'Hérault, du Gard, de l'Ardèche, de la Drôme, de Vau-
« cluse, des Bouches-du-Rhône, des Hautes et Basses-Alpes, du
« Var, avaient été infestés à leur tour. Dans ces départements
« les troupes de brigands s'étaient recrutées des assassins du
« Midi qui, sous prétexte de poursuivre les jacobins, égorgeaient
« pour les voler, les acquéreurs de biens nationaux, des jeunes
« gens qui ne voulaient pas obéir à la conscription et de quel-
« ques soldats que la misère avait chassés de l'armée de Ligurie
« pendant le cruel hiver de 1799 à 1800. Les malheureux, une
« fois engagés dans cette voie criminelle, y avaient pris goût, et

« il n'y avait que la force des armes et la rigueur des lois qui
« pussent les en détourner. Ils arrêtaient les voitures publiques;
« ils enlevaient chez eux les acquéreurs de biens nationaux,
« souvent aussi les propriétaires riches, les transportaient dans
« les bois comme le sénateur Clément de Ris par exemple, qu'ils
« avaient détenu pendant 20 jours; faisaient subir d'horribles
« tortures à leurs victimes, quelquefois leur brûlaient les pieds
« jusqu'à ce qu'elles se rachetassent en livrant des sommes con-
« sidérables. Ils s'attaquaient surtout aux caisses publiques et
« allaient chez les percepteurs eux-mêmes s'emparer des fonds
« de l'Etat sous prétexte de faire la guerre au gouvernement.
« Des vagabonds qui, au milieu de ces temps de troubles, avaient
« quitté leur province pour se livrer à la vie errante, leur ser-
« vaient d'éclaireurs en exerçant dans les villes le métier de
« mendiants. Ces misérables, s'informant de tout, pendant qu'ils
« étaient occupés à mendier, signalaient aux brigands leurs
« complices, ou les voitures à arrêter ou les maisons à piller.
« Il fallait de petits corps d'armée pour combattre ces
« bandes. Quand on parvenait à les atteindre, la justice ne pou-
« vait sévir, car les témoins n'osaient pas déposer et les jurés
« craignaient de prononcer des condamnations.
« Les mesures extraordinaires sont toujours regrettables,
« moins par les rigueurs qu'elles entraînent que par l'ébranle-
« ment qu'elles causent à la constitution d'un pays, surtout
« quand cette constitution est nouvelle.
« Mais ici des mesures de ce genre étaient inévitables, car la
« justice ordinaire, après avoir été essayée, venait d'être recon-
« nue impuissante.
« On avait préparé un projet de loi pour instituer des tribu-
« naux spéciaux, destinés à réprimer les brigandages. Ce projet
« préparé au Corps législatif, réuni dans le moment, était l'objet
« des plus vives attaques de l'opposition.
« Le premier Consul, exempt de ces scrupules de légalité qui
« ne naissent que dans les temps calmes, et qui, même lorsqu'ils
« arrivent à être petits ou étroits, sont du moins un signe heu-
« reux de respect pour le régime légal; le premier Consul n'avait
« pas hésité à recourir aux lois militaires en attendant l'adop-
« tion du projet actuellement en discussion. Comme il fallait

« employer des corps de troupes pour réprimer ces bandes de
« brigands, la gendarmerie n'étant plus assez forte pour les com-
« battre, il crut assimiler cette situation à un cas de guerre vé-
« ritable qui autorisait l'application des lois propres à l'état de
« guerre. Il forma plusieurs petits corps d'armée qui parcou-
« raient les départements infestés et que suivaient les commis-
« sions militaires. Tous les brigands pris les armes à la main
« étaient jugés en 48 heures et fusillés.

« L'horreur qu'inspiraient ces scélérats était si grande et si
« générale que personne n'osait élever un doute ni sur la régu-
« larité ni sur la justice de ces exécutions (1). »

Pour mettre fin à ces désordres, une loi du 18 pluviôse an IX
organisa des tribunaux spéciaux composés de huit membres. Le
président et deux juges, tous trois membres du tribunal criminel,
trois militaires ayant au moins le grade de capitaine et deux citoyens ayant les qualités requises pour être juges, choisis par le
premier Consul. Ils étaient appelés à connaître des crimes commis
par les vagabonds et les repris de justice, des crimes commis sur
les grandes routes ou en campagne par des bandes armées, des
attentats dirigés contre les acquéreurs des biens nationaux et
enfin des assassinats tentés avec préméditation contre les chefs
du gouvernement. Une loi du 23 floréal an X organisa un second
ordre de tribunaux spéciaux composés du président du tribunal
criminel, de celui du tribunal civil de première instance et de
deux juges pris dans chacun de ces corps judiciaires. Ils statuaient sans jurés sur le crime de faux et sur l'incendie des dépôts de grains.

Ces juridictions exceptionnelles étaient imposées par la nécessité : « On pouvait objecter à ces tribunaux, dit M. Thiers,
« tout ce qu'on peut objecter à la justice exceptionnelle. Mais il
« y avait à dire en leur faveur que jamais société plus profondé-
« ment agitée n'avait excipé de moyens plus prompts et plus
« extraordinaires pour la calmer. » (L. C. p. 340).

Cette même loi du 23 floréal an X établit une peine nouvelle,
celle de la flétrissure avec un fer brûlant. Elle l'appliquait à
deux ordres de condamnés : aux récidivistes qui seront marqués

(1) Thiers, Histoire du Consul. et l'Empire, t. Ier, p. 304.

sur l'épaule gauche de la lettre R et aux faussaires qui seront marqués sur l'épaule droite de la lettre F.

Cette répression sévère et énergique eut raison de ces bandes de brigands qui ne tardèrent pas à disparaître : « Cette race de « brigands qui s'était formée des déserteurs de l'armée et des « soldats licenciés de la guerre civile, qui poursuivait les pro- « priétaires riches dans les campagnes, les voyageurs sur les « grandes routes, pillait les caisses publiques et jetait la ter- « reur dans le pays, venait d'être réprimée avec la dernière ri- « gueur. Ces brigands avaient choisi pour se répandre le mo- « ment où les armées parties presque toutes à la fois au dehors, « avaient privé l'intérieur des forces nécessaires à sa sécurité. « Mais depuis la paix de Lunéville et le retour de nos troupes en « France, la situation n'était plus la même. De nombreuses co- « lonnes mobiles accompagnées d'abord de commissions mili- « taires et plus tard de ces tribunaux spéciaux dont nous avons « raconté l'établissement, avaient parcouru les routes en tous « sens, et châtié avec la plus impitoyable énergie, ceux qui les « infestaient. Plusieurs centaines d'entr'eux avaient été fusillés « en six mois, sans qu'aucune réclamation ne s'élevât en faveur « des scélérats, restes impurs de la guerre civile. Les autres, « complètement découragés, avaient remis leurs armes et fait « leur soumission. La sécurité était rétablie sur les grands che- « mins, et tandis qu'aux mois de janvier et février 1801 on pou- « vait à peine voyager de Paris à Rouen ou de Paris à Orléans, « sans courir le danger d'être égorgé, on pouvait, à la fin de cette « même année, traverser la France entière sans être exposé à « aucun accident. C'est à peine si dans le fond de la Bretagne ou « dans l'intérieur des Cévennes, il subsistait encore quelques « restes de bandes. Elles allaient être bientôt dispersées » (Thiers, l. c. tome III, p. 287).

SECTION VIII

DROIT CRIMINEL DE L'EMPIRE.

Une commission, nommée sous le Consulat par un arrêté du 7 germinal an IX et composée de MM. Vieillard, Target, Oudard, Treilhard et Blondel, avait été chargée de rédiger un projet de Code criminel. Cette commission avait déposé un travail en 1169 articles, qui embrassait à la fois le droit pénal et les dispositions relatives à la procédure.

En tête de ce projet étaient placées des observations générales, rédigées par M. Target, pour ce qui concernait la pénalité, et par M. Oudard, pour la partie qui se rattachait aux dispositions organiques et aux formes. Ces travaux furent immédiatement imprimés (1) et adressés au tribunal de cassation, aux tribunaux criminels et aux tribunaux d'appel, pour qu'ils eussent à donner leurs observations.

Ces observations (2) furent en général peu favorables au jury et à la législation de l'Assemblée constituante, qui avait livré la société désarmée aux attentats des malfaiteurs. Elles manifestèrent des tendances vers un retour à l'ancienne procédure, consacrée par l'ordonnance de 1670, convenablement modifiée.

Le tribunal d'Aix, par exemple, s'exprimait en ces termes : « Soit que nos mœurs ne comportent point la forme du jugement « par jurés, soit qu'elle ne puisse pas s'accommoder à notre si- « tuation présente, à la suite des troubles civils qui nous ont « agités, nous n'hésitons pas à penser que l'ordonnance de 1670, « modifiée par les décrets de 1789, offre plus de garanties et des « motifs plus réels de sécurité. Peut-être, en y joignant la publi- « cité des débats comme en matière correctionnelle, aurait-on « trouvé le point de perfection auquel on peut atteindre pour « concilier les droits des accusés avec ceux de la société. »

Le tribunal de Pau s'exprimait ainsi :

---

(1) Ils ont été recueillis en un volume in-8° qui a pour titre : Projet de Code criminel avec les observations des rédacteurs, celles du tribunal de cassation et le compte-rendu par le Grand-Juge, Paris, an XII.

(2) Observ. des trib. d'appel sur le projet de C. crim , 4 v. in-4°, an XIII.

« La procédure établie par l'ordonnance de 1670, fut justement
« abrogée par deux raisons principales : la première, que l'ins-
« truction était secrète ; la seconde, que l'accusé étant sans con-
« seil, il était aussi sans défense. Au lieu de changer cet ordre
« vicieux, l'esprit de système né de la révolution adapta une
« institution étrangère à nos usages, et qui jugée par ses effets,
« sans prévention comme sans enthousiasme, présente plus d'in-
« convénients que d'avantages. Que l'instruction soit publique,
« que l'accusé soit défendu, que le jugement appartienne à des
« magistrats, que le travail et l'habitude de juger rendent plus
« propres à discerner l'innocence du crime, voilà ce que l'expé-
« rience a démontré être préférable à des théories séduisantes,
« dont la bonté est démentie par la pratique. »

La cour de cassation elle-même, appelée, par un arrêté du 25
ventôse an X, à présenter chaque année aux consuls, des observations sur les parties de la législation qui pouvaient nécessiter
des réformes, mettait en question les avantages de l'institution
du jury : « Peut-être serait-il à examiner, disait-elle par l'organe
« de M. Muraire, son premier président, si l'ordonnance de
« 1670, modifiée par les décrets de 1789, n'offre pas une garantie
« plus sûre et des motifs plus réels de sécurité » (Locré, Lég.
civ., com. et criminelle de la France, tome I, p. 206).

Tous ces documents furent transmis à la section de législation
du Conseil d'Etat.

Le 2 prairial au XII, l'empereur se fait rendre compte des travaux du Conseil d'Etat et ordonne la rédaction d'une série de
questions fondamentales, sur lesquelles la discussion devra s'é-
tablir. Ces questions, au nombre de quatorze, sont soumises au
Conseil d'Etat, dans la séance du 16 prairial au XII, présidée
par l'empereur. On remarque les suivantes :

Ire question. L'institution du jury sera-t-elle conservée?

IIe question. Y aura-t-il un jury d'accusation et un jury de
jugement?

Ve question. L'instruction sera-t-elle purement orale ou partie
orale et partie écrite?

VIe question. Présentera-t-on plusieurs questions au jury de
jugement ou n'en présentera-t-on qu'une : *N. est-il coupable?*

IXe question. La peine de mort sera-t-elle conservée ?

X^e question. Y aura-t-il des peines perpétuelles ?

XIIe question. Les juges auront-ils une certaine latitude dans l'application des peines ? Y aura-t-il un maximum et un minimum qui leur laisseront la faculté de prononcer la peine pour plus ou moins de temps, suivant les circonstances ?

La discussion du projet du Code criminel s'établit sur ces bases au sein du Conseil d'Etat. On est unanime pour supprimer le jury d'accusation. Les opinions se divisent, et la discussion devient très vive par rapport au jury de jugement. Siméon, Portalis, Bigot-Préameneu, Jaubert, proposent de le supprimer; Berlier, Cretet, Treilhard, Bérenger, sont d'avis de le conserver. Cambacérès paraît hésiter (1) ; l'empereur se prononce en faveur du jury convenablement organisé et en réservant la connaissance d'un certain ordre de crimes à des tribunaux spéciaux. Voici les opinions que l'empereur exprimait dans le sein du Conseil d'Etat, à la séance du 9 prairial an XII : « De part et « d'autre, on allègue des raisons très fortes pour et contre l'ins- « titution des jurés ; mais on ne peut se dissimuler qu'un gou- « vernement tyrannique aurait plus d'avantages avec des jurés « qu'avec des juges, qui sont moins à sa disposition et qui lui « offriront toujours plus de résistance ; aussi, les tribunaux les « plus terribles avaient-ils des jurés (Il veut parler des tribu- « naux révolutionnaires). S'ils eussent été composés de magis- « trats, les habitudes et les formes auraient été un rempart « contre les condamnations injustes et arbitraires. » Après avoir admis le jury, s'il était possible de le bien composer, l'empereur continuait en ces termes :

« Il serait nécessaire aussi d'organiser des tribunaux d'excep- « tion pour connaître des délits commis par des individus non

---

(1) Quelques mesures qu'on prenne, disait-il, dans la séance du Conseil d'Etat du 23 janvier 1808, le jury sera toujours mal composé, et pourquoi? parce qu'il n'est pas dans le caractère de la nation. Il existe en France un esprit d'industrie qui fait que chacun n'aime à s'occuper que de ses affaires ; encore moins est-on disposé à les quitter pour des fonctions qui n'ont rien d'attrayant. Les uns craignent les déplacements multipliés et la perte de temps qu'entraîne la remise de la cause, les autres la perplexité où se trouvent des personnes peu exercées lorsqu'il leur faut prononcer sur des faits obscurs, en tirer des conséquences et décider du sort des hommes, le ministère fatigue les consciences délicates (Locré, Légis. civ. et cr. t. XXIV, p. 584).

« domiciliés ou réunis en bandes. La répression de pareils ac-
« cusés est au-dessus de la force des jurés ; ils se laisseront trop
« facilement intimider, il est même possible que la crainte séduise
« leur conscience et les dispose à donner plus de poids aux vaines
« excuses des accusés. Les tribunaux d'exception ne peuvent être
« dangereux, lorsque le tribunal de cassation prononce la com-
« pétence » (Locré, Lég. civ. et crim. tome XXIV, p. 46).

Dans une autre séance du 6 février 1808, l'empereur s'exprimait ainsi : « N'est-ce pas abandonner trop aux tribunaux que
« de les constituer tout à la fois juges du droit et juges du fait »
(Locré, l. c., p. 611).

La conservation du jury de jugement, mise trois fois en question au sein du Conseil d'Etat, est trois fois résolue d'une manière favorable. Cette question vient se rattacher à l'organisation
d'un nouvel ordre judiciaire.

Réunira-t-on la justice criminelle à la justice civile ? Etablira-
t-on de grands corps judiciaires ?

« Dans l'état actuel des choses, disait l'empereur, la poursuite
« des crimes est conférée à un magistrat de sûreté, à un juge
« instructeur, au procureur général, fonctionnaires isolés, qui
« ne trouvent pas en eux assez de force pour attaquer les cou-
« pables puissants. Le tribunal ne peut les mettre en mouve-
« ment ni ranimer leur énergie, car il est sans pouvoir sous ce
« rapport, et le président le plus ferme dans ses fonctions verrait
« commettre un délit, qu'il serait réduit à en être le témoin pas-
« sif... Il s'agit de former de grands corps, forts de la considéra-
« tion que donne la science civile, forts de leur nombre, au-des-
« sus des craintes et des considérations particulières, qui fassent
« pâlir les coupables, quels qu'ils soient, et qui communiquent
« leur énergie au ministère public ; il s'agit enfin d'organiser la
« poursuite des crimes ; elle est nulle dans l'état actuel des
« choses » (Locré, Lég. tome Ier, p. 220).

On adopte, en principe, la fusion des deux justices et la création des cours impériales. On s'arrête à l'idée de faire statuer sur
la mise en accusation au moyen d'une procédure écrite, et d'envoyer un membre de la cour dans chaque département pour présider les assises. L'institution du jury pourra ainsi s'adapter à la
nouvelle organisation des corps judiciaires.

ORGANISATION JUDICIAIRE ET PROCÉDURE CRIMINELLE

(Loi du 20 avril 1810 et C. d'Instr. crim. de 1808).

L'organisation judiciaire nouvelle comprend : 1° 29 *cours impériales*, remplaçant les tribunaux d'appel ; 2° des *cours d'assises*, jugeant avec assistance du jury ; 3° des *cours spéciales ordinaires* et *extraordinaires*.

Les *cours d'assises* se composent d'un président pris dans la cour d'appel, désigné par le ministre de la justice ou le premier président, de quatre conseillers au chef-lieu de la cour d'appel, ou dans les autres départements de quatre juges du tribunal, du procureur général ou de son substitut, qui porte le titre de procureur impérial criminel, enfin du greffier (art. 252 et 253). Les jurés sont pris parmi certaines catégories de citoyens désignés limitativement par l'art. 382, ayant trente ans accomplis et jouissant des droits politiques et civils. Cependant des citoyens non compris dans ces classes peuvent être admis à l'honneur de remplir les fonctions de jurés, à titre de jurés de bonne volonté, si le préfet obtient sur leur compte des renseignements avantageux (art. 386). Les jurés qui montreront un zèle louable, recevront de l'empereur des témoignages honorables de sa satisfaction.

La liste des jurés était dressée au choix par le préfet et comprenait soixante noms ; le président des assises en choisissait à son tour trente-six pour le service de la session (art. 387). Le jury était ainsi réduit à une commission spéciale, nommée par l'autorité, et n'existait plus que nominalement.

Une seconde réforme importante est apportée dans le fonctionnement du jury, pour éviter le trop grand nombre de questions sur chaque chef d'accusation ; la question de culpabilité est réduite à une seule question complexe : L'accusé est-il coupable d'avoir commis tel crime (art. 337)? Enfin les décisions du jury sont prises à la simple majorité (art. 347).

Les cours spéciales sont *ordinaires* ou *extraordinaires*. Les *cours ordinaires* se composent de cinq membres de la cour d'assises et de trois militaires ayant au moins le grade de capitaine, nommés par l'empereur et choisis chaque année parmi les officiers de gendarmerie (art. 553 et suiv. C. I. cr. et loi du 20 avril

1810, art. 23 et suiv.). Ces cours sont appelées à statuer sur certains faits déterminés par l'art. 554 du C. d'I. cr. et sur les crimes commis par certaines personnes : vagabonds, gens sans aveu et récidivistes. Leur arrêt est exécuté dans les 24 heures. Les cours spéciales extraordinaires sont instituées pour permettre de suspendre le jugement par jurés, et elles peuvent remplacer les cours d'assises dans les lieux dans lesquels la multiplicité de certains crimes peut exiger des voies de répression plus actives. Elles se composent de huit membres de la cour impériale, dont l'un est désigné pour être le président (loi du 20 avril 1810, art. 25 à 31). Elles se transportent dans l'étendue du ressort pour y juger les affaires de leur compétence et rappellent les assises extraordinaires des Grands-Jours.

Par suite de cette organisation, les attributions du jury et son organisation sont considérablement amoindries, puisque d'une part il est choisi par l'autorité, que d'autre part il n'a plus d'attributions pour les affaires déférées aux cours spéciales ordinaires, et qu'enfin son fonctionnement peut être suspendu par l'organisation des cours spéciales extraordinaires.

Procédure introduite par le Code de 1808

Le Code d'Instruction criminelle organise une procédure mixte qui emprunte à l'ordonnance de 1670 son information secrète et écrite, déjà consacrée par la loi du 7 pluviôse an IX, et au Code de l'Assemblée constituante et de la Convention, l'instruction orale avec publicité des débats qui précèdent le jugement.

La police judiciaire est organisée sur les bases de la loi du 7 pluviôse an IX et du Code des délits et des peines du 3 brumaire an IV. Le jury d'accusation étant supprimé, est remplacé, pour l'information, par la chambre du conseil des tribunaux de première instance et par la chambre d'accusation des cours impériales. Le Code d'Instruction criminelle, par la nouvelle organisation de la procédure, concilie sagement les intérêts de la société, avec les garanties dues à l'accusé, et tient un juste milieu entre l'ordonnance de 1670, qui sacrifiait l'accusé à la société, et la législation de 1791, qui se préoccupait trop exclusivement d'eux et laissait la société sans défense.

Droit pénal.

Le Code pénal est inspiré par les idées utilitaires émises dans les écrits de Jérémie Bentham. C'est ainsi que M. Target, dans ses observations sur le projet de Code pénal, disait : « C'est la « *nécessité* de la peine qui la rend légitime. Qu'un coupable « *souffre*, ce n'est pas le dernier but de la loi ; mais que les « crimes soient *prévenus*, voilà ce qui est d'une haute impor- « tance. La gravité des crimes se mesure donc, non pas tant sur « la *perversité* qu'ils annoncent, que sur les *dangers* qu'ils en- « traînent. L'efficacité de la peine se mesure moins sur la rigueur « que sur la *crainte* qu'elle inspire. Et cette crainte est propor- « tionnée à la *certitude* et à la *célérité* de la peine plus qu'à sa « sévérité » (Locré, tome XXIX, p. 8).

Ce Code déploie une grande sévérité : il prodigue la peine de mort, l'applique aux crimes politiques, aux attentats contre la propriété, tels que certains vols qualifiés (art. 381) ; il établit des peines perpétuelles, il consacre la mort civile et la confisca- tion générale, il inflige la mutilation du poing, la marque avec un fer brûlant, le carcan. Cependant il introduit une heureuse innovation quant aux peines pécuniaires et aux peines priva- tives de la liberté temporaire, en laissant aux juges une assez grande latitude entre un maximum et un minimum pour leur ap- plication ; il les autorise à tenir compte des circonstances atté- nuantes en matière correctionnelle, toutes les fois que le pré- judice causé n'excédera pas 25 francs, et à réduire dans ce cas les peines correctionnelles au taux des peines de police (art. 463).

Un décret du 3 mars 1810 établit des prisons d'Etat, dans les- quelles les citoyens peuvent être détenus sans être poursuivis devant les tribunaux et sans avoir subi de condamnation.

SECTION IX

DROIT CRIMINEL DE 1814 A NOS JOURS.

—

Restauration.

(14 avril 1814 — 29 juillet 1830).

La charte du 4 juin 1814 opéra plusieurs modifications importantes dans l'organisation judiciaire et la législation pénale.

1° *Suppression des tribunaux extraordinaires.* — La charte abolit les juridictions extraordinaires établies par l'empire, et supprime les cours spéciales en posant en principe que nul ne pourrait être distrait de ses juges naturels (art. 62) et qu'il ne pourra en conséquence être créé de commissions ou tribunaux extraordinaires. Cependant elle autorise le rétablissement des cours prévôtales (art. 63), qui eut lieu en vertu de la loi du 20 décembre 1815, et qui existèrent jusqu'en 1817.

2° *Abolition de la confiscation générale* (art. 66). — Cet article déclare en outre que cette peine ne pourra pas être rétablie.

3° *Garantie de la liberté individuelle et suppression des prisons d'Etat* (art. 4).

4° La charte maintient en outre expressément le *privilège de la publicité des débats* et l'*institution des jurés* (art. 65).

Les changements opérés dans les mœurs et le rétablissement de la sécurité rendirent nécessaires des modifications dans la pénalité. La pénalité de l'empire était devenue excessive, et le pays portant son jugement contre elle par l'intermédiaire du jury, protestait contre sa sévérité, en prononçant des acquittements, le jury aimant mieux acquitter des coupables que les condamner à une pénalité trop rigoureuse, justifiant ainsi cette pensée de Montesquieu : « Les peines immodérées jettent la terreur « dans l'esprit, mais elles ont cet effet qu'on ne trouve plus per- « sonne pour accuser ni pour condamner, au lieu qu'en propo- « sant des peines modiques, on aurait des juges et des accusa- « teurs » (Esprit des lois, liv. VI, ch. XIV). « Lorsque les peines

« sont sans mesure, on est souvent obligé de leur préférer l'im-
« punité » (liv. VI, ch. XIII).

En même temps, des publicistes réclamaient une réforme de la
législation criminelle (Legraverend : Des lacunes et des besoins de
la législation criminelle, 1824. Bérenger : De la justice criminelle
en France, 1818). Cette réforme fut essayée d'une manière timide
et opérée avec une grande réserve par la loi du 25 juin 1824. Elle
n'adoucit que pour un petit nombre de crimes les peines établies dans le Code de 1810 ; elle investit pour des cas limitativement déterminés par elle, les cours d'assises du pouvoir de constater en matière criminelle l'existence des circonstances atténuantes
et elle les autorise à abaisser alors la peine par rapport à certains faits de un degré, par rapport à d'autres de deux degrés, en
descendant même à l'emprisonnement correctionnel, pourvu
toutefois que les condamnés ne soient ni vagabonds, ni mendiants, ni récidivistes. Elle attribue aux tribunaux correctionnels la connaissance des crimes commis par des mineurs de seize
ans, qui n'ont pas de complices au-dessus de cet âge, lorsque la
loi n'attache pas aux faits pour lesquels ils sont poursuivis la
peine de mort, et les peines des travaux forcés à perpétuité et de
la déportation.

Les lois du 2 mai 1827 et du 2 juillet 1828 modifièrent le mode
de recrutement du jury en substituant en partie la voie du sort,
au choix exclusif de l'administration et de l'autorité judiciaire.

Règne de Louis-Philippe.
(7 août 1830 — 24 février 1848).

Modification de la législation pénale. — Les idées philosophiques sur le droit de punir de la société se sont modifiées, et
au système utilitaire qui avait inspiré la législation de l'Empire,
les publicistes ont substitué un système qui rattache le principe
du droit de punir à la justice, et la mesure de la peine à l'utilité.
Des écrits très remarquables furent publiés à cette époque sur
cette question. M. Guizot la traita dans son écrit : « De la peine
de mort en matière politique » (1822). Elle fit l'objet d'une étude
spéciale de M. le duc de Broglie, dans la Revue française du
mois de septembre 1828. La nouvelle doctrine était également

enseignée par M. Rossi, dans son Traité du droit pénal, dont la première édition parut en 1829.

Une révision des lois criminelles devenait donc nécessaire. Mais on se demanda si l'on procéderait à une refonte générale de ces lois ou si l'on se bornerait à une révision partielle. Le gouvernement se rangea à ce dernier avis. « On ne saurait se « dissimuler, disait M. Barthe, le garde des sceaux, dans son « exposé des motifs, qu'en s'imposant la tâche de reviser 484 ar- « ticles du code pénal et les lois accessoires, beaucoup plus « nombreuses encore, on risquerait de retarder plus qu'on ne « doit des améliorations dont la plupart présentent un ca- « ractère d'urgence incontestable. On a préféré pourvoir au plus « pressé. »

De ces travaux sortit la loi du 28 avril 1832, qui revisa 10 articles du code d'instruction criminelle et 90 articles du code pénal.

Les modifications introduites par cette loi sont les suivantes :

1º Elles suppriment les peines de la mutilation du poing, de la marque et du carcan ; elles substituent à cette dernière l'exposition publique.

2º Elles consacrent pour les crimes politiques une pénalité différente de celle qui est applicable aux crimes communs, et elles créent à cet effet la peine de la détention.

3º Elles suppriment la peine de mort dans neuf cas.

4º Enfin elles changent toute l'économie du code pénal en conférant aux jurés le droit de déclarer, en matière de crimes, l'existence des circonstances atténuantes en faveur des accusés qu'ils reconnaissent coupables, et en imposant dans ce cas aux cours d'assises l'obligation de descendre la peine d'un degré, avec faculté de l'abaisser encore d'un second degré lorsqu'elle n'est pas commuée en un emprisonnement correctionnel. Cette réforme profonde investit les jurés du droit de déterminer, dans une certaine latitude, la moralité juridique des actes dont ils reconnaissent l'accusé coupable, et procure au juge les moyens d'arriver à une proportion plus exacte entre la peine et la gravité du fait pour lequel elle est appliquée.

Une loi du 13 mai 1836 vint apporter des modifications assez importantes au mode de voter du jury au scrutin secret.

République.

(1848 — 2 décembre 1852).

Organisation judiciaire. — Une loi du 7 août 1848 sur le jury, étend l'admission aux fonctions de juré à tous les Français âgés de trente ans, jouissant des droits civils et politiques, sauf les cas d'incapacité et de dispense qu'elle détermine. Elle confie la confection de la liste annuelle et permanente du jury dans les cantons aux délégués des conseils municipaux de toutes les communes, présidés par un membre du conseil général du département ou par le juge de paix.

Une loi du 15 août 1849 détermine les effets de l'état de siège et consacre comme conséquence de cette mesure la compétence des tribunaux militaires pour le jugement des crimes et délits contre la sûreté publique, quelle que soit la qualité des inculpés.

Droit pénal. — Les modifications les plus importantes apportées sous ce régime à la législation criminelle, concernent le droit pénal.

Un décret du 26 février 1848 abolit la peine de mort en matière politique, et cette abolition est confirmée par l'article 5 de la constitution du 4 novembre 1848. Cette peine est remplacée le 8 juin 1850 par la déportation dans une enceinte fortifiée. Cette loi du 8 juin 1850 désigne en même temps les lieux où doivent se subir la déportation dans une enceinte fortifiée et la déportation simple : la vallée de Waïthau, dans l'ilot de Tahouata pour la première, l'île de Nouka-Hiva pour la seconde, ces deux lieux faisant partie des îles Marquises, dans la Polynésie.

Un décret du 12 avril 1848 supprime l'exposition publique, comme dégradante pour la dignité humaine, inégale et immorale.

Enfin, une loi du 5 août 1850 organise un ensemble de mesures relatives à l'éducation et au patronage des jeunes détenus, et crée pour les recevoir des colonies pénitentiaires et des colonies correctionnelles.

Un décret du 8 décembre 1851, intervenu après le coup d'Etat, réglemente à nouveau et rend plus rigoureuse la surveillance de la haute police.

Second Empire.

(1852 — 4 septembre 1870).

Des modifications importantes sont apportées sous ce régime au code pénal et à la procédure criminelle.

La mort civile est abolie par une loi du 31 mai 1854, et remplacée par l'interdiction légale, la dégradation civique et la double incapacité de disposer et de recevoir à titre gratuit.

Le mode d'exécution de la peine des travaux forcés est entièrement transformé par la loi du 30 mai 1854, qui supprime les bagnes et les remplace par la transportation dans une colonie.

Le 13 mai 1863, a lieu une révision partielle du code pénal, portant sur 65 dispositions, comblant certaines lacunes, notamment en matière de récidive ; abaissant la pénalité pour certains faits, notamment en rangeant dans la classe des délits correctionnels des faits qui étaient qualifiés crimes ; enfin créant certaines incriminations nouvelles, en un mot introduisant dans le code pénal des perfectionnements indiqués par la pratique judiciaire.

Une loi du 27 juin 1866, modifiant les articles 5, 6 et 7 du code d'instruction criminelle, vient réglementer d'une façon plus complète qu'auparavant, la répression des crimes, délits et contraventions commis en pays étranger.

Enfin, une loi du 22 juillet 1867 supprime la contrainte par corps en matière civile et commerciale, et ne la laisse subsister, sous des conditions restrictives, qu'en matière pénale.

Procédure criminelle. — Les modifications les plus importantes apportées à la procédure criminelle, concernent la suppression, par la loi du 17 juillet 1856, de la chambre du conseil, dont les pouvoirs sont transportés à la chambre d'accusation, et une réforme des règles de la révision des procès criminels, par la loi du 29 juin 1867.

République.

(De 1870 à nos jours).

Depuis 1870, la législation criminelle a subi des modifications nombreuses.

Une première réforme est apportée par la loi du 21 novembre 1872, complétée par une loi du 31 juillet 1875, au mode de recrutement du jury et à la composition des listes annuelles et de session, à laquelle prennent part, pour la première, dans chaque canton, le juge de paix, ses suppléants et les maires, et pour la seconde, dans chaque arrondissement, le président du tribunal, les juges de paix et les conseillers généraux de l'arrondissement.

Le *droit pénal* a subi des réformes notables.

La loi du 23 mars 1872 désigne de nouveaux lieux de déportation : la presqu'île Ducos, dans la Nouvelle-Calédonie, pour la déportation dans une enceinte fortifiée, et l'île des Pins ou l'île Maré, dépendant également de la Nouvelle-Calédonie, pour la déportation simple. Le nombre des déportés s'étant considérablement augmenté à la suite de condamnations prononcées contre ceux qui avaient participé à l'insurrection de la Commune de 1871, une loi du 23 mars 1873 réglementa avec détails leur discipline et leur condition juridique à la Nouvelle-Calédonie.

La surveillance de la haute police, peine souvent attaquée et fréquemment modifiée, fut réglementée par une loi du 23 janvier 1874 qui, établissant un régime tenant le milieu entre celui de 1832, trop large, et celui trop rigoureux de 1851, supprima la perpétuité de la surveillance et, suivant le mouvement abolitionniste, la rendit facultative au gré des juges.

Une enquête fut ouverte par ordre de l'Assemblée nationale en 1872, sur les défectuosités de notre système pénitentiaire et les améliorations dont il était susceptible. Elle aboutit, à la suite de remarquables travaux, à la loi du 5 juin 1875, établissant le régime cellulaire comme régime futur des prisons départementales.

Enfin, en 1880, un décret du 13 juin vint réglementer le régime disciplinaire des condamnés aux travaux forcés transportés dans la Nouvelle-Calédonie, et une loi du 25 décembre, pour mettre fin aux attentats devenus fréquents dans les maisons centrales par les détenus désireux d'être condamnés aux travaux forcés et transportés, décida que la peine des travaux forcés, lorsqu'elle serait prononcée pour un crime commis dans une prison, serait subie dans l'intérieur même de la prison.

PROLÉGOMÈNES.

[Depuis cette époque, des lois importantes ont été promulguées pour combattre par divers moyens l'accroissement incessant de la récidive :

1° *Loi du 27 mai 1885*, établissant la *relégation* dans les colonies de certains récidivistes et malfaiteurs de profession et supprimant la *surveillance de la haute police*, qui, loin de détourner de la rechute les libérés, paraissait les y pousser au contraire : cette peine est désormais remplacée par la simple *interdiction de certains séjours*.

2° *Loi du 14 août 1885*, due à l'initiative de M. le sénateur Bérenger, qui organise des moyens de prévenir la récidive : — Introduction dans notre pratique pénitentiaire de la *libération conditionnelle*; — facilités données à la *réhabilitation* des condamnés ; — encouragement au développement des *sociétés de patronage* pour les libérés.

3° *Loi du 24 juillet 1889*, pour la protection des *enfants moralement abandonnés* qu'elle arrache à des parents indignes, en prononçant contre ceux-ci la déchéance de la puissance paternelle.

4° *Loi du 26 mars 1891*, également due à la proposition de M. le sénateur Bérenger, sur *l'atténuation et l'aggravation des peines :* cette loi introduit dans notre législation une institution nouvelle en faveur des délinquants primaires ayant de bons antécédents, le *sursis à l'exécution de la condamnation*; d'autre part, elle modifie les règles de la récidive correctionnelle; mais le projet primitif de M. Bérenger, qui tendait à augmenter la répression, a été mal compris et dénaturé dans le vote définitif.

Des projets divers sont à l'étude depuis plusieurs années : l'un, déposé par le gouvernement en 1884 et tendant à activer la transformation cellulaire des prisons départementales et l'exécution de la loi du 5 juin 1875; l'autre, proposé au Sénat par M. Bozérian le 4 mai 1885, mais très combattu et condamné par un avis de la Cour de cassation du 17 mai 1887, élargissant l'abaissement de la pénalité par le juge au moyen de la déclaration de *circonstances très atténuantes;* enfin une autre, plus large et à l'étude depuis 1879, modifiant la procédure de l'instruction.

Une révision générale de notre Code pénal s'impose du reste : elle a été reconnue nécessaire et une commission extra-parlementaire a été nommée par décret du 26 mars 1887 pour en étudier et en préparer les bases. On se rappelle que c'est en prenant part aux travaux de cette commission, dont il avait été appelé à faire partie, que notre savant collègue Molinier fut mortellement atteint à Paris le 28 juin 1887.]

LÉGISLATIONS ÉTRANGÈRES

—

Nous avons signalé le mouvement philosophique et juridique qui se produisit en Europe en matière pénale, sous l'influence de la philosophie du XVIII⁺ siècle.

Nous allons signaler les sources générales de la législation criminelle des principaux pays de l'Europe et faire connaître les principales théories consacrées par ces codes.

1° Grande-Bretagne.

La Grande-Bretagne n'a pas, comme les autres peuples, une législation criminelle codifiée.

Les sources du droit sont les anciennes coutumes anglo-saxonnes et anglo-normandes, les lois votées par le Parlement et les usages judiciaires.

Tandis que la procédure avec le jury offre des garanties sérieuses aux accusés, la pénalité établie par d'anciennes coutumes était, jusqu'à des temps récents, barbare.

La législation anglaise a été exposée par Blackstone (1723-1780), qui ouvrit un cours de droit à Oxford en 1753, et publia ce cours sous le titre de Commentaires sur les lois anglaises.

Une traduction française en six volumes en a été donnée en 1823, par M. Chompré. La pénalité était particulièrement sévère, ainsi que le montre Blackstone (tome V, p. 194).

Cette législation a consacré une pénalité empruntée au droit normand : la peine de la corruption du sang ; le condamné pour haute trahison ou félonie subit la confiscation générale de ses biens ; en vertu d'une fiction, il est censé être vivant pour écarter les héritiers aux successions auxquelles il serait appelé. Ainsi, par exemple, N. est condamné à mort pour haute trahison ou félonie, les biens sont confisqués au profit du roi.

Si son père meurt après lui, ses enfants ne pourront pas recueillir la succession de leur grand-père, qui est censée échue à leur père et atteinte par la confiscation (Duboys, t. III, p. 306).

Blackstone exprime le désir de voir cette peine supprimée.

La peine de mort était prodiguée en Angleterre ; le nombre de crimes pour lesquels la loi prononçait cette peine était considérable et s'élevait à plus de 200 cas (Blackstone, t. V, p. 219).

Ainsi, les anciennes lois saxonnes punissaient de mort le vol d'une valeur au-dessus de douze *pence*.

Mais le coupable pouvait racheter sa vie au moyen d'une rançon pécuniaire.

Dans la neuvième année du règne d'Henri Ier, cette faculté de rachat fut supprimée, et il fut ordonné que tout individu coupable de vol au-dessus de douze *pence* serait pendu (Blackstone, t. V, p. 60-61).

En fait, l'application de la peine de mort a considérablement diminué. C'est ainsi que, d'après une statistique communiquée par M. Leven à la société de législation comparée (1), le nombre des exécutions va sans cesse en diminuant : en 1827, sur 1526 condamnations à mort, 70 étaient exécutées ; en 1831, sur 1606 condamnations, il y avait 52 exécutions ; en 1834, sur 780 condamnations, on comptait 34 exécutions.

A la suite des travaux de J. Bentham, de lord Brugham, de Samuel Romilly, de Robert Peel, des réformes furent introduites dans la législation anglaise. Le nombre des cas où la peine de mort était encourue avait sensiblement diminué. En 1839, on comptait 56 condamnations et 11 exécutions; en 1852, 29 condamnations, 15 exécutions; en 1863, 20 condamnations, 8 exécutions. L'application de la peine de mort fut en définitive réduite à sept cas et n'atteint réellement que le meurtre prémédité (2).

A partir de 1868, la publicité des exécutions à mort est supprimée, et elles ont lieu dans l'intérieur de la prison.

Les peines privatives de la liberté ont été savamment organisées en Angleterre. La transportation en Australie fut usitée à partir de 1787. Elle a été remplacée par le système de la servitude pénale, combinaison savante, d'après laquelle le condamné passe par des phases successives et subit un régime de plus en

_____

(1) Bulletin de la société de législation comparée avant 1878.

(2) D'Olivecrona, Peine de mort, p. IX et p. 44.

plus doux, jusqu'au moment où sa bonne conduite lui fera accorder une liberté anticipée. La peine est divisée en trois parties : 1° *Une détention rigoureuse* en cellule pendant neuf mois, dans les maisons pénitentiaires organisées d'après le système américain de Pentonville et de Milbanck.

2° *La vie en commun* de jour pour le travail et l'isolement cellulaire pendant la nuit et les repas. Cette seconde période se caractérise par une étude quotidienne de la conduite du condamné et des marques ou bons points qui lui sont délivrés comme récompense.

3° *Lorsque le condamné a gagné un certain nombre de marques,* il a droit à une liberté conditionnelle sous la surveillance de la police et reçoit un certificat de mise en liberté (ticket of leave). Ce système est connu sous le nom de système irlandais, parce qu'il fut appliqué la première fois en Irlande par le capitaine Walter Crofton (1).

2° Suède.

La législation pénale se compose d'une loi du 16 février 1866, donnée au château de Stockholm le 16 février 1864, et dont une traduction française a été publiée à Stockholm en 1866.

La peine de mort par la décapitation est admise par cette législation, mais l'exécution ne peut être faite sans un ordre du roi. En outre, les juges ont le droit, excepté dans un seul cas, de choisir entre la peine de mort et celle des travaux forcés, et ils optent généralement pour cette dernière peine. En 1867, les Chambres étant réunies, la question de l'abolition de la peine de mort fut portée à la seconde Chambre par M. Beren ; l'abolition fut votée par 103 voix contre 53 ; à la première Chambre, il y eut 38 voix pour l'abolition et 39 contre. Depuis cette époque, le roi n'autorisa jamais l'exécution de la condamnation à mort (D'Olivecrona, Étude sur la peine de mort).

_____

(1) [Un projet de codification des lois pénales dû à un savant jurisconsulte anglais, sir James Stephen, est actuellement à l'étude. Voir l'analyse de ce projet dans le Bulletin de la Société de législation comparée, 1878, p. 549 et ss.]

3º Confédération de l'Allemagne du Nord.

L'unité de la législation pénale fut décrétée en principe par l'art. IV de la constitution fédérale.

Un projet de Code pénal, adopté par le conseil fédéral et par le Parlement, fut promulgué comme Code pénal·le 31 mai 1870. Une traduction française a été publiée par M. Ribot, substitut du tribunal de la Seine, dans l'Annuaire de la Société de législation comparée (p. 80), année 1872.

Ce Code pénal reproduit le Code prussien du 14 avril 1861.

4º Autriche.

Un grand travail de codification des lois criminelles s'est accompli en Autriche sous le ministère Glasser, ancien professeur à la faculté de droit de Vienne, auteur de divers travaux sur le droit criminel. Un Code d'instruction criminelle promulgué le 23 mai 1873 est entré en vigueur le 1er janvier 1874. Il a été traduit en français par M. Bertrand, juge suppléant au tribunal civil de la Seine, et M. Lyon-Caen, professeur à la Faculté de droit de Paris.

M. Glasser a présenté devant la Chambre des députés (Reichstag) du 7 novembre 1874, un projet de Code pénal, destiné à remplacer celui de 1852 actuellement en vigueur.

5º Confédération Suisse

(Comprenant 22 Cantons).

La Confédération suisse a pour loi fondamentale la constitution du 29 mai 1874.

Il faut distinguer dans la législation suisse une loi fédérale applicable à tous les cantons et les lois particulières à chaque canton. Les lois criminelles fédérales se réfèrent au délit dirigé contre la fédération considérée comme corps politique.

Ces délits sont déférés au tribunal fédéral siégeant avec assistance du jury et la peine de mort y est abolie.

Codes criminels des Cantons.

CANTONS FRANÇAIS.

1º *Canton de Genève.* — Le Code pénal y a été promulgué par le Conseil d'Etat le 25 octobre 1874. Et le Code de procédure criminelle n'est que le Code d'instruction criminelle quelque peu modifié.

2º *Canton de Vaud* (Lausanne). — Le Code pénal y a été promulgué le 18 février 1843 pour être exécutoire le 23 janvier 1874, et le Code de procédure pénale a été promulgué le 15 mars 1850 pour être exécutoire le 1er juillet de cette même année. Il admet le jury au criminel et au correctionnel.

3º *Canton de Neufchâtel.* — Le Code pénal du 19 janvier 1856 n'admet pas la peine de mort. Le Code de procédure pénale du 17 juillet 1874 est exécutoire depuis le 1er juin 1875.

4º *Canton du Valais.* — Le Code pénal comprenant 353 articles et promulgué à Sion le 26 mai 1858, a été exécutoire depuis le 1er janvier 1859. Il admet la peine de mort par la décapitation. Le Code de procédure pénale promulgué le 24 novembre 1848 est exécutoire depuis le 1er juillet 1849.

5º *Canton de Berne.* — Le Code pénal en vigueur depuis le 1er janvier 1867 admet la peine de mort par la décapitation. Le Code de procédure pénale promulgué le 29 juin 1854 est en vigueur depuis le 1er août de la même année.

CANTONS ITALIENS.

1º *Canton du Tessin.* — Le Code pénal composé de 433 articles et promulgué le 25 janvier 1873 à Bellinzona est en vigueur depuis le 1er mai 1873. Il n'admet pas la peine de mort. La loi sur la procédure pénale, composée de 230 articles, a été promulguée le 8 décembre 1855.

2º *Canton des Grisons.* — Le Code pénal a été réimprimé en 1844.

CANTONS ALLEMANDS.

Canton de Zurich. — Le Code pénal est en vigueur depuis le 1er février 1871. Il a été traduit en italien, commenté par M. Emilio Brusa, professeur à Modène, et par M. Carrara, de Pise.

6° Belgique.

Le Code pénal date du 8 juin 1867. Le Code d'instruction criminelle n'est que notre Code français légèrement modifié, mais
on s'occupe de la rédaction d'un nouveau Code de procédure
criminelle.

7° Espagne.

Le Code pénal promulgué en 1848, révisé en 1850, commenté
par Pachecco (3 vol. Madrid 1856), a été révisé et un nouveau
Code pénal a été promulgué sous la régence du maréchal Serrano, le 30 août 1870, sous le titre de Code pénal réformé.

Une loi provisoire, sur la procédure criminelle, a été promulguée en 1872 (1).

8° Portugal.

Un Code pénal a été promulgué le 10 décembre 1852 et commenté par Levy-Maria-Jordào, comte de Pavia-Manso.

En 1857, une commission fut chargée de préparer un projet
de nouveau Code pénal. Elle a accompli sa mission et ce projet
a été présenté en 1861 précédé d'un savant rapport de la commission (2).

9° Italie.

1° *Royaume des Deux-Siciles.* — La législation française a été
en vigueur jusqu'en 1819. De nouveaux Codes furent promulgués le 21 mai 1819 pour être en vigueur le 1er septembre suivant, sous le roi Ferdinand Ier.

2° *Toscane.* — Un Code fut promulgué par Léopold II le 2 juin
1854 pour entrer en vigueur le 1er septembre.

3° *Etats du roi de Sardaigne.* — Le roi Charles-Albert fit rédiger un Code pénal promulgué à Turin le 26 octobre 1839 pour
entrer en vigueur le 1er janvier 1840.

(1) [Elle a été remplacée le 14 septembre 1882 par une loi nouvelle : *ley de
enjuiciamento criminal.* — Une loi postérieure de mai 1887 a rétabli le jury.]

(2) [Un nouveau Code pénal a été promulgué en Portugal le 16 septembre
1886.]

4° *Royaume d'Italie*. — Depuis l'unification politique de l'Italie, un nouveau Code pénal a été promulgué en 1859. Mais il a reçu des modifications pour les provinces napolitaines et quelques autres.

Un nouveau projet de Code pénal applicable à toute l'Italie a été présenté devant le Sénat italien le 24 février 1876 par M. Vigliani. Il a été voté par le Sénat et est en discussion devant la Chambre des députés (1).

(1) [Ce projet a été enfin voté et le nouveau Code pénal unique pour l'Italie a été promulgué le 30 juin 1889, applicable depuis le 1er janvier 1890. Ce Code contient suppression de la peine de mort. Une traduction avec de savantes annotations en a été donnée par M. Lacointa, ancien avocat général à la Cour de cassation.]

PARTIE EXÉGÉTIQUE

Cette partie, qui embrasse l'exposé de notre législation pénale positive, sera divisée en : 1° *Droit pénal;* 2° *Organisation et attributions de la police judiciaire et des tribunaux de répression;* 3° *Procédure criminelle.*

Avant d'aborder l'étude de la première partie, nous exposerons certaines règles communes à ces diverses matières.

DISPOSITIONS GÉNÉRALES.

Ces dispositions se réfèrent : 1° aux divisions du droit criminel basées sur la nature des faits auxquels il s'applique et sur la qualité des personnes qu'il régit; 2° *à la terminologie :* au classement des faits punissables; 3° à l'empire des lois criminelles, au *sein du temps* et au *sein de l'espace.*

CHAPITRE PREMIER

Division générale du Droit criminel.

Définition. — Le droit criminel se compose de l'ensemble des règles qui ont pour objet d'assurer l'ordre, la jouissance des droits et la sécurité au sein de la société au moyen de la répression des délits.

Il s'applique soit à la société entière et à toutes les personnes qui sont sur le territoire de la France, soit à certaines parties de la société et à certaines catégories de personnes déterminées.

De là une division générale du Droit pénal, basée sur la qualité des personnes qu'il régit : en 1° *Droit criminel commun;* 2° *Droit criminel militaire;* 3° *Droit criminel maritime.*

§ 1. DROIT CRIMINEL COMMUN.

Il comprend toutes les règles applicables à toutes les personnes, quelles que soient leur qualité et leur situation sociale. Il se compose : 1° *Du Code pénal;* 2° *Du Code d'instruction criminelle;* 3° *D'un assez grand nombre de lois spéciales,* telles que le Code forestier du 22 mai 1827; le Code rural, 28 septembre 1791; la loi sur la chasse, du 3 mars 1844; les lois sur la pêche fluviale du 15 avril 1829, du 31 mai 1865, et les nombreuses lois sur la presse.

§ 2. DROIT CRIMINEL MILITAIRE.

La législation pénale militaire est celle qui est applicable aux personnes faisant partie des armées de terre et de mer, et aux infractions militaires (art. 5, C. p.).

Ses sources sont le *Code de justice militaire pour l'armée de terre,* du 9 juin 1857, divisé en 4 livres et comprenant 277 articles. Il a été modifié dans quelques-unes de ses dispositions par deux lois, l'une du 18 mai 1875, qui a changé le texte de 25 articles; l'autre du 18 novembre 1875, relative à l'application des lois militaires aux hommes qui font partie de la réserve de l'armée active et dans certains cas de la réserve territoriale.

§ 3. DROIT CRIMINEL MARITIME.

Il a pour objet d'assurer la répression des délits commis en mer, à bord des bâtiments, dans les ports et dans les arsenaux.

Ses sources sont : 1° *Le Code de justice militaire pour l'armée de mer,* du 4 juin 1858, divisé en 4 livres et comprenant 376 articles, modifié par une loi du 31 décembre 1875.

2° *D'un Code disciplinaire et pénal de la marine marchande,* résultant d'un décret du 24 mars 1852, divisé en 3 titres et comprenant 102 articles.

3º *De la loi du 10 avril 1825*, sur la sûreté de la navigation et du commerce maritime, qui assure la répression des crimes de piraterie et de baraterie. *La piraterie* punie de la mort, des travaux forcés à perpétuité ou à temps, de la réclusion, suivant les cas, consiste dans des actes de déprédation et de violence commis par les gens d'un bâtiment. Les malfaiteurs de mer sont qualifiés de pirates (du mot latin *pirata*, qui vient de πειρατεσ, πειραν, tenter, se hasarder). *La baraterie*, de l'italien *Baratare*, troquer frauduleusement, consiste dans toute prévarication commise par le capitaine ou le patron d'un navire, tels que la perte volontaire d'un navire, la destruction frauduleuse de tout ou partie du chargement, la fausse route intentionnelle (1).

CHAPITRE II

Terminologie de l'article Iᵉʳ du Code pénal et classement des faits punissables.

L'art. 1ᵉʳ du Code pénal divise les faits punissables en trois classes, eu égard à la peine que la loi prononce contre eux; il reconnaît ainsi 3 catégories de peines :

Art. 1ᵉʳ. — « *L'infraction que les lois punissent de peines de police est une contravention.*

L'infraction que les lois punissent de peines correctionnelles est un délit.

L'infraction que les lois punissent d'une peine afflictive ou infamante est un crime. »

Cette distinction est rationnelle et conforme à ce principe d'équité que la peine doit être en rapport avec la gravité du fait *(pœna commensurari debet delicto)*. Elle répond de plus à la nécessité pratique d'établir des juridictions diverses, des juridictions chargées de juger ces infractions.

(1) [Une loi du 10 mars 1891 assure par des pénalités diverses l'observation des décrets et réglements destinés à éviter les abordages et collisions en mer.]

« Les délits, à mesure qu'ils sont plus légers, sont aussi plus nombreux, d'où la nécessité pour les juger, de tribunaux en plus grand nombre; le mauvais effet en est plus local, d'où la nécessité de tribunaux plus rapprochés des justiciables; les faits qui s'y réfèrent s'oublient plus vite, d'où la nécessité d'une poursuite et d'une solution plus promptes; la peine en est plus légère, par conséquent le pouvoir social remis au juge est moins grand et l'intérêt du procès de moindre importance, tant pour l'inculpé que pour la société, d'où l'opportunité d'une composition plus simple dans le tribunal, d'une procédure plus sommaire et moins coûteuse, tandis qu'à mesure que les délits et par conséquent les peines deviennent plus graves, toutes ces propositions tournent à l'inverse. » (Ortolan, Éléments du Droit pénal, n° 658).

> Nec natura potest justo secernere iniquum,
> Dividit ut bona diversis, fugienda petendis :
> Nec vincet ratio hoc, tantumdem ut peccet idemque
> Qui teneros caules alieni fregerit horti,
> Et qui nocturnus sacra Divum legerit : adsit
> Regula peccatis quæ pœnas irroget æquas :
> Ne scutica dignum horribili sectere flagello.
>
> (HORACE, Satires, liv. I, s. III).

La division tripartite des infractions punissables est une tradition de l'ancienne législation dans laquelle on distinguait : 1° Le *grand criminel*, comprenant les crimes punis de peines exemplaires, afflictives ou infamantes, et instruits à l'extraordinaire; 2° Le *petit criminel*, comprenant les délits privés punis de peines correctionnelles, poursuivis par la partie civile et instruits suivant la forme ordinaire; 3° La *police locale ou municipale*, comprenant les contraventions de police (Ortolan, tome I, n°s 657 et suivants). Si, récapitulant ce qui précède, nous cherchons à en tirer la classification des délits suivant leur gravité dans notre ancienne jurisprudence, nous arriverons au tableau suivant : 1° *Les délits du grand criminel*, ou délits publics, emportant peine afflictive ou infamante, jugés à l'extraordinaire et qualifiés le plus usuellement du nom de crimes. Certains délits ou certaines récidives de police générale étaient frappés de ces sortes de peines et rentraient dans cette catégorie; 2º *Les délits du petit criminel*, punis de peines qui n'étaient ni afflictives ni infamantes, jugés sommairement par la procédure ordinaire, à l'audience, et qualifiés spécialement du nom de délits. Cette catégorie se composait : d'une part, des délits privés, poursuivis seulement sur l'action civile de la partie lésée, en fort petit nombre d'ailleurs, parce que la sévérité de la législation pénale d'alors appliquait des peines afflictives ou infamantes à un grand nombre d'actes beaucoup moins punis aujourd'hui, et d'autre part, des délits ou contraventions de police générale. C'était aux juridictions chargées de punir ces sortes de délits ou contraventions qu'on appliquait plus particulièrement la qualification de juridictions correctionnelles de police; 3º Enfin, les *délits ou contraventions de police locale ou municipale*, variables et punis diversement suivant les localités, mais toujours de peines inférieures à celles des crimes que les ordonnances tendaient à limiter à un taux déterminé (Ortolan, t. I, nº 673).

On appelle *infraction* (*infringere*, rompre, briser) une action ou une omission contraire au commandement de la loi, qui rompt avec le commandement de la loi ; ce mot a le même sens que le mot *délit* dans le Code du 3 brumaire an IV, art. 1ᵉʳ : « Faire ce que défendent, ne pas faire ce qu'ordonnent les lois qui ont pour objet le maintien de l'ordre social et la tranquillité publique, est un *délit*. »

Le mot *délit* est susceptible d'être pris sous deux acceptions différentes :

1º *Lato sensu*, *délit* s'applique à toute infraction prévue et punie par une disposition de la loi.

Le mot *délit* vient en effet de *delictum*, *delinquere*, provenant lui-même de *linquere*, délaisser, s'écarter, dévier de la ligne droite ; verbum (delictum) inde dictum, disait Donneau, quod delinquere est perperam quid linquere seu linquere quod sequi debeas (Donneau. Commentarii de jure civili, liv. XV, ch. XXIV, § 2) (1).

C'est dans le même sens que Servan prenait le mot délit : « J'appelle un délit toute action qui nuit à la société politique,

---

(1) Cité par le Sellyer, tome 1ᵉʳ, p. 7.

soit en faisant ce que les lois défendent, soit en ne faisant pas ce qu'elles ordonnent comme nécessaire » (Servan, De l'influence de la philosophie sur l'instruction criminelle). Cité par Le Sellyer, tome Ier, p. 7.

Le Code du 3 brumaire an IV, dont la définition qu'il donnait du délit était du reste incomplète, la prenait dans cette acception large. C'est également dans ce sens que le mot délit est employé par le Code d'instruction criminelle, dans certains articles : art. 40, 41, 226, 227, 229, 307, 308.

2° *Sensu stricto*, dans son sens technique, tel qu'il est fixé par l'art. 1er du Code pénal, l'expression *délit* signifie une infraction d'une gravité moyenne, réprimée par des peines correctionnelles seulement. Il est pris dans ce sens lorsqu'il est opposé au mot *crime*. Le Code d'instruction criminelle l'emploie également dans ce sens (art. 24, 46, 47, 63, 128, 130, 365). Dans le Code pénal, le mot *délit* est toujours pris dans le sens restreint que nous venons d'indiquer.

Le mot *crime* ne s'applique qu'au fait le plus élevé en gravité, auquel la loi attache des peines afflictives et infamantes.

Le mot *crime* vient de *crimen*, qui lui-même a pour origine le mot grec χρίμα : accusation.

On peut encore lui attribuer comme origine, le mot *cernere*, cribler, tamiser, pour indiquer le soin avec lequel il faut examiner, cribler une affaire (Ortolan, tome Ier, n° 681). Les expressions : *droit criminel*, *matière criminelle*, embrassent cependant dans un sens large et sans aucune distinction, tout ce qui a rapport aux faits punissables.

C'est ainsi encore que dans l'art. 1424 Civ., l'expression *crime* embrasse tous les faits punissables (Cass. 9 décembre 1874. Rivet, C. Duchemin. S. 75, 1, p. 113, P. 75, 267).

Le mot *contravention* est, comme le mot délit, susceptible d'acceptions diverses.

Dans son sens technique, déterminé par l'art. 1er Code pénal, ce mot signifie les faits les moins graves, qui ne sont réprimés que par des peines de simple police et dont la connaissance est attribuée au juge de paix comme juge de police. C'est dans ce sens qu'il est pris par les art. 137, 138, 1. cr.; *dans une acception plus générale*, le mot *contravention* s'applique à toute violation d'un devoir, à toute infraction résultant de la violation d'un contrat, de la loi, d'un acte de l'autorité, d'un jugement.

Enfin, dans une dernière acception mise en opposition avec le mot *délit*, le mot *contravention* est employé pour signaler une infraction matérielle à des dispositions réglementaires, pour laquelle on exclut l'examen de toute question intentionnelle, et que l'on punit sur la seule preuve de l'existence matérielle du fait, lors même que la peine prononcée contre ce fait est une peine correctionnelle. On voit par là que tout délit est puni de peines correctionnelles, mais toute infraction punissable de peines correctionnelles n'est pas un délit. L'on trouve des exemples de ces contraventions matérielles punies de peines correctionnelles, dans les lois sur la presse et les lois qui défèrent au jury des délits de presse, en attribuant la connaissance des contraventions matérielles aux tribunaux correctionnels. Ainsi, l'art. 2 nᵒ 4 de la loi du 15 avril 1871 et l'art. 5 nᵒ 8 de la loi du 29 décembre 1875, portent que les tribunaux correctionnels connaîtront.... des infractions purement matérielles aux lois, décrets et règlements sur la presse. Il en est de même, d'après la loi du 29 juillet 1881, pour les formalités réglementaires à la publication, à la gérance, au dépôt au parquet de tout journal ou écrit périodique. Art. 45, alinéa 11 de la loi du 29 juillet 1881. La loi du 3 mai 1844 sur la chasse, rend encore plus palpables les différences entre les délits correctionnels et les contraventions matérielles. Ainsi, mettre en vente, acheter, transporter ou colporter du gibier lorsque la chasse est prohibée, constitue une contravention punie d'une amende de 50 à 200 francs et d'un emprisonnement facultatif de 6 jours à 2 mois (art. 12). Des exemples en sont fournis par la jurisprudence : la chasse fut interdite dans la Haute-Garonne en 1857, le 28 février ; la police toléra l'exposition du gibier le 1ᵉʳ mars ; mais des gendarmes passant le saisirent et dressèrent procès-verbal contre les vendeurs. La chambre correctionnelle, le 5 juin, prenant en considération la bonne foi des vendeurs et la tolérance de la police, les renvoya absous. Il y eut un pourvoi en cassation. La cour de cassation décida, le 7 juillet 1857, que les infractions à la loi sur la chasse et aux arrêtés des préfets pris pour son exécution, constituent, bien que la connaissance en appartienne à la juridiction correctionnelle, des contraventions de police et non des délits. En conséquence, elles ne peuvent être excusées par la bonne foi (Rép. gén. Dall. 1857, 1, p. 382, 382). C'était un considérant de cet arrêt.

« Mais attendu, d'abord, qu'il ne peut dépendre d'un agent de police de soustraire un citoyen à l'exécution des prescriptions de la loi et des arrêtés des préfets; attendu, d'autre part, que si les faits punis par la loi de plus de 15 francs d'amende et de 5 jours d'emprisonnement, sont qualifiés délits et s'il est de règle que l'intention coupable doit accompagner le fait incriminé comme délit pour le rendre passible de la peine, ce principe n'est pas tellement absolu qu'il ne souffre quelque exception, qu'il a été constamment interprété et circonscrit par la jurisprudence, qui distingue, d'après la loi elle-même et la nature des choses, entre les délits intentionnels, c'est-à-dire dans lesquels l'intention coupable est un des éléments constitutifs, et les délits matériels qui existent par cela seul que l'acte punissable a été accompli et auxquels, par cette raison, le législateur donne souvent lui-même le nom de contravention. » L'arrêt dit ensuite qu'on doit ranger dans cette dernière catégorie les infractions à la loi sur la chasse et aux arrêtés des préfets pris pour son exécution et casse l'arrêt rendu par la cour de Toulouse. Citons d'autres exemples : Tuer un oiseau dans une ville, est-ce un délit ou une contravention ? La cour de cassation décrète que c'est une contravention et que la bonne foi n'y peut rien faire (Cass. 6 mars 1857. Néric, p. 58, 133) (1).

[Les infractions aux lois fiscales en général, telles que celles sur les contributions indirectes, les douanes, etc., constituent également des contraventions en ce sens que l'excuse de bonne foi n'est pas admissible

---

(1) De même la Cour de cassation a décidé le 6 décembre 1867 (Ravalley, S. 68, 1, 138, P. 68, 310) que les juges ne peuvent, en même temps qu'ils reconnaissent qu'un chasseur engagé dans une battue aux sangliers régulièrement autorisée, a fait feu librement et volontairement sur un chevreuil qui cherchait à traverser la ligne des chasseurs, refuser d'appliquer la peine encourue en se fondant sur ce que le prévenu a tiré inopinément, sans avoir eu le temps de la réflexion et alors qu'il était dans une situation peu convenable pour distinguer l'animal venant à lui et en concluant de là qu'il n'avait pas l'intention de tirer sur l'animal. Elle a également jugé le 15 décembre 1870 (Pillon de St-Philibert

et que l'auteur est punissable malgré son ignorance et en l'absence de toute intention criminelle. C'est ainsi que la jurisprudence a décidé que les conducteurs de voitures publiques et les conducteurs des trains sont responsables de la contravention de contrebande et de l'importation de marchandises en fraude des lois sur la douane, alors même qu'ils ont ignoré l'existence de ces marchandises (C. de cass. crim. 9 déc. 1859, P. 60, 823, 3 mars 1877; Douane c. Druon, P. 77, 1256; S. 77, 1, 483). Cependant si la mauvaise foi n'est pas nécessaire pour la condamnation, il faut pour que celle-ci puisse être prononcée, une imprudence ou une négligence répréhensible, en sorte que là où il n'y a pas possibilité d'imprudence ou de négligence, il ne peut y avoir condamnation. C'est ainsi que les fous et les enfants ne sauraient être punis même en matière de contravention. De même, en cas de contrebande ou d'infraction aux lois sur la douane, l'impossibilité matérielle ou légale de vérification enlève toute culpabilité. Ainsi la Chambre criminelle de la Cour de cassation a décidé le 23 décembre 1884 (Douane c. Compagnie générale transatlantique, Gaz. Pal. 1885, 1, 239) que la responsabilité pénale cesse d'exister dans le transport des colis postaux pour les compagnies que l'administration des postes fait substituer dans le transport, les compagnies se trouvant par l'effet même des traités qui les lient vis à vis de l'administration des postes, dans l'impossibilité absolue de vérifier soit à l'expédition, soit en cours de voyage, le contenu d'un colis postal qu'on lui avait confié.

Les contraventions dont nous venons de parler étant souvent punies de peines correctionnelles, il est quelquefois difficile de préciser exactement leur nature, et on peut se demander toutes les fois que l'intérêt s'en présente, s'il faut les considérer comme contraventions de police ou comme délits correctionnels. La Cour de cassation a hésité sur ce point et les envisage sous l'un ou l'autre de ces caractères suivant les circonstances. C'est ainsi que le 11 février 1876, la Chambre criminelle a décidé que les principes de la complicité ne sont pas applicables à ces contraventions quoique elles soient punies de peines correctionnelles,

---

c. Legentil-Fleury, etc. P. 71, P. 61, 62), que d'une part la traque constituant un acte de chasse, le traqueur ne peut être acquitté, en cas de délit, sur le seul motif qu'il n'est qu'un simple instrument obéissant à la volonté d'autrui; d'autre part que les délits de chasse se constituant par le seul fait matériel, et ne pouvant pas dès lors être excusés par l'intention, les invités à une partie de chasse exécutée en délit ne peuvent être excusés par leur bonne foi résultant de ce qu'ils auraient dû croire que toutes les précautions possibles pour les mettre à l'abri d'un délit avaient été prises. Elle a maintenu sa jurisprudence par arrêt des Ch. R. rendu le 16 janvier 1872 sur un second pourvoi formé dans la même affaire (P. 72, 68).

en sorte qu'en cette matière c'est le caractère de contravention qui pré-vaut (Cass. crim. 11 fév. 1876, Valabrègue c. Huc de Monségou, P. 1876, 5, 47; S. 76, 1, 233). Au contraire, lorsqu'il s'agit de faire application à ces infractions de la règle du non cumul des peines établie par l'art. 365, Instr. crim., la Cour de cassation les envisage comme délits correctionnels et leur applique ledit article (Cass. 28 janv. 1876, Ribeau-court, P. 1876, p. 179; S. 76, 1, 89). Nous préférons, quant à nous, la doctrine plus certaine de M. Villey dans ses notes sur ces arrêts, qui se référant au texte de l'art. 1er du Code pénal et à la règle, par lui posée, envisage sans distinction comme délit correctionnel tout fait quelconque puni par la loi d'une peine correctionnelle et ne qualifie de contraven-tion que les faits punis par la loi d'une peine de simple police; en sorte qu'il faudra en principe appliquer à tous les faits intentionnels ou non punis d'une peine correctionnelle, les diverses règles établies par la loi pour les délits correctionnels. Du reste la Cour de cassation parait aujourd'hui se ranger à cette opinion et par ses derniers arrêts, traite toujours les *délits-contraventions* comme des délits correctionnels, dont elle leur applique toutes les règles. Voir dans ce sens : Cass. 23 février 1884, P. 86, 1, 548; S. 86, 1, 233; 28 février 1885, P. 87, 1, 65; S. 87, 1, 41; Toulouse, 7 février 1889, P. 91, 1, 99; Caen, 22 mai 1890, P. 91, 1, 100; Bordeaux, 11 mars 1891, P. 91, 1, 900; S. 91, 2, 164; Caen, 1er mai 1890, S. et P. 92, 2, 14.]

Si ces actes émanent d'un enfant mineur de seize ans, il y a une question de discernement à agiter; s'il n'y a pas eu discer-nement, il reste un fait matériel qu'on ne peut pas punir, la cour de cassation l'a décidé dans d'autres arrêts.

La classification tripartite des infractions punissables en crimes, délits correctionnels et contraventions de police, telle qu'elle est établie par l'art. 1er du Code pénal, a été l'objet de critiques diverses.

M. Rossi l'a attaquée au nom de la morale, en déclarant qu'elle renversait les notions les plus élémentaires de la moralité pu-blique, et laissait la porte ouverte à l'arbitraire du législateur, en déterminant la gravité des infractions, non par leur nature propre ou la perversité de leur auteur, mais par la seule gravité de la peine qu'il plaît au législateur d'y attacher. « La division des actions punissables en crimes, délits, contraventions, tirée du fait matériel de la peine, révèle, ce nous semble, l'esprit du Code et du législateur. C'est dire au public : Ne vous embarrassez pas d'examiner la nature intrinsèque des actions humaines. Regardez le pouvoir. Fait-il couper la tête à un homme ? Concluez-en que cet homme est un grand scélérat. Il y a un tel mépris de l'espèce humaine, une telle prétention au despotisme en tout, même en morale, qu'on pourrait, sans trop hasarder, juger de l'esprit du Code par l'art. 1er » (Rossi. Traité de droit pénal, tome I, p. 56).

Boitard a reproduit à peu près la même idée : « Il ne faut pas longtemps méditer sur ce 1er article, pour être frappé de l'extrême bizarrerie de sa disposition ; cet article, tout pratique, comme nous le verrons bientôt, est fort peu logique, et dans sa rédaction, et dans son principe. En effet, l'ordre naturel des idées semblerait être que de la nature du fait, de la gravité de l'acte coupable, dérivassent la qualification plus ou moins grave et la peine plus ou moins forte que le législateur juge à propos de lui imprimer. Dans cet article 1er, on a suivi une marche toute contraire ; au lieu de faire dériver de la gravité du fait la gravité du nom et de la peine, c'est au contraire de la gravité de la peine, sans s'inquiéter le moins du monde de la moralité du fait, que le législateur français fait dériver le nom qu'il imprime à cet acte. Ainsi, pour savoir si un fait est un crime ou s'il n'est qu'un délit, ou une simple contravention, il ne faut pas regarder quel est ce fait, il ne faut pas chercher jusqu'à quel point il est contraire aux règles, aux principes, aux sentiments de la morale, il faut regarder dans le Code, de quelle nature de peine il est puni » (Boitard. Leçons de droit criminel sous l'art. 1er, p. 20). On a répondu avec raison à ces critiques qu'elles reposent sur une confusion : la confusion du rôle du législateur et du rôle du juge. Un Code est moins une œuvre de doctrine qu'une œuvre pratique ; le législateur, pour classer les infractions punissables et déterminer les peines qui leur sont applicables, doit bien s'inspirer des principes de justice et d'utilité sociale sur lesquels repose le droit de punir, et avoir égard à la gravité des délits, appréciée à l'aide de ces principes : *distinctio pœnarum ex delicto* ; mais lorsqu'il passe à la rédaction de la loi, il doit la rendre tellement claire que le juge ne puisse hésiter et ait à sa disposition un criterium certain pour distinguer rapidement la nature des diverses infractions toutes les fois que l'intérêt s'en présente : « toute infraction punie de peines de police est une contravention ; toute infraction punie de peines correctionnelles est un délit ; toute infraction punie de peines afflictives ou infamantes est un crime ». En sorte que, pour le juge, le principe de la distinction est : *Distinctio delictorum ex pœna*, ce qui n'a rien d'incompatible avec la règle précédente imposée au législateur pour la confection de la loi : *Distinctio pœnarum ex delicto* (1). Inspirées par les critiques que nous venons d'exposer, certaines législations modernes (2) ont réduit à deux catégories les infractions punissables, en ayant égard à l'intention de l'agent : 1° *infractions supposant l'intention criminelle ou délits ; 2° infractions punissables malgré l'absence d'intention coupable ou contraventions.*

Cette classification, quoique plus rationnelle en apparence, offre des inconvénients pratiques : 1° en ce qu'elle ne tient pas compte des nuances diverses de gravité existant entre les diverses infractions ; 2° en ce qu'elle est difficile à concilier avec la division tripartite des juridictions répressives, généralement maintenue par ces législations, et avec les diverses règles de détail qui en découlent (3).

(1) *Sic*, Nicolini, Procedura penale, t. I, p. 28, n° 53 ; Ortolan, n° 666, t. I.

(2) [Les Codes modernes qui ont consacré la division *bi-partite* des infractions sont : 1° le Code maltais de 1854 ; — 2° le Code suédois de 1864 ; — 3° le Code du Pérou de 1862 ; — 4° le Code du Brésil de 1830 ; — 5° le Code du Vénézuela de 1873 ; — 6° le Code des Pays-Bas de 1881 ; — 7° le Code portugais de 1886 ; — 8° le Code italien du 30 juin 1889, conformément à l'opinion des plus grands criminalistes italiens, Carmignani, Carrara et des auteurs de ce Code, les ministres Mancini, Zanardelli.]

(3) [Ce qui le prouve bien, c'est que le décret du 1er décembre 1889 pour la mise à exécution du nouveau Code italien a été obligé de subdiviser les délits en deux classes, d'après la gravité de la peine, pour en répartir la connaissance entre les Cours d'assises et les Tribunaux correctionnels.]

CHAPITRE III

De l'empire des Lois criminelles envisagées par rapport au temps.

———

Expression des mœurs essentiellement variables et des besoins de chaque époque, les lois en général et surtout les lois pénales subissent l'action du temps ; elles ne peuvent être éternelles et sont soumises à des variations fréquentes.

L'action de la loi est limitée dans le temps par deux termes extrêmes : la *promulgation* et l'*abrogation*.

1° *Promulgation*. — *Promulguer, promulgare*, est mettre devant le peuple, faire connaître ; la promulgation est faite actuellement par le Président de la République (lois constitutionnelles des 16-18 juillet 1875, art. 7). Elle résulte, aux termes d'un décret-loi des 5-11 novembre 1870, de l'insertion de la loi au Journal officiel de la République française, ou au Bulletin des Lois, pour les actes non insérés au Journal officiel.

Les lois sont exécutoires à Paris, un jour franc après leur apparition au Journal officiel et partout ailleurs dans l'étendue de chaque arrondissement, un jour franc après la réception du Journal officiel au chef-lieu de l'arrondissement (décret des 5-11 nov. 1870, art. 2). Cependant, aux termes de l'art. 4 de ce décret, les tribunaux et les autorités administratives et militaires pourront, selon les circonstances, accueillir l'exception d'ignorance alléguée par les contrevenants, si la contravention a eu lieu dans le délai de trois jours francs à partir de la promulgation.

2° *Abrogation*. — La loi promulguée reste en vigueur jusqu'à son abrogation, à moins qu'un espace de temps n'ait été assigné à sa durée : l'abrogation de la loi, c'est son abolition, c'est ce qui fait cesser son existence et la rend désormais inapplicable.

L'abrogation peut être expresse ou tacite.

1° *Abrogation expresse*. — L'abrogation est expresse lorsqu'elle est exprimée dans la loi en termes explicites pour une loi antérieure, ou lorsque le législateur assigne à la loi même qu'il vient de promulguer une durée déterminée, comme cela eut lieu pour les lois prévôtales.

2° *Abrogation tacite.* — L'abrogation tacite résulte des dispositions de lois postérieures, impliquant la non-existence des lois antérieures, ces deux législations successives n'étant pas susceptibles d'être appliquées ensemble : *posteriora prioribus derogant* (Modestin. D. de Constitu. Princ. I. 4).

L'abrogation tacite a lieu encore lorsqu'une loi nouvelle offre un ensemble complet de règles sur une matière : les dispositions antérieures afférentes à cette matière sont alors tacitement abrogées; mais celles-là seules sont abrogées. C'est ainsi qu'il faut interpréter le texte de l'art. 484 du Code pénal : « Dans toutes les matières qui n'ont pas été réglées par le présent Code et qui sont réglées par des lois et règlements particuliers, les cours et tribunaux continueront de les observer. » Cet article n'abroge pas d'une manière absolue toutes les lois criminelles antérieures. Il maintient celles qui ont réglé des cas non prévus par le Code ; en sorte que si le Code pénal présente un ensemble de dispositions sur une matière, toutes les lois antérieures relatives à cette matière sont abrogées. Si des dispositions particulières du Code pénal règlent un délit que prévoyaient des dispositions d'une loi antérieure, cette loi n'est abrogée que pour ce qui concerne ce délit. C'est ainsi que l'a jugé le Conseil d'Etat dans un avis du 8 février 1812 : il s'agissait d'un cas de rébellion. Or, la rébellion est punie par les art. 209 à 225 pén. ; un individu avait établi une barrière qu'un jugement lui avait défendu d'élever. Fallait-il appliquer l'art. 2 de la loi du 22 floréal an II, déclarer les peines portées par le Code pénal de 1791 contre ceux qui opposeraient des violences ou des voies de fait aux fonctionnaires ou officiers publics mettant à exécution les actes de l'autorité publique, communes à quiconque emploiera, même après l'exécution des actes émanés de l'autorité, soit des violences, soit des voies de fait pour interrompre cette exécution ou en faire cesser l'effet? Le Conseil d'Etat fut d'avis que cette loi du 22 floréal an 11 devait être considérée comme abrogée par l'art. 484 du Code pénal de 1810.

Conflit des lois anciennes et des lois nouvelles. — En règle générale, les lois criminelles ne sont applicables qu'aux faits qui se produisent sous leur empire, c'est-à-dire depuis leur promulgation jusqu'à leur abrogation; mais si, pendant le temps qui s'écoule entre la perpétration du délit, la poursuite, le jugement et l'exécution de la condamnation, la législation a subi des modifications relativement à ce délit, il y a lieu de se demander, en réglant le conflit de ces législations, laquelle sera applicable à l'auteur.

Le Code pénal n'a consacré à cette question qu'un seul article, l'article 4, qui paraît établir sans distinctions le principe de la non rétroactivité. *Nulle contravention, nul délit, nul crime, ne peuvent être punis de peines qui n'étaient pas prononcées par la loi avant qu'ils fussent commis.* Cependant, l'interprétation de cet article n'étant pas sans difficulté, nous examinerons successivement l'application du principe de la non rétroactivité 1º par rapport aux lois pénales; 2º par rapport aux lois de compétence et d'organisation judiciaire; 3º par rapport à la procédure.

§ 1. APPLICATION DE LA NON RÉTROACTIVITÉ DES LOIS PÉNALES.

Le principe de la non rétroactivité reçoit, dans son application aux lois pénales, des modifications importantes, qui bien qu'elles ne soient pas mentionnées dans l'art. 4, ne sont pas moins rationnelles et nécessaires. Il y a lieu de distinguer trois hypothèses : 1º celle où il n'est pas intervenu de jugement au moment du changement de législation; 2º celle où il est intervenu à ce moment un jugement qui n'est pas encore définitif, parce qu'il est susceptible d'être attaqué par quelque voie de recours; 3º celle enfin où, au moment du changement de législation, il a été prononcé un jugement irrévocable, en sorte qu'il y a lieu de n'examiner qu'une question : Quelle sera la loi qui devra régler l'exécution de la peine prononcée?

I. *Cas où il n'est pas intervenu de jugement.*

Trois cas peuvent se présenter : 1º la loi postérieure est plus sévère que l'ancienne; 2º la loi nouvelle est plus douce; 3º depuis le délit jusqu'au moment où l'auteur va être jugé, trois lois sont intervenues : la première, celle en vigueur au moment du délit, étant la plus sévère ; la seconde, la plus douce ; la troisième, en vigueur au moment où l'auteur doit être jugé, tenant le milieu entre les deux précédentes qui ont été abrogées, moins sévère que la première, plus sévère que la seconde.

1ᵉʳ cas. — Loi postérieure plus sévère. — A cette hypothèse correspondent les cas où la loi nouvelle a incriminé un fait qui ne l'était pas avant sa promulgation et le cas où elle s'est bornée à aggraver la peine d'un fait déjà puni. A elle s'applique sans restriction, le principe de la non rétroactivité écrit dans l'art. 4 du Code pénal et déjà consacré par la Déclaration des droits de l'homme (art. 8) et le Code du 3 brumaire an IV (art. 3). Ce principe, essentiellement rationnel et équitable, repose sur cette maxime, formulée par Bacon : « *Moneat lex, priusquam feriat.* »

[Une application de ce principe a été faite récemment en matière de récidive depuis la loi du 26 mars 1891 qui a modifié le texte des art. 57 et 58 C. p. — Cette loi a créé un cas de récidive correctionnelle qui n'était pas puni avant elle : celui où la première condamnation qui sert de premier élément à la récidive correctionnelle n'excède pas un an de prison. Il a été décidé en conséquence que le condamné à moins d'un an de prison, s'il a commis un second délit avant le 26 mars 1891, ne peut pas être déclaré récidiviste par application de la loi nouvelle, quoiqu'il soit jugé pour ce second délit sous l'empire de cette loi. Paris, 21 avril 1891, P. 91, 1, 712; S. 91, 2, 133. — Quid si la condamnation à moins d'un an de prison étant antérieure au 26 mars 1891, le second délit a été commis depuis cette époque, dans les conditions exigées par la loi, c'est-à-dire dans le délai de 5 ans et avec la similitude prescrite par le nouvel art. 58 C. p.? On ne peut plus dire ici que le condamné n'a pas été averti de sa situation nouvelle : car il a su, dès la promulgation de la loi du 26 mars 1891, que les conditions de la récidive étaient changées, qu'une petite récidive correctionnelle était créée et qu'une rechute après cette époque pouvait lui faire encourir les rigueurs de la loi. A cet argument de droit et de justice vient s'en ajouter un autre pratique : si l'on exigeait que les deux éléments nécessaires de la récidive, condamnation et infraction ultérieure, fussent l'un et l'autre postérieurs à la loi nouvelle, on retarderait, contrairement au but de cette loi et au détriment de la protection sociale, son application à une époque par trop reculée. — Aussi, dans une hypothèse analogue et par suite des mêmes considérations, la loi du 27 mai 1885 sur la relégation des récidivistes, qui exige, pour la faire encourir, un certain nombre de condamnations (deux, trois, quatre ou sept, suivant les cas, art. 4 de la loi) groupées dans un délai de dix ans, fait-elle rétroagir son application tout en respectant le principe de l'avertissement nécessaire donné au condamné : elle fait compter les condamnations antérieures au 27 mai 1885, en exigeant seulement, par application de ce principe, qu'une condamnation nouvelle vienne s'ajouter aux autres, postérieurement à cette époque : « Les condamnations encourues antérieurement à la promulgation de la présente loi seront comptées en vue de la relégation, conformément aux précédentes dispositions. Néanmoins, tout individu qui aura encouru avant cette époque des condamnations pouvant entraîner dès maintenant la relégation, n'y sera soumis qu'en cas de condamnation nouvelle dans les conditions ci-dessus prescrites » (art. 9, loi 27 mai 1885). — Ainsi se trouvent conciliés les intérêts de la justice prohibant la rétroactivité d'une loi pénale plus sévère et ceux de l'utilité de la protection sociale. — Ces considérations et l'argument d'analogie fourni par l'art. 9 de la loi du 27 mai 1885, ont conduit la jurisprudence, malgré le silence de la loi du 26 mars 1891, à faire ainsi rétroagir en partie la création de la petite récidive correctionnelle, en décidant que les condamnations correctionnelles à moins d'une année d'emprisonnement prononcées antérieurement à la loi du 26 mars 1891, peuvent servir de premier terme à la récidive de délit à délit créée par cette loi et entraîner en conséquence contre l'individu qui a commis, depuis cette époque, un délit de même nature, l'application des peines de la récidive. Besançon, 24 juin 1891, P. 91, 1, 1053; S. 91, 2, 193; Amiens, 25 juin 1891, P. 91, 1, 1353. *Sic*, Laborde, Commentaire de la loi du 26 mars 1891, n° 77; *contrà*, Capitant, Revue critique, 1891, p. 392 et ss.]

2e cas. — *Loi postérieure plus douce.* — Cette hypothèse en comprend comme la précédente, deux : 1° celle où la loi nouvelle efface complètement une incrimination ancienne ; 2° celle où, tout en maintenant l'incrimination, elle adoucit la criminalité. Le texte de l'art. 4 Code pénal, ne faisant aucune distinction, on pourrait être tenté d'appliquer au délinquant la loi ancienne en ajoutant à l'appui que ce délinquant ne peut se plaindre puisqu'on lui applique une pénalité qu'il connaissait et qu'il a légalement encourue. Cependant, il faut faire ici rétroagir la loi nouvelle, non par faveur pour le délinquant, mais par suite de la double idée qui sert de base au droit de punir. Ce droit, ainsi que nous l'avons dit, repose à la fois sur l'idée de justice et sur celle d'utilité sociale, et la pénalité n'est légitime qu'à la condition d'être nécessaire au maintien de l'ordre social. Or, le législateur en modifiant la pénalité en vigueur au moment du délit, soit qu'il l'ait supprimée, soit qu'il l'ait simplement abaissée, a établi que cette pénalité ancienne est devenue inutile, qu'il serait donc excessif et injuste d'en faire usage et la société a perdu le droit de s'en servir. La loi nouvelle doit en conséquence rétroagir dans cette hypothèse. C'est du reste ce qui a été formellement décidé par des textes formels : 1º dernier article du Code pénal du 25 septembre 1791 : « *Pour tout fait antérieur à la publication du présent Code, si le fait est qualifié crime par les lois actuellement existantes et qu'il ne le soit pas par le présent décret, ou si le fait est qualifié crime par le présent Code et qu'il ne le soit pas par les lois anciennes, l'accusé sera acquitté, sauf à être correctionnellement puni, s'il y échet* » ; 2º l'article 6 du décret du 23 juillet 1810 : « *Les cours et tribunaux appliqueront aux crimes et aux délits les peines prononcées par les lois pénales existantes au moment où ils ont été commis ; néanmoins, si la nature de la peine prononcée par le nouveau Code pénal était moins forte que celle prononcée par le Code actuel, les cours et tribunaux appliqueront les peines du nouveau Code* » ; 3º l'article 276 du Code de justice militaire pour l'armée de terre, du 9 juin 1857 : « *Lorsque les peines déterminées par le présent Code sont moins rigoureuses que celles portées par les lois antérieures, elles sont appliquées aux crimes et délits encore non jugés au moment de sa promulgation* » ; 4º l'article 376 du Code de justice militaire pour l'armée de mer du 4 juin 1858, conçu dans les mêmes termes que l'article précédent.

[Des applications récentes de ce principe ont été faites en matière de récidive depuis les modifications apportées aux conditions anciennes de la récidive correctionnelle des art. 57 et 58 C. p., par la loi du 26 mars 1891. C'est ainsi que, cette loi exigeant deux conditions nouvelles favorables aux récidivistes, la similitude des délits et la rechute dans les cinq ans qui suivent la condamnation, il a été jugé que le condamné, qui était dans les conditions de la récidive ancienne avant le 26 mars 1891, doit, s'il est jugé après cette époque, bénéficier de la faveur de la loi nouvelle. Paris, 9 avril 1891, P. 91, 1, 710 ; Paris, 6 avril 1891, P. 91, 1, 880.]

3e cas. — Dans l'intervalle de temps qui sépare la perpétration du délit et du jugement, il a été rendu une loi intermédiaire moins rigoureuse pour l'accusé que celle qui existait au moment du délit et que celle qui est en vigueur au moment du jugement. C'est encore cette loi qu'il faut appliquer et l'accusé jouit toujours de la législation la plus douce. En effet, on ne peut appliquer au délinquant la première peine plus sévère, parce qu'il a eu droit acquis à l'application de la peine plus douce qui l'a remplacée, ainsi que nous l'avons établi. D'autre part, on ne saurait non plus lui appliquer la loi postérieure plus rigoureuse en vigueur au moment du jugement, parce que nous avons vu que les législations nouvelles ne sauraient avoir d'effet rétroactif. Ainsi, en combinant les deux principes de la non rétroactivité et de la rétroactivité de la loi pénale, nous arrivons encore à la solution la plus favorable à l'accusé, dans cette troisième hypothèse, qui n'est du reste qu'un composé des deux premières hypothèses examinées séparément.

C'est la solution qui a été consacrée par la cour de cassation dans deux espèces remarquables : 1º Un individu était accusé dans les Etats Romains d'avoir commis divers vols avec violence et autres circonstances aggravantes, punis de mort d'après la législation pontificale ; bientôt après, le Code pénal français de 1791 fut mis en vigueur en Italie ; enfin, le Code pénal de 1810 lui fut substitué : le premier punissait ces crimes des travaux forcés à temps ; le deuxième, qui avait rétabli les peines perpétuelles, des travaux forcés à perpétuité. La cour de Rome prononça contre le délinquant cette dernière peine le 23 juillet 1813. Sur le pourvoi en cassation, la cour suprême jugea le 1er octobre 1813 qu'on aurait dû faire application de la législation de 1791.

2º L'annexion de la Savoie à la France a donné lieu à une nouvelle application de cette règle : Un nommé Fontaine, condamné par contumace pour viol, par la cour d'assises de Chambéry, à dix ans de réclusion, se présenta en 1868 devant cette cour d'assises pour purger sa condamnation ; le crime avait été commis en 1858, époque où il était puni de la réclusion par le Code pénal sarde de 1829, alors en vigueur ; quelques mois après, le 1er mai 1860, avait été promulgué le nouveau Code pénal sarde, ne punissant plus le viol que de la relégation ; enfin le jugement contradictoire avait lieu sous l'empire du Code pénal français devenu exécutoire en Savoie, le 14 juin 1860, et prononçant la peine des travaux forcés à temps (art. 332). La cour d'assises de la Haute-Savoie prononça contradictoirement la peine de trois ans de relégation, en se conformant au principe que le prévenu doit bénéficier de la législation la plus douce. Sur le pourvoi en cassation formé par le procureur général, sur l'ordre du ministre de la justice, en exécution de l'art. 441 Inst. cr., la cour de cassation, le 14 novembre 1868 (1), décida que la cour de Chambéry avait bien jugé et rejeta le pourvoi ; une difficulté spéciale se produisait par suite de la disparition de la peine de la relégation après l'annexion, et M. le procureur général Delangle, dans son réquisitoire, estimant que l'on ne pouvait exécuter sur un territoire devenu français une peine que n'admet pas la loi française et seulement consacrée par une loi étrangère, disait que prononcer la relégation dans l'espèce serait pour les juges français ordonner en France l'exécution d'une loi pénale étrangère, ce qui est formellement contraire aux principes ; mais, comme d'autre part M. Delangle reconnaissait comme vraie la règle que dans le cas de trois lois successives intervenues entre le délit et le jugement, c'est la plus douce qui doit être appliquée, il demandait que l'on prononçât une des peines françaises se rapprochant le plus de la relégation, cette peine étant d'après lui l'emprisonnement correctionnel. La cour de cassation repoussa avec raison ces conclusions, déclarant qu'il serait arbitraire d'appliquer au viol une peine qui n'est prononcée pour ce genre de peine ni par le Code sarde, ni par le Code français, ajoutant que l'exécution de la relégation sur un territoire devenu français n'avait rien d'incompatible avec les principes du droit, puisque cette peine continuait à recevoir son exécution même après l'annexion pour l'exécution des condamnations prononcées par les tribunaux sardes avant cette époque.

II. *Cas où il est intervenu un jugement non définitif.*

Si avant la promulgation de la loi nouvelle, il est intervenu un jugement qui n'est pas encore irrévocable parce qu'il est suscep-

(1) P. 1869, 811.

tible de voies de recours : appel, opposition, pourvoi en cassation, il y a lieu de déterminer quelle législation doit être appliquée sur le recours formé. Nous n'hésitons pas à reconnaître que conformément aux principes qui viennent d'être posés, c'est la législation la plus douce qui doit être appliquée. Cette solution ne soulève aucune espèce de difficulté pour le cas où la décision est frappée d'appel ou d'opposition, car il n'y a pas encore autorité de la chose définitivement jugée ; il s'agit d'un procès nouveau, l'ancien étant considéré comme effacé et la juridiction saisie depuis la promulgation de la loi nouvelle devant juger et résoudre le procès comme si ce procès était introduit pour la première fois devant la juridiction répressive. La question est plus délicate pour le pourvoi en cassation et l'on peut justement se demander si un condamné peut se faire un motif de cassation de cette seule circonstance qu'une loi nouvelle adoucit la peine qui a été prononcée régulièrement contre lui : on pourrait, en effet, invoquant les attributions de la cour de cassation, soutenir que son droit de contrôle ne s'étend qu'aux sentences irrégulières violant les règles de compétence ou celles de formes exigées à peine de nullité ou faisant une fausse application des textes de lois, en sorte que dans l'espèce, le jugement ou l'arrêt rendu sous l'empire de la loi ancienne ne contenant aucun vice, ne saurait être déféré à la cour suprême pour amener l'application de la loi nouvelle.

Cependant nous croyons que la décision peut être dans ces conditions soumise à la cour de cassation qui renverra devant une autre juridiction uniquement pour substituer à la pénalité ancienne la peine nouvellement introduite, tous les points jugés demeurant du reste définitivement acquis. L'on donne ainsi satisfaction au principe supérieur de la rétroactivité de la loi la plus douce, la décision déférée à la cour de cassation n'étant pas encore irrévocable et ne pouvant recevoir exécution avant la promulgation de la loi nouvelle. C'est dans ce sens que la question a été résolue par le législateur lui-même par la loi du 25 frimaire an VIII (16 décembre 1799), abaissant la pénalité pour certains délits, art. 19 : « *Quant aux jugements rendus par les* « *tribunaux criminels, et contre lesquels il y a pourvoi, si le tri-* « *bunal de cassation les confirme, il renverra devant les dits tri-*

« bunaux pour appliquer aux condamnés la peine mentionnée en la
« présente ; s'il les annule, il renverra l'affaire devant le tribunal
« de police correctionnelle du lieu où l'acte d'accusation a été
« dressé. » La cour de cassation qui, le 12 juin 1863 (1), avait
repoussé un pourvoi formé dans ces conditions, a le 14 janvier
1876 (2), admis au contraire la solution que nous proposons ; la
cour de cassation de Naples s'est prononcée dans le même sens
le 10 septembre 1875 (3).

[La Chambre criminelle de la Cour de cassation a, par deux arrêts
du 19 juin 1885 et un troisième du 20 juin 1885 (P. 86, 1, 72; S. 86,
1, 45), appliqué le même principe à propos de la suppression de la surveillance de la haute police par l'art. 19 de la loi du 27 mai 1885.]

III. Cas où il est intervenu un jugement définitif.

Lorsque la loi nouvelle, plus douce que l'ancienne en ce qu'elle
efface l'incrimination primitive ou diminue la peine, intervient
après un jugement définitif contre lequel aucune voie de recours
n'est plus admissible et qui a acquis force de chose jugée, cette loi
nouvelle a-t-elle encore un effet rétroactif et peut-elle alors déterminer la mise en liberté du condamné ou l'application de la peine
nouvelle plus douce ?

Cette question a attiré l'attention des législateurs étrangers
contemporains : en Italie, les divers projets qui se sont succédé
pour la confection d'un Code pénal unique ont admis en général
la rétroactivité. Dans le Portugal, la même solution a prévalu.

[L'art. 2 du Code pénal italien du 30 juin 1889 fait une distinction :
il applique la loi nouvelle aux jugements antérieurs, lorsque cette loi
supprime l'incrimination du fait qui a donné lieu à la condamnation.
Au contraire, il laisse subsister le jugement sans le modifier, lorsque la
loi nouvelle se borne à abaisser la pénalité. — Mais le décret du 1er décembre 1889 sur l'application du nouveau Code a réglementé l'exécution des condamnations antérieures à des peines supprimées par ce
Code en leur substituant par analogie des peines nouvelles. Art. 36 :
« Pour l'exécution des condamnations à des peines non admises par le

(1) S. 1864, 1, 509; P. 1864, 143 ; D. P. 1863, 1, 321.
(2) S. 1876, 1, 433; P. 1876, 1091; D. P. 1876, 1, 186.
(3) Rivista penale de M. Lucchini, 1875, p. 353 et s.

Code pénal, on observe les règles suivantes : 1° la peine de mort et celle des travaux forcés à perpétuité du Code pénal de 1859, et la peine de l'*ergastolo* du Code pénal toscan, sont commuées en la peine de l'*ergastolo* établie par le nouveau Code; — 2° les peines des travaux forcés à temps et de la réclusion du Code de 1859, et de la maison de force du Code toscan, sont commuées en la peine de la réclusion établie par le nouveau Code. — Les condamnés à la relégation et à l'emprisonnement, du Code de 1859 et du Code toscan, continuent à subir leur peine suivant les règles établies par ces mêmes Codes. — Dans l'exécution de la peine substituée aux travaux forcés et à la réclusion, on ne fait pas application de l'incarcération cellulaire continue. — Un décret royal, rendu sur la proposition des ministres de la justice et de l'intérieur, déterminera les règles suivant lesquelles, pour l'exécution des peines substituées, pourront être appliquées les dispositions concernant l'admission dans les établissements pénitentiaires agricoles ou industriels et la libération conditionnelle ». — *Art. 39 :* « Les peines perpétuelles prononcées en vertu des lois antérieures au nouveau Code, pour délits contre lesquels, tout en respectant la sentence rendue, ce même Code prononce une peine temporaire, sont commuées en réclusion pour vingt-quatre ans. — Si la peine perpétuelle a été prononcée par suite de l'admission de circonstances atténuantes, elle est commuée en réclusion pour trente ans. — A la peine substituée dans les deux cas précités, est jointe la surveillance spéciale de la haute police pour trois ans. — La commutation de peine est ordonnée, sur la demande du ministère public ou de la partie intéressée, par la Chambre d'accusation de la Cour d'appel du district où la condamnation a été prononcée ». — *Art. 40 :* « Pour la conversion en peines restrictives de la liberté des peines pécuniaires prononcées antérieurement au 1er janvier 1890, sont applicables les dispositions des articles 19 et 24 du nouveau Code. » — *Art. 41 :* « Les dispositions du nouveau Code relatives à l'interdiction des emplois publics, à la suspension de l'exercice d'une profession ou d'un art et à toute autre incapacité, comme peine ou effet pénal d'une condamnation, ainsi qu'à la surveillance de la haute police, sont applicables aux condamnations prononcées d'après les lois antérieures, en ce qu'elles ont de plus favorable aux condamnés. »

Le Code pénal portugais du 16 septembre 1886 contient des règles analogues dans son art. 6 : « La loi pénale n'a pas d'effet rétroactif, sauf les exceptions qui suivent : 1° l'infraction punie par la loi en vigueur au moment où elle a été commise, cesse de l'être si une loi nouvelle la raye du nombre des infractions. — Lorsqu'une condamnation passée en force de chose jugée a été déjà prononcée, la peine est éteinte, que son exécution ait ou non été commencée. — 2° Quand la peine établie par la loi en vigueur au temps de l'infraction est différente de celles établies par les lois postérieures, on appliquera toujours la peine la plus douce à l'infracteur qui n'a pas encore été condamné par une sentence passée en force de chose jugée; — 3° Les dispositions de la loi sur les effets de la peine ont effet rétroactif, pour tout ce qu'elles ont de favorable au délinquant, alors même qu'il a été déjà condamné par une sentence passée en force de chose jugée au temps de la promulgation de cette même loi, sauf les droits des tiers. »

Au contraire la loi pour l'exécution du Code pénal des Pays-Bas, en date du 15 avril 1886, consacre le principe de l'autorité de la chose jugée. *Art. 31* : « En toute matière terminée avant le 1er septembre 1886 (date de l'application du nouveau Code), même par défaut, par un jugement final, les anciennes dispositions pénales seront exclusivement appliquées, même après opposition, appel ou cassation. — Si, au contraire, à l'égard d'un fait commis avant le 1er septembre 1886, il n'a été rendu un jugement final ce jour ou après ce jour, les dispositions des quinze articles suivants et de l'art. 48 seront applicables. » (Ces articles fixent la substitution des peines nouvelles aux anciennes). — Traduction de M. Trypels, Maestricht, Germain, éditeur, 1886, p. 735.]

Chez nous, la question qui présente un intérêt réel, par suite des nombreux changements apportés à la législation pénale, n'a pas été tranchée par la loi. Aussi divise-t-elle les criminalistes. M. Blondeau, ancien doyen de la Faculté de droit de Paris (1) et M. Valette, ancien professeur de la même Faculté (2), pensent que la rétroactivité doit encore être ici admise et faire disparaître l'autorité de la chose jugée, par la raison que la loi la plus récente étant faite pour corriger les abus et les imperfections de l'ancienne, doit effacer tous les effets d'une législation reconnue inutile ou préjudiciable aux intérêts généraux de la société.

Cependant cette opinion est généralement repoussée et la plupart des criminalistes se prononcent pour le respect de la chose jugée et pour la non rétroactivité de la loi nouvelle relativement aux condamnations définitives et irrévocables. C'est dans ce dernier sens que se prononcent notamment MM. Merlin (3), Mo-

---

(1) De l'effet rétroactif des lois, Thémis, t. VII, p. 289; S. 9, 2, 277; D. A. v° Loi, n° 374; D. P. 63, 321.

(2) Valette sur Proudhon, t. I, p. 36.

(3) Rép. v° Effet rétroactif, sect. 3, § II.

rin (1), Trébutien (2), Demolombe (3), Dalloz (4), Duranton (5), Le Sellyer (6), Renault (7), Jules et Paul Godin (8).

Dans ce sens se sont également prononcées la cour de cassation de Belgique, le 13 mars 1838, et la cour de cassation de France, le 10 octobre 1809.

Ces auteurs et ces arrêts, invoquant contre la rétroactivité le droit acquis par la société de faire procéder à l'exécution de la condamnation, fortifient cet argument par des motifs tirés des textes suivants : 1° le Code pénal des 25 septembre, 6 octobre 1791 ; 2° le décret des 3-8 septembre 1792, relatif aux demandes en abolition ou commutation de peines afflictives ou infamantes ; 3° la loi du 25 frimaire an VIII ; 4° les Codes de justice militaire des 9 juin et 4 août 1857 pour l'armée de terre et des 4 et 15 juin 1858 pour l'armée de mer.

1° Le Code des 25 septembre 6 octobre 1791, dans le troisième alinéa du dernier article, décidait que les individus coupables de crimes commis antérieurement à sa promulgation et non encore jugés définitivement à cette époque, ne seraient punis que des peines portées par la législation nouvelle, quoique ces peines fussent moins sévères que celles de la législation en vigueur au moment où les crimes avaient été commis. De là, on tire la conclusion qu'il en devait être autrement pour les auteurs de crimes jugés définitivement au moment de la promulgation de ce Code et que les condamnations prononcées par un jugement passé en force de chose jugée étaient respectées par la loi nouvelle. Ce raisonnement ne nous paraît pas concluant, car la règle « *Qui dicit de uno, negat de altero* » ne doit pas être généralisée et ne nous paraît pas recevoir d'application dans l'espèce ; il est plus naturel de penser que le Code de 1791 a statué sur le cas le plus

(1) Rep. v° Effet rétroactif, n° 6.
(2) T. I, Non rétroactivité, p. 83 et 84.
(3) T. I, n° 65.
(4) V° Lois, n° 374 ; v° Peines, n° 115.
(5) T. I, n° 54.
(6) T. I, n° 248.
(7) Etude sur la loi du 23 janvier 1874 relative à la surveillance de la haute police, Revue critique 1873-1874.
(8) Journal de Droit criminel 1875-1876, art. 9765 ; Revue annuelle, p. 4 du volume.

ordinaire, qui s'est présenté le plus naturellement à l'esprit du
législateur. Du reste, il est certain que les jugements antérieurs
au 25 septembre 1791 ne reçurent pas exécution et cessèrent
d'être appliqués lorsque la peine qu'ils prononçaient était plus
rigoureuse que la pénalité nouvelle.

2º Le décret des 3-8 septembre 1792 promulgué près d'un an
après le Code de 1791, décida qu'à partir de sa promulgation, la
perpétuité des galères et des prisons cesserait pour tous ceux qui
auraient pu être condamnés avant le Code de 1791. Ces termes,
à compter de ce jour, sont, dit-on, décisifs : il en résulte que l'a-
bolition de la perpétuité des peines par le Code de 1791 n'avait
pas eu de plein droit un effet rétroactif relativement aux condamnations devenues irrévocables avant la promulgation du Code pénal. Cet argument ne nous paraît pas plus concluant que le premier,
car le décret de 1792 n'est intervenu que pour trancher un doute
sur l'application du Code de 1791 aux condamnations antérieures,
et loin d'être une exception, il ne constitue que l'application du
principe de la rétroactivité de la loi pénale la plus douce.

3º La loi du 25 frimaire au VIII, abaissant la pénalité pour
certains crimes, a formellement ordonné son application rétroactive aux délits non encore jugés au moment de sa promulgation
et aux jugements contre lesquels un pourvoi en cassation sera
formé à cette époque. On conclut de là que la rétroactivité est
limitée aux décisions qui n'étaient point encore irrévocables le 25
frimaire au VIII. L'argument est encore exagéré en ce que le
pourvoi en cassation peut être formé d'après la loi de l'an VIII
contre une décision parfaitement régulière et ne contenant aucun
vice de forme ni erreur de droit, mais uniquement pour déterminer l'application par la justice de la peine nouvelle plus douce,
en sorte que la rétroactivité a bien lieu dans ce cas contre des
décisions passées en force de chose jugée.

4º Les codes de justice militaire, art. 276 pour l'armée de
terre et 376 pour l'armée de mer, portent que lorsque les peines
déterminées par eux sont moins rigoureuses que celles portées
par les lois antérieures, elles sont applicables aux crimes et
délits non encore jugés au moment de leur promulgation. D'où
l'on conclut qu'il en est autrement pour les crimes et délits jugés
irrévocablement à ce moment.

Loin d'exclure l'application rétroactive de la loi nouvelle aux condamnations antérieures devenues irrévocables, les textes précédents la consacrent implicitement.

Quant à l'argument tiré du droit acquis pour la société à l'exécution de la condamnation passée en force de chose jugée, nous répondrons qu'il ne saurait y avoir de droit acquis à l'application d'une législation et d'une pénalité reconnues excessives et inutiles et abrogées pour ce motif.

En outre, une décision du Conseil d'Etat du 7 novembre 1832 a reconnu l'application rétroactive de la loi nouvelle aux condamnations antérieures irrévocables de la législation nouvelle introduite le 28 avril 1832, dans les art. 44 et 45 Code pénal, relativement à l'exécution de la surveillance de la haute police. De même la loi du 22 juillet 1867, art. 19, étendit les dispositions abolitives de la contrainte par corps à tous jugements et cas de contrainte par corps antérieurs à sa promulgation.

Enfin, des circulaires ministérielles du 20 avril 1848 et du 21 février 1874, ont reconnu et consacré ce principe : la première, relative à l'abolition de la peine de l'exposition publique par le décret du 12 avril 1848, porte : « Cette abolition, quoiqu'elle ne soit prononcée que pour l'avenir, doit nécessairement avoir pour effet immédiat de faire cesser l'application de cette peine dans tous les cas où elle aurait été infligée par des arrêts en force de chose jugée et qui n'auraient pas encore été exécutés. Il est en effet de principe qu'une loi pénale nouvellement promulguée doit s'étendre aux faits commis avant sa promulgation, lorsqu'elle apporte quelque adoucissement à la loi ancienne, et, à plus forte raison, il doit en être ainsi lorsque la loi nouvelle proclame inhumaine et odieuse une peine qui, bien que prononcée, n'est pas encore exécutée. L'inexécution de ces arrêts, en ce qui concerne cette peine accessoire, me paraît donc devoir être de plein droit, et par conséquent il ne sera pas nécessaire de m'en référer pour en obtenir la remise par voie de grâce. Je vous charge donc de veiller à ce qu'aucune exposition publique n'ait lieu dans l'étendue de votre ressort. »

La deuxième, du 21 février 1874, destinée à la réglementation de la loi du 23 janvier 1874, qui a limité à vingt ans la durée extrême de la surveillance de la haute police, a déclaré que ceux qui étaient libérés depuis plus de vingt ans, cessaient d'être assujettis à cette mesure, et que ceux qui y étaient soumis depuis moins de vingt ans, n'auraient qu'à compléter le chiffre de vingt années : « D'accord avec l'administration, j'ai pensé que la loi devait produire un effet rétroactif en faveur des condamnés soumis à la surveillance perpétuelle.... Cela est conforme aux principes de la législation pénale, dont la loi du 3 septembre 1792 a donné le plus remarquable exemple en disposant que les condamnés qui, antérieurement au Code pénal de 1791, avaient subi le plus long terme des peines autorisées par ce Code, seraient immédiatement et sans jugement nouveau, mis en liberté. »

Du reste, il serait inique et souvent inhumain de ne pas appliquer rétroactivement la loi nouvelle plus douce aux jugements antérieurs devenus irrévocables. On ne comprendrait pas en effet que lorsque par exemple la loi du 28 avril 1832 eut supprimé la mutilation du poing, on eût pu l'infliger à ceux qui auraient été condamnés avant cette époque. On ne comprendrait pas davantage que, après l'abolition de la peine de mort en matière politique par le décret du 26 février 1848, on eût pu exécuter un individu condamné à mort avant cette date. Enfin on ne comprendrait pas davantage que si la peine de mort venait à être abolie d'une façon générale, on exécutât après cette abolition un individu condamné à la peine de mort qui n'existe plus.

Nous estimons en conséquence que : 1° si une loi nouvelle supprime une peine accessoire, le condamné doit subir la peine principale sans l'accessoire ; 2° si une loi nouvelle efface une incrimination, le condamné doit jouir du bénéfice de cette loi comme d'une amnistie ; 3° si une loi nouvelle adoucit la pénalité, elle vaut pour le condamné commutation de peine. Dans ce dernier cas, on devra revenir devant le tribunal qui a prononcé la condamnation pour que cette juridiction opère la substitution de la peine nouvelle à l'ancienne en appréciant avec exactitude la valeur comparative des deux peines et en tenant compte de la partie de peine déjà subie.

[La rétroactivité de la loi nouvelle a du reste été formellement consacrée au profit des anciens condamnés par la loi du 31 mai 1854, abolitive de la mort civile, dont l'art. 5 porte : « les effets de la mort civile cessent pour l'avenir à l'égard des condamnés actuellement morts civi-

lement, sauf les droits acquis aux tiers. L'état de ces condamnés est
régi par les dispositions qui précèdent. » — De même la loi du 27 mai
1885 sur la relégation des récidivistes en supprimant, dans son art. 19,
la surveillance de la haute police, déclare cette suppression applicable
aux anciens surveillés, et substitue pour eux comme pour les condamnés à venir à la surveillance, l'interdiction de séjour. L'art. 19 réglemente même les formalités à remplir pour faire encourir par les anciens surveillés la nouvelle peine de l'interdiction de séjour. « Dans les
trois mois qui suivront la promulgation de la présente loi, le gouvernement signifiera aux condamnés soumis actuellement à la surveillance
de la haute police, les lieux dans lesquels il leur sera interdit de paraître pendant le temps qui restait à courir de cette peine.

Cette application rétroactive de la loi de 1885 aux anciens surveillés,
a donné lieu par suite du peu de précision du texte de la loi à des difficultés sérieuses pour la fixation du moment exact où devait cesser l'ancienne surveillance et commencer la nouvelle interdiction de séjour. La
jurisprudence s'est immédiatement divisée sur ce point et trois opinions
ont été adoptées :

1re *Opinion*. La surveillance de la haute police n'a cessé pour les
anciens surveillés que le 26 novembre 1885, jour où a été promulgué
le premier règlement organisant l'application de la loi. Cette opinion se
fonde sur le texte de l'art. 21 de la loi du 27 mai 1885, d'après lequel
cette loi n'est exécutoire qu'à partir, non de sa propre promulgation,
mais de la promulgation du règlement à venir. Il résulte, dit-on, de ce
texte que puisque la loi n'était pas exécutoire jusqu'au 26 novembre,
elle n'a pu produire d'effet. On ajoute que le rapport fait au nom de la
commission du Sénat vient fortifier cette interprétation en déclarant qu'à
partir de la signification des lieux interdits, les condamnés à la surveillance seront libérés de l'internement auquel ils sont soumis, et jusqu'à cette époque ils resteront sous le coup des obligations que leur
impose la surveillance telle qu'elle est réglementée par la loi actuellement en vigueur. Enfin on ajoute que si la surveillance de la haute
police devait cesser pour les anciens condamnés dès le 27 mai 1885,
comme l'interdiction ne pouvait encore les atteindre, puisque la liste
des lieux interdits n'était pas encore dressée, ces condamnés acquer-
raient au grand préjudice de la société, et contrairement au vœu du
législateur, une liberté de locomotion entière dont ils pourraient user pour
se soustraire à la signification ultérieure, condition essentielle de l'interdiction de séjour : « Attendu, disait la Cour d'appel de Rouen, le
11 juin 1885 (1), que si ces prétentions du prévenu pouvaient être ac-

_____
(1) Gaz. du Pal. 1885, 2, 59.

cueillies, il faudrait supposer que, dérogeant au but qu'elle se propose, d'assurer à la société des garanties plus complètes contre les entreprises des malfaiteurs d'habitude, la loi nouvelle a laissé, au moins provisoirement, aux repris de justice actuellement soumis à la surveillance, la plus entière liberté de circulation sur le territoire français, tant que la signification prescrite par l'art. 19 ne leur aura pas été faite. » — « Attendu, d'autre part, disait dans le même sens le tribunal de Saint-Quentin, le 18 juin 1885 (1), que la loi nouvelle ne supprime la surveillance que pour lui substituer un système d'interdiction de séjour que les pénalités de l'art. 45 du Code pénal continueront à sanctionner ; qu'elle ajoute que le gouvernement signifiera, dans les trois mois, aux condamnés actuellement en surveillance, les lieux qui leur seront interdits pendant le temps restant à courir de cette peine ; qu'il résulte de ces dispositions, que l'interdiction de séjour, peine nouvelle, viendra se substituer à l'obligation de résidence, peine ancienne, à partir de la signification qui devra être faite à chacun des condamnés, mais sans interruption de temps ; que le législateur n'a pas dit et qu'on ne peut raisonnablement supposer qu'il ait voulu que, pendant l'intervalle séparant la promulgation de la loi, de la signification prescrite, les surveillés pussent jouir d'une liberté absolue de locomotion dont ils pourront user, dont les plus habiles ne manqueront point d'user pour faire perdre leurs traces, éviter ainsi la signification légale et échapper par cela même au régime nouveau de l'interdiction de séjour, qui, faute de signification, demeurera pour eux dépourvue de sanction ; qu'un pareil système aurait pour effet de rendre la loi nouvelle inapplicable aux plus dangereux des surveillés et de la transformer, contrairement à l'esprit qui l'a dictée, en une loi de faveur pour les récidivistes, alors qu'elle n'est et ne doit être qu'une loi de défense contre eux. »

2e *Opinion.* L'opinion contraire a cependant prévalu et a été consacrée par la Cour de cassation. Elle se fonde sur le texte formel de l'art. 19 de la loi du 27 mai 1885, qui porte que la peine de la surveillance de la haute police est supprimée et que, en conséquence, toutes les obligations imposées par l'art. 44 Code pénal, sont également supprimées *à partir de la promulgation de ladite loi :* « Attendu, dit la Cour de Nîmes, le 18 juin 1885 (2), qu'aux termes de l'art. 19, § 2 et 3 de la loi sur les récidivistes promulguée par insertion au *Journal officiel* du 28 mai 1885, la peine de la surveillance de la haute police est abolie d'une façon absolue sans délai ni réserve ; que toutes les obligations et formalités imposées par l'art. 44 Code pénal sont également

(1) Gaz. du Pal. *l. c.*
(2) Gaz. du Pal. 1885, 2, 58.

supprimées à partir de la promulgation de ladite loi ; Attendu que si l'art. 21 dit que la présente loi ne sera obligatoire qu'à partir de la promulgation du règlement d'administration publique mentionné au dernier paragraphe de l'art. 18, cette disposition ne vise que les récidivistes soumis à l'avenir à la relégation ; que la contradiction entre les art. 19 et 21 n'existe qu'en apparence, les récidivistes et les condamnés à la surveillance étant placés par la loi elle-même dans deux catégories distinctes qu'il est impossible de confondre ; Attendu que, par l'effet de la nouvelle législation, la surveillance de la haute police, ayant disparu, le délit de rupture de ban n'existe plus et qu'aucune peine ne peut être prononcée de ce chef. » Dans le même sens se sont prononcées la Cour de Rennes, le 10 juin 1885 (1), la Cour de Limoges, le 26 juin 1885 (2), la Cour de Toulouse, le 24 juin 1885 (3), enfin la Cour de cassation, le 18 juin 1885 (4). — Cette opinion, conforme évidemment au texte formel de l'art. 19, a cependant l'inconvénient grave de laisser absolument libres et souvent introuvables les anciens surveillés. Aussi une opinion mixte cherchant à concilier la nécessité pratique avec le texte de la loi, a-t-elle été proposée par la Cour d'Agen le 1er juillet 1885 (5).

3e Opinion. La Cour d'Agen distingue entre les condamnés détenus en prison le 27 mai 1885 pour lesquels la surveillance a cessé dès le 27 mai et les condamnés libérés à cette date pour lesquels la surveillance ne cessera qu'au moment de la signification des lieux interdits qui fera encourir l'interdiction de séjour : « Considérant qu'il importe pour se fixer à cet égard d'analyser avec soin cette loi de protection sociale et de rechercher ce qu'ont voulu dire et ce qu'ont dit ceux qui l'ont édictée ; qu'il est hors de doute que l'esprit qui l'a inspirée ne permet pas de supposer qu'on ait eu l'intention d'assurer une liberté sans contrôle à cette population difficilement saisissable des récidivistes, dont le danger permanent semblait précisément mériter plutôt des rigueurs que des faveurs nouvelles ; que l'étude des travaux préparatoires de la loi s'oppose à cette pensée ; que son texte suffit à la faire repousser ; qu'entre autres préoccupations du législateur, on y trouve celle de ne rien livrer au hasard ; qu'ainsi l'art. 21 ajourne son exécution à la promulgation du règlement d'administration publique mentionné au dernier paragraphe de l'art. 18 et destiné à organiser son application ; qu'à la vérité, malgré ces termes généraux, il est difficile de

(1) Gaz. du Pal. *l. c.*
(2) Gaz. du Pal. 1885, 2, 82.
(3) Gaz. des tribunaux du Midi, 5 juillet 1885.
(4) Gaz. du Pal. 1885, 2, 63.
(5) Gaz. du Pal. 1885, 2, 82.

ne pas admettre, en présence de ceux non moins précis de l'art. 19,
qu'il ne s'agit, à l'article 21, que de la peine de la relégation, mais qu'il
y a lieu, tout au moins, d'en conclure qu'en ce qui concerne la peine
de la surveillance de la haute police, le législateur n'a pas dû se départir davantage de sa prudence, au moment où il était le plus utile
au succès de son œuvre, de ne pas laisser se disséminer ceux qui y
sont soumis; que l'art. 19 doit être commenté, en se plaçant sous l'influence des règles juridiques d'interprétation, qu'il faut de deux sens,
choisir de préférence celui qui produira l'effet voulu par ses rédacteurs,
celui qui convient le plus à la matière légiférée, ne pas oublier que
toutes les clauses d'une loi s'interprètent les unes par les autres et doivent recevoir le sens qui résulte de la loi entière; Considérant qu'ainsi
éclairée, la lecture de l'art. 19 révèle que le législateur a eu en vue
deux situations bien distinctes; dans les paragraphes 2, 3 et 4, il s'occupe des prévenus présents et à venir, de crimes et délits pouvant être
jadis punis de la surveillance, lesquels ne pourront plus y être astreints,
et des condamnés qui sont encore dans les liens d'une peine corporelle;
il s'occupe, en un mot, d'individus détenus sous la main du gouvernement, lesquels auront à recevoir une signification avant leur libération;
dans le paragraphe 5, il s'occupe de ceux qui ayant subi leur peine
corporelle sont libérés et actuellement soumis à la surveillance de la
haute police, il s'occupe, en un mot, d'individus non détenus, non sous
la main du gouvernement; que, pour les premiers, la peine de la surveillance est supprimée et remplacée par la défense de résider en certains lieux dont l'interdiction leur sera signifiée par le gouvernement
avant leur libération, c'est-à-dire par une peine qui, sous une appella-
tion différente, était déjà prévue comme l'une des formes de la surveillance par le paragraphe 1er de l'art. 44 Code pénal; pour eux, toutes
les autres obligations et formalités imposées par cet article, sont supprimées à partir de la promulgation de la loi; pour eux, restent seulement applicables pour cette interdiction, les dispositions antérieures qui
réglaient l'application ou la durée, ainsi que la remise ou la suppression de la surveillance de la haute police et les peines encourues par
les contrevenants, conformément à l'article 45 Code pénal; que, pour
les seconds, rien n'est changé jusqu'à l'expiration du délai maximum
de trois mois, à partir de la promulgation de la loi, réservé au gouvernement pour leur signifier les lieux dans lesquels il leur sera interdit de paraître pendant le temps qui reste à courir de la peine de la
surveillance, ou jusqu'au jour où, avant ce délai, le gouvernement leur
ferait cette signification; qu'il n'est point dit pour ceux-ci, « la peine de
la rupture de ban est supprimée », comme il a été dit pour ceux-là,
« la peine de la surveillance est supprimée »; que, pour eux, les para-

graphes 2, 3 et 4 ne deviendront applicables que lorsque, par la notification des lieux interdits, reçue ou présumée non faite à dessein, à
cause de l'expiration des trois mois, ils se trouveront forcément assimilés aux condamnés de la première catégorie ».

Cette distinction, quoique tendant à mettre d'accord le texte de la loi
avec les exigences pratiques, nous paraît arbitraire et ne pas répondre
aux termes de l'art. 19.

La seule opinion conforme au texte même de la loi du 27 mai 1885
est à notre avis celle qu'a consacrée la Cour de cassation, et il est regrettable que les rédacteurs de la loi du 27 mai 1885 n'aient point prévu
ni réglé les difficultés d'interprétation auxquelles donne lieu la combinaison des art. 19 et 21.]

Au surplus, si l'opinion contraire venait à prévaloir, le Chef
de l'Etat n'hésiterait pas à faire bénéficier le condamné de la loi
nouvelle en effaçant la peine ou en la commuant par voie de
grâce.

§ 2. RÉTROACTIVITÉ DES LOIS DE COMPÉTENCE ET D'ORGANISATION JUDICIAIRE.

Faut-il pour l'organisation des juridictions répressives et la
détermination de leurs attributions appliquer le principe de la
non rétroactivité de la loi nouvelle, ou, au contraire, faire rétroagir cette loi. La question s'est fréquemment présentée en matière répressive, soit que, à des juridictions d'exception aient été
substituées des juridictions ordinaires, soit qu'à l'inverse, des
juridictions d'exception aient, à certaines époques, remplacé
les tribunaux ordinaires, soit enfin en matière de presse lorsque
les délits de la parole et de l'écriture ont été tour à tour déférés
aux cours d'assises et aux tribunaux correctionnels. Le principe
qui a toujours été admis est qu'en cette matière la loi nouvelle
doit rétroagir, que les particuliers n'ont aucun droit acquis à
être jugés par une juridiction plutôt que par l'autre, et que les
modifications dans l'ordre et la compétence des juridictions étant
apportées par le législateur dans un intérêt général pour mieux
assurer l'administration de la justice, les particuliers ne sauraient se plaindre de se voir traduits devant une juridiction nouvelle. C'est ce qu'a décidé le décret du 23 juillet 1810 sur la mise

en activité du Code pénal dans ses art. 2 à 5 et ce qu'a jugé la Haute Cour créée par la Constitution du 4 novembre 1848 pour juger l'attentat du 15 mai 1848 (Haute Cour, 8 mars 1849) (1). Cependant si l'ancienne juridiction, dont la compétence a été supprimée pour une certaine affaire, avait rendu un jugement susceptible d'appel au moment de la loi nouvelle, il y a lieu de se demander si la rétroactivité peut aller jusqu'à supprimer le droit à appel : ainsi, par exemple, lorsqu'une loi nouvelle défère au jury la connaissance d'un procès de presse, qui avait fait déjà l'objet d'un jugement du tribunal correctionnel, la rétroactivité de la loi nouvelle empêche-t-elle la Cour d'appel d'être saisie, après sa promulgation, de l'appel formé après le jugement? La question s'est présentée en 1871 devant la Cour de Bordeaux et la Cour de cassation, et en 1881 et 1882, devant les Cours de Paris et de Pau et devant la Cour de cassation. La Cour de Bordeaux (2) s'était, se fondant sur la rétroactivité de la loi du 15 avril 1871, qui déférait au jury les procès de presse, déclarée incompétente pour statuer sur l'appel et le procureur général Bertauld soutenait, en 1882, devant la Cour de cassation, la même thèse d'après laquelle le jugement rendu avant la loi nouvelle et non définitif lors de sa promulgation devait être rétroactivement anéanti (3).

La Cour de cassation a, avec raison, repoussé cette théorie par arrêts du 7 juillet 1871 et du 18 février 1882 (4) par le motif que le jugement rendu avant la loi nouvelle, a ouvert au profit des parties le droit à l'appel et qu'il est de principe que la rétroactivité d'une loi quelconque ne peut jamais porter atteinte à des droits légitimement acquis; que, au surplus, le droit de faire appel, qui survit à la loi nouvelle, ne pouvant être exercé devant le jury, ne peut l'être que devant la Cour d'appel.

(1) S. 1849, 1, 240; P. 1849, 1, 196; D. P. 1849, 1, 53.
(2) Bordeaux, 11 mai 1871, P. 1871, 220.
(3) Sous Cassation, 18 fév. 1882, P. 1882, 420.
(4) P. *l. c.* V. le rapport de M. le conseiller Saint-Luc Courborieu, qui précède l'arrêt de 1871.

§ 3. RÉTROACTIVITÉ DE LA LOI NOUVELLE RELATIVEMENT A LA PROCÉDURE.

Les modifications apportées aux lois de forme et de procédure étant établies dans un intérêt général sont régies par le principe de la rétroactivité, sauf le respect des droits acquis par les tiers aux voies de recours qui pourraient être supprimées par la loi nouvelle.

CHAPITRE IV

De l'empire des Lois criminelles par rapport à l'espace.

—

Les lois criminelles sont-elles purement territoriales, c'est-à-dire n'exercent-elles leur empire que sur le territoire de la nation qu'elles régissent, ou au contraire ont-elles un caractère d'universalité, tel qu'elles puissent s'appliquer dans chaque pays à tous les crimes quels que soient les lieux où ils aient été commis? Pour répondre à ces questions, il faut distinguer les délits commis sur le territoire d'un pays et les délits commis hors de ce territoire.

1er cas. — Délits commis sur le territoire.

En principe les lois pénales sont territoriales en ce qu'elles s'appliquent à tous les auteurs de délits commis sur le territoire régi par ces lois, quelle que soit la nationalité de ces auteurs. C'est le principe posé par l'art. 3 C. civ. § 1 : « *Les lois de police et de sûreté obligent tous ceux qui habitent le territoire,* » reproduisant le principe posé par la Constitution du 3 septembre 1791, titre VI : « *Les étrangers qui se trouvent en France, sont soumis aux mêmes lois criminelles et de police que les citoyens français, sauf les conventions arrêtées avec les puissances étrangères; leur*

*personne, leurs biens, leur industrie, leur culte, sont également pro-
tégés par la loi.* » Il résulte de ce principe que si un délit est
commis en France par un Français contre un étranger, l'étranger
peut déférer aux tribunaux français la connaissance de ce délit,
en se portant partie civile; à l'inverse, un Français peut déférer
aux tribunaux de France la connaissance d'un délit commis
contre lui par un étranger; enfin les juridictions françaises sont
compétentes pour connaître des délits commis entre étrangers, et
dans tous ces cas, l'étranger sera jugé en France d'après la loi
française : en Angleterre, pour les conflits qui s'élèvent entre un
Anglais et un étranger, il y a un jury spécial composé moitié de
nationaux anglais, moitié de nationaux du pays de l'étranger.
L'Anglais coupable en France de délits contre un Français ou
victime en France d'un délit commis par un Français, ce délit
rentrât-il dans la catégorie des délits privés, ne pourrait avoir
la prétention d'être jugé en France par une juridiction mixte de
cette nature.

Le territoire est, conformément à la définition donnée par
Pomponius, « *toute la portion de terre comprise entre les frontières
qui séparent ce pays des autres : territorium est universitas agrorum
intra fines cujusque civitatis : quod ab eo dictum quidam aiunt,
quod magistratus ejus loci intra eos fines terrendi, id est summo-
vendi jus habet* (fr. 239, § 8, D. de Verb. signif. 50-16).

La règle que les délits commis sur le territoire français tombent sous l'application de la loi française, s'applique au cas
même où l'acte délictueux accompli matériellement en France va
atteindre la personne qui en est la victime sur le territoire étranger. Il en sera ainsi dans les cas suivants : 1º un coup de feu est
tiré de la frontière française sur un individu qui se trouve sur le
territoire étranger (1).

2º Paul-Désiré Mary avait adressé, de Paris, au prince d'O-
range, à Bruxelles, des lettres contenant menaces de mort s'il ne
faisait pas déposer une somme d'argent dans un lieu indiqué en
France. L'accusé ayant été déclaré coupable d'un crime commis

---

(1) Voir dans un autre sens pour la détermination de la compétence respective des juges de l'ancienne France, Pothier, Procédure criminelle, nº 5; Jousse,
Traité de justice criminelle, partie II, titre II, section 1re, nº 9; t. 1, p. 414.

en France, fut condamné aux travaux forcés à temps par application de l'art. 305 C. p. et son pourvoi en cassation fut rejeté (Cass. 31 janvier 1822) (1).

3° Un sieur Wilson, anglais, résidant en France, avait publié à St-Omer et à Paris un écrit contenant diffamation contre des Anglais habitant Bruxelles. Sur la plainte des diffamés, une poursuite fut intentée contre Wilson devant le tribunal de St-Omer et sur l'appel devant la Cour de Douai, qui prononcèrent contre lui les peines portées par les art. 13 et 18 de la loi du 17 mai 1819. Le pourvoi qu'il forma contre la condamnation fut rejeté le 22 juin 1826 (2).

4° Lorsque à l'aide d'une lettre écrite de l'étranger en France, une escroquerie a été commise en France, les manœuvres frauduleuses et la délivrance ou remise des fonds, meubles, obligations, billets, promesses, quittances ou décharges qui en est la conséquence, ayant lieu sur le territoire français, le délit est censé commis en France et la connaissance en appartient aux tribunaux français (Cass. 6 janvier 1872) (3).

5° Si un crime est comploté et préparé en France, mais exécuté en pays étranger, l'opinion qui paraît avoir prévalu dans la discussion du Code pénal au Conseil d'Etat sur les propositions de MM. Treilhard et Cambacérès, est que les tribunaux français sont compétents parce que quand la pensée est suivie d'exécution le crime remonte au temps où il a été prémédité. Cependant, MM. Le Sellyer et Mangin pensent qu'il n'en doit être ainsi que si le complot ou la préparation constituent par eux-mêmes des actes délictueux commis en France (4).

6° Si l'auteur d'un vol commis en France, poursuivi au-delà de la frontière, tue hors de France celui au préjudice duquel le vol a été commis, les tribunaux français sont compétents pour juger les deux crimes qui sont ici indivisibles (art. 304 C. p.) (5).

(1) P. Chr.

(2) S. et P. Chr. Dal. Per. 26, 1387, dans le même sens, Mangin, Traité de l'action publique, t. 1er, p. 105, n° 60; Chassan, Traité des délits de la parole, 1, p. 404, n° 2.

(3) S. 1872, 1, 255; P. 1872, 588.

(4) Le Sellyer, Compétence, t. 2, p. 537.

(5) Dans ce sens, Le Sellyer, Compétence, t. 2, p. 542, n° 976.

7° Si un mineur enlevé en pays étranger a été conduit en France, le crime de rapt est de la compétence des tribunaux étrangers (1).

Le territoire se divise en territoire continental et territoire colonial. Il comprend au point de vue géographique des terres et des eaux qui se subdivisent en : 1° mers ; 2° fleuves et rivières ; 3° lacs. L'application des lois pénales à ces diverses portions de territoire a donné lieu à des difficultés pour les eaux et les navires qui y sont mouillés.

I. MER. — La mer se divise en deux parties bien distinctes : 1° les parties susceptibles d'être appropriées ; 2° la pleine mer.

1° *Parties de la mer susceptibles d'être appropriées.* — Ces parties comprennent les mers intérieures et la mer littorale. Les parties de mer qui sont dans l'intérieur du territoire d'un État où qui en baignent les côtes et qui peuvent être défendues font partie du territoire de cet État. C'est pourquoi l'art. 538 C. civ. les range au nombre des dépendances du domaine public : « *Les chemins, routes et rues à la charge de l'État, les fleuves et rivières navigables ou flottables, les rivages, lais et relais de la mer, les ports, les havres, les rades et généralement toutes les portions du territoire français qui ne sont pas susceptibles d'une propriété privée sont considérées comme des dépendances du domaine public.* » Il ne peut y avoir quant à elles aucune difficulté. La détermination de la mer territoriale et des droits appartenant à la nation sur elle est au contraire plus délicate. On appelle *mer littorale* ou *territoriale* cette partie de la mer qui baigne les côtes et qui est susceptible d'être défendue et appropriée. L'empire des lois pénales s'étend, de l'aveu de tous, à la mer littorale, qui est considérée comme une prolongation du territoire ; mais la fixation de l'étendue de cette mer à partir des côtes a divisé les publicistes. Cependant l'on admet généralement aujourd'hui qu'elle comprend tout l'espace susceptible d'être défendu à partir de la terre ferme ; c'est-à-dire l'espace qu'un boulet de canon tiré du rivage peut parcourir (2). Cette détermination résulte du motif

---

(1) Le Sellyer, Compétence, t. 2, p. 543, n° 980, et Mangin, Traité de l'action publique, p. 141, n° 72.

(2) Calvo, le Droit international, § 200 et 201.

même qui a fait établir le droit de souveraineté de l'Etat riverain sur la mer territoriale, à savoir la nécessité de la défense des côtes.

2º *Pleine mer.* — La pleine mer située au-delà de la mer littorale offre une voie de communication qui doit rester libre et ouverte à tous les peuples. L'espace des mers n'est pas par sa nature susceptible d'être approprié ou possédé : « Chacun entend par possession d'une chose, dit en effet M. de Savigny dans son traité de la possession, un état qui permet non seulement d'exercer physiquement sur la chose une action personnelle, mais encore d'en éloigner toute action étrangère; c'est ainsi que le batelier possède sa barque, mais non pas l'eau sur laquelle il glisse, quoique l'une et l'autre servent à son but. »

Au surplus, les produits des diverses parties de la terre étant divers, les échanges doivent s'établir parmi les hommes au moyen de la libre fréquentation des mers. On est resté, en fait, par rapport à la mer, dans un état de communauté négative. Cependant la question de la liberté des mers a été vivement agitée autrefois en théorie et certaines puissances maritimes ont élevé des prétentions à la souveraineté de certaines mers. C'est ainsi que le Portugal, à la suite des découvertes de Vasco de Gama (1498), l'Espagne, après la découverte de Christophe Colomb (1492), élevèrent des prétentions à la souveraineté sur l'Océan Atlantique et la mer Pacifique; la République de Venise prétendit à son tour exercer des droits de souveraineté dans la mer Adriatique (1). L'Angleterre à son tour prétendit à la souveraineté des mers avoisinant les Iles-Britanniques, et ces prétentions furent soutenues par Albericus Gentilis dans son *Advocatio Hispaniæ* (1613) et par Selden dans son ouvrage intitulé *Mare Clausum*, publié en 1633 sous le règne de Charles Ier. A ces prétentions, le célèbre jurisconsulte hollandais Grotius répondit au nom de la liberté des mers en faveur des Provinces-Unies contre les prétentions du Portugal en possession du commerce des Indes (*De jure prædæ*, 1604; *Mare liberum*, 1609). Déjà au XVIIIe siècle le principe de la liberté des mers avait prévalu : il

(1) Paolo Sarpi, Histoire du concile de Trente : Del dominio del mare adriatico et sui reggioni per il jus belli della serenissima republica di Venizia. 1672, in-12.

est constaté par Vattel, dans son ouvrage sur le droit des gens publié en 1758, t. 1, p. 570, § 290. Aujourd'hui la liberté des mers n'est plus mise en question et la navigation en pleine mer est considérée comme res meræ facultatis, la mer n'étant soumise qu'aux règles de police consacrées par le droit international (1).

Si un délit est commis en pleine mer à bord d'un bâtiment, la détermination de la loi pénale applicable à son auteur et de la juridiction compétente pour le juger est régie par le principe que le bâtiment est assimilé au territoire du pays dont il porte le pavillon. C'est donc la loi de ce pays qui doit être appliquée, quelle que soit la nationalité du délinquant ou de la victime (2). Il en résulte que le Français passager sur un bâtiment étranger ne peut rendre plainte devant les tribunaux français à raison des délits commis à son préjudice à bord et en pleine mer par un étranger. C'est ce qui a été jugé par la Cour de Bordeaux, le 21 janvier 1838 : un Français à bord d'un navire américain se plaignit d'excès à son égard de la part du capitaine et le traduisit devant le tribunal de Bordeaux qui le condamna ; sur l'appel interjeté par le capitaine, la Cour se déclara avec raison incompétente.

II et III. RIVIÈRES, FLEUVES, LACS.— Ils font en principe partie du territoire dans lequel ils sont situés. Quant aux fleuves et rivières servant de limite à deux nations, ils appartiennent tantôt à une seule, tantôt aux deux ; enfin, d'après les traités internationaux, la navigation de quelques-uns est considérée comme libre, en sorte que le bord des bâtiments est considéré comme territoire du pays dont il porte le pavillon (3).

IV. *Navires stationnant dans une mer littorale, dans un port,*

(1) Wheaton, t. 1, p. 178 ; Heffter, p. 155, § 174 ; Bluntschli, le Droit international codifié, p. 27.

(2) Pour les navires français, les délits commis à bord des vaisseaux de l'État sont constatés et punis suivant les règles du Code de justice militaire pour l'armée de mer du 4 juin 1858 ; pour les navires marchands, un décret du 24 mars 1852 constitue le Code disciplinaire et pénal pour la marine marchande.

(3) Le Congrès de Vienne de 1815, art. 108, proclama la libre navigation des fleuves qui se déversent dans la mer et des rivières qui traversent ou séparent plusieurs États (Bluntschli, p. 28) ; les États riverains du Danube ont admis ce principe en 1856 lors de la paix de Paris.

dans un fleuve étrangers. — Lorsqu'un délit est commis à bord d'un bâtiment étranger, mouillé dans un port, dans un fleuve français ou dans la mer littorale de la France, à qui appartient la répression de ce délit?

Deux principes opposés sont en présence : 1º le bâtiment est une partie flottante du pays étranger auquel il appartient; donc le délit doit être puni par la loi étrangère.

2º Le bâtiment se trouve dans une dépendance de la France; donc le délit doit être puni par la loi française.

Pour concilier ces deux principes, il faut distinguer les vaisseaux de guerre et les bâtiments appartenant à la marine marchande :

1º *Navires de guerre.* Ces vaisseaux échappent à la juridiction du pays dans les eaux duquel ils se trouvent, parce qu'ils représentent un Etat souverain et indépendant et ont un personnel de fonctionnaires, investis des pouvoirs nécessaires pour constater et réprimer les délits commis à bord, et que, représentant une partie des forces militaires du pays auquel ils appartiennent, ils ne sont pas censés s'être soumis à la juridiction étrangère. C'est ce qu'a reconnu la Cour de cassation dans un arrêt du 1er juillet 1830, en décidant que le vol commis au préjudice de son maître par un étranger au service d'un contre-amiral français (l'amiral de Labretonnière) et, dans le temps où il était embarqué et inscrit au rôle d'équipage du navire sur lequel ce contre-amiral avait porté son pavillon, est de la compétence des tribunaux maritimes français, encore qu'au moment du vol le navire se trouvât dans un port étranger (Mahon) (1).

2º *Navires marchands.* — Les navires de la marine marchande appartenant à des particuliers ne sont plus une partie des forces militaires du pays dont ils portent le pavillon : en conséquence, ils sont soumis aux lois du pays, dans les eaux duquel ils stationnent. Cependant une distinction doit être faite aux termes d'un avis du Conseil d'Etat du 20 novembre 1806, consacré par l'ordonnance du 29 octobre 1833 sur les consulats (art. 22) : si le délit n'occasionne aucune émotion dans le port et s'il s'agit d'un délit commis par un homme de l'équipage à bord du na-

(1) S. et P. Chr. D. P. 30, 1, 311.

vire, ce délit doit être puni par la loi du pays dont le navire porte le pavillon; sinon, il doit être jugé par la loi française, devant les juridictions françaises. Le Conseil d'Etat établit cette distinction à propos des faits suivants : Une rixe s'était passée dans le canot du navire américain le Newton entre deux matelots du même navire. Une blessure grave avait été faite par le capitaine en second du navire La Sally à l'un de ses matelots pour avoir disposé du canot sans son ordre. Dans ces deux affaires, le Conseil d'Etat fut d'avis d'en interdire aux tribunaux français la connaissance. Voici quelques motifs de cet avis : « Considérant qu'un vaisseau neutre ne peut être indéfiniment considéré comme lieu neutre et que la protection qui lui est accordée dans les ports français ne saurait dessaisir la juridiction territoriale pour tout ce qui touche aux intérêts de l'Etat; qu'ainsi le vaisseau neutre admis dans un port de l'Etat est de plein droit soumis aux lois de police qui régissent le lieu où il est reçu; que les gens de son équipage sont également justiciables des tribunaux du pays pour les délits qu'ils y commettraient, même à bord, envers des personnes étrangères à l'équipage, ainsi que pour les conventions civiles qu'ils pourraient faire avec elles. Mais que, si jusque-là la juridiction territoriale est hors de doute, il n'en est pas ainsi à l'égard des délits qui se commettent à bord du vaisseau neutre de la part d'un homme de l'équipage neutre envers un autre homme du même équipage; qu'en ce cas, les droits de la puissance neutre doivent être respectés, comme s'agissant de la discipline intérieure du vaisseau, dans laquelle l'autorité locale ne doit pas s'ingérer, toutes les fois que son recours n'est pas réclamé ou que la tranquillité du port n'est pas compromise. » La Cour de cassation a décidé le 25 février 1859, conformément à ce principe, que lorsque le délit trouble la tranquillité du port, il est de la compétence des tribunaux français (1).

Exceptions au principe de la territorialité de la loi pénale.

Le principe de la territorialité de la loi pénale reçoit une double exception : 1° en ce que certaines personnes coupables de

(1) P. 59, 420, D. P. 59, 1, 88.

délit en France ne sont pas soumises aux lois pénales et aux juridictions répressives françaises ; 2° en ce que des Français coupables de délit dans certains pays étrangers ne sont pas justiciables des juridictions étrangères, mais restent soumis à la loi française et sont jugés dans ces pays par des magistrats français.

Exceptions en faveur de certaines personnes coupables de délit en France. — Ces exceptions concernent : 1° *Les souverains étrangers de passage dans le territoire français.* — Ces souverains étant considérés comme représentant la puissance de leur pays, ne relèvent pas des lois et de l'autorité du pays sur le territoire duquel ils se trouvent de passage. Ce principe est admis aujourd'hui par tout le monde (1). Mais on s'est demandé si le droit du souverain allait jusqu'à pouvoir, sur un territoire étranger, exercer un acte de juridiction sur les gens attachés à sa personne. Le privilège accordé au souverain par respect pour l'indépendance de la souveraineté attachée à sa personne, ne peut être étendu jusque-là, parce que l'exception apportée au principe de la territorialité doit être strictement restreinte aux motifs qui l'ont fait introduire (2). A plus forte raison, ce droit de juridiction doit-il être refusé à un souverain après son abdication. C'est ainsi que l'on a généralement blâmé la reine Christine de Suède qui, après son abdication et pendant son séjour en France, fit mettre à mort son écuyer Monaldeschi, sans que ce meurtre donnât lieu à aucune poursuite de la part du gouvernement français, et la défense que Leibnitz (3), ami de la reine Christine, prit de ce meurtre, n'a pas eu l'approbation des publicistes (4).

2° Ministres publics, ambassadeurs et représentants des nations étrangères. — Les représentants des nations auprès des gouvernements étrangers se divisent en : 1° ambassadeurs ou représentants de la nation ou du monarque ; 2° chargés d'affaires ou délégués du ministre des affaires étrangères; 3° consuls chargés de veiller en pays étranger aux intérêts commerciaux de leurs nationaux.

(1) Bluntschli, p. 110, n° 129, p. 113, n° 136; Calvo, t. 1, § 507, p. 634; Heffter, p. 118 et 642; Wheaton, t. 1, p. 121.
(2) Laurent, Droit civil international, t. 3, n° 57, p. 103 et ss.
(3) Traité des droits de souveraineté et d'ambassade des princes allemands.
(4) Laurent, l. c. t. 3, n° 58, p. 107 et ss.

Ces ministres publics ont toujours été protégés par le principe de l'inviolabilité de leur personne reconnu en droit romain : *sancti habentur legati* (Pomponius, fragm. 17 de Legationibus, D. 50-7). Il a été reproduit par la Convention dans un décret du 13 ventôse an II : « *La Convention nationale interdit à toute auto-* « *rité constituée d'attenter en aucune manière à la personne des* « *envoyés étrangers ; les réclamations qui pourraient s'élever* « *contre eux seront portées au comité de salut public qui seul est* « *compétent pour y faire droit.* »

Ce privilège d'inviolabilité aboutit au point de vue pratique à l'immunité de la juridiction du pays dans lequel ils sont accrédités : « Les lois politiques demandent que tout homme soit sou- « mis aux tribunaux criminels et civils du pays où il est, et à « l'animadversion du souverain.

« Le droit des gens a voulu que les princes s'envoyassent des « ambassadeurs ; et la raison, tirée de la nature de la chose, n'a « pas permis que ces ambassadeurs dépendissent du souverain « chez qui ils étaient envoyés, ni de ses tribunaux. Ils sont la « parole du prince qui les envoie, et cette parole doit être libre. « Aucun obstacle ne doit les empêcher d'agir. Ils peuvent sou- « vent déplaire parce qu'ils parlent pour un homme indépen- « dant. On pourrait leur imputer des crimes, s'ils pouvaient être « punis pour des crimes ; on pourrait leur supposer des dettes « s'ils pouvaient être arrêtés pour dettes. Un prince qui a une « fierté naturelle parlerait par la bouche d'un homme qui aurait « tout à craindre. Il faut donc suivre, à l'égard des ambassa- « deurs, les raisons tirées du droit des gens et non pas celles « qui dérivent du droit politique. Que s'ils abusent de leur être « représentatif, on le fait cesser en les renvoyant chez eux ; « on peut même les accuser devant leur maître, qui devient par « là leur juge ou leur complice » (1).

Ce principe d'immunité diplomatique est connu sous le nom de *principe d'exterritorialité.* C'est une fiction du droit des gens en vertu de laquelle le ministre public et l'hôtel qu'il habite sont censés être sur le territoire du pays auquel ils appar- tiennent.

(1) Montesquieu, Esprit des lois, livre 26, chap. 21.

Ce principe s'étend non seulement au ministre public lui-
même, mais aux membres de sa famille et aux personnes qui lui
sont attachées par un titre officiel. C'est ce qu'a jugé la cour de
Paris le 9 avril 1866 (1).

L'hôtel du ministre public étant inviolable, la police du pays
sur le territoire duquel il se trouve doit s'abstenir d'y pénétrer
sans l'assentiment de l'ambassadeur. Cependant ces prérogatives
doivent être limitées par le motif même qui les a fait introduire.
Il en résulte : 1º qu'elles ne sont pas applicables aux personnes
étrangères à l'ambassade. C'est ce qu'a jugé la cour de cassation
le 13 août 1865 (2). La Cour : — Sur le moyen tiré de ce que le
« crime objet de l'accusation aurait été commis par un Russe
« sur un sujet russe ou étranger dans l'hôtel de l'ambassade
« de Russie, à Paris, et par suite dans un lieu situé hors du ter-
« ritoire de la France, que ne régissait pas la loi française et sur
« lequel ne pourrait s'étendre la compétence de nos tribunaux ;
« attendu qu'aux termes de l'article 3, C. Nap., les lois de po-
« lice et de sûreté obligent tous ceux qui habitent le territoire ;
« attendu que l'on peut admettre comme exception à cette règle
« de droit public l'immunité que, dans certains cas, le droit des
« gens accorde à la personne des agents diplomatiques étran-
« gers, et la fiction légale en vertu de laquelle l'hôtel qu'ils ha-
« bitent est censé situé hors du territoire du souverain près du-
« quel ils sont accrédités. Mais attendu que cette fiction légale
« ne peut être étendue ; qu'elle est exorbitante du droit com-
« mun ; qu'elle se restreint strictement à l'ambassadeur ou mi-
« nistre dont elle a voulu protéger l'indépendance, et à ceux qui,
« lui étant subordonnés, sont cependant revêtus du même ca-
« ractère public ; attendu que le demandeur n'appartient à au-
« cun titre à l'ambassade de Russie ; que comme étranger résidant
« momentanément en France, il était soumis aux lois françaises ;
« que le lieu où le crime qui lui était imputé a été commis, ne
« peut non plus en ce qui le concerne personnellement, être ré-
« puté en dehors des limites du territoire ; que l'action et la com-
« pétence de la justice française étaient dès lors incontestables. »

(1) S. 66, 2, 232 ; P. 66, 856 ; Heffter, p. 414, nº 221 ; Wheaton, t. 1, p. 202.
(2) S. 1866, 1, 33 ; P. 1866, 51.

2º Que la police du pays doit s'abstenir de pénétrer dans l'hôtel de l'ambassadeur sans son assentiment, de visiter ses effets ou faire des recherches dans ses voitures ; mais on ne doit pas admettre un véritable droit d'asile et pousser la fiction d'exterritorialité jusqu'à dire que le coupable réfugié dans l'hôtel de l'ambassade est censé se trouver en pays étranger, en sorte que l'extradition serait nécessaire pour se saisir de sa personne. L'hôtel étant situé sur le territoire français, le délit qui y est commis est bien commis en France, sauf les précautions à prendre de la part de l'autorité française et les formalités diplomatiques à remplir pour obtenir du ministre public le droit de pénétrer chez lui et de se saisir du coupable. Encore décide-t-on que si l'ambassadeur opposait un refus non motivé, l'autorité française aurait le droit de s'introduire dans l'hôtel et de faire enlever l'inculpé ; car le privilège d'inviolabilité étant établi dans l'intérêt du ministre étranger, ce ministre peut y renoncer (1) et ne peut s'en prévaloir sans motif.

Les ministres publics peuvent-ils aller jusqu'à exercer une juridiction sur les personnes de leur suite ?

Pendant longtemps, les ministres publics se sont arrogé le droit de prononcer des peines, même la peine capitale, contre les personnes attachées à leur suite : en l'an 1603, Henri IV envoya le marquis de Rosay au roi Jacques pour lui faire civilité sur son avènement à la couronne d'Angleterre. Le même jour arrivaient à Londres quelques gentilshommes attachés à la personne de l'ambassadeur, qui allèrent dans une maison de débauche où ils se prirent de querelle avec des Anglais et en tuèrent un. L'ambassadeur fit arrêter le coupable et, sur son aveu, le condamna à mort. Il fit demander au lord-maire des officiers de justice pour l'exécution de la sentence. Le comte de Beaumont-Harlay, ambassadeur ordinaire de France, intercéda en faveur du coupable et le fit grâcier par le roi Jacques Ier. Aujourd'hui le droit de juridiction tant au civil qu'au criminel ne fait pas partie des attributions diplomatiques ; l'usage consacré veut qu'en cas de crime ou de délits imputables à une des personnes placées sous la dépendance de l'ambassadeur, le ministre public renvoie aussitôt le coupable dans son pays pour y être jugé.

---

(1) Cass. 11 juin 1852 ; S. 52, 1, 467.

Le privilège d'inviolabilité dont nous venons de préciser la raison d'être et la portée subsiste-t-il lorsque le ministre abusant de ce privilège conspire contre le gouvernement auprès duquel il est accrédité? Ce privilège a été reconnu malgré l'abus du ministre, en ce que celui-ci continue à échapper à la juridiction du pays auprès duquel il est accrédité, et que le seul moyen qu'on puisse employer à son égard est de le renvoyer à la frontière et de le remettre au gouvernement qu'il représente. Ce principe fut déjà reconnu par les Romains lorsque des ambassadeurs ayant conspiré avec les patriciens pour favoriser le retour des Tarquins, on se décida à les renvoyer sains et saufs à cause de leur inviolabilité : *et quamquam legati visi sunt commisisse ut hostium loco essent jus tamen gentium valuit*, dit Tite Live (liv. II, ch. IV) (1). En 1618, une conjuration ourdie par les Espagnols contre Venise, par l'ambassadeur d'Espagne Alphonse de la Cucra marquis de Bedmar, ambassadeur de Philippe III, à l'instigation du duc d'Ossuna, vice-roi de Naples, découverte sur la dénonciation d'un conjuré, aboutit à de nombreuses exécutions des Vénitiens qui avaient pris part au complot; mais le marquis de Bedmar fut protégé contre la fureur populaire, congédié sous escorte et embarqué pour qu'il s'éloignât de Venise (2). — En 1718, sous Louis XV, une conspiration fut dirigée par le prince de Cellamare, ambassadeur de Philippe V, roi d'Espagne, à l'instigation du cardinal Alberoni : elle avait pour but d'enlever la régence au duc d'Orléans pour la conférer à Philippe V, de la maison de Bourbon, représenté par le duc du Maine. Des papiers, saisis sur un jeune abbé Porto Carrero, dénoncé au cardinal Dubois par une entremetteuse, la fille Fillon, mirent sur les traces de la conspiration. Le prince de Cellamare, arrêté et gardé à vue par des mousquetaires, fut renvoyé en Espagne sous la conduite d'un gentilhomme et de deux capitaines des gardes (3).

2e cas. — Délits commis hors du territoire.

Les lois criminelles ne sont pas seulement *territoriales*, elles sont encore *personnelles*, en ce sens que le national pourra avoir

(1) Wheaton, t. 1, p. 307.
(2) Daru, Histoire de Venise, t. 8, p. 115.
(3) Henri Martin, t. XXV, p. 95 et 96.

à répondre devant la justice de son pays de faits par lui commis en pays étranger.

Cette répression, en France, des délits commis à l'étranger, crée entre les nations française et étrangères, des rapports rentrant dans le droit international.

§ 1. PRINCIPES GÉNÉRAUX.

Les nations, envisagées comme corps politique, sont régies entre elles par des règles qui constituent le droit international public ou droit des gens, *jus inter gentes*.

Sources : Trois écoles se sont produites relativement à la fixation du caractère du droit international.

1o *L'école utilitaire*, qui nie l'existence de tout droit international. Suivant elle, un Etat, dans ses rapports avec les autres Etats, est investi du droit de faire tout ce qui lui est utile ; il ne se guidera que par la prudence ; un acte est légitime pour lui dès qu'il est avantageux ; chaque nation est donc l'appréciatrice de son utilité. Cette école est représentée par Machiavel (1469-1527), dans son livre intitulé « le Prince », dédié à Laurent de Médicis (1514), et par Hobbes, né à Malmesbury (1588-1679), dans son livre « de Cive » (1642-1647) et dans son ouvrage intitulé « Léviathan » (1651-1668).

2o *Ecole philosophique*. — Cette école admet l'existence d'un droit international naturel qui émane de la nature des rapports que les nations établissent entre elles et qui dirige ces rapports dans un but d'utilité commune. Elle est représentée par 1o Hugues de Groot, Grotius, né en Hollande (1583-1645). Exilé de son pays, il trouva un asile en France et y composa, dans la maison de campagne du président de Mesmes, son traité « de Jure Belli ac Pacis », qu'il dédia à Louis XIII et qu'il publia à Paris en 1625. Il y établit l'existence d'un droit des gens naturel et immuable déduit des préceptes de la raison universelle et d'un droit des gens positif fondé sur les usages et les traités internationaux. — 2o Leibnitz (Codex juris gentium diplomaticus, 1698). — 3o Chrétien Wolff, vaste penseur qui divulgua les idées de Leibnitz (1679-1754), Jus naturæ, 8 vol.; Jus gentium, 1 vol. — 4o Emmerichs de Vattel, né dans la principauté de Neufchâtel (1714-1765), dans son ouvrage intitulé « le Droit des gens ou principes de la loi naturelle appliqués à la conduite et aux affaires des nations et des souverains ».

3° *L'école historique*, qui ne reconnait qu'un droit international positif résultant des usages internationaux et des traités politiques. Elle est représentée par 1° Martens, diplomate et écrivain allemand, dans son « Précis du droit des gens moderne de l'Europe », publié à Gœttinguen en 1821 et dont une traduction française a été donnée par M. Charles Verger. — 2° Heffter, jurisconsulte allemand, dans son ouvrage sur le « Droit international public de l'Europe », traduit en français par M. Bergson. — 3° M. Henri Wheaton, ancien ministre des Etats-Unis auprès de la Cour de Berlin, dans ses « Eléments de droit international. »

Les sources législatives du droit international sont : 1° les usages internationaux ; 2° les traités internationaux ; 3° le droit naturel contenant les préceptes rationnels propres à diriger l'humanité dans le développement de ses facultés.

Division du droit international.

Le droit international se divise en : 1° Droit international public, réglant les rapports de nation à nation ; 2° Droit international privé, réglant les rapports que les étrangers peuvent avoir dans un pays étranger dans lequel ils résident ou dans lequel ils ont des propriétés ; 3° Droit criminel international, réglant les cas où un délit a été commis par un étranger sur le territoire d'un pays autre que le sien ou par un national sur un territoire étranger.

Le premier cas rentre dans la théorie de la territorialité de la loi pénale, que nous avons exposée et qui est réglée par l'art. 3 Code civ.; le deuxième fait l'objet du principe de la personnalité de la loi pénale et est réglé par les art. 5, 6 et 7 I. cr. modifiés par la loi du 27 juin 1866 et par l'art. 2 de cette même loi.

Les délits commis en pays étranger peuvent donner lieu à quatre hypothèses différentes : Le délit a pu en effet être commis à l'étranger, 1° par un national au préjudice d'un national ; 2° par un national au préjudice d'un étranger ; 3° par un étranger au préjudice d'un national ; 4° par un étranger au préjudice d'un autre étranger. Ces délits pourront-ils donner lieu à une poursuite selon les lois du pays intéressé à leur répression, et cet intérêt peut-il résulter de la présence du délinquant sur le territoire français lorsque le délit a été commis hors de France ?

En droit pur, les opinions ont été divisées parmi les publicistes : 1° le principe de la territorialité absolue a été défendu dans la discussion du projet du Code d'instruction criminelle par Treilhard (1). 2° L'application extra-territoriale de la loi pénale d'une façon absolue lorsqu'il y a plainte de la partie lésée, a été soutenue par Pinheiro Ferreira : il s'appuie sur le caractère de justice absolue, qui doit être le propre de la loi pénale et qui exige que le délit soit réprimé partout où est le coupable. 3° Un troisième système intermédiaire admet l'extra-territorialité de la loi criminelle avec certaines restrictions. Il y a lieu pour cette application de distinguer plusieurs cas : 1° Le délit est commis par un national en pays étranger au préjudice d'un national : la loi nationale doit atteindre le coupable pour protéger en tous lieux ses nationaux. 2° Le délit a été commis par un national et dirigé contre la sûreté ou la fortune d'un Etat étranger ou d'un particulier étranger : la justice veut que le national soit livré au pays qui le réclame et jugé suivant la loi de son pays. 3° Le délit a été commis par un étranger et dirigé contre un Etat étranger ou un particulier étranger : le principe est que, ici, une nation a le droit de se protéger contre les délits dirigés contre elle. 4° Le délit a été commis en pays étranger par un étranger : l'étranger n'est soumis qu'à la loi du pays où le délit a été commis ou qu'à sa propre loi, car il n'a pas enfreint les lois d'autres pays étrangers.

§ 2. APERÇUS HISTORIQUES.

Dans l'ancien droit, les juges français, s'inspirant des idées d'expiation et de vengeance se déclaraient compétents pour juger le Français qui s'était rendu coupable d'un fait commis en pays étranger. Il y avait difficulté si le coupable réfugié en France était étranger : cependant les jurisconsultes autorisaient la poursuite en France, si la victime du crime était française; mais si

(1) Locré, t. 24, p. 108.

la victime était étrangère, les juges français se déclaraient incompétents. Ces principes reçurent leur application dans un procès demeuré célèbre, l'affaire Sidney Hamilton, jeune Anglaise, victime en Angleterre, d'un rapt de séduction de la part d'un sieur Beresford, sur laquelle le Parlement de Paris statua le 21 octobre 1771 et le 25 mars 1782, les dames Hamilton et le sieur Beresford étant venus s'établir à Paris (1).

L'Assemblée constituante et l'Assemblée législative, sous l'influence des idées de Beccaria et de la doctrine du contrat social, consacrèrent le principe de la non exterritorialité de la loi pénale, et un décret des 3-7 septembre 1792 ordonna la mise en liberté de tous les auteurs de délits commis hors de France, détenus à cette époque dans les prisons françaises. Au contraire, le Code du 3 brumaire an IV consacra dans une certaine limite le principe de la personnalité de la loi pénale française dans ses art. 11, 12 et 13 : « *Art. 11. Tout Français qui* « *s'est rendu coupable, hors du territoire de la République, d'un* « *délit auquel les lois françaises infligent une peine afflictive ou* « *infamante, est jugé et puni en France, lorsqu'il y est arrêté.*

« *Art. 12. Sont, dans les mêmes cas, jugés et punis en France,* « *les étrangers qui ont contrefait, altéré ou falsifié, hors du terri-* « *toire de la République, soit la monnaie nationale, soit des papiers* « *nationaux ayant cours de monnaie ou qui ont exposé sciemment* « *hors du territoire de la République, soit des monnaies nationales* « *contrefaites ou altérées, soit des papiers nationaux ayant cours* « *de monnaie, contrefaits ou falsifiés.*

« *Art. 13. A l'égard des délits de toute autre nature, les étran-* « *gers qui sont prévenus de les avoir commis hors du territoire de* « *la République ne peuvent être jugés ni punis en France.* »

Le projet du Code d'instruction criminelle contenait deux articles consacrant le principe de la personnalité des lois. Treilhard attaqua ces articles en soutenant le principe de la territorialité absolue de la loi. Target au contraire soutint la nécessité d'atteindre parfois les auteurs de crimes commis hors de France. On fit entre les deux opinions une transaction en n'introduisant

(1) Molinier, Etude sur le nouveau projet de Code pénal pour le royaume d'Italie, 1880, 2e partie : Droit pénal international, p. 61 et ss.; Merlin, Questions de droit, vo Etrangers, § 2, no 3.

que d'une façon tout à fait restreinte dans la loi le principe de la personnalité. « *Art. 5. Tout Français qui se sera rendu coupable,* « *hors du territoire de France, d'un crime attentatoire à la sûreté* « *de l'Etat, de contrefaçon du sceau de l'Etat, de monnaies natio-* « *nales ayant cours, de papiers nationaux, de billets de banque* « *autorisés par la loi, pourra être poursuivi, jugé et puni en* « *France, d'après les dispositions des lois françaises.*

« *Art. 6. Cette disposition pourra être étendue aux étrangers* « *qui, auteurs ou complices des mêmes crimes, seraient arrêtés en* « *France, ou dont le gouvernement obtiendrait l'extradition.*

« *Art. 7. Tout Français qui se sera rendu coupable, hors du* « *territoire du royaume, d'un crime contre un Français; pourra,* « *à son retour en France, y être poursuivi et jugé, s'il n'a pas été* « *poursuivi et jugé en pays étranger, et si le Français offensé rend* « *plainte contre lui.* »

Bientôt, les inconvénients de ce système trop étroit se firent sentir, lorsque des Français coupables de crimes commis à l'étranger contre des étrangers venaient se réfugier en France sans avoir été jugés à l'étranger et obtenaient ainsi l'impunité. Un décret rendu après avis du Conseil d'Etat, le 23 octobre 1811, vint remédier provisoirement à cette situation, en autorisant l'extradition du Français et sa livraison au gouvernement étranger dont il avait violé les lois : « N... sur le rapport de notre « grand-juge, ministre de la justice, ayant pour objet de faire « statuer sur le cas où un Français se serait réfugié en France, « après avoir commis un crime sur le territoire d'une puissance « étrangère ;

« Vu les articles 5 et 7 de notre Code d'instruction criminelle ; « considérant que, dans la question présentée, il ne s'agit que « de crimes commis par un Français hors de France et contre « des étrangers ;

« Que le Français prévenu d'un tel crime, ne peut, lorsqu'il « s'est réfugié en France, être livré, poursuivi et jugé en pays « étranger que sur la demande d'extradition qui nous sera faite « par le gouvernement qui se prétend offensé ;

« Que si, d'un côté, il est de notre justice de ne pas apporter « d'obstacle à la punition du crime, lors même qu'il ne blesse « ni nous, ni nos sujets ; d'un autre côté la protection que nous

« leur devons ne nous permet pas de les livrer à une juridiction
« étrangère sans de graves et légitimes motifs, reconnus et jugés
« tels par nous ;

« Notre Conseil d'Etat entendu,

« Nous avons décrété et décrétons ce qui suit :

« Art. 1er. — Toute demande en extradition, faite par un gou-
« vernement étranger contre un de nos sujets prévenu d'avoir
« commis un crime contre des étrangers sur le territoire de ce
« gouvernement nous sera soumise par notre grand-juge, mi-
« nistre de la justice, pour y être par nous statué ainsi qu'il ap-
« partiendra.

« 2. — A cet effet, la dite demande appuyée de pièces justi-
« ficatives sera adressée à notre ministre des relations exté-
« rieures, lequel la transmettra avec son avis, à notre grand-
« juge, ministre de la justice.

« 3. — Notre grand-juge, ministre de la justice et notre mi-
« nistre des relations extérieures sont chargés de l'exécution du
« présent décret. »

La Charte de 1814 accordant à tous les Français le privilège
de ne pouvoir jamais être distraits de leurs juges naturels, le
décret de 1811 demeura lettre morte et l'extradition des Français
ne fut plus accordée.

Il résultait du système consacré par le Code d'instruction criminelle que, sauf pour les crimes commis contre l'Etat, à raison
desquels leurs auteurs pourraient toujours être poursuivis en
France, même s'ils étaient étrangers, les crimes commis à l'é-
tranger contre des particuliers n'étaient punissables en France
que si les conditions suivantes se trouvaient réunies : 1º que
l'auteur fût Français ; 2º que la victime fût Française ; 3º qu'il y
eût plainte de la partie lésée ou dénonciation du gouvernement
étranger ; 4º que le fait fût qualifié crime ; 5º que le coupable fût
de retour en France et saisi sur le territoire français ; 6º qu'il
n'y eût pas eu déjà de jugement en pays étranger à l'occasion de
ce fait. Ce système incomplet donna lieu à des inconvénients
pratiques devenus de vrais scandales, par la raison que la loi
française ne pouvait atteindre les crimes commis hors de France
par des Français contre des étrangers, ni les délits correctionnels, quelle que fût la nationalité de la victime. La France était

devenue dans les pays frontières le refuge de malfaiteurs impunissables parce que, Français, ils ne pouvaient être extradés et que l'article 7 ne pouvait les atteindre. Les nations étrangères réclamèrent contre l'insuffisance de la loi, et un magistrat, M. Laplagne-Barris, fit, en 1842, connaître à la Chambre des pairs la situation créée par le Code d'instr. crim. dans ces termes : « J'ai
« eu l'honneur de remplir pendant quatre ans les fonctions de
« Procureur général dans un ressort qui embrassait 70 lieues de
« frontières. Eh bien, il m'est arrivé non pas dix fois, vingt fois,
« mais beaucoup plus souvent, de gémir des chaînes que m'im-
« posait l'article 7 du Code d'instruction criminelle. Il m'est ar-
« rivé souvent d'être le témoin de faits qui constituaient de véri-
« tables attentats à la morale publique ; de faits de nature à
« dégrader, à altérer la morale dans l'opinion du peuple, surtout
« de la classe inférieure ; de voir des assassins, des incendiaires,
« des empoisonneurs, contre lesquels des magistrats français ne
« pouvaient exercer le plus léger acte de poursuite et qui avaient
« commis leurs crimes à quelques lieues du village où ils avaient
« leur domicile. Ce n'est pas une figure de rhétorique. Permet-
« tez-moi de vous citer un fait dont j'ai été témoin dans les der-
« niers temps de mon exercice : Un Français, un monstre, habi-
« tait un village séparé par une ligne idéale d'un village prussien
« limitrophe, ayant jadis fait partie de la France et qui avait
« cessé de lui appartenir. Il assassina dans le village prussien
« sa sœur et son beau-frère, et je le laissai libre, se promenant
« insolemment dans les rues du village français, sans que per-
« sonne osât lui adresser un reproche ; car, violent, menaçant,
« il intimidait les populations. »

Des projets de réforme furent soumis, mais sans succès, aux Chambres en 1842, 1845 et 1852, et le Code d'instr. crim. ne fut modifié que par la loi du 27 juin 1866.

§ 3.   LOI DU 27 JUIN 1866.

Le but de la loi nouvelle a été de soumettre à la juridiction des tribunaux français non seulement les crimes, mais encore les délits commis par les Français à l'étranger, quelle que soit du reste la nationalité de la victime. Elle permet même de lui demander compte de certaines contraventions. Le motif en est que si le Français coupable d'une de ces infractions à l'étranger parvenait à échapper à l'autorité étrangère et à se réfugier sur le territoire français, l'impunité lui serait assurée puisque, d'une part, l'autorité étrangère ne pourrait le saisir sur le territoire français, et que, d'autre part, l'extradition ne pourrait être accordée à l'Etat étranger par la France à cause de sa nationalité.

Les conditions requises pour que la loi pénale française puisse atteindre l'auteur d'une infraction commise à l'étranger variant suivant la nature de cette infraction, il faut distinguer les crimes, les délits et les contraventions.

I. *Crimes.* — L'article 5 exige la réunion des conditions suivantes : 1º que l'auteur du crime soit Français. D'où la conséquence que l'étranger coupable d'un crime commis hors de France, même contre un Français, ne peut pas être poursuivi et puni en France et que la loi française ne peut user contre lui que de l'expulsion ou de l'extradition, si elle est réclamée par le pays intéressé (1). Ces mesures sont évidemment insuffisantes pour protéger nos nationaux en pays étranger, et l'on est généralement d'accord pour critiquer cette lacune dans la réforme de 1866 (2).

2º Que le fait commis à l'étranger soit qualifié crime et puni par la loi française de peines afflictives ou infamantes.

3º Que le Français n'ait pas été déjà définitivement jugé à l'étranger, quel que soit du reste le résultat de la poursuite, acquittement, condamnation ou absolution. — La raison qui met obstacle à la poursuite en cas de jugement à l'étranger est que le trouble social causé par la présence en France d'un malfaiteur impuni n'existe pas, car il n'y a pas d'impunité lorsque le délit a déjà trouvé son châtiment. L'on signale à propos de cette condition une nouvelle lacune dans la réforme de 1866, la loi n'exigeant pas que, en cas de condamnation étrangère, le Français condamné ait subi sa peine, en sorte que l'impunité lui sera as-

---

(1) Cass. 10 janvier 1873, P. 73, 299.
(2) Molinier, Etude sur le nouveau projet du Code pénal pour le royaume d'Italie, 2e partie : Droit pénal international, p. 29 et ss.; Deloume, Principes généraux du droit international en matière criminelle, p. 92 et ss.

surée, s'il réussit à s'évader après sa condamnation et avant l'exécution de la peine (1).

4° Que le Français soit de retour en France et que ce retour soit volontaire. — Il résulte de là que si le Français se trouve en France par suite d'un cas de force majeure, l'article 5 ne sera pas applicable; il en sera ainsi, si par exemple il est jeté sur les côtes de France par une tempête ou bien s'il est arrêté à l'étranger et conduit en France (2). Quid si le Français rentre volontairement en France, mais repart pour un pays étranger? Peut-il, par suite de son retour volontaire sur le territoire français, être, malgré sa fuite, poursuivi et jugé par contumace? La Cour de Paris a décidé, le 17 juin 1870 (3), que la poursuite était possible, par la raison que l'article 5 se contente, pour cette poursuite, du retour de l'étranger en France. Mais c'est là, croyons-nous, donner une trop grande extension à l'article 5, cet article ayant voulu seulement éviter que le Français puisse séjourner impunément en France; mais lorsqu'il n'y séjourne pas et ne fait qu'y passer, la cause du trouble ayant cessé avec sa présence, il n'y a pas lieu à le poursuivre. Il en sera ainsi, s'il a quitté le sol avant que toute poursuite ait été intentée contre lui; mais si des poursuites ont été commencées, elles doivent suivre leur cours malgré sa fuite, car il ne peut dépendre de l'accusé d'entraver par son fait le cours de la justice.

5° Que la poursuite soit introduite par le ministère public (art. 6), en sorte que la partie lésée ne peut saisir elle-même la juridiction de répression et ne peut que déposer sa plainte.

6° Que la prescription ne soit pas acquise à l'auteur du crime soit d'après la loi française, soit d'après la loi étrangère.

II. *Délits correctionnels.* — La loi du 27 juin 1866, innovant sur ce point, a autorisé la répression en France des délits correctionnels commis en pays étranger, moyennant la réunion des conditions suivantes : 1° que le coupable soit Français; 2° que le fait soit qualifié délit par la loi française; 3° qu'il soit incriminé et puni par la loi étrangère, quelle que soit du reste la nature de la peine dont le fait est puni par la loi étrangère. Il ré-

(1) Molinier, l. c. p. 52; Deloume, l. c. p. 119 et ss.
(2) Aix, 28 avril 1868, S. 68, 2, 302; P. 68, 1133.
(3) S. 1871, 2, 66; P. 1871, 284.

sulte de là que les juges français auront à interpréter à la fois la loi française et la loi étrangère; mais, c'est la peine de la loi française qui sera applicable; 4° que le prévenu n'ait pas été définitivement jugé à l'étranger; 5° qu'il soit de retour volontaire en France; 6° qu'il y ait plainte de la partie lésée et de l'autorité étrangère; 7° que le ministère public juge la poursuite opportune. Il y a là une dérogation à la règle de l'article 182 du Code d'instr. crim. autorisant la partie lésée à se porter partie civile directement devant le tribunal correctionnel, sans attendre l'introduction de l'action publique par le ministère public; 8° que la prescription ne soit acquise ni d'après la loi française, ni d'après la loi étrangère.

III. *Délits et contraventions de l'article 2 de la loi du 27 juin 1866.* — Ces infractions, limitativement énumérées par la loi, sont : les délits et contraventions en matière forestière, rurale, de pêche, de douanes et de contributions indirectes, c'est à dire des infractions qui ne blessent pas essentiellement les préceptes de la morale sociale. La France n'a d'intérêt à les réprimer qu'à raison de la réciprocité et des avantages que peut lui procurer la punition de semblables faits commis à son préjudice. Les dispositions de l'article 2 reposent donc sur des considérations d'utilité.

Les conditions requises pour la poursuite en France de ces infractions sont les suivantes : 1° le prévenu doit être Français; 2° il doit résider en France; 3° il doit ne pas avoir été jugé définitivement en pays étranger; 4° il faut que le délit ou la contravention ait été commis sur le territoire d'un Etat limitrophe; 5° il faut par rapport à cet Etat qu'il y ait réciprocité, c'est à dire que cet Etat autorise la poursuite de ses nationaux pour les mêmes faits commis en France; 6° que cette réciprocité soit établie par des conventions internationales ou constatée par un décret (voir, par exemple, le décret du 21 avril 1869 entre la France et la Bavière); 7° il faut une plainte de la partie offensée ou une dénonciation officielle de l'autorité du pays où le délit a été commis; 8° la poursuite ne peut être intentée que par le ministère public.

Cas où l'étranger peut être poursuivi et jugé en France
pour crime commis en pays étranger.

Ce cas, réglé successivement par l'article 12 du Code du 3 brumaire an IV, l'article 5 du Code d'instr. crim. de 1808, fait aujourd'hui l'objet de l'article 7 du Code d'instr. crim. modifié par la loi du 27 juin 1866.

Cet article prévoit et permet de réprimer en France deux ordres de crimes commis en pays étranger : 1° les crimes commis contre la sûreté de l'Etat français considéré comme corps politique, incriminés par les articles 75 à 108 Code pén.; les contrefaçons du sceau de l'Etat punies par l'article 139 Code pén.; 2° les crimes dirigés contre le crédit français et comprenant : la contrefaçon des monnaies nationales ayant cours légal, punie par l'article 132 Code pén.; la contrefaçon des papiers nationaux, tels que les bons du Trésor et les titres de la Rente française, punie par l'article 139 Code pén.; la contrefaçon des billets de banques autorisées par la loi, tels que billets de la Banque de France, punie également par l'article 139 Code pén.

En principe, l'étranger n'est pas soumis, en son pays, à la loi française; mais la loi pénale française va le saisir pour les faits accomplis dans son pays, lorsque ces faits sont dirigés contre la France. La raison de cette extension de la loi française est que le sujet passif du délit est dans ce cas la France, qui a le droit de se protéger contre les attentats dirigés contre elle et émanant d'un pays étranger. L'article 7 ne parlant que de l'étranger, si l'auteur de ces crimes spéciaux était Français, on lui ferait application de l'article 5.

Les conditions de l'article 7 pour l'application de la loi française à l'étranger sont les suivantes : 1° que le fait soit qualifié crime; il résulte de là que si le fait ne constituait qu'un délit correctionnel, il ne serait pas punissable en France. Ainsi, par exemple, la proposition faite et non agréée de former un complot qui est punie par l'article 89 Code pén. d'un emprisonnement de un an à cinq ans; 2° que le fait constitue un des crimes cités dans l'article 7; 3° que l'inculpé soit arrêté en France ou que le gouvernement obtienne son extradition; 4° que le ministère public, après avoir pris avis du ministre de la justice, introduise la poursuite. Il résulte de là qu'il ne peut pas y avoir en France de poursuite par contumace contre un étranger; il en est autrement du Français qui s'est rendu coupable d'un des crimes spécifiés dans l'article 7 (article 5 *in fine*). Du reste, l'article 7, différant en cela de l'article 5, se contente de la présence effective de l'étranger en France, que cette présence soit volontaire ou involontaire, par exemple si elle résulte d'un évènement fortuit ou de la contrainte.

L'article 7 ne reproduisant pas la condition exigée par l'article 5, que l'inculpé n'ait pas été jugé définitivement à l'étranger, on peut se demander si, lorsqu'il aura été jugé à raison d'un des crimes de l'article 7 par les tribunaux de sa nation, il pourra invoquer en France l'exception de chose jugée. M. Faustin Hélie (1) explique le silence de la loi par cette circonstance que les crimes dirigés contre la France ne peuvent être jugés qu'en France et que les autres Etats n'ayant aucun intérêt à leur répression ne sauraient, à peu près en aucun cas, en être saisis. C'est là une erreur, car la plupart des lois étrangères répriment certains des crimes spécifiés dans l'article 7; c'est ce qui est décidé en imitation de l'article 133 de notre Code pénal, qui punit la fabrication et l'altération en France de monnaies étrangères, par le Code pénal italien du 20 novembre 1859, art. 320 (2); par le Code pénal de l'Allemagne du 31 mai 1870, art. 146 et 148; par le Code espagnol du 30 août 1870; par le Code pénal belge du 8 juin 1867, art. 164, 165, 166, 174 (3).

Pour résoudre cette question qui touche au principe de l'autorité de la chose jugée en droit international et à l'influence en France des jugements rendus en pays étranger, il importe de se fixer sur la solution à donner à deux autres questions auxquelles peut donner lieu l'application des articles 5 et 7.

1re question : L'étranger qui a commis sur le territoire français une infraction punissable et qui a été jugé dans son pays à raison de cette infraction, peut-il être poursuivi et puni en France ?

---

(1) Traité d'Instruction criminelle, t. 2, p. 144, n° 671.

(2) [Art. 256 du nouveau Code pénal italien.]

(3) [*Adde* art. 206 et 212 Code pénal portugais; art. 212 Code pénal des Pays-Bas.]

2e question : Le Français qui a commis hors du territoire français un des crimes punis par l'article 7 du Code d'instr. crim. et qui a été jugé en pays étranger, peut-il encore être poursuivi et jugé en France ?

1re question. — Cette question revient à celle de savoir quelle est en France l'autorité d'un jugement rendu en pays étranger. Une semblable question doit être appréciée selon les principes du droit public interne, qui veulent que les Etats souverains soient dans une position d'indépendance les uns à l'égard des autres par rapport à l'administration de la justice répressive au moyen de laquelle l'ordre et la sûreté sont protégés sur leur territoire. Un jugement rendu en pays étranger ne doit pas pouvoir paralyser l'action de la justice du lieu où le désordre s'est produit. La maxime *non bis in idem* se réfère à l'exception de la chose jugée et ne peut concerner que les jugements émanés d'une même souveraineté. Elle n'est applicable, en général, que par rapport à une affaire qui, après avoir été irrévocablement jugée dans un pays, serait de nouveau portée devant un tribunal du même pays. Elle ne saurait, d'ailleurs, prévaloir contre les principes du droit international suivant lesquels chaque nation souveraine exerce ses droits de justice d'une manière pleine et entière sur son territoire, pour y protéger les personnes et les propriétés. C'est ainsi que les dispositions de l'article 5 de notre Code d'instr. crim., qui n'autorisent plus la poursuite, en France, du Français qui a commis un délit sur la terre étrangère lorsqu'il a été définitivement jugé à l'étranger, n'appliquent pas, en ce cas, la maxime *non bis in idem* ; cette disposition de l'article 5 ne repose que sur un respect pour la territorialité des lois criminelles qui veut que lorsque la justice du pays où le délit a été commis a eu satisfaction, un pouvoir étranger n'ait plus à intervenir.

Ajoutons que la Cour de cassation française a eu à statuer sur ce cas, d'un jugement rendu en pays étranger à raison d'un délit commis sur le territoire français et de poursuites en France à raison du même fait, dans deux affaires dans lesquelles elle a consacré les principes que nous venons d'exposer, par des arrêts rendus le 21 mars 1862. On a même à remarquer que dans l'une de ces affaires, le prévenu, Belge de nation, avait, sur la plainte de la partie lésée, été condamné par le tribunal correctionnel de Bruges, pour abus de confiance, à six mois de prison et 25 francs d'amende, par application des articles 406 et 408 du Code pénal français, alors en vigueur dans la Belgique. Cette peine avait été subie et cela n'empêcha pas la Cour de cassation de décider, en principe, qu'une nouvelle poursuite avait pu être portée devant les tribunaux français du lieu où le délit avait été commis, et même en vertu de la législation pénale qui avait amené la première condamnation infligée par la justice belge. Celui de ces arrêts qui statue à l'égard de l'individu déjà condamné en Belgique, a été rendu à la suite d'un rapport de M. Faustin Hélie, notre savant criminaliste, alors conseiller à la Cour de cassation. Voici les motifs de cet arrêt : « Attendu que l'art. 3 Code Napoléon, en disposant que les lois de police et de sûreté obligent tous ceux qui habitent le territoire, établit le principe de la souveraineté territoriale en vertu duquel le souverain s'est réservé le droit de réprimer tous les délits, alors même que ces délits ont été commis par des étrangers ; — Que, par suite de ce principe, la justice française peut toujours être saisie d'une poursuite dirigée contre un étranger à raison du délit commis en France et y statuer sans que son action puisse être arrêtée par les actes de la justice étrangère à raison du même délit ; — Que si la maxime *non bis in idem* s'oppose à ce que le prévenu soit jugé deux fois pour le même fait, cette exception ne peut s'appliquer qu'aux jugements émanés de la même souveraineté ; — Que les jugements rendus en pays étranger ne peuvent, en effet, ni être exécutés en France, ni y exercer aucune autorité, si ce n'est dans le cas et suivant les conditions prescrites par l'art. 546 Code proc. civ. et les art. 2123, 2128 Code Napoléon ; — Que la théorie de droit public qui fait prévaloir le principe de la souveraineté territoriale sur l'application de la maxime *non bis in idem*, loin de se trouver contredite par les art. 5, 6 et 7 Code instr. crim., trouve, au contraire, un appui dans l'esprit et les termes sainement entendus de ces articles ; — Que, en effet, les art. 5 et 6 n'attribuent qu'aux tribunaux français la connaissance de certains crimes attentatoires à la sûreté de l'Etat, lorsqu'ils ont été commis hors du territoire de France, que parce que ces crimes, préparés ou commis en pays étranger, se continuent, s'accomplissent ou ne produisent tout leur effet que dans les limites du territoire; — Que l'art. 7 (aujourd'hui, depuis la loi du 27 juin 1866, l'art. 5), qui n'autorise la poursuite en France des crimes commis par un Français contre un Français (aujourd'hui contre toute personne) que dans le cas où ce crime n'a pas été poursuivi et jugé en pays étranger, bien loin de reposer sur la maxime *non bis in idem* et sur la reconnaissance de l'exception de la chose jugée, se fonde, au contraire, sur le principe de la souveraineté territoriale; — Que, en effet, le législateur français, qui reconnaît à une souveraineté étrangère le droit de juger un Français qui a commis un crime sur le territoire étranger, entend évidemment faire respecter chez lui le principe de la souveraineté territoriale qu'il ne méconnaît pas chez les autres..... »

La Cour, sur les conclusions conformes de M. l'avocat général Savary, casse un arrêt de la Cour d'appel de Douai, du 31 décembre 1861, qui consacrait une doctrine contraire. Le même jour a été aussi cassé un arrêt de la Cour d'assises du département du Nord, qui consacrait, à l'égard d'un individu acquitté, des principes semblables à ceux qu'avait admis la Cour de Douai.

Notre excellent collègue et ancien élève, M. Bonfils, examine sous tous les points de vue cette question intéressante. Il adopte, par des raisons qui ont une grande force, la solution qu'elle a reçue dans ces arrêts de notre Cour de cassation (De la compétence des tribunaux français à l'égard des étrangers, en matière civile, commerciale et criminelle, p. 327, n° 374 et suiv., Paris, 1865, gr. in-8°).

2° question. — Le Français qui a commis hors du territoire français un des crimes de l'art. 7 et qui a été jugé en pays étranger, peut-il être, malgré ce jugement, jugé de nouveau en France? Il est certain que la répression intéresse au plus haut point la France et que le jugement rendu en pays étranger n'offre pour elle que des garanties insuffisantes. On pourrait donc, pour refuser toute valeur aux jugements étrangers, dire que ces faits étant dirigés contre la France doivent être considérés comme commis sur le territoire français, et leur appliquer dès lors la solution donnée pour le cas précédent. Cependant comme c'est l'art. 5 qui régit le Français, par rapport à tous les crimes commis sur le territoire étranger, même lorsqu'il s'agit de ceux qui sont dirigés contre son pays et dont il est question dans l'art. 7, et comme cet art. 5 conçu en termes généraux, veut qu'aucune poursuite n'ait lieu si l'inculpé prouve qu'il a été jugé définitivement à l'étranger, il est difficile de faire prévaloir les principes du droit rationnel contre les textes de la loi (1).

3e question. — La solution qui précède conduit logiquement à décider de même pour l'étranger qui ayant commis sur le territoire étranger l'un des crimes spécifiés dans l'art. 7, y a été jugé ; car en présence du silence de l'art. 7 qui n'a aucune disposition expresse sur ce point, l'étranger ne peut être guère autrement traité que le Français (2).

Réglement de la compétence. — Lorsqu'un délit est commis en France, la poursuite peut être exercée devant l'un des trois tribunaux suivants : 1o celui dans le ressort duquel a été commis le délit; 2o celui dans le ressort duquel le prévenu a sa résidence ; 3o celui dans le ressort duquel le prévenu est arrêté (art. 23, 29, 30, 63).

Le premier de ces tribunaux faisant défaut, puisque le délit est commis en pays étranger, la poursuite ne peut être portée que devant le tribunal de la résidence ou celui de l'arrestation (art. 16 et 24). Cependant comme ces tribunaux peuvent être éloignés du lieu où le délit a été commis, il peut être utile dans l'intérêt de l'instruction de l'affaire d'en renvoyer la connaissance à un tribunal plus voisin de la frontière. Aussi l'art. 6 autorise-t-il la Cour de cassation procédant par voie de réglement de juge à renvoyer la connaissance de l'affaire devant une Cour ou un tribunal plus voisin du lieu du crime ou du délit.

Cas dans lesquels des délits sur un territoire étranger seront encore punis selon les dispositions des lois françaises en dehors des articles 5, 6 et 7 du Code d'Inst. crim.

Ces cas sont au nombre de trois : 1o présence d'une armée française sur le territoire étranger ; 2o délits commis à l'étranger par des agents diplomatiques français ; 3o délits commis par des Français hors des pays de chrétienté.

(1) Molinier, Etude sur le nouveau projet de Code pénal du Royaume d'Italie, 2e partie, Droit pénal international, p. 26.
(2) Molinier, l. c.

1er cas. Armée française sur le territoire d'une nation étrangère.
— La règle générale en cette matière est que là où est le drapeau
français, là est pour le militaire et le marin la France et l'empire des lois de son pays. Ces lois sont les Codes de justice militaire du 9 juin 1857 pour l'armée de terre, et du 4 juin 1858 pour
l'armée de mer, et les tribunaux compétents sont les tribunaux
militaires organisés par ces Codes et qui suivent les corps d'armée et les forces navales en pays étranger.

Deux cas sont à distinguer : 1° ou l'armée française traverse
un pays neutre ou allié; 2° ou au contraire elle est en pays ennemi ou sur un territoire étranger qu'elle occupe.

1° L'armée française traverse un pays neutre ou allié. — La règle applicable en cette matière est que la puissance qui a accordé
le passage est censée avoir renoncé à l'exercice de toute juridiction sur l'armée française (1). Cependant il faut distinguer, suivant qu'il s'agit : 1° d'infractions à la discipline ou de délits
commis par un individu de l'armée contre un autre individu de
l'armée; 2° de délits commis contre les habitants; 3° de délits
commis par les habitants contre la sûreté de l'armée.

L'exception qui est faite au principe de la souveraineté territoriale du pays étranger n'ayant pour motif que l'intérêt de l'armée, les habitants du pays étranger doivent rester sous la protection de leurs lois et de leurs tribunaux et le souverain du pays
étranger n'est pas censé avoir renoncé pour eux à la protection
des lois de son pays, en sorte que les militaires français restent
bien justiciables des conseils de guerre et des prévôtés pour les
délits commis au sein de l'armée et comprenant les infractions
à la discipline militaire et les délits commis par des individus
appartenant à l'armée contre d'autres individus appartenant
aussi à l'armée. Il en sera de même des délits commis par un
militaire contre un habitant du pays étranger, déférés aux prévôtés (art. 75 Code justice militaire pour l'armée de terre). Mais
les délits commis par les habitants du pays, sont en principe déférés à la justice de ce pays.

*2° L'armée française est en pays ennemi ou sur un territoire
étranger qu'elle occupe.* — Le chef militaire est alors investi d'un

(1) Wheaton, Éléments de droit international, t. 1, p. 123.

pouvoir souverain; il a pour devoir de protéger son armée contre
les attentats qui porteraient atteinte à sa sécurité, et il fera réprimer ces attentats par des tribunaux militaires. Aussi la juridiction des conseils de guerre s'exercera-t-elle à l'égard des habitants du pays pour tous les délits dont la répression intéresse
l'armée. Ce principe est consacré par les art. 63 et 77, n° 3 du Code
de justice militaire du 9 juin 1857 pour l'armée de terre, et il en
a été fait application par la Cour de cassation le 14 août 1851 (1)
à des habitants des Etats romains condamnés pendant l'occupation française par des conseils de guerre français pour excitation
à la révolte contre l'armée française, et le 21 août 1865 (2) pour
un Mexicain accusé du crime d'empoisonnement de trois soldats
français pendant l'occupation du Mexique par les armées françaises (3).

*2e cas. Délits commis en pays étranger par les représentants de
la France.* — Nous avons déjà dit que d'après le droit international, les ambassadeurs, les représentants des Etats jouissent
d'immunités diplomatiques dont nous avons déterminé les conditions et qui les soustraient à la législation et à la juridiction du
pays étranger auprès duquel ils sont accrédités. Ces immunités
s'appliquent aux représentants de la France auprès des pays
étrangers, et ces représentants ne relèvent en conséquence que
de l'autorité française.

*3e cas. Délits commis par des Français hors des pays de chré-
tienté.* — En vertu de certains traités, les Français coupables de
délits dans les pays orientaux et non chrétiens sont soustraits à
la juridiction territoriale de ces pays et ne sont justiciables que
des tribunaux français. C'est ce qui a lieu pour les Français établis dans les pays soumis à l'autorité de la Porte Ottomane. Cette
dérogation au principe de la territorialité de la loi pénale remonte
à un traité de février 1535, entre François Ier et la Porte, attribuant dans les pays ottomans une juridiction exclusive aux
consuls sur tous les nationaux français, même pour leurs crimes
et délits. Ce traité fut suivi d'autres traités sous Louis XIV et

(1) S. 1852, 1, 283.
(2) S. 1865, 1, 466.
(3) Achille Morin, les Lois relatives à la guerre, p. 435 et ss.

Louis XV qui consacraient le même principe. La juridiction consulaire était originairement restreinte par le texte des traités aux faits commis au préjudice des Français ; mais l'usage attribua juridiction aux magistrats français, même pour les faits commis au préjudice des étrangers, ceux-ci aimant mieux la juridiction française que la juridiction de leur pays.

Ces prérogatives des Français sont encore reconnues par les traités avec la Chine (traité de Tien-Tsin), avec l'Iman de Mascate (20 novembre 1844), avec la Perse, avec le royaume de Siam (1856).

Pour l'organisation de la justice française, elle était réglementée dans les Etats de la Porte par un édit de Louis XVI de juin 1778, qui a été en vigueur jusqu'en 1836. Une loi du 1er juin 1836 a modifié cet édit dans ses dispositions les plus importantes. Pour les contraventions de police, le jugement en appartient aux consuls français. Les délits correctionnels sont déférés à un tribunal consulaire composé du consul président et de deux notables français pris sur une liste dressée chaque année. Les peines sont les peines ordinaires de notre Code pénal ; seulement la peine de l'emprisonnement souvent difficile à faire subir est remplacée par une amende de 10 francs par jour de prison. Ces jugements sont susceptibles d'appel et l'appel est porté devant la Cour d'appel d'Aix. — Les crimes sont jugés en France et les magistrats établis à l'étranger sont simplement officiers de police judiciaire et chargés de l'instruction. La procédure pour ces crimes est écrite comme cela était du reste exigé par l'édit de 1778. Elle est la reproduction de notre ancienne procédure extraordinaire par voie de récolement et de confrontation. L'instruction ainsi établie, le tribunal consulaire statue sur la mise en accusation et si le fait est jugé crime par lui, il décerne contre le prévenu une ordonnance de prise de corps, en vertu de laquelle celui-ci est conduit en France. Le prévenu est jugé par la Cour d'Aix, chambres réunies, après un rapport lu par l'un des conseillers et interrogatoire de l'accusé.

La procédure est la même pour les autres pays plus éloignés, seulement les Cours de Pondichéry, de l'île de la Réunion et de Saïgon sont substituées à la Cour d'Aix (lois du

8 juillet 1852, du 18 mai 1858, du 19 mars 1862 et du 28 avril 1869) (1).

De l'Extradition (2).

L'extradition est l'acte par lequel un Etat livre à un autre Etat un individu auquel est imputé un crime ou un délit, pour qu'il y soit jugé par les tribunaux ou qu'il y subisse la peine à laquelle il a été condamné.

Notions générales philosophiques. — Les auteurs ont beaucoup discuté la question de la légitimité de l'extradition, mais aujourd'hui elle est universellement admise; elle est la négation même du droit d'asile et se rattache à la doctrine qui reconnaît à la fois aux lois criminelles les caractères de la territorialité et de l'exterritorialité. La peine doit naturellement être celle qu'établit pour la répression d'un fait coupable, la loi du pays où ce fait s'est produit, mais le coupable doit être partout recherché pour être livré à l'action de la justice répressive du pays où le crime a été commis ou à celle de l'Etat auquel il appartient et à défaut à celle du pays où il est rencontré. Voilà bien cette universalité de la loi criminelle et cette solidarité active des Etats qui a pour objet de restreindre le plus possible les chances d'impunité qu'ont presque toujours en espérance ceux qui commettent un méfait.

Le droit d'asile dont nous venons de dire que l'extradition est la négation, a disparu de l'usage des nations à mesure que l'administration d'une justice régulière a été organisée et s'est substituée à l'exercice de la vengeance privée. Ce droit a été remplacé par celui que se sont reconnu les magistrats de chaque pays de juger et de punir sans distinction de nationalité et quel

_____

(1) [Des tribunaux mixtes et une Cour d'appel mixte ont été créés en Egypte par une loi des 17-25 décembre 1875 (les tribunaux siégeant à Alexandrie, au Caire et à Mansourah, la Cour d'appel à Alexandrie). Mais leur compétence est essentiellement limitée en matière pénale et, en dehors des cas attribués à ces juridictions, le régime des anciennes capitulations demeure applicable. — En outre, des juridictions françaises ont été créées et organisées en Tunisie (loi du 27 mars 1883) et au Tonkin (décrets des 8 et 18 septembre 1888.)]

(2) Billot, Traité de l'extradition, Paris 1874, gr. in-8°; Etienne de Vazelhes, Etude sur l'extradition, Paris 1877, in-8°.

que fût le lieu dans lequel ils auraient commis leurs méfaits, tous les coupables qu'ils pourraient atteindre, à moins qu'ils ne dussent être livrés au gouvernement du pays où ils avaient commis des actions qui méritaient un châtiment (1).

A notre époque un droit d'asile territorial a été admis pour ceux qui ont pris part à des troubles politiques tombant sous les atteintes des lois pénales dans leur pays, et qui se sont retirés sur la terre étrangère. Les faits politiques ne supposent pas chez ceux dont ils émanent cette absence de moralité qui expose à des dangers les nations au sein desquelles les malfaiteurs cherchent un asile et qu'attestent les crimes ou les délits communs en ceux qui s'en rendent coupables. Les pays sur les territoires desquels les fauteurs de troubles politiques trouvent un asile, n'ont aucun intérêt à ce qu'ils soient punis; les gouvernements les protègent sur leur territoire, lorsqu'ils n'y causent aucun trouble et lorsqu'ils y observent les lois. Souvent même, ils leur fournissent des secours et ils se les attachent surtout lorsqu'ils importent dans leur pays de refuge leurs industries; c'est ainsi qu'à la suite de la révocation de l'édit de Nantes, de nombreux religionnaires fugitifs qui avaient quitté la France trans-

(1) De bonne heure les immunités dont jouissaient les églises, les monastères, les hôpitaux, les cimetières et autres lieux disparurent en France ainsi qu'on le voit dans le Répertoire de M. Merlin au mot Asile. On a des détails curieux sur le droit d'asile local, tel qu'il a existé aux temps passés, dans la Bibliothèque du Trésor du droit français de Bouchel, t. 1, p. 279, au mot Asyle et t. 2, p. 117, au mot Franchise. On peut voir sur l'abolition du droit d'asile en France, Jousse, Traité de la Justice criminelle, t. 2, p. 195, nos 73 et ss.

L'Espagne paraît être le pays de l'Europe dans lequel le droit d'asile local du droit canonique a le plus tardivement disparu. Ce droit apparaît encore dans les dispositions de l'article 9 du Traité d'extradition intervenu entre ce pays et la France le 26 août 1850. Il y est dit : « Le gouvernement espagnol étant tenu de respecter le droit que certains coupables acquièrent en Espagne de se soustraire à la peine de mort, en vertu de l'asile ecclésiastique, il est entendu que l'extradition qu'il accordera au gouvernement français des prévenus placés dans ce cas, aura lieu sous cette condition que la peine de mort ne pourra leur être infligée, si cette peine, qui dans l'état actuel de la législation française n'est applicable à aucun des prévenus admis en Espagne au bénéfice du droit d'asile, leur devenait plus tard applicable. »

Il n'y a plus de disposition semblable dans la dernière convention d'extradition intervenue entre la France et l'Espagne, le 14 décembre 1877, qui a remplacé celle du 26 août 1850.

portèrent au grand désavantage de notre pays leur commerce et leur industrie dans des pays voisins, notamment en Prusse où on leur fit un accueil généreux; la France a de nos jours généreusement donné asile sur son sol et secouru les réfugiés politiques venus de l'Espagne, de la Pologne, de l'Italie. Il y en a eu parmi eux, notamment parmi les Polonais, qui ont obtenu d'être naturalisés Français et qui ont été appelés à des emplois publics dans leur nouvelle patrie.

C'est sur ces bases que les règles qui concernent l'extradition sont établies. Il convient, avant d'examiner les dispositions générales contenues dans les traités internationaux et les législations positives, d'exposer quelques principes fondamentaux. Une des premières questions qui se présentent est la suivante : Y a-t-il selon les principes du droit international, obligation pour un Etat, d'accorder l'extradition de ceux qui sont sur son territoire et qui sont recherchés à raison des délits qu'ils ont commis sur celui d'une autre souveraineté? L'obligation d'accorder l'extradition ne prend-elle, au contraire, naissance que par les conventions internationales? Le droit de demander et d'exiger l'extradition est-il un droit conventionnel engendré seulement par les traités?

C'est là une question de pure doctrine qui est vivement débattue.

On a l'indication des opinions diverses qui ont été émises sur cette question, dans le Précis du droit des gens moderne de l'Europe de M. Martens et dans une note de l'édition de cet ouvrage publiée et annotée par M. Vergé, au t. 1er, p. 282, Paris, 1858, 2 vol. in-12. — M. Bonafos, substitut du procureur de la République au tribunal de Lyon, a publié sur l'extradition, un travail dans lequel il se rattache en termes absolus, au principe de la territorialité des lois pénales. Il est ainsi amené à admettre « que l'obligation de se livrer mutuellement les malfaiteurs, est pour ainsi dire, de droit naturel et existe indépendamment des traités qui ne peuvent que la reconnaitre et en régler l'exécution » (De l'extradition, p. 81 et 87, Lyon 1866, in-8°, 143 p.). — M. Etienne de Vazelhes exprime des idées semblables dans une Etude sur l'extradition (Paris, 1877, in-8°, 226 p.). Selon lui, on dit avec raison que « l'extradition est comme une assurance mutuelle des Etats contre les malfaiteurs » (p. 25). — M. Pasquale Fiore,

professeur à l'Université de Turin, a aussi exposé les systèmes
divers sur lesquels on a voulu établir les fondements juridiques
de l'extradition (Delle sentenze penali. — Della estradizione,
p. 281, n° 201 e seg.). Il continue ensuite ainsi : « Quant à nous,
nous suivons l'opinion de ceux qui admettent que l'obligation de
livrer les malfaiteurs fugitifs a son fondement dans les principes
mêmes sur lesquels on établit le droit de punir. — Nous admettons aussi que l'Etat qui ne peut fonder sa demande sur un
traité, ne peut légalement exiger qu'un coupable, qui est en fuite,
lui soit remis. Cela provient du principe général selon lequel un
Etat ne peut, indépendamment des traités, contraindre un autre
Etat à agir selon les principes de l'ordre juridique. — D'un autre
côté, ceux qui voudraient tout faire dépendre des traités et qui
les considèrent comme le fondement unique du droit d'extradition, au lieu d'admettre que leur objet est seulement de tracer
des règles relatives à l'accomplissement d'un devoir juridique
existant réciproquement entre les Etats, ne s'aperçoivent pas
que leurs théories attribuent aux gouvernements une faculté de
disposer de la liberté des personnes privées et aux malfaiteurs,
qui sont en fuite, le droit de prétendre que l'Etat chez lequel ils
se réfugient, leur doit un asile inviolable par rapport à tous les
méfaits non compris dans les traités, comme si la fuite leur faisait acquérir un droit privilégié à être protégés » (ubi supra,
p. 228, n° 211). M. Pasquale Fiore cite à ce sujet une décision
du conseil privé intervenue en Angleterre, qui, en se basant sur
les termes d'un traité intervenu avec la Chine, refusa au gouvernement de ce pays l'extradition d'un individu coupable d'assassinat et d'avoir été l'instigateur de la rébellion de 310 coolies,
parce que les faits s'étaient passés, non sur le territoire du Cé-
leste-Empire, mais en pleine mer, à bord du navire français, la
Nouvelle Pénélope (Voir ce qui est rapporté sur cette affaire
dans le Journal du Droit international privé, publié par M. Clu-
net, année 1874, p 201).

Nous estimons qu'il y a obligation pour chaque Etat de fournir
son concours pour assurer la répression de tous les faits coupables qui ont été accomplis sur le territoire des autres souverai-
netés, toutes les fois que ces faits sont incriminés par ses propres
lois auxquelles un caractère d'exterritorialité est attaché.

Il y a cependant à dire que les nations souveraines sont dans une situation d'égalité, les unes à l'égard des autres, et que chacune d'elles est ainsi l'appréciatrice des obligations qu'elle a à accomplir. N'ayant pas au-dessus d'elles un pouvoir supérieur autre que celui de l'empire du droit et de la raison, chacune d'elles est appelée à statuer sur l'existence et l'étendue des obligations qu'elle a à accomplir, mais elle a pour devoir de se guider par des raisons d'équité, de justice et d'intérêt commun. Autre est l'action d'une force aveugle, autre est l'empire du droit qui vivifie et qui produit, au sein des peuples, l'ordre et le bien-être.

De nos jours, les Etats règlent entre eux par des conventions basées, en général, sur le principe de la réciprocité, ce qui concerne l'extradition des individus qui sont sur leur territoire et ce qui touche au concours qu'elles peuvent avoir à se fournir pour assurer l'action de leurs lois répressives et pour faciliter l'instruction des affaires criminelles portées devant leurs tribunaux.

Il résulte de ce que nous venons d'exposer :

1º Qu'un gouvernement doit loyalement exécuter les dispositions des traités d'extradition qu'il a consentis, mais qu'il est seul l'appréciateur de la portée d'application des obligations que ces traités lui imposent.

2º Qu'en l'absence de tous traités, l'extradition peut être demandée; qu'il y a même obligation pour l'Etat requis de l'accorder lorsque la demande est justifiée, mais que cet Etat requis est seul l'appréciateur de la décision qu'il a à prendre, en se guidant par les principes d'un droit rationnel et par des idées d'utilité générale.

LÉGISLATION SUR L'EXTRADITION

La législation relative à l'extradition résulte non seulement des lois particulières de chaque Etat, mais encore et surtout des conventions internationales dont ces lois sont généralement l'expression.

Ces divers actes consacrent pour l'extradition les règles générales suivantes : 1º l'extradition est un acte diplomatique dont l'interprétation appartient en principe au gouvernement, et les traités d'extradition sont des actes de haute administration qui n'ont pas le caractère de lois. Cependant comme l'extradition touche à la liberté individuelle qui, dans chaque Etat, est garantie par les lois et placée sous la protection de l'autorité judiciaire, il convient que tout ce qui concerne l'extradition, les cas pour lesquels elle sera accordée, les justifications à faire pour l'obtenir, la procédure à suivre pour qu'il puisse y être fait droit, soient réglés par la loi. C'est en vue de ces principes pour procurer des garanties à la liberté individuelle que dans plusieurs Etats ce qui concerne l'extradition est établi dans la loi, ainsi que nous le verrons en parlant des conditions et des formes de l'extradition.

2º Un gouvernement n'accorde jamais l'extradition de ses nationaux. Il les traduit devant les juges de son pays en vertu des dispositions relatives à la personnalité de la loi pénale. Ce principe est écrit dans tous les traités internationaux concernant l'extradition (voir par exemple le traité entre la France et l'Angleterre le 14 août 1876, promulgué par décret des 9-10 avril 1878, art. 2. Traité entre la France et l'Espagne du 14 décembre 1877, promulgué par décret des 6-7 juillet 1878, art. 1er. Traité entre la France et le Danemark, 28 mars 1877, promulgué par décret des 4-5 avril 1878, art 1er, etc.).

3º Si le prévenu n'appartient pas à la nation qui réclame l'extradition, le gouvernement requis communique la demande au gouvernement de la nation à laquelle appartient le prévenu, afin que le gouvernement puisse présenter les observations qu'il jugera convenables et au besoin demander à son tour l'extradition pour juger le national à raison d'un crime pour le jugement duquel son retour volontaire n'est pas nécessaire. Ainsi par exemple : si un Français a commis en Italie un crime et s'est réfugié en Autriche, sur la demande d'extradition formulée par le gouvernement italien, l'Autriche demandera au gouvernement français son avis, et le gouvernement français pourra demander qu'on lui livre de préférence le national à charge de le faire juger s'il s'agit d'un des crimes prévus par l'art. 7 du Code d'inst. crim. (1), mais

(1) Voir par exemple le Traité avec le Chili, art. 2, nº 13. Lorsque un individu est réclamé par deux gouvernements, le choix entre les deux requérants appartient au gouvernement requis qui prend pour guide soit la priorité de demande, soit l'intérêt particulier de l'un des gouvernements qui demandent l'extradition (Traité avec l'Angleterre, art. 12).

non s'il s'agit d'un des crimes ordinaires prévus par l'art. 5, pour la répression desquels le retour en France est nécessaire.

4° L'extradition n'est jamais accordée en matière politique (1). C'est un principe consacré par tous les traités.

5° L'extradition n'est accordée qu'autant que le fait similaire est punissable d'après la législation du pays requis (voir par exemple le traité avec la Belgique, art. 2, dernier §).

6° L'extradition n'est pas accordée si la prescription est acquise selon la législation du pays requis ou suivant la législation

(1) [Les traités ajoutent généralement que l'extradition ne sera pas accordée pour des faits connexes aux délits politiques (Voir l'art. 5 du traité d'extradition conclu le 14 août 1876 entre la France et la Grande-Bretagne, et l'art. 3 du traité avec l'Espagne du 14 décembre 1877). La connexité qui rattache des faits les uns aux autres par des rapports de temps, de lieu, d'unité d'action ou d'unité d'intention rend difficile l'appréciation de certains de ces faits en les séparant les uns des autres et amènerait les investigations relatives à des délits communs dans le domaine des délits politiques à l'occasion desquels ils se seraient produits. Notre savant collègue, M. Charles Brocher, professeur à l'Université et ancien juge au tribunal de cassation de Genève, a publié une étude très intéressante sur les conflits de législation en matière de droit pénal, dont un chapitre est consacré à l'extradition. Il admet qu'elle doit être refusée pour les faits de droit commun qui sont connexes à des crimes ou à des délits politiques. Il fait cependant, à cet égard, une précision qui doit être signalée. « Il faudrait toutefois, dit-il, s'entendre sur le sens du mot connexité. Nous ne pensons pas qu'on doive y comprendre toute espèce de rapports que ces faits divers pourraient avoir entre eux. Les crimes ou délits de droit commun qui auraient été commis dans une espérance d'impunité, fondée sur une crise politique, ne sauraient obtenir une telle immunité. Le refus d'extradition suppose qu'un fait de droit commun a été le moyen, ou tout au moins l'accessoire assez immédiat et naturel d'un fait politique, pour qu'il y ait lieu de craindre que le dernier n'agit sur la pondération de la peine. » Ces judicieuses observations font ressortir une distinction qui, en principe, est très exacte. Une crise politique aura fourni des facilités et aura fait naître l'espérance de l'impunité par rapport à des vols commis avec violence, à des extorsions pratiquées au moyen de la menace et accomplies en inspirant l'effroi et la crainte. Ce qui domine, dans de pareils faits, c'est l'attentat contre la propriété provenant d'un sentiment de basse cupidité et du désir de s'approprier le bien d'autrui. Il y a là un crime de droit commun qui se sépare du crime politique qui lui est contemporain et à l'occasion duquel il a été commis. Ce sont seulement les actes violents accomplis au sein de la lutte dans le but d'assurer le succès d'un mouvement politique qui, en étant connexes à l'attentat contre la chose publique, ne peuvent en être détachés et être isolés pour l'obtention d'une extradition.]

du pays qui la demande (Traité avec l'Angleterre, art. 11. Traité avec l'Espagne, art. 11).

7° L'extradé ne peut être poursuivi et jugé contradictoirement sans son consentement que sur les faits à raison desquels l'extradition a été demandée et accordée. Cette question s'est présentée dans un procès célèbre du sieur Lamirande, caissier de la succursale de la Banque de France de Poitiers qui, après avoir commis des détournements pour 704,000 francs et des faux, se réfugia dans les Etats-Unis d'Amérique ; arrêté à New-York, il s'évada en faisant prendre un narcotique à son gardien et gagna le Canada. L'extradition fut demandée au gouvernement anglais en vertu de la convention du 13 février 1843, conclue entre la France et la Grande-Bretagne. D'après cette convention, les crimes pour lesquels l'extradition pouvait être accordée étaient seulement : 1° le meurtre ; 2° l'assassinat ; 3° le parricide et l'infanticide ; 4° l'empoisonnement ; 5° le faux ; 6° la banqueroute frauduleuse : les détournements ne s'y trouvaient donc pas compris. De plus l'extradition était soumise à l'avis conforme d'un juge ou magistrat commis à l'effet d'entendre le fugitif sur les faits mis à sa charge. Lamirande fut traduit devant un juge de paix du Canada qui permit l'extradition, mais appel fut interjeté devant le juge supérieur du banc de la Reine, M. Drummond ; ce magistrat, après avoir entendu longuement l'accusé et les avocats, renvoya au lendemain 25 août 1866, pour rendre sa sentence ; mais dans la soirée du 24 août, avant la décision du juge, des agents de police enlevèrent Lamirande et le livrèrent à l'autorité française. Le juge Drummond rendit un jugement portant qu'il n'y avait pas lieu à l'extradition. Traduit devant la Cour d'assises de la Seine, Lamirande, défendu par Me Lachaud, conclut : 1° à l'annulation de l'extradition ; 2° à un sursis ; mais la Cour d'assises rejeta ses conclusions le 3 décembre 1866 (1). La Cour ne retenant la connaissance de l'affaire que par rapport au faux, condamna à dix années de réclusion Lamirande, déclaré coupable de faux en écriture de commerce avec circonstances atténuantes.

Formes de l'extradition. — L'extradition est un acte diplomatique ; le droit de l'accorder ou de la refuser appartient au gouver-

(1) Voir le *Droit* des 3, 4, 5 déc. 1866.

nement du pays requis comme étant inhérent à l'un des attributs de la souveraineté, et en principe, l'autorité judiciaire ne peut exercer aucun contrôle sur la régularité de cet acte. Cependant certaines législations ont voulu accorder à la liberté individuelle quelques garanties contre l'arbitraire et la toute puissance de l'autorité diplomatique.

A ce point de vue, les législations positives se divisent en trois catégories : 1° législations n'admettant aucun contrôle de l'autorité judiciaire. Dans ces législations, parmi lesquelles se place la législation française, l'autorité diplomatique jouit d'un pouvoir souverain pour accorder ou refuser l'extradition, et le pouvoir judiciaire est exclu de toute appréciation et de tout contrôle (1). Les seules règles limitant la souveraineté de l'autorité diplomatique sont : 1° que l'Etat requis ne peut pas accorder l'extradition de ses nationaux; 2° que l'extradition n'est pas admise en matière politique; 3° que l'extradé ne peut pas être jugé sur des faits autres que ceux pour lesquels l'extradition a été accordée.

2° Législations exigeant un examen, une décision du pouvoir judiciaire obligatoire pour l'autorité diplomatique. Dans ces législations, qui comprennent celles de l'Angleterre, des Etats-Unis, du Canada et de l'Italie (2), c'est l'autorité judiciaire qui doit statuer sur les questions relatives à l'admissibilité de l'extradition, telles que celles d'identité, de nationalité, de nature du délit, de lieu du délit, de prescription. La doctrine anglaise et américaine va encore plus loin, dépassant ainsi les limites convenables qui résultent des principes fondamentaux du droit criminel international; dans ces doctrines, l'extradition ne doit être accordée, s'il s'agit d'un prévenu, qu'autant que les preuves produites seraient de nature à exiger le renvoi de l'affaire devant un jury, d'après la législation du pays requis; et s'il s'agit d'un condamné, qu'autant que les preuves qui ont motivé le jugement seraient suffisantes pour qu'une condamnation dût être prononcée d'après les

(1) Cass. 4, 25 et 26 juillet 1867, P. 1867, 1092 ; 13 avril 1876, P. 76, 670 ; 11 janvier 1884, G. P. 1884, 2, 596.

(2) Traité entre la France et l'Angleterre du 14 août 1876, promulgué par décret du 9 avril 1878.

[Code pénal italien du 30 juin 1889, art. 9.]

législations de la Grande-Bretagne ou des Etats-Unis. En un mot, l'étranger auquel on a donné asile est placé d'une manière absolue sous la protection des lois du pays de refuge, même par rapport aux délits qu'il a commis dans un autre Etat : il ne peut être arrêté et livré qu'après appréciation de la valeur des preuves produites selon la législation de l'Etat auquel son extradition est demandée.

On conserve le souvenir des difficultés que cette législation a suscitées lorsqu'une demande d'extradition, venant de la France, a été soumise aux magistrats anglais ou américains, quant aux preuves propres à justifier une arrestation, une mise en accusation ou une condamnation qui devaient être fournies (1).

Sans doute, la liberté individuelle de l'étranger a droit à des garanties sur la terre du pays qui lui donne asile, mais il y a également un intérêt qui domine, c'est celui qui prescrit la certitude du châtiment, celui qui veut que la menace de la peine suive partout le coupable. La loi fait assez pour l'étranger quand elle place la liberté de sa personne sous la tutelle de l'autorité judiciaire ; elle porte atteinte aux intérêts généraux des nations, lorsqu'elle met des entraves à l'action de la justice répressive en ayant des exigences auxquelles il est très difficile de satisfaire et qui témoignent de la méfiance envers la justice étrangère par rapport à des choses à raison desquelles on lui reconnaît des attributions exclusives.

3° Législations appelant le pouvoir judiciaire à donner un avis non obligatoire pour l'autorité diplomatique. Ces législations sont celles de la Belgique (loi du 15 mars 1874), et celle de la Hollande (loi du 6 avril 1875). Tel est également le système admis par un projet de loi soumis au Sénat français par M. Dufaure, le 2 mai 1878.

---

(1) On peut voir sur la situation dans laquelle se trouva la France envers l'Angleterre, à suite du traité du 13 février 1843, ce que rapporte M. Georges Picot, dans la Revue critique de législation et de jurisprudence au t. XXVIII (1866), p. 526 et au t. XXIX, p. 168. A la fin de l'année 1865, aucune extradition n'avait encore été accordée par l'Angleterre à la France, à suite des exigences des magistrats anglais, par rapport aux preuves qui devaient leur être fournies. Aujourd'hui, depuis les actes des 9 août 1870 et 5 août 1873, les difficultés de la nature de celles qui avaient entravé les demandes d'extradition adressées à l'Angleterre, sont écartées.

Nous préférons, quant à nous, le système consacré par la législation italienne tendant, sans tomber dans les excès des législations de l'Angleterre et des Etats-Unis, à faire rendre par l'autorité judiciaire représentée par les Chambres d'accusation une décision obligatoire pour l'autorité diplomatique. Il y a en effet dans toute demande d'extradition des intérêts de deux ordres différents : il y a l'intérêt de la répression du délit qui est international, mais il y a aussi celui de la liberté individuelle qui est placé sous la protection de l'autorité judiciaire et qui concerne la personne réclamée. Lorsque cette personne se défend devant la Chambre d'accusation en contestant son identité, en soutenant que le fait pour lequel on la réclame constitue un délit politique, en invoquant la prescription, en prétendant appartenir par sa nationalité, à l'Etat réclamé, il y a dans tous ces cas, un contentieux; il y a à apprécier des moyens de défense basés sur les lois et par rapport auxquels la Chambre d'accusation doit être appelée, non à émettre un simple avis, mais bien à rendre une décision établie sur les preuves qui sont produites devant elle.

Les formes suivies pour demander et prononcer l'extradition sont purement diplomatiques dans les législations qui admettent la souveraineté entière de l'autorité diplomatique. Mais les traités internationaux accordent aux nations des facilités pour recueillir les moyens de preuve nécessaires pour l'établissement des faits pour lesquels l'extradition est accordée; les constatations se font par commissions rogatoires adressées par l'autorité diplomatique à l'autorité judiciaire étrangère, laquelle dresse les procès-verbaux nécessaires (1).

Les législations qui admettent le contrôle de l'autorité judiciaire se divisent en deux catégories au point de vue des formes à suivre devant les Chambres d'accusation. Les unes appellent les Chambres d'accusation à statuer à huis-clos hors la présence des prévenus qui ne peuvent proposer leurs moyens de défense que par des mémoires, la procédure étant secrète et écrite. D'autres,

(1) Voir traité du 12 mai 1870 entre la France et l'Italie et déclaration du 10 juillet 1872 entre les deux gouvernements; traité du 23 mars 1877 entre la France et le Danemark, art. 13; traité avec l'Espagne du 28 juin 1878, articles 4 et 5.

au contraire, admettent un débat public et oral avec assistance d'un avocat. L'instruction par mémoire nous paraît insuffisante et présente peu de garanties. Un débat contradictoire et public nous paraît d'autant plus nécessaire, qu'il s'agit de le priver d'un droit d'asile que la terre étrangère lui a fourni (1).

(1) [Voir dans le même sens, Deloume, Principes généraux de droit international en matière criminelle, p. 126 et ss.]

PREMIÈRE PARTIE

DROIT PÉNAL

PRINCIPES GÉNÉRAUX

—

Le Droit pénal embrasse l'ensemble des préceptes dont l'observation est sanctionnée par la menace des peines légales établies contre les infracteurs.

Toute disposition de la loi pénale offre deux parties distinctes : 1° un précepte qui impose l'obligation de s'abstenir de certains actes ou d'accomplir certains faits dans l'intérêt de la société ; 2° la menace d'une peine établie contre ceux qui feront ce qui est défendu ou qui n'accompliront pas ce qui est exigé.

L'objet du droit pénal est de déterminer la volonté humaine à observer les préceptes de la loi par la contrainte psychologique qui résulte de la crainte du mal qu'infligent les châtiments.

Le droit pénal offre l'expression pratique de la morale sociale.

Notre droit pénal a pour source le Code pénal de 1810, réformé par la loi du 28 avril 1832 et modifié ou complété par un grand nombre de lois, que nous ferons connaître à mesure que nous nous occuperons des matières auxquelles elles se rattachent.

Le droit pénal se divise en deux parties bien distinctes : l'une, qui embrasse les dispositions générales et qu'on qualifie de partie générale : l'autre, qui définit les faits punissables, qui établit la peine attachée à chacun de ces faits et qu'on appelle partie spéciale.

Nous ne nous occuperons dans ce cours que de la partie générale du Droit pénal.

PARTIE GÉNÉRALE

———

Les règles qui font l'objet de cette partie du Droit pénal se classent de la manière suivante :

1º Etablissement d'un ensemble de peines légales graduées qui serviront à punir les faits incriminés dans la partie spéciale (système pénal).

2º Détermination des éléments généraux des faits punissables.

3º Tracer les règles relatives à l'imputabilité pour déterminer quelles personnes sont punissables, excusables ou civilement responsables.

4º Déterminer les faits généraux d'aggravation et d'atténuation de la culpabilité.

5º Exposer les règles qui se rattachent à l'action publique et à l'action civile.

6º Exposer dans quel cas l'action publique ou l'action civile se trouve éteinte, et dans quels cas les peines prononcées par les jugements ne doivent plus frapper les condamnés.

Nous allons tracer dans cet ordre les règles qu'embrasse chacune de ces divisions; nous présenterons auparavant quelques notions générales dans un titre préliminaire.

———

TITRE Ier

Système pénal établi par le Droit français.

———

CHAPITRE Ier

Notions générales sur la Peine.

———

La peine consiste dans un mal physique ou moral infligé en vertu de la loi et selon les formes qu'elle prescrit, à celui qui a été reconnu coupable d'un fait illicite de commission ou d'omission. Grotius a défini la peine « *malum passionis quod infligitur ob malum actionis* » : un mal qui est infligé à raison d'un autre mal qui a été commis (De jure Belli ac Pacis, livre II, chap. XX). Hobbes, en parlant de l'idée du pouvoir absolu dont le souverain a été investi, dit, à son tour, à propos de la peine : « *malum transgressori legis auctoritate publica institutum eo fine ut terrore ejus voluntates civium ad obedientiam confirmantur* ».

Toute peine infligeant un mal physique ou moral est à ce point de vue afflictive. Elle affecte la sensibilité en produisant de la douleur ou un amoindrissement du bien-être.

La sensibilité du condamné pouvant être diversement affectée, les peines peuvent atteindre le condamné de différentes manières :

1° *La peine peut frapper le corps*, l'être physique, soit par la mort qui peut consister dans la simple privation de la vie ou dans des supplices comme dans l'ancienne législation, soit par des mutilations, des fustigations, la marque avec un fer brûlant, etc., soit par la privation ou la restriction de la liberté de locomotion avec ou sans obligation au travail (travaux forcés, déportation, relégation, détention, réclusion, emprisonnement, bannissement, assujettissement à la résidence dans un lieu fixe, surveillance de la haute police, interdiction de certains séjours).

2º *La peine peut frapper le coupable dans son patrimoine*, en le privant d'un objet particulier (confiscation spéciale), en le soumettant à l'obligation de verser une certaine somme dans le Trésor public (amende), ou en le dépouillant de toute sa fortune (confiscation générale).

3º *La peine peut atteindre le coupable dans sa personne juridique, dans son moral*, soit en lui ôtant la jouissance et l'exercice de certains droits (mort civile, dégradation civique, interdiction légale, privation de la jouissance de certains droits spécifiés, perte des fonctions publiques, des titres, des grades dans l'armée), soit en lui infligeant une humiliation (rétractation publique, exposition publique, publicité donnée aux châtiments par la lecture publique, l'affichage ou l'insertion dans les journaux de la condamnation).

CHAPITRE II

Des qualités désirables dans les Peines.

Pour répondre à leur but et aux conditions de leur légitimité, il est désirable et utile que les peines présentent les qualités suivantes et qu'elles soient :

1º *Personnelles*, en ce sens qu'elles ne puissent atteindre que les seules personnes auxquelles elles sont infligées. Autrefois la peine atteignait les parents du coupable. C'est ainsi qu'on lit dans une Constitution des empereurs Arcadius et Honorius (loi 5, au Code ad legem Juliam Majestatis (IX-8), § 1er : « Filii vero ejus, quibus vitam imperatoria specialiter lenitate concedimus, (paterno enim deberent perire supplicio, in quibus paterni, hoc est hereditarii criminis exempla metuantur) a materna, vel etiam avita omnium etiam proximorum hereditate ac successione habeantur alieni, testamentis extraneorum nihil capiant, sint perpetuo egentes, et pauperes, infamia eos paterna semper comitetur, ad nullos prorsus honores, sed nulla sacramenta perveniant : sint postremo tales, ut his perpetua egestate sordentibus sit et mors solatium et vita supplicium ». Il en fut de même dans notre ancienne jurisprudence, ainsi que le constate Jousse dans son Traité de justice criminelle (4e partie, titre 28, no 34 et ss., t. 3, p. 687 et 688) : « Quoique ce soit une règle générale en matière de crime, « qu'il n'y a que celui qui l'a commis qui en doive porter la peine, « néanmoins quand il s'agit du crime de lèse-Majesté au premier « chef, les enfants du coupable, quoique innocents, ne laissent pas « d'être punis ; afin d'imprimer une plus grande horreur de ce « crime, et que les pères soient encore plus détournés par là de « l'envie de le commettre (Voyez sur cette question M. de Toureil « en ses Essais de jurisprudence, quest. 18).

« La peine qui se prononçait anciennement en droit, contre « les enfants du coupable, était la peine de mort, ainsi qu'il pa- « raît par les termes de la loi 5, § 1er, Code ad leg. Jul. Maj. « Mais cette peine fut changée depuis en celle d'être privés de la « succession de leurs pères, mères, qui étaient convaincus de ce « crime, ainsi qu'il est porté en la même loi, § 1er).

« En France, la peine qui se prononce dans ce cas, contre la « postérité du coupable, est d'être privé de tous états, offices, « honneurs, grâces, privilèges et de tous autres droits (Ordon- « nance de Blois, art. 138; ordonnance de 1629, art. 175 et 179).

« On va même quelquefois jusqu'à bannir du royaume la « femme, les enfants et les père et mère du condamné, ainsi « qu'il a été jugé en 1610, à l'égard des père et mère de Ravail- « lac, par l'arrêt rendu contre lui, et par l'arrêt du 26 mars 1757 « rendu contre Damiens. Il faut même observer que dans ce cas, « on les condamne sans les entendre.

« Decianus, in Tractatu criminum, lib. 7, n. 33, prétend que « la peine du crime de lèse-Majesté doit passer à toute la pos- « térité du coupable, encore qu'il ait été condamné par contu- « mace, pourvu qu'il y ait d'ailleurs une preuve suffisante, et « c'est ainsi que le pense Barthole.

« Il y a même des principautés où l'on punit de mort les pa- « rents collatéraux du criminel, et il y a une pareille loi dans le « duché de Milan, suivant Decius, cons. 64.

« La peine de ceux qui tuèrent dans Bruges, Charles, duc de
« Flandres, s'étendit à tous leurs parents (Voyez du Haillan, en
« la Vie de Louis-le-Gros).

« L'arrêt rendu contre Ravaillac, fait seulement défense à ses
« frères, sœurs, oncles et autres, de porter le nom de Ravaillac
« et leur enjoint de changer de nom, à peine de mort; idem par
« l'arrêt rendu contre Damiens ».

La personnalité des peines fut reconnue et établie par l'Assemblée constituante qui abolit en conséquence, par décret du 21 janvier 1790, la confiscation générale, art. 2 et 3. *Les délits et les crimes étant personnels, les supplices d'un coupable et les condamnations infamantes quelconques n'impriment aucune flétrissure à sa famille; l'honneur de ceux qui lui appartiennent n'est nullement entaché, et tous continueront d'être admissibles à toutes sortes de professions, d'emplois et de dignités. La confiscation des biens des condamnés ne pourra jamais être prononcée en aucun cas.*

Il est vrai qu'il est impossible d'atteindre l'idéal absolu de la personnalité et que toute peine produit des effets indirects qui retombent sur des innocents et que le législateur ne saurait empêcher. C'est ainsi que l'amende diminue les revenus de la famille et que l'emprisonnement prolongé de son chef, outre les souffrances morales qu'il impose à la femme et aux enfants, peut mettre la famille dans la gêne et même dans la misère. Mais ces résultats sont des conséquences indirectes de l'application de la loi pénale et des effets directs du délit. La cause véritable n'est pas dans le choix de la peine, car toute punition produit des effets analogues à un degré plus ou moins élevé. La cause est dans le fait même du coupable. De même que l'honneur et la considération s'étendent aux membres rapprochés de la famille, de même les crimes et les vices des individus réagissent par leurs funestes résultats sur tous ceux qui se trouvent rattachés au coupable par les liens de la solidarité familiale.

Le devoir du législateur consiste à ne pas étendre ces résultats au-delà de leur portée naturelle, à ne pas devenir lui-même, par le choix de certaines peines, la cause unique et directe d'un mal retombant sur des personnes qui ne l'ont pas mérité; quant au mal indirect, les soins du législateur doivent se borner à ne pas l'aggraver inutilement, à le contenir dans des limites aussi étroites que possible, par un choix éclairé des peines.

2o. *Divisibles*, c'est-à-dire avoir plus ou moins d'étendue, être fractionnées en sorte que le juge puisse les modérer sous le rapport de la durée ou de la quotité, et tenir compte dans l'application de la loi des nuances nombreuses de la culpabilité que ne peut prévoir par avance le législateur. — Les peines temporaires privatives de la liberté et les peines pécuniaires présentent cette qualité. Il en est autrement de la peine de mort, des peines perpétuelles et de la confiscation générale.

3o *Egales*, c'est-à-dire les mêmes pour tous les coupables du même crime, en infligeant, autant que possible, à tous une égalité de souffrance, en sorte que cette égalité est désirable à deux points de vue : en droit et en fait; mais si la première est facilement réalisable, il en est autrement de la seconde. Le principe de l'égalité des peines en droit, méconnu par notre ancienne législation dans laquelle les peines variaient suivant la qualité des coupables, a été proclamé par l'Assemblée Constituante dans la loi du 21 janvier 1790, art. 1er : « *Les délits du même genre seront punis par le même genre de peine, quels que soient le rang et l'état des coupables* ».

Quant à l'égalité de fait, on peut dire avec Jérémie Bentham (Traité des Peines et des Récompenses, p. 40) : « La sensibilité des individus est si variable, si inégale, que la parfaite égalité des peines est une chimère en législation. Il suffit d'éviter toute inégalité manifeste et choquante ». Supposons deux individus reconnus coupables du même fait, condamnés à 500 francs d'amende : l'un est riche, l'autre a peine à équilibrer son budget; l'amende ne sera presque rien pour le premier, qui l'acquittera sans subir aucune privation; elle désolera le second qui sera forcé de la prendre sur les modiques revenus qui lui servent à l'entretien de sa famille. Supposons encore deux individus condamnés à six mois d'emprisonnement; le premier, chez qui il reste quelque sentiment d'honneur, regrette vivement de se trouver séparé de sa famille et de priver celle-ci des produits de son travail; l'autre est un de ces vagabonds chez qui le sens moral est oblitéré, qui, la mauvaise saison survenant, a commis un délit et s'est fait arrêter dans une ville où il savait une prison confortable. On peut donc dire que la parfaite égalité des peines en fait est une illusion et un idéal irréalisable à raison des différences difficiles à apprécier et dont on ne peut pas toujours tenir compte, qui se rencontrent dans la sensibilité, l'esprit et la situation des condamnés.

Cependant le législateur et le juge doivent tendre à s'en rapprocher le plus possible : le législateur, en établissant des peines divisibles et en permettant au juge de faire varier la pénalité attachée à un délit déterminé; le juge, en usant de la latitude que lui laisse la loi pour tenir compte dans l'application des peines de ces différences que présentent le caractère, la situation morale et sociale, la sensibilité, la fortune des prévenus et des accusés.

4° *Certaines*, en ce sens qu'elles doivent atteindre inévitablement le coupable et lui infliger tout le mal qu'elles doivent produire. La certitude qui doit s'attacher à la pénalité est donc double : 1° certitude quant à la punition qui doit être la suite du crime et qui dépend en partie de la vigilance des magistrats à poursuivre; 2° certitude quant à la somme de douleur et qui suppose l'appréciation par le juge du caractère et de la situation personnelle de chaque condamné ainsi que nous venons de le dire. La certitude est quelquefois difficile à réaliser en pratique. La douleur de la peine n'atteint pas toujours celui qui la subit. Ainsi le bannissement peut ne causer aucune douleur à celui qui n'est rattaché par aucun lien à son pays, qui a l'amour des voyages, des aventures, etc.; la dégradation civique peut ne causer aucune douleur à celui qui ne tient aucunement à l'exercice des droits politiques; infliger l'amende à un individu sans ressources, c'est ne pas l'atteindre : aussi la loi l'accompagne-t-elle souvent de la peine de l'emprisonnement.

5° *Rémissibles* et *Réparables*, de telle sorte que leurs effets puissent cesser dès l'instant où une erreur judiciaire viendrait à être reconnue, ou bien lorsque la société se trouvera à la fois satisfaite quant au passé, et garantie quant à l'avenir. Un des principaux arguments que l'on fait valoir contre la peine de mort, c'est précisément qu'elle est irrévocable, irrémissible et irréparable.

6° *Morales*, c'est-à-dire qu'elles doivent consister dans un fait qui n'offense ni la morale, ni les mœurs publiques, par un spectacle indécent ou cruel (1).

7° *Populaires*, c'est-à-dire dans des conditions telles qu'elles ne blessent aucun des sentiments de la nation, au maintien desquels le législateur est intéressé : il importe que l'on voie dans la peine un acte de justice et non de violence : « Les peines doivent être populaires, ou pour mieux dire, ne doivent pas être impopulaires. Le législateur doit éviter soigneusement dans le choix des peines, celles qui choqueraient des préjugés établis. S'est-il formé dans l'esprit du peuple une aversion décidée contre un genre de peine, quelque convenable qu'elle fût en elle-même, il ne faut point l'admettre dans le Code pénal. D'abord c'est un mal que de donner un sentiment pénible au public par l'établissement d'une peine impopulaire. Ce ne sont plus les coupables seuls qu'on punit : ce sont les personnes les plus innocentes et les plus douces auxquelles on inflige une peine très réelle en blessant leur sensibilité, en bravant leur opinion, en leur présentant l'image de la violence et de la tyrannie. Qu'arrivera-t-il d'une conduite si peu judicieuse ? Le législateur qui méprise les sentiments publics, les tourne secrètement contre lui. Il perd l'assistance volontaire que les individus prêtent à l'exécution de la loi, quand ils l'approuvent : il n'a plus le peuple pour allié, mais pour ennemi. Les uns cherchent à faciliter l'évasion des coupables, les autres se feraient un scrupule de les dénoncer, les témoins se refusent autant qu'ils peuvent. Il se forme insensiblement un préjugé funeste qui attache une espèce de honte et de reproche au service de la loi. Le mécontentement général peut aller plus loin : il éclate quelquefois par une résistance ouverte, soit aux officiers de la justice, soit à l'exécution des sentences. Un succès contre l'autorité paraît au public une victoire et le délinquant impuni jouit de la faiblesse des lois, humiliées par son triomphe. Mais qu'est-ce qui rend les peines impopulaires ? C'est presque toujours leur mauvais choix..... Quand le peuple est dans le parti des lois, les chances du crime pour échapper sont réduites à leur moindre terme » (2).

(1) Montesquieu, Esprit des lois, liv. XII, ch. 14.
(2) Bentham, Théorie des peines et des récompenses, liv. Ier, ch. 6, p. 51.

8º *Exemplaires*, c'est-à-dire qu'elles doivent montrer la peine à la suite du crime pour donner satisfaction à la justice et produire l'intimidation : *ut unius pœna metus sit multorum*. Elles doivent combattre par l'exemple salutaire de l'application qui en est faite, le mauvais exemple produit par le délit, inspirer la crainte au public et produire une certaine intimidation. L'exemple peut dépendre de l'opinion publique dont il faut par conséquent tenir compte : certaines peines ont une plus ou moins grande force d'intimidation suivant les temps et les pays.

9º *Réformatrices*, c'est-à-dire qu'elles doivent corriger le coupable en produisant : 1º l'amendement moral; 2º l'amendement que produit la crainte d'avoir à subir en cas de récidive une peine nouvelle. C'est à ce point de vue que, suivant l'éminent criminaliste italien, M. Carrara : l'amendement du coupable peut revêtir deux caractères. Il peut être purement subjectif, lorsqu'il opère un changement complet dans le for intérieur, en purifiant l'âme du condamné, en lui ôtant tout penchant vers le mal, en l'élevant jusqu'à l'amour du bien et en l'amenant à la pratique de la vertu. L'autre amendement que M. Carrara qualifie d'objectif, est le produit de la peine. Il a lieu, lorsqu'un malfaiteur atteint par les lois pénales, comprend qu'il doit réprimer ses penchants pervers afin de ne pas être de nouveau frappé par le châtiment. Le premier condamné pratique le bien par amour, le second s'abstient de faire le mal en y étant conduit par le mobile intéressé. L'un se conformera à la loi parce qu'elle lui indiquera les devoirs qu'il aura à accomplir; l'autre ne l'enfreindra plus parce qu'elle le menace d'une peine et que la condamnation qu'il a subie lui aura fait comprendre qu'il s'exposerait à des maux qui ont été pour lui bien grands, s'il n'amendait pas sa conduite. La peine ne s'adresse qu'au mobile intéressé en attestant la certitude de l'action des lois répressives; mais elle doit être dans des conditions qui ne mettent pas obstacle à cet amendement purement moral qui conduit à la vertu, qui purifie l'âme de ses souillures et que M. Carrara qualifie de subjectif, dans son langage philosophique (1).

(1) Carrara, Opuscoli di diritto criminale. vol. 1er, p. 191 ; voir Molinier, de l'Enseignement du droit criminel à Pise et des travaux de M. le professeur Carrara, Recueil de l'Académie de législation de Toulouse, 1873, t. 22, p. 42 et ss.

10° *Proportionnées aux délits*. Ainsi que le dit M. Rossi (1), la peine est la souffrance infligée au coupable en raison de son délit. Il y a donc un rapport intime de quantité entre le mal du délit et le mal de la peine; en d'autres termes, la mesure de la peine ne doit pas excéder la mesure du délit. Personne ne conteste le principe, mais l'on se divise sur l'application. Les uns concentrent leur attention sur le mal moral du délit et la perversité de l'agent; d'autres ne considèrent que le mal matériel, le dommage causé par le délit : quelques-uns ont égard au profit que le coupable retire du délit et veulent que le mal résultant de la peine dépasse le profit du délit; mais on se livre aux conjectures quand il s'agit d'évaluer le profit du délit et le taux de la peine nécessaire.

Quant à nous, qui avons adopté la théorie de l'école éclectique d'après laquelle le droit de punir doit être, dans la mesure de la justice, en rapport avec les exigences sociales, nous dirons que le législateur et le juge doivent, dans la mesure de la nécessité, prononcer des peines en rapport avec la valeur morale des actions; par conséquent, le législateur et le juge doivent se livrer à une appréciation des actes et pour cela ils sont guidés par la conscience et influencés par les mœurs et les idées de leur pays; mais, d'autre part, nous ajoutons que la peine doit être en rapport avec les résultats du délit, avec le préjudice causé; le législateur et le juge doivent donc se livrer à une appréciation des résultats du délit, du préjudice causé.

Tels sont les deux éléments qui doivent être pris en considération pour établir une proportion entre la gravité du délit et la peine dont on le punit. Mais il faut renoncer en cette matière à toute prétention d'exactitude mathématique. On ne peut adopter de règle absolue qu'avec le moyen primitif et barbare du *talion matériel*. Le *talion* est la rétribution du mal par un mal identique; par le *talion*, on inflige une peine produisant un mal semblable à celui produit par le délit. Le *talion matériel* a existé de tout temps; il se présente tout naturellement dans les temps primitifs lorsque règne le droit de la vengeance privée. Il exista chez les Hébreux : l'Exode (chap. 21, § 23) et le Lévitique (chap. 24,

(1) Rossi, Traité de droit pénal, liv. 3, ch. 4.

§ 17) l'expriment en termes saisissants : « si la mort s'ensuit, il rendra vie pour vie, œil pour œil, dent pour dent, main pour main, pied pour pied, brûlure pour brûlure, plaie pour plaie, meurtrissure pour meurtrissure, blessure pour blessure; celui qui aura fait un outrage à quelqu'un de ses concitoyens, comme il a fait, ainsi il lui sera fait; de même qu'il aura outragé, ainsi il sera outragé ». On le trouve encore chez les Grecs dans la pratique. Pythagore l'enseigne et Aristote en parle en termes sympathiques. — Le droit primitif des Romains l'adopta : dans une discussion qu'Aulu Gelle suppose entre le jurisconsulte Sextus Cecilius et le philosophe Favorinus, on cite un fragment de la loi des 12 tables : velut illa lex talionis, cujus verba, nisi memoria me fallit, hæc sunt : si membrum rupit ni cum eo pacit talio esto..... »

Mahomet l'introduisit dans le Coran, et notre ancienne législation l'applique pour quelques crimes. Ce talion matériel, qui n'apparaît que dans les sociétés peu civilisées, nous devons le repousser comme injuste, comme cruel, et, nous ajoutons, comme impossible à réaliser. Comment, en effet, arriver à un équilibre exact entre le mal du délit et le mal de la peine ? Ceci nous rappelle le marchand de Venise de Shakespeare. Un débiteur s'est engagé à livrer à son créancier une livre de chair, et, le moment venu : « vous enlèverez, dit-il, une livre de chair, ni plus ni moins ; si vous enlevez une parcelle de plus, vous serez puni ». On dit : « vie pour vie », mais privera-t-on de la vie celui qui, sans méchanceté, sans intention, par imprudence, a enlevé la vie à quelqu'un ? Comment appliquer le talion à l'adultère, aux calomnies, à l'injure, à l'incendie, à la violation de sépulture, aux coups et blessures, etc., etc. Mais il est un autre talion — le *talion moral* — que nous croyons devoir adopter. Kant, dans ses Principes métaphysiques du droit, le développe en ces termes : « La peine juridique (*pœna forensis*), qui diffère de la peine naturelle (*pœna naturalis*), en ce que le vice est à lui-même son propre châtiment et que le législateur n'a aucun égard à cette peine, ne peut être décernée comme un simple moyen de procurer un autre bien, même au profit du coupable ou de la société dont il fait partie; mais elle doit toujours être décernée contre le coupable par la seule raison qu'il a délinqué, car jamais un homme ne peut être pris pour instrument des desseins d'un autre homme, ni être compté au nombre des choses, objet du droit réel ; sa personnalité naturelle, innée, le garantit contre un pareil outrage, bien qu'il puisse être condamné à perdre la personnalité civile. Le malfaiteur doit être jugé punissable, avant qu'on ait pensé à retirer de sa peine quelque utilité pour lui ou pour ses concitoyens. La loi pénale est un impératif catégorique et malheur à celui qui se traîne dans les sentiers tortueux de l'endémonisme pour rencontrer quelque chose qui, par l'avantage qu'on pourrait en retirer, déchargerait le coupable de tout ou partie de la peine qu'il mérite, suivant le proverbe pharisaïque : « il vaut mieux qu'un seul homme meure que tout le peuple soit perdu », car, quand la justice est méconnue, les hommes n'ont que faire de vivre sur la terre. Que doit-on penser du dessein de conserver la vie à un criminel qui a mérité la mort, s'il se prête à des expériences dangereuses et qu'il soit assez heureux pour en sortir sain et sauf, en supposant toutefois que les médecins acquièrent par là une instruction salutaire à l'humanité ? Un tribunal rejetterait avec mépris un collège médical qui donnerait un semblable conseil, car la justice cesse d'être dès qu'elle se donne pour un prix quelconque. Mais quelle espèce et quel degré de châtiment la justice publique doit-elle se poser pour principe et pour règle ? Pas d'autre que le principe de l'égalité, appréciée à la balance de la justice, sans pencher plus d'un côté que de l'autre. Par conséquent le mal non mérité que tu fais à un autre d'entre le peuple, tu te le fais à toi-même ; si tu le déshonores, tu te déshonores toi-même ; si tu le voles, tu te voles toi-même ; si tu le frappes, si tu le fais mourir, tu te frappes, tu te fais mourir toi-même. Il n'y a que le *droit du talion (jus talionis)*, qui puisse donner déterminément la qualité et la quantité de la peine, à la barre du tribunal, mais non dans le jugement privé ; tous les autres droits sont chancelants et ne peuvent, à cause des autres considérations qui s'y mêlent, s'accorder avec la sentence d'une justice pure et stricte. — Il semblerait peut-être que la différence de condition ne permet pas l'application du principe du talion d'égal à égal ; mais s'il n'est pas possible littéralement, il l'est cependant toujours quant à l'effet, je veux dire relativement, ou quant à la manière différente de sentir de ceux qui sont plus élevés. — Ainsi, par exemple, il n'y a aucun rapport entre l'amende et l'offense pour injures verbales, car celui qui a beaucoup d'argent pourrait quelquefois se permettre ces sortes d'injures pour s'amuser; mais la contrariété qu'on peut faire éprouver à son orgueil peut égaler l'atteinte portée par lui à l'honneur d'autrui : si, par exemple, il était condamné par le juge non seulement à faire des excuses publiques, mais à baiser la main de l'offensé, bien qu'il le croie fort inférieur à lui.

De même si un noble violent frappait injustement un citoyen d'un ordre inférieur, il pourrait être condamné, non seulement à une détention solitaire et incommode, mais encore à faire réparation d'honneur; de cette manière on l'atteindrait non seulement dans sa sensibilité physique, mais encore dans sa sensibilité morale, dans sa vanité; de telle sorte que le principe de l'égalité serait rétabli. Mais que signifie : si tu voles, tu te voles? C'est que celui qui vole compromet la sûreté de la possession de tous les autres et par conséquent se prive ainsi, d'après le droit du talion, de garantie pour toute propriété possible; il n'a rien, il ne peut rien acquérir et cependant il veut vivre, ce qui n'est possible qu'autant que les autres le nourrissent. Mais comme l'État ne veut pas le nourrir gratuitement, il faut bien accorder qu'il a le droit de faire servir les forces du voleur à des travaux utiles à la société, et pour un certain temps, suivant les circonstances, on le relègue pour toujours au rang des esclaves. Il n'y a ici aucune communication qui puisse satisfaire la justice. Il n'y a aucune ressemblance entre une vie pleine de peines et la mort, par conséquent aucune possible non plus entre le crime et la peine du talion que la peine de mort; mais il faut que cette mort soit dégagée de tous mauvais traitements qui pourraient rendre horrible la nature humaine dans le patient. Il y a plus, c'est que si la société civile se dissolvait du consentement de tous ses membres, comme si, par exemple, un peuple habitant d'une île, se décidait à la quitter et à se disperser, le dernier meurtrier détenu dans une prison devrait être mis à mort avant la dissolution de la société, afin que chacun portât la peine de son crime, et que le crime d'homicide ne retombât pas sur le peuple qui négligerait d'infliger cette peine;

parce que alors il pourrait être considéré comme complice de cette violation de la justice (1). »

Nous estimons certes que Kant s'exprime en termes trop absolus ; mais nous estimons qu'il y a là un principe de justice et de raison : oui, au point de vue moral, il est certain que le législateur doit chercher à établir une pondération exacte entre le mal résultant du délit et le mal qui doit résulter de la peine. Envisagée ainsi, la théorie du talion a une certaine portée et doit inspirer le législateur et le juge ; c'est ce que nous avons entendu lorsque nous avons dit qu'il ne suffisait pas d'apprécier la valeur morale des actions coupables, mais qu'il fallait aussi considérer la gravité du préjudice par elles causé. Notre législateur l'a compris ; et, nous trouvons, dans le Code pénal, une foule de dispositions qui lui ont été très certainement inspirées par la théorie du talion moral. Ainsi, pour réprimer les coups et blessures commis soit avec préméditation, soit sans préméditation, soit sur des étrangers, soit sur des ascendants, il se guide par les conséquences de ces faits. S'il est résulté de ces faits, commis volontairement, une maladie ou une incapacité de travail personnel pendant plus de vingt jours, la peine sera de deux à cinq ans d'emprisonnement, de 16 à 2,000 francs d'amende. Si ces faits ont été suivis de mutilation, amputation ou privation de l'usage d'un membre, la peine sera la réclusion. S'ils ont occasionné la mort, sans que l'agent eût l'intention de la donner, la peine sera des travaux forcés à temps (art. 309 C. p.). S'ils n'ont pas occasionné la maladie ou incapacité précitées, la peine sera de six jours à deux ans d'emprisonnement, et de 16 à 200 francs d'amende (art. 311, § 1, C. p.). De même, le juge pourra condamner l'auteur d'outrages ou violences envers les dépositaires de l'autorité et de la force publique à faire réparation, orales ou écrites, et lui infliger ainsi une humiliation qui compensera celle qu'il avait voulu, par ses outrages, infliger aux fonctionnaires publics (226 C. p.). La répression du faux témoignage nous offre un exemple encore plus remarquable : le législateur apprécie minutieusement les effets de cette infraction pour mettre la peine en harmonie avec les résul-

_____
(1) Seconde partie, Droit public, section 1re, Droit de la cité, observations générales, E. I. Du droit de punir et de faire grâce ; traduction de G. Tissot, p. 199-203.

tats qu'elle produit. Si c'est en matière criminelle que le faux témoignage est rendu, la peine est la réclusion ; néanmoins, si l'accusé a été condamné à une peine plus forte que celle de la réclusion, le faux témoin qui a déposé contre lui subira la même peine (361 C. p.). Si c'est en matière correctionnelle que le faux témoignage est rendu, la peine est de deux à cinq ans d'emprisonnement, et de 50 à 2,000 francs d'amende ; si néanmoins le prévenu a été condamné à plus de cinq années d'emprisonnement, le faux témoin qui a déposé contre lui subira la même peine. Si c'est en matière de simple police que le faux témoignage est rendu, la peine sera de un an à trois ans d'emprisonnement, et de 16 à 500 francs d'amende (362 C. p.), etc. En résumé pour établir des peines présentant l'équivalent des délits, pour établir la proportionnalité des peines aux délits, il faut considérer la valeur morale des actes coupables et le préjudice par eux causé.

CHAPITRE III

Système pénal consacré par les lois françaises actuellement en vigueur.

—

Les peines consacrées par la législation française se divisent d'abord en deux grandes classes : 1° *les peines ordinaires ou de droit commun;* 2° *les peines militaires.*

Les peines ordinaires sont celles qui sont applicables à toutes les personnes et qui sont établies dans le Code pénal et dans les lois qui constituent le droit commun.

Les peines militaires sont celles qui sont employées spécialement pour la répression des infractions commises par les individus faisant partie de l'armée de terre et de l'armée de mer, et qui sont établies par les Codes militaires.

SECTION Ire.

PEINES ORDINAIRES OU DE DROIT COMMUN.

A la division tripartite des faits punissables en *crimes, délits,* et *contraventions de police*, correspond une division tripartite des peines en *peines criminelles, correctionnelles* et de *simple police*. Mais certaines peines étant communes les unes aux trois catégories d'infractions, les autres aux deux premières, nous étudierons successivement : 1º *les peines criminelles;* 2º *les peines correctionnelles;* 3º *les peines communes aux crimes et aux délits;* 4º *les peines de simple police;* 5º *les peines communes aux crimes, aux délits et aux contraventions.*

1re DIVISION. — Peines criminelles.

Les peines criminelles se divisent en deux grandes classes : 1º *les peines principales;* 2º *les peines accessoires.*

Les peines principales sont celles qui, pour chaque crime, constituent l'élément dominant de la pénalité; elles sont spécifiées pour chaque espèce de crime par la loi, et sont infligées par une disposition expresse du jugement ou de l'arrêt de condamnation : par exemple la peine des travaux forcés à perpétuité pour le meurtre ou homicide volontaire (art. 295, 302 C. p.).

Les peines accessoires consistent dans des incapacités ou des pertes de droits qui sont produites par la nature de la condamnation infligée par le jugement ou l'arrêt; elles sont encourues de plein droit en vertu de la loi et sans qu'il soit nécessaire de les énoncer dans le jugement qui inflige la peine principale, par exemple : l'interdiction légale, la dégradation civique, la surveillance de la haute police [aujourd'hui interdiction de certains séjours] attachée par la loi à la condamnation à la réclusion (art. 29, 28, 46 C. p., et art. 19 de la loi du 27 mai 1885).

§ 1. PEINES PRINCIPALES ÉTABLIES POUR LES MATIÈRES CRIMINELLES

Les peines en matière criminelle sont, aux termes de l'art. 6 C. p., *afflictives et infamantes* ou *seulement infamantes*.

Toute peine est, à la vérité, dans le langage ordinaire, afflictive, ainsi que nous l'avons dit plus haut; mais la loi prend ici ce mot dans un sens spécial et restreint. Il dérive de l'ancien Droit.

Dans notre ancienne législation, *les peines afflictives* étaient celles qui consistaient dans des supplices produisant l'affliction et la douleur d'une manière profonde. Sous l'empire de la législation actuelle, *les peines afflictives* sont celles réputées telles par les dispositions de la loi.

Quant aux *peines infamantes*, ce sont celles par lesquelles le législateur a la prétention d'infliger au condamné la perte d'une bonne renommée et de lui imposer une douleur morale en le privant de l'estime de ses concitoyens. Mais nous devons dire que les publicistes et les criminalistes sont presque unanimes à combattre cette prétention. En effet, la réputation bonne ou mauvaise n'est que l'œuvre de l'opinion; l'infamie est la déconsidération que l'opinion publique déverse sur un individu; or, l'opinion est un fait qui échappe au pouvoir du législateur et du juge; l'infamie ne se commande pas. Il est certain que l'opinion publique se refusera souvent à consacrer la distinction des peines en infamantes et non infamantes. Voilà un individu, dans la plénitude de son sens moral, capable même des plus hautes vertus : c'est une victime malheureuse de ses opinions politiques; il est envoyé à l'échafaud. La loi qualifie cette peine d'infamante; l'opinion publique ne ratifie pas cette qualification! Voilà un individu qui viole la quarantaine; il est condamné à une peine infamante, et il s'est soustrait aux lois sanitaires pour voler au lit de son père mourant! L'opinion publique peut-elle s'associer à la loi? Voilà, au contraire, un individu qui a commis un vol simple : c'est un filou, un escroc de profession; cette absence de sens moral, ces habitudes vicieuses, cet acte seul le privent de toute *existimatio*, comme disaient les Romains; et pourtant la loi ne répute pas infamante la peine dont elle le punit! Cette distinction arbitraire du législateur dénature, du reste, le caractère de la peine. Ce n'est pas la peine qui est infamante, mais le crime à raison duquel elle est infligée.

La peine a un caractère moral que Platon et M. Carrara ont parfaitement compris : elle tend précisément à faire disparaître l'infamie qui résulte de la faute. Un des derniers auteurs qui aient écrit sur la philosophie du Droit pénal, M. Tissot, s'exprime en ces termes, dans son Introduction philosophique à l'étude du Droit pénal et de la Réforme pénitentiaire (livre 3, chap. 1, § 2).

« Les lois du moyen âge sont prodigues de pénalités humiliantes. Le mélange du grotesque et de la cruauté, a dit un savant historien du droit criminel, M. Albert du Boys, caractérise toute cette période. Notre législation pénale a trouvé plus simple d'attacher l'infamie à certaines peines et pas à d'autres, oubliant que le délit seul est infamant et non la peine; que tout délit l'est plus ou moins selon sa gravité; que le législateur ne peut faire de l'infamie à volonté; que s'il est d'accord avec l'opinion, il aggrave cette peine naturelle, et que s'il y est contraire il amoindrit sa propre action. Inutile de vouloir attacher à un genre de peines, c'est-à-dire à un genre de délits, plus d'infamie qu'il n'en comporte, plus que n'en attache l'opinion publique elle-même. On comprend donc que le nouveau Code belge ait évité de déclarer infamantes les peines criminelles mêmes... Les peines infamantes proprement dites, et qui n'étaient généralement que des accessoires d'autres peines plus graves, étaient encore très multipliées avant la revision du Code français en 1832. Cette revision en a banni le carcan et la flétrissure. On avait compris qu'une peine qui amuse la populace la démoralise. L'exposition, qui ne provoquait ni les mêmes amusements parce qu'elle était moins bouffonne, ni la même inhumanité parce qu'elle était plus douloureuse, a été conservée plus longtemps. La claie, la flétrissure de la mémoire, l'incinération du cadavre, les cendres jetées au vent, la lacération publique d'un écrit par la main d'un bourreau, le san benito avec ses ornements bizarres dans les pays où fleurissait l'Inquisition; et je ne sais combien d'autres inventions non moins heureuses avaient un caractère infamant..... » (ouvrage publié en 1874, p. 312-314).

La distinction admise par notre Code pénal est repoussée par les Codes des nations étrangères, et même quelques-uns de ces derniers prennent soin de dire qu'aucune peine n'est infamante.

Comment donc se fait-il que le Code pénal de 1810 ait accepté cette distinction des peines infamantes et des peines non infamantes? Le Code pénal de 1810 l'accepte comme un héritage de l'ancienne jurisprudence criminelle que la Constituante n'a pas eu le soin de répudier. Les peines de l'ancien Droit étaient empreintes d'un grand positivisme, nous dirons même d'un grand matérialisme : on voulait, par les peines, infliger aux condamnés une grande humiliation. « En droit, dit M. Ortolan (t. II, no 1612), ce n'était pas au crime, c'était au genre de peine prononcé par la sentence, souvent même au mode d'exécution de cette peine qu'était attachée l'infamie. Ainsi, par la hart, la mort était infamante; par le glaive, elle ne l'était pas; en public, par la main du bourreau, le fouet était infamant; sous la custode, par la main du geôlier ou du questionnaire, il ne l'était pas. Cette infamie emportait, avant tout, une idée de déshonneur, de tache morale, qui s'étendait même, d'après la coutume universelle, jusque sur la famille du condamné. »

Cette distinction émanait de la distinction qui existait quant à la qualité des personnes : « Là où le vilain est pendu, le noble est décapité, » disait Loysel; de telle sorte que l'infamie atteignait le vilain et pas le noble, ce qui s'explique d'ailleurs jusqu'à un certain point, par cette considération que l'infamie ne produisait pas de grands effets à l'égard des vilains, tandis qu'elle était très grave à l'égard des nobles en leur enlevant les droits, les privilèges, les honneurs dont les classes élevées avaient le monopole. En 1791, on était sous l'empire de ces idées ; le législateur les admettait sans même les discuter : « Considérant, disait la loi du 19 juillet 1791 sur la police municipale et correctionnelle, considérant qu'il reste à fixer les règles... de la police correctionnelle qui a pour objet la répression des délits qui, sans mériter peine afflictive ou infamante, troublent la société et la disposent au crime... » Ainsi l'on admettait, mais quant aux crimes seulement, des peines infamantes. Le Code des délits et des peines du 3 brumaire an IV fut plus explicite. « Les peines, disait l'article 559, sont : ou de simple police, ou correctionnelles, ou infamantes, ou afflictives. » « Les peines infamantes, disait l'art. 603, sont : la mort, la déportation, les fers, la réclusion dans les maisons de force, la gêne, la détention... » L'art. 604 ajoutait : « Toute peine afflictive est en même temps infamante. » Cette distinction ainsi consacrée, fut appliquée par la Constitution du 22 frimaire an VIII, qui fit résulter la perte de la qualité de citoyen français de « la condamnation à des peines afflictives ou infamantes » (art. 4), et par le Code civil qui vit dans « la condamnation de l'un des époux à une peine infamante une cause de divorce » (art. 232), et déclara que « la condamnation à une peine afflictive ou infamante » emporterait « de plein droit l'exclusion de la tutelle » (art. 443), etc., etc.

Le projet de Code pénal fixa quelles peines étaient afflictives et infamantes, quelles infamantes seulement. Treilhard le combattit, par cette raison, donnée encore par M. Bertauld, et par nous combattue que toute peine était infamante, du moins en matière criminelle. Corvetto fit remarquer beaucoup plus justement « que l'opinion peut n'être pas toujours d'accord avec la loi sur ce point. » Mais Merlin objecta qu'on ne pouvait « se dispenser d'établir une distinction entre les peines qui impriment la tache d'infamie et celles qui n'ont pas cet effet, puisque les Constitutions attachent aux premières la privation des droits politiques » (Locré, t. XXIX, p. 109-111). Lors de la révision du Code pénal en 1832, on songea à faire disparaître cette distinction ; mais on ne s'arrêta pas à cette idée. « Il eût été plus rationnel, dit M. Decazes, de faire disparaître cette distinction de peines infamantes et de peines non infamantes, distinction que la loi fait vainement, puisque l'opinion publique ne la sanctionne pas toujours ; et qu'en politique, les actions changent de nature, suivant les époques et les gouvernements, et que telle action réputée crime sous tel régime attire des récompenses sous le gouvernement suivant. » Mais, ajoutait-il, il aurait fallu pour cela changer les peines du Code pénal, il aurait fallu aussi reviser le Code civil et la Constitution de l'an VIII.

Les peines afflictives et infamantes sont énumérées par l'art. 7 du Code pénal. Il faut le compléter par la loi du 8 juin 1850, en ajoutant à sa liste la déportation dans une enceinte fortifiée, introduite par cette loi pour remplacer la peine de mort en matière politique. Ces peines sont en conséquence : 1º la mort; 2º les travaux forcés à perpétuité; 3º la déportation dans une enceinte fortifiée; 4º la déportation simple; 5º les travaux forcés à temps; 6º la détention; 7º la réclusion.

Les peines simplement infamantes sont : 1º le bannissement, consistant dans l'expulsion du territoire français; 2º la dégradation civique, consistant dans la perte des droits énumérés dans l'art. 34 du Code pénal.

PEINES AFFLICTIVES ET INFAMANTES

Nous distinguerons parmi ces peines, une peine qui a un caractère particulier : la peine de mort; trois peines perpétuelles : les travaux forcés à perpétuité, la déportation dans une enceinte fortifiée et la déportation simple; et trois peines temporaires : les travaux forcés à temps, la détention et la réclusion.

Peine de mort.

Prodiguée autrefois, la peine de mort quoique maintenue par notre Code, a été considérablement restreinte dans son application et modifiée quant à son mode d'exécution.

Cette peine, employée par notre ancienne législation dans cent quinze cas différents, était, ainsi que nous l'avons vu, exécutée au moyen de supplices nombreux et cruels.

La question de son abolition fut agitée à l'Assemblée Constituante, qui fut saisie d'un projet d'après lequel la peine de mort était remplacée par une peine privative de la liberté d'une très haute gravité. La majorité de l'Assemblée se déclara pour la peine de mort; mais elle déclara que désormais la peine de mort ne serait plus que la privation de la vie, écartant par là de notre législation tous les supplices, toutes les tortures dont elle était souillée dans notre ancien Droit. Le 21 janvier 1791, elle rendit, sur la proposition du docteur Guillotin, un décret déclarant que le supplice d'un coupable et les condamnations infamantes ne portent aucune atteinte à sa famille et que les peines sont égales pour tous. « Art. 1er. *Les délits du même genre sont punis par le même genre de peine, quels que soient le rang et l'état des coupables.*

— 2. *Les délits et les crimes étant personnels, le supplice d'un coupable et les condamnations infamantes quelconques n'impriment aucune flétrissure à sa famille : l'honneur de ceux qui lui appartiennent n'est nullement entaché, et tous continuent d'être admissibles à toutes sortes de professions, d'emplois et de dignités.* — 3. *La confiscation des biens des condamnés ne pourra jamais être prononcée en aucun cas.* — 4. *Le corps du supplicié sera délivré à sa famille si elle le demande. Dans tous les cas il sera admis à la sépulture ordinaire, et il ne sera fait sur le registre aucune mention du genre de mort.* »

L'art. 6 du projet de loi du docteur Guillotin portait : « *Dans tous les cas où la loi prononcera la peine de mort contre un accusé, le supplice sera le même quelle que soit la nature du délit dont il se sera rendu coupable. Le criminel sera décapité; il le sera par l'effet d'un simple mécanisme* (1).

La malaria était déjà, à cette époque, employée en Italie et en Écosse, même en France; car Montmorency, à Toulouse, avait été décapité par un moyen mécanique. Un an et demi après fut voté le Code pénal du 25 septembre 1791. Il contenait sur la peine de mort les dispositions suivantes : art. 2. *La peine de mort consistera dans la simple privation de la vie, sans qu'il puisse jamais être exercé aucune torture envers les condamnés.*

Art. 3. *Tout condamné à mort aura la tête tranchée.*

Art. 4. *Quiconque aura été condamné à mort pour crime d'assassinat, d'incendie ou de poison, sera conduit au lieu de l'exécution revêtu d'une chemise rouge. Le parricide aura la tête et le visage voilés d'une étoffe noire; il ne sera découvert qu'au moment de l'exécution.*

Art. 5. *L'exécution des condamnés à mort se fera sur la place publique de la ville où le jury d'accusation aura été convoqué.* »

Telles sont les plus importantes dispositions que le Code pénal du 25 septembre 1791 (qui opérait une révolution dans notre Code pénal comme dans toutes les autres matières), contenait sur la peine de mort. A propos de l'art. 4 que nous venons de citer avec les art. 2, 3 et 5, Lepelletier Saint-Fargeau, ancien président à mortier au Parlement, rapporteur de la commission, s'occupait de la question de savoir comment devait être exécutée la peine

---

(1) V. Dubois, d'Amiens, La guillotine et la révolution française.

de mort, et disait : « L'art. 4 est relatif au genre de la peine de mort. Vous venez de consacrer le principe que cette peine doit être exempte de tortures, et réduite à la simple privation de la vie. Votre comité pense que la décapitation est le genre de mort qui s'écarte le moins de ce principe. La peine de la potence lui a paru être la plus longue et par conséquent la plus cruelle. Une autre considération qui l'a déterminée, c'est que vous voulez exempter la famille du condamné de toute espèce de tache. Or, dans l'opinion actuelle, le genre de supplice que nous vous proposons est celui qui dispose le plus les esprits à accueillir ce principe qui est dans vos cœurs. Il nous a donc paru celui qu'il fallait adopter. » C'est-à-dire qu'il voulait un moyen mécanique. Sanson, après lui, présenta des observations. On s'adressa, pour fabriquer la nouvelle machine, au charpentier qui tenait les bois de justice. Il fut établi qu'en attendant, les exécutions auraient lieu par la potence. Le docteur Louis, secrétaire perpétuel de l'Académie de chirurgie, fut consulté, et à la suite de son avis, l'Assemblée fit le décret suivant, le 20 mars 1792 : « *L'Assemblée nationale, considérant que l'incertitude sur le mode d'exécution de l'art. 3 du titre Ier du Code pénal, suspend la punition de plusieurs criminels qui sont condamnés à mort; qu'il est très instant de faire cesser des inconvénients qui pourraient avoir des suites fâcheuses, que l'humanité exige que la peine de mort soit la moins douloureuse possible dans son exécution suivant la manière indiquée et le mode adopté par la consultation signée du secrétaire perpétuel de l'Académie de chirurgie, laquelle demeure annexée au présent décret, en conséquence autorise le pouvoir exécutif à faire les dépenses nécessaires pour parvenir à ce mode d'exécution de manière qu'il soit uniforme dans tout le royaume.* » A la note de ce décret se trouve l'avis du docteur Louis. Enfin, un nommé Schmidt construisit la première guillotine, et la première exécution eut lieu le mercredi 27 avril 1792. L'art. 12 du Code pénal ne fait que reproduire l'art. 3 du Code pénal du 25 septembre 1791 : « *Tout condamné à mort aura la tête tranchée* ».

[Les modes d'exécution de la peine capitale varient suivant les pays : la décapitation est le plus généralement employé : La peine de mort s'exécute : 1° En *Allemagne*, par la décapitation (art. 13 du Code pénal allemand); — 2° En *Angleterre*, par la pendaison ; — 3° En *Au-*

triche, par la pendaison ; — 4° En *Belgique*, par la guillotine (mais en fait la peine de mort n'y est plus appliquée) ; — 5° En *Danemark*, par la hache ; — 6° En *Espagne*, au moyen d'une machine appelée *garrotte*, qui produit la strangulation, mais sans qu'il soit nécessaire de pendre le condamné ; la *garrotte* est une cravate de fer qui s'applique au cou du condamné et qui est assujettie à un portant fixé à l'estrade ; la cravate est ouverte par la moitié et se referme par derrière au moyen d'un écrou ou d'une vis fixée au portant ; en donnant quelques tours à une manivelle que le condamné ne peut voir, la cravate de fer se rétrécit et serre la gorge en produisant la mort en quelques instants ; — 7° Dans les *Etats-Unis*, pour les Etats qui ont conservé la peine de mort, par la pendaison ; — 8° En *Grèce*, par la guillotine ; — 9° En *Norwège*, par la décapitation au moyen de la hache ; — 10° En *Russie*, par la *pendaison* (art. 71 du Code pénal) ; mais les juges peuvent indiquer un autre mode d'exécution ; — 11° En *Serbie*, par la fusillade (art. 13 du Code pénal du 29 mars 1860) ; — 12° En *Suède*, par la décapitation au moyen de la hache (ordonnance du 10 août 1877) ; — 13° En *Suisse*, dans les cantons qui ont conservé la peine de mort, par la décapitation (Enquête faite par la Société générale des prisons, Bulletin de février 1886, p. 155 et ss.)]

Dans le Code pénal de 1810, trente-six cas étaient punis de mort, la loi de 1832 en retrancha neuf ; il n'y en avait donc plus que vingt-sept. Après 1830, la peine de mort ne fut plus employée en matière politique. Le décret du 26 février 1848, et l'art. 5 de la Constitution du 4 novembre 1848, ne firent qu'établir en droit ce qui existait en fait. Le décret du 26 février 1848 était ainsi conçu : « *Le gouvernement provisoire de la République... considérant qu'il n'y a pas de plus sublime principe que l'inviolabilité de la vie humaine ; déclare que dans sa pensée la peine de mort est abolie en matière politique, et qu'il présentera ce vœu à la ratification définitive de l'Assemblée nationale. Le gouvernement provisoire a une si ferme conviction de la vérité qu'il proclame, au nom du peuple français, que si les hommes coupables qui viennent de faire couler le sang de la France étaient dans les mains du peuple, il y aurait, à ses yeux, un châtiment plus exemplaire à les dégrader qu'à les frapper.* » Et l'art. 5 de la Constitution du 4 novembre 1848, posa formellement ce principe que depuis on n'a plus cherché à renverser : « *La peine de mort est abolie en matière politique.* » Or, depuis la loi de 1832, notre Code pénal reconnaissait quinze crimes politiques. La peine de mort étant abolie, il n'y eut plus que douze cas punis de la peine de mort. La peine de mort fut, par la loi de juin 1850, remplacée par la déportation dans une enceinte fortifiée. Mais, qu'est-ce qu'un crime politique? Nous n'avons pas une énumération des cas où la peine de mort a été remplacée par la déportation dans une enceinte fortifiée. On pourrait dire que les crimes politiques sont ceux qui sont dirigés contre la nation, considérée comme corps politique, et qui ont pour but de renverser les pouvoirs établis. Le Code pénal contient tout un titre relatif aux crimes et délits contre la chose publique; et cependant, dans son énumération, on ne trouve pas des faits qui pourtant sont bien des crimes contre le corps politique. Disons aussi qu'il y a des faits complexes où se trouvent à la fois les éléments d'un attentat contre le corps politique (non puni de la peine de mort), et les éléments d'un attentat contre la vie d'un homme (puni de la peine de mort). Dans ce dernier cas, il faudrait, selon nous, appliquer la peine de mort. C'est ce qu'a adopté la Cour de cassation. Les auteurs de l'attentat contre le général Bréa et le capitaine de Mangin, lors des journées de juin, furent condamnés par un Conseil de guerre à la peine de mort. Ceux-ci firent un pourvoi, se fondant sur ce qu'ils n'étaient pas justiciables des Conseils de guerre alors même que Paris fût en état de siège, et sur ce que la peine de mort abolie en matière politique, ne pouvait leur être appliquée pour des faits prenant leur source dans une insurrection politique. Et voici ce que décida la Cour de cassation : « Les Conseils de guerre, dit la notice de l'arrêt (P. 1849, p. 62), saisis de la connaissance des faits d'une insurrection et des actes qui auraient aggravé la rébellion, sont compétents pour connaître de ces derniers actes, encore qu'ils constitueraient par eux-mêmes un délit commun. Ces Conseils, compétents pour connaître du délit commun, sont aussi compétents pour prononcer la peine de droit commun applicable à ce délit. Les crimes de droit commun ne jouissent pas, par cela seul qu'ils sont connexes à un crime politique, de l'atténuation de peine admise en faveur des crimes politiques. En conséquence, des individus en état de rébellion qui se rendent coupables d'assassinat envers des parlementaires, sont passibles de la peine de mort, bien que cette peine ne puisse être infligée pour crimes politiques ». M. le procureur Dupin dit, dans ses conclusions : « En matière si grave, cependant, allons au fond même de la question, et demandons-nous si réellement il y a erreur dans l'application de la peine et violation de l'art. 5 de la Constitution. Messieurs, l'abolition de la peine de mort est une pensée philosophique, une pensée généreuse, qui, de tout temps, a préoccupé les esprits. Qui ne voudrait, en effet, pouvoir supprimer la peine de mort et l'effacer de tous les Codes criminels, si on le pouvait sans dommages pour la société? On a voulu du moins la supprimer en matière politique, et en cela on peut dire qu'il y a eu une pensée généreuse, et d'un autre côté une tendance qui l'est un peu moins. La pensée généreuse a été inspirée par le lugubre souvenir des immolations de 1793; de ces supplices infligés aux victimes les plus regrettables, pour des délits imaginaires et de simples opinions, même pour des actes louables : des secours envoyés par les pères à leurs enfants. L'autre pensée tient peut-être à un peu de faiblesse, à une condescendance pour les conspirateurs, à une époque où il y a eu tant de conspirations, où le triomphe alternatif des partis a laissé aux triomphateurs à regretter l'absence d'anciens amis. De toute manière, on suppose que dans les crimes purement politiques, s'il y a réellement plus de péril pour la société, il y a moins de perversité dans leur auteur. Mais n'est-ce point assez d'excepter de la peine la plus terrible les complots contre la sûreté intérieure et extérieure de l'Etat, ceux qui peuvent donner la guerre civile ou la guerre étrangère et qui mettent ainsi la société entière en péril? Et faudra-t-il aussi décorer du titre de délits politiques, des crimes honteux ou des crimes atroces, objet d'une horreur universelle et qui révoltent l'humanité, parce qu'ils ont été commis à l'ombre d'un drapeau séditieux et insurrectionnel? » La Cour de cassation ratifia, par son arrêt du 9 mars 1849, les opinions de M. Dupin.

La mutilation, la marque, le carcan, l'exposition publique, ayant été successivement abolis, la peine de mort consiste dans la seule privation de la vie.

Exécution de la peine de mort.

La loi du 26 juin 1850 portait : « *Le président de la République, vu les décrets des 13 juin 1793 et 3 frimaire an II, et l'art. 115*

*du décret du 18 juin 1811 ; vu la loi du 28 avril 1832, conte-
nant des modifications au Code pénal ; vu l'ordonnance du 7 octobre 1832 ; vu le décret du 12 avril 1848, portant suppression
de la peine de l'exposition publique ; vu, enfin, la loi du 2 janvier
1850, qui règle le nouveau mode d'exécution des arrêts rendus par
contumace ; sur le rapport du garde des sceaux, ministre de la justice, attendu que, par suite des dispositions de la loi du 2 janvier
1850, le service des exécutions se trouve excessivement restreint,
et qu'il y a lieu, dès lors, d'apporter de nouvelles économies dans la
dépense que ce service occasionne, décrète : Art. 1er. — Il n'y aura
plus dans le ressort de chaque Cour d'appel qu'un exécuteur. Dans
le département de la Corse, par exception, il y aura un exécuteur
et un aide. Ces agents résideront toujours au chef-lieu de la Cour
d'appel, etc., etc. »* Depuis, est intervenu le décret du 25 novembre 1870, qui est ainsi conçu : « *Le garde des sceaux, ministre de la justice, etc., considérant que, dans l'état actuel de la
législation pénale et avec le système des exécutions publiques, le
nombre des agents rétribués est excessif.....; considérant que l'entretien, dans chaque ressort de Cour d'appel, des bois de justice,
grève inutilement le budget, et qu'aucune loi ne légitime l'usage de
les dresser sur une plate-forme élevée au-dessus du sol, de manière
à transformer en un spectacle hideux l'expiation légale dont la publicité n'en est pas mieux garantie, tandis qu'il en résulte les plus
grands inconvénients pour le transport et l'érection des bois de justice, arrête : Art. 1er. — A partir du 1er janvier 1871, les exécuteurs chef et adjoints en exercice sur le territoire continental
français seront relevés de leurs fonctions individuellement......
Art. 2. — Il ne sera maintenu qu'un exécuteur en chef et cinq
exécuteurs adjoints en fonctions. Leur résidence sera fixée dans la
capitale, sauf ordre contraire émané du ministre de la justice.....
Art. 3. — Deux machines ou instruments, avec leurs accessoires de
rechange, établies sur le modèle adopté en Algérie, seront construites et entretenues à Paris en état d'être immédiatement trans-
portées partout où besoin sera. Il pourra être passé un abonnement
avec l'exécuteur en chef pour l'entretien de ces machines. Art. 4.
— Toutes les fois qu'il y aura lieu de procéder en dehors de Paris,
à l'exécution d'un condamné, l'exécuteur en chef sera tenu de se
transporter au lieu indiqué avec l'un de ses adjoints, etc., etc.... »*

Maintenant, où doit être exécutée la peine ? « *L'exécution*, dit l'art. 26, *se fera sur l'une des places publiques du lieu qui sera indiqué par l'arrêt de condamnation.* » Il arrive souvent que la Cour d'assises fixe l'exécution de la peine au lieu où le crime a été commis. Nous pensons que, lorsque dans le jugement de condamnation, elle n'a pas fixé le lieu, elle ne peut le faire par un arrêt subséquent. La Cour de cassation, dans un arrêt du 17 novembre 1850, a admis que dans ce cas c'est l'article 445 du Code des délits et des peines, du 3 brumaire an IV, qu'il faut appliquer. « *Elle se fait sur une des places publiques de la commune où le tribunal tient ses séances* »; article qui était la reproduction de l'art. 3 du titre 1er (3e partie) du Code pénal du 25 septembre 1791 : « *L'exécution des condamnés à mort se fera dans la place publique de la ville où le jury d'accusation aura été convoqué.* » C'est l'autorité locale qui devra fixer la place où l'exécution aura lieu. Les exécutions sont donc publiques. Est-ce juste ? Non ; la publicité se concevait dans notre ancien droit où les procès étaient instruits secrètement et où les jugements n'étaient pas énoncés en audience publique. Mais, aujourd'hui que les débats et les condamnations sont publics, on ne conçoit pas des exécutions dont l'effet est d'attirer la foule et de lui donner le goût du sang. En Angleterre, la publicité de l'exécution n'existe pas ; en Allemagne et en Suisse, elle est très restreinte. Dans notre ancien droit, les exécutions se faisaient avec un grand apparat ; on conduisait le condamné au supplice au milieu de toute la foule, en plein jour. Mais, aujourd'hui, le condamné est conduit au supplice dans une voiture cellulaire ; l'exécution n'a pas lieu sur une place publique ; on cherche au contraire un lieu éloigné et elle se fait au point du jour. Le décret du gouvernement de la Défense nationale, dont nous avons parlé, du 26 novembre 1870, diminue la publicité, en ordonnant que l'exécution se fasse sur un échafaud peu élevé. Pour nous, nous pensons que toute publicité doit être abolie.

[La publicité des exécutions capitales a été supprimée dans les États suivants : — 1° *Allemagne*, Code de procédure pénale du 1er février 1877 (art. 486); — 2° *Angleterre* (loi du 29 mai 1868); — 3° *Autriche* (art. 402 et 403 du Code d'Instruction criminelle de 1873); — 4° *États-Unis*; — 5° *Russie* (art. 963 du Code de procédure criminelle modifié dans ce sens par des décrets du Czar de 1882; — 6° *Suède* (ordonnance du 10 août 1877); — 7° *Suisse*, pour les cantons qui ont conservé la peine de mort. — La publicité existe au contraire : — 1° En *Danemark;* — 2° En *Espagne* (art. 102 et ss. du Code pénal); — 3° En *Grèce* (art. 15 du Code pénal); — 4° En *Norwège;* — 5° En *Serbie* (article 13 du Code pénal et 287 du Code d'Instruction criminelle du 10 avril 1865) (Enquête de la Société générale des prisons, Bulletin de février 1886, p. 168 et ss.).

En France, dans les dernières années de l'Empire, plusieurs pétitions tendant à la suppression des exécutions publiques furent adressées au Sénat et un projet de loi fut soumis dans ce sens en 1870 au Corps législatif : les événements qui survinrent peu de temps après empêchèrent la proposition d'aboutir. — L'idée fut reprise par M. Dufaure en 1878, et un projet de loi fut soumis par le gouvernement à la Chambre des députés le 20 mars 1879. Ce projet, n'ayant pas abouti, a été de nouveau présenté au Sénat par M. Bardoux le 10 juin 1884 (voir le texte de la proposition Bardoux, dans le Bulletin de la Société générale des prisons, 1884, p. 626). Le 24 octobre de la même année, M. Lucas, membre de l'Institut, faisait parvenir au Sénat une pétition pour appuyer cette proposition (voir même Bulletin, 1884, p. 632 et 818). Le garde des sceaux, sur la demande même du Sénat, a consulté les Cours d'appel et la Cour de cassation, et le résumé des réponses a fait l'objet d'un rapport supplémentaire distribué au Sénat par M. Bardoux, dans la séance du 7 mai 1885 : dix-sept Cours, y compris la Cour de cassation, ont émis un avis favorable : dix Cours, parmi lesquelles figure la Cour de Paris, ont émis un avis contraire au projet; quant aux procureurs généraux, vingt-trois ont appuyé le projet de loi, cinq seulement, ceux de Nîmes, Agen, Orléans, Riom et Limoges y ont été opposés (voir même Bulletin, décembre 1886, p. 1011 et ss.). Le Sénat a adopté le projet dans ses séances du 1er décembre 1884 et 12 mai 1885. — La proposition ainsi votée a été transmise le 25 novembre 1889 à la Chambre des députés, qui a nommé, en décembre 1889, la Commission chargée de son examen. Cette Commission s'est prononcée, par 7 voix contre 4, contre la proposition Bardoux, et a nommé M. Granet, son rapporteur, qui a déposé son rapport le 10 mai 1890.]

Quand doit être exécutée la peine? — « *La condamnation, dit l'art. 375 du Code d'Inst. crim., sera exécutée dans les vingt-quatre heures qui suivront les délais mentionnés dans l'art. 373, s'il n'y a point de recours en cassation ; ou en cas de recours, dans les vingt-quatre heures de la réception de l'arrêt de la Cour de cas-*

sation qui aura rejeté la demande. » Or, l'art. 373 établit un délai de trois jours pour le pourvoi en cassation ; la condamnation n'est irrévocable qu'après ce délai ; c'est alors seulement que l'exécution doit avoir lieu. Si un recours en cassation est formé, il faut attendre le jugement ; si le pourvoi est rejeté, l'exécution doit avoir lieu vingt-quatre heures après la réception de l'arrêt. Cependant, une circulaire du 27 septembre 1830, du garde des sceaux, a prescrit au procureur général d'attendre ses ordres avant d'exécuter la sentence de mort. C'est à cause du droit de grâce. L'art. 25 du Code pénal dispose qu'« *aucune condamnation ne pourra être exécutée les jours de fêtes nationales ou religieuses, ni les dimanches* ». La loi a considéré que ces jours ne doivent pas être attristés par un supplice. Un avis du Conseil d'Etat a décidé que le 1er janvier devait être considéré comme un jour de fête. « Le Conseil d'Etat qui, d'après le renvoi ordonné par Sa Majesté, a entendu le rapport de la section de législation sur celui du ministre du Trésor public, relatif à la question de savoir si le premier jour de l'année ne doit pas être considéré comme une fête..... Considérant que à la vérité, le premier jour de l'année n'est pas dans le nombre des quatre fêtes qui, d'après le Concordat, doivent être observées, indépendamment des dimanches, mais que, dans le fait, ce jour a été, depuis l'an XIII, considéré comme une fête, et observé comme tel, quoiqu'il ne tombât point le dimanche, qu'à cette époque on s'empressa de se conformer à l'intention manifestée par Sa Majesté, pour qu'on suspendît (ce sont ses termes mêmes) les travaux ordinaires le jour du 1er janvier, compté parmi les fêtes de famille par la grande majorité des Français ; que, dès lors, les administrations, les cours et les tribunaux vaquèrent le 1er janvier ; que même les fonctionnaires publics de l'ordre judiciaire reçurent à cet effet un ordre exprès de Sa Majesté, qui leur fut transmis par le grand juge le 4 nivôse an XIII ; que la Banque de France et la Caisse de service fermèrent leurs bureaux ; que la presque totalité des maisons de commerce ferma ses comptoirs; que cet exemple fut suivi dans presque toutes les parties de la France, et que la plupart des effets de commerce qui n'ont point été payés le 31 décembre, jour de l'échéance, ont été protestés le 2 janvier suivant, qu'une fête sollicitée par le vœu public, avouée par le chef suprême de l'Etat, et ratifiée par un usage si constant et si général, doit être placée au rang de celles qu'a prévues l'art. 162 du Code de commerce (la question avait été posée au Conseil d'Etat, au sujet de l'art. 162 du Code de commerce).....; est d'avis que le 1er janvier doit être considéré comme une des fêtes auxquelles s'applique l'art. 162 du Code de commerce.....» L'avis précité du Conseil d'Etat fait allusion au Concordat; en effet, le Concordat (29 germinal an IX) reconnaissait quatre fêtes : le Noël, la Toussaint, l'Ascension, l'Assomption (1). Le Code pénal contient des dispositions particulières au cas où les femmes condamnées à mort sont enceintes. L'art. 27 dit : « *Si une femme condamnée à mort se déclare et s'il est vérifié qu'elle est enceinte, elle ne subira la peine qu'après sa délivrance.* » Cet article contient une réminiscence du principe de la loi romaine : *Non debet calamitas matris nocere ei qui in ventre est.* La Convention avait, le 23 germinal an III, porté le décret suivant : « *Art. 1er. — A l'avenir, aucune femme prévenue de crime emportant la peine de mort ne pourra être mise en jugement qu'il n'ait été vérifié de la manière ordinaire qu'elle n'est pas enceinte. Art. 2. — Le sursis provisoire à tout jugement de mort rendu contre les femmes dont l'exécution a été suspendue pour cause de grossesse est déclaré définitif. Art. 3. — Les comités de législation et de sûreté générale sont autorisés à statuer définitivement sur la mise en liberté ou la détention ultérieure desdites condamnées. Art. 4. — Les accusateurs publics près les tribunaux criminels ordinaires et extraordinaires, sont en conséquence tenus d'adresser au comité de législation, dans quinzaine, à compter du jour de la publication de la présente loi, tous les jugements de la nature de ceux ci-dessus, et les procédures et pièces sur lesquelles ils sont intervenus.....*» Cette loi, tout humaine, a été abrogée par la publication du Code pénal, qui (art. 27) prohibe l'exécution du jugement prononçant la peine de mort, mais non la mise en jugement. (Cette loi fut invoquée souvent, dans la période révolutionnaire, par des femmes qui cherchaient, en se disant enceintes, à éviter la justice sanglante du tribunal révolutionnaire.) Cependant le principe de ce décret

(1) [Il faut joindre à la liste des fêtes légales les lundis de Pâques et de Pentecôte (loi du 8 mars 1886). La fête Nationale a été fixée au 14 juillet (loi du 6 février 1880).

doit être maintenu ; en pratique, si une femme était grosse, on ne la ferait pas paraître en Cour d'assises.

Cas où le condamné veut faire des révélations.

L'art. 376 du Code d'Inst. crim. dit : « *La condamnation sera exécutée par les ordres du procureur général. Il aura le droit de requérir directement, pour cet effet, l'assistance de la force publique.* » Et l'art. 377 : « *Si le condamné veut faire une déclaration, elle sera reçue par un des juges du lieu de l'exécution, assisté du greffier.* » Dans notre ancien droit, il y avait un magistrat spécial commis à cet effet, assisté d'un greffier qui dressait procès-verbal. Ce magistrat, lorsque le patient était au pied de l'échelle, lui demandait s'il avait des révélations à faire ; le greffier constatait ses réponses. Si le patient avait à faire des déclarations importantes, le magistrat pouvait suspendre l'exécution et aller les recevoir dans une maison voisine. S'il désignait des complices qui étaient déjà détenus préventivement, on les faisait venir et on les confrontait avec lui. Puis l'exécution avait lieu. Toutes ces formalités ne pouvaient occuper plus d'une journée.

Aujourd'hui, il n'y a pas de magistrat spécial pour recevoir les révélations, mais l'art. 377 du Code d'Inst. crim. dit que : « *Si le condamné veut faire une déclaration, elle sera reçue par un des juges du lieu de l'exécution, assisté du greffier.* » Quand l'exécution se fait au lieu où siège la Cour d'assises, c'est le juge d'instruction qui doit se rendre sur le lieu de l'exécution pour recevoir les révélations ; si elle se fait dans tout autre lieu, c'est le juge de paix du lieu. Les révélations doivent être spontanées ; le juge ne doit pas les forcer. Nous ne pouvons que regretter que la loi n'appelle aucune espèce de surveillance sur les exécutions ; nous pensons qu'il devrait toujours y avoir un représentant de la justice.

Formalités du procès-verbal d'exécution.

« *Le procès-verbal d'exécution*, dit l'art. 378 du Code d'Inst. crim., *sera, sous peine de 100 fr. d'amende, dressé par le greffier, et transcrit par lui, dans les vingt-quatre heures, au pied de la minute de l'arrêt. La transcription sera signée par lui, et il fera men-*

tion du tout, sous la même peine, en marge du procès-verbal. Cette mention sera également signée, et la transcription fera preuve comme le procès-verbal lui-même. » L'art. 52 du décret contenant règlement pour l'administration de la justice en matière criminelle, de police criminelle et de simple police, et tarif général des frais, dit : « *Lors des exécutions des arrêts criminels, le greffier de la Cour, du tribunal ou de la justice de paix du lieu où se fera l'exécution sera tenu d'y assister, d'en dresser procès-verbal ; et dans le cas d'exécution à mort, il fera parvenir à l'officier de l'état-civil les renseignements prescrits par le Code. A cet effet, le greffier se rendra soit à l'hôtel de ville, soit dans une maison située sur la place publique où se fera l'exécution, et qui lui sera désignée par l'autorité administrative.* » Ce greffier communiquera à l'officier de l'état-civil tous les documents relatifs au décès du condamné, afin qu'il puisse rédiger son acte de décès, acte où mention ne devra pas être faite du genre de mort (art. 84 et 85).

Où sera porté le cadavre du supplicié ? — L'art. 14 Code pénal dit que « *les corps des suppliciés seront délivrés à leurs familles si elles le réclament, à la charge par elles de les faire inhumer sans aucun appareil.* » Dans notre ancien droit, les cadavres étaient suspendus à des fourches patibulaires ; ces fourches patibulaires existaient à Toulouse ; elles consistaient dans une enceinte murée au-dessus de laquelle étaient des piliers auxquels les cadavres étaient suspendus par des crochets. A côté était une claie pour les cadavres rompus. Il y eut à la fois jusqu'à quinze cadavres. Ce monument a existé jusqu'en 1787 ; il fut supprimé par des lettres patentes du 2 décembre 1786. L'art. 4 du décret du 21 janvier 1790, déjà cité, déclara que le corps serait délivré à la famille, si elle le demandait, et que, dans tous les cas, il serait admis à la sépulture. Cette disposition a été reproduite par l'article 14 du Code pénal. Remarquons que cet article, quand il ne veut « *aucun appareil* », n'interdit pas de cérémonie religieuse, pourvu que ce soit sans ostentation ; et qu'on ne peut élever un monument funèbre au condamné, sans demander l'autorisation à l'autorité, qui peut la refuser, en vertu de l'art. 14. L'art. 13 contient une disposition spéciale au condamné à mort pour parricide : « *Le coupable condamné à mort pour parricide sera conduit sur le lieu de l'exécution en chemise, nu pieds et la tête couverte d'un voile noir. Il sera exposé sur l'échafaud pendant qu'un huissier donnera au peuple lecture de l'arrêt de condamnation, et il sera immédiatement exécuté à mort.* » Le parricide a toujours été considéré comme le plus grand des crimes. Il était puni fort sévèrement à Rome (§ 6, tit. 18, liv. IV, Inst.). Dans notre ancien droit, le coupable devait faire amende honorable et on lui coupait le poing. Cette peine de la mutilation du poing droit fut conservée par l'art. 13 Code pénal ; l'art. 13 originaire portait après ces mots : « *l'arrêt de condamnation* » et avant ceux-ci : « *et sera immédiatement* », « *il aura ensuite le poing droit coupé.* » Cette peine barbare a été effacée de notre Code par la loi du 28 avril 1832 et l'art. 13 est aujourd'hui tel que nous l'avons cité plus haut.

Telles sont les diverses règles relatives à la peine de mort.

PEINES PERPÉTUELLES.

Les peines perpétuelles sont au nombre de trois : 1° *les travaux forcés à perpétuité;* 2° *la déportation dans une enceinte fortifiée;* 3° *la déportation simple.*

La perpétuité des peines soulève en législation une question importante au point de vue de sa légitimité. On a dit contre elle qu'elle violait le principe du caractère réformateur des peines, puisque en enlevant au condamné tout espoir de voir finir la peine, elle lui ôtait tout intérêt à se bien conduire, et c'est sous l'influence de ces idées que, sur le rapport de Le Pelletier de St-Fargeau, le Code pénal du 25 septembre 1791 supprima la perpétuité des peines (1re partie, titre Ier, art. 8) et fixa à vingt-quatre ans le maximum de la peine des fers qui a précédé celle des travaux forcés. De nos jours encore, la perpétuité des peines a été attaquée par un éminent criminaliste espagnol, M. Pacheco, dans son Commentaire sur le Code pénal espagnol. Mais la perpétuité des peines fut considérée par les rédacteurs du Code pénal de 1810 comme légitime et nécessaire pour servir de transition entre la peine de mort et les peines afflictives temporaires, et d'autre part à cause du caractère de sérieuse intimidation que possèdent les peines perpétuelles.

Travaux forcés à perpétuité.

La peine des travaux forcés soit perpétuelle, soit temporaire, a remplacé la peine des fers admise par le Code pénal de 1791 qui avait été elle-même substituée à l'ancienne peine des galères.

La peine des galères date d'un édit du 15 mars 1548. Elle consistait pour le condamné à ramer sur les galères royales. Le recrutement était arbitraire et dépendait des besoins de la marine, et il arrivait souvent qu'au lieu de mettre les condamnés en liberté après l'expiration de leur peine, on les conservait, si cela était nécessaire, pendant plusieurs années après leur libération (1).

Lorsque, par suite du progrès de la navigation, les galères à rames eurent disparu, les condamnés furent employés dans les arsenaux maritimes et tel fut le régime de la peine des fers établie par le Code pénal de 1791. Le Code de 1810, en admettant la peine des travaux forcés, posa comme règle générale du régime à subir par les condamnés, que les hommes condamnés aux travaux forcés seront employés aux travaux les plus pénibles; ils traîneront à leur pied un boulet ou seront attachés deux à deux par une chaîne, lorsque la nature du travail auquel ils seront employés le permettra (art. 15). Quant aux femmes et aux filles, elles seront employées dans l'intérieur d'une maison de force (art. 16).

Les condamnés aux travaux forcés étaient employés aux travaux les plus pénibles des ports de guerre et des arsenaux maritimes de l'Etat. Ils étaient renfermés, en dehors de leur travail en plein air, dans des bâtiments appelés *bagnes*, du mot italien *bagno*, bain, parce que, autrefois, avant de placer les condamnés sur les galères, on les renfermait dans de vieux bâtiments où il y avait des bains. La peine des travaux forcés ainsi organisée présentait des inconvénients graves, la rendait dangereuse pour la société : elle augmentait la corruption par le contact des condamnés entassés dans les bagnes; elle rendait la surveillance difficile par suite de l'emploi des condamnés à des travaux en plein air et, par suite, les évasions faciles. Elle manquait du

---

(1) Pierre Clément, la Police sous Louis XIV, ch. 9.

caractère d'intimidation; le travail au dehors, en plein air, sous une surveillance éloignée avec l'espoir de l'évasion était l'objet des préférences des malfaiteurs qui considéraient comme plus redoutable et plus dure à subir la peine de la réclusion par suite de laquelle ils étaient enfermés dans l'intérieur d'une maison de force; aussi n'hésitaient-ils pas à commettre des crimes graves pour se voir condamner aux travaux forcés. Enfin, lorsque le condamné voyait finir sa peine, soit par l'expiration normale de sa durée en cas de condamnation aux travaux forcés à temps, soit par la grâce en cas de condamnation aux travaux forcés à perpétuité, sa rentrée dans la société était entourée de telles difficultés qu'elle était la plupart du temps impossible. Il était l'objet de la défiance, de la répulsion générales, ne trouvait pas les moyens de travailler pour gagner sa vie et se voyait presque fatalement poussé de nouveau au crime. En présence de ces inconvénients, on se mit à faire des études pour réformer la peine des travaux forcés à perpétuité; en 1840, 1843, 1847, divers systèmes furent proposés. Deux systèmes étaient en présence : le système pénitentiaire et le système des colonies pénales. Le système pénitentiaire est employé aux Etats-Unis. L'établissement pénitentiaire est composé de cellules; les détenus sont isolés; ils n'ont aucune communication entre eux; mais ils peuvent assister au service religieux et entendre les prédications. A Philadelphie, ils sont dans un isolement complet; on leur permet de travailler dans leur cellule, pour adoucir leur douleur. Dans l'Etat de New-York, ils ne sont isolés que pendant la nuit; pendant le jour, ils travaillent dans un atelier commun et sont tenus à un silence qu'ils observeront toujours à cause de la peine du fouet qui les menace. Ce système est fort redouté des grands coupables qui souffrent de ne voir personne, excepté les membres de la société de patronage; il est, au contraire, fort aimé de ceux qui ont conservé des sentiments de moralité. Le système des colonies est pratiqué en Angleterre; la colonie d'Australie a été fondée par des condamnés aux travaux forcés à perpétuité. Une loi allait être votée, quand survint la révolution de 1848. La discussion reprit, sous l'Empire, sur l'exécution de la peine des travaux forcés à perpétuité. Le régime cellulaire exige des dépenses; le deuxième est aussi coûteux, mais c'est ce dernier qui fut préféré. Un décret du 27 mars 1852 déclara que les condamnés aux travaux forcés à perpétuité seraient transportés dans la Guyane, s'ils le voulaient; beaucoup acceptèrent le bénéfice de ce décret. Enfin fut votée la loi du 30 mai 1854, en quinze articles, qui ne changea pas l'économie du Code, mais qui en abrogea ou modifia quelques articles. Elle a conservé la peine des travaux forcés à perpétuité, mais les condamnés à cette peine sont soumis à un régime différent. Cette loi, sur l'exécution de la peine des travaux forcés, porte dans son article 1er : « *La peine des travaux forcés sera subie, à l'avenir, dans des établissements créés par décrets de l'empereur, sur le territoire d'une ou de plusieurs possessions françaises autres que l'Algérie. Néanmoins, en cas d'empêchement à la translation des condamnés et jusqu'à ce que cet empêchement ait cessé, la peine sera subie provisoirement en France* ». Dans l'article 2 : « *Les condamnés seront employés aux travaux les plus pénibles de la colonisation et à tous autres travaux d'utilité publique* »; dans son article 3 : « *Ils pourront être enchaînés deux à deux ou assujettis à traîner le boulet à titre de punition disciplinaire ou par mesure de sûreté* », et dans son article 4 : « *Les femmes condamnées aux travaux forcés pourront être conduites dans un des établissements créés aux colonies; elles seront séparées des hommes et employées à des travaux en rapport avec leur âge et leur sexe* ». Ces dispositions, on le voit, ne changent rien à l'économie du Code pénal; il n'y a de changement que pour le mode d'appliquer la peine; les fers et le boulet ne sont plus infligés que comme mesure disciplinaire. Après cette loi, c'est la Guyane qui fut fixée comme lieu d'exécution de la peine des travaux forcés à perpétuité. C'était un pays riche mais malsain où la mortalité était désastreuse et où les évasions étaient fréquentes. Aussi le décret du 9 septembre 1863 fixa-t-il la Nouvelle-Calédonie, pays découvert par Cook en 1774, exploré depuis, et que la France venait de prendre pour avoir des rapports avec l'Australie. L'*Iphigénie* déposa, pour la première fois, deux cents condamnés à l'île Haat, terre d'un bon climat, riche, couverte de forêts, de terres cultivables et possédant même quelques mines d'or. L'article 16 du Code pénal distinguait les sexes quant au lieu d'exécution; l'article 4 a fait disparaître cette distinction. L'article 72 du Code pénal portait que « *tout condamné à la peine des travaux forcés à perpétuité ou à temps, dès qu'il aura atteint l'âge de soixante-dix ans accomplis, en sera relevé et sera renfermé dans la maison de force pour tout le temps à exercer de sa peine, comme s'il n'eût été condamné qu'à la réclusion* ». Cette disposition, quoique douce, laissait subsister quelque sévérité. Cette sévérité fut effacée par l'article 5 de notre loi qui dit : « *Lés peines des travaux forcés à perpétuité et des travaux forcés à temps ne sont prononcées contre aucun individu âgé de soixante ans accomplis au moment du jugement; elles seront remplacées par celle de la réclusion, soit à perpétuité, soit à temps, selon la durée de la peine qu'elle remplacera* ». Cette nouvelle disposition est fort juste; un vieillard ne doit pas être soumis à un long voyage. Pour savoir si l'individu a soixante ans accomplis, c'est au jour du jugement qu'il faut se placer. Supposons que le jour du jugement, l'individu ait cinquante-neuf ans et dix mois, si avant de partir, il a soixante ans, il sera transporté. Supposons qu'il se soit pourvu en cassation et que le jugement soit maintenu, s'il a atteint soixante ans pendant le pourvoi, il sera transporté; si le jugement est cassé au contraire, il aura le bénéfice de l'article 5 de la loi du 30 mai 1854. L'article 11 de cette même loi déclare que « *les condamnés des deux sexes qui se seront rendus dignes d'indulgence par leur bonne conduite, leur travail et leur repentir, pourront obtenir : 1° L'autorisation de travailler aux conditions déterminées par l'administration, soit pour les habitants de la colonie, soit pour les administrations locales; 2° une concession de terrain et la faculté de le cultiver pour leur propre compte. Cette concession ne pourra devenir définitive qu'après la libération du condamné* ». Ainsi donc, les forçats peuvent aller travailler pour les colons ou obtenir une concession qui pourra devenir définitive après leur libération. L'article 12 dit encore « *Le gouvernement pourra accorder aux condamnés aux travaux forcés à temps l'exercice, dans la colonie, des droits civils ou de quelques-uns de ces droits dont ils sont privés par leur état d'interdiction légale. Il pourra autoriser ces condamnés à jouir ou disposer de tout ou partie de leurs biens. Les actes faits par les condamnés dans la colonie, jusqu'à leur libération, ne pourront engager les biens qu'ils possédaient au jour de leur condamnation, ou ceux qui leur seront échus par succession, donation ou testament, à l'exception des biens dont la remise aura été autorisée. Le gouvernement pourra accorder aux libérés l'exercice, dans la colonie, des droits dont ils sont privés par les troisième et quatrième paragraphes de l'article 34 du Code pénal.* Or l'article 34 du Code pénal dit : « *La dégradation civique consiste... 3° dans l'incapacité d'être juré, expert, d'être employé comme témoin dans les actes et de déposer en justice autrement que pour y donner de simples renseignements ; 4° dans l'incapacité de faire partie d'aucun conseil de famille, et d'être tuteur, curateur, subrogé-tuteur au conseil judiciaire, si ce n'est de ses propres enfants et sur l'avis conforme de la famille.* »

[J'ai trouvé dans un brouillon de lettre destinée à un savant étranger, le commentaire suivant de la loi du 25 décembre 1880, que je reproduis fidèlement.]

« La peine des travaux forcés produit, par suite de son mode d'exécution, peu d'intimidation et elle est moins redoutée des malfaiteurs que celle de la réclusion qui est cependant placée à des degrés inférieurs de l'échelle pénale. C'est ce que constatait déjà M. Charles Lucas en 1838 (1).

Les hommes dangereux, qui tiennent une vie désordonnée et qui commettent les grands crimes, ont ordinairement une nature ardente et offrent un état de surexcitation des facultés affectives qui exalte chez eux l'imagination. L'idée d'être transportés dans des contrées lointaines, sous un ciel nouveau pour y subir leur peine, ne les effraie pas ; ils sont en présence d'un inconnu qui leur laisse des espérances, et nos juges d'instruction ont souvent entendu les inculpés qu'ils interrogeaient, même sur des faits qui n'avaient pas beaucoup de gravité, leur dire : « *Qu'on nous envoie à Cayenne* ». Les accusés traduits en justice recommandent à leurs avocats de ne pas faire appel à l'indulgence des jurés par la crainte de voir par l'effet des circonstances atténuantes la peine de la réclusion se substituer à celle des travaux forcés qu'ils ont encourue. — Des réclusionnaires ont parfois révélé eux-mêmes qu'ils avaient à leur charge des crimes ignorés et ont fait connaître les moyens de preuve propres à les faire condamner à cette peine des travaux forcés qui est l'objet de leur préférence. Enfin on a vu des condamnés commettre des crimes dans les maisons centrales de force où ils subissaient la peine de la réclusion qui leur causait de profonds ennuis afin d'obtenir la peine des travaux forcés qui devait les en faire sortir (2). —

(1) De la réforme des prisons, t. III, p. 612, Paris, 1838, 3 vol. in-8°.
(2) V. Molinier, Étude sur le nouveau projet de Code pénal pour le royaume d'Italie (1879, 1re partie, p. 18 et ss.).

On a voulu remédier à cet état de choses signalé au Sénat le 11 février 1878 par M. Bérenger. Au lieu de modifier le régime actuel des travaux forcés, ou d'intervertir, pour les travaux forcés et la réclusion, l'ordre légal de la sévérité des peines, ne voulant pas établir une réforme qui modifierait l'ensemble de notre Code pénal, on s'est borné, dans une loi qui n'a qu'un article, à statuer à l'égard des crimes commis dans les lieux de détention, dans les termes suivants : « *Lorsque, à raison d'un crime commis dans une prison par un détenu, la peine des travaux forcés à temps ou à perpétuité est appliquée, la Cour d'assises ordonnera que cette peine sera subie dans la prison même où le crime a été commis, à moins d'impossibilité, pendant la durée qu'elle déterminera et qui ne pourra être inférieure au temps de réclusion ou d'emprisonnement que le détenu avait à subir au moment du crime. — L'impossibilité prévue par le paragraphe précédent sera constatée par le ministre de l'intérieur, sur l'avis de la Commission de surveillance de la prison. Dans ce cas la peine sera subie dans une maison centrale. — La Cour d'assises pourra ordonner en outre, que le condamné sera resserré plus étroitement, enfermé seul et soumis pendant un certain temps qui n'excédera pas un an, à l'emprisonnement cellulaire.* »

Nous aurions des observations nombreuses à présenter sur les changements que cette loi, ainsi conçue, apporte dans l'économie du système des peines que consacre notre législation et sur sa portée d'application.

Nous ferons seulement remarquer qu'elle a pour résultat de faire que les accusés qui ont à leur charge des crimes punis par les travaux forcés se trouvent désormais être rangés dans trois catégories qui comprennent, en combinant les dispositions de la loi du 30 mai 1854 avec celles de la loi nouvelle du 25 décembre 1880 : 1° ceux qui sont âgés de moins de 60 ans, au temps du jugement, et auxquels la dernière loi n'est pas applicable : ils continuent de jouir de cette transportation dans une colonie pénale qui est l'objet de leurs préférences et ils sont soumis au seul régime de la loi du 30 mai 1854 sur l'exécution de la peine des travaux forcés ; — 2° Ceux qui ont soixante ans et au-dessus au temps du jugement et pour lesquels la loi du 30 mai 1854 établit une mitigation de la peine, à raison de leur âge, le régime de la réclusion est substitué à celui des travaux forcés ; — 3° Ceux qui sont détenus comme inculpés, prévenus ou accusés, etc., et auxquels la peine des travaux forcés est appliquée pour un crime commis pendant leur détention ; cette peine est remplacée pour cette catégorie de coupables par la réclusion, dans les conditions et suivant les dispositions de la loi du 25 décembre. La réclusion est, pour eux, aggravée en ce qu'elle peut être subie pendant une année dans l'isolement d'une cel-

lule et en ce que son minimum, lorsqu'elle est temporaire, peut s'élever au-dessus de 5 ans, si la peine de l'emprisonnement ou de la réclusion qu'ils avaient encore à subir à l'époque à laquelle ils ont commis le crime pour lequel ils sont condamnés, exigeait pour qu'ils en
fussent libérés plus que ces 5 années. Comme il y a récidive, la seconde peine ne se confondra pas avec la première. Toutes les deux devront successivement être subies en commençant par la plus forte.
Ainsi, celui qui a encouru les travaux forcés et qui a commis, dans une
maison centrale où il était comme réclusionnaire, le crime pour lequel
il est condamné de nouveau, sera, du jour où l'arrêt qui lui inflige
cette seconde peine des travaux forcés, deviendra définitif, considéré
comme la subissant et classé comme forçat, par rapport à la répartition du produit de son travail. Celui qui est déjà condamné aux travaux forcés et qui commet un crime emportant cette même peine par
un arrêt passé en force de chose jugée, ne serait transporté dans la colonie pénale qu'après l'expiration du temps porté pour la seconde condamnation. Il aurait à subir les travaux forcés, d'abord suivant le régime établi par la loi du 25 décembre 1880 et ensuite la première condamnation
qui lui avait été infligée d'après la loi du 30 mai 1854.— Si une deuxième
condamnation aux travaux forcés, à la réclusion ou à l'emprisonnement n'était pas encore irrévocable en ce qu'on serait dans les délais
légaux pour se pourvoir contre elle par les voies de recours autorisées
par la loi, n'y ayant pas de récidive, les peines devenues irrévocables
ne seraient pas successivement subies. On aurait à appliquer la règle
du non cumul des peines consacrée par la seconde disposition de l'article 365 du Code d'Instruction criminelle. La peine la plus forte absor-
berait la moindre. Ainsi celui qui aurait été condamné à dix années de
travaux forcés par un premier arrêt, et qui, pendant les délais pour se
pourvoir en cassation ou en cas où il y aurait eu pourvoi, viendrait,
à raison d'un crime commis pendant sa détention préventive, à se rendre coupable dans la prison d'un nouveau fait pour lequel il serait encore condamné à dix années de travaux forcés, resterait en France lors
même que les deux condamnations seraient devenues irrévocables. —
Après avoir subi la peine portée par le second jugement dans la prison,
ou, en cas d'impossibilité, dans une maison centrale, il se trouverait être
libéré. — La peine établie par la loi du 25 décembre est en effet, suivant l'esprit de cette loi, plus rigoureuse que celle des travaux forcés
ordinaire. S'il eût été jugé en même temps à raison des deux faits,
l'art. 365 Inst. crim. n'eût permis que l'application d'une seule peine,
celle encourue en vertu de la loi du 25 décembre 1880 comme étant la
plus forte ; il ne saurait en être autrement lorsqu'il s'agit d'exécuter
deux condamnations qui viennent concourir « *pœna major absorbet mi-*

norem » ; si l'art. 365 du Code d'Inst. crim. ne le dit pas d'une manière expresse, le principe qu'il consacre le veut et même l'art. 135 du Code de justice pour l'armée de terre et celui pour l'armée de mer le disent en termes exprès (1).

C'est bien la peine des travaux forcés qui, dans les deux cas, est infligée ; mais selon la loi du 25 décembre, elle est aggravée, plus dure par conséquent qu'elle ne l'est dans les conditions ordinaires, quoiqu'elle soit, quant au lieu dans lequel elle est subie, assimilée à une peine inférieure ; parce que cette dernière peine, quoique placée au-dessus de la première, a une puissance préventive plus forte au point de vue de l'intimidation.

Sans nous livrer à un plus long examen des difficultés d'application que la nouvelle loi peut susciter, disons que ses expressions embrassent tous les crimes qui peuvent être commis en France par un détenu. La loi du 25 décembre s'exprime dans des termes qui, par leur généralité, embrassent diverses situations qui peuvent se présenter. Elle concerne les *crimes commis dans une prison* pour lesquels on a à appliquer les *travaux forcés à temps ou à perpétuité* à un détenu. Cela embrasse le cas d'un individu détenu préventivement dans une maison d'arrêt ou de justice, en vertu d'un mandat de dépôt ou d'arrêt

---

(1) Ainsi, en se plaçant dans l'hypothèse d'un individu qui est détenu dans une maison d'arrêt ou de justice à raison d'un crime puni des travaux forcés à temps et qui, pendant sa détention, commet un autre crime punissable de la même peine, ce sont les travaux forcés avec le régime de la loi du 25 décembre 1880, qui lui seront applicables. Dans le concours de deux peines, pour réprimer deux crimes différents, c'est la plus forte qui est seule infligée, en vertu du principe du non cumul consacré par le § 2 de l'art. 365, Inst. crim. Ainsi on ne pourrait pas infliger dix années de travaux forcés à subir suivant le régime de la loi du 25 décembre 1880, pour le crime commis dans la prison, et autres dix années pour celui qui a été commis avant l'autre détention. On méconnaîtrait la règle qui prescrit de ne pas cumuler les peines, si on infligeait autre chose que les travaux forcés à prononcer en vertu de la loi de 1880. Ainsi, s'il s'agissait d'un individu subissant déjà dans une maison centrale la peine de la réclusion, qui y aurait commis un crime emportant les travaux forcés, il y aurait deux condamnations qui devraient être successivement subies dans la même maison. Dès que la seconde condamnation serait devenue exécutoire, le condamné serait soumis au régime de la loi de 1880, quant à la cellule, si elle était ordonnée et, dans tous les cas, aux règles concernant les travaux forcés, quant à la part sur le produit du travail accordée aux condamnés ; quand l'exécution du jugement infligeant les travaux forcés serait subie, on reprendrait l'exécution du premier qui prononçait la réclusion avec la part attribuée aux réclusionnaires dans le produit de leur travail. C'est ce qui est expliqué dans une circulaire.

ou dans une maison de justice, en vertu d'une ordonnance de prise de corps (1). Il en est de même pour ceux qui subissent un emprisonnement correctionnel, quelque courte qu'en soit la durée, ou bien la réclusion dans une maison centrale de force. Nous estimons cependant que le mot *prison* n'embrasse dans la loi du 25 décembre que les lieux où sont subies les peines correctionnelles ou criminelles. Nous n'appliquerons pas cette loi au cas d'un crime commis par celui qui subit un emprisonnement de police ou qui est dans une chambre de sûreté; nous ne l'appliquerions pas non plus au condamné aux travaux forcés qui subit sa peine dans la colonie pénale à la Guyane ou à la Nouvelle-Calédonie. L'art. 10 de la loi du 30 mai 1854 établit pour ce cas une juridiction spéciale et lui rend applicables les peines spéciales établies pour les forçats.

La loi du 25 décembre a un double but : celui d'obvier aux crimes que les individus commettaient dans les prisons ou dans les maisons centrales de force, pour être dirigés vers les colonies pénales, et de protéger les gardiens des prisons et les détenus à raison des crimes commis envers leurs personnes dans ce but. — Le moyen employé est approprié à la situation, mais il n'est pas normal et il constate l'insuffisance et un état de l'ensemble de notre système pénal qui en impose la révision.

Cette loi prouve que l'ordre légal de gravité des peines qu'établit l'art. 7 de notre Code pénal est en rapport inverse avec les appréciations de ceux qui les subissent et avec la puissance d'intimidation qu'on leur a supposée. Elle admet que la réclusion subie dans une maison de force et même l'emprisonnement dans une maison de correction, sont plus redoutés que les travaux forcés subis dans une colonie pénale suivant le régime que prescrit la loi du 30 mai 1854. Ce n'est pas là ce que dit le Code pénal. Pour être logique, il eût fallu modifier l'art. 7 de notre Code pénal pour placer la réclusion en premier ordre des peines perpétuelles ou temporaires, privatives de la liberté et rapporter les travaux forcés en second ordre. Cela eût changé toute l'économie de nos lois pénales; il eût fallu réviser toutes celles de leurs nombreuses dispositions qui prononcent les travaux forcés et la réclusion. On s'est borné à pourvoir à un besoin de répression qui se produisait, sauf à construire plus tard un système pénal mieux adapté à la réalité quant à la valeur des peines.

Il y a à dire qu'à suite de cette loi et en combinant ses dispositions

---

(1) La détention préventive ayant lieu en attendant le jugement ou après le jugement, pendant les délais légaux pour se pourvoir par les voies de droit, tant que la condamnation n'est pas irrévocable.

avec celles de la loi du 30 mai 1854, la peine des travaux forcés offre deux degrés et doit être appliquée de deux manières suivant la position des condamnés. Il y a au premier rang quant à la gravité les travaux forcés subis dans une maison centrale de force ou dans une prison correctionnelle avec une détention d'un an en cellule, qui est facultative. Viennent à un rang inférieur les travaux forcés avec le régime de la loi du 30 mai 1854. Il est certain qu'en ne voulant pas réviser toutes nos lois pénales, il ne pouvait être pourvu au besoin de répression qui s'imposait qu'en faisant comme il vient d'être fait.

DÉPORTATION.

La déportation consiste dans un déplacement du condamné, qu'on éloigne du territoire continental de son pays pour être transporté dans une colonie lointaine où il est tenu de résider pendant tout le reste de sa vie et où il est soumis à un régime déterminé par la loi.

Cette peine convient pour la répression des crimes politiques. Elle éloigne des lieux où leur présence serait une cause permanente de danger, ceux qui conspirent contre les institutions de leur pays et qui attentent à sa sûreté. Elle les tient ainsi à une distance de la mère patrie qui met obstacle à toute fermentation de troubles politiques. Cette peine permet de supprimer l'échafaud politique et peut suffire pour le but que doit avoir en vue la justice sociale, par rapport aux crimes d'une certaine nature.

Cette peine éloigne ceux qu'elle atteint des lieux où leur présence pourrait avoir des dangers pour la société.

Elle est afflictive en ce qu'elle ôte le condamné du lieu auquel l'attachent ses affections pour fixer son séjour dans des pays lointains.

Elle est répressive en ce qu'elle protège la société contre les nouvelles attaques qui pourraient être dirigées contre elles.

APERÇUS HISTORIQUES.

Droit romain.

Exil. — L'exil était une peine largement en usage chez les Romains. Il y avait l'exil volontaire : un citoyen contre lequel était intentée une accusation pouvait se soustraire au jugement en quittant le sol de la patrie : « L'exil n'est pas un supplice, mais un port, un asile pour se dérober au supplice : *exilium enim non supplicium est sed perfugium portusque supplicii;* lorsque les citoyens veulent éviter les peines infligées par la loi : les fers, la mort, l'ignominie, ils se retirent en exil comme dans un refuge inviolable : *confugiunt quasi ad aram.* Mais comme on ne peut être à la fois citoyen de deux patries, celui qui s'est banni lui-même et a été reçu dans le lieu de son exil, c'est-à-dire dans une autre patrie, n'est plus citoyen romain (1). » Celui qui s'exilait ainsi subissait la media capitis deminutio, c'est-à-dire conservait la liberté, mais perdait la qualité de citoyen romain (2). L'exil était afflictif en ce que : 1º il faisait perdre les droits de famille et la puissance paternelle ; 2º il entraînait l'abandon du foyer et du culte des dieux domestiques et des ancêtres ; 3º il obligeait l'exilé à vivre au sein d'une nation étrangère.

L'exil est infligé encore à titre de peine non directement, parce qu'un Romain ne pouvait être privé de son droit de citoyen sans sa volonté, mais indirectement au moyen de l'interdiction de l'eau et du feu (3). L'interdiction de l'eau et du feu, symboles de la pureté employés pour le sacrifice, emportait une marque d'indignité pour tout ce qui touchait au culte religieux. « Ce n'est « donc point comme éléments indispensables à la vie, ainsi qu'on « le dit habituellement, que la patrie les refuse au criminel fu- « gitif, mais en lui enlevant ces symboles d'une communion « sans tache, qu'il pourrait souiller en en faisant usage, elle lui « arrache la participation à la communauté » (4).

Déportation. — Vers la fin de la République, sous Auguste, de nombreux exilés jetés par les troubles civils dans les cités étrangères, y conspirèrent contre le gouvernement établi à Rome. Sur les conseils de Livie, Auguste substitua à l'exil la déportation dans une île, où les condamnés seraient détenus et ne jouiraient plus désormais de leur entière liberté. La déportation était une peine grave : les condamnés, chargés de chaînes, étaient jetés sur des bâtiments qui les transportaient dans des îles lointaines,

(1) Cicéron. Pro Cœcina, nº 34.
(2) Institutes, liv. I, t. 16, § 2.
(3) Cicéron. Pro domo sua, ch. XVIII.
(4) Ihering, Esprit du droit romain, t. 1, p. 289.

sous un ciel meurtrier. Les déportés subissaient en outre la media capitis deminutio et, perdant le droit de cité, étaient réduits
à la condition de pérégrins : « *Per pœnam deportationis ad pere-
grenitatem redactus.* » (Ulpien, fr. 10, § 6, Dig. De in jus vocan-
do, II-4.)

Il faut distinguer la *déportation* de la *relégation* dans une île,
car la relégation ne fait pas perdre les droits de cité parmi lesquels figure la puissance paternelle (1) : c'est cette peine que le
poète Ovide subissait près des bouches du Danube dans la petite
Scythie, en exprimant sa douleur dans ses Tristes et en implo-
rant la clémence d'Auguste.

Ancien droit français.

Notre ancienne législation n'admettait pas la déportation.
Elle punissait les crimes politiques graves de la peine de mort.

Législation intermédiaire.

Le Code pénal du 22 septembre 1791 prononça la déportation
contre les récidivistes (1re partie, tit. 2, art. 1 et 2) ; mais elle
ne désigna point de lieu de déportation et n'organisa point les
effets et les modes d'exécution de cette peine que les guerres
maritimes dans lesquelles la France était engagée empêchèrent
d'appliquer. Aussi la loi du 23 floréal an X substitua-t-elle pour
les récidivistes la peine de la marque à celle de la déportation.
Outre la déportation judiciaire, était la déportation politique,
subie en Guyane et qui fut promulguée pendant la période révolutionnaire (2).

Code pénal.

La déportation fut inscrite dans le Code pénal au nombre des
peines afflictives et infamantes perpétuelles (art. 7 et 17), contre
les crimes politiques : « Les crimes d'Etat qui ne sortent pas
d'une âme atroce, mais de fausses idées politiques, de l'esprit
de parti, d'une ambition mal entendue, seront efficacement ré-

(1) Inst. liv. I, t. 12, § 2.
(2) Merlin, Répertoire, vo Déportation, no 7.

primés par un châtiment sévère et sans terme, qui ravit au condamné pour jamais honneurs, fortune, jouissances, relations, existence civile et patrie » (1). La déportation emportait la mort civile (art. 18) et la confiscation générale.

Les guerres dans lesquelles la France était engagée empêchèrent l'application de la déportation et ceux qui y étaient condamnés furent maintenus sur le sol de la France, enfermés dans des forteresses.

La loi du 28 avril 1832 vint légitimer cet état de choses irrégulier, en ajoutant à l'ancien article 17 l'alinéa suivant : « *Tant* « *qu'il n'aura pas été établi un lieu de déportation, ou lorsque les* « *communications seront interrompues entre le lieu de la déporta-* « *tion et la métropole, le condamné subira à perpétuité la peine de* « *la détention.* Une autre loi du 9 septembre 1835 a complété le texte de l'art. 7 en décidant que : « *lorsque les communications se-* « *ront interrompus entre la métropole et le lieu de l'exécution de* « *la peine, l'exécution aura lieu provisoirement en France.* »

Les lieux où doit se subir la déportation n'ont été désignés que par la loi du 8 juin 1850, qui a en même temps introduit une nouvelle déportation : la déportation dans une enceinte fortifiée, pour remplacer la peine de mort abolie en matière politique par un décret du 26 février 1848 et par la Constitution du 4 novembre 1848 (art. 5). Dans la période transitoire qui sépare l'abolition de la peine de mort de la création de la déportation dans une enceinte fortifiée, on s'était demandé quelle peine il fallait appliquer aux crimes politiques. punis de mort par le Code pénal, et l'on hésitait entre la déportation établie par le Code pénal et les travaux forcés à perpétuité. Conformément à l'opinion développée par nous en 1848 (2), la Cour de cassation a jugé le 3 février 1849 (3) qu'il fallait appliquer la déportation, en vertu du principe consacré par notre législation pénale, de la distinction des deux échelles des peines politiques et de droit commun. La loi du 8 juin 1850 fixa comme lieux de déportation : 1° la vallée de Waïthau dans les îles Marquises pour l'exécution de la déporta-

---

(1) Target, Observations sur le projet de Code criminel (Locré, XXIX, p. 17 ; XV, 8).

(2) Molinier, Revue de droit français et étranger, 1848, p. 273.

(3) S. 49, 1, 146 ; P. 49, 1, 262.

tion dans une enceinte fortifiée et l'île de Noukahiva, également dans les îles Marquises, pour la déportation simple. Les lieux de déportation ont été changés par la loi du 23 mars 1872, qui a désigné dans la Nouvelle-Calédonie la presqu'île Ducos pour la déportation dans une enceinte fortifiée et l'île des Pins et, en cas d'insuffisance, l'île Maré pour la déportation simple.

La déportation a été réglementée en détail par la loi du 23 mars 1872, le décret du 30 mai 1872, la loi du 25 mars 1873 et un décret du 10 mars 1877.

Le décret du 30 mai 1872 réglemente le régime de police et de surveillance auquel les condamnés à la déportation dans une enceinte fortifiée sont assujettis. L'art. 1er porte : « *Les condamnés à la déportation dans une enceinte fortifiée habitent, dans l'étendue de l'enceinte, le lieu qui leur est assigné par le commandant de l'établissement. Le gouverneur accorde, autant que possible, aux condamnés l'autorisation d'avoir des habitations séparées. Il détermine les conditions d'habitation des familles admises dans l'intérieur de l'enceinte.* » Le condamné à la déportation doit être entretenu aux frais de l'Etat. L'art. 2 de notre décret règle cet entretien. L'art. 5 dit que « *le gouverneur peut accorder dans le périmètre de l'enceinte, des concessions provisoires de terre aux condamnés qui prendront l'engagement de les mettre en culture. Ces concessions peuvent être faites, soit individuellement aux condamnés, soit à des groupes de condamnés. Le gouverneur pourra retirer ces concessions pour défaut de culture ou pour toute autre cause grave, à la condition d'en rendre compte au ministre de la marine. Il pourra, pour les mêmes motifs, exclure les individus du groupe auquel ils appartiennent.* » L'art. 7 dit aussi que « *l'administration peut autoriser les condamnés qui en font la demande à se livrer à des travaux industriels se rapportant aux professions exercées dans la colonie ou à celles dont les produits peuvent être utilisés dans l'établissement. Le travail sera rétribué d'après un tarif arrêté par le gouverneur.* » Ce règlement a donc eu pour but de donner au condamné tous les moyens d'avoir des ressources par le travail. Il faut distinguer parmi les condamnés ceux qui travaillent et ceux qui sont voués à la paresse.

Tel est le décret du 31 mai 1872, qui a réglementé toutes les matières que fixait l'art. 4 de la loi du 23 mars 1872. L'art. 6 de cette même loi portait « *qu'un projet de loi réglant le régime des condamnés, la compétence disciplinaire à laquelle ils seront soumis, les mesures destinées à prévenir le désordre et les évasions, les concessions, etc.* (nous avons cité cet article), *sera présenté par le gouvernement dans les deux mois qui suivront la promulgation de la présente loi.* » C'est en exécution de cet article qu'a été faite la loi du 25 mars 1873, « loi qui règle la condition des déportés à la Nouvelle-Calédonie. » L'art. 1er de cette loi est ainsi conçu : « *Les condamnés sont soumis, dans le lieu assigné à la déportation, aux mesures nécessaires tant pour prévenir leur évasion que pour garantir la sécurité et le bon ordre dans le sein de la colonie. Ces mesures seront l'objet d'arrêtés pris par le gouverneur en Conseil, exécutoires provisoirement et soumis à l'approbation des ministres de la marine et de la justice. Ces arrêtés seront insérés avec mention de l'approbation ou du refus de l'approbation dans une notice spéciale qui sera annuellement distribuée aux assemblées législatives et par laquelle il sera rendu compte de l'état et des progrès de la colonisation pénale. Toute infraction à ces arrêtés sera punie des peines disciplinaires portées par l'art. 369 du Code de justice militaire pour les armées de mer, modifié par l'art. 8 du décret du 21 juin 1858.* » (L'art. 10 du décret du 31 mai 1872 portait aussi : « *En cas d'infraction aux règlements d'ordre et de police prévus par les précédents articles, il est fait application aux déportés des dispositions de l'art. 369 du Code de justice militaire pour l'armée de mer, rendu applicable aux colonies par le décret du 21 juin 1858.*) » Or, l'art. 8 du décret du 21 juin 1858 est ainsi conçu : « *S'il ne se trouve pas dans la colonie un nombre suffisant d'officiers du grade requis, le conseil de révision est composé de trois juges, savoir : l'officier général ou supérieur le plus élevé en grade, ou le plus ancien de grade, président; deux officiers supérieurs, et, à défaut, les deux plus anciens lieutenants de vaisseau ou capitaines, juges. Les fonctions de commissaire impérial peuvent être remplies par un lieutenant de vaisseau, un capitaine ou un sous-commissaire.* » Le troisième paragraphe de l'art. 5 ci-dessus peut être appliqué à la composition du conseil de révision. Dans tous les cas, le président du conseil de révision doit être d'un grade au moins égal à celui du président du conseil de guerre qui a jugé l'accusé. L'art. 7 de la loi du 25 mars 1873, porte que « *les femmes et les enfants des condamnés auront la faculté d'aller les rejoindre. Dans la limite du crédit spécial ouvert annuellement au budget de la déportation, le gouvernement se chargera du transport gratuit des femmes et des enfants de ceux qui seront en mesure, soit par l'exploitation d'une concession, soit par l'exercice d'une industrie, de subvenir aux besoins de leur famille. Dans les mêmes limites, et en outre du passage gratuit, des subsides en vivres et en vêtements et un abri temporaire pourront être accordés, à l'arrivée dans la colonie, aux femmes et aux enfants de ceux qui seront reconnus aptes à remplir l'engagement de satisfaire, dans le délai de deux ans, aux besoins de leur famille.* » L'art. 8 ajoute que « *les familles seront soumises au régime du territoire sur lequel elles seront établies.* » Cette loi du 25 mars 1873 contient encore des dispositions sur les concessions de terre, la succession du condamné et son mariage. L'art. 13 contient des dispositions très équitables : « *Si, dit-il, le concessionnaire vient à mourir après que la concession a été rendue définitive, les biens qui en font partie seront attribués aux héritiers d'après les règles du droit commun. Néanmoins, dans le cas où il n'existerait pas d'enfants légitimes ou autres descendants, la veuve, si elle habitait avec son mari, succédera à la moitié en propriété tant de la concession que des autres biens que le déporté aurait acquis dans la colonie. En cas d'existence d'enfants légitimes ou autres descendants, le droit de la femme ne sera que d'un tiers en usufruit. Par dérogation à l'art. 16 de la présente loi, les condamnés pourront, dans les limites autorisées par les art. 1094 et 1098 C. civ., disposer de leurs biens, dans quelque lieu qu'ils soient situés, soit par acte entre vifs, soit par testament, en faveur de leurs enfants habitant avec eux. Un règlement d'administration publique déterminera les conditions de l'envoi en possession de la femme, et de la liquidation des biens appartenant au déporté dans la colonie.* » La loi du 25 mars 1873 a considéré que les mariages des condamnés ne peuvent pas être réglés suivant les lois ordinaires, mais que, cependant, il fallait les faciliter. Aussi, dit-elle dans son art. 18, que « *les dispositions du décret du 24 mars 1852, sur le mariage des Français résident en Océanie, sont applicables aux déportés.* » Or, le décret du 24 mars 1852 dit, dans son art. 1er : « *Les personnes résidant aux îles de la Société et dans les autres établissements français de l'Océanie, dont la famille est domiciliée en France,*

*et qui se trouvent dans les cas prévus par les art. 151, 152 et 153
du C. civ., sont dispensées des obligations imposées par les dits articles. Le consentement de la famille sera remplacé par celui du
conseil de gouvernement de la colonie, sans lequel les officiers de
l'état civil ne pourront procéder au mariage. »* Dans son art. 2 :
*« Il sera justifié des conditions d'âge, de célibat ou de veuvage,
exigées par les art. 144 et 147 C. civ., de la manière suivante :
1° pour ce qui concerne les militaires et marins de tous grades,
fonctionnaires et autres agents au service de l'Etat, par les matricules des corps et les rôles d'équipages; 2° pour les autres résidents,
par pièces dont le conseil appréciera la valeur et l'authenticité avant
d'accorder son consentement, et à défaut de pièces, par un acte de
notoriété dressé sur les lieux en la forme ordinaire; »* et dans son
art. 3 : *« Les publications faites avec l'autorisation du conseil de
gouvernement et affichées devant la porte du bureau de l'état civil,
seront, dans tous les cas, suffisantes pour la régularité du mariage. »*

Le résultat de la déportation a été nettement décrit par
M. d'Haussonville, dans son rapport sur les établissements pénitentiaires en France et dans les colonies, dans le passage suivant (1) : « Les déportés simples et les déportés dans une enceinte
fortifiée étaient, au 31 décembre 1873, au nombre de 3,224, internés les premiers à l'île des Pins, les seconds à la presqu'île Ducos, dont l'expérience démontre tous les jours la situation désavantageuse. Un assez grand nombre d'entre eux avait d'abord
demandé du travail. L'administration locale s'était même placée
dans un certain embarras en interprétant l'art. 6 de la loi du
18 juin 1850, qui dit « que le gouvernement déterminera les
moyens de travail qui seront fournis aux déportés, s'ils en demandent, » dans le sens d'une obligation absolue qui lui serait
incombée, et d'un véritable droit au travail qui aurait été donné
aux déportés. Mais l'administration supérieure l'a bientôt rappelée à une interprétation plus saine de la loi, et d'ailleurs l'embarras a bientôt cessé par suite d'un ralentissement dans l'activité
des déportés. En effet, sur 981 déportés qui avaient obtenu 432

---

(1) D'Haussonville, Etablissements pénitentiaires en France et aux colonies,
p. 603 et ss.

hectares de concessions dans l'île des Pins, et construit sur ces concessions 620 cases, 691 seulement avaient déjà tiré parti de leur concession au 31 décembre 1873, mais 220 n'avaient fait que très peu d'efforts pour la mettre en valeur, et 70 y avaient absolument renoncé. Quant aux déportés de la presqu'île Ducos, ils ne se livraient presque à aucun travail. Mais il est juste de dire que l'encombrement de cette presqu'île, le peu de fertilité de son sol et le manque absolu d'eau vive rendent la mise en culture assez difficile. Quelques-uns d'entre eux cependant s'adonnent à la culture maraîchère.

En résumé, et malgré les difficultés que nous venons de signaler, nous ne croyons pas qu'une expérience trop courte il est vrai pour être décisive, ait signalé aucun obstacle insurmontable au succès futur de cette tentative de colonisation pénale. Si elle échoue, ce ne sera la faute ni de la localité choisie, ni du régime adopté, ni de l'autorité coloniale. Ce sera la faute des déportés eux-mêmes. A ce point de vue, on nous permettra de terminer par une réflexion. Parmi les déportés on peut distinguer deux éléments très distincts : les uns, comprenant la gravité de la faute où ils sont tombés et l'impossibilité où ils seraient de se refaire une existence dans la mère patrie, ont pris courageusement leur parti de leur exil perpétuel, et ne pensent qu'à assurer leur avenir et celui de leur famille. Les autres ont l'oreille constamment tendue aux bruits de la métropole. Ils attendent une commotion politique. Ils rêvent à une rentrée triomphale, peut-être à une revanche. Si le premier élément l'emporte sur le second, un avenir brillant est assuré à la colonisation; sinon, elle est perdue.

Mais il faut qu'on le sache, chaque fois que l'on met en doute le caractère définitif et perpétuel de la peine qui est imposée aux déportés, chaque fois que le mot d'amnistie est prononcé dans la presse ou à la tribune de l'Assemblée nationale, il n'y a pas un d'entre eux qui ne soit tenté de jeter sa bêche ou son outil, et de laisser là sa charrue, pour se croiser les bras et attendre les nouvelles. Peut-être ceux-là qui tiennent ce langage imprudent veilleraient-ils avec plus de soin sur leurs paroles, s'ils savaient qu'elles peuvent avoir un écho aussi lointain et un effet aussi désastreux. »

*Différences entre la déportation simple et la déportation
dans une enceinte fortifiée.*

Ces différences sont :

1º *Par rapport aux lieux.* — La première est exécutée dans
l'île des Pins et l'île Maré, la seconde dans la presqu'île Ducos.

2º *Quant à la liberté.* — Les condamnés à la première peine
jouissent d'une plus grande liberté. L'art. 5 de la loi du 23 mars
1872 dit que « les condamnés à la déportation simple jouiront,
dans l'île des Pins et dans l'île Maré, d'une liberté qui n'aura
pour limite que les précautions indispensables pour empêcher
les évasions et assurer la sécurité et le bon ordre. »

3º *Quant aux concessions des terrains.* — L'art. 9 de la loi du
25 mars 1873 dit que « les condamnés à la déportation simple,
dès leur arrivée à la colonie, et les condamnés à la déportation
dans une enceinte fortifiée qui auraient été admis à jouir du bénéfice de l'art. 15 de la présente loi, pourront recevoir une concession provisoire de terre, sans préjudice de leur droit d'exercer
une industrie pour leur compte et de travailler pour le compte
des particuliers. » Or, l'art. 15 de la même loi, dit que le gouvernement a le droit d'autoriser l'établissement en dehors du territoire affecté à la déportation, de tout condamné qui se sera fait
remarquer par sa bonne conduite. La même faveur pourra être
accordée à tout déporté dans une enceinte fortifiée lorsque sa
conduite aura été irréprochable pendant cinq ans. Cette autorisation pourra toujours être révoquée par le gouverneur en
Conseil. » Ainsi donc, les condamnés à la déportation simple
pourront recevoir une concession provisoire de terrain dès leur
arrivée à la colonie, tandis que les condamnés à la déportation
dans une enceinte fortifiée ne pourront la recevoir que lorsqu'ils auront été admis à jouir du bénéfice de l'art. 15 de la loi
du 25 mars 1873.

4º *Quant à leurs droits.* — Les condamnés à la déportation ne
sont plus frappés de mort civile, mais de dégradation civique et
d'interdiction légale, en vertu de la loi du 31 mai 1854. « Les
dispositions de la loi du 31 mai 1854 continueront à recevoir
leur exécution en ce qui concerne les condamnés à la déportation.

Toutefois les condamnés à la déportation simple auront de plein droit l'exercice des droits civils dans le lieu de la déportation. Il pourra leur être remis, avec l'autorisation du gouvernement, tout ou partie de leurs biens. Sauf l'effet de cette remise, les actes faits par eux dans le lieu de la déportation ne pourront ni engager, ni affecter les biens qu'ils possédaient au jour de leur condamnation, ni ceux qui leur seraient échus à titre gratuit depuis cette époque. Le gouvernement pourra, en outre, sur l'avis du gouverneur en Conseil, accorder aux déportés l'exercice dans la colonie de tout ou partie des droits dont ils sont privés par l'art. 34 du Code pénal. »

Peines afflictives et infamantes temporaires.

Les peines afflictives et infamantes temporaires sont :
1º Les travaux forcés à temps ; 2º la détention ; 3º la réclusion.

1º *Travaux forcés à temps.* — La durée des travaux forcés à temps est, d'après l'art. 19 du Code pénal, de cinq ans au minimum, et de vingt ans au maximum. Cependant, en cas de récidive, elle peut atteindre quarante ans ; c'est ce qui résulte de l'art. 56 du Code pénal.

Le régime des condamnés est le même que celui des condamnés aux travaux forcés à perpétuité, sauf l'obligation pour les libérés de demeurer sur le territoire de la colonie, sans être soumis à aucune autre obligation pénale que de subir les mesures nécessitées par la surveillance et la constatation de leur présence sur le sol colonial. Cette obligation de résidence est imposée aux libérés par l'art. 6 de la loi du 30 mai 1854. « *Tout individu condamné à moins de huit années de travaux forcés sera tenu, à l'expiration de sa peine, de résider dans la colonie pendant un temps égal à la durée de sa condamnation. Si la peine est de huit années, il sera tenu d'y résider pendant toute sa vie. — Toutefois, le libéré pourra quitter momentanément la colonie en vertu d'une autorisation expresse du gouverneur. Il ne pourra, en aucun cas, être autorisé à se rendre en France. En cas de grâce, le libéré ne pourra être dispensé de l'obligation de la résidence que par une disposition spéciale des lettres de grâce.* » La loi de 1854 prévoit et punit l'évasion de la colonie : art. 7 et 8. « *Tout condamné qui, à dater de son embarquement, se sera rendu coupable d'évasion sera puni de deux ans à cinq ans de travaux forcés. — Cette peine ne se confondra pas avec celle antérieurement prononcée. — La peine pour les condamnés à perpétuité sera l'application à la double chaîne pendant deux ans au moins et cinq ans au plus.*

« *Tout libéré coupable d'avoir, contrairement à l'art. 6 de la présente loi, quitté la colonie sans autorisation, ou d'avoir dépassé le délai fixé par l'autorisation, sera puni de la peine de un an à trois ans de travaux forcés.* »

[La situation des libérés de la peine des travaux forcés a, depuis longtemps, préoccupé l'administration des colonies ; en effet cette catégorie de transportés a donné lieu à de nombreuses plaintes de la part des autorités coloniales, qui n'ont pas hésité à signaler la relégation avec résidence obligatoire telle qu'elle est pratiquée, comme une des conséquences les plus défectueuses de la transportation. Ces libérés, en effet, ayant accompli leur peine des travaux forcés et n'étant soumis qu'à une simple résidence obligatoire dans la colonie, il y avait impossibilité légale de les assujettir à un travail pénal proprement dit qui aurait eu pour résultat de prolonger pour ainsi dire le cours d'une peine dont ils étaient libérés. Ils étaient simplement soumis à la juridiction des conseils de guerre et à l'application des lois militaires pour l'évasion et les crimes dont ils pouvaient se rendre coupables. Mais cette dernière rigueur fut supprimée par un décret du 13 janvier 1888, qui, en organisant certains modes de constatation de la présence des libérés sur le territoire colonial, les renvoya devant les tribunaux de droit commun, afin de permettre leur condamnation à la relégation que les conseils de guerre ne pouvaient prononcer et qui apparaissait comme seul frein opposable à la perversion des libérés. Ceux-ci furent désormais affranchis de toute discipline. Aussi un rapport du ministre des colonies adressé au Président de la République en septembre 1889 constate-t-il les inconvénients de cette situation dans les termes suivants : « Les li- « bérés de jour en jour plus nombreux par la force des choses, sont le « plus souvent oisifs ; leur seule occupation consiste à servir d'intermé- « diaires aux condamnés en cours de peine pour les crimes et délits « qu'ils veulent commettre ; ne possédant aucune ressource avouable « et n'épargnant jamais, ils deviennent rapidement une charge pour « l'Etat, obligé de les recueillir dans ses dépôts ; en un mot, les libérés, « qui devaient être la source de la colonisation en sont devenus le fléau. « Le remède à une situation si regrettable consiste à revenir hardiment « aux principes de la loi de 1854, c'est-à-dire à faire du libéré un

« homme jouissant d'une demi-liberté et astreint, en ce qui concerne sa
« conduite et ses moyens d'existence, à une surveillance particulière
« qui assure son amendement ou tout au moins le mette hors d'état de
« nuire.

« Dans cet ordre d'idées, il faut entrer résolument dans la voie indi-
« quée d'ailleurs par le règlement d'administration publique du 13 jan-
« vier 1888 qui, afin de mettre un terme aux pérégrinations incessantes
« et aux évasions des libérés, n'a pas hésité à les soumettre à des ap-
« pels périodiques et extraordinaires. L'administration pénitentiaire ne
« peut plus demander au libéré qu'il travaille sur un chantier pénal;
« mais elle a le droit d'exiger qu'il justifie de moyens d'existence ré-
« guliers.

« Or, ces moyens ne peuvent être qu'au nombre de quatre : 1° la
« possession légitime de biens suffisants venus au libéré d'une source
« qu'on puisse contrôler; 2° l'exploitation effective d'une concession ré-
« gulièrement obtenue; 3° l'exercice d'un négoce non interdit aux indi-
« vidus de cette catégorie; 4° un engagement de travail d'une durée
« déterminée. Faute de justifier d'une de ces ressources, le libéré sera
« considéré comme vagabond et puni des peines portées à l'art. 271 du
« Code pénal, sauf à ajouter à cette pénalité celle de la relégation, lors-
« qu'elle sera légalement encourue ».

Ces inconvénients et les défauts alarmants, pour les colonies et pour
la répression en général, de la peine de la transportation, avaient déjà
été très énergiquement signalés en 1884, par un ancien fonctionnaire
de l'administration coloniale, M. Denis, dans un article de la Nouvelle
Revue, reproduit dans le Bulletin de la Société générale des prisons de
mai 1884, et en 1886 par un délégué de la Nouvelle-Calédonie, au conseil supérieur des colonies, M. Léon Moncelon, dans un volume portant
le titre de : « Le bagne et la colonisation pénale à la Nouvelle-Calédonie par un témoin oculaire ». Pour les atténuer, un décret du 29 septembre 1890 est venu fixer à nouveau le régime des transportés libérés.
Ce régime comporte les obligations suivantes : 1° Obligation de répondre à deux appels annuels établis conformément au décret du 30 janvier 1888 : à cet effet le libéré reçoit un livret destiné à l'inscription de
ses appels et qu'il doit représenter à toute réquisition; 2° le libéré qui
change de résidence est tenu d'en faire la déclaration dans la localité
qu'il quitte et dans celle où il transporte sa résidence auprès de l'autorité désignée par arrêté du gouverneur; 3° obligation de justifier de
moyens d'existence consistant, soit dans la possession légitime de biens
suffisants, soit dans la mise en valeur de l'exploitation effective d'une
concession régulière, soit dans l'exercice d'une profession ou d'un négoce non interdit au libéré, soit dans un engagement de travail : ces

engagements de travail doivent être contractés pour une durée d'un mois au moins. Le libéré qui ne justifie pas d'un de ces moyens d'existence ou qui se prévaut d'un engagement fictif de travail est puni des peines du vagabondage prononcées par l'art. 271 du Code pénal. — Est réputé fictif tout engagement dont, par suite d'un accord frauduleux entre les parties contractantes, les conditions ne seront pas remplies, particulièrement en ce qui concerne l'emploi effectif de l'engagé par l'engagiste; la nullité de l'engagement est prononcée par le tribunal saisi de la poursuite et le tiers, coupable de la fraude, encourt un emprisonnement d'un mois et une amende de 100 à 500 francs, la peine étant élevée de 6 mois à 5 ans de prison et à 1,000 francs d'amende, si le fait a été commis par un autre libéré. Les condamnations à l'emprisonnement sont exécutées à la diligence de l'administration pénitentiaire sur des ateliers de travail distincts de ceux des forçats ou des relégués collectifs et dont l'organisation est réglée par des arrêtés des gouverneurs approuvés par le ministre chargé des colonies.]

Les juridictions chargées de juger et de réprimer l'évasion diffèrent suivant que le coupable est repris en France ou sur le territoire colonial. S'il est repris sur le territoire continental de la France, il doit être jugé par le tribunal qui a prononcé la condamnation, conformément aux art. 518, 519 et 520 du Code d'instruction criminelle. « *La reconnaissance de l'identité d'un individu condamné évadé et repris, sera faite par la Cour qui aura prononcé sa condamnation. Il en sera de même de l'identité d'un individu condamné à la déportation ou au bannissement, qui aura enfreint son ban et sera repris, et la Cour, en prononçant l'identité, lui appliquera de plus la peine attachée par la loi à son infraction.*

« *Tous ces jugements seront rendus sans assistance de jurés après que la Cour aura entendu les témoins appelés tant à la requête du procureur général qu'à celle de l'individu repris, si ce dernier en a fait citer. — L'audience sera publique et l'individu repris sera présent, à peine de nullité.*

« *Le procureur général et l'individu repris pourront se pourvoir en cassation, dans la forme et dans le délai déterminés par le présent Code contre l'arrêt rendu sur la poursuite en reconnaissance d'identité.* » Si l'évasion a eu lieu sur le territoire colonial, la peine sera appliquée par les conseils de guerre, conformément à l'art. 10 de la loi du 30 mai 1854, complété par les décrets du 29 août 1855, et du 21 juin 1858, art. 12 et 13.

[Des décrets récents ont réglementé la condition des condamnés aux travaux forcés transportés dans les colonies : 1º *Pour la désignation des lieux de transportation*. — Dans la première période qui suivit l'application de la loi du 30 mai 1854, les condamnés aux travaux forcés furent dirigés sur la Guyane française, mais à raison de l'insalubrité de cette colonie, les transportés furent envoyés à la Nouvelle-Calédonie, en vertu d'un décret du 2 septembre 1863; mais depuis l'application de la relégation, la Guyane étant destinée par la loi du 27 mai 1885 à recevoir des relégués, c'est-à-dire des individus condamnés à une peine qui doit prendre sa place dans le Code après celle des travaux forcés, il parut rationnel de diriger également sur la même colonie les forçats européens, d'autant mieux que l'administration des colonies a reconnu que le nombre des transportés présents en Nouvelle-Calédonie était suffisant pour faire face à tous les besoins de la colonisation libre et pénale. En conséquence, il fut décidé le 15 avril 1887 que les condamnés aux travaux forcés seraient classés en deux catégories : la première comprenant les plus coupables, ceux qui ont encouru une peine de huit ans et au-dessus, et qui en vertu du § 2 de l'art. 6 de la loi du 30 mai 1854 sont astreints à la résidence perpétuelle; la deuxième composée de ceux qui, étant condamnés à moins de huit ans, ne sont tenus de résider dans la colonie à l'expiration de leur peine, que pendant un temps égal à la durée de leur condamnation (§ 1er dudit article 6). Cette décision ministérielle d'avril 1887 a ordonné que les forçats de la première catégorie seraient désormais internés à la Guyane, et ceux de la seconde à la Nouvelle-Calédonie. Mais on n'a pas tardé à reconnaître que cette méthode de classification, qui pouvait sembler de prime-abord équitable et rationnelle, présentait dans la pratique de sérieux inconvénients. En effet, la culpabilité effective, les instincts, le niveau moral des condamnés qui composent la population de la transportation varient à l'infini, et il est dès lors bien difficile, sinon impossible d'opérer avec certitude et justice le groupement de ces détenus en prenant comme base d'appréciation, comme criterium unique, la durée de la peine. Le ministre des colonies, estimant qu'il y avait lieu de modifier cet état de choses, a pensé qu'il y aurait avantage à appliquer dorénavant aux condamnés aux travaux forcés le système de sélection adopté pour la désignation du lieu d'internement des relégués, en partant de ce principe que les criminels dangereux, ceux qui ont déjà encouru plusieurs condamnations, ceux enfin qui ne présentent aucune chance d'amendement seront dirigés sur la Guyane, tandis que la Nouvelle-Calédonie sera plus particulièrement réservée aux condamnés primaires et aux individus dont on peut espérer encore le relèvement. Par suite de ces idées, un décret a été rendu le 16 novembre 1889, aux termes duquel la désigna-

tion de la colonie pénitentiaire dans laquelle sera envoyé chaque condamné aux travaux forcés sera faite par décision du sous-secrétaire
d'Etat des colonies, après l'avis de la commission permanente du régime pénitentiaire : un arrêté du sous-secrétaire d'Etat aux colonies
déterminera les conditions dans lesquelles cette commission sera appelée
à émettre un avis sur la destination à donner à chaque condamné.

2° *Pour le régime disciplinaire auquel sont soumis les transportés.* —
La loi du 30 mai 1854 (art. 14), avait renvoyé à un réglement futur
d'administration publique la fixation de ce régime disciplinaire. Ce réglement n'a été rendu que le 18 juin 1880. Ce décret vient d'être à son
tour abrogé et remplacé dans le but d'une augmentation de répression
par deux décrets, l'un du 4 septembre 1891, fixant à nouveau le régime
disciplinaire des condamnés aux travaux forcés, l'autre du 15 septembre
1891, réglementant l'emploi de la main-d'œuvre des mêmes condamnés.
Ces décrets et d'autres que nous citerons plus bas, ont été inspirés par
une commission permanente instituée le 15 mai 1889, pour étudier les
réformes qu'il y a eu lieu d'apporter au régime des établissements pénitentiaires coloniaux et préparer la réforme des réglements d'administration publique rendus en exécution de la loi du 30 mai 1854.

Le décret du 18 juin 1880 divisait les condamnés aux travaux forcés
en cinq classes déterminées d'après la situation pénale, l'état moral, la
conduite et l'assiduité au travail des condamnés. — La première classe
comprenait les hommes les mieux notés. — Les condamnés de cette
classe pouvaient sur leur demande : 1° Obtenir une concession de terrains conformément au décret du 31 août 1878; — 2° Etre employés
par les habitants de la colonie, aux conditions, et moyennant des salaires fixés par le gouverneur en conseil privé, sur la proposition du directeur de l'administration pénitentiaire ; — 3° Etre employés aux travaux des divers services publics, comme chefs d'ateliers ou de chantiers. Dans ce dernier cas, ils recevaient le maximum des salaires fixés
par les tarifs de l'administration pénitentiaire. — Les condamnés de la
deuxième classe étaient employés aux travaux agricoles du service pénitentiaire ou aux travaux publics pour le compte de l'Etat ou de la colonie. — Ils recevaient un salaire moins élevé que ceux de la première
classe. — Les condamnés de la troisième classe étaient employés aux
travaux publics pour le compte de l'Etat ou de la colonie. Ils ne recevaient de salaire qu'à titre de récompense exceptionnelle. Cette récompense leur était accordée par le Gouverneur, sur la proposition du chef
de service pour lequel sont faits les travaux qui la motivent, et d'après
l'avis du directeur de l'administration pénitentiaire. — Les condamnés
de la quatrième classe étaient employés aux travaux publics les plus
pénibles. Ils ne recevaient pas de salaires. Si leur conduite et leur tra-

vail étaient satisfaisants, ils pouvaient obtenir, deux fois par semaine, une ration de vin ou de tafia. — Ils étaient astreints au silence et isolés la nuit, si les locaux le permettaient. Ils ne recevaient aucune visite.

Les condamnés des classes précédentes pouvaient recevoir des rations de tabac et de vin ou de tafia, à titre de gratification, pour des travaux exceptionnels et dans les conditions fixées par le second paragraphe de l'art. 4. — Les condamnés de la cinquième classe étaient traités comme ceux de la quatrième; seulement, ils ne recevaient en aucun cas, des rations de tabac, de vin ou de tafia.

A leur arrivée au pénitencier, les condamnés qui n'étaient pas récidivistes étaient placés dans la quatrième classe, les récidivistes, dans la cinquième. — Le passage d'un condamné à la classe supérieure avait lieu par décision du gouverneur, sur la proposition du directeur de l'administration pénitentiaire. — Aucun condamné n'était proposé pour l'avancement en classe, s'il n'avait été effectivement employé pendant six mois aux travaux de sa classe. — Chaque classe pouvait être divisée en catégories, par arrêté du gouverneur, sans que les condamnés placés dans les différentes catégories cessassent d'être soumis au régime de la classe à laquelle ils appartenaient (art. 1 à 10 du décret de 1880).

Il a été reconnu, ainsi que le constate le rapport précédant les deux décrets des 4 et 15 septembre 1891, que le décret du 18 juin 1880 ne répondait pas suffisamment aux nécessités de la situation. Préparé sous l'influence des idées philanthropiques de l'époque et de théories très élevées sans doute, mais parfois dangereuses dans leurs conséquences, ce décret, dont les auteurs semblent n'avoir envisagé que le côté moralisateur de la peine, a fait une part trop large à l'indulgence en n'édictant contre les transportés d'autres peines que celles en vigueur dans la marine. Il en est résulté que l'élément malsain, qui forme la grande majorité de la population pénale, n'étant plus tenu en échec par la crainte des châtiments peut-être un peu excessifs que prévoyaient les règlements antérieurs, a pu laisser impunément un libre cours à ses mauvais instincts.

Les règlements disciplinaires concernant les condamnés aux travaux forcés doivent être à la fois coërcitifs et moralisateurs; car le but principal de la peine est non seulement l'expiation du crime, mais aussi l'amendement du coupable; et ceux qui n'ont pas perdu toute notion du bien doivent être mis à même de s'amender et de se créer par le travail une existence nouvelle; d'autre part, l'administration doit puiser dans ces mêmes règlements les moyens de contenir ceux des transportés qui, réfractaires à tout sentiment de repentir, s'exposent volontairement aux rigueurs de la loi pénale.

Pour répondre à ces idées, le décret du 5 septembre 1891 réduit à trois le nombre des classes entre lesquelles sont répartis les transportés. La première classe comprend, conformément au vœu de l'art. 11 de la loi du 30 mai 1854, les transportés les mieux notés ; les condamnés de cette classe peuvent seuls : 1° obtenir une concession urbaine ou rurale ; 2° être admis au bénéfice de l'assignation, c'est-à-dire être employés chez les habitants de la colonie dans les conditions déterminées par le décret du 15 septembre 1891 ; 3° à défaut de concessions et d'assignations, ils peuvent être employés soit sur un établissement agricole pour y être soumis à un stage en vue de l'obtention d'une concession rurale, soit dans les chantiers ou ateliers de l'administration pénitentiaire et des services publics, ou enfin chez des particuliers, mais seulement comme chefs de chantier ou d'atelier ; 4° enfin les condamnés de la première classe pourront seuls désormais être recommandés chaque année à la clémence du chef de l'Etat dans les propositions de remise ou de réduction des peines ou être admis au bénéfice de la libération conditionnelle. Il n'est fait d'exception à cette règle qu'en faveur des condamnés des deuxième et troisième classes qui auraient accompli des actes de courage et de dévouement.

La deuxième classe comprend les condamnés qui n'ont pas d'antécédents judiciaires et qui, cependant, n'ont pas été jugés dignes de passer à la première classe. Ils sont employés à des travaux de colonisation et d'utilité publique pour le compte de l'Etat, de la colonie, des municipalités ou des particuliers, dans les conditions prévues par le décret du 15 septembre 1891.

La troisième classe est celle des malfaiteurs signalés comme dangereux et des récidivistes condamnés soit aux travaux forcés, soit à la relégation. La troisième classe comprend de plus les transportés des première et deuxième classes qui seraient rétrogradés, soit pour inconduite, soit à la suite d'une nouvelle condamnation. Ils sont affectés aux travaux les plus particulièrement pénibles ; en outre, ils sont entièrement séparés des condamnés des autres classes. Si les locaux le permettent, ils sont isolés la nuit, couchent sur un lit de camp et peuvent être mis à la boucle simple. Ils sont enfermés dans les cases pendant tout le temps qu'ils ne passent pas sur les travaux et sont astreints au silence de jour et de nuit, pendant le travail, comme pendant le repos.

Enfin les incorrigibles de la troisième classe forment une section à part ; ils sont séparés des autres transportés et soumis à un régime spécial : ils sont placés, soit dans des quartiers disciplinaires situés sur les pénitenciers spéciaux de répression, soit dans des corps disciplinaires établis à cet effet ; ils sont employés aux travaux les plus particulièrement pénibles.

Le passage d'une classe à une autre est également rendu plus difficile par le décret de 1891 : les condamnés de la troisième classe ne peuvent être proposés pour la deuxième classe s'ils n'ont été effectivement employés aux travaux de leur classe pendant deux ans, et ce délai est augmenté en cas de condamnation encourue dans la colonie. Aucun condamné à temps de la deuxième classe ne peut être proposé pour la première classe s'il n'a accompli la moitié de sa peine; pour le condamné à perpétuité ou à plus de vingt ans de travaux forcés, le délai minimum est de dix ans. Toutefois, en cas de circonstances exceptionnelles, le passage à la première classe pourra être accordé, par décision spéciale du ministre des colonies, aux condamnés de la deuxième classe qui auront accompli soit le quart de la peine en cas de condamnation temporaire, soit au moins cinq ans, si la peine dépasse vingt ans.

Après avoir indiqué le classement des condamnés, le décret détermine le régime qui doit leur être appliqué. Sous l'empire de l'ancien règlement, les condamnés recevaient une ration normale, suivant la classe à laquelle ils appartenaient, et un salaire, sauf ceux de la quatrième et de la cinquième classe.

Il est hors de doute que le principe qui domine l'exécution de la peine des travaux forcés, c'est l'obligation du travail, obligation puisant sa source et ses sanctions dans la loi qui l'impose comme une expiation et aussi comme un moyen de moralisation. Le transporté qui se refuse au travail est donc un rebelle qu'il faut punir. La conséquence de ce principe est qu'à l'inverse de la société civile, où le travail accompli exige un salaire afin de reconnaître à l'artisan l'effort qu'il a donné, le travail du bagne ne doit pas être rémunéré, puisqu'il est obligatoire et qu'il est la raison même de la peine. On ne saurait admettre, en effet, que la société paye au transporté le prix d'un travail qui constitue sa peine.

Mais il était nécessaire de trouver un moyen de contraindre à une tâche journalière les condamnés qui voudraient opposer à l'administration la force d'inertie, et sur lesquels les punitions disciplinaires n'auraient plus d'effet.

Dans l'ancien droit et jusqu'en 1854, le refus de travail était réprimé par des châtiments corporels. A cette époque, le forçat marqué du sceau de l'infamie, repoussé de la société, n'était pour ainsi dire plus un homme aux yeux de la loi, qui ne voyait en lui qu'un instrument de travail.

La transformation du système pénal, en modifiant la situation des condamnés, a fait disparaître ces châtiments. Il ne pouvait être question de revenir sur cette mesure, mais on devait rechercher une sanction efficace à l'obligation du travail sans avoir recours à cet expédient des salaires, qui dénature la peine en énervant son application. L'article 12 du décret résout cette grave question.

Après avoir admis en principe que l'homme condamné au travail forcé ne doit recevoir aucun salaire, mais seulement des gratifications en nature, l'article 12 décide que le condamné valide n'a droit qu'au pain et à l'eau ; au transporté il appartiendra de mériter par son travail les compléments de ration qui lui sont nécessaires pour améliorer sa ration normale. Celui qui n'aura pas accompli la tâche qui lui est imposée sera donc réduit au pain sec et à l'eau, jusqu'au jour où il se sera plié aux exigences de sa situation.

Les condamnés de la première classe ont seuls droit à un salaire fixé d'après un tarif arrêté par le gouverneur et soumis à l'approbation du ministre.

Les condamnés, en général, sont portés à croire que le régime de la transportation est sensiblement moins dur que celui des maisons centrales. Il paraît possible d'affirmer que le nouveau décret sur le régime disciplinaire, strictement exécuté, détruira rapidement cette croyance ; mais, s'il fait une large part à la répression, il laisse, en même temps, la porte ouverte à toutes les bonnes volontés et à tous les repentirs, ainsi que l'a entendu le législateur de 1854.

En même temps, l'administration s'est préoccupée d'assurer d'une manière efficace la répression des crimes et délits commis par les transportés. Cette répression était en effet devenue illusoire, parce que d'une part la peine de mort n'était jamais appliquée par suite des commutations de peine accordées par le Chef de l'Etat, dues en grande partie aux délais fort longs (6 ou 7 mois), nécessaires pour recevoir la décision du Président de la République, et que, d'autre part, la seule peine applicable au transporté était précisément celle qu'il subissait. Qu'importent, en effet, quelques années de travaux forcés de plus ou de moins à un individu déjà condamné à vingt, trente et quarante ans de la même peine ? Que lui importe une pénalité quelconque s'il est déjà condamné à perpétuité ? Et si la crainte du châtiment ne le retient plus, quelle sécurité reste-t-il à ceux qui vivent à ses côtés ? Aussi les crimes commis par les transportés se sont progressivement multipliés d'une façon inquiétante en face de l'administration pénitentiaire désarmée, et l'œuvre de 1854 se trouvait compromise.

Contre ces hommes, il n'existe, à proprement parler, que deux moyens de répression : la mort et l'incarcération, cette dernière pouvant elle-même comporter des différences de régime. Toute autre peine est inefficace.

Au point de vue de l'application de la peine de mort, un décret du 4 octobre 1889 a transporté au gouverneur des colonies le soin d'accorder ou de refuser la grâce. Aussi, pendant les trois premiers trimestres de 1890, cinq condamnations à mort ont-elles été prononcées à la Nouvelle-Calédonie et suivies de quatre exécutions : cette expiation presque immédiate a, déclare le rapport de la Commission permanente du régime pénitentiaire aux colonies, produit grand effet sur la population pénale.

Quant aux pénalités ordinaires, elles sont remplacées par deux degrés dans la privation de la liberté : la réclusion cellulaire de six mois à cinq ans et l'emprisonnement pour la même durée (décret du 5 octobre 1889).

3° *Pour les concessions de terrains qui peuvent être faites aux condamnés en cours de peine ou aux libérés.* — La loi du 30 mai 1854 avait, en vue de l'amendement des transportés et dans l'intérêt du développement de la colonisation, autorisé, au profit des condamnés en cours de peine, qui se sont rendus dignes d'indulgence par leur bonne conduite, leur travail et leur repentir, et au profit des libérés qui ont subi leur peine et qui restent dans la colonie, des concessions de terre provisoires ou définitives, avec cette réserve que la concession ne peut devenir définitive qu'après la libération des condamnés et que tant que dure la peine, elle est essentiellement provisoire et révocable (art. 11 et 13). Les décrets du 18 juin 1880 et du 5 septembre 1891 ont formellement réservé aux condamnés de la première classe le droit d'obtenir ces concessions.

La réglementation des conditions, des caractères et des effets de ces concessions, ont fait l'objet d'un décret du 31 août 1878.

1° *Concessions provisoires.* — Ces concessions sont essentiellement révocables pour crime ou délit, inconduite, indiscipline, défaut de mise en culture des terres, et elles sont révoquées sans indemnité au profit du concessionnaire (art. 3 et 4). Elles donnent au concessionnaire le droit de faire tous les actes nécessaires à l'administration, à l'exploitation et à la jouissance des biens concédés et d'ester en justice pour ces différents actes, avec cette condition qu'il est tenu de jouir par lui-même et ne peut donner à ferme les terrains concédés. Il ne peut non plus aliéner ni hypothéquer ces terrains puisqu'il n'en est pas propriétaire (art. 1 et 2).

2° *Concessions définitives.* — Les concessions définitives ne peuvent être accordées qu'aux libérés ; elles deviennent définitives soit expressément, soit tacitement par le seul fait que la concession provisoire a été maintenue sans révocation pendant un délai de cinq ans : le temps écoulé depuis l'obtention de la concession jusqu'à l'expiration de la peine est compris dans ce délai de cinq ans, sans toutefois pouvoir être compté pour plus de quatre ans (art. 1er). Ces concessions ont pour effet d'attribuer au bénéficiaire la propriété du terrain et en conséquence des titres de propriété sont délivrés au détenteur (art. 6). Cependant la révocation peut en être prononcée, sauf respect des droits hypothécaires acquis par les tiers, pour évasion, tentative d'évasion, ou absence illégale du libéré. La déchéance est prononcée, sans indemnité par un arrêté du gouverneur, publié, affiché et transcrit sans frais au bureau des hypothèques (art. 7 et 8).

Droit des veuves et des enfants habitant la colonie.

Lorsque la concession provisoire ou définitive est révoquée, elle peut être attribuée avec le même caractère à la femme ou aux enfants de l'ancien concessionnaire, s'il réside dans la colonie. En cas de décès du concessionnaire, si la concession est provisoire, sa veuve et ses enfants peuvent, sous la même condition, être autorisés à continuer l'exploitation (art. 5). Si la concession est définitive, les biens qui en font partie sont attribués aux héritiers du concessionnaire décédé, d'après les règles du droit commun. Cependant la veuve, si elle habitait avec son mari, succède à la moitié en propriété, s'il n'existe pas de descendants résidant dans la colonie et, dans le cas contraire, elle a droit à un tiers en usufruit (art. 10). Les mêmes droits appartiennent au mari survivant dans le cas où la concession aurait été faite à sa femme (art. 14).

La commission permanente du régime pénitentiaire aux colonies instituée le 15 mai 1889 a rédigé un projet de décret tendant à modifier le décret du 31 août 1878, dont l'application trop bienveillante a été la source d'abus regrettables. Grâce à cette pratique trop indulgente et aux mises en concession prématurées, les condamnés ont pu bénéficier des avantages qui leur étaient concédés, sans avoir su mériter par leur travail une faveur qui devait être pour eux la première étape de leur réhabilitation. Les trente mois de vivres qui leur étaient accordés ne servirent qu'à favoriser la paresse du plus grand nombre et les facilités qu'ils trouvaient auprès de commerçants peu scrupuleux eurent pour résultat d'endetter dans des proportions considérables la plupart des concessionnaires, qui, devenus propriétaires de leurs terrains, étaient immédiatement expulsés par leurs créanciers. Le libéré, dont on avait voulu assurer l'avenir, découragé, sans asile et sans ressources, retombait alors à la charge de l'administration ou menait dans la colonie une existence vagabonde et souvent criminelle. Les sacrifices faits par l'Etat étaient perdus et l'œuvre de la colonisation pénale périclitait.

La Commission, après s'être rendu compte des inconvénients, des dangers même de la législation actuelle, a recherché les moyens de porter remède à la situation qui lui était signalée. Elle pense que les nouvelles dispositions du décret qu'elle a préparé entourent la mise en concession des condamnés aux travaux forcés, de garanties telles que l'on n'aura plus à redouter à l'avenir le trafic des concessions et l'éviction des concessionnaires par les usuriers qui gravitent autour des colons d'origine pénale.

La Commission a tout d'abord divisé les concessions en concessions rurales et concessions urbaines. Cette distinction n'existait qu'en vertu de la décision du 16 janvier 1882, et, comme la loi de 1854 n'a parlé que de concessions de terrains, il a paru nécessaire d'autoriser par un texte précis l'administration à faciliter aux ouvriers de profession les moyens de vivre de leur métier ou de leur industrie.

Pour obtenir une concession, les condamnés en cours de peine doivent être de première classe et posséder un pécule suffisant. Les libérés doivent verser un dépôt de garantie.

Les concessions sont livrées défrichées et pourvues d'une maison d'habitation, mais la période des allocations de vivres est réduite à six mois pour le concessionnaire rural et à trois mois pour le concessionnaire urbain.

Chaque concessionnaire est tenu au paiement d'une rente annuelle et perpétuelle, montant des intérêts du capital représentant la valeur de la concession accordée. Le paiement de la rente impose au concessionnaire définitif l'obligation de cultiver son terrain, s'il ne veut pas encourir la déchéance prévue en cas de non paiement.

Les droits des héritiers du concessionnaire définitif ne peuvent être exercés que par ceux qui habitent la colonie; dans le cas contraire, la concession fait retour à titre de succession à l'Etat. Enfin, pour supprimer désormais les prêts usuraires consentis par les particuliers, le décret prévoit que des prêts ou avances pourront être faits par l'administration aux concessionnaires en cas d'accident ou de mauvaise récolte.

4° Proposition de loi sur une aggravation de la peine des travaux forcés dans le cas où elle est substituée à la peine de mort par l'effet de l'admission de circonstances atténuantes ou de la commutation. — La fréquence à notre époque de la substitution de la peine des travaux forcés à perpétuité à la peine de mort, puisqu'elle a atteint, pendant quelques années, la proportion de 95 à 98 0/0 et l'insuffisance répressive de cette peine ainsi que les dangers qu'elle présente, ont donné lieu à une proposition de loi déposée au Sénat le 21 juin 1887, par MM. Bérenger, Bardoux et de Marcère et tendant à faire précéder la transportation de huit années d'internement cellulaire. Cette proposition a été votée par le Sénat en mars 1888, sauf la réduction à six années de la durée de l'emprisonnement cellulaire. Mais la Commission de la Chambre des députés, chargée d'étudier ce projet, l'a considérablement amendé. Elle en a même considérablement étendu la portée en proposant une modification complète de la peine des travaux forcés en général. La Commission, ainsi que cela résulte du rapport de M. Haussmann déposé le 6 août 1890, a commencé par écarter comme excessive la durée de six ans de cellule, sévérité qui conduirait le jury, saisi d'une accusation capitale, pour en éviter l'application au condamné, non seulement à lui accorder le bénéfice des circonstances atténuantes, mais encore à écarter les circonstances aggravantes, ce qui entraverait entièrement l'application du projet. D'autre part, considérant l'insuffisance générale au point de vue répressif de la peine des travaux forcés, la Commission de la Chambre des députés a proposé une refonte complète du régime de cette peine, estimant que la transportation ne devrait être, à titre de récompense, que la conclusion dernière d'une incarcération suffisamment prolongée et prudemment graduée, d'abord subie en France.

PROPOSITION DE LOI.

Art. 1er. — Les individus condamnés à la peine des travaux forcés subiront leur peine dans des maisons spéciales de répression.

Art. 2. — Les condamnés aux travaux forcés à temps, pour une durée de cinq à dix ans, subiront un emprisonnement cellulaire pendant un an, et ceux condamnés à plus de dix ans, un emprisonnement cellulaire pendant deux années.

Art. 3. — Les condamnés aux travaux forcés à perpétuité, ainsi que les individus condamnés à mort, dont la peine aura été commuée en travaux forcés, subiront un emprisonnement cellulaire pendant trois ans.

Art. 4. — Tout individu condamné aux travaux forcés, quand il aura subi une partie de sa peine, pourra, si sa conduite le permet, être transféré dans un pénitencier agricole en Algérie, ou envoyé aux colonies.

Art. 5. — Un règlement d'administration publique déterminera les conditions d'application des dispositions ci-dessus (1).]

2o *Détention*. — La détention a été introduite dans le Code pénal par la loi du 28 avril 1832, pour la répression de certains crimes politiques. Elle consiste à être privé de la liberté de loco-

(1) [Cette proposition est conforme au vœu exprimé par Molinier dans ses Etudes sur le nouveau projet de Code pénal italien, 1re partie, p. 94 à 97. Voir notre notice biographique sur Victor Molinier, Recueil de l'Académie de législation de 1888 et *suprà*, p. 40 et 41.]

motion sans obligation au travail et à être interné dans une forteresse située sur le territoire continental de la France pendant une durée de cinq à vingt ans (1), ainsi qu'il résulte de l'art. 20 du Code pénal. « *Quiconque aura été condamné à la détention sera renfermé dans l'une des forteresses situées sur le territoire continental de la République, qui auront été déterminées par un décret du Président de la République, rendu dans la forme des règlements d'administration publique.*

« *Il communiquera avec les personnes placées dans l'intérieur du lieu de la détention ou avec celles du dehors, conformément aux règlements de police établis par un décret du Président de la République.*

« *La détention ne peut être prononcée pour moins de cinq ans, ni pour plus de vingt ans, sauf le cas prévu par l'art. 33.* »

Les lieux d'exécution de la détention ont été fréquemment changés depuis l'application de cette peine. Ils ont été successivement fixés :

1º Au Mont-Saint-Michel dans le département de la Manche, bâti sur un rocher isolé, au fond de la baie de Cancale (ordonnance du 5 mai 1833);

2º A la citadelle de Doullens dans le département de la Somme (ordonnance du 22 janvier 1835) ;

3º A la citadelle de Belle-Isle-en-Mer dans le département du Morbihan (décret du 23 juillet 1850);

4º A la citadelle de Corte en Corse (décret du 17 mars 1858) ;

5º Enfin au fort de l'île Sainte-Marguerite dans les îles Lérins, en face de Cannes, dans les Alpes-Maritimes (décret du 16 janvier 1874).

Un décret du 25 mai 1872 a réglementé la police des lieux affectés à la détention. Il règle : 1º les rapports des détenus avec les employés et gens de service de la maison; 2º les visites des personnes venant de l'extérieur; 3º la correspondance des détenus.

(1) Par exception, la détention est perpétuelle lorsqu'elle remplace la déportation pour les septuagénaires (art. 70 et 71 C. pén.). A l'inverse elle peut avoir moins de cinq ans, lorsqu'elle se substitue au bannissement par application de l'art. 33 C. pén.

3° Réclusion. — La réclusion consiste : 1° dans la privation de la liberté de locomotion dans l'intérieur d'une maison de force ; 2° dans l'assujettissement au travail exécuté dans des ateliers avec obligation d'observer le silence. Article 21 : « *Tout individu* « *de l'un ou de l'autre sexe, condamné à la peine de la réclusion, sera* « *renfermé dans une maison de force et employé à des travaux dont* « *le produit pourra être en partie appliqué à son profit, ainsi qu'il* « *sera réglé par le gouvernement. La durée de cette peine sera au* « *moins de cinq années et de dix ans au plus.* » Les maisons de force, appelées dans la pratique *maisons centrales*, sont au nombre de 24 : 17 pour les hommes, 7 pour les femmes.

[Le nombre des maisons centrales de la France continentale est actuellement de 17 : 13 pour les hommes, 4 pour les femmes. — Les maisons centrales d'hommes sont situées dans les villes suivantes : 1° Beaulieu (Calvados); — 2° Melun (Seine-et-Marne) ; — 3° Riom (Puy-de-Dôme); — 4° Thouars (Deux-Sèvres); — 5° Albertville (Savoie); — 6° Clairvaux (Aube); — 7° Embrun (Hautes-Alpes); — 8° Eysses (Lot-et-Garonne); — 9° Fontevrault (Maine-et-Loire); — 10° Gaillon (Eure); — 11° Loos (Nord); — 12° Nîmes (Gard); — 13° Poissy (Seine-et-Oise). — Les quatre premières sont affectées de préférence à l'exécution de la réclusion, les autres à l'emprisonnement correctionnel au-dessus d'un an. — Il faut ajouter à cette liste un dépôt de forçats à St-Martin-de-Ré, près de La Rochelle (Charente-Inférieure) et un pénitencier pour relégués établi à l'ancienne maison centrale de Landerneau (Finistère). — Les maisons centrales de femmes sont situées dans les villes suivantes : 1° Clermont (Oise); — 2° Doullens (Somme); — 3° Montpellier (Hérault); — 4° Rennes (Ille-et-Vilaine). — La maison de Cadillac (Gironde) a été supprimée en 1890 et remplacée par une maison d'éducation pénitentiaire de jeunes filles provenant de la maison d'Auberive, ancienne maison centrale créée en 1856, transformée elle-même en 1885 en une maison d'éducation agricole, industrielle ou mixte, et fermée le 1er juillet 1890. — En Corse existent deux pénitenciers agricoles pour les hommes : à Castelluccio et à Chiavari. — Enfin, en Algérie, une maison centrale d'hommes à Lambèze, un pénitencier agricole à Berrouaghia et une maison centrale de femmes : le Lazaret.]

Le travail, envisagé au point de vue de l'emploi de ses produits, se divise en deux parties : *1° travail pénal; 2° travail industriel.* La répartition des produits de ce travail est faite conformément à l'ordonnance du 27 décembre 1843 : 6/10 sont affectés aux dépenses communes de la maison; les autres 4/10 reviennent aux détenus. Ces 4/10 se subdivisent à leur tour en deux parties égales : 2/10 sont donnés immédiatement au détenu au fur et à mesure de son travail; les deux autres forment un pécule de réserve qui lui est remis au moment de sa libération. L'obligation du travail dans les prisons se justifie par sa nécessité au point de vue pénal et disciplinaire : 1° au point de vue du maintien de l'ordre; 2° au point de vue de l'allègement des charges de l'Etat; 3° pour la constitution d'un pécule qui permette au condamné de faire face à ses premiers besoins au moment de sa libération ; 4° au point de vue économique : le travail national étant avec l'épargne la source de la richesse dans le pays. Cependant on a fait à l'organisation du travail dans les prisons des objections assez spécieuses fondées : 1° sur la concurrence que font à l'ouvrier libre les produits du travail des prisonniers, qui, coûtant moins cher que les produits du travail libre, se vendent meilleur marché; 2° sur la situation essentiellement favorable faite aux détenus dont la condition est en définitive souvent meilleure que celle de beaucoup d'ouvriers libres, puisqu'à la différence de ceux ci, ils sont toujours sûrs d'avoir du travail rémunéré et d'être logés, nourris, entretenus aux frais de l'Etat. Ces objections provoquèrent un décret du gouvernement provisoire du 24 mars 1848 qui suspendit le travail dans les prisons, *en attendant qu'il fût réorganisé de manière à ne pouvoir faire concurrence à l'industrie libre.* Mais en présence des désordres que détermina cette mesure dans les prisons, une loi du 9 janvier 1849 réorganisa le travail *sous la condition que les produits fabriqués par les détenus seraient autant que possible consommés par l'Etat.*

Enfin un décret du 25 février 1851 rétablit le travail dans ses conditions antérieures en abrogeant la loi du 9 janvier 1849.

Nous renvoyons, pour la réfutation des objections faites au travail libre, aux pages remarquables de M. d'Haussonville (1).

[Un arrêté ministériel du 15 avril 1882 a soigneusement réglementé le travail des détenus dans les maisons centrales en cherchant à donner à l'industrie libre les plus sérieuses garanties. Malgré cela, des protes-

(1) D'Haussonville, Etablissements pénitentiaires, p. 239 et ss.

tations nouvelles se sont fait entendre de nos jours et une ligue s'est formée contre le travail dans les prisons : elle a tenu à la Bourse du travail plusieurs réunions en septembre, novembre 1891, mars 1892 et a organisé un Congrès régional ouvrier en novembre 1891, à Montpellier. On y a voté la suppression totale du travail dans les prisons ; les plus modérés ont demandé que la main-d'œuvre pénale ne puisse être utilisée que par voie de régie directe et pour les travaux des divers services de l'Etat. Enfin on a exprimé le vœu qu'un projet de loi fût déposé dans ce sens sur le bureau de la Chambre. — Ce projet tendant à supprimer le travail dans les prisons par voie d'entreprise ou de régie indirecte a été soumis par M. Salis à la Chambre des députés le 19 décembre 1891, et un rapport sommaire sur cette proposition a été fait le 5 mars 1892. — Ces diverses propositions, qui sont loin d'être nouvelles, ont depuis longtemps déjà été l'objet de critiques bien souvent renouvelées : M. d'Haussonville en a montré les dangers et l'inefficacité ; la même idée a été de nouveau exprimée en excellents termes par M. Maurice Faure, dans le rapport au nom de la Commission du budget pour l'année 1892 : « Quelques personnes, dit-il, ont préconisé la régie comme le moyen de faire cesser ou d'atténuer la concurrence que le travail des prisons fait à l'industrie libre. Lorsque les détenus, disent-ils, travailleront pour l'Etat, les ouvriers ne seront plus fondés à se plaindre. Cette idée, qui a été soutenue sérieusement, nous paraît contestable. La concurrence ne dépend pas du caractère de la personne qui commande le travail, mais de l'importance de la fabrication et du nombre d'ouvriers employés. Si l'Etat confiait à la maison centrale de Melun, la fourniture de dix mille paires de souliers pour la troupe, il rendrait disponible dans les ateliers des entrepreneurs la main-d'œuvre nécessaire à la confection de ces dix mille paires ; mais, de son côté, la maison centrale augmenterait son atelier de cordonniers en empruntant des ouvriers aux ateliers voisins, dont la fabrication devrait forcément se ralentir au profit des industries libres similaires. Quelle que soit l'hypothèse qu'on imagine, il n'y a jamais qu'un déplacement de travail. Il importe seulement que ces déplacements ne soient ni trop brusques, ni trop accentués, de peur qu'ils n'aient une répercussion trop profonde dans les centres industriels où ils se produisent. C'est un point sur lequel l'administration a le devoir de veiller avec sollicitude, son premier devoir étant de ne pas aggraver la condition déjà trop dure des ouvriers libres par la concurrence de la main-d'œuvre pénitentiaire. — Certaines personnes demandent qu'on emploie les détenus à l'extérieur, à des travaux publics : constructions de routes, chemins de fer, etc. — Ce serait encore un déplacement qui n'influerait que très faiblement sur la concurrence, car l'administration pénitentiaire choisirait de préférence pour ce genre de travaux les détenus qui sont les moins aptes aux ouvrages industriels et qui sont occupés dans les prisons à des travaux dépréciés et peu rémunérateurs. Nous ne nions pas qu'il n'y ait beaucoup à faire dans ce sens, surtout en Algérie, pour les défrichements ; mais il ne faut pas songer à employer à des travaux agricoles la presque totalité des détenus. — Le travail des prisonniers doit, en tous cas, être organisé d'accord avec les municipalités, les chambres syndicales ouvrières et les chambres de commerce, de façon, nous le répétons, à ne pas nuire au travail extérieur; mais il est d'autant plus nécessaire de le réglementer avec soin, que personne ne pourrait demander raisonnablement à l'administration de laisser les détenus dans l'oisiveté : le travail, en effet, est indispensable pour le maintien de la discipline, qu'il serait très difficile d'assurer dans une population inoccupée; il diminue les dépenses publiques, soit que l'entretien des détenus soit confié à des entrepreneurs en échange de la main-d'œuvre, soit que l'Etat emploie lui-même cette main-d'œuvre à son usage; enfin, il est un moyen d'amendement, d'autant plus efficace que les détenus sont devenus plus aptes à exercer un métier et à gagner leur vie après l'exécution de leur peine. Cette dernière préoccupation doit, à notre avis, dominer toutes les autres ».

L'exploitation de la main-d'œuvre des détenus a lieu de deux manières différentes : par la *régie directe* de l'Etat, ou par l'*entreprise*. — *Dans le système de la régie*, l'Etat administre lui-même et exploite directement l'établissement, tant au point de vue pénitentiaire qu'au point de vue industriel : il se charge de toutes les dépenses d'entretien des détenus et de leur salaire, il leur procure lui-même le travail et s'occupe de la vente et de l'écoulement des produits de ce travail dont il garde pour lui le prix par lequel il se rémunère de ses dépenses. — Dans le *système de l'entreprise*, l'Etat, tout en conservant la haute direction de la discipline et de l'administration, abandonne l'exploitation commerciale et industrielle à un particulier auquel il s'engage à donner une certaine somme par chaque détenu : la subvention de l'Etat est fixée et l'entrepreneur désigné par une adjudication au rabais : un cahier des charges détermine avec soin les obligations de l'entrepreneur, de manière à éviter que celui-ci ne contrarie, dans son intérêt personnel, les exigences de la discipline pénitentiaire et de l'amendement moral des détenus. C'est l'entrepreneur qui, chargé des frais d'entretien des condamnés et du soin de leur procurer du travail, recueille pour lui-même les produits de ce travail auxquels vient se joindre la subvention de l'Etat qui, dans ce système, est toujours en dépense. — La supériorité de la régie, au point de vue pénitentiaire et moral, a été depuis longtemps démontrée et M. d'Haussonville l'a très nettement fait ressortir dans son ouvrage sur les Etablissements pénitentiaires, p. 235 et ss., 258 et ss. Cependant c'est encore le système de l'entreprise qui est généralement usité chez nous.]

La peine de la réclusion est temporaire. Sa durée est, d'après l'article 21 du Code pénal, de cinq à dix ans. Cependant elle peut être perpétuelle lorsqu'elle remplace les travaux forcés à perpétuité pour les femmes (art. 16 C. pén., loi du 30 mai 1854, art. 4), et pour les sexagénaires (loi du 30 mai 1854, art. 5).

La peine de la *réclusion* diffère de la *détention* : *1° par l'assujettissement au travail* qui n'existe que pour la première; *2° par le lieu d'exécution* : maisons centrales pour la réclusion et forteresse (île Sainte-Marguerite) pour la détention; *3° par la durée* : cinq à dix ans pour la réclusion, cinq à vingt ans pour la détention.

La *réclusion* diffère des *travaux forcés* : *1° par le lieu d'exécution* : maison centrale pour la réclusion et colonies pénales (Guyane, Nouvelle-Calédonie) pour les travaux forcés; *2° par le régime* : les condamnés à la réclusion étant simplement obligés au travail dans l'intérieur de la maison, tandis que les forçats sont employés aux travaux pénibles de la colonisation et peuvent être assujettis à porter des fers; *3° par l'organisation du travail :* le forçat travaille pour le compte de l'Etat dans la colonie, tandis que le réclusionnaire gagne une portion du produit de son travail (1); *4° par la durée* : de cinq à dix ans pour la réclusion, de cinq à vingt ans pour les travaux forcés à temps.

Peines simplement infamantes. — Les peines simplement infamantes sont, d'après l'article 8 du Code pénal : 1° le bannissement; 2° la dégradation civique.

1° Bannissement. — Le *bannissement* consiste dans l'expulsion du territoire de la France, avec interdiction d'y rentrer pendant un temps fixé, en vertu de la loi, par le jugement de condamnation et sous peine d'encourir la détention. Articles 32, 33 : « *Qui-*

---

(1) [Cependant le décret du 18 juin 1880, réglant le régime disciplinaire des établissements de travaux forcés et divisant les condamnés en plusieurs classes, permet aux condamnés des deux premières classes de recevoir un salaire pour leur travail. Le décret du 5 septembre 1891 qui a remplacé le précédent, accorde un salaire aux condamnés de la première classe.]

conque aura été condamné au bannissement, sera transporté, par ordre du gouvernement, hors du territoire de la République. La durée du bannissement sera au moins de cinq années et de dix ans au plus. Si le banni, avant l'expiration de sa peine, rentre sur le territoire de la République, il sera, sur la seule preuve de son identité, condamné à la détention pour un temps au moins égal à celui qui restait à courir jusqu'à l'expiration du bannissement et qui ne pourra excéder le double de ce temps. »

Le mot *bannissement* vient de *ban*, ancien mot tudesque, qui signifie proclamation publique, parce qu'anciennement on faisait proclamer à son de trompe l'exil du condamné et on l'accompagnait également à son de trompe hors du territoire (1).

Le bannissement était employé d'une manière abusive dans l'ancienne législation. On distinguait : 1° le bannissement du territoire de la France, soit à vie et avec mort civile, soit à temps ; 2° le bannissement, soit du ressort de la juridiction où le crime avait été commis, soit des lieux et banlieue du siège de la Cour qui prononçait la peine.

Le bannissement est une peine contraire au droit des gens et empreinte d'un grossier égoïsme : « Le bannissement n'est que l'action de s'envoyer de province à province, ou de peuple à peuple l'écume de la société. Aucune peine n'est plus contraire au grand principe : ne faites pas aux autres ce que vous ne voudriez pas qu'on vous fît (2). Aussi la peine du bannissement n'a-t-elle été admise que pour la répression des crimes politiques peu graves.

La sanction de l'interdiction de rentrer en France, qui était, d'après le Code de 1810, la déportation, est aujourd'hui, depuis la loi du 28 avril 1832, la détention (art. 33 C. pén.).

Le jugement a lieu conformément aux articles 518 et 520 Inst. crim., c'est-à-dire que : 1° c'est le tribunal qui a prononcé la condamnation qui est compétent; 2° ce tribunal statue sans assistance de jurés; 3° il ne peut pas prononcer de condamnation par contumace, la présence du banni étant nécessaire pour constater son identité. L'infraction existe par la seule rentrée du banni en France; mais si, après avoir paru en France, il s'est réfugié en

---

(1) Coquille, Coutume du Nivernais, t. 2, p. 32.
(2) M. de Pastoret, Traité des lois pénales, 1790, t. 1, p. 112.

pays étranger, il échappe à toute sanction pénale, puisque d'une part il ne peut être condamné par contumace et que d'autre part son extradition ne peut être obtenue puisqu'elle n'a pas lieu en matière politique.

Le *bannissement* diffère de la *déportation* en ce que : 1° le banni jouit de la liberté de locomotion hors du territoire de la France. Le déporté ne peut pas s'éloigner de la colonie française dans laquelle il a été transporté; 2° la déportation est à vie, le bannissement est temporaire; 3° la déportation est au nombre des peines qualifiées afflictives et infamantes; le bannissement est simplement infamant.

L'ordonnance du 2 avril 1817 portant règlement sur les maisons centrales de détention et prévoyant le refus des nations étrangères de recevoir le banni sur leur territoire, a désigné, pour les recevoir, la maison de Pierre-Châtel, dans le département de l'Ain. Article 4 : « Les individus condamnés au bannissement « (Code pénal, art. 32), seront transférés à la maison de Pierre-« Châtel et y resteront pendant la durée de leur ban, à moins « qu'ils n'obtiennent la faveur d'être reçus en pays étranger; « dans ce cas, ils seront transportés à la frontière. Ceux qui au-« ront la faculté de s'embarquer, et qui le demanderont, seront « conduits au port d'embarquement, sur l'ordre de notre ministre « de l'intérieur. »

On a reproché à cette peine de méconnaître les principes de droit international qui veulent que les nations vivent en bons rapports les unes avec les autres et ne s'envoient pas réciproquement les hommes souillés par le crime, dont l'expulsion atteste que leur présence expose à des dangers les populations au sein desquelles ils se trouvent.

Il y a dans cela de l'exagération et une certaine absence d'observation des faits qui se produisent au sein des nations.

En fait, l'éloignement de la patrie et le séjour forcé sur la terre étrangère, de ceux que la loi menace ou atteint dans leur pays, se voit dans tous les temps et dans tous les États.

En dehors de ceux qu'une sentence judiciaire de bannissement a frappés, n'y a-t-il pas, pour chaque État, des bannis volontaires qui trouvent sur la terre étrangère un lieu de refuge pour les protéger contre l'action des lois de leur pays?

En matière politique, au sein des troubles qui ont agité les peuples de l'Europe, que de réfugiés ont été reçus sur des terres hospitalières et ont évité, en fuyant momentanément leur patrie, l'exécution des sentences qui les menaçaient de la perte de la vie ou de la liberté. La France ne s'est-elle pas montrée généreuse et souvent secourable envers les infortunes que produisaient les troubles politiques qui agitaient d'autres pays ? Que ceux auxquels sont imputés des crimes politiques aient été frappés de bannissement par un jugement qui prononce contre eux cette peine, ou qu'ils aient subi toute autre condamnation à la suite de laquelle ils se bannissent volontairement jusqu'à ce que la prescription ou une amnistie leur permette de rentrer dans leur pays, la situation n'est pas différente quant à l'Etat au sein duquel ils trouvent un asile. Le bannissement, employé pour la répression des crimes politiques et même des délits communs qui ne supposent pas une corruption profonde, ou qui ne sont imputables qu'à raison d'une simple faute, peut donc figurer dans une législation pénale sans qu'on ait à lui reprocher, avec fondement, de méconnaître des principes qui doivent être observés entre les nations. Ce qui prouve que la présence sur le territoire d'un pays des réfugiés politiques est acceptée, c'est qu'on n'en accorde pas l'extradition.

On a reproché aussi au bannissement d'être peu afflictif, de n'offrir qu'une peine incertaine, pas du tout exemplaire, et très inégale par rapport à ceux qui la subissent.

Quant au premier reproche, ceux qui ont subi l'exil forcé nous ont dit combien il a eu pour eux des rigueurs. Une femme, d'un esprit viril, et dont les écrits sont toujours lus avec intérêt et avec fruit, n'a-t-elle pas dépeint les douleurs de dix années d'exil, dans des termes touchants, qui montrent combien l'absence de la patrie est amère ? (1).

(1) Mme de Stael. Dix années d'exil, au t. XV de ses œuvres complètes publiées par son fils. Dix-sept volumes in-12, Paris, 1821. Voir notamment le chapitre 2 de la deuxième partie : Départ de Coppet.

« L'exil, dit-elle dans un de ses ouvrages consacrés à l'Italie (Corinne, l. XIV, ch. 3, au t. IX, p. 143 de ses œuvres), est quelquefois, pour les caractères vifs et sensibles, un supplice beaucoup plus cruel que la mort; l'imagination prend en déplaisance tous les objets qui vous entourent, le climat, le

Mais, dira-t-on, le bannissement n'a pas ces rigueurs pour tous ceux qui le subissent; ses effets afflictifs dépendent de la position de celui qu'il vient de frapper; cette peine offrira toujours, quant à son action, une grande inégalité. Quelle est la peine qui est égale pour tous ceux qu'elle atteint? Peut-on arriver, quant à l'égalité de douleur qu'une peine fait subir, à quelque chose d'absolu? N'y a-t-il pas à faire toujours une large place à ce qui est accidentel? La parfaite certitude et la parfaite égalité des peines, à l'égard de tous, n'est qu'un idéal auquel ne correspond jamais la réalité. Jérémie Bentham n'a-t-il pas eu à dire, comme expression d'un des axiomes du droit pénal, que la parfaite égalité des peines (ce qui comprend leur certitude dans le sens juridique de ce mot) est une chimère en législation? (1).

Peut-on dire aussi que cette peine est peu exemplaire, lorsqu'elle offre aux yeux du public l'exil forcé d'un citoyen qui quitte le séjour auquel ses affections et ses intérêts l'attachaient pour aller vivre sur une terre étrangère.

Nous estimons donc que le bannissement peut figurer, avec avantage, dans un bon système pénal. Dans mes idées, il convient de restreindre le plus possible l'emploi de la détention des condamnés, surtout en l'état actuel des lieux où ils sont renfermés.

2° Dégradation civique. — La dégradation civique frappe le condamné dans sa capacité en lui ôtant la jouissance des

pays, la langue, les usages, la vie en masse, la vie en détail; il y a une peine pour chaque moment comme pour chaque situation; car la patrie nous donne mille plaisirs habituels que nous ne connaissons pas nous-mêmes avant de les avoir perdus :

..... La favella, i costumi,
L'aria, i tronchi, il terren, le mura, i sassi ! »

METASTASIO.

(1) Théorie des peines et des récompenses, t. 1, liv. 1, ch. VI, p. 40. « Toute peine, dit Rossi, est plus ou moins inégale dans ses applications. On ne trouve pas deux accusés placés exactement dans les mêmes circonstances, ayant précisément le même degré de sensibilité, pas plus qu'on ne trouve deux corps parfaitement semblables. — Aussi cette proposition banale, que la peine doit être absolument la même pour tous, n'est excusable que comme une attaque contre ces odieux privilèges qui avaient envahi et envahissent encore dans plusieurs pays la législation pénale. L'égalité apparente des peines cache une inégalité réelle ». (Traité de Droit pénal, liv. III, ch. V, t. 3, p. 127).

droits politiques et l'exercice de certains droits civils. Cette peine suppose que des citoyens sont appelés à jouir des droits politiques; elle fut introduite en France par le Code pénal du 25 septembre 1791, titre Ier, articles 31, 32, 33, et entourée pour son exécution de certaines solennités (1). Cependant elle existait dans l'ancienne législation pour certains ordres, certaines qualités ou dignités : « *Dégradation*, dit Ferrière, *signifie la destitution ignominieuse d'un ordre, d'une qualité ou d'une dignité dans le cas d'une condamnation.* »

Il y avait la dégradation de noblesse qui faisait perdre au condamné et à sa descendance les titres, dignités et emplois dont il était revêtu; la dégradation militaire et la dégradation des ordres sacrés pour lesquelles on employait des formes solennelles (2).

La dégradation civique fut admise dans le Code pénal de 1810 qui supprima l'appareil dont l'avait entourée la législation de 1791.

Effets de la dégradation civique. — La dégradation civique consiste dans les incapacités suivantes déterminées limitativement

(1) Art. 31. « Le coupable qui aura été condamné à la peine de la dégradation civique, sera conduit au milieu de la place publique où siège le tribunal criminel qui l'aura jugé. Le greffier du tribunal lui adressera ces mots à haute voix : Votre pays vous a trouvé convaincu d'une action infâme; la loi et le tribunal vous dégradent de la qualité de citoyen français. Le condamné sera ensuite mis au carcan au milieu de la place publique; il y restera pendant deux heures, exposé aux regards du peuple. Sur un écriteau seront tracés en gros caractères, ses noms, son domicile, sa profession, le crime qu'il a commis et le jugement rendu contre lui ».

Art. 32. « Dans le cas où la loi prononce la peine de la dégradation civique si c'est une femme ou une fille, ou un étranger, ou un repris de justice, qui est convaincu de s'être rendu coupable des dits crimes, le jugement portera : « Tel, ou telle... est condamné à la peine du carcan. »

Art. 33. « Le condamné sera conduit au milieu de la place publique de la ville où siège le tribunal criminel qui l'aura jugé. Le greffier lui adressera ces mots à haute voix : Le pays vous a trouvé convaincu d'une action infâme. Le condamné sera ensuite mis au carcan et restera pendant deux heures exposé aux regards du peuple. Sur un écriteau seront tracés en gros caractères, ses noms, sa profession, son domicile, le crime qu'il a commis, et le jugement rendu contre lui. »

(2) Loyseau, les Ordres, p. 103.

par l'article 34 du Code pénal : « *La dégradation civique consiste :
1° dans la destitution et l'exclusion des condamnés de toutes fonctions,
emplois ou offices publics ; 2° dans la privation du droit de vote,
d'électorat, d'éligibilité, et en général de tous les droits civiques et
politiques, et du droit de porter aucune décoration ; 3° dans l'incapacité d'être juré expert, d'être employé comme témoin dans des
actes et de déposer en justice autrement que pour y donner de simples renseignements ; 4° dans l'incapacité de faire partie d'aucun
conseil de famille, et d'être tuteur, curateur, subrogé-tuteur ou
conseil judiciaire, si ce n'est de ses propres enfants et sur l'avis
conforme de la famille ; 5° dans la privation du droit de port d'armes, du droit de faire partie de la garde nationale, de servir dans
les armées françaises, de tenir école, ou d'enseigner et d'être employé dans aucun établissement d'instruction, à titre de professeur,
maître ou surveillant.* »

I. Perte de la qualité de citoyen.

Cette déchéance, établie déjà par la constitution du 22 frimaire
an VIII, article 4 : « *La qualité de citoyen français se perd par la
condamnation à des peines afflictives et infamantes* », est la conséquence directe de la dégradation civique, soit principale, soit
accessoire, en sorte que cette peine fait subir un changement
d'état, une *capitis deminutio* qui atteint la qualité de citoyen. Les
conséquences de cette première déchéance sont les suivantes :
1° la privation du droit de vote et d'éligibilité ; cette privation
est du reste consacrée par les lois électorales ; 2° la perte de
l'aptitude aux fonctions, emplois et offices publics ; 3° l'incapacité d'être employé comme témoin instrumentaire (1); les témoins instrumentaires, qui ont à attester la vérité de ce que
constate la teneur des actes authentiques et qui ont charge de
veiller à l'observation des prescriptions de la loi, remplissent un
office public et doivent être en possession des droits civils et politiques ; 4° l'incapacité d'être juré reproduite par la loi du
21 novembre 1872, article 2 : « *Sont incapables d'être jurés : les*

_____

(1) C'est ainsi que la loi du 25 ventôse an XI, sur l'organisation du notariat
exige dans son art. 9 que les témoins qui assistent à la rédaction d'un acte
notarié soient citoyens français.

individus qui ont été condamnés, soit à des peines afflictives et infamantes, soit à des peines infamantes seulement. »

La loi, ayant prévu le cas où celui qui encourt la dégradation civique n'aurait pas la qualité de citoyen français, soit que Français il ait perdu cette qualité ou qu'étranger il ne l'ait jamais eue, a, pour rendre la pénalité efficace, remplacé dans ce cas la dégradation par un emprisonnement qui ne peut excéder cinq ans et dont le minimum, n'étant pas fixé par la loi, est naturellement le minimum correctionnel, c'est-à-dire six jours. « *Toutes les fois que la dégradation civique sera prononcée comme peine principale, elle pourra être accompagnée d'un emprisonnement dont la durée, fixée par l'arrêt de condamnation, n'excèdera pas cinq ans. Si le coupable est un étranger ou un Français ayant perdu la qualité de citoyen, la peine de l'emprisonnement devra toujours être prononcée.* » (art. 35). Les mêmes raisons auraient dû conduire à rendre l'emprisonnement obligatoire pour les femmes qui ne jouissent pas de la qualité et des droits de citoyen français.

II. *Perte de certains droits dont la jouissance n'exige pas le titre de citoyen français.*

1° *Perte du droit de porter aucune décoration française et étrangère.* — Cette incapacité a été consacrée spécialement pour l'ordre de la Légion d'honneur par le décret organique du 16 mars 1852, article 38 : « *La qualité de membre de la Légion d'honneur se perd par les mêmes causes que celles qui font perdre la qualité de citoyen français* ». 42 et 43 : « *Les procureurs généraux auprès des cours d'appel et les rapporteurs auprès des conseils de guerre ne peuvent faire exécuter aucune peine infamante contre un membre de la Légion d'honneur qu'il n'ait été dégradé. Pour cette dégradation, le président de la Cour d'appel, sur le réquisitoire de l'avocat général, ou le président du Conseil de guerre, sur le réquisitoire du rapporteur, prononce, immédiatement après la lecture du jugement, la formule suivante :* « *Vous avez manqué à « l'honneur, je déclare, au nom de la Légion, que vous avez cessé « d'en être membre.* »

2o Privation du droit de port d'armes. — En principe toute personne qui n'est pas en état de vagabondage ou de mendicité, jouit du droit de porter des armes offensives et défensives (avis du Conseil d'Etat du 10 mai 1811), sauf l'interdiction relative aux armes prohibées (art. 314 C. pén.; décret du 2 nivôse an XIV; ordonnance du 2 février 1837; loi du 24 mai 1834 (1). Comme conséquence de la privation du droit de port d'armes, celui qui est frappé de dégradation civique, est privé du droit de chasse (loi du 3 mai 1844, art. 8) : « *Le permis de chasse ne sera pas accordé à ceux qui, par suite de condamnations, seront privés du droit de port d'armes.* »

3o Incapacité militaire (loi du 27 juillet 1872, art. 7). — « *Sont exclus du service militaire et ne peuvent, à aucun titre, servir dans l'armée : les individus qui ont été condamnés à une peine afflictive ou infamante.* » Quoique cette incapacité emporte l'exonération d'une obligation, elle est cependant considérée comme une peine, la loi considérant comme un honneur l'aptitude au service militaire dans l'armée française (2).

4o Privation du droit de tenir école et d'être employé d'une manière quelconque dans un établissement d'instruction, soit public, soit privé. — Cette incapacité est du reste consacrée spécialement par les diverses lois qui régissent l'enseignement. (Loi du 15 mars 1850, article 26; loi du 12 juillet 1875, article 8.)

5o Privation du droit d'être juré expert, et de procéder en cette qualité aux expertises dans les cas prévus par la loi. — (Art. 43, 44, Inst. crim.; 302 et s., Procéd. civile.)

6o Privation du droit de déposer en justice autrement que pour y donner de simples renseignements. — Cette incapacité a été jus-

(1) [Une loi du 14 août 1885 ayant établi la liberté de la fabrication et de la vente des armes de toute espèce, la question s'est présentée devant les tribunaux de savoir, si cette loi n'avait pas également fait cesser l'interdiction du port des armes jusque là prohibées : elle a divisé les tribunaux.]

(2) [La loi nouvelle du 15 juillet 1889 sur le recrutement de l'armée a supprimé cette incapacité : elle pose en principe que l'exclusion de l'armée ne frappe pas les individus condamnés pour faits politiques ou connexes à des faits politiques (art. 6). En conséquence, elle enlève cet effet aux peines simplement infamantes, à l'exception du cas où la dégradation civique principale est prononcée par application de l'art. 177 C. pén., pour corruption de fonctionnaires publics.]

tement critiquée par Bentham, dans sa Théorie des Peines et des Récompenses, p. 440, cité par Bonnier (Traité des Preuves, t. I, p. 278). En principe, le témoignage en justice n'est pas l'exercice d'un droit, c'est l'accomplissement d'une obligation. Il y a obligation pour tous ceux qui sont sur le territoire d'un Etat et qui y jouissent de la protection que leur procurent ses lois, de fournir leur concours pour assurer l'action de la justice répressive. Ils doivent lui procurer toute aide et tous renseignements qu'il est en leur pouvoir de lui donner. Ils ont pour obligation d'aviser les autorités de l'existence des attentats graves contre la vie des personnes ou contre la propriété dont ils ont été les témoins. Ils doivent aussi, dans les cas de flagrant délit ou assimilés aux flagrants délits, saisir les prévenus qu'ils surprennent et les conduire devant l'officier judiciaire compétent. Dans de pareils cas, toute personne est agent de l'autorité, *quilibet homo miles est.* Tout individu appelé en témoignage, dans une affaire criminelle, a pour devoir : 1º de comparaître devant les magistrats qui doivent l'entendre; 2º de promettre, sous serment, de dire toute la vérité et rien que la vérité; 3º d'accomplir cette promesse, sous peine d'encourir une amende s'il refuse sans motifs jugés légitimes, de déclarer ce qu'il peut savoir et d'être passible des peines établies pour la répression du faux témoignage, s'il se permet d'altérer la vérité malicieusement et dans l'intention d'égarer la justice.

Déclarer, d'une manière absolue, incapable de déposer en justice celui qui a subi une condamnation pénale, ce serait l'affranchir d'une obligation que la loi impose à toutes personnes et s'exposer aussi à se priver des renseignements utiles que des condamnés seraient en position de fournir.

Admettre, comme le fait notre législation, l'appel de cette catégorie de témoins devant la justice, sans les soumettre à faire la promesse, sous serment, de dire la vérité, c'est les relever d'un engagement qu'on exige des autres personnes; c'est leur laisser la liberté d'altérer la vérité, car n'ayant pas promis de la dire, ils ne peuvent être passibles d'aucune peine pour l'avoir déguisée. Comment les punir pour n'avoir pas accompli un devoir qui ne les concerne pas et qu'ils sont en présomption, d'après la loi, d'être incapables de remplir? Aussi a-t-il été admis

en France que ces témoins qui n'ont pas à prêter de serment et qui ne sont entendus que pour fournir de simples renseignements ne peuvent être atteints par les peines du faux témoignage lorsqu'ils altèrent la vérité, même dans une intention coupable.
Ils ont, sur les autres témoins, l'avantage de ne pas pouvoir être mis en arrestation lorsqu'ils sont convaincus de mensonge, et de pouvoir, sans crainte, avec impunité, altérer la vérité lorsqu'ils sont appelés pour la dire devant les tribunaux.

Nous concevons que des dispositions telles que celles que contient le paragraphe 3 de l'article 34 C. pénal, auraient pu convenir sous l'empire du système des preuves légales admis dans les temps passés, lorsque les jugements n'étaient pas l'expression subjective de l'intime conviction des juges et étaient basés sur la seule appréciation de la valeur objective des preuves que fournissaient les procédures, en ayant même recours à des évaluations pour déterminer la fraction de preuve que certains témoignages pouvaient fournir, afin d'arriver, par une addition, à un produit pouvant représenter des preuves complètes.

Aujourd'hui, il n'en est plus de même; la loi ne dit pas aux jurés et aux juges : vous tiendrez pour prouvé tout fait attesté par un tel nombre de témoins ; elle n'exige d'eux que l'expression de leur intime conviction et elle leur laisse une entière latitude pour l'appréciation de la valeur des preuves produites par les débats.

Avec une telle théorie, il y a à exiger de tous les témoins la promesse solennelle de dire la vérité, car toutes leurs déclarations peuvent fournir des éléments de conviction, et il y a à les placer également sous l'action de la crainte d'être punis pour faux témoignage, s'ils se permettent de la déguiser.

En fait, la déposition d'un condamné qui est appelé devant les tribunaux, lorsqu'elle paraît être sincère et lorsqu'aucun intérêt apparent ou aucun sentiment de haine ne doit la faire suspecter, peut constituer un des éléments qui concourent à former la conviction des jurés et des juges. Pourquoi, dès lors, établir, par rapport à l'audition des témoins, des règles différentes dès que la loi n'a plus à fixer une valeur à leur déclaration et lorsque toutes sont également laissées à l'appréciation de ceux qui doivent établir leur décision sur leur conviction intime et subjective?

Sans doute la déposition de celui qui a failli et dont le crime a entaché la vie, pourra ne pas obtenir cette confiance qu'on accorde à ce qu'affirme l'honnête homme qui est en possession de l'honorabilité qui s'attache à une conduite droite et à la pratique du bien; mais la loi ne veut-elle pas qu'il puisse être dit sur les témoins tout ce qui peut renseigner pour l'appréciation de la crédibilité que méritent leurs dépositions? Nous dirons donc, avec un magistrat, que l'interdiction de témoigner en justice sous la foi du serment qu'on rattache à des condamnations pénales « est une de ces vieilles erreurs qui, nées de l'ignorance, se perpétuent trop souvent dans les législations des peuples éclairés, longtemps après que la raison qui les avait motivées a disparu (1). »

7° *Incapacité d'avoir des apprentis* (loi du 22 février 1851, art. 6).

8° *Incapacité d'être gérant d'un journal ou écrit périodique* (loi du 29 juillet 1881, art. 6).

III. *Privation de certains droits de famille* (Art. 34, n° 4).

1° *Incapacité de faire partie d'aucun conseil de famille;*

2° *Incapacité d'être tuteur, curateur, subrogé-tuteur, ou conseil judiciaire, si ce n'est de ses propres enfants et sur l'avis conforme de la famille.* — Dans ce cas, la tutelle des enfants cesse d'être légale pour devenir dative. Cette restriction à l'incapacité d'être tuteur au profit des père et mère s'étend-elle aux aïeux par rapport à la tutelle qui leur est conférée par la loi sur leurs descendants? (art. 402 C. civ.) (2). Quant à l'administration légale conférée au père par l'art. 389 C. civ., elle échappe aux causes d'incapacité, d'exclusion ou de destitution établies en fait de tutelle, et le père ne peut en général en être écarté qu'en vertu des causes qui entraînent déchéance ou suspension de la puissance paternelle (3). Or, la dégradation civique n'emporte pas par elle-même la déchéance de la puissance paternelle.

(1) M. Bonneville de Marsangy, De l'amélioration de la loi criminelle, 2ᵉ partie, p. 461.
(2) Voir Demolombe, t. 7, n° 283, p. 284.
(3) Aubry et Rau, t. I, p. 502, § 123, texte et notes 11 et 12.

[Une loi du 24 juillet 1889 sur la protection des enfants maltraités ou moralement abandonnés est venue ajouter aux causes anciennes de déchéance de la puissance paternelle (Voir sur ces causes, Aubry et Rau, t..6, p. 93, 94, § 551) les causes suivantes : — Art. 1er. Les père et mère et ascendants sont déchus de plein droit, à l'égard de tous leurs enfants et descendants, de la puissance paternelle, ensemble de tous les droits qui s'y rattachent, notamment ceux énoncés aux art. 108, 141, 148, 150, 151, 346, 364, 372 à 387, 389, 390, 391, 397, 477 et 935 C. civ., à l'art. 3 du décret du 22 février 1851 et à l'art. 46 de la loi du 27 juillet 1872 : 1° s'ils sont condamnés par application du § 2 de l'art. 334 C. pén.; 2° s'ils sont condamnés soit comme auteurs, co-auteurs ou complices d'un crime commis sur la personne d'un ou plusieurs de leurs enfants, soit comme les co-auteurs ou complices d'un crime commis par un ou plusieurs de leurs enfants; 3° s'ils sont condamnés deux fois comme auteurs, co-auteurs ou complices d'un délit commis sur la personne d'un ou plusieurs de leurs enfants ; 4° s'ils sont condamnés deux fois pour excitation habituelle de mineurs à la débauche. Cette déchéance laisse subsister entre les ascendants déchus et l'enfant, les obligations énoncées aux art. 205, 206 et 207 C. civ.

Art. 2. Peuvent être déclarés déchus des mêmes droits : 1° les père et mère condamnés aux travaux forcés à perpétuité ou à temps, ou à la réclusion, comme auteurs, co-auteurs ou complices d'un crime autre que ceux prévus par les art. 86 à 101 C. pén.; 2° les père et mère condamnés deux fois pour un des faits suivants : séquestration, suppression, exposition ou abandon d'enfants ou pour vagabondage; 3° les père et mère condamnés par application de l'art. 2 § 2 de la loi du 23 janvier 1873, ou des art. 1, 2 et 3 de la loi du 7 décembre 1874; 4° les père et mère condamnés une première fois pour excitation habituelle de mineurs à la débauche; 5° les père et mère dont les enfants ont été conduits dans une maison de correction, par application de l'article 66 C. pén.; 6° en dehors de toute condamnation, les père et mère qui, par leur ivrognerie habituelle, leur inconduite notoire et scandaleuse, ou par de mauvais traitements, compromettent soit la santé, soit la sécurité, soit la moralité de leurs enfants.]

Quand la condamnation à la dégradation civique produit-elle ses effets?

Aux termes de l'art. 23 du Code pén., la dégradation civique sera encourue du jour où la condamnation sera devenue irrévocable, c'est-à-dire après les trois jours francs accordés par le pourvoi en cassation, par les art. 371 et 373 C. d'inst. crim., si le pourvoi n'est pas formé, et en cas de pourvoi, à partir du moment où ce pourvoi a été rejeté.

Quand cesse la dégradation civique?

La dégradation civique cesse : 1° par la réhabilitation (art. 619, 620 et 634 C. d'inst. crim.); 2° par la révision qui emporte annulation du jugement (art. 433 à 447 C. d'inst. crim.); 3° par l'amnistie.

Caractères de la dégradation civique. — La dégradation civique présente les caractères suivants :

1° *Elle est encourue de plein droit* et n'a besoin d'aucun acte d'exécution pour frapper le condamné : elle constitue pour lui un état; 2° elle est *imprescriptible* : elle atteint de plein droit le condamné, qui ne peut se libérer tant qu'il la subit; 3° elle est *indivisible* : c'est-à-dire qu'elle ne peut être fractionnée ni par le temps, ni par la limitation de ses effets à certaines des incapacités qui la constituent; 4° elle est *perpétuelle* et n'a pour terme normal que la réhabilitation; 5° elle est tantôt une *peine principale* (art. 35 C. pén.), tantôt une *peine accessoire* (art. 28 C. pén. et loi du 31 mai 1854).

§ 2. — PEINES ACCESSOIRES

Les *peines accessoires* sont celles qui sont encourues de plein droit en vertu de la loi comme conséquences d'une condamnation à une autre peine et sans qu'il soit nécessaire qu'elles soient énoncées dans le jugement qui inflige la peine principale. — Il faut se garder de confondre ces peines *accessoires* avec les peines *complémentaires* ou *additionnelles* qui accompagnent bien une autre peine, mais ne sont encourues que si elles sont formellement prononcées par le jugement ou l'arrêt de condamnation.

Les *peines accessoires* sont les suivantes : 1° *la dégradation civique;* 2° *l'interdiction légale;* 3° *les incapacités de disposer et de recevoir à titre gratuit;* 4° *la surveillance de la haute police* (1); 5° *l'obligation de résider dans la colonie pénale*, imposée aux condamnés libérés de la peine des travaux forcés à temps; 6° *la*

(1) [Remplacée par l'interdiction de certains séjours en vertu de la loi du 27 mai 1885, art. 19.]

publicité donnée aux condamnations par les affiches prescrites par l'art. 36 du Code pénal.

La peine accessoire, quoique accompagnant la peine principale, n'est pas essentiellement attachée à elle et elle peut lui survivre : ainsi le condamné qui a prescrit la peine principale et qui en est libéré reste frappé de dégradation civique et reste soumis à la surveillance de la haute police et à l'incapacité de disposer et de recevoir à titre gratuit. Il en est de même de celui qui est gracié de la peine principale.

I. *Dégradation civique considérée comme peine accessoire.*

1° *Caractères et effets* (1) (art. 34 C. pén. V. *supra*) ;

2° *Cas dans lesquels elle est encourue.* — La dégradation civique est la conséquence légale des condamnations aux peines suivantes : 1° *travaux forcés à temps;* 2° *détention;* 3° *réclusion;* 4° *bannissement* (art. 28 C. pén.).

(1) [Relativement à l'exclusion de l'armée, la loi du 15 juillet 1889 la maintient contre ceux qui ont été condamnés à une peine afflictive et infamante pour des crimes de droit commun (art. 4 et 6). Mais, pour que cette exclusion ne leur procure pas le privilège d'être exonérés d'une charge qui pèse sur tous les citoyens français, tout en leur enlevant l'honneur et les avantages attachés à la qualité de militaire, l'art. 4 de cette loi les met à la disposition du ministre de la marine et des colonies qui peut les employer à des travaux quelconques pendant les trois années de leur service actif et en cas de mobilisation. — Un décret du 11 janvier 1892 a organisé de la manière suivante les *sections d'exclus* : — Art. 1er. Les hommes exclus des rangs de l'armée et mis à la disposition des autorités maritimes et coloniales, par l'article 4 de la loi du 15 juillet 1889, sont affectés, pendant la durée du service actif, à des travaux d'intérêt militaire ou maritime. — Art. 2. Ceux de ces hommes qui se trouvent en France ou en Algérie, lors de leur rappel, sont mis à la disposition du ministre de la marine. Ceux qui se trouvent aux colonies sont mis à la disposition de l'autorité coloniale. Dans cette catégorie sont compris les relégués collectifs. — Art. 3. Les hommes sus-désignés sont groupés en sections spéciales portant la dénomination de *sections d'exclus.* — Ces sections sont placées sous l'autorité supérieure du chef de service militaire qui les emploie et sous la direction immédiate de surveillants empruntés, en France, au corps militaire des surveillants des prisons maritimes, et dans les colonies, au corps militaire des surveillants des pénitenciers coloniaux. Ces derniers sont placés hors cadres. — Art. 4. Chaque section comprend, comme cadre minimum, un surveillant chef de travaux, et un surveillant par fraction de 25 hommes. — Le nombre et le stationnement des sections sont déterminés, pour la métro-

Le Code pénal ne l'avait pas attachée aux peines perpétuelles, ces peines produisant, à l'époque de sa rédaction, la mort civile. La mort civile ayant été abolie par la loi du 31 mai 1854, cette loi a attaché aux condamnations qui emportaient autrefois la mort civile, la dégradation civique (art. 2), en sorte que la dégradation civique est encore l'accessoire des condamnations aux quatre autres peines suivantes : 1° *peine de mort;* 2° *travaux forcés à perpétuité;* 3° *déportation dans une enceinte fortifiée;* 4° *déportation simple.*

La dégradation civique n'aura d'utilité pour les condamnations à mort que lorsqu'elles ne seront pas exécutées, c'est-à-dire dans les cas suivants : 1° évasion; 2° contumace; 3° prescription.

Les condamnés aux travaux forcés après leur libération, et les déportés pendant la durée de leur peine, peuvent obtenir du gouvernement la remise, les premiers, d'une partie, les seconds, de tout ou partie des incapacités produites par la dégradation ci-

pole, par le ministre de la marine, et, pour les colonies, par le ministre chargé des colonies. — Art. 5. Les exclus sont assimilés aux marins et militaires et, à ce titre, justiciables des juridictions maritimes pour les crimes et délits. Lorsqu'il y a lieu de traduire un de ces hommes devant les Conseils de guerre, le Conseil est composé comme pour le jugement d'un soldat ou d'un apprenti marin. — Les surveillants et tous militaires gradés sont considérés comme les supérieurs des exclus, dans le sens du Code de justice militaire. — En cas d'insoumission, les exclus sont passibles des peines édictées par la loi du 15 juillet 1889. — Art. 6. Les exclus sont traités, au point de vue des salaires, de l'habillement, des vivres et de la discipline générale, comme les fusiliers disciplinaires des colonies. — Ils ne sont point armés. — Art. 7. Les dépenses occasionnées par le fonctionnement du présent décret sont payées par les services qui utilisent le travail des sections. — Toutefois, la solde et les accessoires de solde du personnel de surveillance continuent à être payés sur les chapitres budgétaires où figure leur corps. — Art. 8. En cas de mobilisation, les exclus rejoignent le point indiqué sur leur livret, en même temps que les hommes de la classe de mobilisation à laquelle ils appartiennent. Ils sont formés en sections de 250 hommes au plus, et affectés aux travaux de défense. — Aux colonies, les exclus sont utilisés sur place. — Art. 9. Des arrêtés ministériels déterminent les mesures de détail que peut comporter l'exécution du présent décret, notamment le costume des exclus, le service intérieur et la comptabilité des sections. — Art. 10. A titre transitoire et par dérogation aux dispositions qui précèdent, le fonctionnement des sections métropolitaines d'exclus ne commencera qu'en 1895. Jusqu'à cette époque, les individus susceptibles d'y être affectés seront, au fur et à mesure de leur élargissement, maintenus dans leurs foyers en congé temporaire.]

vique : 1º *loi du 30 mai 1854, art. 12.* « *Le gouvernement pourra accorder aux libérés l'exercice dans la colonie des droits dont ils sont privés par les 3e et 4º paragraphes de l'art. 34 du Code pén.;* c'est-à-dire : § 3 : *Incapacité d'être juré expert, d'être employé comme témoin dans les actes, et de déposer en justice autrement que pour y donner de simples renseignements* ; § 4 : *Incapacité de faire partie d'aucun conseil de famille et d'être tuteur, subrogé-tuteur ou conseil judiciaire, si ce n'est de ses propres enfants et sur l'avis conforme de la famille;* 2º *loi du 25 mars 1873,* qui règle la condition des déportés à la Nouvelle-Calédonie, *art. 16, alinéa 2.* « *Le gouvernement pourra, sur l'avis du gouverneur en conseil, accorder aux déportés dans la colonie, tout ou partie des droits dont ils sont privés par l'art. 34 du Code pénal.*

3º *Quand la dégradation civique est-elle encourue?*

La dégradation civique est, aux termes de l'art. 28 du Code pén., encourue : 1º en cas de condamnation contradictoire, du jour où elle est devenue irrévocable, ainsi que nous l'avons vu plus haut ; 2º dans le cas de condamnation par contumace, du jour de l'exécution par effigie, telle qu'elle est réglée par l'art. 472 du Code d'inst. crim.

II. *Interdiction légale.*

Nature et effets. — L'interdiction légale prive le condamné de l'exercice de certains de ses droits civils en le soumettant, pour ses biens, au régime de la tutelle. A la différence de la dégradation civique qui enlève au condamné *la jouissance* de certains droits, l'interdiction légale lui laisse cette jouissance et ne le prive que de *l'exercice* qui est confié à un tuteur.

Objet. — L'interdiction légale a pour objet de faire que celui qui est condamné à une peine afflictive ne puisse pas, au moyen de ses revenus et de ses biens, adoucir sa situation et corrompre ses gardiens. — Le moyen employé par la loi dans ce but, consiste à frapper le condamné d'une interdiction qui le soumettra, quant à l'administration de sa fortune et au droit de disposer des biens, au régime des tutelles.

Origine. — L'interdiction légale n'existait pas sous l'empire de notre ancienne législation criminelle. — Les crimes étaient réprimés par la peine de mort ou par des peines perpétuelles accompagnées de la confiscation générale des biens et de la mort civile.

La confiscation générale ayant été abolie par l'Assemblée Constituante, l'interdiction légale fut établie par le Code du 25 septembre 1791, titre IV, art. 2. « *Quiconque ayant été condamné à l'une des peines des fers, de la réclusion dans une maison de force, de la gêne ou de la détention ne pourra, pendant la durée de sa peine, exercer pour lui-même aucun droit civil; il sera, pendant ce temps, en état d'interdiction légale, et il lui sera nommé un curateur pour gérer et administrer ses biens.* »

Cette peine fut maintenue par le Code pénal de 1810 et la révision du 28 avril 1832.

Effets. — L'interdiction légale a pour objet de frapper le condamné d'incapacités quant à l'exercice de ses droits et à titre de peine. — Le condamné est assimilé à celui qui est interdit judiciairement, conformément aux art. 489 et suiv. C. civ. En conséquence il est soumis comme celui-ci au régime de la tutelle : on doit lui appliquer également l'art. 509 du Code civ., d'après lequel l'interdit est assimilé au mineur pour sa personne et pour ses biens; les lois sur la tutelle des mineurs s'appliquent à la tutelle des interdits.

Cependant il y a entre l'interdiction légale et l'interdiction judiciaire des différences notables : 1º L'interdiction judiciaire repose sur une infirmité et intervient dans l'intérêt de l'aliéné, en sorte que les revenus de l'interdit doivent être appliqués à adoucir sa situation (art. 510 C. civ.). Au contraire, l'interdiction légale ne procède pas d'une infirmité naturelle. Elle a un caractère pénal : aussi les revenus de l'interdit doivent être employés à l'acquittement de ses charges de famille et de ses dettes et le surplus doit être capitalisé; aucune portion ne peut lui être remise (art. 30 et 31 C. pén.). De là découle la conséquence suivante : tandis que la nullité des actes passés par l'interdit judiciaire est relative et ne peut être invoquée par les tiers (art. 1125 C. civ.), la nullité des conventions de l'interdit légal est absolue et opère vis à vis de tous. La nullité peut donc être demandée : 1º par celui qui a contracté avec l'interdit; 2º par les tiers intéressés, par

exemple les créanciers; 3° par l'interdit lui-même et ses représentants (1).

L'interdit n'est en tutelle que par rapport à ses biens (art. 31
C. pén.). En conséquence il peut faire tous les actes qui n'emportent pas disposition de ses biens. C'est ainsi qu'il reste capable
de faire les actes suivants : 1° reconnaître un enfant naturel ;
2° se marier et légitimer par son mariage un enfant naturel. La
capacité pour les mariages est en effet régie par des principes
spéciaux, et l'interdiction légale n'est rangée par le Code civil ni
parmi les empêchements prohibitifs ni parmi les empêchements
dirimants. La loi du 31 mai 1854 qui a aboli la mort civile suppose bien chez l'interdit la capacité de se marier, car elle relève le
condamné de son ancienne incapacité pour le mariage, quoiqu'elle
le frappe d'interdiction légale. L'interdit ayant le droit de se
marier peut passer un contrat de mariage et se soumettre à un
régime matrimonial déterminé; mais la dot de sa femme sera
perçue par un tuteur. Du reste, le condamné à perpétuité ne peut
faire ou recevoir aucune donation à cause de l'incapacité spéciale
de la loi du 31 mai 1854.

3° L'interdit frappé d'une peine temporaire peut-il disposer de
ses biens par testament? L'affirmative, quoique contestée, ne
nous paraît pas douteuse, parce que d'une part l'interdit est
sain d'esprit et que d'autre part, le testateur dispose pour le
temps où il n'existera plus. En outre, la loi du 31 mai 1854 ne
prive du droit de tester que celui qui a été puni d'une peine perpétuelle. Donc celui qui subit une peine temporaire conserve le
droit de faire son testament (2).

4° L'interdit peut-il disposer de ses biens par donation entre
vifs ? La donation entre vifs entraînant le dépouillement actuel
du donateur, n'est évidemment pas possible. Du reste elle offrirait au condamné un moyen de soustraire ses biens au régime
de la tutelle. Il en serait autrement, croyons-nous, de l'institution contractuelle des art. 1082, 1083 C. civ.

5° L'interdiction légale laisse subsister les obligations résultant de la qualité d'époux et de père. En conséquence, elle laisse

(1) Paris, 7 août 1837, S. 38, 2. 268.
(2) [Voir dans ce sens un arrêt de la Cour de cassation du 27 février 1883,
S. 1884, 1, 65.]

survivre la dette alimentaire due au conjoint et à certains membres de la famille, conformément aux art. 203, 205, 206, 207 et 212 C. civ. ; le Code du 25 septembre 1791, titre 4, art. 5 et 6, déterminait même formellement la manière dont devait être acquittée cette obligation : « 5. *Pendant la durée de sa peine, il ne pourra lui être remis aucune portion de ses revenus ; mais il pourra être prélevé sur ses biens les sommes nécessaires pour élever et doter ses enfants, ou pour fournir des aliments à sa femme, à ses enfants, à son père ou à sa mère, s'ils sont dans le besoin. — 6. Ces sommes ne pourront être prélevées sur ses biens qu'en vertu d'un jugement rendu à la requête des demandeurs, sur l'avis des parents et du curateur et sur les conclusions du commissaire du roi.* »

Cette disposition a malheureusement disparu dans l'art. 31 du Code de 1810. Lors de la revision de 1832, un membre de la Chambre des députés proposa d'ajouter à cet article la disposition suivante : « *Le tuteur pourra faire remise à la famille du condamné d'une partie de ses revenus à titre de secours, en vertu d'une délibération du conseil de famille homologuée par le tribunal de première instance du domicile du condamné.* » Le rapporteur, M. Dumont, répondit que cette disposition était inutile et que le droit du conjoint, des enfants et des ascendants était consacré par le Code civil. Il faut conclure de là que le conseil de famille devra pourvoir lui-même au paiement de la dette alimentaire et en fixer le chiffre par application des art. 454 et 455 C. civ., et au besoin les tribunaux statueront sur la demande. La question présente plus de difficulté lorsqu'il s'agit de doter ou d'établir un enfant de l'interdit, car le Code civil a consacré dans l'art. 204 le principe : « *Ne dote qui ne veut* », admis par les pays coutumiers. Dès lors la constitution de dot est un acte purement volontaire et gratuit, n'étant point obligatoire, à la différence de la dette alimentaire. Cependant, cette dette étant une obligation morale et naturelle, il paraît raisonnable d'appliquer à l'interdit légal l'art. 511 C. civ., relatif à l'interdit judiciaire, quoique la situation soit différente, puisque l'interdit légal, à la différence de l'interdit judiciaire, est capable de donner son consentement et d'apprécier la portée de l'acte. Aussi croyons-nous qu'il devra être consulté et qu'on ne pourra ainsi disposer de ses biens sans son assentiment ; mais son consentement ne suffirait pas, il faut en outre le concours de la famille et de la justice.

2° *Condamnations qui produisent l'interdiction légale.* — Jusqu'à 1854 et en vertu de l'art. 29 C. pén., les condamnations à des peines afflictives et infamantes temporaires emportaient seules l'interdiction légale ; les peines perpétuelles emportaient en effet la mort civile (art. 18 C. pén.). L'interdiction légale n'était donc attachée qu'aux condamnations aux travaux forcés à temps, à la détention et à la réclusion. Mais depuis l'abolition de la mort civile par la loi du 31 mai 1854, l'interdiction légale est attachée aux condamnations à des peines perpétuelles (art. 2 de cette loi). Mais la condamnation à la peine de mort autorise-t-elle également l'interdiction légale ? Des art. 29 et 31 C. pén., il semble bien que l'interdiction ne peut résulter de cette condamnation, puisqu'elle n'est encourue que *pendant la durée de la peine* ; les incapacités étant de droit étroit, nous croyons que le condamné à la peine de mort n'encourt pas l'interdiction légale : il en serait autrement si sa peine est commuée en une peine afflictive et infamante.

Il est bien évident du reste que le condamné ne saurait, par son évasion, se soustraire à l'interdiction légale, quoique cette incapacité ne soit encourue que pendant qu'il subit sa peine; car tant qu'il n'a pas subi entièrement sa peine, ses biens ne peuvent lui être remis (art. 30 C. pén.). Mais la prescription de sa peine ferait cesser l'interdiction légale. Les actes passés par l'interdit pendant son évasion devront-ils être annulés à l'égard des tiers de bonne foi, qui n'ont pu avoir raisonnablement connaissance de la condamnation ? Nous estimons que la capacité putative du condamné validerait ces actes : *error communis facit jus* ; nous appliquerons ici la loi *Barbarius Philippus* (loi 3. Dig. de officio prætorum).

Les condamnations par contumace font-elles encourir l'interdiction légale ? La question est controversée. M. Bertauld, dans son Cours de Code pénal, p. 238 et ses Questions controversées, p. 44, soumet le contumax à l'interdiction légale ; il se fonde 1° sur la généralité de l'art. 29 C. pén. et de l'art. 2 de la loi du 31 mai 1854 ; 2° sur l'utilité d'un tuteur pour représenter la personne du contumax (1). Les travaux préparatoires de la loi du 31 mai

_____

(1) Dans ce sens, Chambéry, 28 janvier 1862, S. 62, 2, 481.

1854 n'éclairent en rien la question, car si l'exposé des motifs déclare le contumax affranchi de l'interdiction légale, le rapport de M. Riché le suppose soumis à cette interdiction. La négative est plus généralement admise et nous paraît préférable ; car l'interdiction légale n'est pas adaptée à la position du contumax dont les biens sont soumis au régime du séquestre (art. 471 et 472, 3e alinéa, Inst. crim.). Le contumax est dans une situation spéciale, car ses biens sont régis comme biens d'absent par l'administration des domaines et il n'a de capacité que pour les actes que l'administration ne peut pas faire en son nom, par exemple se marier, reconnaître un enfant naturel, contracter ou s'engager personnellement. C'est ainsi que la Cour de Montpellier a justement jugé le 19 mars 1836 (S. 36, 2, 319) que l'administration des domaines représente le condamné quant à l'exercice de ses actions tant actives que passives, mobilières ou immobilières, et d'autre part la Cour de Paris, le 26 février 1876 (S. 79, 2, 300), a décidé que les actes consentis par le contumax ne peuvent pas porter atteinte au régime de la séquestration des biens. Toutes choses qui rendent absolument inutile l'interdiction légale pour le contumax.

3° *A quel instant le condamné encourt-il l'interdiction légale ?* L'interdiction légale ayant, d'après l'art. 29 C. pén., la même durée que la peine principale à laquelle elle est attachée, commence avec celle-ci, c'est-à-dire du jour où la condamnation est devenue définitive et irrévocable (art. 23 C. pén.). Dès que le jugement ou l'arrêt de condamnation a acquis l'autorité de la chose jugée, le conseil de famille est réuni pour la nomination du tuteur ou du subrogé tuteur (art. 29 C. pén. et 505 C. civ.).

4° *Quand cesse l'état d'interdiction légale ?* L'interdiction légale cesse : I. Lorsque le condamné est libéré de sa peine, puisqu'elle a la même durée que celle-ci (art. 29 C. pén.) : en ce moment ses biens lui sont remis et le tuteur lui rend compte de son administration (art. 30 C. pén.).

La peine principale cesse elle-même et avec elle l'interdiction 1° par l'expiration du temps assigné à sa durée ; 2° si le condamné s'est évadé, par la prescription ; 3° par la grâce (1) ; 4° par

(1) Cass. 14 août 1865, S. 65, 1, 456.

la commutation de la peine afflictive et infamante en une peine correctionnelle.

II. Pour les condamnés aux travaux forcés à temps, le gouvernement peut les relever de l'état d'interdiction légale dans la colonie et autoriser leur tuteur à leur remettre tout ou partie de leurs biens (art. 12, loi du 30 mai 1854) : « *Le gouvernement pourra accorder aux condamnés aux travaux forcés à temps l'exercice, dans la colonie, des droits civils, ou de quelques-uns de ces droits, dont ils sont privés par leur état d'interdiction légale. Il pourra autoriser ces condamnés à jouir ou disposer de tout ou partie de leurs biens.* » Mais le condamné ne recouvre l'exercice de ses droits et la capacité pour contracter que par rapport aux biens situés dans la colonie pénale et à ceux dont la remise a été autorisée : « *Les actes faits par les condamnés dans la colonie, jusqu'à leur libération, ne pourront engager les biens qu'ils possédaient au jour de leur condamnation, ou ceux qui leur sont échus par succession, donation ou testament, à l'exception des biens dont la remise aura été autorisée.* » Le condamné peut avoir ainsi deux patrimoines : 1º le patrimoine de la colonie pénale, administré par le condamné et par rapport auquel il a l'exercice de ses droits; 2º le patrimoine composé des biens situés hors de la colonie pénale, par rapport auquel il reste en état d'interdiction légale.

Du reste le régime est le même pour les condamnés à des peines perpétuelles pour les biens qu'ils obtiennent dans la colonie (art. 4 de la loi du 31 mai 1854) : « *Le gouvernement peut accorder à un condamné à une peine afflictive perpétuelle l'exercice, dans le lieu d'exécution de la peine, des droits civils ou de quelques-uns de ces droits dont il a été privé par son état d'interdiction légale. Les actes faits par le condamné dans le lieu d'exécution de la peine, ne peuvent engager les biens qu'il possédait au jour de sa condamnation, ou qui lui sont échus à titre gratuit depuis cette époque.* »

III. La loi du 25 mars 1873, qui règle la condition des déportés à la Nouvelle-Calédonie, apporte dans son art. 16 une modification aux règles de l'interdiction légale en faveur des condamnés à la déportation simple. Ceux-ci ne sont plus en état d'interdiction légale, relativement aux biens qu'ils ont acquis dans la colonie. « *Les dispositions de la loi du 31 mai 1854 continueront à recevoir leur exécution en ce qui concerne les condamnés à la déportation. Toutefois, les condamnés à la déportation simple auront de plein droit l'exercice des droits civils dans le lieu de la déportation. Il pourra leur être remis, avec l'autorisation du gouvernement, tout ou partie de leurs biens. Sauf l'effet de cette remise, les actes faits par eux dans le lieu de déportation ne pourront ni engager, ni affecter les biens qu'ils possédaient au jour de leur condamnation, ni ceux qui leur seraient échus à titre gratuit depuis cette époque.* »

III. *Incapacités de disposer et de recevoir à titre gratuit établies par la loi du 31 mai 1854.*

1° *Aperçus historiques et critiques.* — Cette loi, en abolissant la mort civile, lui a substitué, outre l'interdiction légale et la dégradation civique, la double incapacité de disposer et de recevoir à titre gratuit, incapacité qui différencie les effets des peines afflictives perpétuelles et ceux des peines afflictives temporaires.

Mort civile. — Avant la loi de 1854, les peines afflictives perpétuelles entraînaient la mort civile. Cette fiction avait son origine dans le droit romain, où les condamnés à mort ou aux mines encouraient *la maxima capitis deminutio* et devenaient *servi pœnæ :* or « *servitus morti œquiparatur* », disaient les jurisconsultes. Cette fiction passa dans notre ancienne législation et fut étendue à ceux qui embrassaient la profession religieuse, cette dernière mort civile n'étant du reste nullement infamante. Cette peine avait l'avantage de pouvoir atteindre le contumax. Aussi devint-elle un instrument politique : l'édit d'octobre 1685 de Louis XIV ayant révoqué l'édit de Nantes, frappait les protestants réfugiés à l'étranger de mort civile. Un décret du 28 mars 1793 frappait également les émigrés de mort civile. Lors de la rédaction du Code civil, la question du maintien de la mort civile fit l'objet d'une vive discussion ; cependant, elle fut conservée comme conséquence de la peine capitale (art. 22 et suiv. C. civ.). Mais pour les peines perpétuelles qui n'étaient pas consacrées par le Code pénal de 1791 alors en vigueur, elles n'entraînèrent la mort civile qu'en vertu de l'art. 18 du Code de 1810 qui maintint également la mort civile.

Les effets de la mort civile étaient réglés par l'art. 25 C. civ. La succession du condamné était ouverte, son mariage dissous, tous ses rapports avec sa famille censés éteints ; il ne pouvait plus disposer de ses biens ; son testament, même fait antérieurement à sa condamnation, était annulé et sa succession ouverte déférée ab intestat aux seuls héritiers naturels et légitimes : il ne pouvait contracter désormais un mariage valable. Cette peine qui frappait le contumax continuait même de subsister après la prescription de la peine (art. 32 C. civ.). Et cependant le condamné conservait sa personnalité au sein de la société.

Les effets de la mort civile blessaient la morale et les sentiments généreux : ainsi la femme du mort civilement n'était plus qu'une concubine et les enfants qui pouvaient naître de leurs rapports ne pouvaient même avoir de père, puisque tous les liens de parenté étaient brisés à l'égard du mort civilement.

Aussi la mort civile fut-elle vivement attaquée, notamment par M. Rossi ; ses effets fâcheux furent encore plus sensibles lors de la condamnation à la détention et à la mort civile par la Chambre des Pairs, des ministres de Charles X. M. de Polignac ayant eu, après sa condamnation, des enfants de sa femme, fut obligé après sa grâce, de contracter un nouveau mariage pour légitimer ses enfants. Un projet d'abolition de la mort civile fut proposé lors de la revision du Code pénal en 1832 ; mais on ne prononça pas cette abolition, à raison des modifications profondes qu'elle introduisait dans la législation. Aussi n'est-ce qu'en 1854, par la loi du 31 mai, que cette peine a été abolie.

La loi du 31 mai 1854 ne contenant que six articles, a donné lieu à de nombreuses difficultés, notamment en matière de contumace ; des dispositions plus nombreuses et moins de précipitation auraient donc été désirables.

2º *Abolition de la mort civile.* — La mort civile fut abolie non seulement pour l'avenir, mais pour toutes les condamnations antérieures (art. 1 et 5 de la loi) ; mais cette loi ne rétroagissait pas et n'annulait pas les effets déjà produits par la mort civile. C'est ainsi que le mariage du condamné demeurera dissous ; ses biens demeureront entre les mains de ses héritiers.

La mort civile a été remplacée par les incapacités suivantes :
1° *dégradation civique;* 2° *interdiction légale;* 3° *incapacité de disposer et de recevoir à titre gratuit par donation entre vifs et par testament, privant le condamné non pas seulement de l'exercice, mais de la jouissance de ces droits;* 4° *nullité du testament par lui fait antérieurement à sa condamnation :* « *Art 1er. La mort civile est abolie.*

« *2. Les condamnations à des peines afflictives perpétuelles emportent la dégradation civique et l'interdiction légale, établies par les art. 28, 29 et 31 du Code pénal.*

« *3. Le condamné à une peine afflictive perpétuelle ne peut disposer de ses biens, en tout ou en partie, soit par donation entre vifs, soit par testament, ou recevoir à ce titre, si ce n'est pour cause d'aliments. Tout testament par lui fait antérieurement à sa condamnation contradictoire, devenue définitive, est nul. Le présent article n'est applicable au condamné par contumace que cinq ans après l'exécution par effigie.* »

C'est une question très controversée, au point de vue des principes, que celle de savoir si la loi doit rattacher aux condamnations à des peines afflictives perpétuelles, la perte du droit de disposer des biens à cause de mort. La loi du 31 mai 1854, qui a aboli en France la mort civile, a résolu cette question affirmativement; mais cette disposition ne fut pas admise sans opposition, et elle a été l'objet de sérieuses critiques (1).

En exprimant le vœu, en 1850, de voir disparaître de notre législation cette mort civile qui la déparait, nous proposions de la remplacer par la privation de certains droits que doivent nécessairement amener les condamnations à des peines perpétuelles. Nous estimions que la succession du condamné ne devait plus être ouverte, qu'il devait conserver la propriété de ses biens, sans en avoir l'administration, et en appliquant, par rapport à leur gestion, le régime de l'absence. Quant au droit de tester, nous étions d'avis de le lui laisser, en adaptant les effets

____

(1) Deux honorables députés, MM. Legrand et Rigaud, réclamèrent contre cette reproduction des effets qui se rattachaient à la mort civile (*Moniteur* du 4 mai 1854). Elle ne fut adoptée qu'avec le correctif résultant de la faculté accordée au gouvernement de relever le condamné à une peine perpétuelle des incapacités dont il serait frappé.

des dispositions à cause de mort qu'il ferait aux exigences du régime de l'absence par rapport aux fruits perçus, et en conciliant les droits des héritiers testamentaires qu'il aurait institués, ou de ses légataires, avec ceux des envoyés en possession provisoire qui auraient à leur remettre ses biens ou à acquitter les legs (1).

Voici à quels principes nous rattachions ce que nous proposions alors pour notre législation. Ces principes émanent des doctrines que nous avons toujours admises par rapport au droit de propriété.

Pour nous, le droit de propriété n'est pas une création de la loi civile, c'est de la liberté et du travail libre de l'homme qu'il émane; il se produit au sein de la vie sociale comme un agent puissant qui met en action les forces individuelles et comme la cause efficiente du progrès. Sans la propriété personnelle et individuelle, la vie sociale s'affaiblirait, les individualités perdraient leur énergie, elles s'effaceraient et ne fourniraient, dans un état de communauté, que des forces peu puissantes pour soutenir la production. Plus un peuple est libre, plus le droit de propriété se dégage des formes et des charges qui l'amoindrissaient; plus ce droit se condense, plus il se rattache à chaque personnalité (2).

(1) Observations sur la proposition d'abolir la mort civile (Revue de droit français et étranger, t. VII (1850), p. 486). Nous formulions, dans ce travail, un ensemble de dispositions qui auraient eu aussi pour objet de régler d'une manière précise la position des contumaces. « Préparé avec le plus grand soin, ce système, par son étendue et par la complication des détails qui en faisaient une œuvre complète, disait en 1853 M. Humbert, a pu effaroucher les esprits, en grand nombre, qui aiment à se rattacher aux traditions et à modifier le moins possible la lettre de nos Codes ». (Des conséquences des condamnations pénales, p. 447, Paris, 1855, in-8°, 555 pages).

(2) Qu'on compare l'état des populations rurales d'autrefois avec celui qu'elles offrent de nos jours dans nos campagnes, et il sera facile de voir comment la propriété du sol, mal établie et mal aménagée, ne produisait que la misère la plus profonde et comment cette propriété libre, établie dans toute sa plénitude sur des têtes nombreuses, en étant ainsi individualisée, est fécondée par un travail producteur de cette aisance et de ce bien-être qu'offre aujourd'hui la classe, autrefois si misérable de nos paysans. C'est ce qui ressort du tableau si vrai et si saisissant qu'ont tracé, de l'état de nos anciennes populations rurales, deux de nos brillants et savants écrivains, M. Alexis de Tocqueville et M. Taine, le premier dans son livre, si bien apprécié, qui a pour titre : l'An-

Dans l'état de liberté, chacun veut pleinement jouir de son bien; chacun veut posséder privativement le fruit de son travail et de ses épargnes pour en disposer comme il l'entend (1).

cien Régime et la Révolution, au chapitre Ier du livre II; le second dans le volume consacré à l'Ancien Régime et aux Origines de la France contemporaine au chapitre Ier du Ve livre. — On a aussi un tableau plein de tristesse de l'état de misère dans les temps passés, de nos populations rurales du Midi, dans un ouvrage de M. Théron de Montaugé, couronné par l'Académie française et par la Société centrale d'Agriculture. Ce volume a pour titre : l'Agriculture et les classes rurales dans le pays toulousain, depuis le milieu du XVIIIe siècle. Paris et Toulouse, 1869, in-8°, 682 p. Voir notamment les livres IV et V.

(1) Dès l'année 1840, nous exposions ces doctrines et nous nous efforcions de réfuter celles de certaines écoles socialistes qui méconnaissaient le droit individuel de propriété et qui manifestaient des tendances communistes (Revue de législation et de jurisprudence publiée sous la direction de M. Wolowski, 2e série, t. II, 1840, p. 419).

Les doctrines que nous exposions sont professées par les jurisconsultes français de notre époque. Ce sont celles qui ont inspiré les rédacteurs de notre Code civil ainsi que le déclarait Portalis en exprimant la pensée du Conseil d'Etat devant le Corps législatif, lorsqu'il disait : « Le principe de ce droit (la propriété) est en nous : il n'est point le résultat d'une convention humaine ou d'une loi positive. Il est dans la constitution même de notre être et dans nos différentes relations avec les objets qui nous environnent » (Locré, Législation civile, etc., de la France. t. VIII, p. 147). M. Troplong expose aussi, avec un remarquable talent, ces mêmes doctrines dans un des petits traités publiés, en 1848, par l'Académie des sciences morales et politiques, et qui parut sous ce titre : De la propriété d'après le Code civil, in-18, Paris, 1848, 154 p.

Ces principes sont aussi professés dans l'Italie, et on en trouve une exposition lucide dans l'ouvrage du docte M. Buniva, notre collègue à l'Académie de législation de Toulouse, alors professeur de Code civil à l'Université de Turin, qui a pour titre : *Dei beni e della proprietà secondo il codice civile del regno d'Italia*, Torino, 1869, in-8°, 193 p. C'est à la page 96 de cet ouvrage qu'on trouve ce qu'il dit à ce sujet et les citations de nombreuses autorités qui y sont indiquées.

Quant aux évolutions et à l'état du droit de propriété aux différentes époques historiques au sein des sociétés, on peut consulter, pour l'Espagne, un travail très remarquable de M. Francesco de Cardenas, membre de l'Académie de l'histoire et de celle des sciences morales et politiques de Madrid, qui a pour titre : *Ensayo sobre la historia de la propriedad territorial en España*, 2 vol. gr. in-8°, Madrid, 1873. M. E. de Laveleye, correspondant de l'Institut de France, et membre de diverses académies étrangères, a aussi publié un travail qui contient des détails très intéressants sur les formes primitives de

En partant de ces principes, le droit de régler par une manifestation de la volonté la transmission des biens en vue de la mort, n'apparaît pas comme une création de la loi civile; ce droit offre une extension du domaine de l'homme sur les choses qui composent son patrimoine, jusqu'aux limites les plus extrêmes. Il donne au droit de propriété toute la valeur qu'il peut avoir; il procède de l'intelligence et de la prévoyance qui sont inhérentes à la nature humaine; il offre une manifestation de la persistance de la personnalité humaine au delà de la vie. L'homme, en mourant, disparaît, il est vrai, du sein de la société, mais il y laisse des souvenirs, il peut y être encore l'objet des affections ou de la haine de ceux avec lesquels il a vécu; il a eu, en mourant, à pourvoir aux soins de sa mémoire, à réparer le mal qu'il peut avoir fait, à assurer, autant qu'il l'a pu, le bien-être de ceux qui lui sont chers; il a aussi à se donner un représentant pour l'acquittement des obligations qu'il avait contractées et qui doivent pouvoir être accomplies après sa mort, pour qu'elles aient, pendant sa vie, toute la valeur que leur confère la certitude de les voir remplir (1).

Cela étant ainsi, on a à se demander si la privation du droit de disposer des biens, à cause de mort, doit être rattachée aux condam-

---

la propriété chez des peuples différents et à des époques diverses. Pour nous, la conclusion à induire des faits qu'il expose, c'est que la propriété tend à s'individualiser et à s'unifier à mesure que les nations progressent, et que celles au sein desquelles elle a quitté l'état de communauté pour devenir toute personnelle, sont les plus libres et les plus riches. *De la propriété et de ses formes primitives*, par E. de Laveleye, in-8º, 1876.

(1) La propriété, dit M. Demolombe, ne serait pas du tout si elle n'était pas perpétuelle. Or, qu'est-ce que cette perpétuité, sinon le droit de transmettre à d'autres après nous, la chose qui nous appartient. Il est évident, en effet, que la propriété ne serait pas perpétuelle si elle n'était pas transmissible. La transmission héréditaire n'est donc pas seulement une conséquence du droit de propriété, elle en est une condition essentielle, sans laquelle la propriété ne pourrait pas remplir les vues de la Providence, qui en a fait le moyen de conservation des familles et le fondement de la sociabilité humaine ». Traité des donations entre vifs et des testaments, t. 1er, p. 5, Paris, 1863, 6 vol. in-8º. M. Laferrière exprimait ces mêmes idées comme étant celles des jurisconsultes romains et des philosophes de l'antiquité des écoles spiritualistes : {De la doctrine philosophique des jurisconsultes romains en matière de succession et de testament.— Revue de droit français et étranger, t. VI, 1849, p. 517).

nations à des peines perpétuelles et si elle peut être juridiquement employée comme une aggravation de peine? Sans doute toute peine consiste dans une privation de droits. Mais il est des droits qui sont si intimement rattachés à la personne humaine qu'il y a devoir pour le législateur de ne pas les ôter. Tel a paru être le droit de propriété, puisqu'on a jugé que le condamné à une peine perpétuelle devait conserver ses biens. Ne devait-on pas, par une conséquence qu'imposait la logique juridique, lui laisser celui d'en régler la transmission pour l'époque de sa mort? Qu'on lui ôte le droit de percevoir ses revenus et de disposer de son avoir pendant qu'il subit sa peine, c'est là une nécessité qu'impose la peine du châtiment qu'il a à subir. Mais qu'on le prive de la faculté de désigner son successeur à ces biens dont la propriété repose encore sur sa tête, c'est annihiler ce droit de propriété en lui ôtant la seule chose qui puisse, pour lui, maintenir son existence et qui se rattache à son essence. En n'ôtant pas au condamné ces biens, on témoignait d'un respect profond pour le droit de propriété, et ce respect n'aurait pas dû être incomplet. C'est ce qui faisait aussi regretter à notre savant et honorable collègue M. Humbert, que notre loi du 31 mai 1854 eût rattaché cette suppression du droit de tester aux condamnations à des peines perpétuelles. « A une époque, disait-il, où le droit de propriété a été l'objet de violentes attaques, ne convient-il pas de soumettre à un contrôle sévère les restrictions nombreuses que l'ancienne législation nous a léguées. Le respect du droit individuel est, à nos yeux, la première garantie de l'ordre social. Or, le droit de disposer à titre gratuit ou onéreux forme l'apanage le plus précieux de la propriété; le testament n'est qu'une application particulière à ce droit, et la loi des successions ab intestat n'a d'autre base solide qu'une interprétation de volonté; c'est, en un mot, le testament présumé du défunt (1). En multipliant les incapacités, on s'expose à étendre trop loin le droit du législateur aux dépens du

(1) Oui, si le défunt, en ayant le pouvoir de faire les dispositions qu'il juge convenables, a pu accepter ou ne pas accepter celles que fait la loi. Dans le cas contraire, c'est la loi qui, au nom de l'Etat, transmet et distribue les biens. Il y a là l'emploi d'une doctrine dangereuse, propre à porter atteinte aux principes sur lesquels repose la propriété privée.

droit individuel et à porter atteinte, involontairement, au droit de propriété (1). »

En examinant au point de vue pénal la privation du droit de tester, on voit qu'elle ne peut avoir un effet afflictif qu'à l'égard du condamné qui s'est amendé et qui est capable d'avoir quelques sentiments généreux. Prenez un criminel endurci qui n'a pour la société que des sentiments de haine, vous lui avez laissé la propriété de ses biens, et il est rare qu'un malfaiteur profondément corrompu ait de la fortune ; mais s'il en a, cette propriété est purement nominale, car il ne peut ni administrer ses biens, ni les aliéner, ni même percevoir la moindre partie des revenus qu'ils produisent. Peu lui importe ce qui adviendra après sa mort ; pour lui, la faculté de disposer par testament serait une chose indifférente. Ce qu'il eût aimé, ç'eût été de pouvoir disposer de ce qui lui appartient pour se procurer, de son vivant, des jouissances. Au contraire, mettons-nous en présence d'un condamné qui s'est amendé, qui, dans la cellule où il doit passer le restant de ses jours, se livre à des pensées saines et a le désir louable de pleinement réparer le mal qu'il a causé aux siens : l'incapacité de tester, dont la loi le frappe, aura des douleurs pour lui lorsqu'il sera à son heure extrême et qu'il se verra ainsi empêché de faire ce qui serait bon et juste. Il y aura pour lui une peine, mais elle consistera dans le regret que lui cause l'impuissance où on l'a mis de faire le bien.

Vous avez encore, dans ce cas, une peine *aberrante* (l'expression est admise), car elle ne fait qu'effleurer celui contre lequel elle est dirigée, et elle va frapper en plein celui auquel elle ne s'adressait pas. La personne qui est réellement punie, c'est cette épouse pleine de vertu, qui a supporté avec courage et résignation le malheur, et qui voit forcément passer les biens de celui qui a causé ses infortunes dans les mains de parents éloignés et indifférents qui l'ont délaissée, sans que son époux puisse les lui faire avoir et l'empêcher de tomber, après sa mort, dans la misère. Il est vrai que la loi italienne, plus équitable à l'égard des époux que la loi française actuelle, accorde au survivant une part héréditaire en usufruit ou en pleine propriété sur les biens

---

(1) Des conséquences des condamnations pénales, p. 498.

de son conjoint, selon la qualité des héritiers avec lesquels il est en concours (1). Il y a bien là, pour ce cas spécial, un secours accordé par la loi à l'époux, mais ce secours peut être insuffisant, et la situation que nous avons signalée reste toujours avec ce qu'elle peut avoir de fâcheux, lorsqu'il s'agit d'un ami, d'une personne qu'on affectionne, dont on voudrait soulager les misères. On a vu aussi des individus livrés pendant leur vie à des désordres, revenir, à leur dernière heure, à des idées plus saines et réparer le mal que le scandale de leur conduite avait produit au sein de la société, en disposant de leur fortune pour le fondement d'établissements utiles.

Veut-on, comme on l'a fait, se placer en présence d'un fait hypothétique tout' opposé, de celui d'un malfaiteur que les rigueurs d'une détention cellulaire à vie n'ont pu amender et qui en abusant de la capacité de tester qu'on ne lui aurait pas ôtée, laisserait, en mourant, des dispositions testamentaires scandaleuses par lesquelles il transmettrait ses biens aux complices de ses crimes, ou même à ses gardiens dont il aurait ainsi obtenu ce qui n'aurait pas dû lui être accordé? Il y aurait là, sans doute, cet abus qu'on a craint de voir se produire; mais est-ce qu'un droit, en lui-même légitime, doit être retiré en vue de quelques abus qui pourront advenir lorsqu'il sera mal exercé? Est-ce qu'on a supprimé le droit de tester parce qu'on voit souvent des testaments qui contiennent des dispositions bizarres et des libéralités mal placées et qui portent atteinte à l'état de fortune des familles, qui s'adressent à des personnes mal famées et qui récompensent l'immoralité? (2).

Les tribunaux n'ont-ils pas d'ailleurs mission d'annuler toutes dispositions portant atteinte à l'ordre public? Enfin si les

(1) C. civil ital. art. 753 à 757.

[Cette observation a cessé d'être vraie depuis la loi du 9 mars 1891 qui a fixé chez nous les droits du conjoint survivant.]

(2) On sait ce qu'un grand peintre des mœurs de son siècle, la Bruyère, a dit des testaments en vue des nombreux procès qu'ils occasionnent : A-t-on tari cette cause de discorde entre les héritiers légitimes et les héritiers testamentaires ou légataires, en abolissant le droit de tester? On a vu les abus avec regret, mais on n'a pas supprimé un droit dont l'usage est légitime et si souvent utile (Les caractères ou les mœurs de ce siècle, par M. de la Bruyère; ch. XIV; De quelques usages, t. II, p. 220, Paris, 1740, 2 vol. in-12).

craintes qu'on a exprimées, et qui témoignent du peu de confiance en l'effet moralisateur du régime pénitentiaire consacré par les lois pénales, avaient la valeur qu'on leur a attribuée en France et en Italie, ne serait-il pas facile de faire disparaître de pareilles craintes au moyen de dispositions par lesquelles il serait déclaré que toute libéralité faite par un condamné, soit en faveur de ses complices, soit en faveur de tous autres condamnés à une peine criminelle, soit aussi en faveur des employés, à un titre quelconque, du lieu où il était détenu, seraient frappées de nullité.

En résumant ce que nous venons d'exposer, nous dirons que, pour nous, le droit de disposer, à cause de mort, est un des attributs du droit de propriété qui se rattache à ce qui est de son essence et qui ne doit pas en être détaché.

Les Codes rédigés et publiés récemment dans plusieurs pays laissent aux condamnés le droit de disposer de leurs biens à cause de mort. C'est ainsi que l'art. 22 du Code pénal belge du 8 juin 1867, déclare que l'interdiction légale enlève au condamné « la capacité d'administrer ses biens et d'en disposer, *si ce n'est par testament.* »

La législation pénale de la Hollande n'ôte pas non plus aux condamnés le droit de tester, et le projet d'un nouveau Code pénal, dont M. Emilio Brusa vient de donner une version italienne, leur en laisse la jouissance ; c'est ce qui paraît résulter de l'art. 37 de ce projet (l'ultimo progetto del Codice penale olandese, traduzione illustrata e studi di Emilio Brusa, p. 37, Bologne, 1878, in-8°).

La législation de l'Espagne n'avait pas consacré la fiction de la mort civile, et ses jurisconsultes l'en ont louée avec raison (D. Joaquin Francesco Pacheco, Estudios de derecho penal, lecciones prononciadas en el Ateneo de Madrid, t. II, p. 207 ; Madrid, 1842-1843, 2 vol. in-8°). Les rédacteurs du Code pénal espagnol de 1848 s'inspirèrent de ces idées ; aussi son article 41, en consacrant une interdiction civile, *interdiccion civil*, ne lui fait produire pour effets comme peine accessoire, et pendant la durée de la peine principale, que de priver le condamné de la puissance paternelle, de l'autorité maritale, de l'administration de ses biens et du droit d'en disposer entre-vifs. Il n'est pas question de la privation du droit de faire des dispositions à cause de mort ; aussi les commentateurs de ce Code ne manquent pas de faire remarquer que le condamné atteint par cette interdiction civile, qui est à vie lorsqu'elle se rattache à une peine perpétuelle, peut tester et acquérir par donation ou testament (*sic*, D. Alfonso Aurioles Montero, Instituciones del derecho penal de Espana, p. 80, Madrid, 1849, in-8° ; — D. Joaquin

Francesco Pacheco, El Codigo penal concordado y comentado, 2ª edicion, t. I, p. 343; Madrid, 1856, 3 vol. in-8°).

Le nouveau Code pénal espagnol promulgué sous la régence du maréchal Serrano, le 18 juin 1870, reproduit, dans son article 43, les termes mêmes de l'art. 41 de celui de 1848.

Dans la Suisse, le canton de Genève a aussi un Code pénal récent, promulgué le 29 octobre 1874. Nous n'y trouvons pas non plus l'interdiction du droit de tester au nombre de celles que prononcent les articles 11 et 12.

Voilà, on le voit, les dispositions qu'on trouve dans des œuvres législatives récentes qui toutes ont eu pour rédacteurs des jurisconsultes savants et des hommes d'Etat habiles. Elles expriment les doctrines du droit de notre époque, et elles sont le fruit de profondes études.

[L'incapacité de tester ne figure ni dans les Codes hollandais de 1881 et portugais de 1886. Mais elle a été inscrite, après de vifs débats, dans le Code italien de 1889 (art. 33), comme conséquence de la condamnation à l'*ergastolo*.]

D'après le régime établi par la loi du 31 mai 1854, le condamné, autrefois frappé de mort civile, conserve la propriété de ses biens, il reste dans les liens du mariage et peut recueillir les successions ab intestat; il n'est frappé que des incapacités suivantes : 1° la dégradation civique; 2° l'interdiction légale; 3° l'incapacité de disposer et de recevoir par donation entre vifs et par testament; 4° la nullité du testament par lui fait antérieurement.

Nous connaissons le régime des deux premières incapacités; nous n'avons donc à nous occuper ici que des deux dernières.

§ 1. QUELS SONT LES CONDAMNÉS ATTEINTS PAR LA LOI DU 31 MAI 1854?

Aux termes des articles 2 et 3 de la loi, les incapacités qu'elle établit frappent les condamnés à des peines afflictives perpétuelles. On peut dès lors se demander si, sous cette expression, il faut comprendre les condamnés à mort? Avant 1854, la mort civile lui était certainement applicable, l'article 23 C. civ. le déclarait formellement. Le texte de la loi de 1854 pourrait permettre quelques doutes, parce que la mort est une peine *sui generis* qui, consistant dans la destruction de la vie, fait abstraction du temps et

n'est ni perpétuelle ni temporaire. Cependant, on s'accorde généralement, en s'attachant à l'esprit de la loi, à décider que l'incapacité dont il s'agit, frappe le condamné à mort comme le condamné à perpétuité (1). La question présente de l'intérêt, d'abord
en cas d'exécution réelle de la condamnation capitale pour la validité du testament fait par le condamné; ensuite, en cas de condamnation par contumace, pour les diverses incapacités établies
par la loi de 1854. Cependant, si le condamné à mort est au
point de vue des incapacités assimilé au condamné à des peines
perpétuelles, il n'est pas frappé de l'interdiction légale, cette interdiction n'atteignant le condamné que pendant la durée de la
peine.

§ 2.   EN QUOI CONSISTENT LES INCAPACITÉS DE LA LOI DU 31 MAI 1854 ?

Ces incapacités consistent dans la privation du droit lui-même
et non pas simplement de l'exercice du droit de disposer et de recevoir à titre gratuit; elles ont un caractère pénal : ces incapacités sont dictées par une pensée morale et élevée, ce sont des
indignités. Les accessoires de cette nature, associés aux peines
afflictives perpétuelles, sont moins un service rendu à l'exempla-
rité des châtiments qu'un hommage réclamé par la dignité même
des droits dont un condamné doit être destitué. (Rapport de
M. Riché, au Corps législatif.) Ces incapacités diffèrent donc de
l'interdiction légale et n'en sont point les conséquences; par
suite, elles ne cessent pas comme cette interdiction par la grâce
ou la prescription de la peine.

*1° Privation de la jouissance du droit de disposer par donation
entre vifs.* — L'article 3 de la loi du 31 mai 1854, qui enlève ce
droit au condamné, n'est que la reproduction sur ce point du paragraphe 3 de l'article 25 C. civ., relatif à la mort civile. Un condamné perdant la jouissance du droit, toute donation entre vifs
est impossible, non seulement de sa part, mais même en son
nom. Il en résulte : 1° que le condamné, en se mariant, peut
bien faire un contrat de mariage réglementant ses intérêts pécu-

(1) Demolombe, t. Ier, Appendice relatif à la loi du 31 mai 1854, n° 11 ;
Bertauld, Cours de Code pénal, p. 262.

niaires, mais ne peut faire dans cet acte aucune donation à son conjoint; 2° que pendant la durée de la peine, le conseil de famille, au nom du condamné, et après l'expiration de la peine, par grâce ou prescription, le condamné lui-même, ne peuvent disposer à titre gratuit pour l'établissement des enfants de celui-ci. L'article 511 C. civ. ne peut lui être applicable puisqu'il a perdu la jouissance du droit de disposer, et l'on doit considérer comme une erreur l'opinion exprimée par M. Riché, dans son rapport, en ces termes : « En ce qui concerne l'établissement des enfants du condamné pendant l'interdiction, le conseil de famille avisera, aux termes de l'article 511 C. civ. » (1).

La loi du 25 mars 1873, sur la condition des déportés à la Nouvelle-Calédonie a, dans son article 13, § 4, établi une dérogation à cette incapacité au profit des conjoints des déportés habitant avec eux dans la colonie : « *Par dérogation à l'article 16 de la présente loi, les condamnés pourront, dans les limites autorisées par les articles 1094 et 1098 C. civ., disposer de leurs biens dans quelque lieu qu'ils soient situés, soit par actes entre vifs, soit par testament, en faveur de leurs conjoints habitant avec eux.* »

La loi du 31 mai 1854 a en outre autorisé, par son article 4, le gouvernement à relever le condamné de tout ou partie des incapacités qu'elle prononce contre lui.

2° Incapacité de recevoir par donation entre vifs, si ce n'est pour cause d'aliments. — Cette incapacité frappe de nullité toutes les donations qui peuvent, en dehors de la dette alimentaire, être adressées au condamné. Elle atteint donc les dons manuels comme les autres donations, pourvu que la preuve en soit faite (2).

3° Privation du droit de disposer par testament. — Cette incapacité est basée sur l'indignité même du condamné.

4° Incapacité de recevoir par testament si ce n'est pour cause d'aliments. — Cette incapacité, basée sur la même idée, reçoit comme celle de recueillir des donations, exception entre conjoints pour les condamnés à la déportation dans les cas et sous les conditions prévues par la loi du 25 mars 1873, article 13, § 4.

(1) Humbert, p. 502, n° 437; Demolombe, n° 17; Valette, Explication sommaire du livre Ier du Code civil, p. 23.

(2) Humbert, p. 282.

[Paul Bressolles, Traité des dons manuels, p. 164, n° 114.]

§ 3. QUAND LES INCAPACITÉS DE DISPOSER ET DE RECEVOIR
A TITRE GRATUIT ATTEIGNENT-ELLES LE CONDAMNÉ?

Pour répondre à la question, il faut distinguer suivant que la condamnation est contradictoire, ou suivant qu'elle est prononcée par contumace.

1° *Condamnation contradictoire.* — Les incapacités frappent le condamné dès que la condamnation est devenue définitive (loi du 31 mai 1854, art. 3). Ce moment est précisé par les art. 373 et 375 du Code d'inst. crim., et constitue le point de départ de l'exécution même de la condamnation (art. 23 et 28 C. pén.).

2° *Condamnation par contumace.* — La contumace est le refus opiniâtre de se soumettre à la justice du pays et implique un esprit de révolte; le contumax est celui qui refuse de se présenter devant la justice de son pays et qui est jugé sans qu'il soit présent et sans qu'il soit défendu. Les formes du jugement et les règles d'exécution de la condamnation sont tracées par les art. 365 et s. Code d'inst. crim. La condamnation prononcée par contumace n'est point exécutée quant aux peines qui frappent le corps du condamné dont on n'a pu se saisir; mais elle permet une exécution sur les biens et produit ses effets quant aux peines qui atteignent le condamné dans sa capacité; l'exécution de la condamnation par contumace, dans la mesure où elle est possible, se fait conformément à l'art. 472 Code d'inst. crim. — Du reste la condamnation par contumace n'est que provisoire et sous condition résolutoire. Elle tombe par l'arrestation ou la représentation volontaire du condamné, qui amènent son jugement contradictoire (art. 476 Code d'inst. crim.), pourvu que la condamnation ne soit pas prescrite (art. 641 Code d'inst. crim.).

Pour déterminer le moment précis où les incapacités de la loi de 1854 frappent le condamné par contumace, il faut distinguer, dans la contumace, trois périodes :

Première période. — Depuis la condamnation jusqu'à l'expiration de la cinquième année à partir de l'exécution par effigie, telle qu'elle a lieu au moyen des formalités de l'art. 472 Code d'inst. crim.

Pendant cette première période, la condamnation est devenue publique par les affiches prescrites par l'art. 472 Code d'inst. crim. — En outre, les biens du condamné sont placés sous séquestre, et l'administration en est confiée à l'Administration des domaines de l'Etat (art. 465 et 471 Code d'inst. crim.). Par suite le condamné est privé de l'exercice de ses droits par rapport à l'administration et à la disposition de ses biens, et toute action en justice lui est interdite (art. 465 Code d'inst. crim.); enfin, le condamné par contumace est, à partir de l'exécution par effigie, telle qu'elle est fixée par l'art. 472 Code d'inst. crim., frappé de dégradation civique (art. 28 Code pén.). Mais il n'est pas, dans cette première période, frappé de la double incapacité de disposer et de recevoir à titre gratuit établie par la loi du 31 mai 1854. Cette incapacité ne l'atteint que cinq ans après l'exécution par effigie, aux termes de l'art. 3 de cette loi, qui reproduit à ce point de vue les règles tracées par l'art. 27 Code civ., pour la mort civile. En conséquence, dans cette première période, le condamné peut faire et recevoir des donations entre vifs valables, sauf à en reporter l'exécution après la cessation du séquestre; les actes faits par le contumax ne peuvent porter atteinte au régime de ce séquestre (1). Enfin, le condamné peut faire des dispositions testamentaires qui seront exécutées s'il meurt dans les cinq ans; car s'il meurt dans cette première période, il meurt en état de capacité complète à ce point de vue.

Deuxième période. — A partir des cinq ans qui suivent les formalités de publicité établies par l'art. 472 Code d'inst. crim., jusqu'à la vingtième année à compter du jugement ou de l'arrêt de condamnation.

Le condamné est, à partir de ce moment, frappé des incapacités de la loi de 1854; mais la condamnation n'est pas irrévocable,

(1) Paris, 26 février 1876, S. 1879, 2, 300.

elle peut être purgée (art. 476 et 641 Code d'inst. crim.); elle est sous condition résolutoire.

Si le condamné meurt pendant cette période sans avoir purgé sa contumace, il meurt frappé des incapacités de transmettre et de recueillir par donation entre vifs et par testament; en consé-quence, les donations qu'il a faites ou qu'il a reçues depuis cette cinquième année sont frappées de nullité; le testament qu'il avait fait est nul et sa succession est recueillie par les héritiers que lui donne la loi (1).

Si le condamné par contumace se constitue prisonnier ou est arrêté, et s'il subit un nouveau jugement, l'art. 476 du Code d'inst. crim. déclare que la condamnation est anéantie de plein droit. Elle cesse de produire ses effets légaux, et les biens séques-trés sont rendus au condamné (art. 29 Code civ., pour la mort civile).

Mais les effets légaux de la condamnation cessent-ils, pour le passé et l'avenir avec rétroactivité, pour le temps écoulé entre l'expiration des cinq années de grâce et l'arrestation ou la com-parution; ou au contraire ces effets cessent-ils seulement pour l'avenir et sont-ils maintenus pour le passé? Les effets de la mort civile ne cessaient dans cette période que pour l'avenir seu-lement et subsistaient pour le passé aux termes des art. 30 Code civ., et 476 2e alinéa du Code d'inst. crim. : « *Lorsque le condamné par contumace, qui ne se sera pas représenté ou qui n'aura été constitué prisonnier qu'après les cinq ans, sera absous par le nouveau jugement, ou n'aura été condamné qu'à une peine qui n'emportera pas la mort civile, il rentrera dans la plénitude de ses droits civils, pour l'avenir, et à compter du jour où il aura reparu en justice; mais le premier jugement conservera pour le passé, les effets que la mort civile avait produits dans l'intervalle écoulé depuis l'époque de l'expiration des cinq ans jusqu'au jour de sa comparution en justice.* »
— « *Si cependant la condamnation par contumace était de nature à emporter la mort civile, et si l'accusé n'a été arrêté ou ne s'est représenté qu'après les cinq ans qui ont suivi l'exécution du jugement de contumace, ce jugement, conformément à l'art. 30 Code civ.,*

(1) Bertauld, Questions controversées, p. 30; Ortolan, t. II, p. 164. Voir la distinction inadmissible faite par Demante, dans la Revue critique de 1857, t. X, p. 79.

conservera, pour le passé, les effets que la mort civile aurait produits dans l'intervalle écoulé depuis l'expiration des cinq ans jusqu'au jour de la comparution de l'accusé en justice. » On se demande si les dispositions de ces articles sont encore applicables ou si, au contraire, on doit les considérer comme abrogées et si on doit avoir égard seulement à la règle posée par le 1er alinéa de l'art. 476 Code d'inst. crim., d'après lequel la condamnation et les incapacités qu'elle a entraînées cessent à la fois pour l'avenir et rétroactivement pour le passé? Nous croyons que les dispositions de lois relatives à la mort civile ont disparu avec elle, parce que lorsqu'une institution est abolie, les dispositions qui s'y rattachent sont tacitement abrogées et que du reste la règle posée par l'art. 30 Code civ., et l'art. 476, § 2 Code d'inst. crim., se rattachaient à la fiction de la mort civile qui n'existe plus aujourd'hui, d'après laquelle on ne pouvait, dans un même temps, être mort et vivant. En conséquence : 1º si sur un jugement contradictoire le contumax est acquitté, absous ou condamné à une peine temporaire, il n'est pas atteint des incapacités de la loi du 31 mai 1854, et il est censé n'en avoir jamais été frappé; les dispositions à titre gratuit entre vifs ou testamentaires qu'il aura pu faire ou dont il aura pu bénéficier seront toutes valables sans distinction de date (1). 2º Si l'accusé à la suite de sa condamnation est condamné à une peine perpétuelle, il encourt les incapacités de la loi du 31 mai 1854, à partir du jour seulement où cette condamnation contradictoire est devenue irrévocable. Mais ces incapacités sont effacées pour le passé par suite de la réalisation de la condition résolutoire qui accompagnait la condamnation par contumace. — Par suite sont validées les successions testamentaires et les legs que le condamné avait recueillis après les cinq années de grâce et avant la comparution, et les héritiers légitimes qui avaient recueilli à sa place la succession testamentaire à laquelle il était appelé devront lui rendre les

(1) *Sic*, Demante, Revue critique de 1857, t. 8, p. 79, § 3; Humbert, nos 440 à 443; Valette, Explication sommaire du livre Ier du Code civil, p. 26 et 27; Demolombe, t. Ier, Appendice, nº 20. — *Contrà*, Bertauld, Questions controversées, p. 132; Cours de Code pénal, p. 148; Ortolan, Eléments de droit pénal, t. II, nº 2243; Aubry et Rau, § 83 bis, texte et note 5; Bertauld, Revue pratique 1857, III, p. 245.

biens ; cependant, ils les lui rendront dans l'état où ils se trouvent au moment de la restitution, en maintenant le paiement des legs qu'ils auront pu faire et les aliénations qu'ils auront pu consentir, parce que le condamné légataire *certat de lucro captando*, tandis que l'acquéreur *certat de damno vitando ;* enfin les héritiers gagneront les fruits par application des art. 549 et 550 Code civ.

Troisième période. — *Depuis l'expiration des vingt ans à partir de la condamnation par contumace jusqu'à la mort du condamné.*

Par suite de l'expiration de ces vingt ans, la prescription de la condamnation s'est accomplie (art. 635 Code d'inst. crim.); la condamnation est devenue irrévocable : le condamné est définitivement jugé coupable du crime qui lui était imputé et il ne peut plus purger sa contumace (art. 471 et 641 Code d'inst. crim.). Le séquestre est levé et ses biens lui sont remis. Mais la prescription laisse subsister les incapacités dont le condamné est atteint (art. 32 Code civ., pour la mort civile), et qui consistent : 1° dans la dégradation civique; 2° dans les incapacités de la loi du 31 mai 1854, et ces incapacités ne peuvent cesser ni par la grâce qui ne leur est pas applicable ni par la réhabilitation dont ne peut bénéficier le condamné qui a prescrit sa peine (art. 619 Code d'inst. crim.). — Par suite de cette situation, le condamné par contumace dans cette période : 1° est incapable d'exercer les droits dont il a perdu la jouissance par suite de la dégradation civique; 2° a définitivement perdu toute capacité pour disposer par donation entre vifs et par testament; 3° ne peut avoir d'autre successeur que ses héritiers légitimes, car le testament qu'il aurait fait même avant sa condamnation serait nul; 4° mais il reprend l'administration et la jouissance de ses biens et peut succéder *ab intestat* à ses parents.

*Dispense des incapacités de la loi du 31 mai 1854
autorisée par l'art. 4 de cette loi.*

L'art. 4 de la loi du 31 mai 1854 permet au gouvernement de relever le condamné à une peine afflictive perpétuelle de tout ou partie des incapacités prononcées par l'article précédent et de tout ou partie de celles qui résultent de l'interdiction légale. La nature de ce droit est spéciale, car il ne rentre ni dans le droit de grâce ordinaire, qui ne peut faire remise des incapacités que la loi attache à certaines peines, ni dans la réhabilitation qui ne peut être obtenue qu'après la libération de la peine (1).

Pour l'application de ce droit, il faut distinguer : 1° les condamnés aux travaux forcés à perpétuité ; 2° les condamnés à la déportation dans une enceinte fortifiée ; 3° les condamnés à la déportation simple.

1° Condamnés aux travaux forcés à perpétuité. — L'art. 12 de la loi du 30 mai 1854 sur l'exécution de la peine des travaux forcés permet au gouvernement de relever les condamnés aux travaux forcés à temps de tout ou partie des effets de l'interdiction légale, et de les autoriser à disposer de tout ou partie de leurs biens, mais il limite l'application de ce bénéfice aux condamnés aux travaux forcés à temps qui ne sont pas incapables de disposer à titre gratuit ; il exclut ainsi les condamnés aux travaux forcés à perpétuité. Il semble dès lors qu'il y ait entre cet art. 12 de la loi du 30 mai 1854, et l'art. 4 de la loi du 31 mai 1854, une contradiction. Les auteurs ne sont pas d'accord pour la conciliation de ces deux dispositions. Suivant MM. Aubry et Rau (2), le gouvernement peut, en relevant le condamné à perpétuité de tout ou partie de l'interdiction légale et lui concédant dans le lieu d'exécution de sa peine, l'exercice de tout ou partie des droits civils, lui rendre le droit de jouir et de disposer des biens qu'il y avait acquis par son travail et ses économies, mais il ne peut pas lui rendre les mêmes droits relativement aux biens qu'il possédait au jour de sa condamnation ou qui lui seraient échus depuis cette époque à titre gratuit. Au contraire M. Demolombe (3) reconnaît au gouvernement un pouvoir plus étendu et argumente de ce que le gouvernement peut rendre au condamné à perpétuité le droit de disposer à titre gratuit de tous ses biens, il conclut que le gouvernement peut à plus forte raison lui rendre le droit de disposer à titre onéreux de tous ses biens, même de ceux qu'il

(1) Demolombe, t. Ier, Appendice, n° 23.
(2) Aubry et Rau, t. Ier, § 85, texte n° 2, note 13.
(3) Demolombe, t. Ier, Appendice, n°s 26 et 27.

possédait au jour de la condamnation et qui lui seraient échus à titre gratuit depuis cette époque.

2° Condamnés à la déportation simple. — L'art. 16 de la loi du 25 mars 1873 relève de plein droit les condamnés à la déportation simple des effets de l'interdiction légale et leur rend de plein droit l'exercice des droits civils dans le lieu de la déportation. Mais la déchéance des droits de disposer et de recevoir à titre gratuit est maintenue à leur égard, l'art. 16 déclarant que les dispositions de la loi du 31 mai 1854 continueront à recevoir leur exécution, en ce qui concerne ces condamnés, sauf du reste le droit qui appartient au gouvernement de les en relever conformément à l'art. 4 de la loi du 31 mai 1854.

3° Condamnés à la déportation dans une enceinte fortifiée. — Ces condamnés restent dans la situation ordinaire des condamnés à perpétuité et la loi du 31 mai 1854 leur est entièrement applicable, sauf le droit pour le gouvernement de les relever de tout ou partie des incapacités résultant de la loi de 1854, de l'interdiction légale et de la dégradation civique (art. 16 de la loi du 25 mars 1873).

4° Dérogation commune aux deux déportations. — L'article 13, alinéa 3 de la loi du 25 mars 1873, apporte aux incapacités ordinaires résultant des condamnations perpétuelles une dérogation remarquable au profit des condamnés aux deux déportations. Il leur rend de plein droit la capacité de disposer de leurs biens dans quelque lieu qu'ils soient situés, soit par acte entre vifs, soit par testament en faveur de leur conjoint habitant avec eux dans les limites du disponible fixé par les art. 1094, 1098 C. civ. Cet article ne relevant les condamnés que de l'incapacité de disposer à titre gratuit, il en résulte que le droit commun reste applicable aux liberalités qui pourraient leur être adressées par leur conjoint et pour qu'ils puissent en profiter, il faut qu'ils soient relevés de cette incapacité par le gouvernement, par application de l'art. 4 de la loi du 31 mai 1854.

Dispositions transitoires. — La loi du 31 mai 1854 contient dans ses art. 5 et 6, deux dispositions transitoires distinctes : 1° art. 5 : « *Les effets de la mort civile cessent, pour l'avenir, à l'égard des condamnés actuellement morts civilement, sauf les droits acquis aux tiers. L'état de ces condamnés est régi par les disposi-*

tions qui précèdent. » De cet article, il résulte que : d'une part les effets de la mort civile cessent pour l'avenir et que les condamnés morts civils avant le 31 mai 1854, ont depuis cette époque été simplement frappés de l'incapacité de disposer et de recevoir à titre gratuit, de la dégradation civique et de l'interdiction légale; que d'autre part les effets de la mort civile sont maintenus pour le passé et que les droits qui ont été acquis aux tiers sont respectés. Il suit de là que : 1° la dissolution du mariage est maintenue et que le mariage n'est pas reformé, mais l'ancien mort civil recouvre la capacité pour se remarier; 2° que les héritiers actuels gardent les biens qu'ils ont recueillis par l'ouverture de la succession ; mais l'ancien mort civil, ayant recouvré la capacité de succéder, peut être l'héritier de ses anciens héritiers et reprendre ainsi les biens qu'il avait autrefois perdus.

2° Art. 6 : « *La présente loi n'est pas applicable aux condamnations à la déportation pour crimes commis antérieurement à sa promulgation.* » Cette disposition s'explique par cette raison que la loi du 8 juin 1850 sur la déportation avait, dans son art. 3, déclaré que les condamnations à cette peine n'emporteraient plus la mort civile et n'entraîneraient que la dégradation civique et l'interdiction légale ; les rédacteurs de la loi du 31 mai 1854 n'ont pas voulu faire rétroagir, au détriment des condamnés depuis le 8 juin 1850, la loi plus sévère de 1854 et les priver du bénéfice de n'être pas frappés de l'incapacité de disposer et de recevoir à titre gratuit. Tel est l'objet unique, bien déterminé et bien défini de l'art. 6, tel qu'il a été présenté, exposé et voté. Malheureusement la formule malencontreuse de l'art. 6 paraît laisser en dehors de son texte une catégorie de déportés qui, ne bénificiant pas de ces dispositions, seraient demeurés morts civils ; il s'agit de ceux qui ont été condamnés à la déportation avant le 8 juin 1850 ; car, d'une part cette loi du 8 juin 1850 déclare dans son art. 8 ne s'appliquer qu'aux crimes commis postérieurement à sa promulgation, en sorte que les condamnés antérieurs sont demeurés morts civils après 1850; d'autre part, si on prenait à la lettre le texte de l'art. 6 de la loi du 31 mai 1854, qui déclare ne pas s'appliquer aux condamnés à la déportation antérieurs, il en résulterait que les condamnés à cette peine avant le 8 juin 1850, ne pouvant bénéficier ni de l'une ni de l'autre de ces deux lois, seraient demeurés morts civils. Telle est en effet la conséquence présentée et admise, quoiqu'à regret, par M. Valette (1) et par M. Humbert (2). Cependant, si on consulte l'esprit qui a présidé à la rédaction de l'art. 6 et l'intention du législateur de 1854, on se convainc aisément que la seule raison d'être de l'art. 6 a été de ne pas aggraver la situation des déportés qui avaient bénéficié de la loi de 1850, en sorte que les condamnés à la déportation avant cette époque pouvaient profiter de la suppression rétroactive de la mort civile (3). Cependant les condamnés à la déportation depuis le 8 juin 1850 jusqu'au 31 mai 1854, se distingueront toujours par leur situation des condamnés antérieurs à 1850 et postérieurs à 1854 ; tandis, en effet, que ceux-ci sont frappés de dégradation civique, d'interdiction légale et de la double incapacité de disposer et de recevoir à titre gratuit, les premiers n'avaient été atteints que de l'interdiction légale et de la dégradation civique.

IV. *Surveillance de la haute police.*

La surveillance de la haute police consiste dans l'exclusion de ceux qui la subissent des lieux où ils ne doivent pas fixer leur résidence et dans l'obligation de ne pas quitter celui qu'ils ont désigné ou qui, à défaut de désignation, leur a été assigné pour y demeurer et y être soumis à la surveillance des autorités.

Cette peine qui frappe les libérés de peines privatives de la liberté, a été rendue nécessaire par cette constatation encore vraie de nos jours, que le régime pénitentiaire ne remplit pas toujours son but réformateur et qu'il est dès lors nécessaire, dans l'intérêt social, de surveiller ces libérés pour éviter autant que possible la récidive.

Cette peine, inconnue dans notre ancienne législation, a été introduite pour la première fois chez nous par l'article 131 du Sénatus consulte du 28 floréal an XII. Elle est prononcée contre

(1) Valette, Explication sommaire du livre Ier, p. 30 et 31.

(2) Humbert, Les conséquences des condamnations pénales, no 462.

(3) Demolombe, t. 1er, Appendice, no 36 ; Aubry et Rau, t. Ier, § 83 bis, texte et note 7 ; Demante, Revue critique, 1857, p. 80 ; Bertauld, Questions controversées, p. 58.

l'inculpé d'un crime attentatoire à la sûreté de l'Etat, après son acquittement. Le Code du 25 septembre 1791 n'avait prescrit aucune mesure de précaution contre les forçats à l'expiration de leur peine. Mais des décrets des 19 ventôse an XIII et 17 juillet 1806 autorisèrent les mesures suivantes : Le séjour de quelques villes déterminées était interdit aux forçats libérés et le forçat devait indiquer à l'autorité le lieu où il voulait résider en dehors de ces villes : une feuille de route lui était délivrée et il ne pouvait quitter ce lieu sans une autorisation du préfet. Le Code pénal de 1810 admit également la surveillance de la haute police : le condamné pouvait fournir un cautionnement et à défaut il était exclu de la résidence dans certains lieux et ne pouvait résider que dans le lieu désigné par le gouvernement; il ne pouvait jouir du choix de sa résidence que moyennant un cautionnement. Un avis du Conseil d'Etat des 4 août-20 septembre 1812 (*approbation datée de Moscou*) admet en principe que ce cautionnement étant établi dans l'intérêt de l'Etat et de la partie lésée, le ministère public qui les représente peut seul, à l'exclusion de l'accusé, en demander la fixation ; cet avis admet même que le gouvernement peut refuser l'offre du cautionnement et assigner ainsi au condamné le lieu de sa résidence. Lors de la révision de 1832, ce système parut trop rigoureux et l'on admit un troisième système; on modifia les art. 44 et 45 du Code pénal. Le gouvernement pouvait désigner certains lieux où le condamné ne pourrait établir sa résidence ; mais en dehors de ces limites, on lui laissa le choix de sa résidence : c'était un retour au système des décrets de ventôse an XIII et juillet 1806. Le condamné recevait une feuille de route pour le lieu qu'il désignait et avertissait l'autorité de son arrivée. Il pouvait quitter ce lieu en avertissant l'autorité huit jours à l'avance. Mais cette facilité avait produit des abus fâcheux et organisé ce qu'on appela le *vagabondage légal*. Un décret du 8 décembre 1851 vint changer la situation des surveillés : ils n'eurent plus le choix de leur résidence et ce décret n'admettait plus le cautionnement; le gouvernement avait dans tous les cas le droit d'assigner au surveillé le lieu de sa résidence.

Un décret du 24 octobre 1870 abrogea le décret du 8 décembre 1851, mais n'organisa pas la situation des surveillés, organisation renvoyée à une époque ultérieure. Ce décret maintenait ainsi la surveillance de la haute police, aussi suivit-on en principe le système de la loi du 28 avril 1832. Enfin, une loi du 23 janvier 1874 est venue régulariser cette situation et a modifié les art. 44 et 45 C. pén., dont il a changé la rédaction ; le gouvernement peut interdire certains lieux ; mais en dehors de ces limites, le surveillé a le choix de sa résidence. Seulement, le changement de résidence est moins facile que sous l'empire de la loi de 1832.

Aux termes du nouvel art. 44 C. pén., modifié par la loi de 1874, le gouvernement peut interdire au surveillé certains séjours ; mais hors de ces lieux, le condamné a le choix de sa résidence. Il doit faire connaître le lieu par lui choisi quinze jours avant sa libération ; à défaut, la fixation est faite par le gouvernement. Lors de son arrivée, il doit se présenter dans les vingt-quatre heures au maire. Le condamné ne peut pas changer sa résidence avant un délai de six mois : la loi de 1874 a voulu éviter les inconvénients de la trop grande liberté résultant du système admis en 1832 (1). Après six mois, le surveillé peut changer de résidence en avertissant l'autorité locale huit jours à l'avance : il reçoit une feuille de route avec itinéraire obligé. Cependant, en cas de nécessité, le surveillé peut obtenir avant les six mois l'autorisation de changer de résidence du ministre de l'intérieur ou du préfet, suivant les cas.

D'après la législation antérieure, tout condamné à une peine afflictive et infamante était de plein droit sous la surveillance de la haute police pour le reste de sa vie. En vertu du nouvel art. 46, la surveillance n'est jamais perpétuelle et ne peut durer plus de vingt ans.

L'article 45 C. pén., qui n'a pas été modifié par la loi nouvelle, assure l'obligation de résidence du surveillé ; la rupture de ban est punie d'un emprisonnement qui ne peut excéder cinq années et dont le minimum est le minimum ordinaire de l'emprisonnement correctionnel, c'est-à-dire six jours.

[*Interdiction de séjour* (loi du 27 mai 1885, art. 19). — La surveillance de la haute police avait été l'objet, depuis longtemps, de vives criti-

---

(1) Rapport de la loi de 1874.

ques : on lui reprochait d'une part de désigner officiellement le libéré à la défiance du public et de rendre ainsi difficile, souvent même impossible, sa rentrée dans la société ; d'autre part, en l'obligeant à résider pendant un certain temps (6 mois au moins depuis la loi de 1874) dans la même localité, de l'empêcher de trouver un emploi et du travail et de le pousser ainsi presque fatalement à de nouveaux délits. La loi du 23 janvier 1874 avait été un acheminement vers la suppression de cette peine, qu'elle avait rendue facultative. La loi du 27 mai 1885 sur la relégation a, dans son article 19, prononcé l'abolition de la surveillance de la haute police dans les termes suivants : « *La peine de la surveillance de la haute police est supprimée. Elle est remplacée par la défense faite au condamné de paraître dans les lieux dont l'interdiction lui sera signifiée par le gouvernement avant sa libération. Toutes les autres obligations et formalités imposées par l'art. 44 C. pén., sont supprimées à partir de la promulgation de la présente loi, sans qu'il soit toutefois dérogé aux dispositions de l'art. 635 Inst. crim. — Restent en conséquence applicables pour cette interdiction les dispositions antérieures qui réglaient l'application ou la durée, ainsi que la remise ou la suppression de la surveillance de la haute police et les peines encourues par les contrevenants, conformément à l'art. 45 C. pén. — Dans les trois mois qui suivront la promulgation de la présente loi, le gouvernement signifiera aux condamnés actuellement soumis à la surveillance de la haute police les lieux dans lesquels il leur sera interdit de paraître pendant le temps qui restait à courir de cette peine* ».

Du reste, l'abolition prononcée par la loi de 1885 est loin d'être une suppression complète de la surveillance. Elle constitue plutôt un simple changement de nom et de régime ; car l'art. 19, en prononçant l'abrogation de l'art. 44 C. pén., qui fixait le régime de la surveillance, déclare laisser en vigueur toutes les anciennes règles, relatives aux cas d'application, à la durée, aux causes de cessation de la surveillance, aux délits de rupture de ban qui seront désormais applicables à l'interdiction de séjour, en sorte que, sauf l'art. 44 C. pén., les dispositions des art. 45 à 50 C. pén. sont encore aujourd'hui en vigueur.

§ 1.   NATURE ET EFFETS.

I. *Nature.* — Il résulte de l'art. 11 C. pén. que l'interdiction de séjour substituée à l'ancienne surveillance est comme elle une peine et une peine commune aux matières criminelles et correctionnelles : « *Le renvoi sous la surveillance spéciale de la haute police......, sont des peines communes aux matières criminelles et correctionnelles.* »

L'interdiction de séjour est comme peine, tantôt *accessoire*, c'est-à-dire encourue de plein droit, tantôt simplement *complémentaire*, c'est-à-dire accompagnant une autre peine principale, mais encourue seulement si elle est prononcée expressément par le jugement ou l'arrêt de condamnation. — Elle est *accessoire* en matière criminelle (art. 46, alinéas 2 et 4 et art. 47 C. pén.); elle est en conséquence encourue de plein droit par les condamnés à des peines perpétuelles, après remise ou commutation de la peine et par les condamnés aux travaux forcés à temps, à la détention, à la réclusion et au bannissement après leur libération. — Elle est *complémentaire* en matière correctionnelle et elle est prononcée par des dispositions diverses éparses dans le Code pénal (art. 57, 58, 387, 388, 389, 399, 400, 401, etc. C. pén.). Elle est cependant *complémentaire* en matière criminelle, lorsqu'elle est prononcée par l'art. 49 C. pén., et lorsqu'elle remplace la relégation pour les vieillards âgés de plus de 60 ans, aux termes des articles 6 et 8 de la loi du 27 mai 1885 : elle est, dans ce dernier cas, obligatoire et perpétuelle comme la relégation qu'elle remplace. — L'interdiction de séjour peut quelquefois, par exception, être prononcée seule par application des articles 100, 108, 138, 144, 213, 271 C. pén. lorsque le condamné bénéficie d'une excuse légale qui le dispense de la peine principale (1).

L'interdiction de séjour est, comme la surveillance de la haute police qu'elle remplace, depuis le 23 janvier 1874, facultative pour le juge, dans tous les cas, et les magistrats ont le droit, soit de réduire la durée fixée par la loi, soit même d'en dispenser entièrement le condamné.

Conséquences du caractère pénal. — L'interdiction de séjour étant une peine, il en résulte : 1° qu'elle ne peut être prononcée par les juges qu'en vertu d'un texte formel de la loi, conformément à l'art. 50 C. pén. : « *Hors les cas déterminés par les articles précédents, les condamnés ne seront placés sous la surveillance de la haute police de l'État que dans le cas où une disposition particulière de la loi l'aura permis* ».

2° Qu'elle ne peut être prononcée que contre un individu reconnu coupable et condamné et point contre un accusé acquitté ou absous.

II. *Effets.* — Les effets de l'interdiction de séjour se réduisent à la seule défense faite au condamné de paraître dans les lieux dont l'interdiction lui sera signifiée par le gouvernement avant sa libération.

La liste des séjours interdits a été dressée par une circulaire du ministre de l'intérieur en date du 1ᵉʳ juillet 1885. Les séjours interdits, le sont, soit à *titre général*, soit à *titre spécial*. Sont interdits à *titre général*, pour tous les condamnés, les séjours suivants :

(1) Paris, 22 septembre 1885, Gaz. Palais, 1885, 2, 422. — *Contrà*, Trib. correct. Reims, 8 août 1885, sous l'arrêt précédent.

Alpes-Maritimes. — Nice et Cannes.

Bouches-du-Rhône. — Marseille.

Gironde. — Bordeaux et la banlieue.

Loire. — St-Etienne.

Loire-Inférieure. — Nantes.

Nord. — Lille.

Basses-Pyrénées. — Pau.

Rhône. — Lyon et agglomération.

Saône-et-Loire. — Le Creusot.

Les départements de la Seine, de Seine-et-Marne, de Seine-et-Oise.

Sont interdits à *titre spécial* :

L'Algérie, pour ceux qui n'y sont pas nés.

La Corse, pour les Corses condamnés par les tribunaux du pays.

La circonscription communale et les annexes de la maison centrale où la peine principale a été subie.

La commune, l'arrondissement, le département sur le territoire desquels ont été commis l'attentat à la pudeur, le meurtre, l'incendie ou les menaces de mort à raison desquels la condamnation a été prononcée.

Enfin pour les anciens surveillés restent interdites toutes les localités qui l'étaient sous la loi du 23 janvier 1874.

Le mode d'exécution de l'interdiction de séjour est fixé par l'art. 19 de la loi du 27 mai 1885. Il a lieu au moyen d'une signification individuelle de la liste précédente faite au condamné avant sa libération ; pour les anciens surveillés dont la surveillance a cessé et a été remplacée par la nouvelle peine, la signification individuelle a dû leur être faite dans les trois mois qui ont suivi la promulgation de la loi du 27 mai 1885.

La sanction de l'interdiction de séjour et du délit de rupture de ban qui en constitue l'inobservation est prononcée par l'art. 45 C. pén. que la loi de 1885 déclare maintenir en vigueur : « *En cas de désobéissance aux dispositions prescrites par l'article précédent, l'individu mis sous la surveillance de la haute police sera condamné, par les tribunaux correctionnels, à un emprisonnement qui ne pourra pas excéder cinq ans.* »

§ 2. PERSONNES FRAPPÉES DE L'INTERDICTION DE SÉJOUR.

Les personnes que la loi frappe d'interdiction de séjour encourent cette peine suivant la distinction faite ci-dessus, tantôt à *titre accessoire*, tantôt à *titre complémentaire*.

L'interdiction de séjour est prononcée à *titre accessoire* contre : 1° les condamnés aux travaux forcés à temps, à la détention et à la réclusion, pour vingt ans à compter de l'expiration de leur peine ; 2° les condamnés à des peines perpétuelles qui obtiennent commutation ou remise de la peine, également pour une durée de vingt ans ; 3° les condamnés au bannissement, pour un temps égal à la durée de la peine qu'ils auront subie (art. 46 et 47 C. pén.).

Depuis le 23 janvier 1874, la surveillance de la haute police étant devenue facultative, la décision gracieuse qui opère commutation ou remise de la peine perpétuelle et le jugement ou l'arrêt prononçant les peines principales précédentes, pouvaient soit réduire la durée de la surveillance, soit même en dispenser totalement le condamné (art. 46, al. 3 ; art. 47, al. 1 C. pén.). Ces dispositions sont applicables à l'interdiction de séjour conformément à l'art. 19 de la loi du 27 mai 1885. La loi de 1874 désirant appeler spécialement l'attention des juges sur le caractère facultatif de la surveillance leur avait imposé l'obligation de délibérer formellement sur la dispense ou la réduction de la surveillance et de mentionner expressément cette délibération dans l'arrêt ou le jugement, lorsqu'ils n'avaient pas jugé à propos d'user de leur droit de dispense ou de réduction, et cette loi avait attaché à l'exécution de cette obligation la sanction de la nullité : « *Dans les cas prévus par le présent article et par les paragraphes 2 et 3 de l'article précédent, si l'arrêt ou le jugement ne contient pas dispense ou réduction de la surveillance, mention sera faite, à peine de nullité, qu'il en a été délibéré* » (art. 47, § 2). La Cour de cassation interprétant la disposition précédente a jugé sous l'empire de la loi de 1874 que la nullité ne s'étendait pas à la décision toute entière, mais seulement à l'omission relative à la surveillance, en sorte que la cassation ne devait être prononcée que relativement à ce point particulier du jugement ou de l'arrêt (1). L'article 19 de la loi du 27 mai 1885 déclarant formellement laisser en vigueur les dispositions antérieures réglant la remise ou la suppression de la surveillance, les dispositions de l'art. 47, 2ᵉ alinéa C. pén., sont encore applicables à l'interdiction de séjour et les juges conservent à son égard le droit de réduction et de suppression, mais ils demeurent soumis à l'obligation d'en délibérer et de faire mention de leur délibération, sous la sanction de nullité dont nous venons de déterminer la portée (2).

L'interdiction de séjour est prononcée à titre *complémentaire*, ainsi que nous l'avons dit, tantôt en *matière criminelle*, tantôt en *matière correctionnelle :*

---

(1) Cass. 9 et 28 juin 1877 ; Pal. 1878, 692 et 695, 17 janvier 1878, Pal. 1878, 1120.

(2) Cass. 4 sept. et 17 oct. 1885, Gaz. Pal. 1885, 2, 591 ; 8 avril 1886, Gaz. Pal. 1886, 1, Supplément, 145.

A. *En matière criminelle :* 1° Contre les sexagénaires dispensés de la relégation (art. 6 et 8, loi du 27 mai 1885); l'interdiction de séjour est alors, comme la relégation qu'elle remplace, obligatoire et perpétuelle et les juges ne peuvent ni en dispenser le condamné, ni en réduire la durée; 2° contre les condamnés pour crimes qui intéressent la sûreté intérieure ou extérieure de l'Etat (art. 49 C. pén.); cette disposition ne s'applique pas évidemment au cas où ces crimes ont été punis de la déportation, de la détention ou du bannissement, car alors l'interdiction de séjour est accessoire, ainsi que nous l'avons vu avec les art. 46 et 47 C. pén.; l'art. 49 s'applique seulement au cas où les crimes contre l'Etat sont punis de la dégradation civique principale ou d'un simple emprisonnement correctionnel par suite de la minorité du condamné (art. 67 C. pén.), ou de la déclaration de circonstances atténuantes (art. 463 C. pén., 7e alinéa).

B. *En matière correctionnelle*, l'interdiction de séjour est prononcée par des textes divers et spéciaux du Code pénal. Mais quelqu'impérieux que soient les termes employés par la loi, l'interdiction est toujours facultative conformément au principe nouveau posé par la loi du 23 janvier 1874.

La jurisprudence a jugé la question de savoir si la condamnation à la relégation ne mettait pas obstacle à l'application de l'interdiction de séjour et elle l'a résolue dans le sens de l'incompatibilité entre les deux peines, en se fondant sur ce que la relégation étant perpétuelle et exécutée dans les colonies ne laissait pas de place pour l'application de l'interdiction de séjour (1). La jurisprudence nous paraît tirer une conséquence exagérée de la perpétuité de la relégation, car s'il est vrai que le plus souvent l'interdiction de séjour sera inutile en cas de relégation, cependant comme le condamné à cette dernière peine peut en être dispensé (art. 18, loi du 27 mai 1885; art. 11, décret du 26 novembre 1885), il deviendra alors possible et il sera utile d'appliquer l'interdiction de séjour, la loi n'en ayant point dispensé pour ce cas le condamné.

§ 3. DURÉE DE L'INTERDICTION DE SÉJOUR.

Depuis l'innovation de la loi du 23 janvier 1874, qui a déclaré que la surveillance de la haute police serait désormais essentiellement temporaire, innovation maintenue par l'art. 19 de la loi du 27 mai 1885, l'in-

(1) Dijon, 18 mars 1887, Gaz. Pal. 1887, 1, 541; Cass. 25 mars 1887, Gaz. Pal. 1887, 1, Suppl. 96; Cass. 20 sept. 1888, Gaz. Pal. 1888, 2, 393. Voir Cass. 18 juin 1886, Pal. 1886, 1, 948, qui décide pour la même raison d'incompatibilité que la condamnation aux travaux forcés à perpétuité empêche l'application de la relégation.

terdiction de séjour est toujours temporaire et sa durée né peut excéder vingt ans.

§ 4 CAUSES DE CESSATION ANTICIPÉE DE L'INTERDICTION DE SÉJOUR.

1° *Grâce.* — L'interdiction de séjour peut être remise ou réduite par voie de grâce (art. 48 C. pén., 1er alinéa); mais la grâce doit être spéciale à cette interdiction, et la grâce relative à la peine principale ne relève pas le condamné de l'interdiction.

2° *Suspension administrative.* — L'interdiction peut cesser encore par une simple suspension administrative (art. 48, 2e alinéa).

Quid de la prescription? — On discutait, avant 1874, la question de savoir si *la prescription de la peine principale* n'entraînerait pas par voie de conséquence, la disparition de la surveillance qui en était l'accessoire. — La loi du 23 janvier 1874 a tranché la controverse en décidant que la surveillance survit à la prescription. « *La prescription de la peine ne relève pas le condamné de la surveillance à laquelle il est soumis.* — *En cas de prescription d'une peine perpétuelle, le condamné sera de plein droit sous la surveillance de la haute police pendant vingt années.* — *La surveillance ne produit son effet que du jour où la prescription est accomplie* » (art. 48, alinéas 3, 4 et 5 C. pén.). Ces dispositions sont évidemment applicables à l'interdiction de séjour. Mais la loi ne parlant point de la *prescription directe de la surveillance*, on s'était demandé si cette prescription était possible. La question avait été diversement résolue. La Cour de Nimes avait jugé, le 7 juin 1866 (1), que la surveillance était prescriptible directement, si le condamné passait le délai de la prescription de la condamnation (cinq ans dans l'espèce), sans se soumettre aux obligations que lui imposait la surveillance; elle se fondait pour cela sur la généralité du texte des art. 635 et 636 Inst. crim., qui déclarent prescriptibles les peines criminelles ou correctionnelles sans distinction.

La Cour de Douai, au contraire, avait, le 8 mars 1875 (2), décidé que la surveillance de la haute police ne pouvait se prescrire directement : elle invoquait pour cela le caractère particulier de la surveillance qui, consistant dans la simple défense faite au condamné de sortir du lieu où sa surveillance était fixée, devait être assimilée aux incapacités de droit imprescriptibles, subsistant malgré son inobservation et s'exécutant toute seule de plein droit quoique les mesures qu'elle comportait ne fussent pas observées, en sorte qu'alors même qu'elle n'était pas exé-

---

(1) Pal. 1867. 98.
(2) Pal. 1875, 829.

cutée en fait, cette peine finissait par l'expiration seule de la durée qui
avait été fixée par la loi ou par les juges. — Cette dernière solution, qui
nous paraît plus conforme au caractère même de la peine, est à plus
forte raison applicable à l'interdiction de séjour, qui ne consiste plus
que dans la simple défense de paraître dans certains lieux déterminés :
sauf la prescription particulière par trois ans (art. 638 Inst. crim.) du
délit de rupture de ban puni par l'art. 45 C. pén., prescription qui à
raison du caractère continu de ce délit ne doit pouvoir commencer qu'à
partir de la cessation même du délit.

Nous avons exposé plus haut à propos de la théorie de la rétroactivité,
les difficultés auxquelles ont donné lieu l'abolition de la surveillance et
l'application de l'interdiction de séjour aux anciens surveillés condamnés avant le 7 mai 1885 (v. page 301).]

V. *Obligation de résider dans la colonie pénale imposée au libéré des travaux forcés par la loi du 30 mai 1854.*

Cette peine accessoire est établie par la loi du 30 mai 1854, sur
l'exécution de la peine des travaux forcés (art. 6). Cette résidence doit durer pendant un temps égal à celui de la peine principale, si cette durée est de moins de huit ans; dans le cas contraire, la résidence doit être perpétuelle.

La sanction de cette obligation de résidence est assurée par
l'art. 8 de la loi ; elle consiste dans une peine d'un an à trois ans
de travaux forcés. L'identité du coupable est constatée soit par la
Cour qui a prononcé la condamnation, soit par un tribunal maritime spécial ou à défaut par le premier conseil de guerre de la
colonie (art. 9 et 10 de la loi), suivant le lieu où il sera trouvé.
Un décret du 27 juillet 1858, art. 12 3°, attribue compétence sur
ce point au conseil de guerre permanent de la colonie dans laquelle il a été trouvé; cette compétence est étendue encore aux
complices de l'évasion (art. 13 du décret).

[Un décret du 13 janvier 1888 a réglé le mode de constatation de la
présence des libérés tenus de résider dans les colonies pénitentiaires :
« Art. 1er. *Les libérés des travaux forcés tenus à résider dans les colonies
pénitentiaires sont astreints, pendant la durée de cette résidence, à répondre à l'appel annuel, à l'effet de constater leur présence dans la colonie. — Les dates des appels sont déterminées chaque année par arrêté du
gouverneur, les libérés ont un mois pour y répondre.*

« 2. *Pendant ce délai, les libérés soumis à l'obligation de la résidence, soit temporaire, soit perpétuelle, doivent se présenter aux autorités désignées par des arrêtés du gouverneur publiés au* Journal officiel *de la colonie et affichés, partout où besoin est, un mois au moins avant l'ouverture de chaque période d'appel.*

« 3. *Le gouverneur peut, par une décision individuelle toujours révocable, exempter de l'obligation de l'appel les libérés suffisamment connus et offrant des garanties.*

« 4. *Lorsque des troubles, des évasions collectives ou tout autre événement grave nécessitent un recensement de la population transportée, le gouverneur, sur la proposition du directeur de l'administration pénitentiaire, peut prescrire un nouvel appel, auquel il est procédé dans les formes et sous les conditions applicables aux appels périodiques.*

« 5. *Celui qui, sans motifs légitimes, n'a pas répondu à un appel périodique ou exceptionnel, est puni d'un emprisonnement de deux mois à un an; en cas de nouvelle infraction, dans un délai de cinq ans, aux prescriptions des art. 1 et 4 ci-dessus, le libéré qui l'a commise est puni d'un emprisonnement de quatre mois à deux ans. — L'art. 463 du Code pénal est applicable à ces condamnations, même en cas de récidive.*

« 6. *La connaissance des infractions à l'obligation de l'appel ainsi que de tous les crimes et délits commis par les libérés tenus de résider dans la colonie pénitentiaire, est de la compétence des tribunaux de droit commun, à l'exception, toutefois, des infractions spéciales déterminées par l'art. 8 de la loi du 30 mai 1854, justiciables des conseils de guerre en vertu de l'art. 10 de cette loi.*

« 7. *Les dispositions de l'art. 2 du décret du 29 août 1855, et de l'art. 12 du décret du 2 juin 1858, sont abrogées en ce qu'elles ont de contraire aux prescriptions du présent décret.*

« 8. *Des arrêtés du gouverneur en conseil privé déterminent : 1° les circonscriptions d'appel; 2° les autorités chargées de constater la présence des libérés; 3° les formalités à remplir par les libérés qui se trouvent dans l'impossibilité de répondre aux appels; 4° la forme du certificat à délivrer aux libérés pour leur permettre, le cas échéant, de justifier qu'ils ont satisfait aux obligations résultant du présent décret, ou qu'ils en sont dispensés, conformément aux dispositions de l'art. 3 ci-dessus. »*

Ce décret a été complété, le 29 septembre 1890, par une réglementation nouvelle dont nous avons fait connaître les motifs et les principes essentiels en exposant le régime de la peine des travaux forcés. — Les dispositions du décret du 29 septembre 1890 sont les suivantes :

Art. 1er. *Les libérés des travaux forcés tenus de résider dans les colonies pénitentiaires sont soumis, pendant la durée de cette résidence obligatoire, aux règles de discipline établies par le présent décret.*

2. *Tout libéré des travaux forcés astreint à la résidence reçoit, au moment de sa libération, un livret destiné à l'inscription des appels prévus au décret du 13 janvier 1888, ainsi qu'au contrôle de ses moyens d'existence. Il doit représenter ce livret à toute réquisition des agents de l'administration pénitentiaire ou de tous officiers de police judiciaire.*

3. *Le libéré qui change de résidence est tenu d'en faire la déclaration dans la localité qu'il quitte et dans celle où il transporte sa résidence, auprès de l'autorité désignée par le gouverneur dans les conditions prévues à l'art. 13 du présent décret; la première déclaration doit être effectuée avant le départ, la seconde dans les trois jours de l'arrivée.*

4. *Le libéré qui a perdu son livret est tenu d'en faire la déclaration à l'autorité compétente du lieu où il réside.*

5. *Le libéré doit justifier de moyens d'existence consistant, soit dans la possession légitime de biens suffisants, soit dans la mise en valeur de l'exploitation effective d'une concession régulière, soit dans l'exercice d'une profession ou d'un négoce non interdit aux libérés, soit dans un engagement de travail.*

6. *Les engagements de travail doivent être contractés pour une durée d'un mois au moins. Ils sont constatés au livret du libéré par la signature de l'engagiste et le visa de l'autorité compétente.*

7. *Le libéré qui ne justifie pas d'un des moyens d'existence prévus à l'art. 5 ci-dessus ou qui se prévaut d'un engagement fictif de travail est puni des peines portées à l'art. 271 du Code pénal. Toutefois, n'est point passible de ces peines le libéré qui a été rendu à la liberté ou dont le contrat d'engagement a pris fin depuis moins de dix jours.*

8. *Est réputé fictif tout engagement dont, par suite d'un accord frauduleux entre les parties contractantes, les conditions ne seront pas remplies, particulièrement en ce qui concerne l'emploi effectif de l'engagé par l'engagiste. La nullité de l'engagement est prononcée par le tribunal saisi de la poursuite.*

9. *Toute infraction aux art. 2, 3 et 4 du présent décret est punie d'un emprisonnement de six jours à un mois ou d'une amende de 16 francs à 100 francs, et, en cas de récidive dans l'année, d'un emprisonnement de quinze jours à trois mois.*

10. *Est puni d'un emprisonnement d'un mois et d'une amende de 100 à 500 francs tout individu qui constate sur le livret l'existence d'un engagement fictif de travail qu'il aurait passé avec un libéré. Si le fait a été commis par un libéré, la peine est de six mois à cinq ans de prison et l'amende peut être élevée à 1000 francs.*

11. *L'art. 463 du Code pénal est applicable aux condamnations prononcées en vertu du présent décret, même en cas de récidive.*

12. *Les condamnations à l'emprisonnement prononcées contre des li-*

bérés en vertu du présent décret ou de toute autre disposition pénale sont exécutées à la diligence de l'administration pénitentiaire sur des ateliers de travail distincts de ceux des forçats ou des relégués collectifs et dont l'organisation est réglée par des arrêtés des gouverneurs approuvés par le ministre chargé des colonies.

13. Des arrêtés des gouverneurs approuvés par le ministre chargé des colonies déterminent les professions interdites aux libérés ainsi que la forme des livrets et désignent les autorités appelées à donner les visas et à recevoir les déclarations prévues au présent décret.]

VI. Impression et affiche du jugement de condamnation.

Cette peine accessoire est établie par l'art. 36 C. pén. : « *Tous arrêts qui porteront la peine de mort, des travaux forcés à perpétuité et à temps, la déportation, la détention, la réclusion, la dégradation civique et le bannissement, seront imprimés par extrait. Ils seront affichés dans la ville centrale du département, dans celle où l'arrêt aura été rendu, dans la commune du lieu où le délit aura été commis, dans celle où se fera l'exécution et dans celle du domicile du condamné.* »

Les imprimés et placards destinés à être affichés seront transmis aux maires, qui les feront apposer dans les lieux accoutumés (décret du 18 juin 1811, art. 107).

SECTION II.

ÉCHELLE DES PEINES CRIMINELLES.

1° *Peines principales.* — L'échelle générale des peines principales en matière criminelle par ordre de gravité, en commençant par la plus grave, qu'il est nécessaire de connaître pour l'application de l'art. 365 Inst. cr., relatif au concours de plusieurs crimes ou délits, est la suivante :

1° La mort ;
2° Les travaux forcés à perpétuité ;
3° La déportation dans une enceinte fortifiée ;
4° La déportation simple ;
5° Les travaux forcés à temps ;

6º La détention ;

7º La réclusion ;

8º Le bannissement;

9º La dégradation civique.

Cette échelle se décompose en deux échelles distinctes : *l'échelle de droit commun* et *l'échelle politique*, qu'il est indispensable de séparer, en vertu du principe fondamental, que lorsqu'il y a lieu de substituer une peine à une autre, il faut rester dans l'échelle à laquelle appartient la peine qu'il s'agit de remplacer, ce qui se produit : 1º pour la substitution de la déportation dans une enceinte fortifiée à la peine de mort abolie en matière politique, substitution qui n'a pas été matériellement faite dans le Code (1); 2º pour l'application de l'art. 56 C. pén., en matière de récidive ; 3º pour celle de l'art. 463 C. pén., relatif aux circonstances atténuantes.

Echelle de droit commun.

1º La mort ;

2º Les travaux forcés à perpétuité ;

3º Les travaux forcés à temps ;

4º La réclusion.

Echelle politique.

1º La déportation dans une enceinte fortifiée;

2º La déportation simple ;

3º La détention;

4º Le bannissement ;

5º La dégradation civique.

2º *Peines accessoires* :

1º Dégradation civique;

2º Interdiction légale ;

3º Incapacité de disposer et de recevoir à titre gratuit par donation entre vifs ou testament, attachée par la loi du 31 mai 1854 aux condamnations à la peine de mort et aux peines perpétuelles;

(1) Cass. 3 fév. 1849, S. 49, 1, 145 ; Pal. 49, 1, 262.

4º Interdiction de séjour, substituée à la surveillance de la haute police par la loi du 27 mai 1885 ;

5º Obligation de résider dans la colonie pour les libérés des travaux forcés ;

6º Impression et affiche des jugements et arrêts de condamnation.

2ᵉ Division. — Peines correctionnelles.

Les peines correctionnelles se divisent en peines principales et peines accessoires. Cette distinction, quoique non expressément formulée par le Code pénal, résulte de lois spéciales qui attachent certaines incapacités à certaines condamnations correctionnelles.

§ 1. PEINES PRINCIPALES.

D'après l'art. 9 du Code pénal, les peines en matière correctionnelle sont : 1º l'emprisonnement à temps dans un lieu de correction ; — 2º l'interdiction à temps de certains droits civiques, civils ou de famille ; — 3º l'amende. L'amende étant une peine commune aux matières criminelles, correctionnelles et de police (art. 11 et 464 C. pén.), nous ne nous en occuperons pas ici.

I. *Emprisonnement.*

L'emprisonnement correctionnel est, aux termes de l'art. 40 C. pén., une peine temporaire privative de la liberté de locomotion que le condamné subit dans une maison de correction en étant soumis à un travail dont il a le choix, parmi ceux établis dans le lieu où il est détenu.

« L'emprisonnement, dit M. Faustin Hélie, c'est la peine des
« sociétés civilisées ; elle est éminemment correctionnelle, elle
« peut être combinée avec le travail, elle peut lui imprimer une
« tendance morale. De plus, cette peine est divisible, car on peut
« à volonté, en modifier l'intensité et la durée ; elle est égale,
« car tous les hommes sont sensibles à la perte de la liberté ;
« elle enlève aux condamnés tous les moyens de nuire ; elle est,
« enfin, la seule peine qui se prête à un amendement moral » (1).

(1) *Apud* Labatut, Revue critique, t. III, 1873-1874, p. 637.

Cependant elle est parfois inégale, suivant la situation différente de ceux qu'elle frappe. Ainsi, elle n'atteindra pas également le vagabond, l'homme habitué au bien-être et le père de
famille.

APERÇUS HISTORIQUES.

1° Droit romain.

L'emprisonnement était dans la législation romaine plus fréquemment employé à titre de détention préventive.qu'à titre de
peine : « *carcer enim ad continendos homines non ad puniendos ha-
beri debet* », dit Ulpien, fr. 8, § 9.. Dig. de Pœnis (48-9). Cependant, elle était quelquefois employée à titre pénal (1).

2° Ancienne législation.

Dans l'ancienne législation française, la prison était également
employée comme moyen de s'assurer de la personne des inculpés et
n'avait qu'exceptionnellement le caractère pénal : elle remplaçait
notamment la peine des galères pour les femmes : « A la vérité,
« dit Muyart de Vouglans (2), il faut remarquer que suivant
« l'usage actuel de tous les tribunaux, soit ordinaires, soit mili-
« taires (à l'exception seulement des tribunaux ecclésiastiques),
« cette peine ne s'ordonne et ne s'exécute plus dans ces lieux
« connus proprement sous le nom de *prison*, qui se trouvent en-
« clavés dans l'enceinte des tribunaux mêmes qui la prononcent;
« mais dans des *forts* ou *châteaux* et autres maisons de force qui
« sont destinés pour la détention des hommes, comme *l'hôpital-
« général* ou les couvents cloîtrés pour les femmes. »
Au contraire, dans le droit canonique, l'emprisonnement soit
à temps, soit à perpétuité dans un couvent, était une peine de
droit commun. « La prison peut non seulement être ordonnée
par le juge d'Eglise comme par le juge laïc, mais avec cette différence qu'elle est réputée une véritable peine dans le droit canonique et qu'elle est même la plus forte, lorsqu'elle est perpétuelle,

---

(1) Walter : Lois criminelles des Romains, p. 57; Labatut, Revue critique,
loc. cit.

(2) Lois criminelles de France (1780). p. 74.

que l'Eglise puisse imposer; au lieu que, dans les tribunaux laïcs, elle est moins regardée comme une peine qu'un lieu de sûreté pour la détention de l'accusé, quoique la longueur de cette détention puisse servir beaucoup à faire diminuer les autres peines, et que même elle puisse « en devenir une véritable, lorsque « ces autres peines sont commuées en une prison perpé- « tuelle (1). »

3º Droit intermédiaire.

L'emprisonnement fut organisé, comme peine, par l'Assemblée constituante dans le décret du 19 juillet 1791, sur la police municipale et la police correctionnelle, qui ordonna la création de maisons de correction pour l'exécution de cette peine.

4º Code pénal.

L'emprisonnement correctionnel est, dans notre législation actuelle, une peine applicable principalement aux délits correctionnels. Cependant, il peut être également prononcé contre d'autres infractions, telles que les contraventions à des dispositions de pur droit positif, punies correctionnellement, et les crimes excusables (art. 326 C. pén.) ou punissables des travaux forcés à temps, de la réclusion, de la détention, du bannissement, de la dégradation civique en cas de déclaration des circonstances atténuantes.

Cet emprisonnement consiste, d'après l'article 40 C. pénal, dans la privation de liberté avec assujettissement à un travail obligatoire. Sa durée est de six jours à cinq ans (art. 40).

Les produits du travail du condamné seront appliqués partie aux dépenses communes de la maison, partie à lui procurer quelques adoucissements, s'il les mérite, partie à former pour lui, au temps de sa sortie, un fonds de réserve; le tout ainsi qu'il sera ordonné par des règlements d'administration publique (art. 41 C. pén.). Cette répartition a été réglementée par une ordonnance du 27 décembre 1843 de la façon suivante : 5/10 sont affectés aux dépenses de la maison; les autres 5/10 sont divisés

---

(1) Muyart de Vouglans, Institutes au droit criminel, p. 211.

en deux parties égales : 2/10 1/2 sont donnés au détenu pendant sa captivité pour lui permettre d'adoucir sa situation ; les deux autres dixièmes et demi sont mis en réserve pour lui être remis à l'époque de sa libération. La portion affectée au détenu n'est plus que de 3 ou de 4/10 pour les récidivistes, suivant qu'ils ont été précédemment condamnés à une peine criminelle ou à l'emprisonnement de plus d'un an (1).

Les lieux où s'exécute l'emprisonnement correctionnel diffèrent suivant la durée de cet emprisonnement. D'après une ordonnance du 6 juin 1830 : au dessus d'un an, il est subi dans les maisons centrales ; de six jours à un an, dans les maisons de correction du département où siège le tribunal qui a prononcé la peine.

[Ces prisons, établies dans chaque arrondissement, sont appelées *départementales*, parce que la propriété en appartient aux départements en vertu d'un décret du 9 avril 1811 qui, pour alléger le budget de l'Etat, l'a déchargé de la propriété de ces établissements ; cependant la loi budgétaire du 5 mai 1855 a mis à la charge de l'Etat les dépenses d'entretien. — Ces maisons servent à la fois de maisons *d'arrêt*, de *justice* et de *correction*, contrairement au désir de la loi qui prescrit la séparation dans des établissements distincts des *prévenus*, des *accusés* et des *condamnés : Art. 40 C. pén. Quiconque aura été condamné à la peine d'emprisonnement sera enfermé dans une maison de correction. — Art. 603 Inst. cr. Indépendamment des prisons établies pour peines, il y aura dans chaque arrondissement, près du tribunal de première instance, une maison d'arrêt pour y retenir les prévenus ; et près de chaque cour d'assises, une maison de justice pour y retenir ceux contre lesquels il aura été rendu une ordonnance de prise de corps. — Art. 604 Inst. cr. Les maisons d'arrêt et de justice seront entièrement distinctes des prisons établies pour peines.* — Cette confusion, inspirée par des considérations budgétaires, a été établie par des ordonnances du 2 avril 1817 et du 6 juin 1830.]

Une loi du 5 juin 1875 a ordonné une nouvelle organisation des prisons départementales en vue de l'application du régime cellulaire, qui a été reconnu nécessaire pour diminuer les récidives dues à la corruption réciproque des détenus vivant en com-

(1) [Voir pour ce qui concerne le pécule des condamnés en France et dans les principaux Etats étrangers le Bulletin de la Société générale des Prisons de juillet 1892, p. 898 et ss.]

mun. Cette loi a été votée par l'Assemblée nationale à la suite de l'enquête pénitentiaire qu'elle ordonna et du remarquable rapport de M. Bérenger, déposé à la séance du 18 mars 1873. Mais les prisons départementales appartenant aux départements et le législateur n'ayant pas cru tout d'abord pouvoir imposer aux Conseils généraux les dépenses de reconstruction de ces prisons, l'application de cette loi a été retardée à l'époque de la transformation successive de chaque prison (1). Le nouveau régime pénitentiaire, déclare en effet l'article 8, sera appliqué au fur et à mesure de la transformation des prisons; mais il reste entendu que la reconstruction ou l'appropriation des prisons départementales ne pourra, à l'avenir, avoir lieu qu'en vue de l'application du régime prescrit par la loi de 1875; les projets, plans et devis seront en conséquence soumis à l'approbation du ministre de l'intérieur, et les travaux seront exécutés sous son contrôle (art. 6).

[L'application de la loi du 5 juin 1875 est encore très incomplète et l'on ne compte actuellement, sur 382 prisons départementales, que 23 maisons cellulaires renfermant 4.072 cellules :

1. Mazas.	1135	14. Chaumont.	123
2. Dépôt.	47	15. Nice.	255
3. La Santé.	464	16. Sarlat.	47
4. Sainte-Menehould.	31	17. Les Sables d'Olonne.	50
5. Dijon.	37	18. Tarbes.	79
6. Tours.	104	19. Saint-Etienne.	242
7. Etampes.	34	20. Nanterre.	456
8. Versailles.	56	21. Mende.	59
9. Angers.	246	22. Niort.	67
10. Corbeil.	53	23. Bayonne.	72
11. Pontoise.	91	Total.	4072
12. Besançon.	234		
13. Bourges.	120		

Sont en cours d'exécution : { Corte. 57
Foix. 35

(1) [Pour veiller à l'exécution de la loi du 5 juin 1875, un Conseil supérieur des prisons a été établi par cette loi (art. 9) auprès du ministre de l'intérieur. — En même temps, une société privée, reconnue actuellement comme établissement d'utilité publique a été fondée en 1877, sous la présidence de M. Du-

Les autres prisons départementales sont communes : quelques-unes (la minorité) avec séparation par quartiers et catégories; les autres avec la promiscuité complète et dans un état matériel de construction tel que la discipline y est fort difficile à organiser et que le régime de la peine varie avec chaque arrondissement. — Il est vrai que l'administration pénitentiaire a cherché à rendre ce régime plus uniforme en établissant un règlement commun à toutes les maisons (décret du 11 novembre 1885) et divisant leur administration et leur surveillance en 33 circonscriptions pénitentiaires (décret du 8 mars 1888). Mais ces efforts viennent se heurter contre l'état matériel des locaux affectés à la plupart de ces prisons de courtes peines. — On a cherché à vaincre la résistance des conseils généraux pour hâter l'application de la loi de 1875, et des propositions diverses ont été faites dans ce sens en 1884 et en 1888 par le Gouvernement et M. Bérenger (Bulletin de la Société générale des prisons, 1883, p. 33, — 1884, p. 250, 256, 482 et 601, — 1888, p. 849 et 869). Le Sénat a adopté le 1er juillet 1889 un projet contenant les dispositions suivantes : Art. 1er. Les départements peuvent être exonérés d'une partie des charges qui leur sont imposées par la loi du 5 juin 1875, s'ils rétrocèdent de gré à gré à l'État la propriété de leurs maisons d'arrêt, de justice et de correction. — Les conventions doivent fixer les valeurs des dépenses et charges incombant aux départements. — Art. 2. Toute maison d'arrêt, de justice ou de correction qui ne satisfait pas aux conditions indispensables d'hygiène, de moralité, de bon ordre ou de sécurité, peut être déclassée comme établissement pénitentiaire. Le déclassement est prononcé sur l'avis du Conseil supérieur des prisons, par décret rendu dans la forme des règlements d'administration publique. — Art. 3. Le déclassement a pour effet de mettre le département en demeure de faire procéder aux travaux d'appropriation ou de reconstruction prévus par l'article 6 de la loi du 5 juin 1875. Le département qui, sur cette mise en demeure, exécute volontairement les travaux, a droit au maximum de la subvention de l'Etat, dans les conditions fixées par l'article 7 de ladite loi. — Art. 4. Deux ou plusieurs Conseils généraux peuvent se concerter, conformément au titre VII de la loi du 10 août 1871 et de l'article 6 de la loi du 5 juin 1875, pour construire ou transformer à frais communs des établissements pénitentiaires, en vue de la mise en pratique du régime de l'emprisonnement individuel. La part contributive de chaque dépar-

faure, sous le nom de *Société générale des prisons* : cette Société, dans le Bulletin qu'elle publie depuis sa création, s'occupe de toutes les questions pénitentiaires tant en France qu'à l'étranger et ce Bulletin constitue une source précieuse de renseignements.]

tement, dans le paiement de la dépense est, sauf convention contraire, proportionnelle au nombre de cellules à établir pour la circonscription. Il participe, dans la même mesure, aux droits et charges de la propriété. — Art. 5. En cas de création d'une prison interdépartementale, la subvention que l'Etat peut accorder est déterminée séparément à l'égard de chacun des départements intéressés et dans les conditions prévues par l'art. 7 de la loi du 5 juin 1875. — Art. 6. Dans le cas où l'Etat a traité avec un département de la rétrocession d'une ou de plusieurs prisons, et dans celui où il doit, après déclassement, pourvoir d'office à l'appropriation ou à la reconstruction d'une prison départementale, il peut traiter avec d'autres départements dans les conditions de l'art. 4 de la présente loi. Il peut en outre s'entendre avec ces départements pour construire ou transformer, en leur lieu et place, l'établissement interdépartemental. — Art. 7. Les charges résultant, pour les départements, des art. 1, 3, 4 et 6 de la présente loi, ont le caractère de dépenses obligatoires. Il en est de même des dépenses ordinaires d'entretien et de réparation des immeubles départementaux affectés à l'usage de maison d'arrêt, de justice et de correction. L'art. 64 de la loi du 10 août 1871 leur est applicable. En conséquence, à défaut, par les Conseils généraux, de prendre les mesures nécessaires pour l'exécution des travaux ou de voter les ressources dans un délai d'un an, à partir de la mise en demeure qui leur est adressée, il y est pourvu d'office, en vertu d'un décret rendu en Conseil d'Etat, aux frais du département et dans les limites de la dépense prévue. Le décret fixe, en cas de déclassement, la subvention à la charge de l'Etat, dans les limites de l'article 7 de la loi du 5 juin 1875. — Art. 8. Le nombre de cellules de détention à établir, pour chaque maison affectée au régime de l'emprisonnement individuel, est fixé d'après le chiffre moyen de la population pendant les cinq dernières années, en tenant compte des modifications intervenues dans les lois pénales. Il ne peut dépasser les trois quarts de l'effectif actuel calculé sur les mêmes bases. Un quartier commun, exclusivement réservé, en cas d'insuffisance temporaire du nombre des cellules, aux condamnés aux peines les plus courtes ou aux détenus d'une même catégorie, est établi dans les maisons où l'administration le juge nécessaire. — Art. 9. Il peut être créé, par le ministre de l'intérieur, des chantiers pénitentiaires pour utiliser la main-d'œuvre pénale à la construction ou transformation des prisons, sans toutefois porter atteinte à la distinction des peines et aux conditions essentielles de leur exécution. Ne pourront être employés dans ces chantiers les détenus qui, d'après la nature de leur peine et le lieu de leur condamnation, devraient subir leur peine dans un établissement où fonctionne le régime de l'emprisonnement individuel. — Art. 10. Sont abrogées toutes les dispositions de lois antérieures contraires à la présente loi. Le projet de loi, ainsi voté par le Sénat, a été soumis le 8 mai 1890 à la Chambre des députés. (Cf. Bulletin de la Société générale des Prisons 1889, p. 34, 158, 877; — 1891, p. 1021.)]

La loi de 1875 distingue cependant pour l'application du régime cellulaire deux catégories de détenus : pour les uns, ce régime, dans les prisons où il est organisé, est obligatoire; pour les autres, il est simplement facultatif et ne leur est appliqué que s'ils le demandent. Il est obligatoire : 1º pour les inculpés, prévenus et accusés en état de détention préventive : « Les inculpés, « prévenus et accusés seront, à l'avenir, individuellement séparés « pendant le jour et la nuit. » (art. 1er); 2º pour les condamnés à l'emprisonnement de un an et un jour et au-dessous : « Seront « soumis à l'emprisonnement individuel les condamnés à un emprisonnement de un an et un jour et au-dessous. Ils subiront « leur peine dans les maisons de correction départementales. » (art. 2). Il est facultatif pour les condamnés à plus de un an et un jour : « Les condamnés à un emprisonnement de plus de un « an et un jour pourront, sur leur demande, être soumis au régime de l'emprisonnement individuel. Ils seront, dans ce cas, « maintenus dans les maisons de correction départementales « jusqu'à l'expiration de leur peine, sauf décision contraire prise « par l'administration sur l'avis de la Commission de surveil- « lance de la prison. » (art. 3).

Pour compenser les rigueurs de l'emprisonnement individuel lorsqu'il est obligatoire et pour fournir au condamné un motif d'en demander l'application lorsqu'il est facultatif, la loi de 1875 a réduit de un quart la durée de l'emprisonnement subi d'après le régime cellulaire.

« La durée des peines subies sous le régime de l'emprisonne- « ment individuel, sera, de plein droit, réduite d'un quart. La « réduction ne s'opérera pas sur les peines de trois mois et au- « dessous. Elle ne profitera, dans les cas prévus par l'article 3, « qu'aux condamnés ayant passé trois mois consécutifs dans l'i- « solement et dans la proportion du temps qu'ils y auront passé « (art. 4). »

Comparaison entre l'emprisonnement correctionnel et la réclusion.

§ 1. RESSEMBLANCES.

Ces deux peines se ressemblent par la privation de la liberté qu'elles imposent au condamné avec assujettissement au travail. Si en principe les lieux destinés à l'exécution de ces peines diffèrent : maisons centrales pour la réclusion, maison de correction pour l'emprisonnement, en fait l'emprisonnement au-dessus de un an se subit dans les maisons centrales avec la réclusion.

§ 2. DIFFÉRENCES.

Ces deux peines diffèrent :

1º *Par leur nature :* la réclusion est une peine criminelle, afflictive et infamante; l'emprisonnement est une peine correctionnelle;

2º *Par leur durée :* la durée de la réclusion est de cinq à dix ans; celle de l'emprisonnement de six jours à cinq ans;

3º *Par les lieux d'exécution :* légalement, la réclusion est subie dans une maison de force; l'emprisonnement dans une maison de correction. Cette différence n'est pas complète en pratique. En effet, l'emprisonnement de plus de un an est subi dans les maisons centrales. Mais jusqu'à un an il est subi dans les prisons départementales; prison du lieu du tribunal qui a prononcé la condamnation jusqu'à trois mois; prison du chef-lieu du département au-dessus de trois mois jusqu'à un an;

4º *Par la nature du travail imposé au condamné :* légalement, le condamné à la réclusion est assujetti au travail qui lui est imposé, tandis que le condamné à l'emprisonnement a le choix parmi les genres de travaux admis dans l'établissement pénitentiaire;

5º *Par l'affectation des produits du travail :* Le condamné à la réclusion a droit aux 4/10 du produit de son travail; le condamné à l'emprisonnement a droit aux 5/10.

II. *Interdiction de certains droits civiques, civils ou de famille.*

(Art. 9 C. pén.). Certains délits attestent chez ceux qui les ont commis l'absence de la moralité, de l'honorabilité et de la capacité nécessaires pour occuper certaines fonctions ou pour gérer les intérêts d'autrui.

De là les dispositions des articles 42 et 43 C. pénal. Article 42 : « *Les tribunaux jugeant correctionnellement pourront, dans certains cas, interdire, en tout ou en partie, l'exercice des droits civiques, civils et de famille suivants :*

1° De vote et d'élection ;

2° D'éligibilité ;

3° D'être appelé ou nommé aux fonctions de juré ou autres fonctions publiques, ou aux emplois de l'administration, ou d'exercer ces fonctions ou emplois ;

4° Du port d'armes ;

5° De vote et de suffrage dans les délibérations de famille ;

6° D'être tuteur, curateur, si ce n'est de ses enfants et sur l'avis seulement de la famille ;

7° D'être expert ou employé comme témoin dans les actes ;

8° De témoigner en justice, autrement que pour y faire de simples déclarations.

Article 43 : « *Les tribunaux ne prononceront l'interdiction mentionnée en l'article précédent, que lorsqu'elle aura été autorisée ou ordonnée par une disposition particulière de la loi.* »

Ces dispositions rappellent celles qui concernent la dégradation civique. Elles établissent des incapacités qui sont au nombre de celles édictées par l'article 34 C. pénal.

Cependant ces deux peines diffèrent à plusieurs points de vue :

1° Par la nature de la peine : la dégradation civique est une peine criminelle infamante, tandis que l'interdiction civique est une peine correctionnelle ;

2° Par le mode d'infliger la peine : l'interdiction civique doit toujours être prononcée par le juge ; la dégradation civique figure dans le Code comme : 1° peine principale (C. pén., art. 35) ; 2° peine accessoire (art. 28 C. pén., loi du 31 mai 1854) ;

3° Elles diffèrent sous un double rapport quant aux incapacités qui les constituent : a. l'article 34 C. pénal établit pour la dégradation civique des incapacités plus nombreuses que l'article 42; il y a en effet de moins dans l'article 42 : 1° la privation du droit de porter des décorations; 2° l'incapacité d'être subrogé-tuteur; 3° celle d'être conseil judiciaire; 4° l'exclusion de l'armée; 5° l'incapacité de tenir école ou d'exercer des emplois dans les établissements d'instruction; *b.* la dégradation civique est indivisible (art. 34 C. pén.), c'est-à-dire qu'elle emporte toujours et nécessairement toutes les incapacités prononcées par cet article. Au contraire, l'interdiction civique est divisible et le juge peut ne prononcer qu'une partie seulement des incapacités de l'article 42;

4° Elles diffèrent quant à leur durée : la dégradation civique est perpétuelle et ne cesse qu'au moyen de la réhabilitation. Au contraire, l'interdiction civique est temporaire dans le plus grand nombre des cas et sa durée est en général de cinq à dix ans (C. pén., art. 86, 109, 112, 113, 123, 185, 187, 197, 335, 388, 400, 401, 405, 406, 408, 410). Cependant elle est quelquefois perpétuelle comme dans les articles 171 et 175.

Quand le condamné sera-t-il atteint par les incapacités de l'article 42? — M. Blanche pense qu'elles ne sont encourues qu'à compter du jour où le coupable a subi sa peine (1). « Les art. 86, 197, 388, 400, 401, 405, 406 et 410, disposent que le temps de l'interdiction *courra à compter du jour où le coupable aura subi sa peine.* Il semble qu'il faut conclure de là que, dans les cas prévus par ces différents articles, l'interdiction n'est pas encourue du jour où la condamnation est devenue définitive, comme l'enseignent certains auteurs. C'est une conclusion qui me paraît évidente. D'ailleurs il est parfaitement rationnel que pour la plupart des incapacités l'interdiction ne commence qu'après l'exécution de la peine principale; sans quoi les deux exécutions se confondraient et la peine seraient amoindrie. En effet, à quoi bon interdire au condamné qui est détenu, et pendant qu'il est détenu, le droit de vote, d'élection et d'éligibilité, le droit d'être appelé aux fonctions de juré, aux autres fonctions publiques et aux emplois de l'administra-

---

(1) Blanche, Etudes sur le Code pénal, t. Ier, n° 181.

tion, le droit d'exercer ces fonctions ou emplois, le droit de port d'armes, le droit de vote et de suffrage dans les délibérations de famille, le droit d'être tuteur et curateur, le droit d'être expert ou employé comme témoin dans les actes? Est-ce que le fait de l'incarcération n'est pas lui-même un obstacle à l'exercice de ces divers droits? La loi a donc eu raison, à ces différents points de vue, lorsqu'elle a ordonné, dans les articles que j'ai rappelés, que l'interdiction ne courrait qu'à compter du jour où le coupable aurait subi sa peine. Mais parmi les incapacités de l'art. 42, il en est une qui aurait évidemment demandé une autre règle, c'est l'incapacité de témoigner en justice. En effet, la loi, telle qu'elle est, va produire, relativement à cette incapacité, les conséquences les plus bizarres. Le condamné, en vertu de l'un des art. 86, 197, 388, 400, 401, 405, 406, 410, ne subissant, qu'à l'expiration de sa peine, l'interdiction civique, pourra, pendant la durée de son incarcération, témoigner en justice; et ce ne sera que lorsqu'il aura expié sa peine qu'il ne devra plus être entendu qu'à titre de simples renseignements. — Quelle que soit l'anomalie de cette situation, je ne crois pas qu'il appartienne au juge d'y pourvoir autrement que par l'application de la loi. Le juge n'est pas autorisé à tenir pour incapable de prêter serment le condamné qui exécute encore sa peine, sous le prétexte qu'il en sera incapable lorsqu'il l'aura exécutée. Il ne peut pas se constituer le réformateur de la loi. »

Nous croyons au contraire que l'interdiction civique est encourue du jour où la condamnation est devenue irrévocable, conformément à la règle générale et les articles cités par M. Blanche, par exemple les art. 401 et 405, doivent être entendus pour la détermination de la *durée* des incapacités. Il serait, en effet, choquant que le condamné pour vol, escroquerie, abus de confiance, etc., conserve la tutelle de ses enfants pendant qu'il est en prison et puisse prendre part par procuration (art. 412 C. civ.) aux délibérations d'un conseil de famille. Du reste le système de M. Blanche conduit à une anomalie qu'il reconnaît lui-même relativement à l'incapacité de témoigner en justice, puisque le condamné pourra, pendant la durée de son incarcération, témoigner en justice, et ne sera frappé de l'incapacité que lorsqu'il aura expié sa peine. On ne peut pas admettre que le législateur ait entendu établir une chose aussi peu rationnelle. Mieux vaut l'interprétation que nous proposons.

Quid pour les cas dans lesquels la loi ne fixe pas le point de départ de la durée de l'interdiction?

M. Blanche pense que le juge sera libre de fixer lui-même ce point de départ (1). « Dans les art. 89, 91, 109, 112, 171, 175, 185, 187, 335, le Code pénal se tait sur le point de départ de l'interdiction. De quel jour courra-t-elle dans ces divers cas? Sera-ce du jour où la condamnation est devenue définitive? Sera-ce du jour où la peine principale a été expiée? Je ne dirai qu'un mot sur cette question qui ne se présentera guère dans la pratique. La loi n'ordonnant pas, c'est au juge à prononcer : il pourra, selon les circonstances, et surtout en prenant en considération la nature de l'incapacité qu'il appliquera, ordonner que l'interdiction courra soit du jour où la condamnation sera devenue définitive, soit du jour où le coupable aura subi sa peine. En prenant l'un ou l'autre parti, il ne pourra pas enfreindre la loi, puisque la loi ne s'explique pas sur ce point. »

Nous pensons au contraire qu'il faut toujours appliquer la règle générale selon laquelle les jugements produisent leur effet, quant aux incapacités, au jour où ils sont irrévocables.

§ 3. PEINES ACCESSOIRES.

Les peines accessoires en matière correctionnelle consistent dans certaines incapacités qui sont encourues de plein droit dans des cas spécifiés et qui sont rattachées à certaines condamnations.

Elles frappent le condamné au jour où la condamnation est irrévocable (art. 28).

Elles affectent en général le condamné jusqu'à la réhabilitation (art. 619 Code d'inst. crim.).

Ces incapacités sont établies par des lois spéciales. Elles consistent :

1° *Dans la privation du droit de participer aux élections politiques et aux élections communales.* Ces incapacités sont établies

---

(1) Blanche, Études sur le Code pénal, t. Ier, no 181.

par le décret organique du 2 février 1852, maintenu en vigueur par les lois du 30 novembre 1875, sur l'élection des députés, et du 7 juillet 1874 et 15 avril 1884 (art. 14), sur l'électorat municipal; l'art. 15 de ce décret est ainsi conçu : « *Ne doivent pas être inscrits sur les listes électorales : 1o les individus privés de leurs droits civils et politiques par suite de condamnations à des peines afflictives ou infamantes, soit à des peines infamantes seulement ; — 2o ceux auxquels les tribunaux, jugeant correctionnellement, ont interdit le droit de vote et d'élection, par application des lois qui autorisent cette interdiction ; — 3o les condamnés pour crime à l'emprisonnement, par application de l'art. 463 C. pén.; — 4o ceux qui ont été condamnés à trois mois de prison, par application des art. 318 et 423 C. pén.; — 5o les condamnés pour vol, escroquerie, abus de confiance, soustraction commise par les dépositaires de deniers publics ou attentats aux mœurs prévus par les art. 330 et 334 C. pén., quelle que soit la durée de l'emprisonnement auquel ils ont été condamnés ; — 6o les individus qui, par application de l'art. 8 de la loi du 17 mai 1819 et de l'art. 3 du décret du 11 août 1848, auront été condamnés pour outrage à la morale publique et religieuse ou aux bonnes mœurs, et pour attaque contre le principe de la propriété et les droits de la famille (1) ; — 7o les individus condamnés à plus de trois mois d'emprisonnement en vertu des art. 31, 33, 34, 35, 36, 38, 39, 40, 41, 42, 45 et 46 de la présente loi; — 8o les notaires, greffiers et officiers ministériels destitués en vertu de jugements ou décisions judiciaires ; — 9o les condamnés pour vagabondage ou mendicité ; — 10o ceux qui auront été condamnés à trois mois de prison au moins, par application des art. 439, 443, 444, 445, 446, 447 et 452 du Code pénal ; — 11o ceux qui auront été déclarés coupables des délits prévus par les art. 410 et 411 C. pén. et par la loi du 21 mai 1836, portant prohibition des loteries (2) ; — 12o les militaires condamnés aux boulets ou aux travaux publics ; — 13o les individus condamnés à l'emprisonnement, par application des art. 38, 41, 43 et 45 de la loi du 21 mars 1832 sur le recrutement de*

---

(1) Abrogé par la loi du 29 juillet 1881 sur la presse.

(2) Ce paragraphe 11 est abrogé par l'art. 22, 4e alinéa, L. org. 30 nov. 1875, en tant qu'il se réfère à la loi.

l'armée ; — 14° les individus condamnés à l'emprisonnement, par application de l'art. 1er de la loi du 27 mars 1851 ; — 15° ceux qui ont été condamnés pour délit d'usure ; — 16° les interdits ; — 17° les faillis non réhabilités, dont la faillite a été déclarée soit par des tribunaux français, soit par jugements rendus à l'étranger, mais exécutoires en France. »

2° Dans l'incapacité d'être juré : loi du 21 novembre 1872, art. 2 : « Sont incapables d'être jurés : 1° les individus qui ont été condamnés soit à des peines afflictives et infamantes, soit à des peines infamantes seulement ; — 2° ceux qui ont été condamnés à des peines correctionnelles pour faits qualifiés crimes par la loi ; — 3° les militaires condamnés au boulet ou aux travaux publics ; — 4° les condamnés à trois mois d'emprisonnement au moins ; toutefois, les condamnations pour délits politiques ou de presse n'entraîneront que l'incapacité temporaire dont il est parlé au paragraphe 11 du présent article ; — 5° les condamnés à l'amende ou à l'emprisonnement, quelle qu'en soit la durée, pour vol, escroquerie, abus de confiance, soustraction commise par des dépositaires publics, attentats aux mœurs prévus par les art. 330 et 334 du Code pénal, délit d'usure ; — 6° les condamnés à l'emprisonnement pour outrage à la morale publique et religieuse, attaque contre le principe de la propriété et les droits de famille, délits commis contre les mœurs par l'un des moyens énoncés dans l'art. 1er de la loi du 17 mai 1819 (1), pour vagabondage ou mendicité, pour infraction aux dispositions des art. 60, 63 et 65 de la loi sur le recrutement de l'armée et aux dispositions de l'art. 423 du Code pénal, de l'art. 1er de la loi du 27 mars 1851 et de l'art. 1er de la loi des 5-9 mai 1855 ; pour les délits prévus par les art. 134, 142, 143, 174, 251, 305, 345, 362, 363, 364 § 3, 365, 366, 387, 389, 399 § 2, 400 § 2, 418 du Code pénal. »

3° Dans l'incapacité de faire partie de l'armée : loi du 27 juillet 1872, art. 7 et 46 : « Sont exclus du service militaire et ne peuvent à aucun titre servir dans l'armée : 1° les individus condamnés à une peine afflictive ou infamante ; 2° ceux qui, ayant été condamnés à une peine correctionnelle de deux ans d'emprisonnement et au-dessus, ont, en outre, été placés par le jugement sous la

---

(1) Abrogé par la loi du 29 juillet 1881 sur la presse.

surveillance de la haute police, et interdits en tout ou en partie des droits civiques, civils ou de famille ». — 47. Tout Français peut être autorisé à contracter un engagement volontaire aux conditions suivantes :...... 6°.....« qu'il n'ait jamais été condamné à une peine correctionnelle pour vol, escroquerie, abus de confiance ou attentat aux mœurs ».

[« Ces dispositions ont été modifiées par les articles 4, 5 et 6 de la loi du 15 juillet 1889.

Art. 4. Sont exclus de l'armée, mais mis, soit pour leur temps de service actif, soit en cas de mobilisation, à la disposition du ministre de la marine et des colonies, qui détermine par arrêtés les services auxquels ils peuvent être affectés :

1° Les individus qui ont été condamnés à une peine afflictive et infamante ou à une peine infamante dans les cas prévus par l'article 177 du Code pénal;

2° Ceux qui, ayant été condamnés à une peine correctionnelle de deux ans d'emprisonnement et au-dessus, ont été, en outre, par application de l'article 42 du Code pénal, frappés de l'interdiction de tout ou partie de l'exercice des droits civiques, civils et de famille;

3° Les relégués collectifs.

Les relégués individuels sont incorporés dans les corps de disciplinaires coloniaux.

Le ministre de la marine désigne le corps auquel chacun d'eux est affecté en cas de mobilisation.

Art. 5. Les individus reconnus coupables de crimes et condamnés seulement à l'emprisonnement par application de l'article 463 du Code pénal;

Ceux qui ont été condamnés correctionnellement à trois mois de prison au moins pour outrage public à la pudeur, pour délit de vol, escroquerie, abus de confiance ou attentat aux mœurs prévu par l'article 334 du Code pénal;

Ceux qui ont été l'objet de deux condamnations au moins, quelle qu'en soit la durée, pour l'un des délits spécifiés dans le paragraphe précédent;

Sont incorporés dans les bataillons d'infanterie légère d'Afrique.

Ceux qui, au moment de l'appel de leur classe, se trouveraient retenus, pour ces mêmes faits, dans un établissement pénitentiaire, seront incorporés dans lesdits bataillons à l'expiration de leur peine, pour y accomplir le temps de service prescrit par la présente loi.

Après un séjour d'une année dans ces bataillons, les hommes désignés au présent article, qui seraient l'objet de rapports favorables de leurs chefs, pourront être envoyés dans d'autres corps par le ministre de la guerre.

Art. 6. Les dispositions des articles 4 et 5 ci-dessus ne sont pas applicables aux individus qui ont été condamnés pour faits politiques ou connexes à des faits politiques.

En cas de contestation, il sera statué par le tribunal civil du lieu du domicile, conformément à l'article 31 ci-après.

Ces individus suivront le sort de la première classe après l'expiration de leur peine ». (Voir suprà, p. 374, note 1, le décret du 11 janvier 1892 sur l'organisation des sections d'exclus).

Le Comité de défense des enfants traduits en justice, récemment créé à Paris, s'est occupé à plusieurs reprises du sort fait aux mineurs libérés des colonies pénitentiaires par l'article 5 de la loi du 15 juillet 1889, et des inconvénients que présentent pour leur moralité, tant leur envoi obligatoire dans les bataillons d'Afrique où ils seront placés dans un milieu corrupteur que la constatation officielle et publique sur leur livret de cette tache qui les suivra jusqu'à l'âge de quarante-cinq ans. M. Bérenger, qui avait déjà vainement combattu cette disposition au Sénat, et demandé tout au moins que l'on autorisât le ministre de la guerre à dispenser de cet envoi, après enquête sur la conduite du jeune libéré depuis sa libération, a repris cette thèse dans les séances du Comité, l'a fait exprimer comme vœu par ce Comité et en a fait l'objet d'une proposition de loi qu'il a soumise dans le courant de mai 1892 à la Commission de l'armée, à propos de la discussion au Sénat de la question du recrutement de l'armée coloniale. L'honorable sénateur fait en outre ressortir une anomalie choquante qui résulte de la loi de 15 juillet 1889 : les condamnés correctionnels ne sont envoyés comme appelés de leur classe dans les bataillons d'Afrique que s'ils sont condamnés à trois mois au moins d'emprisonnement; au contraire, les engagés volontaires qui veulent devancer l'appel sont dirigés nécessairement sur ces bataillons, même s'ils sont condamnés à moins de trois mois. Cela constitue une entrave sérieuse au moyen de moralisation si heureusement pratiqué à l'égard des mineurs de seize ans sortant des colonies pénitentiaires : l'engagement volontaire avant vingt ans dans l'armée. — Enfin, une interprétation rigoureuse de la loi du 26 mars 1891 (art. 2) sur le sursis à l'exécution des peines faisant considérer l'envoi dans les bataillons d'Afrique comme une peine accessoire qui découle de la condamnation prononcée, les condamnés à trois mois et plus d'emprisonnement, restent frappés, malgré le bénéfice du sursis qui leur a été accordé, de l'incapacité de servir dans l'armée ordinaire. M. Bérenger a réclamé sans succès auprès du ministre de la guerre contre cette interprétation, qu'il considérait comme contraire aux intentions du Sénat lors de la discussion de la loi du 26 mars 1891. Il demanda, en conséquence, dans sa proposition de loi, que les dispositions de la loi du 15 juillet 1889 ne soient pas appliquées aux individus qui ont bénéficié de la loi du 26 mars 1891. En attendant, il appartient aux tribunaux de ne pas perdre de vue que toute condamnation à plus de trois mois pour certains délits entraînera, en l'état actuel de notre législation, l'incorporation du condamné dans les bataillons d'Afrique.]

4° Dans l'incapacité de tenir une école publique ou libre ou d'y être employé : loi du 15 mars 1850, art. 26 : « Sont incapables de tenir une école publique ou libre, ou d'y être employés, les individus qui ont subi une condamnation pour crime, ou pour un délit contraire à la probité ou aux mœurs...» Loi du 12 juillet 1875 sur la liberté de l'enseignement supérieur, art. 8-2° : « Sont incapables d'ouvrir un cours et de remplir les fonctions d'administrateur ou de professeur dans un établissement libre d'enseignement supérieur : 2° ceux qui ont subi une condamnation pour crime ou pour un délit contraire à la probité ou aux mœurs. »

5° Dans l'incapacité d'obtenir un permis de chasse : loi du 3 mai 1844, art. 8 et 6 : Cette loi distingue ceux auxquels le permis ne peut être accordé et ceux auxquels il peut être facultativement refusé : *art. 8 : « Le permis de chasse ne sera pas accordé : 1° à ceux qui, par suite de condamnations, sont privés du droit de port d'armes..... 3° à tout condamné placé sous la surveillance de la haute police. » Art. 6 : « Le préfet pourra refuser le permis de chasse :...... 2° à tout individu qui, par une condamnation judiciaire, a été privé de l'un ou de plusieurs des droits énumérés dans l'art. 42 du Code pénal, autres que le droit de port d'armes ; — 3° à tout condamné à un emprisonnement de plus de six mois pour rébellion ou violence envers les agents de l'autorité publique ; — 4° à tout condamné pour délit d'association illicite, de fabrication, débit, distribution de poudre, armes ou autres munitions de guerre ; de menaces écrites ou de menaces verbales avec ordre ou sous condition ; d'entraves à la circulation des grains ; de dévastation d'arbres ou de récolte sur pied, de plants venus naturellement ou faits de main d'homme ; — 5° à ceux qui auront été condamnés pour vagabondage, mendicité, vol, escroquerie ou abus de confiance. — La faculté de refuser le permis de chasse aux condamnés dont il est question dans les paragraphes 3, 4 et 5, cessera cinq ans après l'expiration de la peine. »*

6° Dans la possibilité d'être reproché comme témoin ou expert en matière civile, art 283 et 310 Procéd. civile : art 283 : « Pourront être reprochés :..... celui qui aura été condamné à une peine afflictive ou infamante ou à une peine correctionnelle pour cause de vol. » Art. 310 : « Les experts pourront être récusés par les mêmes motifs pour lesquels les témoins peuvent être reprochés. »

7° Dans certaines incapacités commerciales établies par la loi du 28 avril 1816, art. 53, contre certains coupables du délit de contrebande, punis d'emprisonnement.

[4e DIVISION. — Peines communes aux matières criminelles et correctionnelles.

Les peines communes aux crimes et aux délits, sont :

1° L'interdiction de séjour qui a remplacé la surveillance de la haute police et que nous avons étudiée plus haut;

2° La relégation introduite par la loi du 27 mai 1885, dont nous allons étudier l'organisation générale et le régime;

3° L'amende de 16 francs et au-dessus, dont nous exposerons les règles plus bas.

RELÉGATION.

La relégation a été introduite par la loi du 27 mai 1885 pour combattre les progrès de la récidive. Elle consiste dans le transport dans les colonies françaises de certains récidivistes que leur passé, à raison du nombre, de la gravité de leurs condamnations antérieures, fait juger être incorrigibles, et qui devront demeurer à perpétuité hors du territoire continental de la France. Cette peine, introduite comme mesure de sûreté générale et comme moyen de débarras pour la France de ces malfaiteurs de profession, est la conclusion finale et le complément obligatoire du nombre et du groupe de condamnations antérieures que ces récidivistes ont encourues. Elle leur est appliquée au moment où ils viennent de subir leur dernière peine, et comme, d'après l'article 4 de la loi du 27 mai 1885, les diverses condamnations dont l'ensemble emporte la relégation sont, suivant les cas, tantôt criminelles, tantôt correctionnelles, tantôt enfin à la fois criminelles et correctionnelles, la relégation constitue une peine commune aux crimes et aux délits.

La loi du 27 mai 1885, en introduisant la relégation, en détermine les cas et les conditions d'application et ne fait que poser les principes de son organisation, dont des décrets réglementaires postérieurs sont venus régler les détails. Nous nous bornerons à indiquer ici l'organisation de cette peine et le régime auquel les relégués sont soumis, renvoyant à l'étude de la récidive l'examen des divers cas de relégation, énumérés par l'article 4 de la loi.

Section 1re. — CARACTÈRES GÉNÉRAUX DE LA RELÉGATION.

La relégation est :

1º *Perpétuelle*. Article 1er de la loi : « *La relégation consistera dans l'internement perpétuel sur le territoire de colonies ou possessions françaises des condamnés que la présente loi a pour objet d'éloigner de France.* »

2º *Obligatoire pour le juge*. L'article 4 dit en effet : « *Seront relégués, les récidivistes.....* », et l'article 10 ajoute : « *Le jugement ou l'arrêt prononcera la relégation.....* » Dans les travaux préparatoires de la loi, on avait proposé de rendre cette peine facultative, mais la proposition a été repoussée dans la crainte que la magistrature mît obstacle à cette mesure que le législateur jugeait nécessaire et qui cependant rencontrait un assez grand nombre d'adversaires.

3º *Complémentaire*, c'est-à-dire qu'elle ne peut pas être prononcée toute seule, puisqu'elle suppose l'existence d'une série de condamnations et qu'elle doit être, d'après l'article 10 de la loi, prononcée en même temps que la dernière peine principale encourue et subie, d'après l'article 12, après l'expiration de cette dernière peine. D'autre part, la relégation n'est pas une peine accessoire, en ce sens qu'elle n'est pas encourue de plein droit et qu'elle doit être formellement prononcée par le dernier arrêt ou jugement de condamnation. L'application de l'article 10, qui exige que la relégation soit prononcée en même temps que la peine principale, a été interprétée rigoureusement par la jurisprudence, et l'on a décidé que, si les juges en prononçant la dernière peine ont omis d'appliquer la relégation, ils ne peuvent pas réparer après coup cette omission par un jugement postérieur, et l'on doit attendre que le condamné ait encouru une nouvelle condamnation dans les conditions de l'article 4 (1).

4º *De droit commun*, à un double point de vue : 1º au point de vue des juridictions autorisées à prononcer la relégation ; cette peine ne

_____

(1) Trib. correct. Versailles, 26 nov. 1886, Gaz. Pal. 87, 1, 63 ; Paris, 1er fév. 1887, Gaz. Pal. 87, 1, 232.

peut être en effet appliquée que par les cours et tribunaux ordinaires (art. 2); 2° au point de vue des condamnations qui peuvent entraîner la relégation. En effet, l'article 3 déclare que les condamnations pour crimes ou délits politiques ou délits qui leur sont connexes, ne peuvent compter pour en déterminer l'application. Quant aux condamnations prononcées par les tribunaux militaires et maritimes, elles peuvent être prises en considération pour l'application de la relégation lorsqu'elles ont été prononcées en dehors de l'état de siège ou de guerre pour des crimes ou délits de droit commun spécifiés par l'article 4; mais leur effet à ce point de vue n'est point obligatoire comme pour les condamnations émanées des juridictions ordinaires (art. 2). Ce caractère et les dispositions qui en sont la conséquence s'expliquent d'une part, parce que la loi n'a voulu atteindre que les malfaiteurs de profession, c'est-à-dire de droit commun, d'autre part par le caractère particulier des condamnations émanées des tribunaux militaires, dont la sévérité tient souvent plutôt à l'esprit de discipline militaire qu'à la gravité même de l'infraction ou à la perversité personnelle du condamné.

5° *Criminelle et correctionnelle* ; c'est ce qui résulte, ainsi que nous l'avons dit plus haut, de la nature des diverses condamnations dont la réunion emporte la relégation d'après l'article 4 de la loi.

Section 2. — RÉGIME DE LA RELÉGATION.

L'organisation de ce régime fait l'objet des articles 1, 7, 12, 14, 17 à 23 de la loi du 27 mai 1885, qui s'est bornée à poser les principes généraux et a renvoyé les détails à un règlement ultérieur qui a paru le 26 novembre 1885.

Principe général de l'organisation.

Le caractère fondamental de cette peine a été modifié dans le cours des travaux préparatoires :

1° Dans le projet primitif voté par la Chambre des députés et par le Sénat en première délibération, la relégation ne consistait que dans le simple débarras de la métropole, et aucun régime pénitentiaire n'avait été fixé, le personnel des relégués devant demeurer libre sur le territoire colonial, sans être soumis à aucune obligation de travail, avec droit à la nourriture et à l'entretien pour ceux qui n'avaient aucun moyen de subsistance personnel. Des protestations énergiques accueillirent ce premier projet, et la Guyane qui était désignée comme territoire de relégation fit valoir ses réclamations par l'organe de son gouverneur, M. Chessé ;

2° A la suite de ces réclamations et de ces critiques, le projet primitif fut modifié par le Sénat, dans sa seconde délibération, et par la Chambre des députés, lorsque le texte voté par le Sénat lui fut soumis. En conséquence, une distinction fondamentale fut posée dans le texte de l'article 1er : « *Seront déterminées par décret rendu en forme de règlement d'administration publique....., et les conditions dans lesquelles il sera pourvu à la subsistance des relégués avec obligation au travail à défaut de moyens d'existence dûment constatés.* »

Dès lors deux catégories distinctes de relégués étaient créées avec un régime différent pour chacune : 1° le régime du projet primitif, c'est-à-dire la liberté sans obligation au travail sur le territoire colonial, pour les relégués ayant des moyens d'existence personnels et ne retombant pas à la charge de l'Etat pour leur nourriture et leur entretien; l'obligation au travail avec toutes les mesures de surveillance restrictives de la liberté qu'elle comporte, pour la masse des relégués n'ayant pas de moyens d'existence; ce régime restrictif, qui les rapproche singulièrement de la condition des condamnés aux travaux forcés à perpétuité, fut considéré d'abord comme une garantie de sécurité pour la colonie appelée à recevoir les condamnés, ensuite comme un moyen, pour l'Etat, de se rembourser des dépenses de nourriture et d'entretien des relégués tombés à sa charge.

Cette distinction, emportant un régime si différent pour les relégués, a déterminé une division de la relégation que le décret portant règlement d'administration publique de la relégation, en date du 26 novembre 1885, a ainsi formulée dans son article 1er : « *La relégation est individuelle ou collective.* »

§ 1. RELÉGATION INDIVIDUELLE.

1° *Définition.* — « *La relégation individuelle consiste dans l'internement, en telle colonie ou possession française déterminée, des relégués admis à y résider en état de liberté, à la charge de se conformer aux mesures d'ordre et de surveillance qui seront prescrites en exécution de l'article 1er de la loi du 27 mai 1885.* » (art. 2 du décret du 26 novembre 1885.)

2° *Lieux où s'exécute la relégation individuelle.* — « *La relégation individuelle sera subie dans les diverses colonies ou possessions françaises.* » (art 4, al. 1);

3° *Personnes admises à la relégation individuelle.* — La relégation individuelle, tout en supposant chez ceux qui en bénéficient des moyens d'existence les empêchant de retomber à la charge de l'Etat, n'est cependant pas un droit pour eux; elle constitue un régime de faveur qui n'est accordé qu'après examen de leur conduite et suivant une procédure réglementée par le décret : « *Sont admis à la relégation individuelle, après examen de leur conduite, les relégables qui justifient de moyens honorables d'existence, notamment par l'exercice de professions ou de métiers, ceux qui sont reconnus aptes à recevoir des concessions de terre et ceux qui sont autorisés à contracter des engagements de travail ou de service pour le compte de l'Etat, des colonies ou des particuliers.* » (art. 2, 2e alinéa.)

4° *Procédure pour l'admission au bénéfice de la relégation individuelle.* — Le décret du 26 novembre 1885 fait une distinction fondamentale pour cette procédure, suivant que la demande d'admission est faite par le condamné immédiatement après la libération de sa dernière peine ou au cours de la relégation collective.

A) *L'admission est demandée immédiatement après la libération de la dernière peine.* Une nouvelle distinction est faite suivant que la dernière peine a été subie en France ou aux colonies.

a) *La dernière peine est subie en France.* « *Il est procédé pour l'admission au bénéfice de la relégation individuelle de la manière suivante : Le parquet près la cour ou le tribunal, ayant prononcé la relégation, le préfet du département où résidait le relégable avant sa dernière condamnation, le directeur soit de l'établissement, soit de la circonscription pénitentiaire où le relégable se trouvait détenu en dernier lieu, sont appelés à donner leur avis. Des médecins, désignés par le ministre de l'intérieur, examinent l'état de santé et les aptitudes physiques du relégable, et consignent leurs constatations et leur avis dans des rapports. Le dossier est transmis à une commission spéciale, dite « commission de classement », sur les propositions de laquelle le ministre de l'intérieur statue définitivement.* » (art. 6.)

« *La commission de classement est constituée par décret sur le rapport du ministre de l'intérieur, après entente avec ses collègues de la justice, de la marine et des colonies. Elle est composée de sept membres : un conseiller d'Etat élu par les conseillers d'Etat en service ordinaire, président ; deux représentants de chacun des trois départements de la justice, de l'intérieur, de la marine et des colonies. La commission élit son vice-président ; un secrétaire, désigné par le ministre de l'intérieur, est chargé de la rédaction des procès-verbaux et de la conservation des archives. La commission ne peut délibérer que lorsque quatre de ses membres au moins sont présents. Les délibérations sont prises à la majorité des voix ; en cas de partage, la voix du président est prépondérante.* » (art. 7).

b) *La dernière peine est subie aux colonies.* « *En ce qui concerne les condamnés dont la peine a été subie dans une colonie, il est statué définitivement par décision du ministre de la marine et des colonies, après avis du gouverneur et du conseil de santé, sur les propositions d'une commission de classement nommée par le gouverneur. Cette commission est composée : d'un magistrat, président, et de deux membres chargés de représenter, l'un la direction de l'intérieur et l'autre le service pénitentiaire. »* (art. 8.)

B) *L'admission est demandée au cours de la relégation collective.* « *Lorsqu'un relégué, subissant la relégation collective, se trouve dans les conditions énoncées dans l'article 2 du présent décret, il peut demander à être admis au bénéfice de la relégation individuelle. Cette demande est soumise à la procédure réglée par l'article 8 et transmise au ministre de la marine et des colonies, qui statue définitivement. Cette décision est portée à la connaissance du ministre de la justice et du ministre de l'intérieur. »* (art. 9.)

Le décret du 26 novembre 1885 a été complété, en ce qui concerne l'admission à la relégation individuelle, par un autre décret du 25 novembre 1887, relativement aux trois points suivants :

1° Pour les conditions d'une demande nouvelle d'un relégué collectif en cas de rejet de la première : « *Tout relégué collectif qui a demandé à être admis au bénéfice de la relégation individuelle dans les conditions prévues par l'article 9 du décret du 26 novembre 1885, et dont la demande n'a pas été accueillie, ne peut la renouveler, pendant un délai de six mois, à dater de la notification du rejet. »* (art. 1er.)

2° Pour la possibilité de l'admission provisoire, d'urgence, d'un relégué collectif à la relégation individuelle, sans attendre la décision du ministre de la marine et des colonies : « *Les gouverneurs des colonies spécialement affectées à l'internement des relégués collectifs, sont autorisés, après avis favorable de la commission instituée par l'article 8 du décret du 26 novembre 1885, à admettre provisoirement au bénéfice de la relégation individuelle, tout relégué collectif qui serait jugé digne de cette faveur, sous réserve de l'approbation du ministre de la marine et des colonies. »* (art. 2.)

3° Pour la notification de l'admission à la relégation individuelle et ses effets immédiats : « *La notification de l'admission d'un relégué à la relégation individuelle est faite à l'intéressé dans les vingt-quatre heures de l'arrivée de la décision ministérielle dans le lieu où il réside. Dès cette notification, le relégué cesse d'être soumis aux règlements disciplinaires imposés aux relégués collectifs. Il peut quitter immédiatement les dépôts, chantiers ou exploitations sur lesquels il est employé, pour se rendre dans le lieu où il aura déclaré entendre se fixer. »* (art. 3.)

5° *Effets de la relégation individuelle.* — La loi du 27 mai 1885 et le décret du 26 novembre 1885 ont simplement posé le principe du régime applicable aux relégués individuels : travail facultatif, liberté dans l'étendue du territoire colonial compatible avec les mesures d'ordre et de surveillance nécessaires pour s'assurer de la présence du relégué, enfin soumission au régime de droit commun et aux juridictions ordinaires.

L'organisation détaillée de ce régime a fait l'objet du décret du 25 novembre 1887 : d'abord la liberté du relégué individuel peut être restreinte par l'interdiction de la part du gouverneur « *sur la proposition du directeur de l'administration pénitentiaire ou, à défaut, du directeur de l'intérieur, au relégué de résider et de paraître dans certains lieux expressément déterminés et dont la désignation est portée sur son livret* » (art. 7). Ensuite le décret de 1887 prend des mesures pour s'assurer de la présence effective du relégué sur le territoire colonial. A cet effet, « *il est délivré au relégué, admis au bénéfice de la relégation individuelle, un livret contenant : 1° ses nom, prénoms et surnoms; 2° son signalement; 3° son état-civil; 4° sa situation au point de vue judiciaire ; 5° la loi du 27 mai 1885 sur la relégation des récidivistes; 6° le décret du 26 novembre 1885, portant règlement d'administration publique, pour l'application de la loi du 27 mai 1885; 7° le présent décret sur l'organisation de la relégation individuelle aux colonies; 8° l'extrait de la décision du ministre de la marine et des colonies, admettant le relégué au bénéfice de la relégation individuelle et fixant la colonie d'internement; 9° l'indication de l'autorité qui doit viser son livret, conformément à l'article 6; 10° les lieux qui ont été interdits aux relégués, conformément à l'article 7. Ce livret doit être présenté par l'intéressé sur toute réquisition des autorités administratives ou judiciaires de la colonie.* » (art. 4). En cas d'admission provisoire à la relégation individuelle par le gouverneur de la colonie, prévue par l'article 3 du décret de 1887, le gouverneur délivre au relégué une autorisation provisoire portant les indications inscrites sous les numéros 1, 2, 3, 4 et 9 de l'article 4 (art. 5). Outre l'obligation du relégué de présenter son livret à toute réquisition, il est astreint à un visa semestriel dont il peut être du reste dispensé : « *Le relégué individuel est tenu, en janvier et en juillet de chaque année, de faire viser son livret par les autorités qui sont désignées par arrêtés des gouverneurs des colonies et qui lui auront été notifiées. Toutefois, le gouverneur peut, par arrêté spécial, dispenser temporairement un relégué individuel de l'un des visa annuels ou de tous les deux.* » (art. 6, 1er et 2e alin.). — Les changements de résidence du relégué doivent être par lui notifiés à l'administration, toujours dans le même but : « *Dans le cas où, pour une cause quelconque, le relégué individuel aurait à changer de résidence, il doit donner avis de ce changement, avant qu'il s'effectue, à l'autorité chargée de viser son livret. Mention de cette déclaration est inscrite sur son livret. Tout avis de changement de résidence doit être immédiatement notifié aux directeurs de l'administration pénitentiaire, dans les colonies spécialement affectées à l'internement des relégués collectifs, à défaut, au directeur de l'intérieur.* » (art. 6, al. 3, 4 et 5). Le décret de 1887 assure l'observation des prescriptions précédentes par une sanction qui peut consister, soit dans un avertissement adressé par le gouverneur et inscrit au livret, soit même dans le retrait de la relégation individuelle

Enfin le décret de 1887 prévoyant le cas de maladie mettant le relégué dans l'impossibilité momentanée de se suffire à lui-même, l'oblige à constituer un fonds de réserve lui permettant de continuer à vivre avec ses ressources personnelles, condition nécessaire du bénéfice de la relégation individuelle : « *Tout relégué individuel doit constituer, soit immédiatement, soit progressivement, par lui ou par un tiers, un fonds de réserve, destiné à faire face aux dépenses qu'occasionnerait son traitement dans les hôpitaux de la colonie. Cette réserve reste la propriété du relégué. Le chiffre auquel elle doit être portée ou maintenue, ainsi que les conditions dans lesquelles elle est constituée, sont déterminés par un arrêté du gouverneur soumis à l'approbation du ministre de la marine et des colonies. Le ministre peut, après avis de la commission de classement, dispenser les relégués du versement du fonds de réserve.* » (art. 9);

6° *Révocation de la relégation individuelle.* — Les causes de révocation de la relégation individuelle et la procédure à suivre pour arriver au retrait de ce bénéfice sont fixées par l'article 10 du décret du 26 novembre 1885 : « *Le bénéfice de la relégation individuelle peut être retiré au relégué : 1° en cas de nouvelle condamnation pour crime ou délit; 2° pour inconduite notoire; 3° pour violation des mesures d'ordre et de surveillance auxquelles le relégué était soumis; 4° pour rupture volontaire et non justifiée de son engagement; 5° pour abandon de sa concession. Le retrait est prononcé définitivement par le ministre de la marine et des colonies, sur la proposition du gouverneur, après avis de la commission instituée par l'article 8* (COMMISSION COLONIALE). *Cette décision est portée à la connaissance du ministre de la justice et du ministre de l'intérieur)*;

7° *Cessation temporaire des ressources personnelles du relégué individuel.* — Lorsque les relégués individuels sont momentanément privés, sans faute de leur part, de moyens d'existence, sans avoir mérité par leur inconduite le retrait de la faveur qui leur a été accordée, ils peuvent être temporairement autorisés à travailler : les hommes, dans les exploitations, ateliers ou chantiers de l'administration (art. 34 du décret du 26 nov. 1885); les femmes, dans les maisons d'assistance et de travail, où il est pourvu à leurs besoins (art. 28 du même décret). Mais il reste bien entendu que pendant son séjour dans ces établissements affectés à la relégation collective, où il reçoit momentanément l'hospitalité de l'Etat, le relégué individuel doit se soumettre aux règlements disciplinaires intérieurs de ces établissements (art. 10 du décret du 26 nov. 1887) (1).

§ 2. RELÉGATION COLLECTIVE.

1° Définition. — « *La relégation collective consiste dans l'internement, sur un territoire déterminé, des relégués qui n'ont pas été, soit avant, soit après leur envoi hors de France, reconnus aptes à bénéficier de la relégation individuelle. Ces relégués sont réunis dans des établissements où l'administration pourvoit à leur subsistance et ils sont astreints au travail.* » (art. 3, al. 1 et 2, décret du 26 nov. 1885).

2° Lieux de relégation. — « *La relégation collective s'exécutera dans les territoires de la colonie de la Guyane et, si les besoins l'exigent, de la Nouvelle-Calédonie ou de ses dépendances, qui seront déterminés et délimités par décrets. Des règlements d'administration publique pourront désigner ultérieurement d'autres lieux de relégation collective.* » (art 4, al. 2 et 3). « *Les mêmes établissements et les mêmes circonscriptions territoriales ne doivent, en aucun cas, être affectés concurremment à la relégation collective et à la transportation.* » (art. 5). Par suite de l'état sanitaire de la Guyane, au début de l'application de la loi, on renonça à expédier les relégués à la Guyane, quoique d'après le décret de 1885 elle cons-

(1) [La relégation individuelle a éprouvé, depuis la promulgation de la loi de 1885, de telles difficultés d'application qu'elle est à peine pratiquée, difficultés provenant d'une part de l'extrême rareté des sujets réunissant les conditions de conduite et d'aptitude au travail ou justifiant des moyens d'existence exigés par la loi et les règlements ; d'autre part, de l'absence de colonie, autre que la Nouvelle-Calédonie ou la Guyane, sur lesquelles ces relégués puissent être dirigés ; les autres colonies, telles que Mayotte et Diégo-Suarez, ayant, après avoir réclamé l'envoi de relégués, déclaré n'en plus vouloir à aucun prix. Aussi depuis le début de l'application de la loi, 26 condamnés, dont 2 femmes ont seuls été proposés par la Commission de classement pour la relégation individuelle. Les commissions locales des colonies ont proposé pour cette mesure un plus grand nombre de relégués collectifs, dont la conduite était suffisante et qui avaient réussi à se créer sur les lieux de relégation des moyens d'existence : pendant les années 1889 et 1890, 44 condamnés en Guyane, et 56, dont 4 femmes en Nouvelle-Calédonie, ont bénéficié de la relégation individuelle. Un décret du 26 nov. 1888, art. 3, et la loi du 15 juillet 1889, sur le recrutement de l'armée, art. 4, en permettant le versement dans le corps des disciplinaires coloniaux des condamnés de 21 à 26 ans, paraissant dignes de la faveur de la relégation individuelle ont bien fourni un débouché qui pourrait permettre d'espérer quelques bons résultats ; mais il ne faut pas se dissimuler que le contingent de ces jeunes gens ne peut être que très faible.]

titue le lieu normal d'exécution de la relégation collective, et un décret du 20 août 1886 décida que les relégués seraient dirigés sur l'île des Pins, dépendance de la Nouvelle-Calédonie.

Cependant, l'année suivante, un décret du 24 mars 1887 détermina la délimitation du territoire de la Guyane affectée à la relégation, et depuis, les convois de relégués ont été répartis entre la Nouvelle-Calédonie et la Guyane dans la proportion suivante, telle qu'elle résulte du dernier rapport annuel de la Commission de classement des récidivistes, du 25 juin 1891 (1) :

ANNÉES	NOUVELLE-CALÉDONIE			GUYANE			TOTAL général
	HOMMES	FEMMES	TOTAL	HOMMES	FEMMES	TOTAL	
1886.	300	»	300	»	»	»	300
1887.	254	32	286	600	48	648	934
1888.	448	103	551	450	54	504	1.055
1889.	176	53	229	450	52	502	731
1890.	399	25	424	535	18	553	977
Totaux.	1.577	213	1.790	2.035	172	2.207	3.997

3° Personnes soumises à la relégation collective. — Ces personnes, sont : 1° les relégués qui n'ont pas été, à l'expiration de leur peine, admis à la relégation individuelle; 2° les relégués individuels dont le bénéfice a été révoqué;

4° Effets de la relégation collective et régime qu'elle comporte. — Les relégués collectifs sont, au point de vue de leur régime, divisés en deux classes :

A) *Sections mobiles.*

Une première classe de choix, dont le régime est adouci, constitue des groupes ou détachements désignés sous le nom de *sections mobiles*, destinés à être employés dans les diverses colonies, sur les chantiers

(1) [Au 1er janvier 1892, et depuis l'application de la loi du 27 mai 1885, la Nouvelle-Calédonie a reçu 2.218 relégués (1.953 hommes et 265 femmes) et la Guyane, 2.476 (2.283 hommes et 193 femmes). — Rapport de la Commission de classement pour l'année 1891.]

de travaux publics (art. 4, al. 4 et 5 du décret du 26 nov. 1885). Dans ces sections, sont versés les condamnés ayant une bonne santé et une conduite satisfaisante en état de détention. Le régime disciplinaire et le régime alimentaire ne sont pas les mêmes que pour les autres relégués. Les hommes qui se signalent par leur bonne conduite peuvent obtenir l'autorisation de sortir du cantonnement en dehors des heures de travail; des permissions peuvent leur être accordées pour chercher un emploi dans la colonie, en vue de l'admission à la relégation individuelle. Ce régime constitue un acheminement vers la relégation individuelle et a été réglementé par un décret du 18 février 1888. Le choix des relégués reconnus aptes à être classés dans les sections mobiles a lieu, après avis des commissions de classement instituées par les articles 7 et 8 du décret du 26 novembre 1885, par décision du ministre de l'intérieur dans la métropole, du ministre de la marine dans les colonies pour ceux qui y ont terminé leur peine principale, et du gouverneur pour les relégués collectifs reconnus ultérieurement dignes de cette faveur (décret du 18 fév. 1888). Le décret de 1888 n'avait pas fixé les lieux où doivent être envoyées des sections mobiles et les travaux en vue desquels elles sont constituées. Cette désignation n'a été faite que par des décrets postérieurs en date des 12 février et 13 juin 1889.

La première section mobile est affectée au domaine de la Ouaménie (Nouvelle-Calédonie). Les relégués doivent être employés à des travaux de route, de défrichement et d'assainissement en vue de l'installation sur ce domaine de colons libres ou de récidivistes admis au bénéfice de la relégation individuelle et choisis principalement parmi les individus faisant partie de la section mobile.

La deuxième section mobile est affectée au territoire du Haut-Maroni (Guyane); elle est constituée en vue de l'exploitation des bois, de travaux de routes, de défrichement et d'assainissement.

Le décret du 13 juin 1889 avait désigné le territoire de la colonie de Diego-Suarez pour recevoir la troisième section mobile en vue des travaux de routes, de défrichement et d'assainissement. Mais l'administration des colonies a renoncé à l'envoi de relégués à Diego-Suarez.

Les sections mobiles ne donnent pas beaucoup plus que la relégation individuelle les résultats que l'on en attendait, ainsi que le constatent les rapports annuels de la commission de classement.

Dans la pensée qui a présidé à leur constitution, elles devaient être employées non seulement dans les colonies pénitentiaires, mais aussi dans nos autres possessions d'outre-mer, auxquelles elles eussent apporté une main-d'œuvre économique et utile pour leurs grands travaux publics.

Mais les colonies se sont montrées aussi récalcitrantes à accepter les sections mobiles que les relégués individuels.

Et la seule section qui ait été créée en dehors des territoires pénitentiaires, celle de Diego-Suarez, a même dû être supprimée.

Les sections de la Nouvelle-Calédonie et de la Guyane reçoivent seules des condamnés : encore celle de la Guyane, en raison de la situation climatérique du pays, ne fonctionne pas d'une façon très satisfaisante, et on a restreint, en 1891, les désignations pour cette section.

Les vingt-deux relégués primitivement indiqués pour Diego-Suarez, ont dû recevoir une nouvelle affectation : quatre ont été proposés pour la relégation collective ordinaire en Nouvelle-Calédonie; onze, pour la première section mobile; sept, pour la deuxième section.

La section mobile de la Nouvelle-Calédonie, pour laquelle il avait été désigné soixante-neuf condamnés en 1888 et soixante-deux en 1889, en a reçu quarante-six en 1890 et cinquante-deux en 1891.

Pour celle de la Guyane, à laquelle il en avait été affecté cinquante-sept en 1888 et soixante-six en 1889, le chiffre est tombé à onze en 1890 et à vingt-un en 1891, pour les raisons indiquées plus haut.

On doit regretter ce peu de développement des sections mobiles. Ces sections, constituées des hommes les plus solides et ayant mérité par leur bonne conduite d'y être admis, doivent être une bonne préparation et un acheminement normal vers la relégation individuelle.

Habituées à les voir travailler sans qu'il en résulte aucun désordre pour elles, et profitant de leurs travaux, les colonies n'auraient plus redouté le séjour chez elles de ceux des relégués, faisant partie de ces sections, qui se seraient le mieux conduits et auraient pu bénéficier de la relégation individuelle.

Ceux-ci, échappant au contact funeste des condamnés qui peuplent les territoires pénitentiaires, auraient vu leur relèvement moral singulièrement facilité.

B) *Relégués collectifs ordinaires.*

Le régime des relégués collectifs est organisé de manière à les rendre capables de se créer par leur travail des ressources personnelles et de les rendre aptes à bénéficier de la relégation individuelle, en enlevant à l'Etat la charge de leur entretien.

Dépôts d'arrivée et de préparation.

Le décret du 26 novembre 1885 avait promis l'organisation des dépôts d'arrivée et de préparation pour recevoir les relégués collectifs à leur arrivée dans la colonie, en vue de les former aux travaux auxquels ils doivent être employés : « *les dépôts pourront comprendre des ateliers, chantiers et exploitations où seront placés les relégués pour une période d'épreuve et d'instruction.* — *Les relégués y seront formés, soit à la culture, soit à l'exercice d'un métier ou d'une profession, en vue des engagements de travail ou de service à contracter et des concessions de terres à obtenir selon leurs aptitudes et leur conduite* » (art. 31). L'organisation de ces dépôts a fait l'objet d'un décret du 5 septembre 1887, dont la disposition fondamentale consiste dans un salaire accordé aux relégués pour leur travail, dont le taux est déterminé par des arrêtés du gouverneur rendus en conseil privé et soumis à l'approbation du ministre de la marine et des colonies; le produit du travail est divisé en deux parties égales : l'une constituant le pécule disponible et l'autre le pécule réservé pour être mis à la disposition du relégué quand il quitte la relégation collective. Sur le pécule disponible, il est fait une retenue destinée à rembourser l'Etat des frais de logement, d'habillement, de nourriture et d'hospitalisation qu'il supporte. Cette retenue fixée par arrêté du gouverneur ne peut excéder le tiers du produit de la rémunération, conformément à l'art. 35 du décret du 26 novembre 1885.

Etablissements de travail.

Les relégués collectifs sortant des dépôts de préparation sont envoyés dans des établissements de travail, publics ou privés. « *Ces établissements peuvent consister en ateliers, chantiers de travaux publics, exploitations forestières, agricoles ou minières. — Les relégués sont répartis entre ces établissements d'après leurs aptitudes, leurs connaissances, leur âge, et leur état de santé. — L'administration peut toujours les admettre, sur leur demande, à revenir dans les dépôts de préparation pour une nouvelle période d'épreuve et d'instruction* » (art. 32, décret du 26 mai 1885). « *Sur autorisation du gouverneur et sous les conditions fixées par lui, dans des règlements transmis immédiatement aux ministres de la justice et de l'intérieur, des établissements, exploitations et domaines particuliers peuvent être assimilés aux établissements publics que mentionne le précédent article pour fournir du travail et des moyens de subsistance aux condamnés soumis à la relégation collective. Il peut, en conséquence, être envoyé et maintenu dans ces établissements privés des groupes ou détachements de relégués qui demeurent placés sous la surveillance des agents de l'Etat et qui sont soumis au même régime et aux mêmes règles disciplinaires que dans les établissements publics de travail* » (art. 33).

Adoucissements au travail pénal.

1° Le travail du relégué est salarié, sous réserve d'une retenue à opérer pour la dépense occasionnée par chacun d'eux, notamment pour les frais d'entretien. Cette retenue ne peut excéder le tiers du produit de la rémunération (art. 35 du décret de 1885).

2° Les relégués peuvent recevoir du dehors des offres d'occupation et d'emploi et justifier d'engagements de travail ou de service, et en conséquence être autorisés à quitter l'établissement (art. 36 1er alinéa du même décret).

3° Ils peuvent même, à raison de leur conduite et de leurs aptitudes, être admis à obtenir des concessions de terres (art. 36 2e alinéa).

Du reste toutes ces autorisations d'engagements et de concessions n'entraînent pas de plein droit l'admission au bénéfice de la relégation individuelle, qui doit toujours être demandée et obtenue conformément aux règles ci-dessus.

4° Les relégués peuvent toujours être admis sur leur demande à revenir dans les dépôts de préparation pour une nouvelle période d'épreuve et d'instruction (art. 32 4e alinéa).

5° Adoucissement du régime pour les femmes. « *Un arrêté du gouverneur, approuvé par le ministre de la marine et des colonies, déterminera les facilités à donner aux femmes reléguées pour se procurer du travail et des moyens d'établissement dans la colonie. Un règlement d'administration publique fixera les avantages particuliers qui pourront leur être accordés en argent ou en concessions de terre, en avances de premier établissement, en dons ou prêts d'outils, d'instruments et de tous objets nécessaires à une exploitation commerciale, industrielle ou agricole. Ces divers avantages pourront être consentis, tant au profit des conjoints et des enfants à naître, qu'au profit des femmes reléguées* » (art. 29). « *Les femmes qui ont été envoyées en relégation collective peuvent obtenir les facilités et avantages ci-dessus, lorsqu'elles justifient d'une bonne conduite et d'aptitudes suffisantes* » (art. 30).

6° Facilités pour contracter mariage. « *Les individus condamnés à la relégation et transférés dans les établissements pénitentiaires créés dans les colonies françaises, en vertu de la loi du 27 mai 1885, sont, s'ils veulent y contracter mariage, dispensés des obligations imposées par les art. 151, 152 et 153 du Code civil (actes respectueux). — Les publications faites dans la colonie seront suffisantes pour la régularité du mariage même dans le cas où le domicile des parties ne serait pas établi par un séjour de six mois. — Les actes de l'état civil exigés par le Code civil pour pouvoir contracter mariage pourront être remplacés soit par un extrait de la feuille matriculaire, soit par un acte de notoriété, soit par toute autre pièce jugée suffisante par le gouverneur, en conseil privé* » (art. 1, 2, 3 du décret du 11 novembre 1887).

Droit de réclamation et de pétition.

Les relégués ont toujours le droit d'adresser leurs demandes et récla-mations par plis fermés, soit aux autorités administratives ou judiciaires où ils sont internés, soit aux ministres de la marine et des colonies et de la justice. — Ces demandes et réclamations doivent être transmises indis-tinctement et sans retard à destination par les soins des fonctionnaires et agents chargés des services de la relégation » (art. 40 du décret du 26 no-vembre 1885).

Infractions aux mesures de surveillance.

La loi du 27 mai 1885 punit, dérogeant en cela aux règles du Code pénal (art. 245), l'évasion simple même sans bris de prison et sans vio-lence et la tentative d'évasion : *« Le relégué qui, à partir de l'expiration de sa peine, se sera rendu coupable d'évasion ou de tentative d'évasion, celui qui, sans autorisation sera rentré en France ou aura quitté le ter-ritoire de relégation, celui qui aura outrepassé le temps fixé par l'autori-sation, sera traduit devant le tribunal correctionnel du lieu de son arres-tation ou devant celui du lieu de relégation et, après connaissance de son identité, sera puni d'un emprisonnement de deux ans au plus. — En cas de récidive, cette peine pourra être portée à cinq ans. — Elle sera subie sur le territoire des lieux de relégation. »* (art. 14, loi du 27 mai 1885).

Quant à la compétence des tribunaux chargés de juger les crimes et délits commis par les relégués, elle est exceptionnelle pour les relégués collectifs justiciables de juridictions spéciales (art. 3 du décret de 1885), à la différence des relégués individuels soumis aux juridictions ordinaires (art. 2 du même décret).

Les infractions purement disciplinaires sont ainsi que leur punition réglementées par un décret du 22 août 1887 qui organise en même temps une commission disciplinaire chargée de prononcer ces punitions après avoir entendu les explications du relégué. Le décret du 26 no-vembre 1885 prohibe du reste d'une façon absolue l'emploi des châti-ments corporels (art. 38).

Situation militaire des relégués.

La loi du 27 mai 1885, ne voulant pas que la relégation fût un moyen pour les relégués de se soustraire au service militaire, a posé le principe que les condamnés qui auront encouru cette peine resteront soumis à toutes les obligations qui pourraient leur incomber en vertu des lois et réglements sur le recrutement de l'armée (art. 7), renvoyant à un règlement ultérieur la détermination des conditions d'accomplissement de ces obligations. Ce règlement a paru le 26 novembre 1888. « Art. 1er. *La situation des relégables au point de vue des obligations du service militaire, est constatée préalablement à l'envoi à la commission de classement du dossier prévu à l'art. 6 du décret du 26 novembre 1885. — Il est procédé, s'il y a lieu, à leur inscription sur les listes de tirage au sort et à leur examen par le conseil de révision du chef-lieu de département dans lequel ils subissent leur peine.*

« 2. *Les relégués sont soumis aux mêmes obligations militaires que les hommes de la classe de recrutement à laquelle ils appartiennent par leur tirage au sort, et sans qu'il y ait lieu de tenir compte, pour retarder leur passage dans la réserve ou dans l'armée territoriale, du temps pendant lequel ils n'ont pu, par suite de leur maintien en l'état de relégation, servir effectivement dans les rangs de l'armée active. — Les relégués sont portés sur le registre matricule comme affectés au département de la marine et des colonies. Il est tenu à l'administration des colonies un contrôle spécial faisant connaître leur situation au point de vue militaire. — Lorsqu'ils sont relevés de la relégation par la grâce ou par un jugement rendu dans les conditions prévues à l'art. 16 de la loi du 27 mai 1885, ils sont remis à la disposition du département de la guerre.*

« 3. *Les relégués individuels qui ont à accomplir du service dans l'armée active sont affectés au corps des disciplinaires coloniaux. — Les relégués individuels sont dispensés des appels pour exercices dans les mêmes conditions que les militaires de la réserve ou de l'armée territoriale résidant dans les colonies. — Le ministre de la marine et des colonies désigne le corps auquel chacun d'eux est affecté en cas de mobilisation.*

« 4. *En temps de paix, les relégués collectifs sont traités comme étant en état de détention et ne sont pas appelés à servir activement. — En cas de mobilisation, ils restent à la disposition du ministre de la marine et des colonies qui détermine par arrêtés les corps ou les services auxquels ils peuvent être affectés.* »

L'art. 4 de la loi du 15 juillet 1889 sur le recrutement de l'armée a confirmé les principes posés par le décret de 1888 (1).

(1) [Loi 15 juillet 1889, art. 4 : « Sont exclus de l'armée, mais mis, soit pour leur temps de service actif, soit en cas de mobilisation, à la disposition du ministre de la marine et des colonies, qui détermine par arrêtés les services auxquels ils peuvent être affectés..... 3° Les relégués collectifs. — Les relégués individuels sont incorporés dans les corps de disciplinaires coloniaux. Le ministre de la marine désigne le corps auquel chacun d'eux est affecté au cas de mobilisation ». Cf. *suprà* p. 374 le décret du 11 janvier 1892 sur les *sections d'exclus.*].

Faculté pour le gouvernement d'avancer ou de retarder
le transport des relégués dans la colonie.

La loi du 27 mai 1885, prévoyant les difficultés pratiques qui pouvaient s'opposer au transfert des relégables immédiatement après l'expiration de leur dernière peine, a autorisé le gouvernement, soit à avancer le départ du condamné et à l'expédier dans la colonie avant l'expiration de cette dernière peine, soit à le faire sortir de l'établissement pénitentiaire où il subit cette peine pour le placer dans un pénitencier spécial où il subira un régime de nature à le préparer à la relégation, soit enfin à retarder le départ du relégué et à le maintenir en France dans le pénitencier malgré l'expiration de sa dernière peine (art. 12).

1º Départ anticipé.

Le transfèrement des relégables aux colonies avant l'expiration des peines à subir en France, conformément à l'art. 12 de la loi du 27 mai 1885, est autorisé par le ministre de l'intérieur, après avis du ministre de la justice et du ministre de la marine et des colonies. — Dans tous les cas où il y a lieu d'effectuer le transfèrement des relégables hors de France, les décisions dont ils ont été l'objet sont transmises au ministre de la marine et des colonies. — Celui-ci, après avis du ministre de l'intérieur et de la commission de classement instituée par l'art. 7, désigne, soit le territoire où doit être envoyé chaque condamné soumis à la relégation collective, soit la colonie ou la possession française où sera interné le condamné admis au bénéfice de la relégation individuelle. — Les décisions du ministre de la marine et des colonies et du ministre de l'intérieur sont notifiées aux condamnés. — Ceux qui sont admis à la relégation individuelle reçoivent en outre notification des mesures d'ordre et de surveillance qui feront l'objet d'un règlement ultérieur, conformément à l'art. 1er de la loi du 27 mai 1885. — Les opérations et les époques d'embarquement des relégables sont arrêtées de concert entre les ministres chargés de l'exécution de la loi (art. 22, 23, 24, 25, décret du 26 novembre 1885).

2º Placement dans un pénitencier.

Le placement dans les pénitenciers des relégables, en attendant leur transport dans les colonies, est ordonné par le ministre de l'intérieur après avis du ministre de la justice.

Le régime auquel sont soumis les relégables qui subissent tout ou partie de leur dernière peine dans les pénitenciers est une préparation à la vie coloniale. « *Les relégables, qui subissent tout ou partie de leur peine dans les pénitenciers spéciaux créés en vertu de l'art. 12 de la loi du 27 mai 1885, y sont préparés à la vie coloniale. Ils sont soumis au travail dans des ateliers ou chantiers organisés autant que possible en vue d'un apprentissage industriel ou agricole. — Ils peuvent y être répartis en groupes et en détachements d'ouvriers ou de pionniers pour l'emploi éventuel de leur main-d'œuvre aux colonies. — Aucun contact ne doit exister entre les relégables et la population libre. — Le temps de séjour dans les pénitenciers spéciaux est compté pour l'accomplissement des peines à subir avant l'envoi en relégation* » (art. 15). — « *Les individus condamnés à la relégation qui sont maintenus, pendant tout ou partie de la durée des peines à subir avant leur envoi hors de France, dans les divers établissements pénitentiaires normalement destinés à l'exécution de ces peines, doivent être séparés des détenus non soumis à la relégation* » (art. 13 du décret du 26 novembre 1885).

« *La création et l'installation de chacun de ces établissements, l'affectation des emplacements, des bâtiments, des domaines et terrains nécessaires sont ordonnées par décrets, après avis du conseil supérieur des prisons. Les pénitenciers spéciaux relèvent de l'administration pénitentiaire métropolitaine, sont placés sous l'autorité du ministre de l'intérieur et soumis aux mêmes conditions générales de gestion et de contrôle que les autres établissements pénitentiaires* » (art. 16). — Par suite des refus de crédits pour la création des pénitenciers spéciaux, on s'est borné jusqu'à présent à affecter à cette destination la maison centrale de Landerneau.

Les mesures de discipline et d'ordre intérieur sont prises par arrêté du ministre de l'intérieur après avis du conseil supérieur des prisons (art. 14, 16, 21 du décret de 1885). Quant au classement et à la répartition des relégables dans les pénitenciers, ils sont effectués « *d'après leur conduite, leurs antécédents, leurs aptitudes et leur destination éventuelle. — Il sera tenu compte, dans le règlement intérieur, des différences de traitement qu'implique la nature même de la peine restant à subir aux condamnés avant la relégation, sans qu'il y ait à séparer nécessairement ceux qui, par la dernière condamnation encourue, appartiennent à des catégories pénales différentes. — Toutefois les relégables, qui subissent dans les pénitenciers spéciaux la peine des travaux forcés, ne peuvent être mis en commun, pendant la durée de cette peine, avec les relégables appartenant à d'autres catégories pénales* » (art. 17).

Enfin le décret de 1885 fait entrevoir dans l'avenir la création de pénitenciers spéciaux pour les femmes, dont la *discipline, le régime, les travaux seront appropriés à leur situation* (art. 20).

3° *Retard du départ des relégués.*

« *Les relégables ayant accompli la durée des peines à subir avant la relégation peuvent être maintenus en dépôt dans les établissements péni-tentiaires ordinaires ou dans les pénitenciers spéciaux jusqu'à leur départ pour les lieux de relégation, notamment pendant l'instruction sur les causes de dispense et pendant la durée des dispenses accordées à titre provisoire* » (art. 18).

« *Les relégables maintenus en dépôt sont astreints aux conditions de discipline et de travail arrêtées pour chaque établissement, mais avec les différences de régime que comporte leur situation comparée à celles des condamnés relégables en cours de peine. — Il est tenu compte à chacun des relégables maintenu en dépôt de la valeur du produit de son travail, déduction faite d'une part à retenir à titre de compensation pour les dé-penses occasionnées par lui dans l'établissement, notamment pour son entretien, et sous réserve des prescriptions réglementaires concernant le mode d'emploi du pécule ainsi que la disposition de l'avoir. La retenue ne peut dépasser le tiers du produit du travail* » (art. 19).

L'évasion du pénitencier a donné lieu pour le relégable à une ques-tion dont la solution a pu paraître douteuse : celle de savoir si lors-qu'elle avait lieu sans violence ni bris de prison, elle était punissable de la peine prononcée par l'art. 14 de la loi du 27 mai 1885.

L'intérêt consiste en ce que cet article 14 punit l'évasion simple pour le détenu, tandis que l'art. 245 C. pén. ne punit les détenus évadés des établissements pénitentiaires que lorsque cette évasion se produit avec bris de prison ou violences. Le doute provient de ce que l'art. 14 de la loi du 27 mai 1885 incrimine l'évasion simple du relégué à partir de l'expiration de sa dernière peine. Mais il disparaît si l'on considère que l'intention des rédacteurs de cet article a été de punir l'évasion de la colonie, qu'ils ont parlé du relégué et non du relégable et qu'enfin la peine prononcée doit être subie dans la colonie.

Dispenses de la relégation.

1° *Les vieillards,* c'est-à-dire, comme pour la transportation, ceux qui sont âgés de plus de soixante ans à l'expiration de leur dernière peine, au moment où la relégation leur devient applicable, n'y sont pas soumis et cette peine est remplacée pour eux par l'interdiction perpétuelle de séjour (art. 6, al. 1, loi du 27 mai 1885).

2° *Les mineurs de vingt et un ans,* c'est-à-dire ceux qui n'ont pas at-teint cet âge à l'expiration de cette dernière peine, ne sont pas non plus soumis à la relégation, qui est remplacée pour eux par l'envoi dans une maison de correction jusqu'à leur majorité (art. 6, al. 1, art. 8, al. 2 de la même loi).

Pour l'application des deux dispenses précédentes, les juges doivent donc, pour la substitution des peines remplaçant la relégation, se placer au moment où le condamné aura subi sa dernière peine et où la relégation devrait l'atteindre.

3° *Les malades et les infirmes.* — L'art. 18, alinéa 4, de la loi du 27 mai 1885, avait posé le principe que les malades et les infirmes peuvent être dispensés provisoirement et même définitivement de la relégation, et renvoyait la réglementation des conditions de cette dispense à une époque ultérieure. Cette réglementation a été faite par le décret du 26 novembre 1885, art. 11, dans les termes suivants : « *Avant le départ des relégués, le ministre de l'intérieur peut, en cas d'urgence et à titre provisoire, les dispenser de la relégation pour cause de maladie ou d'infirmité, sur le rapport du directeur de l'établissement ou de la circonscription pénitentiaire et après avis des médecins chargés du service de santé. La dispense, conférée à titre provisoire, ne peut durer plus d'une année. Elle ne peut être renouvelée qu'après avis de la commission de classement instituée par l'art. 7. La dispense ne peut être accordée à titre définitif qu'après l'instruction spéciale prévue à l'art. 6 et sur avis conforme de la commission de classement.* »

4° *La grâce.* — Le chef de l'Etat peut, par une disposition spéciale des lettres de grâce, accorder la remise de la relégation (art. 15 de la loi du 27 mai 1885). Depuis la promulgation de la loi et dans l'espace des cinq premières années de son application, sur les 7,567 récidivistes condamnés à la relégation, 323 ont obtenu, par voie de grâce, la remise de cette peine.

5° *Une réhabilitation spéciale.* — « *Le relégué pourra, à partir de la sixième année de sa libération, introduire devant le tribunal de la localité, une demande tendant à se faire relever de la relégation, en justifiant de sa bonne conduite, des services rendus à la colonisation et de moyens d'existence. Les formes et conditions de cette demande seront déterminées par règlement d'administration publique.* » (art. 16, loi du 27 mai 1885) (1).

(1) [Ces formes et conditions ont été déterminées par un décret du 9 juillet 1892 dans les termes suivants : — Art. 1er. Le relégué qui sollicite son relèvement de la relégation adresse sa demande au procureur de la République près le tribunal de première instance de sa résidence. Cette demande fait connaître le lieu où le relégué a l'intention de se fixer et les moyens d'existence dont il peut disposer. Elle est accompagnée de la justification du payement des frais de justice dont il n'est pas libéré et qui sont relatifs à la condamnation à la suite de laquelle la relégation a été prononcée. Dans le cas où le demandeur

6° La libération conditionnelle et le sursis à l'exécution de la relégation. — La libération conditionnelle accordée au cours de la dernière peine, à l'expiration de laquelle la relégation doit être subie, peut être accompagnée du sursis à l'exécution de cette dernière mesure, et la dispense devient définitive lorsqu'elle n'aura pas été révoquée dans les dix ans qui auront suivi la date d'expiration de la peine principale (loi du 15 août, art. 2, al. 5 et 6);

7° L'autorisation temporaire de quitter le territoire de la relégation. — Cette autorisation peut être accordée, jusqu'à six mois, par l'autorité

serait hors d'état de se libérer en tout ou en partie de ces frais, il devra en justifier par un avis de la commission de classement prévue à l'art. 8 du décret du 26 novembre 1885. Si le relégué doit quitter la colonie, au cas d'admission de sa demande, il justifiera, en outre, de ses moyens de faire face aux dépenses de voyage, aucuns frais de passage, de route ou autres ne pouvant être supportés par le budget de l'Etat ou par celui de la colonie. — Art. 2. La demande est immédiatement transmise par le procureur de la République au directeur de l'administration pénitentiaire ou, dans les colonies non pénitentiaires, au directeur de l'intérieur, qui la renvoie au chef du parquet, dans le plus court délai possible, avec son avis et après y avoir annexé : 1° le dossier du relégué, ainsi que l'extrait d'arrêt ou de jugement qui a prononcé la relégation ; 2° un extrait certifié exact du folio de punitions et un relevé des condamnations que le relégué aurait pu encourir dans la colonie ; 3° un acte constatant que le relégué ne se trouve pas soumis à l'interdiction de séjour ou, dans le cas contraire, qu'il a reçu notification des lieux où il lui est fait défense de paraître; 4° les certificats et avis prévus aux art. 3 et 4; 5° l'avis du Ministre de l'intérieur et celui du Ministre chargé des colonies. — Art. 3. La justification de bonne conduite, de moyens d'existence et de services rendus à la colonisation se fait au moyen d'un certificat délivré par la commission de classement prévue à l'art. 8 du décret du 26 novembre 1885. — Art. 4. Si le demandeur est en état de relégation individuelle, un avis du directeur de l'intérieur doit toujours être joint aux pièces énoncées aux art. 2 et 3. Dans le cas où le relégué individuel aura été interné dans plusieurs colonies, l'avis du directeur de l'intérieur de ces colonies sera annexé au dossier. — Art. 5. Le tribunal réuni en la chambre du conseil, après avoir vérifié si toutes les conditions prévues par le présent décret ont été remplies et si la justification prescrite par l'art. 4 a été faite, décide sur la demande. Le procureur de la République et le chef du service judiciaire de la colonie, agissant d'office ou à la requête de l'administration pénitentiaire, peuvent former opposition à la décision du tribunal, soit qu'elle accueille la demande, soit qu'elle la rejette. L'opposition doit être formée dans le délai d'un mois. Elle est portée devant la Cour d'appel ou le tribunal supérieur, qui décide dans le mois. La procédure a lieu sans frais. — Art. 6. En cas de rejet, une nouvelle demande en relèvement de la relégation ne peut être formée avant l'expiration d'un délai de trois années.]

supérieure locale. Au-dessus de six mois, elle ne peut être accordée que par le ministre qui peut, seul aussi, autoriser, à titre exceptionnel pour six mois au plus, le relégué à rentrer en France.

Résultats pratiques de la relégation.

La relégation n'a pas encore produit tous les résultats bienfaisants qu'on en attendait, ainsi que le constatent les derniers rapports annuels de la commission de classement :

« On ne saurait dire, comme nous l'espérions au début de nos travaux, que la crainte salutaire de l'envoi aux colonies a pu empêcher certains délits, diminuer le nombre des rechutes pénales.

« L'envoi aux colonies n'est pas un sujet de crainte pour la plupart des condamnés, et, dans un très grand nombre de dossiers, nous rencontrons l'expression du désir de partir, surtout pour la Nouvelle-Calédonie. Les relégués savent que, dans la métropole, s'ils sont rendus à la liberté, ils seront sans doute repris, et qu'il faudrait peut-être se soumettre au régime sévère des maisons centrales; ils savent aussi, par ce qu'ils ont entendu raconter, ce qu'est devenue, depuis 1854, la peine des travaux forcés, et ils se disent que le régime de la relégation ne doit pas être plus dur. Aussi, tant qu'on n'aura pas réformé le régime de la transportation, tant que les malfaiteurs ne seront pas convaincus, qu'aux colonies, transportés ou relégués, ils seront obligés de travailler, il ne faut pas se faire d'illusion : la loi de 1885 ne produira aucun effet moral. » (Rapport du 12 février 1889.)

« Les derniers résultats connus, ceux de 1888, ne semblent guère satisfaisants. Le total des délits, spécialement visés par la loi de 1885, n'a cessé de s'accroître dans la criminalité générale, les délits de vol en particulier. » (Rapport du 25 mars 1890.)

Si nous relevons les résultats pratiques de l'application de la loi du 27 mai 1885, pendant cette première période quinquennale, nous arrivons aux constatations suivantes :

Du 27 novembre 1885 au 31 décembre 1890, les diverses juridictions répressives de la France, d'Algérie et de Tunisie ont prononcé 7,567 fois la relégation : (1)

(1) [Le rapport de la commission de classement de 1892 donne, pour la relégation depuis le début jusqu'au 1er janvier 1892, le résumé suivant :
Depuis la promulgation de la loi du 27 mai 1885 jusqu'au 31 décembre 1891, 8.534 individus ont été condamnés à la relégation : ils se répartissaient ainsi au 1er janvier de cette année :
4.694 condamnés ont été dirigés sur les lieux de relégation ;
403 condamnés sont en expectative de départ ;

3.997 condamnés ont été dirigés sur les lieux de relégation;

343   —   sont en expectative de départ;

870   —   condamnés à la relégation, à la suite d'une peine de travaux forcés, ont été transférés sur les colonies pénitentiaires de la transportation;

1.526   —   sont en cours de peine : il ne pourra être statué à leur égard, et ils ne pourront être transférés, aux termes de la loi, que quand ils auront purgé la condamnation prononcée contre eux en même temps que la relégation;

344   —   ont été l'objet de mesures gracieuses ou sont proposés pour la grâce;

60   —   ont bénéficié de la libération conditionnelle, d'un sursis à la relégation, ou, vu leur état de santé, ont obtenu une dispense provisoire de départ ou sont proposés pour la dispense définitive :

soit 7.177 condamnés à la relégation.

La différence entre ce chiffre et le nombre des condamnations prononcées, soit 390, représente les récidivistes décédés et ceux qui ont été l'objet de plusieurs condamnations à la relégation.

Ces chiffres sont loin de répondre aux prévisions qui avaient été indiquées lors de la discussion de la loi, ni même à celles que nous avions cru pouvoir émettre précédemment en nous basant sur les résultats de la première année.

Tels qu'ils sont, cependant, ils fournissent un contingent important de récidivistes dont, selon le vœu du législateur, la métropole a été délivrée pendant ces cinq années.

C'est un résultat qui ne saurait être négligé, puisqu'il accuse une réduction de plus de 7,000 individus sur le nombre total des malfaiteurs d'habitude si redoutables pour la société.

1.028 condamnés en même temps aux travaux forcés, ont été transférés sur les colonies pénitentiaires de la transportation;

1.455 condamnés sont en cours de peine en France;

411 condamnés ont été l'objet de mesures gracieuses ou sont proposés pour la grâce;

40 condamnés ont bénéficié, avec la libération conditionnelle, d'un sursis à la relégation;

73 condamnés ont, en raison de leur santé, obtenu une dispense définitive ou provisoire de départ;

430 condamnés sont décédés en France;

soit 8.534 condamnés à la relégation.

L'examen des dossiers de ces relégués nous a révélé que la loi a bien atteint ceux qu'elle voulait frapper : presque tous les condamnés sont signalés comme des rôdeurs et des vagabonds, sans famille ou l'ayant abandonnée, ne retirant leurs moyens d'existence que des produits de leurs attentats à la propriété, faisant métier et profession du vol, de l'escroquerie ou de l'abus de confiance, ou se faisant remarquer comme particulièrement dangereux au point de vue des mœurs.

Tous sont-ils atteints? Nous n'oserions le dire. Nous avons constaté, au cours de ce rapport, les hésitations des tribunaux à prononcer une peine aussi grave pour de simples délits. « Les juges, disait déjà M. le garde des sceaux, dans un de ses rapports statistiques sur l'administration de la justice criminelle, matérialisent la peine au lieu de la proportionner non seulement au délit, mais aussi à la perversité de l'agent. » Ce n'est pas cependant à la dernière infraction, quelquefois légère sans doute, que la loi a attaché la peine de la relégation, c'est à la réitération d'une série de délits, c'est à la constatation que, les peines antérieures ayant été impuissantes à corriger le coupable, une répression plus sévère s'impose.

. . . .

L'effet de la loi ne s'est pas encore fait sentir; tout au plus peut-on constater un arrêt dans l'augmentation du nombre des délits de vagabondage et une réduction du chiffre des récidivistes légaux; mais ces constatations, qui ne portent que sur l'année 1888, peuvent ne tenir qu'à une cause momentanée et accidentelle, la liquidation des vieux récidivistes dans les premières années qui ont suivi l'application de la loi du 27 mai 1885; d'un autre côté, le nombre des vols, des abus de confiance, des escroqueries, n'a cessé de s'élever et la petite récidive continue à s'accroître. » (Rapport du 25 juin 1891.)]

4ᵉ Division. — Peines de police.

Les peines de police ont pour objet de protéger les personnes et les propriétés contre les attentats peu graves et d'assurer l'exécution des mesures d'intérêt général émanant de l'autorité municipale et de l'autorité administrative. Par exemple, dans l'art. 471, nᵒ 6 et nᵒ 12, la loi a assuré la protection des personnes ; dans le même art., nᵒ 9, celle des choses; enfin, l'article 471, nᵒ 15, établit une sanction pénale propre à assurer l'observation des arrêtés émanant de l'autorité publique, administrative ou municipale.

Les peines de police sont appliquées par les juges de paix, comme juges de police (art. 138 du Code d'Inst. crim., modifié par la loi du 3 février 1873, qui a supprimé les attributions des maires.

L'art. 464 C. pén. indique comme peines de police : 1° l'emprisonnement ; 2° l'amende ; 3° la confiscation spéciale. Mais l'amende et la confiscation étant communes aux matières criminelles, correctionnelles et de police, nous n'examinerons ici que les règles concernant l'emprisonnement de police.

Les règles particulières de cet emprisonnement, qui constituent autant de différences entre l'emprisonnement de police et l'emprisonnement correctionnel, sont relatives : 1° à sa durée de 1 à 5 jours (art. 465 C. pén.) ; 2° à son régime : le condamné n'étant pas assujetti au travail ; 3° au lieu dans lequel il est subi : l'emprisonnement s'exécutant dans les prisons cantonales.

Les contraventions sont rangées dans trois classes par le Code pénal, suivant leur importance et les peines prononcées contre elles : *1re classe* comprenant les contraventions prévues par l'article 471 C. pén., et punis d'une amende de 1 à 5 fr. inclusivement, et dans quelques cas, ainsi qu'en cas de récidive, d'un emprisonnement de un à trois jours ; *2e classe* comprenant les contraventions de l'art. 475, punies d'amendes de 6 fr. à 10 fr. inclusivement, et d'un emprisonnement de un à cinq jours ; *3e classe* comprenant les contraventions de l'art. 479, punies d'une amende de 11 à 15 fr. inclusivement et d'un emprisonnement de cinq jours en cas de récidive et, dans certains autres cas, d'un emprisonnement de un à cinq jours.

5e DIVISION. — **Peines communes aux matières criminelles, correctionnelles et de police.**

Ces peines sont : 1° l'amende ; 2° la confiscation spéciale.

Section 1re. — DE L'AMENDE.

L'amende est une peine qui consiste dans l'obligation de verser dans les caisses du fisc une somme en numéraire. Elle est subie et le condamné en est libéré dès qu'il a versé l'entier montant dans les mains des fonctionnaires chargés d'en faire le recouvrement. Elle atteint le condamné en le privant d'une valeur qui était dans son patrimoine et qui pouvait servir à la satisfaction de ses besoins ou à lui procurer du bien-être.

Les fonctionnaires chargés de recevoir les amendes étaient autrefois les receveurs de l'enregistrement et du domaine (article 197, Inst. crim.). Aujourd'hui, depuis une loi du 30 décembre 1873, ce sont les percepteurs des contributions directes.

§ 1. APERÇUS HISTORIQUES.

L'amende forme la base de la législation pénale des temps primitifs.

Chez les Germains, le prix de la paix ou rachat de la vengeance privée, le *wergheld*, se décomposait en deux parties, l'une pour l'offensé et l'autre sous le nom de *frœdum*, revenant au fisc (1). Sous la féodalité, lorsque les justices furent devenues patrimoniales, les seigneurs justiciers supportant les frais de justice, les amendes furent prodiguées et devinrent une source de revenus pour le fisc du seigneur, qui s'indemnisait ainsi indirectement des frais de justice qu'il avait supportés. L'abus devint tel que l'on admit les condamnés à se racheter des peines corporelles en se soumettant à une amende (2). Cet abus fut supprimé par la grande ordonnance du dauphin Charles V, dit le Sage, rendue le 3 mars 1356, à la suite de la tenue des Etats généraux pendant la captivité du roi Jean (art. 9). « Pour ce qui est à nostre cognaissance que plusieurs des officiers de nostre très-chier seigneur et père, et des notaires, seneschaux, baillifs, prévosts et autres, ont reçuz ès cas criminales et capitales....... compositions dont les crimes étaient et demouraient senz estre durement punis contre raison et le bien de justice, nous avons ordonné et ordonnons que toutes telles compositions cessent d'ores-en-avant, et deffendons à tous justiciers tenant ou ayant juridictions temporelles audit royaume, sur peine de perdre leur juridiction temporelle, qu'ils ne reçoivent aucunes personnes à

---

(1) Tacite, Germanie, ch. XII.
(2) Dom Vayssette, Histoire du Languedoc, t. VIII, p. 84.

compositions en cas de crimes ou autres, maiz soit faicte pleine justice » (1). L'amende conserva son caractère pendant toute notre ancienne législation, le principe que le trésor public supportait sans recours et sans indemnité les frais de justice ayant été maintenu : « Cette peine pécuniaire est principalement établie pour indemniser en quelque sorte le roi et le seigneur des frais qu'ils sont obligés de faire pour la poursuite criminelle ; et elle est à leur égard ce que sont les intérêts civils vis à vis des parties intéressées » (2). « Lorsqu'il n'y a point de partie civile, et que l'accusation est poursuivie par la seule partie publique, elle se fait aux dépens du roi ou autre seigneur à qui appartient la justice où l'accusation a été intentée..... en cas de condamnation,. l'accusé n'est point condamné aux dépens envers le roi ou le seigneur...... mais le juge le doit condamner en une amende qui dédommage le roi ou le seigneur des dépens du procès » (3).

L'ancien caractère de l'amende disparut sous le droit intermédiaire, par suite du principe nouveau posé par une loi du 18 germinal an VII, qui mit les frais de justice à la charge des condamnés et en ordonna le remboursement par eux à l'Etat qui en avait fait l'avance : « *Tout jugement d'un tribunal criminel, correctionnel ou de police, portant condamnation à une peine quelconque, prononcera en même temps, au profit de la République, le remboursement des frais auxquels les poursuite et punition des crimes et délits aura donné lieu* » (art. 1er). Elle n'a plus aujourd'hui qu'un caractère exclusivement pénal.

Notions générales et philosophiques.

L'amende est une peine commune aux matières criminelles, correctionnelles et de police (art. 9, 11 et 464 C. pén.). En matière criminelle, elle constitue toujours une peine additionnelle destinée à compléter les peines criminelles privatives de la liberté (par exemple : art. 164, 172, 174, 437 C. pén.). En matière correctionnelle, elle est employée fréquemment, tantôt seule, tantôt avec l'emprisonnement et l'interdiction des droits mentionnée dans

(1) Isambert, t. IV, p. 822.
(2) Muyart de Vouglans, Lois criminelles (1780), p. 84.
(3) Pothier, De la procédure criminelle.

l'art. 42 C. pén. Enfin en matière de simple police, elle constitue la base de la pénalité, l'emprisonnement n'étant employé que dans un très petit nombre de cas et pour la répression de la récidive.

Qualités de l'amende. — L'amende, au point de vue de ses effets, est *afflictive* ; elle a un caractère pénal ; elle impose des privations douloureuses en amoindrissant le patrimoine du condamné. Mais elle n'est pas, par sa nature, réformatrice, à la différence des peines privatives de la liberté ; elle n'a d'autre action que par l'intimidation et elle ne peut être réformatrice que par la crainte que peut éprouver le condamné de l'encourir de nouveau. Et cependant, chose singulière, l'amende, par sa dénomination et son étymologie (*menda*, tache, défaut, vice, difformité ; *emendare*, corriger, réformer, rendre meilleur, d'où amendement) annonce un caractère réformateur qu'elle n'a pas ; cela provient de ce que nos devanciers ne concevaient la correction que par la crainte.

L'organisation de l'amende, en vue des qualités qu'elle doit présenter, doit obéir aux trois principes suivants :

1er principe. — L'amende ne peut avoir quelque valeur et ne peut être utilement employée qu'à l'égard de ceux qui possèdent des biens au moyen desquels elle pourra être payée. L'indigence absolue rend sans effet l'application de cette peine, car elle n'est subie qu'autant que la dette envers le fisc qui la constitue est acquittée ; en sorte que le législateur doit combiner l'application de l'amende et l'emprisonnement d'après la fortune du condamné : *qui non habet in œre, luit in cute.* C'est pour la même raison que Loysel disait dans ses Institutes coutumières : « *Il n'est pas fouetté qui veut, car qui peut payer en argent ne paie en son corps* » (1). C'est en se plaçant à ce point de vue que quelques législations positives, notamment le Code pénal de la Belgique (art. 40 et 41) veulent qu'on remplace par l'emprisonnement l'amende que le condamné ne peut pas payer. De même l'art. 210 de notre Code forestier a autorisé les délinquants insolvables à se libérer des amendes au moyen de prestations en nature : « *L'administration pourra admettre les délinquants insol-*

(1) Liv. VI, tit. II, n° 16.

vables à se libérer des amendes, réparations civiles et frais, au moyen de prestations en nature consistant en travaux d'entretien et d'amélioration dans les forêts ou sur les chemins vicinaux. Le Conseil général fixe, par commune, la valeur de la journée de prestation. La prestation pourra être fournie en tâche. Si les prestations ne sont pas fournies dans le délai fixé par les agents forestiers, il sera passé outre à l'exécution des poursuites. »

2e principe. — Le taux des amendes doit être en rapport avec l'état de fortune de ceux auxquels elles sont infligées, en sorte que l'égalité désirable dans la peine doit être ici non une égalité numérique, mais une égalité d'affliction, selon la maxime de Tiraqueau : « *Mitius est agendum cum pauperibus quam cum divitibus, cum agitur de pœna pecuniaria* » (1).

Pour réaliser cette égalité, trois systèmes ont été proposés :

1er système (Filangieri, lib. III, cap. 32, t. IV, p. 274, p. 279 (1780-1788) ; — Bentham, Théorie des peines, p. 381 ; — de Pastoret, Lois pénales, p. 47). — Ce système tend à faire consister l'amende dans une quotité abstraite de la fortune du condamné, telle que le dixième, le vingtième, etc. Il a l'avantage que l'amende serait en rapport avec l'étendue des ressources qui doivent servir à la payer, et que la valeur des métaux que contiennent les monnaies venant à varier, les amendes resteraient les mêmes. Mais ce système est impraticable, par suite de la difficulté d'opérer le recouvrement d'une amende consistant dans une part abstraite de la fortune ; en outre, il conduirait à cette conséquence injuste que la part abstraite atteindra peu celui à qui il reste de quoi pourvoir largement à ses besoins, tandis qu'elle sera excessive pour celui qui n'a que le strict nécessaire.

2e système. — Certaines lois ont chez nous fixé l'amende proportionnellement à la valeur de la journée de travail. Tels sont : le Code rural du 28 septembre 1791, t. 2, art. 4 : « *Les moindres amendes sont de la valeur d'une journée de travail, au taux du pays, déterminé par le Directoire du département* »; le Code du 3 brumaire an IV, art. 600 et 601. Art. 600 : « *Les peines de simple police sont celles qui consistent dans une amende de la valeur de trois*

(1) De pœnis temperandis aut etiam remittendis.

journées de travail ou au-dessous, ou dans un emprisonnement qui *n'excède par trois jours. Elles se prononcent par les tribunaux de police.* » Art. 601 : « *Les peines correctionnelles sont celles qui consistent ou dans une amende au-dessus de la valeur de trois journées de travail, ou dans un emprisonnement de plus de trois jours. Elles se prononcent par les tribunaux correctionnels.* » De même l'art. 210 du Code forestier, en autorisant la conversion de l'amende en prestations en nature, ajoute que le Conseil général doit fixer, par commune, la valeur de la journée de prestation.

Ce 2ᵉ système est excellent pour les délits ruraux, mais mauvais et impraticable pour les villes, les professions y étant trop diverses et les profits qu'elle rapporte étant trop difficilement appréciables.

3ᵉ système. — Ce système, consacré par notre Code pénal, est le plus pratique. Il consiste à laisser au juge une latitude suffisante, pour la fixation des amendes, entre un minimum et un maximum, afin qu'elles puissent être mises en rapport avec la gravité du fait pour lequel elles sont infligées et avec les ressources du condamné. Cette latitude a été encore augmentée par l'art. 463, qui permet : 1º de prononcer l'une des deux peines encourues : l'amende ou l'emprisonnement ; 2º de substituer l'amende à l'emprisonnement ; 3º d'abaisser l'amende jusqu'à un franc.

3ᵉ principe. — L'amende est une peine (art. 11 et 464 C. pén.). De ce principe, résultent les conséquences suivantes : *1ʳᵉ conséquence.* — *L'amende est individuelle*, en sorte qu'on doit prononcer autant d'amendes qu'il y a d'individus coupables du même fait. Cette règle reçoit cependant des exceptions dans certains cas spéciaux : 1º dans les cas où l'amende est fixée par la loi suivant l'importance de la chose sur laquelle a porté le délit, comme dans les cas prévus par les art. 146, 192, 194 Code forestier : dans ce cas, une seule amende sera prononcée et répartie entre tous les délinquants : telle est la jurisprudence de la Cour de cassation, indiquée par M. Blanche dans ses Études sur le Code pénal (t. I, nº 282) ; 2º pour les amendes fiscales, l'amende ayant en ces matières plutôt un caractère d'indemnité qu'un caractère pénal. C'est ainsi qu'en matière de contributions indirectes, l'amende n'est pas individuelle ; elle est plutôt réelle que personnelle, conformément à la jurisprudence de la Cour de cassation (Blanche, t. I, n° 283).

Lorsque l'amende est prononcée contre une personne morale, par exemple une société commerciale, la question de savoir si on doit prononcer une seule amende contre l'être moral ou autant d'amendes qu'il y a d'associés, se résout par une distinction suivant que la contravention est imputable à la personne juridique ou aux membres dont elle se compose (Faustin Hélie, Pratique criminelle, p. 39, n° 58). Dans le premier cas, une seule amende doit être prononcée, puisqu'il n'y a qu'un seul délit et un seul délinquant : l'être moral. C'est ce qui a lieu dans le cas de contravention à des dispositions réglementaires, telles que la loi du 30 mai 1851, art. 13, sur la police du roulage, et celle du 21 juillet 1856, concernant les contraventions aux règlements sur les appareils et bateaux à vapeur (Blanche, t. I, n° 280). Dans le second cas, au contraire, lorsque le délit est le fait personnel des associés, il doit y avoir autant d'amendes que de délinquants, par exemple pour le délit d'habitude d'usure puni par la loi du 19 décembre 1850, art. 2 (Cass. 14 décembre 1838 et Blanche, t. I, n° 280). Cependant, comme l'amende prononcée par la loi de 1850 pour usure, ne peut dépasser la moitié des capitaux prêtés, la somme de toutes les amendes ne peut excéder ce chiffre (Cass. 17 mai 1851 (1) et 18 novembre 1853).

Lorsque le Code prononce l'amende proportionnellement au préjudice causé ou au profit réalisé (par exemple dans l'art 164 d'après lequel le minimum est de 100 fr., le maximum de 3.000 francs, avec faculté pour les juges d'élever l'amende au-dessus du maximum, jusqu'au quart du bénéfice illégitime réalisé ou espéré), les juges pourront-ils prononcer autant d'amendes qu'il y a de coupables ? La question doit se résoudre par une distinction : on pourra prononcer jusqu'au maximum, autant d'amendes qu'il y a de délinquants, lors même que la totalité dépasserait le maximum (comme dans le cas de l'art. 164) ; mais si le juge veut proportionner l'amende au préjudice causé ou au profit réalisé ou espéré, la somme totale des amendes ne peut point dé-

(1) S. 1851, 1, 557.

passer la quotité du préjudice ou du profit fixée par la loi (comme dans le cas de l'art. 164, le quart du bénéfice) : car chaque condamné ne doit supporter qu'une fraction du bénéfice total, celle qu'il a personnellement retirée ou espéré retirer du délit (la même règle doit être suivie pour l'amende prononcée contre l'abus de confiance par les art. 406 et 408 C. pén.).

2e conséquence. — L'amende étant une peine, ne peut être appliquée qu'à l'auteur même du délit ; elle n'est pas due par ses héritiers (art. 2, Inst. crim.). En est-il de même des amendes prononcées en matière de contributions indirectes ? L'amende n'est pas seulement une peine, elle est une indemnité pour le fisc. Néanmoins les héritiers ne pourront être recherchés, car ce qui domine ici, c'est le caractère pénal et ce principe a même été appliqué par l'administration de l'enregistrement et des domaines pour le double droit dû à raison d'une insuffisance de déclaration.

Mais si le coupable ne meurt qu'après la condamnation à l'amende, ses héritiers seront-ils chargés du paiement de cette amende qui a frappé le patrimoine ? Si le coupable est mort pendant les délais de recours, le jugement ne sera pas exécutoire pour l'amende contre les héritiers. Mais si le jugement avait acquis l'autorité de la chose jugée, la question est beaucoup plus délicate : les opinions sont divisées sur ce point : certains auteurs pensent que le fisc a un droit acquis au paiement de l'amende, et c'est dans ce sens que se prononcent les instructions données par l'administration. Cependant nous ne croyons pas cette prétention fondée, car l'amende a un caractère essentiellement pénal : or, la peine a pour objet de faire supporter un mal au coupable, mais au coupable seul ; on ne peut donc étendre cette peine aux héritiers du coupable (1).

Si l'amende est une peine, elle a un caractère essentiellement réparateur au point de vue social : elle compense les maux que les délits causent à la société, en augmentant ses richesses et en fournissant des ressources pour des œuvres utiles. La destination des sommes payées à titre d'amende varie suivant la nature

(1) [On pourrait, je crois, concilier ces deux opinions, en déclarant les héritiers tenus de l'amende seulement *intra vires successionis*.]

de ces amendes : les amendes criminelles sont payées au trésor public de l'Etat; les amendes correctionnelles constituent un fonds commun au profit des communes du département, destiné 1º au remboursement des frais de justice tombés en non valeur; 2º aux dépenses du service des enfants trouvés ; 3º aux communes qui éprouvent le plus de besoins. En matière de simple police, les amendes sont attribuées aux communes sur le territoire desquelles la contravention a été commise (art. 466 C. pén. et ordonnance du 30 décembre 1833).

Du principe que l'amende est une peine réparatrice qui compense le tort que le délit a causé à la société, on a induit que les délinquants sont entre eux solidaires ; l'art. 55 C. pén. porte en effet : « *Tous les individus condamnés pour un même crime ou pour un même délit seront tenus solidairement des amendes, des restitutions, des dommages-intérêts et des frais.* » L'art. 55 C. pén. prononce la solidarité contre tous les condamnés à raison des amendes, des dommages-intérêts, des restitutions et des frais. Cette solidarité est très rationnelle pour les dommages-intérêts, les restitutions et les frais et doit être étendue aux simples contraventions, quoique la loi soit muette quant à elles. Mais cette solidarité ne se comprend pas pour les amendes, puisqu'il y a autant d'amendes que de condamnés et que chacun d'eux ne saurait être justement rendu responsable de la peine prononcée contre les autres, chaque peine étant essentiellement personnelle. Ainsi dans tous les pays étrangers où notre Code était en vigueur lors de sa révision, on a supprimé cette solidarité pour les amendes. Aussi doit-on restreindre dans ses limites les plus étroites cette solidarité excessive et décider que cette solidarité pour l'amende ne sera pas applicable en matière de contravention. L'admission de cette solidarité exorbitante s'explique historiquement : dans notre ancienne jurisprudence, les amendes étant considérées comme une indemnité des frais que les condamnés ne devaient pas rembourser, on avait établi la solidarité. Cette solidarité fut reproduite par la loi du 19 juillet 1791, art. 42, et lorsque la loi du 18 germinal an VII établit la solidarité pour la restitution des frais établie pour la première fois par elle, le Code de 1810 reproduisit ces précédents et n'a point été malheureusement modifié dans les révisions ultérieures. Cette solidarité existe de plein droit, quoiqu'elle ne soit pas prononcée par le jugement de condamnation, car elle est prononcée directement par la loi.

Cette solidarité existe alors même que les amendes ne seront pas égales pour chacun des condamnés. Il en est ainsi alors même que la somme des amendes dépassera le maximum de l'amende fixé par la loi. On a agité la question de savoir si, lorsqu'un des co-délinquants est récidiviste, l'autre co-délinquant doit supporter l'augmentation d'amende résultant de la récidive du premier (art. 57 et 58 C. pén.). Mais on a décidé que la solidarité prononcée par l'art. 55 permet de demander à l'un des co-délinquants la totalité des amendes, quelle qu'en soit la source (1). Mais *quid* si l'un des co-délinquants est condamné seulement à l'emprisonnement, tandis que l'autre l'est également à l'amende ? Nous croyons que la solidarité ne peut exister qu'à l'encontre de ceux qui ont été condamnés eux-mêmes à l'amende, parce que pour être tenu solidairement, il faut d'abord être tenu, être débiteur (2). Toutefois, cette opinion est contestée.

Pour que la solidarité existe, il faut du reste qu'il s'agisse d'un même crime ou délit ; mais *quid* si les délits, quoique différents, sont connexes, c'est-à-dire lorsqu'il y a entre eux unité de temps, de lieu, d'intention (art. 227 Inst. crim.) ; connexité entraînant unité de poursuites (art. 226 Inst. crim.) ? Nous croyons qu'il y a, dans ce cas, lieu de prononcer la solidarité, parce qu'il y a dans ce cas solidarité d'action.

Mais faut-il, pour que la solidarité existe, que la condamnation soit prononcée par un seul et même jugement ? M. Blanche, se fondant sur la généralité des termes de l'art. 55, estime que la solidarité existera dans ce cas. Nous croyons néanmoins qu'il faut pour cette solidarité unité de jugement : car chaque jugement n'a autorité et n'est exécutoire que contre ceux qui y ont été parties.

La solidarité de l'art. 55 est du reste applicable à toutes les amendes, quoique prononcées par des lois spéciales, même postérieures au Code pénal.

Celui des condamnés qui a ainsi payé la totalité des amendes,

(1) Cass. 13 août 1853, apud Blanche, n° 435.
(2) Molinier, Revue critique, 1853, p. 166, n° 27.

a-t-il un recours contre ses co-délinquants ? Sous notre ancienne jurisprudence on avait contesté ce recours, par la raison qu'un délit ne peut être générateur d'un droit (1) ; mais cette décision ne reposait que sur une confusion, car le recours ne dérive pas du délit, il prend sa source dans une gestion d'affaires résultant du paiement. Celui qui a payé la totalité des amendes a donc un recours contre ses co-délinquants ; il y a encore un motif d'intérêt général à cela, car l'amende est une peine qui doit être subie par chacun des condamnés. Mais comment s'exercera le recours ? Se divisera-t-il entre les co-délinquants ou s'exercera-t-il solidairement, déduction faite de la part de celui qui a payé pour le tout ? Il faut ici appliquer le principe de l'art. 1214 C. civ. et diviser le recours proportionnellement à la part imposée à chacun. En cas d'insolvabilité, la part de l'insolvable sera également supportée par tous (art. 1214 C. civ.).— Mais celui qui a payé est-il subrogé aux droits du fisc contre les autres condamnés ? Doit-on appliquer ici l'art. 1251 3° C. civ.? Evidemment oui ; dès lors celui qui a payé pourra-t-il agir contre les co-délinquants comme l'eût fait le fisc lui-même ? Devra-t-il introduire une demande en justice ou procéder simplement par voie de commandement, comme le fisc ? Jouira-t-il de l'hypothèque judiciaire acquise au fisc par le jugement de condamnation? Pourra-t-il enfin agir par voie de contrainte par corps comme le fisc lui-même ? — La Cour de Bruxelles a décidé le 14 mai 1821, que le paiement a éteint la dette primitive du fisc et que celui qui l'a réalisé a acquis une nouvelle créance résultant d'une *negotiorum gestio*, créance entièrement civile pour laquelle la contrainte par corps ne pourrait par conséquent être exercée depuis la loi du 22 juillet 1867. — Néanmoins nous croyons que les principes de la subrogation s'opposent à cette solution (2), car si la dette primitive est éteinte, la loi attache à la nouvelle dette tous les avantages de la première. — Il faut ajouter à cela une considération d'intérêt général spécial au droit pénal : il faut

---

(1) Pothier, Obligations, n° 282 *in fine*; Demolombe, Obligations, t. III, n°s 421 à 424.

(2) Sur le caractère de la subrogation, Demolombe, Obligations. t. IV, n° 75; Molinier, Revue critique, 1853, p. 170, n° 33.

que chacun des co-délinquants subisse effectivement la peine prononcée contre lui.

Le montant de la condamnation doit être augmenté de deux décimes que le condamné doit payer en sus: — En l'an VII, pour pourvoir aux nécessités de la guerre, une loi du 6 prairial de la même année augmenta d'un décime le montant des impôts et des amendes ; les lois postérieures le maintinrent ; une loi du 14 juillet 1855, art. 5, lors de la guerre de Crimée, augmenta d'un nouveau décime de guerre jusqu'en 1858. On réduisit plus tard ce décime, mais on le maintint pour les amendes. Enfin une loi du 23 août 1871 l'a de nouveau consacré. — Mais quelle est la nature de ce double décime ? Fait-il corps avec l'amende et a-t-il la même nature qu'elle, ou au contraire constitue-t-il un impôt distinct de l'amende ? De la solution de cette question dépend celle des trois suivantes : Doit-il être pris en considération relativement au maximum de l'amende, lequel ne devra pas être excédé par le double décime joint à l'amende ? — Doit-il être pris en considération et être joint à l'amende pour l'application de l'art. 172 Inst. crim. ? — Doit-il être calculé et joint à l'amende pour la fixation de la durée de la contrainte par corps fixée par la loi du 22 juillet 1867 ? — La Cour de cassation (1) saisie de cette dernière question a décidé que les deux décimes participent à la nature de l'amende et doivent être pris en considération pour la fixation de la durée de la contrainte par corps. — Mais nous ne croyons pas que cette solution puisse être acceptée ; les deux décimes n'ont été établis qu'à titre d'impôt, pour subvenir aux besoins urgents de l'Etat : ils n'ont donc point le caractère pénal de l'amende, ne doivent pas faire corps avec elle et en sont complètement distincts. Ce n'est donc qu'au montant seul de l'amende qu'on doit s'attacher pour la solution des questions précédentes.

Section 2. — CONFISCATION.

La *confiscation* consiste dans l'attribution au fisc de l'Etat ou à un établissement public, de tous les biens de celui auquel un fait est imputable, ou de certains biens déterminés qu'il possède.

(1) Cass. 27 août 1868.

De là deux espèces de confiscations : la *confiscation générale* et la *confiscation spéciale*.

§ 1. CONFISCATION GÉNÉRALE.

Elle consistait dans l'attribution au fisc des entiers biens de l'auteur d'un fait réputé coupable avec obligation d'acquitter les dettes ou charges jusqu'à concurrence des valeurs confisquées. Elle était employée : 1° comme mesure politique, par exemple la confiscation des biens des religionnaires fugitifs, des biens des émigrés ; 2° comme peine pour certains crimes et certaines condamnations dont elle était l'accessoire, tels que le crime de lèse-majesté, de fausse monnaie, de suicide, etc.

La confiscation générale fut abolie par l'Assemblee Constituante (loi du 21 janvier 1790, art. 3). — Elle fut rétablie par les lois révolutionnaires : 1° comme mesure politique ; 2° comme peine (loi du 1er brumaire an II qui la consacre pour le crime de fabrication de faux assignats et de fausse monnaie).

Le Code pénal de 1810 maintint la confiscation générale (art. 7, 37 et 38). La Charte de 1814 abolit la confiscation générale en déclarant qu'elle ne pourrait être désormais rétablie (art. 66). Cette disposition a été confirmée par les Constitutions postérieures. Aussi cette mention de la confiscation générale a-t-elle disparu dans les éditions officielles du Code pénal postérieures à 1814.

§ 2. CONFISCATION SPÉCIALE.

Elle porte sur un objet particulier qui constitue le corps du délit, qui est le produit du délit ou qui a servi à le commettre.

Après l'abolition de la confiscation p r la loi du 21 janvier 1790, la confiscation spéciale fut consacrée par la loi du 19 juillet 1791 sur la police municipale et la police correctionnelle. Elle a été reproduite par le Code pénal de 1810, art. 11, 464 et 470.

Art. 11. « *Le renvoi sous la surveillance de la haute police, l'amende et la confiscation spéciale soit du corps du délit, quand la propriété en appartient au condamné, soit des choses produites par le délit, soit de celles qui ont servi ou qui ont été destinées à le commettre, sont des peines communes aux matières criminelles et correctionnelles.* »

Art. 464. « *Les peines de police sont : l'emprisonnement, l'a-mende et la confiscation de certains objets saisis.* »

Art. 470. « *Les tribunaux de police pourront aussi, dans les cas déterminés par la loi, prononcer la confiscation, soit des choses sai-sies en contravention, soit des choses produites par la contravention, soit des matières ou des instruments qui ont servi ou étaient desti-nés à la commettre.* »

Il faut distinguer deux espèces de confiscations spéciales : 1º la *confiscation personnelle;* 2º la *confiscation réelle.*

1º *Confiscation personnelle.* — Elle porte sur des objets qui sont dans le commerce et dont la possession est licite. Elle con-siste dans l'attribution à l'Etat, à un établissement public ou à la partie lésée elle-même de la propriété de la chose confiscable; elle atteint le condamné dans sa personne en lui ôtant des ob-jets qui ont de la valeur. Exemples : pour l'attribution à l'Etat (art. 410 C. pén.); pour l'attribution à un établissement public (loi du 3 mai 1844 sur la chasse, art. 4); pour l'attribution à la par-tie lésée (art. 426 à 429 C. pén.). Cette confiscation a un caractère pénal (art. 11 et 464 C. pén.). De là les conséquences suivantes : 1º Elle ne pourra être encourue qu'en vertu de la loi.

2º Si le coupable meurt avant que le jugement ait l'autorité de la chose jugée, les héritiers conserveront la chose confiscable ou la réclameront, si elle a été saisie.

Il en est autrement si le jugement a acquis l'autorité de la chose jugée.

3º La chose confiscable doit appartenir au délinquant. Si elle a été volée, elle ne pourra être confisquée. Le propriétaire pourra la revendiquer.

2º *Confiscation réelle.* — La confiscation réelle porte sur des choses dont la possession est illicite. La confiscation a pour but d'arriver à la destruction de la chose (exemple : fabrication d'ar-mes prohibées, art. 214 C. pén.) (1). La confiscation est une me-sure de police. Il en est de même en cas de faux poids, de fausses mesures.

_____

(1) [Une loi du 14 août 1885 a établi la liberté de la fabrication et de la vente des armes. La question reste douteuse pour le port des armes prohibées. En tous cas, la confiscation, si le port est encore puni, n'est plus que *person-nelle.*]

La confiscation doit être prononcée par le jugement.

Elle peut intervenir, alors même qu'il n'est pas possible de poursuivre l'auteur du délit (art. 16, loi du 3 mai 1844).

Elle aura aussi lieu en cas de mort du délinquant.

Il en est de même dans le cas où le délinquant présumé serait acquitté (loi du 23 juin 1857 sur les marques de fabrique).

Système pénal établi par les Codes militaires.

Avant 1857 et 1858, la législation militaire se composait de lois particulières, et n'était pas aussi claire qu'une législation codifiée.

On voulait depuis longtemps codifier cette législation. Le 9 juin 1857, un Code fut promulgué pour l'armée de terre, et le 4 juin 1858, pour l'armée de mer.

Ces Codes sont divisés en quatre livres :

Il y est traité : — dans le premier, de l'organisation des tribunaux ; — dans le second, des règles de la compétence ; — dans le troisième, des éléments constitutifs des délits et de la pénalité.

Le livre IV est divisé en trois titres.

La législation militaire emploie les peines ordinaires et les peines spéciales (art. 185, Code armée de terre, 186, 271, 272).

Le Code de justice militaire pour l'armée de mer consacre aussi les peines ordinaires, les peines spéciales (art. 273, 271).

Voici quelques observations sur certaines de ces peines :

1° Tout individu condamné à la peine de mort par un conseil de guerre doit être fusillé (art. 87, armée de terre ; 289, armée de mer). Les forçats et les pirates doivent avoir la tête tranchée.

La peine de mort est ainsi subie même par un non militaire condamné par un conseil de guerre ou un tribunal de la marine. Ce cas peut se présenter à la suite d'une mise en état de siège.

Les femmes attachées à l'armée (cantinières, vivandières, blanchisseuses), pourront être fusillées ; pendant les expéditions, elles sont justiciables des tribunaux militaires.

La loi du 10 mai 1793 règle la manière dont l'exécution a lieu.

2° Un militaire peut être condamné à mort par les tribunaux ordinaires, s'il a eu des complices justiciables de ces tribunaux (art. 67 Cod. Just. mil. arm. de terre). Dans ce cas, il n'y a qu'une seule poursuite; on évite ainsi la contrariété des jugements qui pourraient intervenir. L'instruction est mieux faite.

Comment sera exécuté le jugement rendu par la Cour d'assises? (art. 196 Cod. armée de terre). La Cour d'assises inflige aux militaires et assimilés, les peines suivant les Codes militaires, et aux non militaires les peines du droit commun. Les militaires seront fusillés; les non militaires auront la tête tranchée. — Prenons pour exemple celui qui est prévu par l'art. 248 Cod. armée de terre : vol commis par un militaire avec un non militaire au préjudice de celui chez qui il est logé. Le militaire sera condamné à la réclusion ou en cas de circonstances atténuantes à un emprisonnement de cinq à dix ans (art. 248). Le non militaire sera condamné à un emprisonnement de un à cinq ans (art. 401 C. pén.) ou à une peine moins sévère, s'il y a des circonstances atténuantes.

Il y a dérogation à l'art. 59 du Code pénal, d'après lequel le complice doit être condamné à la même peine que l'auteur principal.

En cas de meurtre de l'habitant qui loge, le militaire sera condamné à mort (art. 256, armée de terre). Il ne peut jouir du bénéfice des circonstances atténuantes. Le complice non militaire ne sera condamné qu'aux travaux forcés à perpétuité ou aux travaux forcés à temps, ou à la réclusion en cas de circonstances atténuantes (art. 295, 304, 463 C. pén.).

Si le fait n'était réprimé que par les lois ordinaires, on appliquera leurs dispositions aux militaires et aux non militaires. — Si le fait n'est incriminé que par les lois militaires, et si un non militaire y a participé, le non militaire sera condamné à une peine équivalente à la peine prononcée par le Code militaire (art. 197 Cod. Just. mil. arm. de terre; art. 255 Cod. arm. de mer). La dégradation militaire est remplacée par la dégradation civique; la destitution et les travaux publics, par un emprisonnement de un à cinq ans; l'incapacité à l'avancement, par un emprisonnement qui ne peut excéder six mois; la réduction de grade et de solde, par un emprisonnement qui ne peut excéder trois mois.

Dans les Codes militaires, il y a aussi des peines principales et des peines accessoires.

La dégradation militaire comme peine principale est accompagnée d'un emprisonnement qui n'excède pas cinq ans (art. 191 arm. de terre ; 243 arm. de mer).

Elle est rattachée comme peine accessoire à la peine de mort prononcée en vertu des lois ordinaires, aux travaux forcés, à la déportation, à la détention, à la réclusion, au bannissement.

La mort infligée aux militaires pour un crime puni par les lois ordinaires, ou pour un crime que la loi militaire considère comme infamant, est afflictive et infamante. Elle est toujours suivie de la dégradation militaire.

Hors de ces cas, la peine de mort n'emporte pas la dégradation militaire ; elle n'est qu'afflictive et non infamante. Le condamné, dans ce dernier cas, n'est pas atteint par les incapacités de disposer et de recevoir à titre gratuit, établies par la loi du 31 mai 1854. Son testament sera valable. Avant 1854, c'était une question très grave que de savoir si les condamnations militaires font encourir la mort civile. Pothier adoptait la négative (L. 11, D. De milit. testam.). D'après cette loi le militaire condamné ne perdait pas le droit de disposer de son pécule castrans. — M. Demante père, après la rédaction du Code Napoléon, distinguait si les tribunaux militaires avaient appliqué les lois ordinaires ou non. Dans le premier cas, le militaire avait encouru la mort civile.

Les Codes militaires des 9 juin 1857 et 4 juin 1858 ont été rédigés sous l'influence de cette doctrine, et ont distingué, comme nous l'avons vu, si la condamnation a été prononcée pour un crime puni par les lois ordinaires, ou que la loi militaire regarde comme infamant, ou pour un crime purement militaire.

Cette distinction était d'ailleurs nettement posée dans le projet. On argumentait en vain contre cette distinction des termes de l'art. 3 de la loi du 31 mai 1854 : « Peines *afflictives* perpétuelles. Dans cet article, il est question des *peines afflictives et infamantes*, énoncées dans l'art. 7 C. pén.— Cet art. 3 de la loi du 31 mai 1854, ne s'applique pas à la mort simple, non suivie de dégradation militaire.

Disons un mot des peines portées par les Codes militaires en matière de police. C'était une question de savoir si le militaire coupable d'une contravention était justiciable ou non des tribunaux ordinaires. La Cour de cassation admit la négative. L'affirmative nous semblait plus probable. Les Codes militaires ont consacré la doctrine de la Cour de cassation (art. 271, armée de terre, art. 369, armée de mer.).

L'autorité militaire peut punir elle-même la contravention, ou renvoyer l'affaire devant le conseil de guerre. Si un militaire et un non militaire ont commis une contravention, la poursuite sera portée devant le juge de paix qui doit appliquer la loi militaire au militaire, et la loi ordinaire au non militaire (art. 271, C. armée de terre). Le jugement du juge de paix sera transmis à l'autorité militaire et exécuté selon les dispositions des lois militaires.

Les contraventions commises par un militaire pour les lois relatives à la chasse, la pêche, les douanes, les contributions indirectes seront portées devant les tribunaux ordinaires (Voir pour la marine marchande, le décret disciplinaire et pénal du 25 mars 1852).

Tableau synoptique

PRÉSENTANT L'ENSEMBLE DU SYSTÈME PÉNAL CONSACRÉ
PAR LA LÉGISLATION FRANÇAISE

I. *Peines criminelles.*

Principales (1).

I. Afflictives et infamantes (C. P. 6, 7).

1. A) La mort infligée sur une place publique par la décapitation (C. P. 7, 12, 26).

2. B) Les travaux forcés à perpétuité, subis dans une colonie (C. P. 7, 15. — Loi du 30 mai 1854).

3. a) La déportation à perpétuité dans une enceinte fortifiée (Loi du 8 juin 1850, art. 1 et 4).

Accessoires.

1. Les incapacités de disposer et de recevoir par donation ou par testament, établies par la loi du 31 mai 1854. — Elles frappent ceux qui ont été condamnés à la peine de mort, aux travaux forcés à perpétuité, à la déportation dans une enceinte fortifiée, à la déportation simple. Le gouvernement peut relever en tout ou en partie de ces incapacités (Loi du 31 mai 1854. Code civil, C. P. 18).

(1) Les lettres majuscules indiquent dans l'ordre de leur gravité, les peines applicables aux crimes ordinaires; les petites lettres, celles qui sont affectées aux crimes politiques.

4. *b*) La déportation simple à perpétuité (C. P. 17 ; même loi, art. 5).

5. C) Les travaux forcés à temps (5 à 20 ans), subis dans une colonie, avec obligation après la libération, d'une résidence temporaire ou à vie (C. P. 7, 15, 19. — Loi du 30 mai 1854).

6. *c*) La détention (5 à 20 ans) (C. P. 7, 20).

7. D) La réclusion avec soumission au travail (5 à 10 ans) (C. P. 7, 21).

II. Infamantes seulement (C. P. 6, 8).

8. *d*) Le bannissement (5 à 10 ans) (C. P. 8, 32).

9. E. *c*) La dégradation civique (peine perpétuelle) (C. P. 8, 34).

2. La dégradation civique. — Elle frappe ceux qui ont été condamnés à la peine de mort, aux travaux forcés à perpétuité, à la déportation dans une enceinte fortifiée, à la déportation simple, aux travaux forcés à temps, à la détention, à la réclusion, au bannissement (Loi du 31 mai 1854, C. P. 28, 34).

3. L'interdiction légale. — Elle est subie, pendant la durée de leur peine, par les condamnés aux travaux forcés à perpétuité, à la déportation dans une enceinte fortifiée, à la déportation simple, aux travaux forcés à temps, à la détention et à la réclusion (Loi du 31 mai 1854, C. P. 29 à 31 ; Loi du 8 juin 1850 sur la déportation, art. 3).

4. La surveillance de la haute police, remplacée par l'interdiction de séjour. — Elle atteint ceux qui ont été condamnés à des peines perpétuelles, en cas de grâce, et à moins de 8 années de travaux forcés, lorsqu'ils sont libérés de la résidence dans la colonie pénale et ceux qui ont été condamnés à la détention, à la réclusion et au bannissement ; mais quant à cette dernière peine, seulement pour un temps égal à sa durée (C. P. 44 à 48 ; Décret du 8 décembre 1851 ; Loi du 30 mai 1854 ; Loi du 27 mai 1885).

II. *Peines correctionnelles.*

Principales.

1. L'emprisonnement de 6 jours à 5 ans dans un lieu de correction, avec soumission au travail (C. P. 9, 40, 41).
2. L'interdiction à temps de l'exercice de certains droits civique, civil et de famille (C. P. 9, 42, 43).

III. *Peines communes aux matières criminelles et correctionnelles.*

1. La surveillance de la haute police (C. P. 11, 44, 45, 49, 50. — Décret du 8 décembre 1851. — Loi du 23 janvier 1874), remplacée par l'interdiction de séjour (Loi du 27 mai 1885).
2. La relégation (Loi du 27 mai 1885).
3. L'amende de seize francs et au-dessus (C. P. 11, 55).

IV. *Peines de simple police.*

1. L'emprisonnement simple de 1 à 5 jours (C. P. 464, 465).
2. L'amende de un franc à quinze francs (C. P. 466).

V. *Peine commune aux trois matières criminelle, correctionnelle et de simple police.*

La confiscation spéciale (C. P. 11, 464, 470).

Aperçus sur le système pénal.

Notre système pénal est en rapport avec l'état des mœurs et des idées de notre époque : les châtiments corporels en ont disparu; il tient compte des différences qui existent quant à l'état moral de ceux qui commettent des crimes politiques et des crimes ordinaires. C'est ainsi qu'il n'emploie pas la peine de mort, inutile en matière politique et qu'il établit des peines appropriées à la nature des crimes politiques : il s'agit, en effet, pour ces crimes, d'avoir des peines à la fois afflictives, répressives et préventives. Ces qualités se trouvent réunies dans les diverses peines politiques établies par notre système de législation. Ainsi, la déportation dans une enceinte fortifiée et la déportation simple sont *afflictives* puisqu'elles éloignent le condamné à plus de 5,000 lieues de la mère-patrie, et *préventives*, puisqu'elles le mettent dans l'impossibilité d'ourdir des complots ; la détention dans une forteresse met également obstacle à toute conspiration ; de même du bannissement qui éloigne le condamné du sol de la patrie.

Quant aux crimes et délits ordinaires, ils sont punis, soit de la peine de mort, soit de peines privatives de la liberté.

Nous étudierons : 1° la légitimité de la peine de mort;

2° Les conditions d'un bon système pénitentiaire.

I. QUESTION DE LA PEINE DE MORT.

La légitimité de l'emploi de la peine de mort est mise en question et plusieurs Etats l'ont fait disparaître de leur législation (1).

Il se manifeste dans les législations positives une tendance marquée vers l'abolition de cette peine, et l'on peut diviser, ainsi que le fait Mittermayer en 1862, les Etats au point de vue de la législation relative à la peine capitale en :

1° Etats dans lesquels la peine de mort a été abolie et n'est plus en droit applicable.

2° Etats dans lesquels la peine de mort, sans être légalement abolie, n'est pas appliquée.

3° Etats dans lesquels la peine de mort est appliquée, mais où l'application en a été restreinte (2).

1° Etats dans lesquels la peine de mort a été abolie
d'une manière absolue en droit et en fait.

1° Grand duché de Finlande ;

2° Cantons suisses de Neufchâtel, de Zurich, du Tessin et de Genève ; puis toute la confédération en vertu de l'art. 65 de la

---

(1) Thonissen, Mélanges d'histoire, de droit et d'économie politique, p. 237; De la prétendue nécessité de la peine de mort.

(2) Mittermayer, professeur à Heidelberg, publiait en 1862 un écrit intitulé : De la peine de mort, d'après les travaux de la science, les progrès de la législation et les résultats de l'expérience, traduit en français par M. Leven, avocat à la Cour de Paris, Paris, 1865.

Constitution fédérale du 28 mai 1874. Mais à la suite de pétitions, cet article a été révisé le 18 mai 1879, en ce sens qu'il est permis à chaque canton de rétablir la peine de mort pour les crimes de droit commun. Depuis, quelques cantons, ceux de Zurich, de Lucerne et de Zug ont profité de cette faculté;

3° Hollande en 1870;

4° Roumanie, 30 décembre 1864;

5° Portugal. Restée sans application pendant 29 ans, elle a été abolie par une loi du 31 décembre 1866, à une majorité de 98 voix contre 2 à la Chambre des députés et à l'unanimité dans le Sénat;

6° Ancien grand duché de Toscane (1786) (1);

7° La République de St-Marin;

8° Dans l'Amérique du Nord, la peine de mort est abolie dans les Etats de Wisconsin, de Rhode-Island, de Michigan, et dans quelques autres;

Dans l'Amérique du Sud, dans les Etats de Colombie et de la Nouvelle-Grenade;

9° Au sein de l'Océan pacifique dans l'île de Taïti.

Elle avait été abolie dans les Etats suivants de la confédération de l'Allemagne du Nord :

1° La Saxe;

2° Le Grand-Duché d'Oldenbourg;

3° Les Duchés d'Anhalt, Bernbourg et de Brême;

4° Le Duché de Brunswick.

Lors de la discussion d'un projet de Code pénal pour toute la confédération, à la deuxième lecture, le Parlement décida à une majorité de 118 voix contre 81 que la peine de mort ne figurerait pas dans le Code. A la troisième lecture, M. de Bismarck insista pour qu'on admît la peine de mort; le Parlement le lui accorda. — Le Code du 31 mai 1870 ne l'admet que pour la répression de l'assassinat, de l'attentat contre la vie de l'Empereur ou contre celle du souverain d'un des Etats confédérés.

(1) [L'abolition de la peine de mort a été étendue à tout le royaume d'Italie par le nouveau Code pénal du 30 juin 1889 devenu exécutoire à partir du 1er janvier 1890.]

2° Etats dans lesquels la peine de mort, sans être légalement abolie, n'est pas appliquée.

En Belgique, la peine de mort conservée en droit dans le Code est abolie de fait; les condamnations capitales font toutes l'objet d'une commutation de peine.

3° Etats dans lesquels la peine de mort est admise, mais où elle est peu employée.

En France, on a sans cesse restreint l'application de la peine de mort.

Le Code du 25 septembre 1791 réduisit à 40 les nombreux cas d'application de la peine capitale, qui s'élevaient dans l'ancienne législation à 115 ; le Code de 1810 les réduisit à 36 ; la révision du 28 avril 1832 à 27, et enfin le décret du 26 février 1848 à 12. En outre les statistiques montrent que, soit par la déclaration des circonstances atténuantes émanée du jury, soit par suite des commutations de peine prononcées par le chef de l'Etat, le chiffre des exécutions capitales va sans cesse en diminuant.

Sous la Restauration, de 1816 à 1830, le total des condamnations à mort a été de 3.799 (chiffre officiel), ce qui fait une moyenne de 253 par an.

De 1831 à 1850, par suite de la loi du 28 avril 1832, par an, 51 condamnations, 32 exécutions, 19 commutations de peine.

De 1851 à 1864, 42 condamnations, 24 exécutions, 18 commutations.

En 1864, année exceptionnelle, 19 condamnations, 5 exécutions.

Statistique de 1876. Rapport de M. le garde des sceaux Dufaure : « Le nombre des condamnations à mort qui avait été de 31 en 1872, de 34 en 1873, de 31 en 1874 et de 33 en 1875 est tombé en 1876 à 22, prononcées, 20 contre des hommes et 2 contre des femmes. Plus de la moitié des condamnés de 1876 (12) étaient des repris de justice. La peine capitale a été commuée pour 13, en celle des travaux forcés à perpétuité et pour 1, en celle de vingt ans de travaux forcés ; 8 ont été exécutés. Ce dernier chiffre avait été de 12 en 1875, de 13 en 1874, de 15 en 1873 et de 24 en 1872 ».

[Le beau travail de statistique qui relève le cours de la justice criminelle en France de 1826 à 1880 nous donne les renseignements suivants sur l'application de la peine de mort :

« De 1833 à 1880, il a été prononcé 1,775 condamnations capitales, savoir :

De 1833 à 1835.	129
De 1836 à 1840.	197
De 1841 à 1845.	240
De 1846 à 1850.	245
De 1851 à 1855.	282
De 1856 à 1860.	217
De 1861 à 1865.	108
De 1866 à 1870.	85
De 1871 à 1875.	145
De 1876 à 1880.	127

La peine capitale a été commuée pour 632 en travaux forcés à perpétuité, pour 13 en 20 ans de travaux forcés, pour 25 en réclusion perpétuelle et pour 1 en 20 ans de réclusion ; 37 sont morts ou se sont suicidés quelques jours après l'arrêt. — La justice a suivi son cours à l'égard des 1,067 autres (60 %). Les exécutions de femmes sont devenues de jour en jour plus rares. Il y en a eu 39 de 1846 à 1860 et 6 de 1861 à 1875. Aucune n'a eu lieu de 1876 à 1880. — Il semble utile, au point de vue de l'exercice du droit de grâce, de faire une distinction entre les diverses périodes politiques. De 1826 à 1830, ainsi que de 1831 à 1847, le nombre proportionnel des commutations de peines capitales a été de 36 % ; il s'est élevé successivement à 39 % de 1848 à 1852 ; à 46 % de 1853 à 1870 et à 61 % de 1870 à 1880.

D'un rapport sur l'administration de la justice criminelle de 1881 à 1885, nous extrayons ce qui suit :

De 1881 à 1885 on compte 148 condamnations capitales, savoir : 19 en 1881, 35 en 1882, 25 en 1883, 30 en 1884 et 39 en 1885. — La justice a suivi son cours à l'égard de 27 condamnés. La peine capitale a été commuée en travaux forcés à perpétuité pour 117, en 20 ans de travaux forcés pour 2 et en réclusion perpétuelle pour 2 sexagénaires.

En 1887, sur 683 accusés de crimes capitaux, 270 ont été reconnus coupables et 28 condamnés à mort. La justice a suivi son cours à l'égard de 6.

En 1888, la peine capitale a été prononcée contre 28 accusés ; 9 des condamnés ont été exécutés.]

Après avoir constaté la situation dans laquelle on est, par rapport à la peine de mort, nous devons voir comment cette situation s'est produite ; nous examinerons ensuite en droit pur si la peine de mort est légitime, et en troisième lieu si, en admettant sa légitimité, son emploi est nécessaire.

§ 1. APERÇU HISTORIQUE.

1° *Antiquité.*

Grecs. — Les Grecs n'ont jamais mis en doute la légitimité de la peine de mort, qu'ils considéraient comme un moyen de défense sociale indispensable contre les criminels incurables. « Le législateur n'a qu'une loi, qu'une peine à porter contre celui dont il voit le mal incurable. Comme il sait que ce n'est pas un bien pour de pareils hommes de prolonger leur vie et qu'en la perdant, ils sont doublement utiles aux autres, devenant pour eux un exemple qui les détourne de mal faire, et délivrant en même temps l'Etat de mauvais citoyens, il se trouve par ces considérations, dans la nécessité de punir le crime par la mort de ses semblables criminels. Hors de là, il ne doit point user de ce remède » (1).

Rome. — La légitimité et l'application de la peine capitale n'a jamais été mise en doute à Rome, et si les lois Valeria et Porcia établissaient au profit du condamné le droit d'appel au peuple des sentences capitales ou imposant un châtiment corporel, le peuple avait le droit de condamner à la peine de mort, et du reste, ce droit d'appel au peuple cessait pour les condamnations militaires prononcées par les magistrats dans l'exercice de leur *imperium* militaire (2).

Il y a bien, dans le quatrième discours de Cicéron contre Catilina, une pensée exprimée par Jules César au sein du Sénat, qui témoigne que celui qui devait un jour être le maître du monde romain, voulait rattacher à un principe l'indulgence peut-être intéressée qu'il témoignait alors pour les conjurés. « César, disait Cicéron, est persuadé que les Dieux n'ont pas voulu faire de la mort un châtiment..... Mais que les fers, les fers pour toujours,

---

(1) Platon, Les lois, livre IX, trad. de Cousin, p. 167.

(2) Molinier, Etude sur le nouveau projet de Code pénal italien, 1re partie, p. 30 et 31.

furent inventés, on n'en saurait douter, pour punir les grands forfaits » (1). Sans doute il n'y a dans ces paroles prononcées par César qu'une expression des doctrines d'Epicure, selon lesquelles la mort n'est pas un mal et ne peut pas constituer un châtiment lorsqu'elle met fin aux douleurs d'une vie qui ne peut plus être heureuse. Mais il y a aussi, dans ces mêmes paroles, une idée qui se rattache à la puissance préventive des peines et qui tend à contester à celle de la mort son utilité.

L'antiquité n'a donc produit que deux idées : celle qui rattache la légitimité de la peine de mort à l'inutilité de la vie pour le coupable auquel elle serait laissée et aux nécessités sociales ; celle qui conteste à la peine de mort sa puissance d'intimidation.

2o Epoque moderne. — Plus tard, lorsque le monde romain touchait à sa fin, la religion du Christ vint proclamer le droit de l'humanité. Elle éleva l'homme en lui montrant pour bien commun les splendeurs d'une autre vie ; elle le soutint par des espérances à travers les misères de la vie terrestre. Cette religion divine eut à traverser, pour s'établir, des épreuves douloureuses qui durent inspirer à l'Eglise primitive une certaine aversion pour les supplices. Les premiers chrétiens n'assistaient jamais à la punition des criminels, même condamnés selon les lois ; ils se seraient crus souillés par la vue seule du sang humain. Saint Augustin, dans ses deux lettres au tribun Marcellin, en parlant des sectaires qui ont mutilé et tué des prêtres catholiques, ne demande pas qu'on leur applique le talion qui ne console pas la victime et qui rabaisse le juge. Il se borne à proposer contre les meurtriers l'emploi de la prison « pour les ramener d'une énergie malfaisante à quelque travail utile, et de l'égarement du crime au calme et au repentir » (2).

(1) Cicéron, In Catilinam, orat. IV, n° 4.

(2) Ces lettres sont au tome II, col. 396 et 419 de l'édition des œuvres de St-Augustin, publiées par les bénédictins de la congrégation de St-Maur : 10 vol. in-f°, Paris, 1689.

Dans une lettre adressée pour la même affaire au proconsul Apringius, St-Augustin en insistant toujours vivement pour qu'on n'inflige pas aux coupables la peine de mort, s'exprime en ces termes sur les pouvoirs des juges séculiers et sur l'esprit de mansuétude de l'Eglise : « De vobis quidem dixisse apostolum legimus non sine causa gladium geratis et ministri Dei sitis vindices

En adoptant ces idées modérées lorsqu'elle eut triomphé du monde païen, l'Eglise proclama l'inviolabilité de la vie humaine, car elle eut toujours l'homicide en horreur ; mais elle ne contesta pas au pouvoir séculier le droit d'infliger la peine de mort. Elle se contenta de ne pas l'employer elle-même et ne fit usage que des peines qui lui parurent propres à amener la réformation des coupables. Il y aurait à écrire de belles pages sur la législation criminelle de l'Eglise. L'Eglise a, pendant le moyen âge, exercé au sein de la société, le droit de punir et elle a su concilier des principes humains avec les nécessités des lois répressives. Elle a eu recours à toutes sortes de voies pour protéger les siens et pour empêcher les actes de violence. Elle a sans cesse agi pour substituer l'empire du droit à celui de la force. Sa législation pénale, empreinte d'une modération remarquable, consacrait un système pénitentiaire d'autant plus intéressant à étudier aujourd'hui, dit avec raison M. Guizot, qu'il « est, quant aux principes « et aux applications du droit pénal, presque complètement d'ac- « cord avec les idées de la philosophie moderne » (1).

Fleury, en parlant des peines qui étaient usitées dans les jugements des cours d'Eglise, dit que « les moindres ne sont que des corrections salutaires; les plus grandes, des moyens d'empêcher les coupables de nuire aux fidèles, sans leur ôter les moyens de se convertir. Mais l'Eglise, ajoute-t-il, a toujours eu horreur des peines de sang, et surtout de la mort, qui ne laisse plus de temps pour faire pénitence » (2).

Si l'Eglise ne se servit pas elle-même de la peine de mort, parce

in eos qui male agunt : sed alia causa est Provinciæ, alia est Ecclesiæ. Illius terribiliter gerenda est administratio, hujus clementer commendenda est mansuetudo », tome II, col. 398.

« Si dans quelques autres occasions le saint évêque a reconnu au pouvoir civil le droit de frapper à mort les hérétiques, dit M. Villemain, au sujet de ces lettres de St-Augustin à Marcellin, c'était une contradiction dans sa doctrine : c'était l'Empire qui corrompait l'Eglise. »

Voir les détails que donne M. Villemain dans ses leçons sur la littérature au XVIIIe siècle, leçon 15e, dans laquelle il s'occupe de la question de la peine de mort, au sujet des idées émises par Montesquieu.

(1) Histoire de la civilisation en Europe, VIe leçon.

(2) Institution au droit ecclésiastique, IIIe partie, ch. XVIII, au tome II, p. 170, de l'édit. de 1767.

qu'elle avait conservé son aversion primitive pour toute effusion du sang et parce que cette peine ne pouvait satisfaire à son désir de réformer les coupables, elle n'en autorisa pas moins ceux de ses ministres qui étaient investis de la puissance séculière à l'établir dans la législation temporelle. Elle leur défendit cependant d'assister aux jugements qui devaient verser le sang, et elle leur recommanda d'intercéder en faveur des coupables, lorsqu'ils auraient à dénoncer aux juges séculiers des faits qui entraîneraient, d'après les lois, la mutilation des membres ou la perte de la vie.

La doctrine de l'Eglise catholique se résume donc dans les deux propositions suivantes : 1. Il n'est pas interdit au pouvoir séculier d'infliger la peine de mort et les mutilations qui répandent le sang ; — 2. l'Eglise s'abstient d'employer ces peines, et ses ministres ne doivent pas participer à leur application.

En dehors de la catholicité, des sectaires du XVIe siècle allèrent plus loin et soutinrent que l'emploi de la peine de mort était opposé à l'esprit de l'Evangile et contraire aux préceptes de la loi nouvelle. Ils maintinrent que le précepte qui défend l'homicide ne subit pas des exceptions et ils usèrent du libre examen pour l'interprétation des textes des Ecritures qui pouvaient justifier l'application de la peine de mort. On voit que leur doctrine n'était autre que celle que Beccaria a reproduite au XVIIIe siècle, et qui est encore soutenue aujourd'hui. Ces idées durent pénétrer dans les esprits et durent y soulever des doutes, puisqu'on voit que les criminalistes s'efforcèrent de les réfuter. Carpzow, dont l'autorité fut grande en Allemagne et qui publiait sa *Pratique criminelle* au commencement du XVIIe siècle, défend longuement la légitimité de la peine de mort contre les doctrines des anabaptistes et des nouveaux Sociniens. Il réfute méthodiquement six arguments sur lesquels se fondaient ces sectaires pour proscrire l'application de la peine de mort et pour soutenir que des magistrats chrétiens ne doivent pas l'infliger : *Non licere christiano magistratui sanguinem humanum fundere.* Quant à lui, il admet la légitimité de la peine de mort, mais il accorde qu'on ne doit y avoir recours que lorsqu'elle est nécessaire et seulement pour le châtiment des crimes atroces. *Equidem facillime concesserim, ad mortis pœnam inferendam quoad fieri potest, tardiores esse debere judices, et nisi « necessitas vel atrocitas » coactos impellat, vix accidere* (1). C'était dire moins éloquemment que Montesquieu : « *Un citoyen mérite la mort lorsqu'il a violé la sûreté au point qu'il a ôté la vie, ou qu'il a entrepris de l'ôter. Cette peine de mort est comme le remède de la société malade* » (2).

Une autre doctrine, qui date du XVIᵉ siècle et qui est celle d'Alfonse de Castro, se rattache encore aux croyances religieuses en n'admettant l'emploi de la peine de mort que dans les cas pour lesquels elle est expressément prescrite ou autorisée par les Ecritures. Dans cette doctrine, on ne reconnaît qu'à Dieu le droit de dispenser de l'observation du précepte qui défend l'homicide et de placer dans les mains du magistrat le glaive pour en frapper les coupables. Cette limitation des droits du législateur et du juge n'a pas une grande portée restrictive, parce que la peine de mort est inscrite pour un grand nombre de cas dans le Pentateuque.

Toutes ces opinions émanent d'une tendance de la conscience humaine à n'admettre la peine de mort qu'avec réserve et en cédant seulement à une impérieuse nécessité. Cette tendance devait encore s'exprimer sous une autre forme dans les écrits des légistes, pour lesquels les lois romaines fournissaient les sources de tout droit. Le *merum imperium,* qui consistait principalement dans le droit du glaive, *jus animadvertendi in facinorosos homines,* appartenait-il au prince seulement, ou appartenait-il aussi aux magistrats investis du droit de justice ? Le juge ne pouvait-il condamner à mort qu'en vertu d'un droit qui lui était conféré par le prince, ou trouvait-il dans sa magistrature la source de ce droit ? Par voie de conséquence, le juge ne pouvait-il prononcer la peine de mort qu'en vertu d'une disposition expresse de la loi qu'il ne faisait qu'appliquer, ou bien trouvait-il, dans les pouvoirs dont il était revêtu, celui d'user du droit de glaive et de faire mettre à mort les coupables qui lui paraissaient mériter ce châtiment ?

---

(1) B. Carpzovii, Practica criminalis Pars III, quest. CI, an pœnas capitales facinorosis hominibus irrogare liceat magistratui christiano; Basileœ, 1751, in-folio.

(2) Esprit des lois, liv. XII, ch. 4.

En fait, sous les anciennes institutions féodales et municipales, les possesseurs des justices prétendaient être armés du
glaive et s'attribuaient le pouvoir de faire mettre à mort les coupables. Les juristes voulaient apprécier leurs prétentions d'après
les données des lois romaines et se livraient à des argumenta-
tions subtiles pour attribuer aux possesseurs du droit de justice
le *merum imperium* (1) ou pour ne le reconnaître qu'aux souverains. Cette question était vivement débattue au commencement
du XIVe siècle entre les maîtres de l'Université de Bologne. Alciat
s'en occupe aussi au livre II de ses Paradoxes et mentionne le
célèbre débat dont elle avait été l'objet, trois siècles avant son
époque, lorsque l'empereur Henri VII parcourait l'Italie. Ce
prince, qui avait rétabli l'Empire et qui aspirait à fonder l'unité
dans l'Italie, assista à Bologne à une discussion solennelle qui
eut lieu entre Azon et Lothaire, sur cette question du *merum imperium*, auquel se rattachait le droit de glaive, et dont il fut
constitué juge. Lothaire soutenait que le *merum imperium* n'appartenait qu'au prince; Azon prétendait que le droit de glaive
était dans la main des magistrats. Chacun des maîtres mit en
gage un cheval qui devait revenir au vainqueur. L'opinion soutenue par Lothaire plut à l'empereur, qui le déclara vainqueur.
Ce jugement ne fut pas généralement accepté et les juristes
perpétuèrent par un jeu de mots les souvenirs de cette joûte
juridique, en disant que *Lotharius equum tulerat sed Azo œquum*.

Plus tard, Jean Bodin reprit cette question qui touchait à la
constitution des pouvoirs au sein de l'ancienne société et en fit
l'objet d'une dissertation historique très judicieuse, qui est au
3e livre de sa République (2). La portée de cette question, par
rapport à la peine de mort, est facile à saisir. Si le *merum imperium*, qui comprend le droit de faire mettre à mort, n'appartient
qu'au prince, le juge ne peut infliger la peine de mort qu'en
vertu des dispositions des lois faites par le prince, qu'il doit se
borner à appliquer. Si, au contraire, le *merum imperium* appartient au juge, il peut, sans qu'aucune disposition de loi le lui
prescrive, faire mettre à mort de sa propre autorité les coupables
qu'il juge dignes de ce châtiment.

(1) Ulpien fr. 3, D. de jurisdictione.
(2) Pages 431 et s. de l'édit. in-12 de 1579.

Cette polémique touchait, comme on le voit, à un ordre d'idées élevées et à de grands intérêts. Charles Loyseau la reprend dans son Traité des offices, pour approuver le jugement de l'empereur Henri VII et pour reprocher aux interprètes du droit romain dont il combat les doctrines, d'avoir été cause « qu'on a cru de tout temps en France que les magistrats y auaient le pur commande-ment et le droict de glaiue du propre droict de leurs offices : voire que non seulement les magistrats royaux l'auaient, mais encore les simples iuges des seigneurs hauts iusticiers, au moins interprétant le pur commandement, ainsi que le définit Vlpian en la loy 3 de iurisd. pour estre le pouvoir de condamner les hommes à mort » (1).

Enfin, au XVIIIe siècle, Claude-Joseph Ferrière, le doyen des recteurs régents de la Faculté de Droit de Paris, rappelait en-core la célèbre discussion de Lothaire et d'Azon, pour rajeunir la question qui en faisait l'objet, en l'appréciant sous un point de vue plus précis. Il ne reconnaît le droit de vie et de mort qu'au souverain, et il soutient que le juge ne peut envoyer le criminel au supplice qu'en vertu d'une disposition expresse des lois et ordonnances et « qu'autant qu'il s'est, par son crime, tacitement soumis à la peine établie contre lui. » Voilà une théorie qui res-semble à celle que consacrent nos Codes modernes (C. pén. 4).

Ferrière va beaucoup plus loin en donnant ces motifs : « La peine de mort, dit-il, étant une peine *contre nature*, elle doit être établie par quelque loi, pour raison du crime dont il s'agit ; car tout ce qui est établi dans le monde, ne le peut être que par la nature ou la loi. *Or, la nature n'a point permis à l'homme de tuer l'homme* ; il ne peut donc avoir cette puissance que de la loi » (2).

Ferrière écrivait en 1740 et il ressort de sa pensée deux choses : 1° La peine de mort a cela de particulier qu'elle est contraire aux lois de la nature. — 2° Le juge ne peut, dès lors, l'appliquer qu'en vertu d'une disposition de la loi positive qui, dans ce cas, peut seule servir de fondement à son jugement.

Sous l'empire d'un droit pénal qui n'est pas codifié et qui re-

_____

(1) Des offices, liv. I, chap. 1, p. 180 de l'édit. de 1660.

(2) Dictionnaire de droit et de pratique, v° Peine, p. 349 de l'édit. de Paris de 1740.

connaît aux magistrats un pouvoir arbitraire pour l'appréciation des faits punissables et pour l'application des peines, dire qu'ils ne peuvent pas infliger la peine de mort, si la législation ne le leur prescrit pas expressément, parce que cette peine est contraire à la nature, c'est aussi dire que le législateur viole les lois de la nature, lorsqu'il la prononce.

Il n'y avait donc qu'un pas à faire pour nier d'une manière absolue la légitimité de la peine de mort ; ce pas, Beccaria le fit vingt-six ans après, en rattachant le droit de punir à une convention primitive et niant que l'homme ait pu concéder à la société le droit de lui ôter la vie.

En résumant ces faits pour constater la marche progressive des idées, nous trouvons que son évolution s'est produite dans l'ordre suivant : 1º L'Eglise catholique s'abstient d'employer la peine de mort et ne permet pas à ses ministres de participer à son application. — 2º Au XVIᵉ siècle, des sectaires soutiennent que cette peine est contraire aux préceptes de la loi évangélique et ne doit pas être appliquée par les chrétiens. — 3º Des juristes veulent faire admettre que le juge ne peut appliquer la peine de mort qu'en vertu d'une disposition expresse de la loi positive. — 4º Des philosophes contestent au législateur le droit de l'inscrire dans la loi.

Ces idées ne pénétrèrent pas dans les mœurs judiciaires et n'exercèrent pas, d'abord, une influence profonde dans la pratique. L'opinion de Beccaria sur la peine de mort fut contredite ; mais son traité des délits et des peines, qui tendait à reconstituer la législation criminelle sur de nouvelles bases, produisit sur les esprits une impression très grande, parce qu'il exprimait les pensées du public. A partir de la publication de ce livre, la question de la légitimité de la peine de mort n'a pas cessé d'être agitée dans les écrits des philosophes et des criminalistes, dans les discussions des assemblées législatives et quelquefois même devant les tribunaux. On l'a examinée au double point de vue théorique et pratique, sous le rapport du droit et sous le rapport de l'utilité.

En s'aidant de la philosophie du droit pour reproduire l'idée que les Anabaptistes et les Sociniens du XVIᵉ siècle avaient voulu appuyer sur les doctrines religieuses et sur l'interprétation des Ecritures, on a tenté d'ériger en dogme humanitaire l'inviolabilité de la vie humaine pour la placer en dehors des atteintes de la loi pénale. Des arguments spécieux ont été produits de nos jours en France à l'appui de cette thèse, dans les écrits de M. Charles Lucas (1), de M. de Lamartine (2), de M. Roumieu (3), de M. Bassinet (4), de M. Boërosco (5). Elle a des soutiens célèbres en Italie, où elle a été exposée dans les chaires avec un remarquable talent par M. Carmignani (6), par M. Pisanelli (7), par M. Carrara (8).

L'opinion contraire, qui tend à considérer la peine de mort comme légitime, mais qui n'en admet l'emploi que pour la répression des crimes les plus graves, est celle qui a toujours réuni le plus de suffrages, qui a prévalu dans les assemblées législatives et qui paraît avoir l'assentiment de l'opinion publique, du moins en France, où la suppression totale de la peine de mort inspirerait des craintes. Cette opinion, qui remonte, nous l'avons vu, à un passé ancien, a eu de nos jours de nombreux et de savants interprètes. C'est celle qu'on trouve dans un remarquable écrit de M. de Broglie (9), dans les monographies de M. Silvela (10) et de M. Urtis (11), dans le Traité de Droit pénal de M. Rossi (12), dans le rapport sur ce traité lu à l'Académie des

(1) Du système pénal et du système répressif en général, de la peine de mort en particulier, par M. Ch. Lucas, 1 vol. in-8° Paris, 1827; Résumé des faits et des débats qui ont marqué en France les progrès de la question de l'abolition de la peine de mort depuis 1791 jusqu'à ce jour, par M. Ch. Lucas, Revue de législation, année 1848, t. I, p. 349.

(2) Revue de législation, t. IV, 1839, p. 67.

(3) Plus d'échafauds! ou de l'abolition immédiate et absolue de la peine de mort, par M. J. Cyprien Roumieu, avocat, Paris, 1833, in-8°, 288 p.

(4) De l'abolition de la peine de mort précédée de quelques réflexions sur le droit de punir, par M. Bassinet, avocat, Nevers, 1847, in-8°, 26 p.

(5) Traité comparatif des délits et des peines au point de vue philosophique, par Basile Boerosco, in-8°, Paris, 1857, 385 p.

(6) Della pena di morte.

(7) Sulla pena di morte : lezione di Giuseppe Pisanelli, 3ᵃ édit. Torino, 1849.

(8) Una lezione dettata nella R. Universita di Pisa (Giornale per l'abolizione della pena di morte, Milano, 1860).

(9) Du droit de punir et de la peine de mort (Revue française, sept. 1828).

(10) Du maintien de la peine de mort, in-8°, Paris, 1832.

(11) Nécessité du maintien de la peine de mort, 1831, in-8°.

(12) Au tome III, p. 138 et ss. de l'édit. de 1829.

sciences morales et politiques par M. Odilon Barrot (1), dans la *Théorie du Code pénal* de MM. Chauveau et Hélie (2), dans les savantes *Observations sur le projet de révision du Code pénal, présenté aux Chambres belges*, de M. le professeur Haus (3), dans les *Eléments de droit pénal* de M. Ortolan (4), dans le *Cours de Code pénal* de M. Bertauld (5), dans le *Cours élémentaire de droit criminel* de M. Trébutien (6), dans l'introduction historique de M. Troplong, sur la *contrainte par corps* (7). Cette opinion, nous l'avons nous-même adoptée dans un mémoire que nous avons communiqué à l'Académie des sciences de Toulouse en 1848 et qui a été inséré dans son recueil. C'est aussi celle à laquelle M. Pacheco a donné son assentiment dans ses savantes Leçons de Droit pénal faites à l'Athénée de Madrid en 1840 (8).

§ 2.   LÉGITIMITÉ DE LA PEINE DE MORT.

La peine de mort est-elle légitime ?

L'illégitimité de la peine de mort ne peut être sérieusement alléguée et les objections qu'on a adressées à cette peine ne sont pour nous nullement convaincantes.

Beccaria, qui avait adopté la théorie du contrat social, soutient que dans l'abandon que chacun a fait d'une partie de sa liberté, le droit d'infliger la mort n'a pu être concédé par un homme à un de ses semblables, ni à la société.

Jamais il n'y a eu de contrat social et le raisonnement de Beccaria repose sur une pure hypothèse.

J.-J. Rousseau répond à Beccaria qui dit que l'homme qui ne peut disposer de sa vie ne peut concéder à un autre homme le droit de la lui enlever. Il dit que chacun a le droit d'enlever à autrui la vie pour sauver la sienne.

(1) Recueil publié par M. Vergé, année 1856 (3e trimestre), p. 92.
(2) T. I, p. 96 et ss. de la 4e édit.
(3) T. I, p. 96, Gand, 1835, 3 vol. in-8°.
(4) Eléments de droit pénal, p. 603.
(5) P. 201.
(6) T. I, p. 207.
(7) P. 3 et 4.
(8) Estudios de derecho penal, par D. Joaquin Francisco Pacheco, t. II, leccion 27, p. 123.

Beccaria, enfin, conclut de la nécessité de la peine de mort à sa légitimité. Il en admet la légitimité en temps de troubles et d'anarchie.

On a invoqué longtemps le principe de l'inviolabilité de la vie humaine pour conclure à l'illégitimité de la peine de mort (Lamartine, Histoire des Girondins; Victor Hugo).

Il faut reconnaître que ce principe cessera dans certains cas d'être applicable, par exemple dans le cas de légitime défense.

Celui qui attente à la vie d'autrui méprise le principe de l'inviolabilité de la vie humaine. L'attaqué pourra se défendre.

Est-ce qu'après la consommation du crime, on ne pourra pas lui ôter la vie, à lui pour qui la vie des autres n'a pas été inviolable?

Le législateur n'a-t-il pas pour devoir de protéger la vie des citoyens? On a beau objecter que le droit de légitime défense cessant avec l'attaque, la loi n'a pas le droit d'infliger la mort à l'assassin, et que son seul droit est de le priver de la liberté jusqu'à ce qu'il soit réformé.

Je répondrai que la mission de la loi n'est pas de réformer seulement le coupable, mais de protéger les personnes par la crainte qui résulte de l'application de la peine de mort.

Contre la légitimité de la peine de mort, on a invoqué la faillibilité des tribunaux.

On confond la matière des preuves et le droit de répression. De ce que les tribunaux peuvent se tromper, il faut conclure que le législateur doit ordonner les mesures les plus propres à découvrir la vérité.

De ce que la peine de mort une fois exécutée est irréparable, il faut conclure que les tribunaux devront se montrer très circonspects dans l'emploi de la peine de mort.

Supposons que l'on abolit la peine de mort, il faudrait du moins la maintenir dans les Codes militaires; cela est nécessaire pour maintenir l'ordre au sein de l'armée; il faut un châtiment prompt, qui soit subi d'une manière sûre et qui ait une grande puissance d'intimidation, pour contenir ceux qui, par leur insubordination, peuvent compromettre la vie d'un très grand nombre d'hommes.

§ 3. NÉCESSITÉ DE LA PEINE DE MORT.

La question de la légitimité de la peine de mort est intimement liée à celle de savoir si cette peine est utile, nécessaire.

Il a pu se trouver, dans l'Amérique du Nord et en Angleterre, des hommes qui ont pu mépriser la mort.

Mais en France, la peine de mort est très redoutée. La commutation de peine est pour le condamné un sujet de grande satisfaction.

Il reste dans le cœur des condamnés à d'autres peines, l'espérance.

La peine de mort a été abolie dans les Codes de certains Etats. (Principauté de Roumélie, Portugal, Toscane, Grèce, Louisiane, Nassau, canton de Neufchâtel, Oldenbourg, République de Saint-Marin, duché de Weimar, duché de Cobourg, grand-duché de Finlande, etc.).

Elle n'a été abolie que dans de petits Etats. De ce que, d'ailleurs, la peine de mort n'est pas nécessaire dans un pays, il ne faut pas conclure qu'elle ne soit pas nécessaire dans un autre pays.

Le spectacle des exécutions a certainement quelque chose de fâcheux, mais on ne doit pas en conclure que la peine de mort doit être abolie. On ne fera pas ces exécutions en public, et on remédiera ainsi à ce mal (art. 8 Code de Prusse). La publicité des exécutions à mort a été aussi abolie en Angleterre.

En résumé : au point de vue des principes, la question est toujours controversée.

En fait, la peine de mort est de moins en moins appliquée.

Cette peine doit être maintenue dans notre Code jusqu'à ce que la situation morale de notre pays permette de l'abolir (1).

II. CONDITIONS D'UN BON SYSTÈME PÉNITENTIAIRE.

Aperçu sur le système pénitentiaire.

L'objet des peines est double : 1º produire l'intimidation et empêcher par la crainte qu'elles inspirent, que les hommes s'a-

(1) Pour plus de développements, voir Molinier, Recueil de l'Académie de législation de Toulouse, 1861, p. 510 et ss., et Etude sur le nouveau projet de Code pénal italien, 1re partie, p. 15 et ss.

bandonnent à leurs mauvais penchants ; 2º réformer les mauvais penchants de ceux qui les subissent, dans l'intérêt de la société, en prévenant les récidives. et dans l'intérêt du condamné, en lui inspirant des sentiments meilleurs.

L'incarcération peut présenter des différences très grandes par suite des régimes divers auxquels sont soumis les détenus. Quatre régimes différents se présentent à nous dans les établissements pénitentiaires : celui de la promiscuité de tous les détenus ; celui des classes avec promiscuité des détenus de chaque classe ; le système de l'isolement en cellule de jour et de nuit (système pensylvanien) ; celui de l'isolement en cellule pour la nuit et du travail en commun dans les ateliers pendant le jour, avec obligation d'un silence absolu (système d'Auburn) ; enfin, il est un système qui s'adapte aux autres et qui consiste à modifier, en l'améliorant, la situation des condamnés, comme récompense de leur bonne conduite, et à les libérer conditionnellement et préparatoirement avant l'expiration de leur peine (système irlandais de sir Walter Crofton).

A. *Système de la promiscuité des détenus et de la seule séparation des sexes.*

Ce système fait des prisons des écoles mutuelles, où les détenus s'enseignent les uns aux autres tout ce qui peut produire en eux une perversion morale de plus en plus profonde, tout ce qu'il est utile de savoir pour vivre dans un état continuel de lutte contre les institutions sociales. C'est dans ces établissements que se trouvent en contact ceux qui sont déjà profondément pervertis et ceux qui peuvent être disposés à se pervertir. En y renfermant ainsi les individus qu'atteignent les lois répressives, on les place dans un milieu où leurs corps vont subir les choses les plus honteuses de la débauche, où leurs oreilles vont entendre un langage étrange et obscène, où leur âme ne pourra qu'être saisie par des pensées coupables, où tous les sentiments généreux qui pourraient être encore dans leur cœur seront oblitérés, où leur intelligence s'appliquera à concevoir des projets criminels et à combiner les moyens à l'aide desquels ils pourront les accomplir dès qu'ils auront recouvré leur liberté.

De ces écoles du crime sortent tous les jours des individus qui s'y sont perfectionnés dans la pratique du mal, qui y ont été mis en contact avec des malfaiteurs habiles, affiliés à ces bandes dont l'existence offre des dangers permanents au sein des sociétés, et qui se recrutent dans les prisons.

Malheureusement cette situation est encore celle qu'offre un trop grand nombre de prisons dans divers pays.

B. *Régime des classes.*

Notre Code d'Instruction criminelle contient des dispositions en vertu desquelles les détenus doivent être renfermés dans des lieux séparés, d'après la diversité de leurs situations. Les prévenus en état de détention préventive sont placés dans des *maisons d'arrêt;* les accusés décrétés de prise de corps, dans des *maisons de justice* établies près de chaque Cour d'assises (Inst. crim., art. 603 et 604). Les condamnés à la réclusion sont enfermés dans des *maisons centrales de force*; ceux auxquels a été infligé l'emprisonnement correctionnel le subissent dans des *maisons de correction* centrales, départementales ou d'arrondissement, suivant la durée du temps pendant lequel ils doivent être détenus. Des *prisons cantonales* reçoivent ceux qui n'ont à subir qu'un emprisonnement de police. Enfin les mineurs des deux sexes, détenus à raison de crimes, délits et contraventions aux lois fiscales, ou par voie de correction paternelle, doivent être placés dans des quartiers distincts des maisons d'arrêt ou de justice qui leur sont affectés pour toutes les catégories, lorsqu'ils ne sont pas conduits dans des *colonies pénitentiaires* ou *correctionnelles* (1).

Cet état de choses auquel les bâtiments destinés aux prisons devaient être appropriés, d'après une circulaire de M. de Persigny, alors ministre de l'intérieur, établit ce qu'on appelle le *système des classes.* Il distribue les détenus dans des catégories, pour placer chacune d'elles dans des édifices séparés ou dans des quartiers distincts, qui peuvent être établis dans les grands centres seulement. Quant aux prisons placées près les tribunaux

---

(1) Loi du 5 août 1850 sur l'éducation et le patronage des jeunes détenus.

d'arrondissement où les détenus sont peu nombreux, la séparation par classes est peu possible et ce qui existe, en fait, c'est la vie en commun de tous les détenus. Ce système de la séparation par quartiers, que M. de Persigny recommandait, loin d'être moralisateur, laisse, dans les lieux où il est établi, les détenus de chaque classe dans un état de promiscuité qui présente tous les inconvénients de la vie commune, si on ne lui adapte pas le système cellulaire. Il devient sans objet, si on adopte ce dernier système.

En consultant les statistiques qui constatent le personnel qu'offrent les prisons, on voit que la séparation par classes n'offrirait, dans un assez grand nombre d'arrondissements, qu'un détenu pour chaque quartier, ce qui représenterait la cellule tant que quelqu'autre détenu ne viendrait pas établir un tête à tête et la vie commune à deux. Aussi les prescriptions de la circulaire de M. de Persigny n'ont pu être suivies que dans les grands centres, où elle a eu pour effet, très regrettable, d'occasionner à des départements, qui ont construit de nouvelles prisons, de ne pas les avoir adaptées au régime cellulaire dont elle prescrivait l'abandon, et d'avoir à les reconstruire pour les adapter à ce régime que vient de rétablir la loi du 5 juin 1875. Elle a eu aussi pour effet d'amener dans les prisons construites en cellule, la vie commune pendant le jour et la seule séparation de nuit, lorsque deux détenus n'ont pas été mis ensemble dans des cellules communes.

Ce système des classes est aujourd'hui condamné. Il n'aide en rien la moralisation des détenus en maintenant la vie commune dans chaque quartier. Ainsi, l'innocent que des indices trompeurs font détenir préventivement, est forcé de vivre en société avec des prévenus coupables de grands crimes, avec des repris de justice qui ont déjà subi des condamnations, et qui sont poursuivis pour de nouveaux méfaits. La jeune fille de la campagne, à laquelle on impute un infanticide, et qu'un acquittement rend souvent à la liberté, aura été en contact dans le quartier des prévenues et dans celui qui sert de maison de justice, avec la fille publique à laquelle un vol ou tout autre délit ou crime est imputé.

Voudrait-on faire des catégories basées sur les précédents des détenus, on n'aboutirait à rien, car parmi ceux qui en sont au premier délit, se trouvent souvent des individus dont l'immoralité est profonde, et il est quelquefois des récidivistes qui sont moins dangereux qu'eux et qui ne figurent dans les casiers judiciaires que pour des faits de vagabondage, de mendicité ou des ruptures de ban de surveillance, sans qu'ils aient à leur charge d'autres délits propres à attester des vices plus graves.

On a aussi proposé de créer des quartiers spéciaux, qui seraient affectés aux récidivistes incorrigibles, comme aussi aux détenus dont les condamnations manifesteraient une perversité dangereuse. On placerait ainsi un enfer à côté du purgatoire ; on créerait un repaire dans lequel le crime s'exprimerait sous toutes ses formes les plus hideuses. Malheur à celui qui serait encore susceptible d'éprouver quelques sentiments généreux, et que la fatalité ou des appréciations inexactes jetteraient dans ce lieu infect.

La conclusion de ce que nous venons d'exposer est que le système des classes est inapplicable dans les lieux où les prisons n'ont qu'un personnel peu nombreux de détenus, et que là où il peut être établi, il n'a rien d'utile pour l'amendement des détenus et il laisse exister tous les dangers qui résultent de la vie commune.

C. *Système de l'isolement en cellule de jour et de nuit; système pensylvanien.*

Ce système, introduit par les quakers dans l'Amérique du Nord, exige des bâtiments dans lesquels sont disposées des cellules propres à isoler, d'une manière complète, les condamnés et à empêcher, d'une manière absolue, toute relation entre eux, soit de jour, soit de nuit. Il a dès lors pour effet de supprimer cette corruption que nous avons dépeinte, que la vie commune des détenus produit inévitablement, et que le système des classes ne saurait empêcher. En isolant ainsi les détenus, il ne les soumet pas à une solitude absolue, il ne les prive que des rapports que la vie commune établirait entre eux ; il leur laisse tous ceux qu'ils pourront avoir avec les employés de la maison, avec les ministres des cultes, avec le médecin, avec un personnel d'instituteurs attaché à l'établissement, et avec les membres des sociétés philanthropiques dont ce régime exige l'organisation et le dévouement. Son objet est de mettre obstacle à tous rapports qui seraient de nature à s'opposer à l'amendement du détenu et de faire qu'il n'ait de relations qu'avec les personnes dont les conseils peuvent être utiles pour le ramener dans la voie du bien.

Le régime pensylvanien offre des avantages qui nous paraissent mériter qu'on lui donne la préférence. Les malfaiteurs le redoutent et il peut avoir, sous ce rapport, à leur égard, une puissance préventive très utile. S'il ne produit pas toujours l'amendement moral de ceux qui le subissent, il leur laisse, au moins, une terreur salutaire propre à empêcher les récidives et à les déterminer, par la crainte, à s'abstenir de ce qui est défendu. Il épargne à ceux qui ont failli, sans être profondément corrompus, ce contact avec les autres détenus qui est, pour eux, une chose d'autant plus horrible qu'il y a dans leur âme moins de dispositions à la perversité. Ce système s'impose; car il y a devoir pour la société de ne pas exposer les mœurs de ceux qu'elle doit détenir à des dangers, et de ne pas leur faire subir cette vie commune des prisons, qui livre leurs corps à des souillures, qui, forcément, les familiarise avec un langage et des choses obscènes, qui corrompt leur âme et qui les conduit à enfreindre de nouveau les lois sociales pour être punis encore, au nom de la société, à raison des délits que les procédés dont elle a, elle-même, usé à leur égard ont préparés. Enfin ce régime, étant rigoureux, a l'avantage de procurer une répression suffisante au moyen de détentions, en cellule, d'une courte durée et de faire que le libéré, en sortant de la maison dans laquelle il a été placé, ne subisse pas l'infamie que l'opinion attache, avec juste raison, au séjour dans des lieux de corruption. L'organisation, qui peut être si bienfaisante et si utile, des sociétés qui patronnent les libérés, s'adapte merveilleusement à ce régime pénitentiaire et vient en compléter les heureux effets.

On a reproché au système pensylvanien d'exercer une action délétère sur le moral et sur le physique de ceux qui le subissent, d'amener des cas nombreux de folie, de produire des suicides.

Nous reconnaissons qu'une solitude complète, qu'une privation des distractions que procurent le travail et la lecture et de toutes les relations, constitueraient un état contraire à cette sociabilité qui est inhérente à la nature humaine.

Priver un homme de toutes relations avec ses semblables, ce serait pour lui pire que la mort, ce serait le soumettre à un régime qui, en se prolongeant, amènerait un affaiblissement et une oblitération de ses facultés affectives et de ses facultés intellectuelles, accompagnés d'un état de dépérissement de son être physique. Mais il ne doit pas être question de priver le détenu de toutes relations; il y a seulement à l'isoler des autres prisonniers. Le travail doit lui être fourni dans sa cellule, et il doit y être en rapport avec ceux qui dirigent ses occupations. Il doit aussi être réglementairement visité et prendre part, en étant toujours dans sa cellule, aux instructions qui se font pour tous, dans les établissements pénitentiaires dont les bâtiments sont convenablement disposés. Ce qu'on se propose et ce qu'on doit obtenir au moyen du régime cellulaire, c'est que les détenus n'aient entre eux aucun contact, c'est qu'il n'y ait pas pour eux possibilité de s'apercevoir et, plus tard, de se reconnaître lorsqu'ils seront rentrés, à suite de leur libération dans la vie commune. Par là sera évité ce malencontreux chantage, ces extorsions coupables qu'ont eu trop souvent à subir les libérés d'une conduite régulière qui, après avoir expié leur faute, avaient su se procurer des moyens honnêtes d'existence par leur travail. Dans l'état actuel du régime de la vie en commun, le séjour dans un lieu de détention produit une tache indélébile, un signe de réprobation que le libéré doit cacher, comme il cachait autrefois la marque d'infamie qu'un fer rouge avait imprimée sur son corps. A la dégradation morale résultant du crime, la société a pour devoir de ne pas ajouter celle qui proviendrait du milieu flétrissant et corrupteur dans lequel elle aurait forcé le condamné de séjourner. Combien n'a-t-elle pas à encourir des reproches lorsque l'innocence elle-même peut être atteinte par une semblable souillure !

Sans doute, l'emprisonnement en cellule est très redouté et est insupportable pour le vagabond, le mendiant d'habitude, le récidiviste endurci et en rupture de ban, les paresseux qui acceptent très bien la prison où ils ont la vie assurée, une nourriture saine, des vêtements chauds et une société en rapport avec leur nature vicieuse. Aussi les voit-on, lorsqu'ils sont à bout de leurs courses vagabondes, aller se présenter d'eux-mêmes à la police du lieu où ils savent, pour y avoir été enfermés, qu'il y a pour eux une prison très acceptable, dans laquelle ils pourront passer très bien une saison. La première qualité d'une peine n'est-ce pas qu'elle soit redoutée et que ceux qui l'ont subie aient la crainte de se la voir appliquer de nouveau? « Toute peine, dit Jérémie Bentham, est nécessairement odieuse ; si elle n'excitait pas d'aversion, pourrait-elle remplir son objet ? » C'est donc parce que les hommes pervers redoutent l'isolement en cellule qu'il faut le leur faire subir.

Quant aux cas de folie et aux suicides, les statistiques ont démontré combien étaient peu fondées les craintes inspirées par des écrits de M. le docteur Pietra-Santa, qui semblaient justifier le regrettable abandon du système cellulaire prescrit par la circulaire de M. de Persigny, pour la construction des prisons départementales.

Il y a à considérer, quant à l'aliénation mentale, que les individus qui enfreignent les lois pénales ne sont pas, quant à leurs facultés affectives et intellectuelles, dans les conditions de la vie ordinaire. Il y a une certaine relation entre la folie et le crime. Les prisons offrent une population spéciale d'individus dont la vie désordonnée, dont les pensées délirantes ne peuvent que prédisposer à des troubles de l'intelligence et que développer les causes latentes des maladies mentales. Les émotions produites par l'arrestation, les angoisses de la détention préventive, les appréhensions lors du jugement, sont autant de commotions propres à créer ou à développer des prédispositions à la folie.

De cela que les cas d'aliénation mentale sont proportionnellement plus nombreux parmi les détenus que parmi ceux qui ont la vie libre, il n'y a rien à conclure contre le régime cellulaire. Pour raisonner d'une manière concluante, il y a à rapprocher les chiffres que présentent, quant aux cas d'aliénation mentale, les établissements où les détenus vivent ensemble, de ceux que donnent les maisons dans lesquelles est pratiqué le système cellulaire. C'est ce qui a été fait lors de l'enquête parlementaire qui a précédé, en France, la loi du 5 juin 1875, et le résultat a démontré « que l'emprisonnement individuel est en réalité moins funeste pour la raison que le système contraire » (1).

Quant au suicide, c'est un fait attristant qui se produit constamment et dans des conditions à peu près semblables dans tous les lieux et dans tous les temps. Il trouve sa cause dans un état des facultés affectives qui produit un dégoût de la vie, ou dans un trouble des facultés intellectuelles qui constitue la folie. Il ne peut être que fréquent parmi ceux qui commettent des crimes, et il doit nécessairement se produire dans les prisons.

Trop souvent les journaux ont à retracer des meurtres atroces, commis par des furieux que surexcitent des passions coupables, et suivis du suicide de celui qui a mis au-dessus de la valeur de la vie la satisfaction que lui procure le meurtre de ceux qui étaient l'objet de sa haine ou de sa jalousie. Dans ce cas, le suicidé a voulu, en s'ôtant la vie, se soustraire à l'action des lois répressives et à la peine qui l'attendait.

Dans d'autres cas, le coupable qui est sous la main de la justice se procure les moyens de quitter la vie pour éviter l'ignominie du jugement ou l'application de la peine qu'il a méritée.

Il arrive aussi que le suicide n'est que tenté pour produire seulement ce sentiment de pitié qu'inspire l'abandon de la vie, sans qu'il y ait dessein de l'accomplir.

Enfin, les rigueurs de la peine peuvent aussi produire chez ceux qui la subissent un désespoir qui leur montre la mort comme la fin de leurs maux.

L'isolement en cellule de nuit et de jour des condamnés, est-il de nature à les disposer au suicide plus que ne le fait le système de la promiscuité ? Il est possible qu'il en soit ainsi pour cette classe de détenus corrompus, qui ont de l'aversion pour une vie régulière et réglée, que d'affreuses passions surexcitent et qui ne tiennent à la vie qu'autant qu'ils peuvent leur donner satisfaction. Pour eux, la cellule, c'est le tombeau sans le repos que leur montre la mort, en l'absence de toute croyance à une autre vie. Le suicide, c'est un défi jeté à la société qui a voulu les punir ; c'est un dernier acte de rébellion et d'insoumission à la loi ; c'est

(1) Rapport de M. Bérenger, Enquête parlementaire, t. VII, p. 60.

l'action toute puissante et orgueilleuse de la volonté qui sait s'affranchir de la peine.

Au contraire, pour le prévenu qui a le sentiment de son innocence, l'isolement qui le protège contre un contact flétrissant, le dispose à recevoir les consolations de ceux qui le visitent et à placer son espoir dans la justice de son pays. Quant au condamné qui a failli et qui est résigné, la solitude le dispose au repentir, et l'abréviation de la durée de sa peine à laquelle il peut aspirer, lui donne l'espoir, qui le soutient, de voir la fin prochaine de sa captivité.

L'enquête parlementaire faite en France, parait établir que le nombre des suicides est à peu près le même dans les maisons où l'emprisonnement est collectif et dans celles où les détenus sont en cellule (1). S'il en était autrement, y aurait-il là un motif suffisant pour maintenir cette vie commune et cette promiscuité des détenus qui fait des lieux de détention des écoles du crime et qui déverse sans cesse dans la société des masses de malfaiteurs dont le chiffre élevé des récidives signale l'incorrigibilité et la perversité ? Si cette question était posée, notre réponse serait négative. La détention en cellule s'impose; la société a pour devoir de ne pas jeter ceux qu'elle détient dans des sentines impures de corruption, et ce devoir, elle doit l'accomplir sans être empêchée par des considérations qui se rattachent à des faits dont elle ne saurait avoir la responsabilité. Lorsqu'elle aura établi une surveillance exacte et les moyens les plus propres à prévenir, autant qu'elle l'aura pu, des actes de désespoir, elle sera à l'abri de tout reproche. Il y a, dans toutes les choses humaines, des accidents qu'on ne peut éviter, et le désir d'obvier à une fréquence un peu plus grande d'un mal qui est inévitable ne doit pas empêcher l'admission d'un système qui, seul, peut produire une répression énergique et morale. Faut-il supprimer la peine du meurtre parce que le meurtrier se donne quelquefois

---

(1) [Voir dans le même sens, quant à l'aliénation mentale et au suicide, les conclusions des rapports des médecins des prisons cellulaires. — Bulletin de la Société générale des prisons, 1884, p. 662 et ss. ; 1885, p. 716 à 739; 1888, p 992 et ss. ; 1889, p. 95, 105 et 114; 1890, p. 542 et ss. — *Adde* la discussion intéressante du Congrès de la Sorbonne le 2 juin 1887, même Bulletin, p. 575.]

lui-même la mort pour se soustraire au châtiment qu'il a mérité? Qui oserait donc le prétendre? La société a le droit d'être protégée, et le malfaiteur a pour obligation de subir un régime pénal à la fois répressif et réformateur, quelles que puissent en être accidentellement les suites.

D. *Système d'Auburn. Séparation des détenus en cellule pendant la nuit, aux heures des repas et pour les repas; travail dans des ateliers communs avec assujettissement au silence.*

Ce système pratiqué dans le pénitencier d'Auburn, de l'Etat de New-York, paraît être moins rigoureux que celui de Philadelphie. Il exclut, en tenant les détenus en cellule pendant la nuit, les désordres moraux qui se produisent dans les dortoirs communs. Il facilite l'organisation du travail qui s'accomplit dans les ateliers où les condamnés sont réunis pendant le jour; il n'empêche les rapports qui pourraient s'établir entre eux qu'en leur imposant un silence rigoureux. L'obtention de ce silence absolu et l'exclusion de tous rapports entre les détenus travaillant ensemble dans les ateliers, sont deux choses qu'on ne peut obtenir qu'en infligeant, à ceux qui enfreignent ces prescriptions, des peines sévères, promptes, qui puissent être réitérées et qui soient redoutées. C'est la peine du fouet, qui peut être dans ces conditions, qu'on emploie dans l'Amérique et dans l'Angleterre, mais à laquelle les mœurs de la France ne permettent pas de recourir.

Le silence qu'on fait observer dans les ateliers ne peut que difficilement être absolu. Les détenus appliquent toute leur intelligence à inventer des signes de communication, à établir entre eux un langage muet, au moyen duquel ils puissent parvenir à se communiquer leurs pensées, et à faire que la vie de relation ne soit pas pour eux totalement supprimée. Leurs gardiens ne peuvent avoir un seul moment de distraction sans qu'ils en profitent. On est amené à établir parmi eux l'espionnage qui démoralise, qui devient une cause de soupçons et de fâcheuses inimitiés. Sans doute, le silence le plus absolu est prescrit dans les ateliers des prisons par les règlements, et cette prescription se lit sur les murs de nos établissements pénitentiaires où elle est inscrite en gros caractères ; mais, en réalité, ce qui est obtenu, c'est l'absence des conversations habituelles ; ce qui est puni, c'est la conversation bruyante.

Le régime d'un silence rigoureux et l'absence de toute communication entre les détenus réunis dans un même lieu substitueraient, s'il pouvaient être obtenus, à l'isolement *matériel* un isolement *moral* peut-être plus pénible. Dans sa cellule, le prisonnier n'a pas la tentation de communiquer avec les autres détenus, car il n'en a pas les moyens et il ne les voit ni ne les connaît ; dans la vie commune de l'atelier, son état est un état continuel de contrainte et de lutte, pour ne pas céder à un entraînement naturel que la crainte du châtiment peut seule contenir. De simples regards, même furtifs, engendrent des sympathies muettes qu'il est douloureux de cacher et qui parviennent à s'exprimer.

Le système d'Auburn n'a donc que l'avantage de se prêter à une organisation plus régulière des travaux dans de vastes ateliers. Il n'empêche pas tous rapports entre les détenus qui passent leurs journées ensemble, qui vont se retrouver et se reconnaître après leur libération, pour former des associations dont ils pouvaient avoir conçu la pensée lorsque l'expression de leurs physionomies amenait entre eux une communauté d'idées. On se comprend en se voyant, et à défaut du langage parlé, l'intuition remplace la parole.

La loi du 5 juin 1875 a donné la préférence au système de Philadelphie pour les prisons départementales. C'est ce système qui, en étant convenablement organisé, me paraît être le plus propre à réaliser ce qu'on doit avoir en vue en établissant un régime pénitentiaire.

E. *Système irlandais ou des libérations préparatoires ou conditionnelles.*

Ce système a pour objet d'amener le condamné à se soumettre aux lois sociales, en l'assujettissant à un régime qui conserve toute sa rigueur pénale tant que sa conduite n'est pas satisfaisante, et qu'il dépend de lui d'adoucir au moyen de sa résignation, pour aboutir à une libération anticipée, mais conditionnelle

et révocable, jusqu'à ce qu'il ait conquis, par une conduite toujours régulière, sa libération entière et sa rentrée dans la vie
libre à l'expiration de sa peine. Le temps d'épreuve de sa liberté
provisoire ne compte pas pour le libérer de sa peine, si quelque
écart de conduite amène sa réintégration dans la prison.

Ainsi que le disait Walter Crofton dans l'enquête parlementaire, ce système irlandais, auquel on a attaché son nom, « se
compose d'une triple progression : au début, l'emprisonnement
cellulaire pendant neuf mois; ensuite, le travail en commun
avec classification des prisonniers; puis, la prison intermédiaire, et enfin la libération conditionnelle » (1).

L'idée première de la libération conditionnelle et préparatoire
paraît avoir été conçue en 1846, en France, et est revendiquée
par M. le conseiller Bonneville de Marsangy, auquel on doit
aussi celle des casiers judiciaires et plusieurs travaux remarquables sur l'amélioration des lois criminelles. Cette idée fut
appliquée en France dans la loi du 5 août 1850 sur l'éducation
et le patronage des jeunes détenus qui, dans son article 9, veut
que ceux qui sont dans les colonies pénitentiaires puissent obtenir, à titre d'épreuve et sous les conditions déterminées par des
règlements d'administration publique, d'être placés provisoirement loin de la colonie. Ce système des libérations préparatoires
fut essayé en Angleterre, en 1853, lorsque les colonies refusèrent
de recevoir leurs convicts. Il y produisit, dans les premiers
temps, des résultats assez satisfaisants, mais il n'y eut pas les
mêmes succès dans la suite, parce qu'il y fut mal pratiqué. On
en obtint, au contraire, dans l'Irlande, des effets heureux parce
qu'il y fonctionna sous la direction d'un homme habile et dévoué
qui sut le rattacher à des combinaisons pénitentiaires dont on
concevra toute la portée lorsque nous les aurons brièvement re-
tracées.

Le Code pénal de la confédération du Nord de l'Allemagne admet les libérations préparatoires par des dispositions qui les
consacrent sous des conditions et dans des termes qui méritent
d'être rapportés. Ses articles 23 et 24 sont ainsi conçus : « *Les
condamnés à la réclusion ou à un emprisonnement de longue durée*

(1) Enquête parlementaire, déposition de sir Crofton, t. III, p. 20.

pourront, s'ils y consentent, obtenir leur libération provisoire lors-
qu'ils auront subi les trois quarts, et en tout cas au moins une an-
née de leur peine, et qu'ils se seront bien conduits pendant ce temps.
Leur libération provisoire pourra être révoquée en tout temps, soit
pour inconduite du libéré, soit pour infraction aux obligations qui
lui auront été imposées. En ce cas, le temps écoulé depuis la mise
en liberté provisoire, jusqu'à son nouvel écrou, ne sera pas imputé
sur la durée de la peine. » Ce mode de libérer provisoirement les
détenus à titre d'épreuve a été mis en pratique dans la Saxe et
dans quelques cantons de la Suisse, notamment dans celui de
Neufchâtel, qui possède un bel établissement pénitentiaire et où
il a été l'objet d'une loi spéciale intervenue en 1875. Le Code
pénal qui est en vigueur dans le canton de Zurich depuis le 1er février 1871, consacre aussi l'institution des libérations conditionnelles dans le § 14 du titre Ier de sa 1re partie. Une loi sur le
mode d'exécution des peines restrictives de la liberté et un sta-
tut du conseil du gouvernement, réglementent, avec détail, ce
qui se réfère aux libérations conditionnelles. Des dispositions
semblables sont aussi dans l'article 21 du Code pénal du canton
de Tessin, promulgué le 25 janvier 1873. Ce système des libérations conditionnelles contre lequel des objections avaient été
dirigées, figure aujourd'hui non seulement dans les législations
dont nous venons de parler, mais encore dans les projets des
Codes criminels qui sont en ce moment élaborés dans la Hollande,
dans l'Autriche, dans la Hongrie (1). Il a été, au sein des Chambres
italiennes, l'objet d'un débat remarquable dans lequel M. le garde
des sceaux Mancini a réfuté avec le talent qu'on lui connaît, les
diverses objections qui avaient été faites contre son admission.

Nous ne pouvons qu'approuver les dispositions des art. 54,
55, 56 du projet italien, qui consacrent en principe l'emploi des
libérations conditionnelles et qui en réglementent l'application
ainsi que les suites par rapport à la position de celui en faveur
duquel elles interviennent. Cette mise en liberté préparatoire facilite l'action des sociétés de patronage et peut rendre la répression plus sûre en disposant les magistrats à ne pas autant s'éloi-

(1) [L'institution de la libération conditionnelle a été en effet consacrée par
les Codes de la Hongrie, de la Hollande et de l'Italie.]

gner du maximum des peines dès qu'il pourra dépendre des condamnés de faire que la durée en soit abrégée. La répression étant
ainsi renforcée sera, en même temps, mieux en rapport, dans
chaque cas, avec la moralité des condamnés. Ceux qui sont pervertis sans espoir d'amendement, subiront toutes les rigueurs
de la loi, ceux que la peine aura réformés obtiendront une atténuation qui leur sera convenablement accordée.

Selon nos idées, ces libérations préparatoires se substitueront,
avec avantage, aux grâces inconditionnelles qui, lorsqu'elles
sont trop fréquemment et trop facilement accordées, amoin-
drissent l'action de la justice répressive, la rendent incertaine
et ôtent aux décisions du pouvoir judiciaire une partie de leur
autorité. Au moyen des libérations préparatoires qui sont des
grâces conditionnelles, on n'aura plus aussi souvent à voir des
individus peu dignes de ce qui a été, par rapport à eux, une faveur mal placée, reparaître dans les lieux où on est étonné, d'a-
près les jugements qu'ils ont subis, de les voir en liberté, et souvent y recommencer leur vie désordonnée.

Tout système pénal bien organisé doit, en étant fondé sur des
principes de justice, offrir l'action efficace d'un pouvoir tutélaire
qui procure la sécurité et qui protège la liberté en assurant, par
une répression convenablement établie, le règne du droit et
l'empire des lois. Il faut pour cela que ce système ait à l'égard
du crime une puissance préventive résultant de la crainte qu'il
inspire, dont l'action soit assez forte pour agir sur les déterminations de ceux qui ont conçu des idées coupables et pour que
les peines laissent dans l'esprit de ceux qui les ont subies, des
souvenirs amers, propres à éloigner d'eux toute pensée de s'exposer de nouveau à les encourir. En un mot, les peines doivent
être redoutées et doivent produire l'amendement moral, lorsqu'il
est possible ou tout au moins celui que peut produire la crainte
de retomber dans le châtiment, chez ceux qui l'ont déjà subi. Or
le système irlandais nous paraît réunir toutes les conditions
propres à réaliser ces faits. Son action sur les facultés affectives
de ceux qui le subissent, a l'avantage d'être en rapport avec les
exigences de leur état moral et d'agir d'une manière incessante
pour les amener à se soumettre à l'observation des lois. L'homme
qui n'est pas profondément corrompu quoiqu'il ait failli, accepte

ce régime et demande même d'y être soumis ; la vie commune des lieux où les malfaiteurs sont réunis ensemble lui est en horreur : à son égard, ce régime a une vertu réformatrice à peu près certaine. Au contraire, les hommes dangereux dont la perversion est grande, ont tous une aversion extrême pour la cellule qui fait leur désespoir, et se voient par une contrainte morale habilement combinée qui agit constamment sur leur intelligence, amenés à comprendre la puissance de la loi et à se trouver en présence de la nécessité de réformer leur conduite. Les rapports qu'ils ont avec les personnes qui les visitent et qui rendent leur solitude moins dure, leur montrent le calme, la paix de l'âme et le dévouement de ceux qui pratiquent la vertu. Cette voix intérieure de la conscience qui reste encore, au moins en état rudimentaire, dans l'âme des malfaiteurs, peut leur inspirer quelques bonnes pensées sans que le contact impur de leurs semblables vienne les éloigner.

Afin que nos prédilections pour le système irlandais soient justifiées, montrons-le en action et examinons la puissance répressive et la puissance réformatrice dont il est doué.

Au début, le condamné est mis dans une cellule où il est dans l'isolement à l'égard des autres détenus et où il a à subir, pendant un temps déterminé, un régime sévère. Cet isolement effraie le malfaiteur ; vainement veut-il s'étourdir, vient-il à s'exalter, à essayer de se montrer rebelle au régime auquel il est soumis, les murs de la cellule qui l'enserrent n'ont pas d'échos ; il comprend bientôt l'inanité de ses plaintes. Il n'a ni la société de ses semblables pour soutenir son exaltation, ni l'usage des boissons alcooliques pour se surexciter ; la solitude dans laquelle il est, le régime alimentaire qui lui est fourni, amènent en lui une certaine prostration physique qui le dispose à la résignation. Il finit par comprendre la puissance de la loi et que toute lutte est inutile. Alors viennent les consolations et les conseils désintéresés de ceux qui le visitent. On le renseigne sur sa situation et on lui fait comprendre qu'il peut obtenir un adoucissement de sa peine en observant les règles de discipline auxquelles il est soumis. L'espérance se montre à lui et la voix de la raison, à laquelle la solitude laisse le champ libre, finit par se faire écouter.

A ce premier stage dont le condamné peut abréger la durée par sa résignation, en succède un second. Le détenu couche dans sa cellule et y fait ses repas ; mais il en sort pour se rendre dans des ateliers où le travail se fait en commun avec observation du silence. A la maison de Neuchâtel, dans la Suisse, où les prisonniers, lorsqu'ils travaillent ensemble, forment des groupes peu nombreux, il leur est permis de parler pour l'ouvrage qu'ils exécutent en commun. Ce qui a une importance considérable par rapport à ce second stage, c'est la distribution des détenus dans des classes auxquelles ils arrivent en obtenant des marques ou bonnes notes (*marcks*) qui attestent leur bonne conduite. Les classes sont au nombre de quatre. Les marques qui peuvent être obtenues chaque mois sont au nombre de neuf. Le détenu est placé dans la 3e classe lorsqu'il est admis à sortir de sa cellule. Il passe de cette classe dans la 2e, dès qu'il a 18 marques ; de la 2e dans la 1re lorsqu'il en a 54 et de la 1re classe à la classe A, avec 108 marques qu'il peut obtenir dans douze mois. Arrivé à la classe A le convict est employé à des travaux spéciaux et est séparé de ceux qui font partie des autres classes. Ses soirées sont consacrées à une instruction morale et scolaire. Tout écart de conduite fait perdre des marques et rétrograder le convict en le réintégrant dans la solitude de la cellule pour recommencer son premier stage. Ainsi le condamné est sans cesse placé sous l'action d'un mobile puissant qui le portera à se bien conduire, celui de son intérêt.

Le troisième stage, qui peut être suivi de la libération préparatoire, amène un grand changement dans la position du condamné. Il a été conduit à la docilité, il a le sentiment de la justice distributive dont on a usé envers lui ; il en est arrivé à agir d'accord avec ceux qui veulent l'amender et lui faire recouvrer sa liberté. En entrant dans ce troisième stage, il quitte le costume pénal, il entre dans un établissement qui est dans les conditions ordinaires et qui ressemble beaucoup plus à une caserne qu'à une prison. Il n'y est soumis qu'à un régime réglementaire qui lui laisse une demi liberté. Il est employé dans des ateliers, et s'il a été dirigé sur un établissement agricole, son travail est celui des champs. Il peut même être autorisé à travailler au dehors pour les maîtres qui seront disposés à le garder lorsqu'il aura obtenu sa libération conditionnelle. Il suffit qu'il vienne prendre les repas et coucher dans l'établissement en se soumettant à l'observation des règles qui y sont établies. Ce qu'il gagne par son travail sert à former un pécule qui lui revient lors de sa sortie. Une petite partie de son salaire journalier lui est remise pour monnaie de poche.

Ce n'est qu'après avoir passé par toutes ces épreuves successives qu'il obtient enfin le *Ticket of Leave*, le brevet qui le met en possession de sa liberté et qui détermine les conditions sous lesquelles elle lui est accordée, jusqu'à ce que l'expiration du temps fixé par le jugement amène sa libération définitive. On conçoit que les condamnés qui ont passé par toutes ces épreuves, qui sont porteurs d'un brevet attestant leur amendement et les plaçant sous l'action de la crainte d'être réintégrés dans un établissement pénal, s'ils viennent à commettre quelque écart de conduite, présentent des garanties qui leur facilitent leur entrée dans les établissements industriels et agricoles où l'instruction qu'ils ont reçue permet de les employer avec avantage. On ne saurait éprouver, à leur égard, cette répulsion et cette juste méfiance qu'inspirent les libérés qui sortent des lieux où existe la corruption qu'engendre la vie commune. Les sociétés de patronage leur viennent en aide pour leur procurer des placements. Les habitudes laborieuses qu'ils ont contractées et la vie régulière à laquelle ils ont été soumis, leur rendent le travail facile et les mettent en position d'obtenir l'estime de leurs maîtres.

Ce que nous venons de décrire n'est pas une utopie, cela a passé par l'épreuve de la pratique et a réalisé ce qu'on pouvait en espérer. On sait que l'Irlande est celle des trois parties de la Grande-Bretagne dans laquelle la misère est la plus grande et où les désordres qu'elle entraine sont les plus nombreux. On considérait ses malfaiteurs comme étant les plus dangereux. On en transportait, avant 1853, de mille à quinze cents par année, et leur mauvaise conduite était telle que lors du refus des colonies qui ne voulaient plus recevoir des convicts, celles de l'Australie occidentale ne consentirent à en admettre encore qu'à condition qu'on ne leur enverrait pas des Irlandais. Dix ans après l'introduction du système si habilement organisé et mis en pratique par les capitaines Kinght, Whitty et par l'honorable sir Walter Crofton, M. Casier, juge au tribunal d'Anvers, constatait, d'après des documents certains, dans un article de la Belgique judiciaire du 28 juin 1863, qui fut remarqué, les résultats suivants :

« 1º Depuis l'établissement des prisons intermédiaires, sur 4,643 convicts libérés avec ou sans licence, il n'y en a eu que 10 pour 100 qui aient été réincarcérés, et 80 pour 100 sont connus comme ayant une bonne conduite. Dans ces 10 pour 100 sont compris 7 pour 100 des condamnés licenciés, dont le Ticket of leave a été révoqué. Sur les 1,800 condamnés qui ont été licenciés, il n'y en a que 75 (4 pour 100) qui aient encouru une nouvelle condamnation.

« 2º En 1854, les prisons de l'Irlande contenaient 4,278 convicts. Le nombre des détenus a diminué graduellement, et en 1861 elles n'en contenaient plus que 1,492 quoiqu'il eût été déporté plusieurs centaines de convicts en 1854, et qu'en 1861 il n'ait été déporté que 30 condamnés. Au commencement de l'année 1862, elles ne contenaient plus que 1,314 convicts. » D'après un tableau de statistique qui contient une remarquable monographie de M. d'Olivecrona, conseiller à la Cour suprême du royaume de Suède, qui avait visité les établissements pénitentiaires de l'Irlande, le personnel des détenus qu'ils renfermaient n'était plus que de 1,228 au 1er janvier 1871.

« 3º En 1854, 710 prévenus avaient été condamnés en Irlande à la servitude pénale. Le nombre des prévenus condamnés à cette peine a diminué graduellement. En 1861 il n'en a été condamné à la servitude pénale que 331, et si, en 1862, le nombre des condamnés s'est élevé à 368, c'est parce que les tribunaux, frappés sans doute par les résultats produits par le système pénitentiaire de l'Irlande, ont infligé plus souvent aux prévenus une servitude pénale de courte durée, au lieu de les condamner à l'emprisonnement ordinaire.

« 4º Il a été possible de fermer en Irlande quatre prisons devenues inutiles, et en 1861, le Parlement a dû voter 50,000 livres de moins qu'en 1854, pour les prisons des convicts » (1).

Lorsqu'on est en présence de ces heureux résultats d'un système répressif rationnel habilement conçu et équitable, toutes objections doivent disparaître et on n'a plus qu'à l'adopter (2).

(1) La Belgique judiciaire, t, XXI, 1863, p. 830 et 831.
(2) [Le système irlandais est actuellement l'objet de sérieuses critiques : 1º parce que la vie en commun de la prison intermédiaire offre tous les incon-

Si le régime des prisons n'est pas encore en France tel qu'il devrait y être, cela paraît tenir à des causes diverses qui ne reposent sur rien qui ne puisse être réfuté.

Des esprits attardés, imbus de préjugés qui n'ont pas encore entièrement disparu, croient que l'isolement en cellule voue les détenus à une dégénérescence physique et morale, qui fait de la détention solitaire un supplice barbare. Ces croyances proviennent de l'ignorance de ce qui se pratique dans les maisons où le système cellulaire est régulièrement établi. Ces personnes confondent l'isolement des condamnés avec la solitude; il y a à leur faire comprendre que le détenu dans sa cellule, n'est privé que des relations qui seraient pour lui dangereuses et que sa solitude n'est pas absolue; ce qui prouve que ce régime qu'ils condamnent, n'est pas tel qu'ils le supposent, c'est qu'il est assez souvent accepté et demandé par des prévenus et des condamnés auxquels celui de la promiscuité cause de l'effroi et inspire une profonde répugnance.

Une des choses qui font aussi que le système cellulaire n'est pas encore établi partout comme il devrait l'être, c'est l'inaction et le laisser-aller de ceux auxquels sont confiés les intérêts de la société. Les juges condamnent à l'emprisonnement, sans trop s'enquérir sur la manière dont cette peine sera subie. Ils ont accompli leur mission lorsqu'ils ont prononcé, par leurs jugements, les peines portées par la loi. Les préfets qui ont dans leurs attributions le régime des prisons, laissent les choses telles qu'elles sont et ne s'empressent pas de donner tous les soins nécessaires pour la prompte organisation, dans les maisons départementales, du régime prescrit par la loi du 5 juin 1875, dont la mise à exécution se fait attendre. Les conseils généraux redoutent les dépenses qu'exige la construction des maisons cellulaires et que la loi précitée laisse, pour la plus grande partie, à la charge des départements. Le haut intérêt qui s'attache au régime des prisons

vénients ordinaires de la promiscuité des détenus; 2° parce que la demi-liberté qui la suit et précède la libération conditionnelle est une demi-mesure inutile et inefficace. L'on est généralement d'accord pour dégager ce système de ces complications dangereuses et n'en retenir que les seules institutions sérieuses de l'emprisonnement cellulaire et de la libération conditionnelle. Ces considérations sont très nettement présentées par M. Henri Joly dans son dernier ouvrage : *Le combat contre le crime*, ch. IX, § II, p. 265 et ss.]

n'étant pas apparent pour tout le monde et ne touchant pas directement les populations, on reste volontiers dans l'inaction. On voit bien qu'on est dans un bourbier, mais on ne fait rien pour en sortir.

Cependant il y a à reconnaître que les dépenses, sans doute considérables, qu'exige l'établissement et le fonctionnement d'un bon système cellulaire ne sont pas sans compensation et amènent des résultats heureux qui tendent à les amoindrir. — On a d'abord à remarquer que le régime prescrit chez nous, par la loi du 5 juin 1875, doit produire une réduction des peines pour un quart de leur durée et doit, par là, opérer une diminution du nombre des prisonniers. Celui qui a encouru un emprisonnement d'un an n'a, selon cette loi, à faire en cellule que neuf mois; celui qui doit être condamné à six mois est libéré au moyen de quatre mois. Il y a, en cela, avec une pénalité plus sûre, profit à la fois pour la société qui a à alimenter pendant un temps moins long les détenus, et profit pour ces derniers qui peuvent plus tôt rentrer dans leurs familles et y reprendre leurs occupations ordinaires. Si on adopte aussi le système des grâces conditionnelles ou libérations préparatoires, on obtient encore une diminution du personnel des prisonniers et on allège d'autant les charges de l'Etat. On peut donc espérer d'arriver à ce qui s'est réalisé dans l'Irlande, de n'avoir besoin que d'un nombre moins grand d'établissements pénitentiaires et de voir diminuer le chiffre des dépenses budgétaires qui les concernent.

Il y a encore à considérer que le chiffre de plus en plus effrayant des récidives que produit l'action de démoralisation de la vie commune des prisons, venant à baisser sous l'action d'un régime pénal redouté et moralisateur, le nombre des délits prendra une marche décroissante et amènera encore un vide heureux dans les prisons. On n'y verra plus ces vagabonds, ces mendiants, ces malfaiteurs qui passent de récidive en récidive, qui ne quittent momentanément la prison, dont ils acceptent la vie commune avec leurs semblables, que pour y rentrer sans peine peu de jours après. Tout ce personnel redoute la cellule et ne l'envisage pas sans effroi. Il tendra sans cesse à diminuer; il se verra forcé de changer de vie ou de quitter un pays où les lois répressives auront acquis, à son égard, une vertu pénale plus certaine.

En obtenant une diminution des délits, on amoindrit l'étendue des pertes qu'ils occasionnent dans l'économie de la fortune privée, et la diminution qu'ils produisent dans la somme générale du bien-être. Sous le régime répressif actuel, la multiplicité des vols, des escroqueries, des abus de confiance, des extorsions injustes enlève, chaque année, à leurs légitimes détenteurs, des valeurs qui représentent plusieurs millions, pour passer dans des mains coupables où elles sont peu fructueuses. Il y a ainsi un déplacement de la fortune des particuliers qui est une cause de trouble et qui porte atteinte à un état de distribution normale des richesses. Les attentats contre les personnes causent aussi de grands maux; faire des dépenses pour établir une répression propre à diminuer le nombre des délits, c'est assurément agir suivant les principes d'un bon emploi des ressources budgétaires.

Enfin, si une partie de ce personnel nombreux qui peuple aujourd'hui les prisons et qui accomplit un travail peu productif ou qui, dans certains chefs-lieux d'arrondissement vit dans l'oisiveté, venait à s'amender et à se transformer, ainsi que cela se voit dans l'Irlande, pour se livrer à un travail régulier, il y aurait, dans la société, au sein de laquelle le besoin de travailleurs se fait sentir, des avantages évidents au point de vue économique. Des bras aujourd'hui peu occupés et des individus dont l'entretien dans les prisons est une charge lourde et infructueuse pour l'Etat, resteraient ou rentreraient dans la société et y accompliraient une tâche utile pour l'agriculture et pour l'industrie.

Nous nous tromperions grandement si ces considérations n'avaient pas toute la portée que nous leur attribuons. Nous avons foi dans la possibilité de substituer au système pénal actuel un système mieux coordonné et plus propre à donner à la société des garanties qui lui manquent avec le régime qui est pratiqué.

Jusqu'à ce jour la question pénitentiaire a été, en Europe, profondément étudiée, mais il s'agit actuellement de passer du champ des idées dans celui d'une application sérieuse et généralisée. On a, sans plus tarder, à faire construire ou approprier des bâtiments adaptés aux exigences du système cellulaire et à se procurer des maisons de travail dans lesquelles les condamnés puissent être placés en sortant de leur cellule pour y passer un temps d'épreuve. On ne doit pas être arrêté par l'idée d'une sur-charge des budgets. Il s'agit de dépenses qui s'imposent pour le maintien de l'ordre social. Il faut sortir enfin de cette ornière de sang et de boue dans laquelle les nations éclairées ne sauraient indéfiniment rester. Si l'impossibilité de porter remède à ce que l'emploi des peines privatives de la liberté a actuellement d'im-moral et de dangereux était certaine, nous inclinerions vers les idées qu'a exprimées un publiciste aussi hardi qu'intelligent qui, dans la presse, est en possession d'une haute position et qui n'a pas craint de proposer l'abolition de toutes les peines corporelles, hormis la mort (1). Un procédé aussi radical ne saurait être ap-pliqué lorsque les maux en vue desquels il le propose peuvent disparaître au moyen d'un emploi plus régulier des peines priva-tives de la liberté, qu'on peut substituer à la détention en commun. Ce qu'il y a à induire des faits que relate ce publiciste et que nous avons, comme lui, retracés, n'est pas la suppression entière du système pénal que consacrent les législations de notre époque; c'est sa réforme et son amélioration au moyen des régimes dont la mise en pratique a déjà démontré l'efficacité. Il y a à modifier le système pénal vicieux que les Codes consacrent en le prenant par le bas, comme le dit M. de Girardin, mais pour monter jus-qu'à la peine de mort et pour la faire disparaître dès que l'éta-blissement d'un régime amélioré de peines privatives de la liberté et suffisamment protecteur, pourra permettre de la supprimer sans danger.

[Des réformes importantes ont été apportées pendant ces dernières années au système pénitentiaire français, et si l'on n'a pu encore arriver à généraliser l'application du système cellulaire et assurer ainsi l'exécu-tion de la loi du 5 juin 1875, on a du moins, suivant en cela l'exemple et l'expérience des pays étrangers, introduit des institutions destinées à com-battre l'accroissement de la criminalité en tendant à la réforme morale de certains délinquants. Ce sont la libération conditionnelle, établie par la loi du 14 août 1885, et le sursis à l'exécution des peines correction-nelles, en cas de première faute, établi par la loi du 26 mars 1891, ces deux lois dues à l'initiative de M. le sénateur Bérenger.

(1) M. Emile de Girardin, Du droit de punir, p. 254, Paris, 1871, in-8°.

§ 1.   LIBÉRATION PRÉPARATOIRE
(Loi du 14 août 1885.)

La libération anticipée étant promise au condamné en récompense de sa bonne conduite pendant l'exécution de sa peine, il importait de tenir un compte exact de cette conduite journalière. En conséquence, l'article 1er de la loi pose le principe qu'il sera tenu exactement note de cette conduite pour tous les détenus renfermés dans les établissements pénitentiaires de France : « *Un régime disciplinaire, basé sur la constatation journalière de la conduite et du travail, sera institué dans les divers établissements pénitentiaires de France et d'Algérie, en vue de favoriser l'amendement des condamnés et de les préparer à la libération conditionnelle.* » Ce principe s'étend à tous les établissements pénitentiaires de France et d'Algérie, maisons centrales, prisons départementales et colonies pénitentiaires de jeunes détenus pour lesquels le principe de la libération conditionnelle avait du reste déjà été posé par la loi du 5 août 1850, article 9.

Caractères de cette libération.

Cette libération anticipée est, à la différence de ce qui se passe en Angleterre, facultative, et quoique le détenu ait réuni un nombre satisfaisant de marques attestant sa bonne conduite, elle peut lui être refusée pour des motifs laissés à la discrétion de l'administration (art. 2, 1er al.).

En outre, cette libération n'étant accordée qu'à titre d'essai, est essentiellement révocable si l'essai n'a pas réussi et si le condamné vient à démériter (art. 2, al. 3).

Conditions de la concession. — Condamnés qui peuvent l'obtenir.

La loi du 14 août 1885 distingue, pour les conditions mises à la libération, suivant qu'il s'agit de condamnés primaires ou de récidivistes :

Condamnés primaires. — Le texte de la loi a subi relativement à ces condamnés, dans le cours des travaux préparatoires, des modifications importantes : le Sénat, estimant que la libération anticipée supposait une étude sérieuse du caractère des détenus, avait limité cette récompense aux condamnés à six mois ou plus d'incarcération, exigeant en outre que le condamné, pour l'obtenir, eût subi la moitié de sa peine (1er avril 1884). La Chambre des députés au contraire, plus libérale, accorda le bénéfice de l'institution nouvelle à tous les condamnés, après qu'ils auraient subi la moitié de leur peine (18 mai 1885). Lors du vote définitif, une transaction fut faite : les condamnés ne peuvent pas être mis en liberté avant trois mois si la peine est inférieure à six mois, ce qui exclut implicitement les condamnés à trois mois et moins, et, lorsque la peine dépasse six mois, ils doivent avoir accompli la moitié de leur peine (art. 2, al. 1).

Récidivistes. — La loi de 1885 n'excluant aucun récidiviste, distingue, pour les conditions, entre les récidivistes du Code Pénal (art. 56, 57, 58 C. pén.) et les récidivistes de la loi du 27 mai 1885 soumis à la relégation.

Récidivistes du Code pénal. — Le législateur, suivant un système analogue à celui qu'il a adopté pour les condamnés primaires, mais exigeant naturellement un stage plus long pour les récidivistes, a décidé que la mise en liberté ne pouvait avoir lieu avant six mois pour les peines inférieures à neuf mois, et pour les peines de six mois et au-dessus avant que le condamné ait subi les deux tiers (art. 2, al. 2).

Récidivistes relégables. — Lorsque le condamné, pendant l'exécution de la dernière peine qui précède la relégation, aura bénéficié de la libération conditionnelle, le gouvernement pourra étendre le bénéfice de cette libération à la relégation sous forme de sursis et le condamné sera en conséquence laissé en France. Cette libération conditionnelle appliquée à la relégation, révocable, suivant la règle générale, offre cette particularité qu'elle devient irrévocable et que par suite la relégation devient inapplicable lorsque dix années se sont écoulées sans révocation depuis l'expiration de la peine principale (art. 2, al. 5 et 6). Il faut remarquer qu'il n'y a du reste aucune solidarité entre la libération accordée pour les peines principales et celle qui s'étend à la relégation, en sorte que la faveur accordée pour la peine principale ne s'étend pas de plein droit à la relégation et reste facultative pour elle.

Autorité compétente pour accorder la libération.

La mise en liberté conditionnelle est accordée par arrêté du ministre de l'intérieur, chef de l'administration pénitentiaire en France, après une enquête préalable et sur l'avis : 1° du préfet chef de l'administration pénitentiaire locale; 2° du directeur de l'établissement pénitentiaire où se subit la peine; 3° de la commission de surveillance des prisons, et 4° du parquet du tribunal ou de la cour qui a prononcé la condamnation.

Révocation.

La liberté conditionnelle, n'étant qu'une épreuve et la récompense de la bonne conduite, cesse naturellement lorsque le condamné a démérité. Les causes de cette révocation sont indiquées par la loi, sous le titre : 1° d'inconduite habituelle et publique dûment constatée ; 2° d'infraction aux conditions spéciales exprimées dans le permis de libération qui indique les charges imposées aux condamnés pour jouir de la faveur qui leur est accordée (art. 2, al. 3).

La révocation est prononcée par le ministre de l'intérieur, après une enquête préalable et sur l'avis du préfet et du procureur de la République de la résidence du libéré (art. 3, al. 1 et 3).

Arrestation provisoire.

La révocation nécessitant une enquête qui peut être assez longue, la loi a, prévoyant les cas d'urgence, accordé à l'autorité administrative ou judiciaire de la résidence du libéré le droit d'ordonner son arrestation, à la charge d'en référer au ministre de l'intérieur qui prononcera la révocation s'il y a lieu (art. 4).

Effets de la révocation.

Lorsque la révocation est prononcée, le condamné est réintégré dans la prison pour toute la durée de la peine non subie au moment de la libération (art. 5). Il doit, par conséquent, achever de subir sa peine pour le temps qui restait à courir au moment où il a été mis en liberté, le temps pendant lequel il a joui de cette liberté ne comptant pas naturellement pour l'exécution de cette peine. Cependant s'il avait été mis provisoirement en état d'arrestation sur l'ordre de l'autorité locale, la durée de cette arrestation s'imputerait sur celle de la peine (art. 4, al. 3 et 5, al. 2).

Cas où la révocation est impossible.

La révocation devient impossible lorsque le condamné étant en liberté, sans que la liberté lui ait été retirée, arrive, par l'expiration du temps, au terme de sa peine qui continue à courir pendant qu'il est en liberté (art. 2, al. 4). Il en est de même lorsque la libération portant sur la relégation, le sursis au départ du relégable a duré dix ans.

Réglementation de la mise en liberté.

La loi de 1885 a renvoyé à une époque ultérieure la détermination par règlement d'administration publique de la forme des permis de libération, des conditions auxquelles ils peuvent être soumis et du mode de surveillance spéciale des libérés conditionnels. En attendant, des instructions ministérielles du 25 mai 1886 et du 10 juillet 1888 sont venues opérer cette réglementation provisoire.

Les formalités sont : 1° la lecture de la notification et la remise de l'arrêté ordonnant la mise en libération ; 2° la levée de l'écrou avec la mention des formalités précédentes, opérée devant deux témoins majeurs ; 3° la fixation par écrit de la résidence et de l'itinéraire choisi par le libéré ; 4° le procès-verbal de libération ; 5° la remise d'un livret contenant le signalement anthropométrique du libéré, le texte de la loi du 14 août 1885 et de l'arrêté ministériel qui, en accordant la liberté, en fixe les conditions ; enfin le procès-verbal de libération ; ce livret doit être exhibé par le libéré à toute réquisition de l'autorité judiciaire ou administrative.

Les conditions et charges de la mise en liberté provisoire sont : 1° que le libéré ne pourra changer de résidence sans un avertissement préalable à l'autorité, qui sera transmis au ministre ; 2° l'interdiction de paraître dans certains lieux déterminés et dont la liste est inscrite dans le livret ; 3° enfin la justification de moyens honorables d'existence.

Les résultats de l'application de la libération conditionnelle sont des plus satisfaisants, ainsi que le constatent les rapports du ministre de l'intérieur de 1888 et de 1890. Depuis le début de l'application de la loi jusqu'au 1er janvier 1890, la libération conditionnelle a été accordée à 3,776 condamnés et la révocation n'a été prononcée que contre 27.

Patronage.

Le législateur, reconnaissant l'utilité incontestable du patronage pour les libérés, utilité devenue encore plus considérable par le développement de la libération conditionnelle, a introduit dans la loi de 1885 le seul moyen dont il pût disposer pour favoriser le développement de cette institution qui relève surtout de l'initiative privée : la promesse de subventions accordées par l'Etat aux sociétés de patrons (art. 7). Le montant du crédit alloué, dans le budget de 1892, aux diverses sociétés de patronage tant pour les adultes que pour les mineurs s'élève à la somme de 120,000 francs, répartie entre vingt-huit sociétés ou comités de patronage. En outre, l'article 6, alinéa 2, de la loi du 14 août 1885, autorise l'administration à charger les sociétés ou institutions de patronage de veiller sur la conduite des libérés qu'elle désigne spécialement et dans les conditions qu'elle détermine ; dans ce cas, l'administration alloue à cette société ou institution de patronage une somme de 50 centimes par jour pour chaque libéré pendant un temps égal à celui de la durée de la peine restant à courir, sans que cette allocation puisse dépasser 100 francs.

§ 2. SURSIS A L'EXÉCUTION DES CONDAMNATIONS PÉNALES
(Loi du 26 mars 1891.)

La loi du 26 mars 1891 sur l'atténuation et l'aggravation des peines, à laquelle on donne en pratique le nom de son auteur, M. le sénateur Bérenger, constitue le complément des lois antérieures destinées à combattre l'accroissement de la récidive : lois du 5 juin 1875 sur l'emprisonnement cellulaire, du 27 mai 1885 sur la relégation des récidivistes réputés incorrigibles, et du 14 août 1885 sur les moyens de prévenir la récidive, libération conditionnelle, patronage et réhabilitation. Malgré ces moyens déjà introduits dans notre législation, la récidive n'a pas cessé d'augmenter : en 1885, l'on comptait 89,634 récidivistes ; en 1886, 91,055 ; en 1887, 92,204 ; enfin en 1888, ce chiffre s'élevait à 94,137 ; en outre, les statistiques relèvent des rechutes fréquentes dans l'année même qui suit la condamnation. C'est ainsi qu'en 1888, 74,935 condamnés l'ont été de nouveau une fois dans la même année ; 6,585, deux fois ; 1,296, trois fois ; 331, quatre fois ; 98, cinq fois ; 30, six fois ; 9, sept fois ; 4, huit fois ; 1, neuf fois ; 4, dix fois et plus. Ces constatations démontrent à la fois l'impuissance de l'emprisonnement correctionnel tel qu'il est organisé chez nous et le danger des courtes peines. Le projet de loi de M. Bérenger avait le double but : 1° de soustraire les condamnés primaires dont les antécédents sont satisfaisants à la mauvaise influence de l'emprisonnement en leur donnant un avertissement qui pourra suffire à quelques-uns ; 2° d'aggraver d'une manière sérieuse et progressive les peines pour les récidivistes : de là le titre de la loi sur *l'atténuation et l'aggravation des peines.*

Nous ne nous occuperons pour le moment que de la première partie relative au sursis à l'exécution, renvoyant l'étude de la seconde partie, qui a du reste été profondément modifiée et dénaturée dans le vote du Parlement, au moment où nous traiterons de la récidive.

Le système du sursis à l'exécution des peines fonctionne déjà avec succès, en plusieurs pays étrangers. Les moyens employés quoique divers dans les détails d'application tendent tous au même but. Les législations étrangères à ce point de vue peuvent se diviser en trois catégories : 1° *système américain et anglais.* Ce système consiste dans la mise en *probation :* le juge ne prononce ni condamnation ni peine contre l'inculpé qui a de bons antécédents, mais fixe un temps d'épreuve pendant lequel un magistrat spécial, *probation officer,* surveillera sa conduite : si elle est satisfaisante pendant ce temps-là, l'inculpé ne passera pas en jugement ; si au contraire il se conduit mal, il sera condamné. Ce système pratiqué depuis 1870 aux Etats-Unis, à Boston pour les jeunes délinquants et dans l'Etat entier pour les adultes, a été introduit en Angleterre par une loi du 8 août 1886 pour les délinquants primaires passibles de deux ans au plus de prison.

2° *Système de l'admonition ou réprimande judiciaire.* — Le juge, au lieu de prononcer une condamnation pénale contre l'inculpé, se borne à lui adresser une réprimande dont la trace officielle est conservée sur le jugement et qui produit certains effets juridiques. Cette institution, usitée en France jusqu'à 1791 (Merlin, Répertoire v° Admonition), a été adoptée par plusieurs législations étrangères (1).

3° *Condamnation immédiate avec sursis à l'exécution.* — Ce système, introduit en Belgique par la loi du 31 mai 1888, pour l'emprisonnement jusqu'à six mois, a produit de si bons résultats qu'il a été consacré chez nous dans son principe par la loi du 26 mars 1891.

1° *Nature de la décision ordonnant le sursis.*

L'idée générale de la loi du 26 mars 1891 est exprimée par son article 1er dans les termes suivants : « *En cas de condamnation à l'emprisonnement ou à l'amende, si l'inculpé n'a pas subi de condamnation antérieure à la prison pour crime et délit de droit commun, les Cours ou tribunaux peuvent ordonner par le même jugement et par décision motivée, qu'il sera sursis à l'exécution de la peine. — Si, pendant le délai de cinq ans à dater du jugement ou de l'arrêt, le condamné n'a encouru aucune poursuite suivie de condamnation à l'emprisonnement ou à une peine plus grave pour crime ou délit de droit commun, la condamnation sera comme non avenue. — Dans le cas contraire, la première peine sera d'abord exécutée sans qu'elle puisse se confondre avec la seconde.* »

La condamnation avec sursis est donc prononcée sous la condition résolutoire de la bonne conduite du condamné pendant le délai de cinq ans qui lui est assigné d'une façon invariable comme temps d'épreuve, et si cet événement se réalise, la condamnation prononcée sera comme non avenue. Mais, à la différence de ce qui a lieu pour les actes soumis à une condition résolutoire, l'exécution n'a pas lieu immédiatement, ce qui se comprend, l'exécution d'une peine n'étant pas susceptible d'effacement rétroactif : l'exécution de la condamnation prononcée est elle-même affectée d'une condition suspensive contraire, celle de la rechute du condamné dans les cinq ans.

---

(1) La riprensione giudiziale e la sospensione della pena, par Dottor Bernardino Alimena (Rivista penale, vol. XXVII); Société générale des prisons, 1888.

2° *Condamnations auxquelles le sursis est applicable.*

L'art. 1er que nous avons reproduit autorise le sursis pour les condamnations à l'emprisonnement et à l'amende.

A) *Emprisonnement.* — La loi du 26 mars 1891, ne faisant aucune distinction, autorise le sursis pour toutes les condamnations à l'emprisonnement, quelle qu'en soit la durée, et diffère en cela de la législation belge qui ne l'autorise que jusqu'à six mois, de la législation anglaise qui limite la durée de l'emprisonnement à deux ans. Le texte de l'art. 1er ne faisant aucune distinction, on doit en conclure que le sursis est applicable à l'emprisonnement à quelque infraction qu'il s'applique, aussi bien aux crimes punis d'un emprisonnement correctionnel qu'aux délits correctionnels et qu'aux contraventions de simple police. Cependant la Cour de cassation a refusé, le 5 mars 1892, d'appliquer le sursis aux contraventions de simple police (1). Par la même raison, il n'y a pas à distinguer entre les délits de droit commun et les délits politiques, ni entre les délits ordinaires punis par le Code pénal et les délits spéciaux punis par des lois spéciales (2); par exemple délits de pêche, de douane, de presse, etc. La même interprétation conduit à autoriser le sursis au profit du mineur de seize ans condamné à l'emprisonnement correctionnel par application de l'art. 67 du Code pénal, mais il en serait autrement du renvoi en correction ordonné pour le mineur acquitté en vertu de l'art. 66. Il reste à signaler pour le mineur condamné de l'art. 67, la lacune déjà constatée qui ne permet pas au juge d'ajouter à la con-

(1) Gaz. des Trib. 1er avril 1892. — Pal. 1892, 1, 176.

La Cour; — Attendu qu'il ne résulte ni des travaux préparatoires de cette loi, ni de son texte, ni de son esprit, qu'elle soit applicable en matière de contraventions de simple police; que c'est donc à tort que le jugement attaqué, en condamnant le nommé S... à une amende de onze francs, pour contravention de tapage nocturne, a suspendu la peine, en prétendue conformité avec ladite loi, et qu'en le faisant, il l'a formellement violée...; — Par ces motifs, — Casse...

L'argumentation de la Cour de cassation nous paraît contraire au texte absolument général de la loi qui s'applique à toute espèce d'emprisonnement et d'amende et à son esprit, car l'argument *a fortiori* qui a fait étendre le sursis à l'amende doit conduire à l'appliquer également à l'emprisonnement et à l'amende de simple police. — La Cour de cassation de Belgique a interprété dans le sens large que nous indiquons la loi du 31 mai 1888 qui n'est pas plus explicite sur ce point que la nôtre (Cass. belge, 1er avril 1889, Pasicrisie, 89, 1, 68).

(2) Lyon, 19 nov. 1891, Lois nouvelles, 1892, 2, 9; Pal. 92, 2, 56; *contra* : Bordeaux, 14 août 1891; Nancy, 5 nov. 1891, J. Pal., 1892, 2, 9; Bordeaux, 17 juin 1891, Pal. 92, 2, 55.

damnation correctionnelle l'envoi dans une maison d'éducation correctionnelle, ce qui rendra l'application du sursis rare en pratique, et ce qui tend du reste dans la jurisprudence la plus récente du tribunal de la Seine à rendre de plus en plus rares les condamnations prononcées contre les mineurs (1).

B) *Amende.* — L'application du sursis à l'amende ne se trouvait pas comprise dans le projet primitif de M. Bérenger, dont la seule préoccupation était de soustraire le condamné aux effets fâcheux de l'emprisonnement. Mais dans la discussion, on fit remarquer qu'il y avait là une inégalité choquante et que si celui qui avait encouru l'emprisonnement pouvait obtenir le bénéfice du sursis, il en devait être de même, à plus forte raison, d'un condamné passible d'une simple amende. La seule question (2) à laquelle donne lieu l'application du sursis à l'amende est est celle de savoir si elle peut s'étendre aux amendes fiscales et sur ce point les avis sont partagés. La jurisprudence, fidèle à son principe que les amendes fiscales ont un caractère de réparation civile qui vient modifier leur nature pénale (3), décide que le sursis, inapplicable aux réparations civiles et dommages et intérêts (art. 2 de la loi), ne peut pas s'étendre à ces amendes (4).

(1) Comité de la défense des enfants arrêtés ou traduits en justice. Exposé de la procédure actuellement suivie dans le département de la Seine, en ce qui concerne les mineurs au-dessous de 16 ans, arrêtés ou traduits en justice, présenté par P. Flandin (Extraits des nos des 16, 19, 24 et 26 juillet 1891 du journal le Droit).

(2) La loi du 26 mars 1891 s'applique aux amendes prononcées en vertu de lois spéciales et notamment aux amendes prononcées pour vente frauduleuse de tabac, Rennes, 3 juin 1891, Pal. 91, p. 1369.

(3) Cass. 22 janvier 1876, Pal. 76, p. 179, S. 76, 1, 89; 22 déc. 1876, Pal. 77, p. 566; S. 77, 1, 234.

(4) Cass. 19 nov. 1891, Pal. 92, 1, 107. Cependant la Cour de Lyon s'attachant au caractère pénal de l'amende même fiscale reconnu du reste par la Cour de cassation, a autorisé l'extension du sursis par arrêt du 19 nov. 1891 : « Considérant, à la vérité que l'on objecte, quant à l'amende, qu'en matière de douanes, l'amende n'est pas une peine mais une réparation civile, proportionnée au préjudice causé ; qu'elle rentre, dès lors, dans la catégorie des dommages-intérêts exclue, par l'art. 2 de la loi, du bénéfice de la suspension de condamnation ; mais que cette appréciation du caractère légal de l'amende, en matière fiscale, n'a rien d'absolu ; qu'il a été au contraire décidé par la jurisprudence la plus accréditée, dans une matière analogue à celle des douanes, celle des contributions indirectes, « que les amendes peuvent être considérées selon le point de vue où l'on se place, tantôt comme des peines, tantôt comme des réparations civiles ; mais que, quel que soit ce point de vue, elles sont certainement des amendes et sont prononcées par les tribunaux correctionnels

3° *Condamnations auxquelles le sursis n'est pas applicable.*

La loi du 26 mars 1891 n'autorisant le sursis que pour l'emprisonnement et l'amende, ce sursis ne peut s'étendre aux autres condamnations soit à des peines criminelles, soit à d'autres peines correctionnelles, telles que la confiscation spéciale. Enfin, l'art. 2 déclare formellement que la suspension de la peine ne comprend pas non plus les peines accessoires et les incapacités résultant de la condamnation (1); sauf leur cessation dont nous parlerons plus tard, lorsque au bout des cinq ans, la condamnation sera réputée non avenue. Du reste la suspension est inutile pour l'interdiction de certains droits, facultative, aux termes de l'art. 42 C. pén., et pour l'interdiction de séjour facultative comme la surveillance de la haute police qu'elle a remplacée. Quant à la condamnation aux frais du procès, aux réparations civiles et dommages et intérêts, l'art. 2 de la loi du 26 mars 1891 déclare formellement qu'elle n'est pas susceptible de suspension.

4° *Tribunaux qui peuvent prononcer le sursis.*

En principe, tous les tribunaux appelés à prononcer l'emprisonnement ou l'amende peuvent ordonner le sursis à l'exécution de ces

en matière correctionnelle » (Cass. civ. 10 déc. 1890; Gaz. Pal. 90, 2, 721; S. 91. 1, 148; Pal. 91, 1, 277).

« Considérant que le caractère pénal de l'amende en matière de douanes, ressort manifestement de ce que la condamnation est personnelle; de ce qu'elle s'éteint par la mort du condamné; de ce qu'enfin, les règ'es de la prescription criminelle et de la récidive lui sont également applicables; qu'on ne saurait donc sans contredire tout à la fois aux termes mêmes et à l'esprit de la loi du 26 mars 1891, confondre la condamnation à l'amende visée dans l'art. 1er, avec les frais et les dommages-intérêts nominativement désignés dans l'art. 2 de la même loi;

« Considérant qu'à ces arguments de texte s'ajoute l'intention souvent manifestée, dans la discussion de la loi, de laisser au juge la plus grande latitude pour son application, en tenant bien moins compte de la nature des délits et de la gravité des peines, que de la situation favorable d'un inculpé auquel on n'a à reprocher qu'une première faute; que le but principal du législateur a été d'affranchir celui que frappe dans ce cas une première condamnation de la tache, inévitable jusque-là, du casier judiciaire; que ce but ne serait plus atteint si l'on n'étendait pas à l'amende comme à l'emprisonnement, en toute matière, des dispositions légales dont on ne peut méconnaitre la portée bienfaisante et moralisatrice. »

(1) Voir pour l'incapacité résultant de la loi du 15 juillet 1889 sur le recrutement de l'armée et l'envoi dans les bataillons d'Afrique, ce que nous avons dit plus haut (p. 432 et 433), à propos des incapacités attachées aux condamnations correctionnelles.

peines : les tribunaux correctionnels, les cours d'appel, sur appel ou jugeant en première instance par application des articles 479 et s., Inst. crim., les cours d'assises (art. 365, al. 1, Inst. crim.), et dans notre opinion les tribunaux de simple police.

Une seule exception est faite dans l'art. 7 de la loi pour les tribunaux militaires : elle a été introduite dans un amendement du général Robert, sénateur, repoussant une distinction proposée par M. Bérenger, qui tendait à refuser le sursis aux militaires pour faits spécialement punis par les lois militaires et à l'accorder au contraire pour les faits de droit commun. De là résulte que le sursis ne pourra jamais être prononcé par les tribunaux militaires au profit d'aucun de leurs justiciables, quelle que soit l'infraction commise. Mais la question est plus douteuse lorsque le militaire est justiciable exceptionnellement des tribunaux de droit commun, ce qui arrive : 1° pour les infractions aux lois sur la chasse, la pêche, les douanes, les contributions indirectes, les octrois, les forêts, la grande voirie (Code de just. mil., art. 273) ; 2° pour les délits de droit commun non prévus par le livre II, titre IV du Code de justice militaire, commis par des militaires en congé ou en permission (Code de just. mil., art. 57) ; 3° pour tout délit même militaire commis avec le concours d'individus non justiciables des tribunaux militaires (art 76 du Code de just. mil.). Dans les deux premiers cas, rien ne paraît s'opposer à ce que le sursis puisse être prononcé au profit des militaires par la juridiction de droit commun, car l'article 7 n'exclut pas du bénéfice de la loi les militaires condamnés ; il se borne à interdire aux tribunaux militaires de faire application de ce bénéfice. Le même raisonnement paraîtrait autoriser le sursis au profit des militaires dans la troisième hypothèse ; mais on a fait remarquer, non sans raison, que ce n'est qu'exceptionnellement dans ce cas que le militaire est justiciable du tribunal de droit commun, parce qu'il a agi de complicité avec des civils, tandis que s'il était seul, il serait traduit devant le tribunal militaire ; or, sa situation vis à vis de la loi pénale ne saurait être différente selon que la répression est confiée aux tribunaux militaires ou exceptionnellement aux tribunaux ordinaires (1) : ce qui ne peut se produire dans les deux premiers cas, le tribunal militaire étant incompétent. Cependant une distinction a été proposée et paraît assez rationnelle. Si la poursuite comprenant à la fois des militaires et des non militaires a pour objet la répression d'un délit, non spécialement prévu par le Code de justice militaire, les juges pourront ordonner le sursis ; il en sera différemment si la poursuite porte sur une infraction spécialement prévue par le Code de justice militaire (cas jugé par la Cour de Besançon) : la raison en est

____

(1) Besançon, 10 juin 1891, Pal. 92, 2, 49.

que, lorsqu'il s'agit d'un délit militaire, les juges de droit commun ne peuvent prononcer que les peines édictées par le Code de justice militaire, sans pouvoir leur appliquer les atténuations résultant du Code pénal ou d'autres lois de droit commun (arg., art. 198, Just. mil.) : dans ce cas, le sursis pourra être accordé aux civils et sera refusé aux militaires (arg., art. 196, Just. mil.). Au contraire, lorsqu'il s'agit d'une infraction de droit commun, les tribunaux ordinaires appliquent aux militaires et aux civils les peines du Code pénal avec toutes les atténuations dont elles sont susceptibles, soit d'après le Code pénal lui-même (art. 463), soit d'après les lois spéciales telles que celle du 26 mars 1891. Toutefois, subsiste toujours l'anomalie signalée, suivant que le militaire, prévenu de délits de droits commun, sera traduit devant un tribunal ordinaire ou un conseil de guerre; le texte de l'article 7 prêtant à équivoque, le doute persiste. Un doute du même genre se présente pour les non militaires poursuivis, soit seuls, soit conjointement avec des militaires devant un tribunal militaire par application de l'art. 77, Just. mil. On a soutenu qu'en ce cas le sursis pouvait être ordonné par le motif que le conseil de guerre doit appliquer aux non militaires les peines prononcées par les lois ordinaires (art. 196 Just. mil.) et par suite le faire bénéficier des atténuations de peine dont il pourrait être l'objet en vertu de ces lois. En outre la même anomalie que nous avons signalée tout à l'heure se présentera lorsqu'il s'agira d'étrangers traduits devant le conseil de guerre pour délit commis de complicité avec des militaires (art. 77, 2°, Just. mil.), car si ces étrangers ne s'étaient pas associés à des militaires, ils seraient traduits devant les tribunaux de droit commun et pourraient bénéficier de la loi du 26 mars 1891. Cependant quelque rationnelle et satisfaisante au point de vue de l'équité que soit cette solution, elle paraît condamnée par le texte de l'article 7 qui, sans distinction, exclut du sursis les condamnations prononcées par les tribunaux militaires et non pas seulement les condamnations prononcées par les tribunaux militaires contre des militaires. Il est à regretter que toutes ces difficultés n'aient pas été prévues et réglées lors de la rédaction de cet article.

5° Conditions nécessaires pour obtenir le sursis et condamnés
qui peuvent en bénéficier.

La faveur établie par la loi du 26 mars 1891 n'étant que la récompense de la bonne conduite et des bons antécédents, l'article 1er de la loi exige que pour pouvoir en bénéficier, le condamné n'ait pas subi de *condamnation antérieure à la prison pour crime et délit de droit commun*. Il résulte de là, d'une part, que toute condamnation à l'emprisonnement ou, à plus forte raison, à une peine plus grave pour crime ou délit de droit commun, met obstacle au sursis, à la condition bien entendu qu'il s'agisse d'une condamnation pénale (1). D'autre part, une condamnation à l'amende n'empêche pas le sursis. Il en est de même de la condamnation antérieure à l'emprisonnement pour crimes ou délits qui ne sont pas de droit commun; cette expression comprend sans aucun doute les crimes et délits politiques, mais la difficulté se produit lorsqu'on se demande s'il ne faut pas l'étendre à d'autres infractions, notamment à celles qui sont prévues par des lois particulières, telles que les délits de chasse, de presse, etc., délits militaires, qu'on désigne généralement sous le nom d'*infractions spéciales*, par opposition aux infractions de droit commun. Sur ce point, les auteurs sont en désaccord (2). Rien, dans les travaux préparatoires, ne permet de découvrir le sens de ces expressions *crime et délit de droit commun*. Il nous paraît probable qu'elles ont été prises dans leur sens ordinaire par opposition aux condamnations politiques, d'autant mieux que si on laissait en dehors toutes les infractions punies par des lois postérieures au Code pénal, cela permettrait d'accorder le sursis à des gens qui ne présentent pas certainement les conditions de moralité qu'il a été dans l'intention du législateur d'exiger.

6° *Effets du sursis.*

La loi soumet le condamné, qui bénéficie du sursis, à une épreuve dont la durée est fixée à cinq ans d'une façon invariable pour tous, pendant laquelle on surveillera sa conduite. Si elle est satisfaisante, c'est-à-dire s'il n'encourt aucune condamnation nouvelle à l'emprisonnement ou à une peine plus grave pour crime ou délit de droit commun, il est réhabilité de plein droit et sa condamnation est considérée comme non avenue; dans le cas contraire, la première peine sera d'abord exécutée sans qu'elle puisse se confondre avec la seconde (art. 1, al. 2 et 3 de la loi).

(1) D'où il suit que l'envoi en correction du mineur acquitté pour défaut de discernement n'empêcherait pas le sursis ultérieur; il en serait autrement d'une condamnation prononcée en vertu de l'art. 67 C. pén.

(2) M. Laborde (Commentaire de la loi du 26 mars 1891, appendice au cours de droit criminel n° 14) pense que les condamnations pour infractions spéciales ne dénotant point d'immoralité puisque la loi n'a pas égard à l'intention de l'agent, ne font pas obstacle au sursis; M. Garraud, au contraire (Précis de droit criminel, 4e édit. n° 175) estime que les expressions « droit commun » sont employées par opposition aux condamnations politiques qui seraient les seules à ne pas empêcher un sursis ultérieur.

La détermination des effets du sursis accordé nécessite l'examen de plusieurs questions : 1° point de départ du délai de cinq ans; 2° situation du condamné à l'expiration du délai, suivant qu'il s'est bien ou mal conduit.

A) *Point de départ du délai.*

Aux termes de l'article 1er, 2e alinéa, le délai d'épreuve de cinq ans court *à dater du jugement ou de l'arrêt.* Pour préciser, une distinction est nécessaire suivant que la décision a été rendue en dernier ressort, en premier ressort ou par défaut.

Dernier ressort. — Lorsque par exemple, la décision émane d'une Cour d'assises ou d'une Cour d'appel jugeant par application des articles 479 et suiv., Inst. crim., le délai court de l'arrêt.

Premier ressort. — Nouvelle distinction suivant qu'il y a eu appel ou non. Si la décision n'est pas attaquée, elle devient exécutoire après les délais d'appel et le délai court du jour où elle a été rendue. Si elle est attaquée, ou bien le sursis a été accordé en première instance ou il a été refusé. S'il est refusé en première instance et accordé en appel, le délai ne peut courir évidemment que du jour de l'arrêt, le sursis ne datant que de ce jour-là. S'il a été accordé en première instance, ou bien il est refusé en appel, cas dans lequel il n'y a plus à s'en occuper, ou bien au contraire la décision a été confirmée et le sursis maintenu; dans ce dernier cas, comme c'est la décision des premiers juges qui reçoit son exécution, le délai court du jour de cette décision. — Des solutions et des distinctions analogues s'appliquent aux jugements de défaut.

B) *Situation du condamné à l'expiration du délai.*

Cette situation varie suivant que le condamné s'est bien ou mal conduit pendant ce délai.

a) *Bonne conduite.* — La bonne conduite résultera de l'absence de condamnation à l'emprisonnement ou à une peine plus grave pour crimes ou délits de droit commun; en sorte qu'une condamnation à l'amende pour ces faits et même une condamnation plus grave pour crimes ou délits qui ne sont pas de droit commun ne seront pas un obstacle à la bonne conduite (1).

Les effets de la bonne conduite sont déterminés dans les termes suivants par la loi : « *La condamnation sera comme non avenue* (art. 1,

---

(1) Les mêmes difficultés que nous avons rencontrées plus haut se reproduisent ici pour la détermination de ces expressions *crimes ou délits de droit commun.*

al. 2)*; les peines accessoires et les incapacités cesseront d'avoir effet du jour où, par application des dispositions du paragraphe précédent, la condamnation aura été réputée non avenue (art. 2, al. 3); la condamnation est inscrite au casier judiciaire, mais avec la mention expresse de la suspension accordée : si aucune poursuite suivie de condamnation, dans les termes de l'article 1er, § 2, n'est intervenue dans le délai de cinq ans, elle ne doit plus être inscrite dans les extraits délivrés aux parties (art. 4).* » Les effets de la résolution opérée par la bonne conduite sur la condamnation prononcée sont donc ceux de la réhabilitation (1), tels qu'ils sont fixés par les articles 633 et 634 du Code d'inst. crim. modifiés par la loi du 14 août 1885 : « *Article 634 : La réhabilitation efface la condamnation et fait cesser pour l'avenir toutes les incapacités qui en résultaient. — Article 633 : Si la réhabilitation est prononcée, un extrait de l'arrêt est adressé par le procureur général à la cour ou au tribunal qui a prononcé la condamnation pour être transcrit en marge de la minute de l'arrêt ou du jugement. Mention en est faite au casier judiciaire. Les extraits délivrés aux parties ne doivent pas relever la condamnation. Le réhabilité peut se faire délivrer une expédition de la réhabilitation et un extrait du casier judiciaire sans frais.* »

On peut se demander, à propos de cette réhabilitation de plein droit, si elle est imposée au condamné, de telle sorte qu'il soit obligé de l'accepter, ou si au contraire, il ne pourrait pas la refuser pour choisir de préférence la réhabilitation ordinaire : en subissant sa peine il pourrait avoir intérêt à faire ce dernier choix lorsqu'il ne serait condamné qu'à quelques mois de prison ou à une simple amende, le délai de la réhabilitation ordinaire n'étant que de trois ans (art. 620, Inst. crim.), et par conséquent inférieur à celui de la loi du 26 mars 1891 qui est de cinq ans. Un passage du rapport de M. Bérenger pourrait sembler autoriser cette option : « La réhabilitation spéciale, sans exécution effective de la peine, ne pourra toutefois se cumuler avec le droit de réclamer, dans les conditions du Code, c'est-à-dire au bout de trois ans, la réhabilitation ordinaire. Le temps d'épreuve exigé pour cette dernière ne commençant à courir qu'à partir de la libération, *le condamné conditionnel ne pourrait l'invoquer que si, renonçant au sursis, il exécutait*

---

(1) En conséquence, la condamnation étant réputée non avenue : 1° un nouveau sursis pourra être accordé en cas de nouvelle condamnation; 2° cette condamnation ne compte pas pour la récidive; 3° elle ne compte pas pour la relégation (arg. art. 5, loi du 27 mai 1885); 4° elle ne peut servir de base à l'exécution de la contrainte par corps, pour le paiement des dommages-intérêts et frais.

réellement sa peine (1). » Tout droit d'option doit néanmoins être refusé, si on considère que le sursis n'a pas été établi dans l'intérêt privé du condamné, mais par suite de considérations d'ordre public et social et pour éviter les inconvénients résultant de l'exécution effective de la condamnation.

Les termes employés, par l'article 1er, pour fixer les conditions de la réhabilitation de plein droit du condamné prêtent à équivoque et demandent à être nettement précisés. Cet article dit en effet que le condamné ne doit avoir encouru *aucune poursuite suivie de condamnation dans le délai de cinq ans.* Il résulte de là qu'il ne suffit pas pour être déchu qu'il commette une nouvelle infraction dans ce délai et qu'il faut que cette infraction soit judiciairement constatée; mais faut-il qu'il ait été condamné pour cette infraction avant l'expiration du délai ou suffit-il qu'il ait été poursuivi avant les cinq ans, quoique la condamnation n'ait été prononcée qu'après? Le texte même de l'article 1er paraît consacrer la première solution et exiger que la condamnation qui suit la poursuite soit elle-même prononcée dans le délai de cinq ans, pour entraîner la déchéance.

b) *Mauvaise conduite.* — Lorsque, dans le délai d'épreuve, le condamné aura encouru une nouvelle condamnation dans les termes de l'article 1er, il sera déchu du sursis par suite de l'accomplissement de la condition suspensive mise à l'exécution de la peine. Il encourra l'aggravation résultant de son état de récidive et devra subir la première peine avant la seconde. Un seul doute pourrait se produire (et il n'a pas été prévu par le législateur) pour le cas où la seconde peine encourue serait la peine de mort : il sera humainement impossible en pratique de faire subir à ce condamné, avant son exécution, l'emprisonnement correctionnel.

7° Procédure spéciale au sursis.

En cas de sursis à l'exécution, la loi exige qu'il soit accordé par le jugement même qui prononce la condamnation et en outre que la décision soit motivée (art. 1er, al. 1), les motifs consistant du reste dans la simple constatation que le condamné est dans les conditions exigées par la loi pour bénéficier du sursis. En outre, la loi fait un devoir au président de la cour ou du tribunal de mettre le condamné au courant de la situation qui lui sera faite s'il encourt la déchéance : Article 3 : « *Le président de la cour ou du tribunal doit, après avoir prononcé la sus-*

---

(1) Sénat, rapport de M. Bérenger du 6 mars 1890, J. off., doc. parl. de mai 1890, p. 69, VI.

pension, avertir le condamné qu'en cas de nouvelle condamnation dans les conditions de l'article 1er, la première peine sera exécutée sans confusion possible avec la seconde et que les peines de la récidive seront encourues dans les termes des articles 57 et 58 du Code pénal. » — La condamnation avec sursis a donné lieu à une difficulté pratique pour l'application de l'article 206 du Code d'inst. crim. : « *En cas d'acquittement, le prévenu sera immédiatement, et nonobstant appel, mis en liberté.* » On s'est demandé si l'on pouvait assimiler la condamnation conditionnelle avec l'acquittement et faire dès lors bénéficier celui qui a été condamné dans ces conditions de l'article 206, Inst. crim. La Cour de Chambéry, le 14 juin 1891 (1), considérant que l'article 206 a un caractère exceptionnel et que l'on ne peut assimiler à un acquittement une condamnation simplement suspendue ou même conditionnelle, a repoussé l'application de l'article 206. M. Laborde, au contraire (2), voyant dans la condamnation avec sursis un relaxe subordonné à une condition purement potestative de la part du prévenu sur laquelle le ministère public ne peut rien, l'assimile au relaxe pur et simple et étend à ce cas l'application de l'article 206. Cette dernière solution paraît plus équitable, étant donné que la condition résolutoire, dont est affectée la condamnation avec sursis, ne peut être traitée comme une condition résolutoire ordinaire et se rapproche plutôt de la condition suspensive.

(1) Pal. 91, 1355.
(2) Op. citat. no 51.

TABLE DES MATIÈRES

———

PARTIE EXÉGÉTIQUE.

FIN DU TOME PREMIER.

BAR-SUR-SEINE. — IMPRIMERIE SAILLARD.

www.ingramcontent.com/pod-product-compliance
Lightning Source LLC
Chambersburg PA
CBHW031727210326
41599CB00018B/2536